€16.—
P.C
59601

Ilse Fischer

INDUSTRIALISIERUNG, SOZIALER KONFLIKT
UND POLITISCHE WILLENSBILDUNG
IN DER STADTGEMEINDE

ABHANDLUNGEN
ZUR GESCHICHTE DER STADT AUGSBURG

*Schriftenreihe
des Stadtarchivs Augsburg*

Band 24

SCHRIFTLEITUNG
DR. WOLFRAM BAER
AUGSBURG, FUGGERSTRASSE 12

Ilse Fischer

Industrialisierung, sozialer Konflikt und politische Willensbildung in der Stadtgemeinde

EIN BEITRAG ZUR SOZIALGESCHICHTE
AUGSBURGS 1840–1914

VERLAG HIERONYMUS MÜHLBERGER, AUGSBURG

Copyright © 1977 by Verlag Hieronymus Mühlberger, Augsburg
Alle Rechte vorbehalten
Gesamtherstellung: Hieronymus Mühlberger, Augsburg
Schutzumschlaggestaltung: K. Plaas, Augsburg
ISBN 3—921133—20—3

Für Josef

Vorwort des Herausgebers

Die Industrialisierung des 19. Jahrhunderts, die mit Gründung der Mechanischen Baumwollspinnerei und Weberei im Jahre 1837 und der Maschinenfabrik Sanders im Jahre 1840 ihren Aufschwung nahm, brachte für die Bevölkerungsstruktur der Stadt Augsburg einen großen Wandel. Erstmals trat eine »Arbeiterklasse« in das zeitgenössische Bewußtsein, die sich aus Menschen verschiedenster Berufe und Herkunft zusammensetzte, wobei vor allem das traditionelle Handwerk ein bedeutendes Reservoir an Arbeitskräften darstellte. Naturgemäß war damit teilweise ein gewaltiger sozialer Abstieg einer breiten Schicht der Augsburger Bevölkerung verbunden.

Unbestreitbar galten bisher die besondere Liebe und das Hauptaugenmerk der Forschung der reichsstädtischen Geschichte. Die vorliegende Untersuchung über die Epoche der Industrialisierung in Augsburg, eine Erlanger Dissertation, betritt zwar nicht generell Neuland in der Augsburger Historiographie, aber wenn man sich mit dieser Zeit befaßte, so ging man von den Handelnden in der Geschichte, den Trägern und Gestaltern der Verfassung, also den Oberschichten, aus. Geschichte aber umfaßt nicht nur das Handeln oder auch das Sein, sondern auch das Leiden des Menschen in seiner Zeit, weshalb auch die Unterschichten der Bevölkerung Gegenstand der Geschichtswissenschaft sind.

Die Autorin hat die Ergebnisse ihrer Untersuchung aus der heutigen kritischen Einstellung gegenüber Industrie und Wirtschaft des vorigen Jahrhunderts dargestellt; die Verhältnisse der damaligen Zeit waren eben einfach anders. Aus dieser modernen sozialgeschichtlichen Sicht heraus entsteht zwangsläufig ein Bild, das nicht allzu unternehmerfreundlich ausfällt.

Daß auch diesmal wieder, trotz aller Sparmaßnahmen, ein sogar recht umfangreicher Band der Abhandlungen zur Geschichte der Stadt Augsburg erscheinen konnte, dafür gebührt dem Augsburger Stadtrat und besonders dem Kulturreferenten, Arthur Vierbacher, Dank.

Augsburg, im Oktober 1977   Stadtarchiv Augsburg
                                                                                     Wolfram Baer

Vorwort

Die vorliegende Arbeit versucht, einen Beitrag zur Sozialgeschichte der deutschen Stadt im Zeitalter der Industrialisierung zu leisten; sie entstand in den Jahren 1972 bis 1976 und wurde im Dezember 1976 vom Fachbereich für Philosophie, Geschichte und Sozialwissenschaften der Friedrich-Alexander-Universität Erlangen-Nürnberg als Doktorarbeit angenommen. Für die Drucklegung wurde sie überarbeitet und an einigen Stellen gekürzt.

Bei der Erfassung und Sichtung des Quellenmaterials erfuhr ich von vielen Seiten freundliche Unterstützung, wofür ich an dieser Stelle herzlich danken möchte. Ich danke insbesondere Herrn Dr. Friedrich Blendinger, dem langjährigen Direktor des Stadtarchivs Augsburg, für zahlreiche wertvolle Hinweise. Herrn Thomas Mayr danke ich für die fachkundige Bereitstellung des umfangreichen Aktenmaterials; für das Mitlesen der Korrekturen danke ich Herrn Oberarchivrat Dr. Wolfram Baer. Zu Dank verpflichtet bin ich ferner Frau Denkinger vom Augsburger Archiv der MAN, Herrn Schuler vom Archiv der Spinnerei und Weberei Augsburg, den Mitarbeitern des Amts für Statistik und Stadtforschung, Augsburg, der Staats- und Stadtbibliothek Augsburg, des Stadtarchivs in Neuburg an der Donau und des Bayerischen Hauptarchivs in München.

Mein besonderer Dank gilt Herrn Professor Dr. Walther Peter Fuchs, Erlangen. Er hat die Erstellung der Arbeit ermöglicht und durch wissenschaftlichen Rat gefördert. Seiner hilfreichen Kritik verdanke ich wesentliche Anregungen.

Bonn, im Oktober 1977   Ilse Fischer

Inhaltsverzeichnis

Einleitung 15

Erster Teil
Industrialisierung als ökonomischer und sozialer Strukturwandel . . 19

Erstes Kapitel: Die Entwicklung der Augsburger Wirtschaft 1840–1914 . . 19
   I. Die Voraussetzungen der Industrialisierung 19
   II. Aufbau und Struktur der bedeutendsten Industriezweige 25
      1. Die Textilindustrie 25
      2. Die Maschinenbauindustrie 28
      3. Sonstige Industriezweige 30
      4. Die Finanzierung 31
   III. Das Handwerk unter dem Einfluß der Industrialisierung 33
   IV. Lokaler Wirtschaftsablauf und gesamtwirtschaftliche Entwicklung . . 38
   V. Struktur- und Standortprobleme der Augsburger Industrie 54

Zweites Kapitel: Die Bevölkerungsentwicklung 62
   I. Das Bevölkerungswachstum 62
   II. Der Wandel der Bevölkerungsstruktur 71
   III. Die Zuwanderer – Herkunft, Integration und Mobilität 77
   IV. Berufsgliederung und Sozialstruktur 87

Drittes Kapitel: Die Entstehung der industriellen Stadtform 100
   I. Räumliches Wachstum, Bebauung, Bevölkerungsdichte 100
   II. Die soziale Struktur der Stadtviertel 107
   III. Die Vororte. Funktion, Entwicklung, Eingemeindungen 114

Zweiter Teil
Die Stellung des Arbeitnehmers im industriellen Produktionsprozeß   117

Erstes Kapitel: Die Durchsetzung industrieller Verhaltensnormen und Herrschaftsstrukturen im Arbeitsleben 117
   I. Zusammensetzung und Herkunft der frühen Fabrikarbeiter 117

II. Die Handhabung der Fabrikdisziplin 122
  III. Kündigungsfristen 126
  IV. Fluktuation und »Kontraktbruch« 129
  V. Arbeitszeiten und Pausen 132
  VI. Überstunden, Sonn- und Feiertagsarbeit 136
  VII. Urlaubsregelungen 138
  VIII. Frauenarbeit 139
  IX. Kinder und Jugendliche im Fabrikbetrieb 143
  X. Die Lehrlinge in Handwerks- und Fabrikbetrieben 148
  XI. Gesundheitliche Auswirkungen der Fabrikarbeit 150
  XII. Die Angestellten in Industrie und Handel 153

Zweites Kapitel: Löhne und Lebenshaltung 156
  I. Die Löhne der Textilindustrie 156
    1. Lohnstruktur und -niveau in den Anfangsjahren 156
    2. Lohnsysteme der Textilindustrie 157
    3. Die Entwicklung der Textilarbeiterlöhne 159
    4. Dienstalter- und Jahresprämien 162
    5. Der Einfluß der Arbeitsmarktstrukturen auf die Textilarbeiterlöhne . 163
  II. Die Lohnentwicklung in der Maschinenbauindustrie 165
    1. Die Lohnverhältnisse der frühindustriellen Zeit am Beispiel der Maschinenfabrik Augsburg 165
    2. Veränderungen der Berufs- und Lohnstruktur in der hochindustriellen Phase 167
  III. Sonstige Industrielöhne 169
  IV. Handwerkerlöhne 171
  V. Die Gehälter der Angestellten 175
  VI. Lebenshaltung und Lebenshaltungskosten 182
    1. Preise und Mieten 182
    2. Soziale Auswirkungen der Preisentwicklung 183
    3. Die Wohnverhältnisse der Augsburger Arbeiterbevölkerung . . 189

Drittes Kapitel: Das betriebliche Wohlfahrtssystem 192
  I. Historische und strukturelle Voraussetzungen der betrieblichen Sozialpolitik 192
  II. Die Fabrikkrankenkassen 196

III. Pensions- und Hilfskassen 203
IV. Die Auswirkungen der gesetzlichen Sozialversicherung auf die betrieblichen Kranken-, Unterstützungs- und Pensionskassen 206
V. Die Fabriksparkassen 210
VI. Betriebseigene Wohnungen 212

Dritter Teil
Die Austragung sozialer und politischer Gegensätze 221

Erstes Kapitel: Die Entstehung der politischen Parteien 221
   I. Bürgerrecht und Wahlrecht 221
   II. Gesellige und religiöse Gruppierungen im Vormärz 224
   III. Die Entstehung politischer Richtungen 1848/49 225
   IV. Die Anfänge der bürgerlichen Parteien 231
   V. Bürgertum und soziale Frage 237
   VI. Hilfsorganisationen und Selbsthilfeversuche 241
   VII. Die Antwort der sozialistischen Arbeiterbewegung 245
      1. Die Anfänge der Sozialdemokratischen Partei 245
      2. Gewerkschaftsgründungen und erste Arbeitskonflikte 250

Zweites Kapitel: Politik und Interessen. Ideologischer und struktureller Wandel der Parteien im Bismarckreich 1871–1890 . . . 255
   I. Die Entwicklung der liberalen Partei 255
   II. Die konservative Partei 260
   III. Die antiliberale kleinbürgerliche Protestbewegung der Depressionsphase 261
      1. Der »neue Bürgerverein« 262
      2. Die Gewerbepartei 263
   IV. Die Reorganisation der liberalen Partei 1881–1890 266
   V. Der politische Katholizismus und die Neubewertung der sozialen Frage 267
      1. Organisation und politische Ziele der Patriotenpartei 267
      2. Der katholische Arbeiterverein 270
   VI. Die sozialistische Arbeiterbewegung im Bismarckreich 273
      1. Die Sozialdemokratische Partei 1871–1878 273
      2. Die Augsburger Sozialdemokratie unter dem Sozialistengesetz . . . 283
      3. Die Gewerkschaften 286
   VII. Arbeitskämpfe 290

Drittes Kapitel: Der »sozial-ökonomische Hexenkessel« — die Sammlung der
 antisozialistischen Kräfte 1890–1914 293

   I. Der Verband Ordnungsliebender Arbeitervereine 293

  II. Der Industrieverein 297

 III. Die Rolle der überregionalen Arbeitgeberverbände 299

 IV. Die gelben Werkvereine 303
    1. Die Metallarbeiteraussperrung von 1905 und ihre Folgen 303
    2. Der »Arbeiterverein von Werk Augsburg« 306
    3. Die Ausbreitung der »Gelben Werkvereine« 311
    4. Gelbe Werkvereine und politische Parteien und Organisationen . . 318

  V. Die Disziplinierung der Angestellten 320

 VI. Unternehmer und staatliche Sozial- und Gewerbepolitik 324
    1. Arbeiterausschüsse 325
    2. Die Frage der Arbeits- oder Arbeiterkammern 328
    3. Der »Schutz der Arbeitswilligen« 329

Viertes Kapitel: Arbeiterbewegung und sozialer Konflikt: Probleme, Entwicklungstendenzen und Chancen der proletarischen
 Emanzipationsbewegung in Augsburg 331

   I. Die Sozialdemokratische Partei 1890–1914 331
    1. Neuaufbau der Organisation 331
    2. Die Haltung der Augsburger SPD in der Theoriediskussion . . . 338

  II. SPD und bürgerliche Parteien 342
    1. Neuansätze zu einer liberalen Arbeiterpolitik 342
    2. Wahlkompromisse 346

 III. Die Gewerkschaftsbewegung 348
    1. Die Freien Gewerkschaften 348
    2. Die Hirsch-Dunckerschen Gewerkvereine 358
    3. Die christlichen Gewerkschaften 359

 IV. Die Arbeiterorganisationen im Kampf um bessere Arbeitsbedingungen . 362
    1. Arbeitskämpfe in Handwerk und Kleingewerbe 365
      a. Die Maurer und Bauarbeiter 366
      b. Streik und Boykott — der Brauerstreik 1907 368
    2. Probleme des Arbeitskampfes in Industriebetrieben 370
      a. Das Beispiel der Former 370
      b. Die Textilarbeiter 372

  V. Arbeiter und kommunale Sozialpolitik 377
    1. Ansätze zu einer sozialdemokratischen Kommunalpolitik 378
    2. Das Gewerbegericht als politisches Kampfobjekt 380

3. Die Auseinandersetzungen um das städtische Arbeitsamt	383
4. Die Diskussion um die Arbeitslosenversicherung	385
Augsburg im Zeitalter der Industrialisierung. Ergebnisse	390
Abkürzungsverzeichnis	397
Anhang	398
Quellen- und Literaturverzeichnis	401
Register	411

Einleitung

Während die historische Forschung der Entwicklung der Stadt im Mittelalter und in der frühen Neuzeit stets reges Interesse entgegenbrachte, fand die Geschichte der Stadt im 19. und 20 Jahrhundert vergleichsweise wenig Beachtung[1]. Die große Zeit der bürgerlichen Gemeinwesen war im Industriezeitalter längst vorüber; die Städte hatten ihre früheren Funktionen und vor allem ihre politische Bedeutung eingebüßt, sie schienen sich zu mehr oder weniger uniformen Wohn- und Industriesiedlungen zu entwickeln, über die zu berichten weitgehend dem Fleiß der Heimatforscher überlassen blieb. Erst das wachsende Interesse an Problemen der Industrialisierung veranlaßte insbesondere die sozialgeschichtliche Forschung, sich mit neuen Fragestellungen und Methoden der Stadtgeschichte des 19. Jahrhunderts anzunehmen. Wesentliche Anregungen gingen dabei von Wolfgang Köllmanns »Sozialgeschichte der Stadt Barmen« und von Spezialstudien zur Geschichte des Berliner Raumes aus[2]. Sie zeigen, daß eine größere Anzahl vergleichbarer Studien nicht nur die Voraussetzungen für typisierende Aussagen über den Verlauf der Industrialisierung in einzelnen Regionen schaffen, sondern auch wichtiges Material für die Erforschung des Industrialisierungsprozesses selbst bereitstellen kann[3]. Dazu will auch die vorliegende Arbeit einen Beitrag leisten.

Für die Wahl Augsburgs zum Gegenstand der Untersuchung waren mehrere Erwägungen ausschlaggebend. Zunächst schien es aufschlußreich, die Folgen der Industrialisierung am Beispiel einer süddeutschen Stadt zu analysieren, die sich nicht nur in ihren Standortvoraussetzungen, sondern auch in den politischen und sozialen Rahmenbedingungen von den bisher untersuchten, vorwiegend west- und mitteldeutschen Städten unterschied. Ferner durften gerade vom Entwicklungsschicksal der alten Handelsstadt Augsburg wichtige Aufschlüsse über die Bedingungen des ökonomischen und sozialen Strukturwandels erwartet werden. Augsburg, das im Spätmittelalter und in der frühen Neuzeit als europäisches Finanzzentrum und Mittelpunkt des damaligen Welthandels galt, verlor nach dem allmählichen Schwinden seiner politischen und ökonomischen Bedeutung 1806 den Status einer Freien Reichsstadt und gelangte an das Königreich Bayern. Ein vehement voranschreitender Industrialisierungsprozeß seit den vierziger Jahren des 19. Jahrhunderts ließ die Stadt zu einem wichtigen Industriezentrum werden.

Eine wesentliche Voraussetzung für die Durchführung der Untersuchung bildete die günstige Quellenlage. Im Stadtarchiv Augsburg sind nahezu geschlossen

---

1 Helmut Croon, Forschungsprobleme der neueren Städtegeschichte, in: Blätter für deutsche Landeskunde, 105. Jahrgang, 1969, S. 14.
2 Wolfgang Köllmann, Sozialgeschichte der Stadt Barmen im 19. Jahrhundert, Tübingen 1960; Otto Büsch (Hrsg.), Untersuchungen zur Geschichte der frühen Industrialisierung vornehmlich im Wirtschaftsraum Berlin/Brandenburg, Einzelveröffentlichungen der Historischen Kommission zu Berlin, Bd. 6, Berlin 1971; Ingrid Thienel, Städtewachstum im Industrialisierungsprozeß des 19. Jahrhunderts. Das Berliner Beispiel, Berlin, New York 1973; Lothar Baar, Die Berliner Industrie in der industriellen Revolution, Veröffentlichungen des Instituts für Wirtschaftsgeschichte an der Hochschule für Ökonomie Berlin-Karlshorst, Bd. 4, Berlin (Ost) 1966.
3 Otto Büsch, Industrialisierung und Geschichtswissenschaft. Ein Beitrag zur Thematik und Methodologie der historischen Industrialisierungsforschung, Berlin 1969, S. 35 ff.

die Akten der kommunalen Verwaltung und der Polizei erhalten. Ergänzend konnte der umfangreiche Nachlaß des Augsburger Industriellen Theodor Haßler, der Nachlaß des liberalen Kommunalpolitikers Albrecht Volkhart und der Teilnachlaß des Reichstagsabgeordneten Dr. Joseph Völk herangezogen werden. Besonders wertvolles Material bargen ferner die größtenteils vollständig erhaltenen Jahrgänge Augsburger Tageszeitungen im Stadtarchiv und in der Staats- und Stadtbibliothek Augsburg. Für die Analyse der Bevölkerungs- und Sozialstruktur und der Stadtteilentwicklung bestand die Möglichkeit, neben gedruckten amtlichen Veröffentlichungen wichtige handschriftlich überlieferte Erhebungen im Amt für Statistik und Stadtforschung, Augsburg, einzusehen. Mit Hilfe der Bestände des Bayerischen Hauptstaatsarchivs in München und des Staatsarchivs in Neuburg an der Donau konnten Lücken in der städtischen Aktenüberlieferung geschlossen werden. Besonders ertragreich erwies sich die Durchsicht von zwei Firmenarchiven. Das MAN-Archiv von Werk Augsburg bot umfangreiche Unterlagen über die Arbeits- und Einkommensverhältnisse und die Herkunft der frühindustriellen Arbeiter. Wichtige Aufschlüsse über die sozialpolitischen Vorstellungen der Werksleitung gab der Nachlaß des ehemaligen stellvertretenden MAN-Direktors Dr. Emil Guggenheimer. Das Archiv der Spinnerei und Weberei Augsburg (SWA) enthielt neben Lohnangaben, Kassenstatuten und Geschäftsberichten eine bedeutende Sammlung von Korrespondenzabschriften und -durchschlägen aus dem Briefwechsel mit städtischen Behörden und Arbeitgeberverbänden.

Wissenschaftliche Vorarbeiten standen dagegen nur in begrenztem Umfang zur Verfügung. Über die Entstehung der Augsburger Industrie und über einzelne Branchen und Unternehmen existieren verschiedene, meist ältere Veröffentlichungen, die aber ebenso wie die zahlreichen Firmenfestschriften in erster Linie informativen Charakter besitzen. Eine Ausnahme bilden die systematische, aber inzwischen veraltete Arbeit von Josef Graßmann und die Forschungen Wolfgang Zorns, der unter sozialgeschichtlichem Aspekt den Beitrag des schwäbischen Unternehmertums zur Industrialisierung untersuchte[4]. Probleme der Wirtschaftsstruktur und der Wachstumsphasen wurden — von einzelnen Ansätzen bei Graßmann und Mai abgesehen — bis jetzt nur wenig berücksichtigt[5]. Ebenfalls ausgeklammert blieb der Bereich der Bevölkerungs- und Sozialstruktur. Außerdem neigen ältere Darstellungen dazu, den Veränderungen in den Lebens- und Arbeitsbedingungen der Masse der arbeitenden Bevölkerung, die zu den einschneidensten Folgen der Industrialisierung zählen, nur wenig Beachtung zu schenken. Im Bereich der Parteien- und Verbandsgeschichte mußte weitgehend Neuland betreten werden. Dabei fehlte es insbesondere an Untersuchungen über die Entwicklung der bürgerlichen Parteien. Die Dissertation Dietmar Nickels über die Revolution von 1848 in Augsburg konnte nur die frühesten Versuche von Parteibildungen erfassen[6]. Etwas günstiger gestaltete sich die Lage hinsichtlich der sozialistischen Arbeiterbewegung. Schon Eckert wies in seiner Arbeit über die Nürnberger So-

---

4 Josef Graßmann, Die Entwicklung der Augsburger Industrie im 19. Jahrhundert. Eine gewerbegeschichtliche Studie, Augsburg 1894. Wolfgang Zorn, Handels- und Industriegeschichte Bayerisch-Schwabens 1648–1870. Wirtschafts-, Sozial- und Kulturgeschichte des schwäbischen Unternehmertums, Studien zur Geschichte des Bayerischen Schwaben, Bd. 6, Augsburg 1961. Ein knapper Überblick über Augsburgs Geschichte im 19. Jahrhundert findet sich bei dems., Augsburg, Geschichte einer deutschen Stadt, 2. Aufl., Augsburg 1972.
5 Ludwig Hubert Mai, Die Entwicklung der Augsburger Industrie in den Jahren 1890–1914, Diss. Frankfurt/Main 1924.
6 Dietmar Nickel, Die Revolution 1848/49 in Augsburg und Bayerisch-Schwaben, Schwäbische Geschichtsquellen und Forschungen, Bd. 8, Augsburg 1965.

zialdemokratie in einem Exkurs auf die Anfänge der Augsburger Arbeiterbewegung hin[7]. Mit der Dissertation Heinrich Hirschfelders über die bayerische SPD liegt nun zumindest für die Frühphase der Augsburger Sozialdemokratie eine fundierte Analyse vor[8]. Dagegen blieb die Zeit nach der Aufhebung des Sozialistengesetzes bis zum Kriegsausbruch, in der im wesentlichen erst für Augsburg typische Entwicklungslinien zutage traten, weitgehend unerforscht. Hier erwies sich auch die im Manuskript vorliegende Darstellung von Wilhelm Deffner kaum als Hilfe[9]. Sie stellt ein wertvolles Kompendium von Erinnerungen und Aussagen ehemaliger Parteigenossen dar, bietet aber wenig für die Aufzeigung struktureller und inhaltlicher Probleme der Augsburger Arbeiterbewegung.

Wenn heute Forschungen zur Geschichte der Arbeiterbewegung, zur Industrialisierung oder neueren Stadtgeschichte generell unter dem Stichwort »Sozialgeschichte« subsumiert werden, so bedarf doch das jeweils vorliegende Verständnis dieses Begriffs der inhaltlichen Klärung. Im vorliegenden Fall wurde Sozialgeschichte nicht als Spezialdisziplin der allgemeinen Geschichtsschreibung oder als Historiographie unter sozialgeschichtlichem Aspekt verstanden, sondern als »sozialökonomische Interpretation der allgemeinen Geschichte«[10]. Diese Auffassung impliziert nach J. Kocka als inhaltliche Festlegung die grundsätzliche Annahme der »Maßgeblichkeit der Dominanz sozialökonomischer Faktoren im gesamtgeschichtlichen Prozeß«[11]. Daß damit nicht eine monokausale Ableitung der komplexen historischen Wirklichkeit gemeint ist, bedarf kaum der Erwähnung. Der so skizzierte Ansatz versucht gerade auch, die gegenseitige Beeinflussung und die mannigfachen Wechselwirkungen ökonomischer, sozialer und politischer Faktoren zu erfassen.

Die folgende Untersuchung wählte als Ausgangsbasis eine Analyse des ökonomischen Ablaufs der Industrialisierung in Augsburg[12]. Die im wirtschaftlichen Bereich ausgelösten Prozesse und Weichenstellungen bestimmten weitgehend Veränderungen in der Bevölkerungs- und Sozialstruktur und im äußeren Erscheinungsbild der Stadt. Zur besseren Charakterisierung des Stadttypus, zu dem sich Augsburg im 19. Jahrhundert entwickelte, wurde bei der Untersuchung der ökonomischen und sozialen Auswirkungen des Industrialisierungsprozesses einer analytisch verfahrenden und nach Sachzusammenhängen gliedernden Arbeitsweise der Vorzug gegeben; die dabei gewonnenen Ergebnisse müssen zugleich als Interpre-

---

7 Hugo Eckert, Liberal- oder Sozialdemokratie. Frühgeschichte der Nürnberger Arbeiterbewegung, Stuttgart 1968.
8 Heinrich Hirschfelder, Die bayerische Sozialdemokratie 1864–1914, ungedruckte Diss. Erlangen 1975, behandelt schwerpunktmäßig für die ersten Jahrzehnte die Entwicklung in den örtlichen Vereinen.
9 Wilhelm Deffner, Geschichte der sozialistischen Arbeiterbewegung in Augsburg von 1864–1933, unveröffentlichtes Manuskript im Besitz der Sozialdemokratischen Partei, Unterbezirk Augsburg, 2 Bde., Augsburg o. J.
10 Jürgen Kocka, Theorieprobleme der Sozial- und Wirtschaftsgeschichte, in: Hans-Ulrich Wehler (Hrsg.), Geschichte und Soziologie, Köln 1972, S. 309.
11 Ebenda, S. 310.
12 Zur Definition des Industrialisierungsbegriffes siehe Büsch, Industrialisierung und Geschichtswissenschaft, a. a. O., S. 12; Wolfram Fischer, Ökonomische und soziologische Aspekte der frühen Industrialisierung, in: ders. (Hrsg.), Wirtschafts- und sozialgeschichtliche Probleme der frühen Industrialisierung, Berlin 1968, S. 3 ff.; Walther Hoffmann, Stadien und Typen der Industrialisierung, Jena 1931, S. 1 f.; Sigurd Klatt, Zur Theorie der Industrialisierung, Köln und Opladen 1959, S. 19 f. Industrialisierung wird im folgenden in der umfassenden Bedeutung des Begriffs verwendet, nämlich als Revolutionierung der Produktionsverhältnisse durch erhöhten Einsatz von Sachkapital sowie Verwendung technischer und wissenschaftlicher Innovationen, in deren Gefolge als das Ergebnis eines von allen Sektoren getragenen Anstiegs des volkswirtschaftlichen Gesamteinkommens eine reale Steigerung des Sozialprodukts pro Kopf der Bevölkerung eintritt. Hand in Hand mit diesen Veränderungen im ökonomischen Bereich geht ein tiefgreifender Wandel der sozialen, institutionellen und politischen Rahmenbedingungen einher, so daß »Industrialisierung« als Prozeß bezeichnet werden kann, der den gesamten Lebensbereich einer Gesellschaft umfaßt.

tationsansatz für die im letzten Abschnitt analysierte politische Willensbildung gelten[13]. Mehrfache Vergleiche mit anderen Industriestädten sollen das Spezifische der Augsburger Entwicklung aufhellen.

Relativ breiter Raum wurde der Untersuchung der Arbeits- und Lebensbedingungen der Arbeitnehmer eingeräumt. Dies schien nicht nur im Hinblick auf die spätere Untersuchung politischer Verhaltensweisen notwendig; es sollte damit auch ein Beitrag zur systematischen Erforschung des Lebensstandards im Vorkriegsdeutschland geleistet werden, dessen Einschätzung noch immer weitgehend auf Großhandelspreise oder zufällige lokale Überlieferungen angewiesen ist. Ein besonderes Kapitel wurde in diesem Zusammenhang den betrieblichen Wohlfahrtseinrichtungen gewidmet, die schon in frühindustrieller Zeit in allen größeren Fabriken bestanden, und damit einen selbständigen Faktor im sozialen Leben der Stadt darstellten.

Im dritten Abschnitt der Arbeit galt es, dem Einfluß der sozialökonomischen Strukturen im Bereich der politischen Willensbildung nachzugehen und dessen Verquickung mit ideologischen Strömungen und konfessionellen Traditionen transparent zu machen. Bei der Fülle der Probleme, die sich in einer Zeitspanne von mehr als siebzig Jahren — von den Anfängen der Industrialisierung in Augsburg bis zum Ausbruch des Ersten Weltkriegs — ergaben, mußten zwangsläufig Schwerpunkte ausgewählt werden. Ein Themenkomplex resultierte aus der Frage, in welcher Weise das in unterschiedliche Interessengruppen und Parteien zerfallende Bürgertum der Stadt — kleine Gewerbetreibende, Großindustrielle und Bankiers — die Probleme der werdenden Industriegesellschaft zu lösen suchte. Die Umstrukturierung der Stadtgesellschaft und die einseitige Verteilung der sozialen Kosten und Opfer der Industrialisierung zu Lasten der Arbeitnehmer schuf ein beträchtliches Konfliktpotential; andererseits aber ließ das System privater Fürsorge und Kontrolle in der Großindustrie kaum Austragungsmöglichkeiten für soziale Gegensätze offen. Die Folgen der permanenten Verdrängung und Ableitung von Konflikten bestimmten weitgehend Form und Inhalt der politischen Auseinandersetzung in Augsburg. Die sozialistische Arbeiterbewegung erhielt unter dem Druck dieser Verhältnisse eine Richtung, die sich deutlich vom Kurs der bayerischen Landesorganisation unterschied. Desgleichen läßt sich die Entstehung einer starken wirtschaftsfriedlichen Arbeiterorganisation nur auf dem Hintergrund dieses besonderen Sozialmilieus verstehen.

Ohne die Grenzen lokaler Entscheidungsspielräume und Entwicklungsmöglichkeiten im gesamtgesellschaftlichen Rahmen verkennen zu wollen, mußte zum Schluß die Frage gestellt werden, ob und inwieweit in dieser speziellen Stadtgesellschaft Chancen für eine wenigstens ansatzweise Integration und Emanzipation der proletarischen Bevölkerungsschichten vorhanden waren. Das letzte Kapitel verfolgt daher die Bemühungen der Arbeitnehmer, mehr Rechte und bessere Arbeitsbedingungen in den Betrieben durchzusetzen, untersucht die Mitbestimmungsmöglichkeiten im kommunalpolitischen Entscheidungsprozeß und den Charakter der städtischen Sozialpolitik.

---

13 Die Kritik an diesem Verfahren bei Helmut Böhme, Frankfurt und Hamburg. Des Deutschen Reiches Silber- und Goldloch und die allerenglischste Stadt des Kontinents, Frankfurt/Main 1968, S. 18 ff., scheint mir nicht gerechtfertigt. Gerade die Bearbeitung einer komplexen Thematik erfordert immer wieder die Heraushebung und Betrachtung einzelner Phänomene in ihrer zeitlichen Entwicklung.

Erster Teil

Industrialisierung als ökonomischer und sozialer Strukturwandel

Erstes Kapitel Die Entwicklung der Augsburger Wirtschaft 1840—1914

I. Die Voraussetzungen der Industrialisierung

Das Königreich Bayern war seiner geographischen Lage und ökonomischen Struktur nach für ein frühzeitiges Einsetzen der Industrialisierung wenig geeignet. Arm an natürlichen Bodenschätzen, nach der Entwertung der Nord-Süd-Transitstraßen abseits der wichtigsten Verkehrswege gelegen und mit nur geringem Anteil an städtischer Bevölkerung ausgestattet, erschien es auch den Zeitgenossen als ein wirtschaftlich rückständiges Land[1]. Trotzdem entstanden gerade in Bayern, in der ehemaligen Reichsstadt Augsburg, bereits in den vierziger und fünfziger Jahren des 19. Jahrhunderts unter beträchtlichem Einsatz von Sachkapital industrielle Großbetriebe: die Mechanische Baumwollspinnerei und Weberei beschäftigte um die Jahrhundertmitte schon über 1000 Arbeiter, die Stadtbachspinnerei galt bis in die neunziger Jahre als die größte deutsche Reinspinnerei[2]. Ebenso auffallend ist jedoch die Tatsache, daß in Augsburg die Verheißungen der Anfangsphase in der Periode der Hochindustrialisierung nicht mehr eingelöst werden konnten; im letzten Jahrzehnt des 19. Jahrhunderts machte sich gegenüber anderen bayerischen Industriestädten ein fühlbares Zurückbleiben im Wirtschaftswachstum bemerkbar. Beide Phänomene — den frühzeitigen ökonomischen Aufstieg und die darauf folgende gedämpfte Wirtschaftsentwicklung — gilt es in ihren Ursachen und vielfältigen Auswirkungen zu untersuchen. Besonderes Gewicht wird dabei auf die Strukturanalyse des Augsburger Wirtschaftsraumes sowie auf eine Beschreibung und Periodisierung des Wirtschaftsablaufs gelegt.

---

[1] Heinrich Klebe, Die Entwicklung von Industrie und Gewerbe in Bayern, Sonderdruck aus »Arbeiterschutz und Gewerbeaufsicht in Bayern mit einem Rückblick auf die gewerbliche Entwicklung des Landes«, München 1930, S. 6.

[2] Die Mechanische Baumwoll-Spinnerei und Weberei in Augsburg, Bericht an die Aktionäre bei Veranlassung der Feier des fünfzigjährigen Betriebes, Augsburg 1890, Anhang; Graßmann, a. a. O., S. 50; BayHStA München, MH II 5679.

Augsburg galt im Mittelalter und der frühen Neuzeit als ein Zentrum der Weberei und des Barchent- und Baumwollhandels. An der Hauptverkehrsstraße von Norden nach Süden gelegen, war die Stadt Stapel- und Umschlagplatz für die verschiedensten Waren. Frühzeitig vorhandener Kapitalreichtum, wie ihn in geradezu sprichwörtlicher Weise die Familie Fugger verkörperte, verlieh dem Barchentgeschäft einen spekulativen, »kapitalistischen« Charakter[3]. Mit der Entdeckung des Seeweges nach Ostindien und der Verlagerung der Handelsströme nach Westen ging jedoch die Bedeutung Augsburgs als Handelsmetropole verloren. Der Dreißigjährige Krieg zerstörte die alten Geschäftsverbindungen und vernichtete die Grundlagen des Weberhandwerks. Zählte man im Jahre 1600 noch ca. 2900 Meister, die auf 3670 Webstühlen jährlich nahezu eine halbe Million Stück Leinwand produzierten, so arbeiteten nach dem Krieg nur mehr rund 500 Meister[4].

Zu neuer wirtschaftlicher Bedeutung gelangte Augsburg durch den Aufschwung der Kattundruckereien im 18. Jahrhundert. Bereits zu Beginn des Jahrhunderts zeigten sich erste Ansätze zur Errichtung von Manufakturbetrieben; 1737 wurde diese neue Form der Arbeitsorganisation ausdrücklich anerkannt und aus den übrigen zunftmäßigen Bindungen herausgelöst[5]. Den Höhepunkt erreichte die Augsburger Kattunherstellung in der zweiten Hälfte des 18. Jahrhunderts. Der Manufakturbesitzer Johann Heinrich Schüle beschäftigte insgesamt ca. 3500 Menschen; davon arbeiteten allein 350 in seinem 1770/72 errichteten Fabrikgebäude vor dem Roten Tor[6]. Um die gleiche Zeit war Augsburg ein internationaler Platz für das Wechselgeschäft, dessen Bank- und Handelshäuser über beträchtliche Vermögen verfügten[7]. Die Manufakturbesitzer arbeiteten bereits mit dem Einsatz von Fremdkapital; so erhielt z. B. J. H. Schüle Kredite von dem Bankhaus Obwexer, während seine Konkurrenten Gleich/Gignoux Darlehen von dem Augsburger Kaufmann Schwarz bezogen[8].

Doch schon in den neunziger Jahren neigte sich die Blütezeit der Kattunherstellung ihrem Ende zu. Seit 1792 beeinträchtigten die Revolutionskriege in steigendem Maße den Handel. Die Zahl der alljährlich auf das Weberhaus zur Geschau gebrachten Kattunstücke sank von 122 346 im Bleichjahr 1794/95 auf 69 535 im Jahre 1805/06. Von den Kattundruckereien waren 1810 noch sechs Betriebe im Gang, 1818 existierten nur mehr vier Unternehmen. Ebenso reduzierte sich die Zahl der Augsburger Webermeister während der napoleonischen Kriege nahezu um die Hälfte; 1810 übten noch 303 Meister ihren Beruf aus[9]. Die Reichsstadt selbst und ein großer Teil der weniger vermögenden Bürger gelangte durch die Kriegswirren an den Rand des wirtschaftlichen Ruins[10]. Durch den Wegfall der

---

3 Pius Dirr, Augsburger Textilindustrie im 18. Jahrhundert, in: ZHV Schwaben, Bd. 37, 1911, S. 7 ff.; Otto Reuther, Die Entwicklung der Augsburger Textilindustrie, Diss. Heidelberg, Dießen 1915, S. 12; Wolfgang Dey, Die Entstehung und Entwicklung der Augsburger Textilindustrie unter besonderer Berücksichtigung der weltwirtschaftlichen Beziehungen (1633–1914), Diss. München 1947, S. 10 f.; Jacob Strieder, Zur Genesis des modernen Kapitalismus. Forschungen zur Entstehung der großen bürgerlichen Kapitalvermögen am Ausgange des Mittelalters und zu Beginn der Neuzeit, zunächst in Augsburg, Leipzig 1904, S. 224 ff.
4 Graßmann, a. a. O., S. 3; Volker Haertel, Die Augsburger Weberunruhen 1784 und 1794 und die Struktur der Weberschaft Ende des 18. Jahrhunderts, ZHV Schwaben, Bd. 64/65, 1971, S. 183.
5 Dirr, a. a. O., S. 33 f.; Dey, a. a. O., S. 16 f.
6 Zorn, Handels- und Industriegeschichte, a. a. O., S. 55.
7 Ludwig Lieb, Die Entwicklung der Augsburger Effektenbörse (1818–1896), Abhandlungen zur Geschichte der Stadt Augsburg, Heft 3, Augsburg 1930, S. 6; Zorn, Handels- und Industriegeschichte, a. a. O., S. 59.
8 Ebenda, S. 43; Dey, a. a. O., S. 23.
9 Dirr, a. a. O., S. 96; Zorn, Handels- und Industriegeschichte, a. a. O., S. 126 f.
10 August Hessel, Das öffentliche Armenwesen in Augsburg und den später eingemeindeten Vororten 1800–1870, maschinenschriftliche Diss., München 1920, S. 6 ff., S. 173. Zu Beginn des 19. Jahrhunderts wurde die Zahl der Armen in Augsburg auf 3000 Menschen geschätzt.

englischen Konkurrenz während der Kontinentalsperre genoß das Augsburger Textilgewerbe vorübergehend einen gewissen Schutz, der sich jedoch bei der geringeren Kapazität der Augsburger Wirtschaft nicht so günstig auswirkte wie beispielsweise für die westdeutschen Textilzentren. Dagegen führte die protektionistische französische Wirtschaftspolitik zum Verlust bedeutender Absatzgebiete, speziell des für Augsburg so wichtigen italienischen Marktes. Diese für Augsburg nachteiligen Handelsumschichtungen ließen sich auch nach dem Sturz Napoleons nur mehr in beschränktem Umfang rückgängig machen. Da mit dem Beginn der Freiheitskriege zusätzlich der Verkauf nach Nordamerika stockte, das fortan von England beliefert wurde, beschränkte sich der Absatz der Augsburger Kattundrucker immer mehr auf die deutschen Länder. Zu dieser Entwicklung trat als Folge der Französischen Revolution ein Wandel im Modegeschmack, der zu einer allgemeinen Verringerung der Nachfrage nach den vorwiegend mit höfischen Mustern bedruckten Augsburger Geweben führte[11]. Nicht so ungünstig wirkten sich die Zeitereignisse auf die Augsburger Finanzwelt aus, denn gerade im ersten Jahrzehnt des 19. Jahrhunderts setzte eine Gründungswelle für Bankhäuser ein[12]. Allerdings schien das Interesse an industriellen Unternehmen erlahmt zu sein. Der Kaufmann J. F. Heinle, der 1780 die erste, nach einem englischen Modell gebaute Baumwollspinnmaschine nach Augsburg brachte, hatte mit dem Betrieb einer Maschinenspinnerei nur wenig Erfolg[13].

Der nach Kriegsende einsetzende wirtschaftliche Abschwung und die Überschwemmung des Marktes mit englischen Waren wurden 1816/17 noch durch eine Mißernte und die Folgen der daraufhin einsetzenden Getreidespekulation verschärft[14]. In den zwanziger und frühen dreißiger Jahren kam es trotz mancher Versuche weder zu einer Wiederaufnahme der Kattunproduktion in dem früheren Umfang noch zu einem entscheidenden Durchbruch der Maschinenspinnerei oder -weberei. 1825 waren drei kleinere mechanische Spinnereien in Betrieb. Im allgemeinen galt für sie die Feststellung des Besitzers einer 1826 gegründeten mechanischen Baumwollspinnerei, daß »wir [...] bei aller Mühe, Thätigkeit und unbeschränkten Mitteln unter den bestehenden Zoll- und anderen Verhältnissen kaum imstande sind, unser Etablissement in Gang zu halten und unser Produkt abzusetzen«[15].

Bereits zehn Jahre später hatten sich jedoch die Chancen für industrielle Unternehmen wesentlich verbessert. Dazu trugen sowohl gesamtwirtschaftliche als auch spezielle Augsburger Entwicklungen bei. Ende der dreißiger Jahre setzte in Deutschland ein langsamer wirtschaftlicher Aufschwung ein[16]. Vorteilhaft auf Handel und Gewerbe Bayerns wirkte auch die Beseitigung der innerdeutschen

---

11 Dey, a. a. O., S. 40; Reuther, a. a. O., S. 46; Zorn, Handels- und Industriegeschichte, a. a. O., S. 123; K. A. Metzger, 150 Jahre Neue Augsburger Kattunfabrik, Augsburg 1931, S. 16. Zur unterschiedlichen Wirkung der Kontinentalsperre vgl. auch O. Büsch, Die Gewerbe in der Wirtschaft des Raumes Berlin/Brandenburg 1800–1850, in: Büsch (Hrsg.), Untersuchungen, a. a. O., S. 19.
12 Lieb, a. a. O., S. 8.
13 Dey, a. a. O., S. 38; Zorn, Handels- und Industriegeschichte, a. a. O., S. 66.
14 Ferdinand August Oldenburg, Die Fabriken von Augsburg und Blicke auf die europäischen Industrie- und Gewerbeausstellungen, Augsburg 1850, S. 11, berichtet, daß nach der Schlacht von Leipzig der Zentner Baumwolle von 200 fl. auf 70 fl. fiel; Karl Jäger, Geschichte der Kreishauptstadt Augsburg, Augsburg 1862, S. 202; Graßmann, a. a. O., S. 10.
15 Zit. bei Friedrich Haßler u. a., Hundert Jahre Mechanische Baumwollspinnerei und Weberei Augsburg, Augsburg 1937, S. 20.
16 Arthur Spiethoff, Die wirtschaftlichen Wechsellagen, Bd. I, Tübingen und Zürich 1955, S. 113.

Zollschranken im Jahre 1834, der bereits 1828 eine Zolleinigung mit Württemberg vorausgegangen war[17]. Daneben lagen die rechtlichen Voraussetzungen für die Gründung von Fabriken in Bayern trotz staatlicher Reglementierungen und verspäteter Einführung der Gewerbefreiheit (1868) nicht ungünstig. Zwar bestand nach der Reform der Gewerbeordnung zu Beginn des 19. Jahrhunderts weiterhin Genehmigungspflicht, doch wurden die Gesetze zunächst in liberalem Sinne gehandhabt und noch 1825 ausdrücklich festgelegt, daß den Besitzern großer und kostbarer Gewerbeeinrichtungen bei Nachweis persönlicher Fähigkeit die Konzession zur Ausübung ihres Gewerbes nicht versagt werden durfte[18]. 1834 wurde im Rahmen der Restaurationsbestrebungen die Erteilung von Konzessionen dadurch eingeschränkt, daß von nun an nicht nur die Person des Bewerbers bestimmte Voraussetzungen erfüllen, sondern zugleich gewährleistet sein mußte, daß der Nahrungsstand der vorhandenen Meister durch die Neuzulassung nicht geschmälert würde[19]. Anläßlich einer weiteren Verschärfung der Bestimmungen in den fünfziger Jahren wurde jedoch hinsichtlich der Fabrikbetriebe erstmals verfügt, daß örtliche Rücksichten nicht mehr in Betracht gezogen werden dürften, wenn genügend auswärtige Absatzgelegenheiten gegeben seien. Nachdem in den sechziger Jahren allmählich wieder eine Lockerung der Vorschriften um sich griff, trat am 30. 1. 1868 in Bayern die Gewerbefreiheit in Kraft[20]. In Augsburg selbst war den bei vielen Fabrikgründungen erhobenen Klagen über Gewerbebeeinträchtigungen in der Regel wenig Erfolg beschieden[21].

Neben diesen allgemeinen Voraussetzungen waren es jedoch spezielle Augsburger Verhältnisse, die Zeitpunkt und Charakter der Ende der dreißiger Jahre einsetzenden Industrialisierung bestimmten. Hier sind in erster Linie günstige Standortfaktoren sowie Kapitalmarkt- und Arbeitsmarktbedingungen zu nennen. Die Lage Augsburgs an der Flußmündung von Lech und Wertach, deren zahlreiche Seitenkanäle die Stadt durchfluteten, bot die Möglichkeit einer gewerblichen Nutzung der Wasserkraft. Bereits im 18. Jahrhundert wurde diese Energie durch Mühlen und Triebwerke der verschiedensten Art in Anspruch genommen, die allerdings bei dem niedrigen Stand der Technik zu diesem Zeitpunkt nur eine begrenzte Leistungsfähigkeit besaßen[22]. Erst die Erfindung einer neuartigen Wasserturbine 1833 ermöglichte die industrielle Ausbeutung. Während die traditionellen Triebwerke die Wasserkraft nur bis zu 20 % nutzbar machen konnten, steigerte sich der Nutzeffekt nun auf ca. 80 %[23]. Auf diese Weise konnten in der Phase der Frühindustrialisierung wesentliche Standortnachteile der Augsburger Industrie gegenüber den näher an den Rohstoffquellen liegenden sächsischen und rheinischen Textilzentren ausgeglichen werden. Die Kanäle innerhalb des Augsburger Stadtgebiets befanden sich im Besitz der Gemeinde. Die Errichtung leistungsfähiger Wasserwerke und Turbinen erforderte zwar zunächst einen beträchtlichen Kapi-

---

17 Graßmann, a. a. O., S. 10 f.; Zorn, Handels- und Industriegeschichte, a. a. O., S. 135.
18 Graßmann, a. a. O., S. 11; August Popp, Die Entstehung der Gewerbefreiheit in Bayern, Abhandlungen aus dem Staatswissenschaftlichen Seminar der Universität Erlangen, Leipzig 1928, S. 84.
19 Ebenda, S. 101.
20 Horst Hesse, Die sog. Sozialgesetzgebung Bayerns Ende der sechziger Jahre des 19. Jahrhunderts. Ein Beitrag zur Strukturanalyse der bürgerlichen Gesellschaft, MBM 33, München 1971; Popp, a. a. O., S. 113.
21 Zorn, Handels- und Industriegeschichte, a. a. O., S. 146, S. 163.
22 Reuther, a. a. O., S. 47.
23 Zu den Wasserverhältnissen allgemein siehe F. Kollmann, F. A. Oldenburg, Die Wasserwerke von Augsburg, Augsburg 1850; Graßmann, a. a. O., S. 232 ff.

taleinsatz, doch die laufenden Abgaben an die Stadtgemeinde, die im wesentlichen auch die Instandhaltungskosten trug, waren äußerst gering[24].

Bereits 1835 wurden Vorbereitungen zur verkehrsmäßigen Erschließung Augsburgs getroffen. 1840 fuhr die erste Eisenbahn von München nach Augsburg, 1847 wurde die Strecke Augsburg–Kaufbeuren, 1849 die Linie Augsburg–Nördlingen–Nürnberg eröffnet; 1853 erhielt Augsburg eine Eisenbahnverbindung nach Ulm, 1875 nach Ingolstadt[25]. Eine private Lokalbahn verband durch eine Ringlinie seit den neunziger Jahren die meisten Augsburger Großbetriebe mit der Staatsbahn[26]. Wenn sich in späteren Jahren auch eine verkehrspolitische Zurücksetzung Augsburgs im Eisenbahnverkehr zeigen sollte, so wirkte die frühzeitige Anbindung an das Verkehrsnetz der Bahnen gerade in der ersten Phase der Industrialisierung anregend auf die Wirtschaft[27].

Geringere Impulse gingen dagegen von den am Ort selbst betriebenen technischen und wissenschaftlichen Innovationen aus. Die Kattunfabrik Schöppler & Hartmann führte Anfang der zwanziger Jahre gemeinsam mit dem Chemiker Dingler die chemische Schnellbleiche ein und stellte die erste mechanische Walzdruckmaschine auf[28]. Trotzdem gelangte der Kattundruck im Verlauf der Industrialisierung nicht mehr zu seiner früheren Bedeutung im Wirtschaftsleben Augsburgs. Die Gründung einer Reihe von mit hohem Sachkapital ausgestatteten Spinnereien und Webereien orientierte sich nur anfänglich an der Versorgung der ansässigen Kattundruckereien mit Geweben. Ebensowenig können diese neu entstehenden industriellen Unternehmen als Fortsetzung oder Weiterentwicklung der bis dahin in Augsburg betriebenen kleinen Maschinenspinnereien angesehen werden. Der eigentliche Übergang von der Manufakturepoche zur modernen Industrie vollzog sich nicht schrittweise, wenn auch die gewerbliche Tradition anregend gewirkt haben mag. Der Zeitpunkt dafür wurde im wesentlichen durch eine Verschiebung in der Wahl der Anlageform für die in Augsburg vorhandenen bedeutenden Kapitalien bestimmt.

Als Folge der wichigen Stellung, die Augsburg im internationalen Zahlungsverkehr seit der zweiten Hälfte des 18. Jahrhunderts einnahm, erfreuten sich die Augsburger Bankhäuser zu Beginn des 19. Jahrhunderts trotz gewerblichen Niedergangs eines äußerst lebhaften Geschäfts. Von Kapitalmangel konnte gerade in Augsburg nicht die Rede sein[29]. Wenn trotzdem zunächst eine mangelnde Investitionsbereitschaft für industrielle Anlagen festzustellen war, so hatte das andere

---

24 Fritz Steinhäußer, Augsburg in kunstgeschichtlicher, baulicher und hygienischer Beziehung, Festschrift den Teilnehmern an der 15. Wanderversammlung des Verbands deutscher Architekten und Ingenieure, Augsburg 1902, S. 49. Noch um die Wende zum 20. Jahrhundert mußte die Stadt für den Unterhalt der Wasserwerke mehr ausgeben als sie einnahm.
25 Zorn, Handels- und Industriegeschichte, a. a. O., S. 139 ff., S. 151; Hermann Heufelder, Geschichte und Entwicklung der »Augsburger Localbahn« und ihre Bedeutung für das Wirtschaftsleben Augsburgs, Diss. Erlangen 1923, S. 10 ff.
26 BayHStA München, M Inn 66617.
27 Die Lieferzeiten bei Frachten per Fuhrwerk betrugen Wochen und Monate. Häufig kam die Ware in nassem und schmutzigem Zustand am Bestimmungsort an. Die Speditionskosten beliefen sich von Augsburg nach Stuttgart auf 1,18 fl., nach Frankfurt auf 2,30 fl. und nach Wien auf 3 fl. pro Zentner (Josef Schmid, Die Augsburger Kammgarn-Spinnerei und ihre Stellung in der deutschen Wollindustrie, maschinenschriftliche Diss. Würzburg o. J., S. 65; Dey, a. a. O., S. 64).
28 StA Augsburg, G III 17/6; Dcy, a. a. O., S. 46.
29 Lieb, a. a. O., S. 6 f. Zum Problem der fehlenden Investitionsbereitschaft siehe Knut Borchardt, Zur Frage des Kapitalmangels in der ersten Hälfte des 19. Jahrhunderts in Deutschland, in: Rudolf Braun u. a. (Hrsg.), Industrielle Revolution. Wirtschaftliche Aspekte, Köln-Berlin 1972, S. 222 f.; vgl. auch Richard H. Tilly, Zur Entwicklung des Kapitalmarktes und Industrialisierung im 19. Jahrhundert unter besonderer Berücksichtigung Deutschlands, in: VSWG 60, 1973, S. 153 f.

Gründe. Während der Wechselhandel große Gewinne einbrachte, galten Kapitalanlagen in Fabriken bei der Unübersichtlichkeit des Marktes, den schwierigen Verkehrsverhältnissen und der raschen Entwertung betrieblicher Anlagen im Fall eines Konkurses als besonders unsicher[30]. Der wirtschaftliche Abschwung nach der Aufhebung der Festlandssperre führte jedoch zu einer Absatzkrise im Warenhandel und damit zu einem Rückgang des Wechselgeschäfts; Augsburg sank in seiner Rolle als Wechselplatz allmählich zu rein regionaler Bedeutung herab[31]. Eine um die gleiche Zeit einsetzende Kurssteigerung für Effekten und Staatspapiere zog immer mehr Kapital in die Spekulation mit Wertpapieren und ließ Augsburg Anfang der zwanziger Jahre »zum Tummelplatz aller in- und ausländischen Agioteurs« werden[32]. Während sich am Effektenhandel zunächst nur jüdische Bankiers beteiligten, trieb die anhaltende wirtschaftliche Krise auch die übrigen Augsburger Handelshäuser dazu, den Rückgang im Wechselhandel durch die Aufnahme des Effektengeschäfts zu kompensieren. Doch auch hier zwang die sinkende Verzinsung schließlich eine neue Form der Investition auf. In den dreißiger Jahren verschwanden die sechs-, fünf- und vierprozentigen Staatspapiere von der Augsburger Börse; im Handel blieben nur noch dreieinhalbprozentige Effekten. Der nahezu völlige Rückgang der Spekulationsgeschäfte wurde auch durch die Ausgabe der Eisenbahnaktien nicht aufgehalten; die Aktienpakete der München–Augsburger Eisenbahn befanden sich fest in den Händen der Gründer. Auswärtige Eisenbahnpapiere wurden in erster Linie zu längerfristigen Anlagezwecken verwendet[33]. Nachdem somit auch der Effektenhandel nicht mehr einträglich war und keinen Ersatz für das Geschäft mit Wechseln bot, zeigte sich in Augsburg deutlich, »wie die ursprünglich prämiierte Liquidität schließlich aus Mangel an rentierlicher Nutzung in die industrielle Anlage drängen mußte«[34]. In welchem Maße das Augsburger Kapital die neue Anlageform suchte, wird in der mit Recht immer wieder hervorgehobenen Tatsache deutlich, daß bei Konstituierung der Mechanischen Baumwollspinnerei und Weberei 1837, mit der die Gründungsphase einsetzte, das Aktienkapital in Höhe von 1 200 000 fl. bereits innerhalb von 18 Tagen gezeichnet war[35].

In den folgenden drei Jahrzehnten entstanden die Grundlagen der Augsburger Industrie. Neben dem Reichtum an natürlichen Energiequellen, guten Verkehrsverbindungen und zur Anlage drängendem Kapital darf als Standortfaktor auch das Potential an billigen Arbeitskräften nicht übersehen werden. Die durch den Niedergang des Weberhandwerks freiwerdenden Arbeitskräfte waren zwar noch nicht für die Maschinenarbeit geschult, brachten aber durch Familientradition und Ausbildung entsprechende Materialkenntnisse und Geschick für die Verarbeitung mit[36].

---

30 Borchardt, a. a. O., S. 222. Vgl. auch die vorsichtige Haltung des Augsburger Bankiers Frh. von Schaezler in der Städteversammlung 1819 zur Frage der Kreditgewährung an industrielle Unternehmen (Zorn, Handels- und Industriegeschichte, a. a. O., S. 129).
31 Lieb, a. a. O., S. 25; Zorn, Handels- und Industriegeschichte, a. a. O., S. 132.
32 Lieb, a. a. O., S. 41.
33 Ebenda, S. 45 ff.
34 Borchardt, a. a. O., S. 225.
35 Zorn, Handels- und Industriegeschichte, a. a. O., S. 145. Dabei ist zu berücksichtigen, daß um die gleiche Zeit bereits erhebliche Kapitalien anläßlich der Gründung der Bayerischen Hypotheken- und Wechselbank und der München-Augsburger Eisenbahngesellschaft abgeflossen waren. Auch bei Gründung der Stadtbachspinnerei (1851) wurde »in kurzer Zeit das ganze Anlagekapital von 900 000 fl. gezeichnet« (BayHStA München, MH 5679).
36 Vgl. dazu Horst Blumberg, Die deutsche Textilindustrie in der industriellen Revolution, Berlin 1965, S. 53 f.

II. Aufbau und Struktur der bedeutendsten Industriezweige

1. Die Textilindustrie

Den ersten Rang in der Augsburger Wirtschaft nahm seit dem Beginn der Industrialisierung die Textilindustrie ein. Dabei handelte es sich bei den größeren Unternehmen mit einer Ausnahme ausschließlich um baumwollverarbeitende Betriebe. Versuche mit der Seidenherstellung, wie sie seit dem Ende des 18. Jahrhunderts in dem Augsburger Vorort Lechhausen betrieben wurden, führten zu keinem Erfolg[37]. Zwei kleinere Schafwoll- und Streichgarnspinnereien stellten in den sechziger Jahren des 19. Jahrhunderts den Betrieb wieder ein[38]. Nur die 1836 von dem Nürnberger Kaufmann Friedrich Merz nach Augsburg verlegte Kammgarnspinnerei entwickelte sich — vor allem nach der Umwandlung in eine Aktiengesellschaft im Jahre 1845 — zu einem bedeutenden Faktor im Wirtschaftsleben der Stadt; sie beschäftigte Mitte der sechziger Jahre bereits ca. 1000 Arbeiter[39].

Den eigentlichen Auftakt zur Industrialisierung bildete die Gründung der Mechanischen Baumwollspinnerei und Weberei im Jahre 1837. Die drei Jahre später schon in Betrieb genommene »große Fabrik« war mit Anlagen und Einrichtungen im Wert von 840 000 fl. und einem anfänglichen Arbeiterstamm von über 700 Personen ausgestattet, der noch in den vierziger Jahren auf mehr als tausend Menschen anwuchs. Bei der Gründung des Unternehmens war »neben den günstigen Verhältnissen für mechanische Spinnerey und Weberey im Allgemeinen« besonders der am Ort selbst vorhandene Bedarf der Kattundruckereien an Rohgeweben ausschlaggebend[40]. Doch bereits wenige Jahre später wurde nur mehr etwa ein Viertel der produzierten Rohkattune in Augsburg gebleicht und gefärbt; der größere Teil ging im Rohzustand an die Kattundruckereien des Zollvereins. Um die Jahrhundertmitte stellte die Mechanische Baumwollspinnerei und Weberei durchschnittlich 34 bayerische Zentner Garn und fünf- bis sechshundert Stück Rohkattune pro Tag her. Mit einer jährlichen Stückproduktion von 160 000—170 000 Kattunen übertraf die Firma damit bei weitem die jährliche Produktion sämtlicher Augsburger Weber, auch in der Glanzzeit des Kattuns[41].

Die Existenz des Unternehmens zog weitere Neugründungen nach sich. Die 1847 entstandene Chursche Spinnerei verfolgte den Zweck, hauptsächlich die Mechanische Baumwollspinnerei und Weberei mit Garn zu versehen, da diese noch nicht in der Lage war, den gesamten Eigenbedarf herzustellen[42]. Nachdem die Vergrößerung der Kapazität der Mechanischen Baumwollspinnerei und Weberei durch Angliederung einer neuen Spinnerei zunächst gescheitert war, entstand 1851 die Spinnerei am Stadtbach; sie nahm 1853 mit 25 000 Spindeln den Betrieb auf und entwickelte sich in kurzer Zeit zur größten reinen Spinnerei im Zollverein[43]. Die Augsburger Firmen produzierten in erster Linie einfache, gröbere Garne für

---

37 Graßmann, a. a. O., S. 156 f.
38 Graßmann, a. a. O., S. 158; Werner Genzmer, Hundert Jahre Augsburger Kammgarnspinnerei 1836–1936. Ein Beitrag zur Geschichte des deutschen Wollgewerbes, Augsburg 1936, S. 68.
39 BayHStA München, MH 5678; Genzmer, a. a. O., S. 68; Schmid, a. a. O., S. 58 ff. Die Augsburger Kammgarnspinnerei blieb das einzige Unternehmen dieser Art im rechtsrheinischen Bayern (ebenda, S. 42).
40 BayHStA München, MH 5677; SWA-Archiv, Augsburg, Protokoll der Generalversammlung vom 30. 3. 1838; Die Mechanische Baumwollspinnerei und Weberei, Bericht, a. a. O., S. 4 ff.; Haßler u. a., Hundert Jahre Mechanische Baumwollspinnerei und Weberei, a. a. O., S. 21 ff.; Zorn, Handels- und Industriegeschichte, a. a. O., S. 144 ff.
41 Oldenburg, a. a. O., S. 45 f.
42 Graßmann, a. a. O., S. 27; Zorn, Handels- und Industriegeschichte, a. a. O., S. 154.
43 BayHStA München, MH 5679; Graßmann, a. a. O., S. 42.

Massenartikel[44]. 1855 wurde mit der Betriebsaufnahme einer Baumwollfeinspinnerei der Versuch gemacht, höhere Garnnummern für den Luxusbedarf herzustellen, die bis dahin aus der Schweiz und England importiert werden mußten. Doch schon 1858 sah sich die Firma veranlaßt, ein Sortiment für gröbere Garnnummern einzurichten, da die Gewinnspannen bei feineren Garnen durch die ausländische Konkurrenz gedrückt wurden. Die Durchschnittsnummern der Garne sanken in den nächsten Jahren laufend, bis anfangs der siebziger Jahre endgültig die Umstellung auf die Grobspinnerei vollzogen wurde[45]. Als letzte bedeutende Spinnerei wurde 1862 die Baumwollspinnerei am Senkelbach gegründet[46].

Auch die Entwicklung der mechanischen Weberei machte in Augsburg rasche Fortschritte. Als bedeutendste Unternehmen sind besonders hervorzuheben die 1846 konzessionierte Paulinsche Weberei, die 1852 an eine Aktiengesellschaft als mechanische Weberei am Fichtelbach überging, und die Gründung der Haunstettener Weberei und der Weberei am Sparrenlech im Jahre 1856. Die 1865 gegründete Weberei L. A. Riedinger entwickelte sich allmählich zu einer Buntweberei; ein Drittel der Produktion nahmen Artikel in Türkischrot ein. Während die übrigen Webereien meistens Rohgewebe für den Druck oder für die Verarbeitung zu Futterstoffen und Weißwaren herstellten, lieferte die Buntweberei auch Kleider- und Blusenstoffe, Trikots usw.[47]. Als kombiniertes Unternehmen entstand 1866 in dem Augsburger Vorort Pfersee die mechanische Baumwollspinnerei und Weberei Krauss[48].

Die Spezialisierung der Betriebe auf reine Weberei oder Spinnerei wurde in späteren Jahren immer stärker durchbrochen. Die Vorteile der Spinnwebereien bestanden vor allem in der Risikoverteilung bei unterschiedlich verlaufenden Konjunkturen für Gewebe und Garne. Seit den neunziger Jahren gingen besonders die Webereien in verstärktem Maße dazu über, die wirtschaftlichen Schwankungen durch die Aufstellung zusätzlicher Spindeln zu mildern, so z. B. die Riedingersche Weberei und die Weberei in Haunstetten. Von den fünfzehn Spinnereien, die 1910 im Handelskammerbezirk Schwaben und Neuburg bestanden, waren allein 14 in irgendeiner Form mit Webereibetrieben kombiniert[49]. Das rasche Wachstum der Augsburger Spinnereien und Webereien zeigt folgende Übersicht[50]:

Jahr	mechanische Spindeln				mechanische Webstühle	
	Kammgarn	durchschnittl. Jahreszuwachs	Baumwolle	durchschnittl. Jahreszuwachs	Baumwolle	durchschnittl. Jahreszuwachs
1847	10 000	—	33 000	—	954	—
1861	20 400	742,8	190 500	11 250	1 339	27,5
1873	38 000	1 466,6	275 608	7 092,3	3 272	161,1
1891/92	64 570	1 398,4	379 420	5 463,7	6 538	171,9
1913/14	84 128	889,0	677 152	13 533,2	12 701	280,1

44 StA Augsburg, Nachlaß Haßler, K 36; Graßmann, a. a. O., S. 21.
45 BayHStA München, MH 5680; StA Augsburg, G III 17/20; Graßmann, a. a. O., S. 63.
46 BayHStA München, MH 5682.
47 StA Augsburg, G III 17/15; BayHStA München, MH 5750; Graßmann, a. a. O., S. 44 f., S. 51; Zorn, Handels- und Industriegeschichte, a. a. O., S. 162 f.
48 Graßmann, a. a. O., S. 51.
49 Mai, a. a. O., S. 37; Jahresbericht der Handelskammer 1910, S. 1.
50 Beiträge zur Statistik des Königreichs Bayern, Bd. 10, S. 106; Jahresbericht der Handels- und Gewerbekammer 1872/73, Tab. IV; Schmid, a. a. O., S. 141; Mai, a. a. O., S. 152.

Neben der Baumwollspinnerei und -weberei spielte auch in der industriellen Wirtschaft Augsburgs nach wie vor die Veredelungsindustrie und speziell die Kattundruckerei eine gewisse Rolle. Von den Kattunmanufakturen des 18. Jahrhunderts konnte nur das Unternehmen von Schöppler & Hartmann erfolgreich den Übergang zum Industriebetrieb vollziehen. Um die Mitte des 19. Jahrhunderts produzierte die Firma mit über 600 Arbeitern ca. 80 000 bedruckte Kattune im Jahr [51]. Seit den dreißiger Jahren wurde auch das Bleichen, Färben und Appretieren von Stoffen in industriellem Umfang betrieben[52]. Einen Spezialzweig der Textilindustrie bildete die Nähfadenfabrikation in Augsburg und der Nachbargemeinde Göggingen. Von den in den fünfziger und sechziger Jahren entstandenen Zwirnereien und Nähfadenfabriken entwickelten sich vor allem die 1887 in eine Aktiengesellschaft umgewandelte Nähfadenfabrik Schürer und die Gögginger Nähfadenfabrik zu Großbetrieben[53].

Betrachtet man die Struktur der Augsburger Textilindustrie unter dem Aspekt der Gewichtigkeit einzelner Gruppen, so ergibt sich nach der Betriebszählung von 1907 folgendes Bild[54]:

Gewerbegruppe	Berufstätige absolut	in % aller in der Textilindustrie Beschäftigten
Wollbereitung	270	2,4
Wollspinnerei	855	7,6
Wollweberei	142	1,3
Wollverarbeitung insgesamt	1 267	11,3
Baumwollspinnerei	4 089	36,5
Baumwollweberei	4 527	40,3
Baumwollverarbeitung insgesamt	8 616	76,8
Bleicherei, Färberei usw.	1 133	10,1
Sonstige	197	1,8
insgesamt	11 213	100,0

Die Augsburger Textilbetriebe mußten in den ersten Jahrzehnten des 19. Jahrhunderts nahezu alle Spezialmaschinen aus französischen, englischen und belgischen Maschinenfabriken beziehen[55]. Als Antriebskraft wurde zunächst ausschließlich Wasserenergie verwendet. Die Aufstellung zusätzlicher Dampfmaschinen diente nur der Aufrechterhaltung des Betriebes während der Reinigung der Kanäle oder bei starker Eisbildung im Winter. Die dafür erforderliche Kohle kam aus den bayerischen Gruben in Penzberg, Hausham oder Miesbach, ein kleinerer

---

51 Chronik der Neuen Augsburger Kattunfabrik 1781–1960, Augsburg 1960 (Maschinenschrift), S. 71.
52 Dey, a. a. O., S. 48; Graßmann, a. a. O., S. 25.
53 Graßmann, a. a. O., S. 97 ff.; Siegfried Stoll, Die Landgemeinde im Einflußbereich der benachbarten Industriestadt. Dargestellt am Beispiel Göggingens [...], Diss. Augsburg 1969, S. 194 f.
54 Amt für Statistik und Stadtforschung, Augsburg, Beruf der Bevölkerung sowie Betriebsverhältnisse von Gewerbe und Landwirtschaft in Bayern nach Bezirksämtern und unmittelbaren Städten auf Grund der Berufs- und Betriebszählung vom 12. 6. 1907, Sonderabdruck aus der Statistik des Deutschen Reiches, Berlin o. J. (1910), S. 152.
55 Dey, a. a. O., S. 59 ff.; Zorn, Handels- und Industriegeschichte, a. a. O., S. 146; Schmid, a. a. O., S. 48.

Teil aus Böhmen und dem Saargebiet[56]. Der Bezug des Rohmaterials verknüpfte die Augsburger Textilindustrie eng mit dem Weltmarkt. Die Kammgarnspinnerei konnte ihren Bedarf zwar in den Anfangsjahren auf süddeutschen, preußischen und ungarischen Wollmärkten decken, ging aber in den achtziger Jahren zu fast ausschließlicher Verwendung von australischer Wolle über[57]. Die Baumwollspinnereien verarbeiteten anfangs ägyptische Makkobaumwolle, die über Triest, Venedig und Füssen nach Augsburg transportiert wurde. Nach dem Aufstieg Amerikas zum größten Baumwoll-Lieferanten kauften die Augsburger Fabriken die Rohwolle am Baumwollmarkt in Liverpool. Nur die Feinspinnerei und die Nähfadenfabrik blieben weiterhin auf ägyptische Baumwolle angewiesen. Später erfolgten die meisten Einkäufe im Ursprungsland selbst oder über die 1886 gegründete Baumwollbörse in Bremen[58]. Die Hauptabsatzgebiete lagen für die Kammgarnspinnerei in Sachsen, im Rheinland, in Österreich und Osteuropa[59]. Dagegen blieben die Baumwollspinnereien nahezu ausschließlich auf das Zollvereinsgebiet beschränkt. Die Webereien lieferten in erster Linie nach Norddeutschland, vor allem in die Berliner Kattundruckereien, nach Böhmen und in die Schweiz; bunte Gewebe wurden auch nach Amerika exportiert. Für die Kattundruckerei zählten Österreich und Italien zu den wichtigsten Absatzmärkten[60].

2. Die Maschinenbauindustrie

Im Gegensatz zur Baumwollspinnerei- und Weberei, wo sich in Augsburg eine Reihe von Fabriken mit gleichartiger Produktion gegenüberstanden, wiesen die Maschinenbauunternehmen von Anfang an eine stärkere Differenzierung auf. Auch entstanden sie alle aus relativ kleinen Anfängen, wenngleich der Typus der aus dem Handwerksbetrieb hervorgehenden Maschinenfabrik in Augsburg selten anzutreffen war. Die Sandersche Maschinenfabrik begann 1840 die Produktion mit 44 Arbeitern, die 1857 gegründete Maschinen- und Bronzewarenfabrik L. A. Riedinger mit 30 Arbeitern[61]. Die Absatzmöglichkeiten für die bayerischen Maschinenfabriken waren um die Jahrhundertmitte nahezu unbegrenzt, da bis dahin der größte Teil der Maschinen noch aus dem Ausland importiert werden mußte. Ludwig Sander konstatierte 1844, es sei »der Bedarf an Maschinen und sonstigen Leistungen von Maschinenfabriken hier und auf vierzig Stunden in der Runde so groß, daß auch vier bis sechs derlei Fabriken denselben noch nicht decken könnten, während dermalen bloß jene von Maffei bei München und meine hiesige in diesem

---

56 Die Mechanische Baumwollspinnerei und Weberei, Bericht, a. a. O., S. 8; StA Augsburg, Nachlaß Haßler, K 1, Stadtbachspinnerei, Manuskript für »Concordia«, 8. 5. 1883, K 36, Bericht der Stadtbachspinnerei für die Handels- und Gewerbekammer 1869, 1876; vgl. Neue Augsburger Zeitung Nr. 6 vom 6. 1. 1868; StA Augsburg, Nachlaß Haßler, K 4 a, Reichsenquête für die Baumwoll- und Leinenindustrie, Sitzungsprotokoll vom 14. 11. 1878 (Senkelbach-Spinnerei).
57 Schmid, a. a. O., S. 66.
58 Dey, a. a. O., S. 64 f.; Graßmann, a. a. O., S. 85 ff.
59 Ebenda, S. 47; Genzmer, a. a. O., S. 65; Dey, a. a. O., S. 72.
60 Graßmann, a. a. O., S. 60.
61 Vgl. Alfred Schröter, Walter Becker, Die deutsche Maschinenbauindustrie in der industriellen Revolution, Berlin 1962, S. 49 ff.; MAN-Archiv Augsburg, Werner Foth, Soziale Chronik aus 100 Jahren M.A.N., maschinenschriftliches Manuskript, Nürnberg 1941, Anlage 8 (Arbeiterzahlen); Fritz Büchner, Hundert Jahre Geschichte der Maschinenfabrik Augsburg-Nürnberg (M.A.N.), ihre Begründung und Entwicklung bis zum Anschluß an den Konzern der Gutehoffnungshütte, Nürnberg 1924, S. 63 ff.; Friedrich Haßler, Geschichte der L. A. Riedinger Maschinen- und Bronzewaren-Fabrik Aktien-Gesellschaft Augsburg, Augsburg 1928, S. 34 f.; Graßmann, a. a. O., S. 108.

Rayon existieren«[62]. Die Maschinenbauanstalten stellten für die Augsburger Textilindustrie eine wichtige Ergänzung dar, da sie die Belieferung mit Turbinen und Dampfmaschinen am Ort selbst ermöglichten; der Bau von Textilmaschinen wurde jedoch in Augsburg trotz des dafür vorhandenen Marktes nicht betrieben.

Nach der Verpachtung an Carl Reichenbach ging die Sandersche Maschinenfabrik 1857 an die Aktiengesellschaft Maschinenfabrik Augsburg über[63]. Wie die meisten Maschinenfabriken wies auch die Augsburger in den ersten Jahren ein sehr umfangreiches Produktionsprogramm auf, nahm aber bald die Vorteile der Spezialisierung wahr; als Schwerpunkte zeichneten sich der Bau von Wasserturbinen, Dampfmaschinen, Transmissionen und die Herstellung von Schnelldruckpressen ab[64]. Für die Entwicklung der Maschinenfabrik Augsburg spielten technische Neuerungen eine wesentliche Rolle. 1873 wurde im Augsburger Werk die erste deutsche Rotationsdruckmaschine gebaut, 1876 mit der Herstellung von Eismaschinen begonnen und seit 1892 in Verbindung mit der Firma Krupp an der Entwicklung des Dieselmotors gearbeitet[65].

Die Fusion mit der Maschinen-Aktien-Gesellschaft Nürnberg im Jahre 1898 verstärkte die Konzentration im bayerischen Maschinenbau und zielte auf die »Beseitigung einer vielfach empfundenen Concurrenz, Eintheilung der bezüglichen Geschäftszweige, gegenseitige Verwendung des vorhandenen geschulten Personals, gemeinschaftliche Materialbeschaffung usw.« ab[66]. Hatte das Augsburger Werk vor der Fusion noch die dominierende Stellung, so ging die Leitung des Konzerns in den Jahren vor dem Ersten Weltkrieg immer mehr auf das Nürnberger Werk über. Auch bis dahin wichtige Produktionsgebiete wie z. B. der Dampfmaschinenbau wurden an Nürnberg abgegeben, während der Bau von Wasserturbinen und Pumpen ganz eingestellt wurde[67]. Trotzdem fiel der MAN im Augsburger Wirtschaftsleben weiterhin eine wesentliche Rolle zu, arbeitete dort doch mehr als die Hälfte aller im Maschinenbau beschäftigten Arbeitskräfte[68].

Die Maschinen- und Bronzewarenfabrik L. A. Riedinger war auf die Herstellung von Gasapparaten und Gasleuchten spezialisiert; später trat die Fabrikation von Bronzegußwaren, Brauereieinrichtungen, Kühlungsanlagen und Bühneneinrichtungen hinzu. Die in der Fabrik ausgeführten Experimente mit der Luftschiffahrt führten 1897 zur Gründung der Ballonfabrik Riedinger. 1927 ging die Maschinen- und Bronzewarenfabrik in den Besitz der MAN über[69].

Auch die kleineren Augsburger Maschinenfabriken zeigten eine ausgeprägte Spezialisierung, z. B. die 1851 nach Augsburg verlegte Maschinen- und Röhrenfabrik Haag, die in erster Linie Heißwasserheizungen herstellte, oder die 1873 ge-

---

[62] Zit. bei Büchner, a. a. O., S. 24.
[63] BayHStA München, MH 5489; MAN-Archiv Augsburg, Geschäftsbericht in der Generalversammlung am 25. 9. 1859 (Geschäftsjahr 1858/59).
[64] Büchner, a. a. O., S. 27; MAN-Archiv Augsburg, Geschäftsbericht in der Generalversammlung am 21. 8. 1861; Graßmann, a. a. O., S. 104.
[65] Büchner, a. a. O., S. 36, 47, 53.; MAN-Archiv Augsburg, Bericht in der Generalversammlung am 28. 9. 1880 und 29. 9. 1881.
[66] MAN-Archiv Augsburg, Bericht in der Generalversammlung am 24. 11. 1898. Zur Fusion selbst vgl. Georg Strössner, Die Fusion der Aktiengesellschaft Maschinenfabrik Augsburg und der Maschinenbau Aktiengesellschaft Nürnberg im Jahre 1898; in: Tradition 5 (1960), S. 97 ff.
[67] Büchner, a. a. O., S. 135, 143 f.
[68] MAN-Archiv Augsburg, Foth, a. a. O., Anlage 8; Amt für Statistik und Stadtforschung, Augsburg, Beruf der Bevölkerung [. . .], S. 152.
[69] Graßmann, a. a. O., S. 108 ff.; Wolfgang Zorn, Ludwig August und August Riedinger, in: Lebensbilder aus dem Bayerischen Schwaben, Bd. 4, München 1955, S. 387 ff.; Friedrich Haßler, Geschichte der L. A. Riedinger-Maschinenfabrik, a. a. O., S. 13; Mai, a. a. O., S. 53.

gründete Zahnräderfabrik Renk[70]. Eine Sonderstellung in der Augsburger Maschinenbauindustrie kam dem Bau landwirtschaftlicher Maschinen zu. Damit beschäftigten sich zunächst drei Firmen, von denen die größte in den fünfziger Jahren aus einer Schlosserwerkstatt entstanden war. Der heftige gegenseitige Konkurrenzkampf führte 1882 zur Ausschaltung des Wettbewerbs durch den Zusammenschluß der drei Unternehmen zu den Vereinigten Fabriken landwirtschaftlicher Maschinen vorm. Epple & Buxbaum AG[71]. Die besondere Abhängigkeit der Produktion landwirtschaftlicher Maschinen von Agrarkonjunkturen, Ernte- und Wetterlagen bedingte einen Konjunkturverlauf, der sich nicht selten von der Entwicklung der übrigen Maschinenfabriken unterschied. Die Absatzgebiete der Maschinenfabriken erstreckten sich vor allem auf Süddeutschland, das Rheinland, Österreich, Rußland und die Schweiz; daneben gewann mit der Zeit, speziell für die MAN, auch der Export nach Übersee zunehmend an Bedeutung[72].

3. Sonstige Industriezweige

Neben der Maschinenbauindustrie kam in Augsburg vor allem der Metallverarbeitung, der Papier- und der chemischen Industrie noch einige Bedeutung zu. Die Messingfabrikation bestand seit 1817; der größte Teil der Produkte ging nach Mittel- und Süddeutschland, Österreich und in die Schweiz. Auch die Goldschlägerei und die Blattgoldfabrikation wurden seit dem letzten Drittel des 19. Jahrhunderts fabrikmäßig, jedoch in bescheidenem Umfang betrieben; größere Bedeutung besaß die Herstellung von Uhrfedern und Laubsägen[73]. In den sechziger Jahren entstanden einige kleinere Eisengießereien, die durch die entfernte Lage Augsburgs von den Rohstoffquellen und die dadurch bedingten hohen Frachtkosten allerdings von vornherein in ihrer Entwicklung gehemmt waren. Hinzu kam, daß die größeren Maschinenfabriken eigene Gießereien unterhielten und dadurch der Absatz am Ort selbst nur in beschränktem Umfang möglich war[74].

Die Papierfabrikation nahm seit den vierziger Jahren mit der Einführung von Papiermaschinen einen unverkennbaren Aufschwung. Zum größten Unternehmen entwickelte sich die 1849 gegründete Haindlsche Papierfabrik. Daneben wurde im 19. Jahrhundert die Tradition der Augsburger Gold-, Silber- und Buntpapierherstellung fortgesetzt[75]. Einen Spezialzweig der Papierindustrie stellte die Fabrikation von Papierhülsen für die Textilindustrie dar[76]. Die Entstehung einer chemischen Industrie war zum Teil ebenfalls durch den Bedarf der Textilindustrie bedingt, so die Herstellung von Schwefel- und Salzsäure für die Kattundruckereien, Färbereien und Bleichereien. Anfang der sechziger Jahre beschäftigten sich in Augsburg fünf kleine Betriebe mit der Anfertigung von Zündhölzern, Ende der achtziger Jahre wurde die gesamte Fabrikation von einem Unternehmen betrieben[77].

70 Mai, a. a. O., S. 54 f.; Graßmann, a. a. O., S. 111 f., 116 f.
71 Hermann Seebauer, Die vereinigten Fabriken landwirtschaftlicher Maschinen vorm. Epple & Buxbaum AG Augsburg, maschinenschriftliche Diss. Würzburg 1924, S. 26 ff.; Graßmann, a. a. O., S. 114 ff.
72 Ebenda, S. 106 ff.; Büchner, a. a. O., S. 39, S. 135; MAN-Archiv Augsburg, Nachlaß Guggenheimer, K 51.
73 Graßmann, a. a. O., S. 118 ff.; Mai, a. a. O., S. 56 f.; Oldenburg, a. a. O., S. 40 f.
74 Graßmann, a. a. O., S. 123 f.
75 Georg Haindl u. a., Hundert Jahre G. Haindlsche Papierfabriken, München 1949, S. 36 ff.; Zorn, Handels- und Industriegeschichte, a. a. O., S. 157; Graßmann, a. a. O., S. 139 ff.
76 Ebenda, S. 143 f.
77 Mai, a. a. O., S. 58; Graßmann, a. a. O., S. 128 ff.

In den übrigen Wirtschaftszweigen waren nur spärliche Ansätze zur Industrialisierung vorhanden. Immerhin zeigten sich in der Holzverarbeitung seit den fünfziger Jahren Versuche zur fabrikmäßigen Herstellung von Möbeln, Waschmangen usw.[78]. Bemerkenswert ist, daß sich in Augsburg keine der Bedeutung der Textilindustrie entsprechende Konfektionsindustrie entwickelte. Die zahlreichen Werkstätten der Schneider und Näherinnen waren zum größten Teil Alleinbetriebe; Heimarbeit spielte in Augsburg keine Rolle. Seit den neunziger Jahren entstanden einige Schuhfabriken, die aber erst nach der Jahrhundertwende zu größeren Betrieben heranwuchsen[79].

Schon diese knappen Ausführungen zeigen, wie frühzeitig die Augsburger Industrie vom Typus des Großunternehmens geprägt war. 1913 existierten in der Textilindustrie vier Unternehmen mit mehr als tausend Beschäftigten, in der Maschinenbauindustrie drei[80]. In »Großbetrieben« im zeitgenössischen Sinn (mehr als 50 Beschäftigte) arbeiteten in der Textilindustrie 1907 97,2 % aller Beschäftigten, in der Maschinenbauindustrie 88,1 %, im Baugewerbe und in der Metallverarbeitungsbranche im gleichen Jahr 70,7 % bzw. 50,9 % aller Beschäftigten. Dagegen setzte die Konzentrationsbewegung in anderen Bereichen, vor allem im Handel, erst relativ spät ein. Dort existierte 1895 noch kein Betrieb mit über fünfzig Beschäftigten, 1907 waren immerhin schon drei Unternehmen mit insgesamt 231 Arbeitern und Angestellten vorhanden[81]. Im allgemeinen zeichnete sich seit den neunziger Jahren, vermutlich aber schon früher, ein ständiger Rückgang der Kleinbetriebe nach Betriebs- und Beschäftigtenzahl ab, während die Anzahl der Mittel- und Großbetriebe im Steigen begriffen war. Bei den Mittelbetrieben zeigte sich allerdings trotz steigender Beschäftigtenzahl eine anteilmäßige Verringerung bezüglich der Gesamtzahl der Arbeitskräfte[82].

	1895				1907			
	Betriebe absolut	%	Arbeiter absolut	%	Betriebe absolut	%	Arbeiter absolut	%
Kleinbetriebe	5 127	87,3	9 691	28,1	4 763	84,5	9 190	21,3
Mittelbetriebe	679	11,6	8 055	23,3	786	13,9	9 846	22,9
Großbetriebe	64	1,1	16 755	48,6	89	1,6	24 027	55,8
insgesamt	5 870	100,0	34 501	100,0	5 638	100,0	43 063	100,0

4. Die Finanzierung

Die im Vergleich mit anderen Städten hohe anteilmäßige Vertretung des Großbetriebs in Augsburg ist auf die dort vorherrschende Unternehmensform der

---

78 Arthur Cohen, Das Schreinergewerbe in Augsburg, Schriften des Vereins für Socialpolitik LXIV, Bd. 3., Leipzig 1895, S. 513 ff.
79 Beiträge zur Statistik des Königreichs Bayern, Bd. 83, S. 426; Amt für Statistik und Stadtforschung, Augsburg, Volkszählung 1885 (handschriftliches Manuskript), Berufstabelle, S. 89 f.; StA Augsburg, H 72. Nach einer 1882 aufgenommenen Zählung arbeiteten in Augsburg 127 Personen in Heimarbeit für die Konfektion von Herrenkleidung und Hemden.
80 Mai, a. a. O., Anlage VI.
81 Beiträge zur Statistik des Königreichs Bayern, Bd. 83, S. 182 f.
82 Ebenda.

Aktiengesellschaft zurückzuführen. Vor allem in der Textilindustrie gab es in den letzten Jahren vor dem Ersten Weltkrieg kaum mehr Einzelunternehmen[83].

Zahl der Aktiengesellschaften					
im Jahre 1850	3	1873	12	1900	38
im Jahre 1860	8	1890	34	1914	41

Der Typus der Augsburger Aktiengesellschaft unterschied sich von anderen Ausprägungen dieser Unternehmensform durch seine soziale Exklusivität. Der Kreis der Aktionäre war in der Regel nicht allzu groß und setzte sich ausschließlich oder zum überwiegenden Teil aus Einheimischen zusammen. Bei Gründung der Augsburger Kammgarnspinnerei wurde beispielsweise ausdrücklich darauf hingewiesen, daß »die Größe der einzelnen Aktie von solchem Belange ist, daß nur wohl Bemittelte sich hierbei zu beteiligen vermögen — eine Spekulation mit Aktien ist daher um so minder zu besorgen, als die gegenwärtigen Teilnehmer zu einander in bekannten Familien- und Geschäftsverhältnissen stehen und nach der ganzen Anlage der Gesellschaftssatzungen eine zu große Zersplitterung des Aktienkapitals vermeiden wollten[84]«.

Industrielle Kredite ließen sich von den großen Augsburger Bankhäusern in der Regel nur unter Abgabe von Kontrollbefugnissen an die Bankiers erhalten; das zeigen mehrere Umwandlungen von Einzelfirmen in Aktiengesellschaften[85]. Seit 1856 wurden einheimische Industrieaktien an der Augsburger Börse notiert, doch vermieden die Augsburger Kapitalbesitzer jede Möglichkeit zur Spekulation. Ein Jahr später berichtete der Magistrat, es seien die Industriepapiere »auf den Courszetteln zwar notiert, aber nur schwierig zu haben, weil sie fast ausnahmslos in festen Händen sind«[86].

Die Ausschaltung von Spekulanten und kleinen Aktionären führte insgesamt zu einer kontinuierlichen Betriebspolitik der Augsburger Unternehmen. Da die Aktionäre nicht auf kurzfristige Gewinne angewiesen waren, konnte in Krisenzeiten die Ausschüttung der Dividende leichter verringert oder vorübergehend ausgesetzt werden. Andererseits machten sich trotz der relativen Ergiebigkeit des Augsburger Kapitalmarkts schon in den Gründungsjahren mitunter Engpässe in der Kapitalversorgung bemerkbar. Als z. B. die Augsburger Kammgarnspinnerei

---

83 Jahresbericht der Handels- und Gewerbekammer 1872/73, S. 78 f. Graßmann, a. a. O., S. 261; vgl. Statistisches Jb. deutscher Städte VII, 1898, S. 272, 275.

84 BayHStA München, MH 5678. Der Nennwert einer Aktie der Kammgarnspinnerei betrug 10 000 fl. (ebenda). Ein besonders extremes Beispiel für die Beschränkung des Kreises der Aktionäre bildete die Gründung der Weberei Haunstetten, bei der nur 10 Aktionäre ein Kapital von 300 000 fl. stellten. Eine Ausnahme von diesem Typus stellte die Baumwollfeinspinnerei mit 144 Aktionären dar (Zorn, Handels- und Industriegeschichte, a. a. O., S. 161 f.).

85 Genzmer, a. a. O., S. 61 ff. Merz mußte sich anläßlich der Erweiterung seines Geschäfts 1845 zunächst bereit erklären, seine Geldgeber, die Besitzer des Bankhauses Schaezler, als Teilhaber aufzunehmen; nach der Umwandlung in eine AG wurde Ferdinand von Schaezler Aufsichtsratsvorsitzender. Eine konsequente Absicherung seines Einflusses verfolgte vor allem das Bankhaus Schmid (vgl. dazu Friedrich Schmid, Jakob Friedrich und Paul Schmid. (1777–1853 und 1842–1928), in: Lebensbilder aus dem Bayerischen Schwaben, Bd. 4, 1955, S. 360 ff.

86 StA Augsburg, G III 17/20: »Es sollen die Aktien nicht in fremde Hände kommen, es soll kein Börsenspiel damit getrieben werden, es sollen dieselben vorzugsweise denen zur guten Placierung ihrer Ersparnisse überlassen werden, welche das Risiko der ersten Gründung auf sich nahmen« (ebenda). Vgl. auch Die Mechanische Baumwollspinnerei und Weberei, Bericht, a. a. O., S. 30: »Ein ganz wesentlicher Factor des Gelingens war der Umstand, daß die Aktien fast durchweg in den gleichen Händen blieben und nur wenig im Verkehr gehandelt wurden«.

1867 anläßlich der Reorganisation des Betriebs für 350 000 fl. neue Aktien unterbringen mußte, ging der Erwerb nur sehr schleppend vonstatten, so daß die letzten Aktien erst 1870 gekauft wurden[87].

Industrieaktien wurden nicht nur von Bankiers und privaten Kapitalisten erworben, auch Firmen gingen in einzelnen Fällen dazu über, Aktien anderer Unternehmen anzukaufen. Die Maschinenfabrik Augsburg übernahm z. B. seit den fünfziger Jahren fremde Aktien, um sich dadurch wichtige Aufträge zu sichern[88].

Die meisten Augsburger Großaktionäre waren an mehreren Firmen beteiligt und gehörten verschiedenen Aufsichtsräten an[89]. Die Folge war, daß es sich speziell bei den Unternehmen der Textilbranche nicht um Konkurrenten im eigentlichen Sinne handelte. Die durch die enge finanzielle Verflechtung entstandene Unternehmer- und Managerklasse wies eine außergewöhnliche Homogenität auf, die nicht ohne Einfluß auf das Verhalten in sozialen Konfliktsituationen bleiben sollte.

III. Das Handwerk unter dem Einfluß der Industrialisierung

Unter den Bedingungen der fortschreitenden Industrialisierung entwickelten sich die einzelnen Handwerkszweige unterschiedlich. Von der Fabrikkonkurrenz waren zunächst nur wenige Berufe unmittelbar betroffen[90]. Ein Vergleich der Zollvereinszählungen von 1847 und 1861 anhand einiger ausgewählter Gewerbe zeigt die Entwicklungstendenzen der in Augsburg während der Mitte des Jahrhunderts einsetzenden Umbruchsphase[91].

Beruf	1847		1861		auf 1 Meister kommen Gesellen		auf 10 000 Einwohner kommen Meister	
	Meister	Gesellen	Meister	Gesellen	1847	1861	1847	1861
Bäcker	85	150	85	167	1,7	1,9	22,2	18,7
Metzger	84	68	83	106	0,8	1,2	21,9	18,2
Steinmetzen	2	8	5	32	4,0	6,4	0,5	1,1
Glaser	16	4	19	11	0,2	0,5	4,1	4,1
Maurer	7	289	7	189	41,2	27,0	1,8	1,5
Maler	20	32	31	74	1,6	2,3	5,2	6,8
Zimmerer	16	140	14	233	8,7	16,6	4,1	3,0
Schmiede	16	60	13	47	3,7	3,6	4,1	2,8
Schlosser	67	136	73	209	2,0	2,8	17,5	16,0

87 Schmid, a. a. O., S. 91; Genzmer, a. a. O., S. 71.
88 MAN-Archiv Augsburg, Protokoll der Generalversammlung vom 23. 8. 1862. Noch 1880 beteiligte sich die Maschinenfabrik an der »Süddeutschen Presse« AG, weil sie sich dadurch namhafte Bestellungen sichern wollte (Protokoll der Generalversammlung vom 28. 9. 1880; Büchner, a. a. O., S. 33).
89 Reuther, a. a. O., S. 67; Zorn, Handels- und Industriegeschichte, a. a. O., S. 226 f.
90 Gustav Schmoller, Zur Geschichte der deutschen Kleingewerbe im 19. Jahrhundert, Halle 1870, S. 166; August Frh. von Holzschuher, Die materielle Noth der untern Volksklassen und ihre Ursachen, Augsburg 1850, S. 99.
91 Beiträge zur Statistik des Königreichs Bayern, Bd. 10, S. 46 ff., Tafel XIV. Die Zahl der Weber ist nicht in der Handwerker-, sondern in der Fabrikentabelle (S. 108 ff., Tafel XVI) enthalten. Die Angaben für 1847 beziehen sich offensichtlich auf sämtliche Handwerksangehörigen, da die Zahl der Webermeister um diese Zeit schon erheblich niedriger lag. Sie betrug 1849/50 nur mehr 162 (Zorn, Handels- und Industriegeschichte, a. a. O., S. 157).

Beruf	1847 Meister	1847 Gesellen	1861 Meister	1861 Gesellen	auf 1 Meister kommen Gesellen 1847	1861	auf 10 000 Einwohner kommen Meister 1847	1861
Nadler	11	12	9	7	1,0	0,7	2,8	1,9
Gürtler	5	5	5	4	1,0	0,8	1,3	1,1
Gold- und Silberarbeiter	35	26	20	23	0,7	1,1	9,1	4,4
Uhrmacher	19	14	17	33	0,7	1,9	4,9	3,7
Tuchmacher	4	9	13	44	2,2	3,3	1,0	2,8
Färber	19	26	18	44	1,3	2,4	4,9	3,9
Schuhmacher	167	298	151	321	1,7	2,1	43,7	33,2
Sattler	16	30	11	22	1,8	2,0	4,1	2,4
Schneider	136	167	181	210	1,2	1,1	35,5	39,8
Posamentierer	23	8	13	20	0,3	1,5	6,0	2,8
Tischler	68	166	72	161	3,2	2,2	17,7	15,8
Tapezierer	7	14	16	38	2,0	2,3	1,8	3,5
Drechsler	10	16	30	52	1,6	1,7	2,6	6,6
Weber	—	858	—	113	117	1,0	—	24,8
Handschuhmacher	12	22	4	71	1,8	17,7	3,1	0,8
Gerber	14	12	8	10	0,8	1,2	3,6	1,7

Demnach zeigte sich ein Rückgang des gesamten Gewerbes nur bei den Schmieden, Nadlern, Gold- und Silberarbeitern, Sattlern, Gerbern, Gürtlern und bei den Webern, von denen die meisten zu den von der Fabrikindustrie frühzeitig bedrohten Berufen gehörten. Dagegen trat ein Hang zu stärkerer Konzentration, ein absolutes Sinken der Meisterzahlen bei steigendem Gesellenanteil, besonders bei den Zimmerleuten, Metzgern und Handschuhmachern hervor; auch bei den Schuhmachern, einem der »klassischen« übersetzten Gewerbe, verminderte sich die Anzahl der Meister und stieg die Gesellenzahl, wenn dadurch auch noch keine wesentliche Besserung für diesen Berufsstand eintrat. Bei den Schneidern und Tischlern hingegen verstärkte sich die Übersetzung.

Zu den niedergehenden Gewerben gehörte auch das zu Beginn des 19. Jahrhunderts noch immer bedeutende Weberhandwerk[92]. 1808 wurden die früheren reichsstädtischen Bestimmungen aufgehoben, nach denen die Fabriken verpflichtet waren, bestimmte Kontingente von den Augsburger Webern zu beziehen[93]. Zwar beschäftigte die Kattunfabrik Schöppler & Hartmann noch 1835 neben dem eigentlichen Fabrikpersonal zahlreiche Meister der Stadt und der Umgebung durch Bestellungen, doch konnte das soziale Elend der Weber dadurch auf die Dauer ebensowenig gemildert werden wie durch zahlreiche Versuche von privater und staatlicher Seite, den Webern durch die Ausrüstung mit besseren Geschirren und Garnen, durch Umschulung von Baumwolle auf Wolle oder durch Vermittlung technischer Kenntnisse aufzuhelfen[94]. Die Haltung der Meister selbst war widersprüchlich; in ihrer tiefsitzenden Furcht vor dem Maschinenwesen verleiteten sie

---

92 Eine Dissertation über die Lage der Augsburger Weber im 18. und 19. Jahrhundert wird demnächst von Hertha Ganser erscheinen.
93 Zorn, Handels- und Industriegeschichte, a. a. O., S. 125.
94 Chronik der Neuen Augsburger Kattunfabrik, a. a. O., S. 66; Genzmer, a. a. O., S. 93 ff.; SWA-Archiv, Augsburg, Protokoll der Ausschußsitzung vom 1. 5. 1848; Graßmann, a. a. O., S. 29 ff.

die Gesellen und Lehrlinge dazu, in der 1835 auf Initiative der Kreisregierung gegründeten Weberschule die Einrichtungen zu zerschlagen[95]. Dagegen beantragte die Weberinnung ein Jahr später beim Magistrat die Erwirkung einer Fabrikkonzession für einen untereinander zu bildenden Verein, über den die Meister gemeinschaftlich die neuesten Maschinen anschaffen, Rohstoffe einkaufen und die Verkaufsorganisation regeln wollten; auch sollten die ärmeren Meister durch den Verein unterstützt, der anfallende Gewinn entsprechend den Leistungen der Mitglieder verteilt werden. Der Magistrat reagierte jedoch ausweichend und vertagte die Entscheidung[96].

Schon ein Jahr später waren diese genossenschaftlichen Ansätze durch die Gründung der Mechanischen Baumwollspinnerei und -weberei illusorisch geworden. Die Behörden hielten die Vernichtung des Weberhandwerks jetzt nur mehr für eine Zeitfrage. Zwar versuchte der Augsburger Magistrat, die Weber durch restriktive Maßnahmen zu schützen, so als z. B. die Weberinnung 1845 gegen die zusätzliche Aufstellung von Handwebstühlen in der Mechanischen Baumwollspinnerei und Weberei protestierte. Die Fabrik, die in den verzweifelten Bitten der Weber nur einen »Angriff des ordinärsten Gewerbeneides« sah, ging bei der Regierung von Schwaben und Neuburg in Berufung und erhielt schließlich die Erlaubnis mit der bezeichnenden Begründung, daß »die Verweigerung der Concession keineswegs den Nahrungsstande der hiesigen Weber in dauernder Weise sichern, sondern nur ähnlichen auswärtigen Fabriken Vorschub leisten würde«[97]. Hilfsaktionen der Fabriken zugunsten der Weber wie etwa im Revolutionsjahr 1848 dienten weniger der Einbeziehung des Handwerks in den industriellen Produktionsprozeß als der Entschärfung des sozialen Konfliktpotentials; so meinte die Direktion der Mechanischen Baumwollspinnerei und Weberei, »man könne nicht umhin, dieses Opfer zu bringen, da bei diesen bewegten Zeiten die Sicherheit einer Fabrik viel von der öffentlichen Stimmung abhänge und es gewissermaßen als eine Assecuranzprämie zu betrachten sey, um schon öfters ausgesprochene Drohungen gegen unsere Fabrik zu beschwichtigen«[98]. Nach der Jahrhundertmitte beschleunigte sich die Auflösung der Handweberei. 1861 wurde das Weberhaus verkauft und die Innung aufgelöst. Die hohen Baumwoll- und Garnpreise während des amerikanischen Bürgerkrieges brachten für die meisten Weber den endgültigen Ruin[99].

Das Schicksal der Weber war für die übrigen Handwerkszweige in Augsburg nicht typisch, da sie nicht in gleichem Maße dem unmittelbaren Druck der lokalen Fabrikkonkurrenz ausgesetzt waren. Während das Bauhandwerk vor allem seit der in den sechziger Jahren einsetzenden Bauspekulation allmählich in kapitalistisch geführte Unternehmen hineinwuchs, tendierten andere Gewerbe dazu, mit der Zeit zum Träger von Ersatz- und Reparaturfunktionen herabzusinken, z. B. die Schuhmacher und Schneider[100]. Daneben trat schon sehr frühzeitig gerade in

---

95 Reuther, a. a. O., S. 50; Zorn, Handels- und Industriegeschichte, a. a. O., S. 146.
96 Reuther, a. a. O., S. 49 f.
97 StA Augsburg, G III 17/9; SWA-Archiv, Augsburg, Protokoll der Ausschußsitzung vom 12. 12. 1845.
98 SWA-Archiv, Augsburg, Protokoll der Ausschußsitzung vom 1. 5. 1848.
99 Graßmann, a. a. O., S. 32.
100 StA Augsburg, J 1/20. 1855 beschäftigten von den 7 Augsburger Maurermeistern 2 je 70 Gesellen, 2 mehr als 60 und 2 je 20 Gehilfen. Von den 6 Zimmerermeistern (die übrigen Meister sind Brunnenmacher) beschäftigten 4 Meister je 20 Gesellen und mehr, 1 Meister 40, ein anderer 3 Gesellen. Zur Entwicklung im Baugewerbe allgemein vgl. Schmoller, a. a. O., S. 386; zu den Verhältnissen in Augsburg: Cohen, a. a. O., S. 533 f. Zu Schumachern und Schneidern siehe Jahresbericht der Handels- und Gewerbekammer 1878/79, S. 19.

größeren Werkstätten eine »interne« Verarbeitung der industriellen Anforderungen durch Spezialisierung, Arbeitsteilung und strukturelle Differenzierung auf[101]. Bereits um 1820 gab es in Augsburg Meister, die für ihre Gesellen Kost, Logis und Taglohn abgeschafft hatten und fünfzehn bis zwanzig Gehilfen im Stücklohn beschäftigten; in ihren Werkstätten herrschte »eine Industrie, welche mehr die Gestalt von Fabriken als eigentlichen Handwerksbuden darbietet«[102]. Auch F. A. Oldenburg stellt 1850 fest, manche Augsburger Handwerksmeister näherten sich dem Fabriksystem, »ohne den Namen in Anspruch zu nehmen«[103]. Von den Schlossermeistern hatte sich zu Beginn der sechziger Jahre der größere Teil auf die fabrikmäßige Anfertigung einzelner Artikel wie Schlösser, Beschläge, Schrauben, Waagen usw. spezialisiert. Typisch ist auch hier, daß mit der Spezialisierung zugleich die Produktion für den entfernteren Markt einsetzte[104]. Eine ähnliche Entwicklung vollzog sich in Augsburg um die gleiche Zeit in der Schreinerei[105]. Offensichtlich war jedoch eine gewisse Betriebsgröße von vornherein Voraussetzung für diesen Vorgang. A. Cohen fand zwar bei den größeren Augsburger Tischlermeistern Spezialisierung auf Möbelfabrikation, Parkettherstellung, Verfertigung von Kisten, Waschmangen usw., registrierte aber bei den Kleinbetrieben das Fehlen jeder Ausrichtung auf ein bestimmtes Produkt[106].

Die Verwendung von Arbeitsmaschinen fand nur langsam Eingang in den Handwerksbetrieb. Dabei ist zunächst festzustellen, daß sich im Verlauf der Industrialisierung der Zugang des Handwerks in Augsburg zu der seit langem gewerblich genutzten billigen Wasserenergie verringerte. Die Fabriken kauften zur industriellen Nutzung in großem Umfang Mühlen und Wasserrechte auf; einem Gewerbeverzeichnis aus dem Jahre 1857 läßt sich entnehmen, daß um diese Zeit von 35 Mühlen allein 11 durch Industriebetriebe aufgekauft und stillgelegt worden waren[107]. Von den 1851 zur Verfügung stehenden 2556,8 PS aus Wasserkraft trafen auf das Handwerk noch 1232,0 PS (48,2 %), 1892 dagegen von insgesamt 9288,9 PS nur mehr 787,6 PS (8,5 %)[108]. 1907 verfügten von den 1569 Gewerbebetrieben mit weniger als 11 Gehilfen nur 209 (13,3 %) über mechanische Antriebskräfte. Dabei dominierte vor allem bei den kleineren Betrieben der Elektromotor. Von den 168 Betrieben, die zwischen 11 und 50 Gehilfen beschäftigten, waren immerhin 85 (50,6 %) mit Motoren ausgerüstet[109]. Die zögernde Einführung von Maschinen hatte verschiedene Gründe. Neben der Finanzierung trat in

---

101 Adolf Noll, Wirtschaftliche und soziale Entwicklung des Handwerks in der zweiten Phase der Industrialisierung, in: W. Rüegg / O. Neuloh (Hrsg.), Zur soziologischen Theorie und Analyse des 19. Jahrhunderts, Göttingen 1971, S. 209.
102 StA Augsburg, G I 16/1.
103 Oldenburg, a. a. O., S. 38.
104 Theodor Herberger, Die Industrie Augsburgs mit Rücksicht auf die Polytechnische Schule, Augsburg 1862, S. 19.
105 In Nr. 91 vom 31. 3. 1868 schrieb die Neue Augsburger Zeitung über das Schreinergewerbe in Augsburg: »Es wird in vielleicht nicht zu kurzer Zeit nur verhältnismäßig wenig Angehörige dieses Gewerbes mehr geben, welche im Stande sein werden, alle bisher in das Fach der Schreinerei einschlagenden Arbeiten gleichmäßig gut auszuführen, desto besser wird aber das Gesamtprodukt der verschiedenen Faktoren, welche an einem Stück arbeiten, ausfallen«.
106 Cohen, a. a. O., S. 540.
107 StA Augsburg, J I/20.
108 Graßmann, a. a. O., S. 234.
109 Beiträge zur Statistik des Königreichs Bayern, Bd. 83, S. 426 f.; Jahresbericht der Handels- und Gewerbekammer 1907, S. 168; Cohen, a. a. O., S. 543. Noch in den 70er Jahren arbeitete in Augsburg eine Bauschreinerei mit 12–18 Gehilfen ohne Maschinen.

erster Linie die Frage der Rentabilität in den Vordergrund, denn Maschinen für Teilbereiche der Produktion waren im Handwerk weit weniger ausgelastet als im Fabrikbetrieb. Auch konnten die Gesellen bei Einsparung von Arbeitsgängen durch die Verwendung von Maschinenarbeit nicht ohne weiteres im Lohn herabgesetzt werden[110]. Zudem war eine unterschwellige Abneigung gegen das Maschinenwesen im allgemeinen bei manchen Handwerkern nicht ausgeschlossen[111].

Die Tatsache, »daß die Anpassung des Handwerks an das kapitalistische Wirtschaftssystem nur über die Adaption bestimmter ›kapitalistischer‹ Prinzipien erfolgen« konnte[112], zog der betrieblichen Weiterentwicklung vieler Handwerker zugleich eine Grenze. Schon Holzschuher rügte um die Jahrhundertmitte an den Augsburger Meistern, sie entfalteten »keine Spekulation, gar keine Kunst, den Abnehmer herbeizulocken«[113]. An die statischen Verhältnisse der vorindustriellen Wirtschaft gewöhnt, reagierten die Handwerker auf die veränderten Produktions- und Absatzbedingungen nicht selten mit Hilflosigkeit und Fatalismus. Der Übergang vom Handwerksmeister zum Unternehmer wurde ferner durch mangelnde kaufmännische und organisatorische Kenntnisse blockiert. So erklärte ein Augsburger Tischlermeister sein fehlendes Expansionsstreben: »Bei 40 Arbeitern brauchte ich einen Buchhalter, einen Zeichner und einen Verkäufer, und wegen der hierfür erwachsenden Ausgaben würde sich der Betrieb nicht mehr rentieren, und bei 100 Arbeitern würde ich den Überblick verlieren und einen Werkführer brauchen«[114]. Zugleich lag den meisten Handwerkern das Prinzip der Kapitalakkumulation völlig fern; ein dem Meister verbleibender Gewinn, der über das Maß eines Gesellenlohns hinausging, wurde nicht als »Unternehmergewinn«, »Zins« oder dergleichen aufgefaßt, sondern als Entgelt für die größere Geschicklichkeit des Meisters gegenüber den Gesellen[115].

Die konjunkturelle Lage des Handwerks entwickelte sich in der Regel parallel zum allgemeinen Wirtschaftsverlauf. Abweichungen ergaben sich aus den unterschiedlichen Ausgangsbedingungen von Handwerk und Großindustrie. Die Handwerksbetriebe vermochten z. B. während des Aufschwungs 1871–1873 wegen Arbeitermangels ihre Kapazitäten nicht dem Boom entsprechend auszulasten; die Großindustrie zog durch höhere Löhne die Arbeitskräfte an sich. In den ersten Abschwungjahren 1874/75 kam es daher infolge der einsetzenden Entlassungen und des absinkenden Lohnniveaus vorübergehend zu einer gesteigerten Rentabilität der Kleinbetriebe[116]. In Krisenzeiten wurde das Handwerk oft auf Ersatz- und Reparaturfunktionen zurückgedrängt[117]. Nicht selten verschärfte sich in solchen Jahren die wirtschaftliche Lage zusätzlich durch das Anwachsen der Konkurrenz; vermehrte Gewerbeanmeldungen in Phasen wirtschaftlichen Niedergangs

---

110 Cohen, a. a. O., S. 556.
111 Ebenda, S. 557. Vgl. dazu auch Extra-Beilage zum Augsburger Anzeigblatt Nr. 324 vom 25. 11. 1855, Memorandum der Bäcker von Augsburg zur Maschinenbäckerei.
112 Noll, a. a. O., S. 209.
113 Holzschuher, a. a. O., S. 101; Vgl. Jürgen Bergmann, Das »Alte Handwerk« im Übergang. Zum Wandel von Struktur und Funktion des Handwerks im Berliner Wirtschaftsraum in vor- und frühindustrieller Zeit, in: O. Büsch (Hrsg.), Untersuchungen zur Geschichte der frühen Industrialisierung [...], Berlin 1971, S. 246 ff.; Noll, a. a. O., S. 209.
114 Cohen, a. a. O., S. 556 f.
115 Ebenda, S. 570.
116 Jahresbericht der Handels- und Gewerbekammer 1874/75, S. 25 f.
117 Ebenda, 1878/79, S. 19.

weisen darauf hin, daß manche Gesellen offensichtlich drohender Arbeitslosigkeit durch den Übergang zur Selbständigkeit auswichen[118].

Wenn auch das Handwerk im Verlauf des 19. Jahrhunderts einem tiefgreifenden Wandel in der Produktionsweise unterworfen war und immer noch eine Rolle im Wirtschaftsleben spielte — 1901 zählte man in Augsburg 7453 im Handwerk tätige Arbeitskräfte, was einem Anteil von 29,1 % an der gesamten Arbeiterschaft gleichkam[119] — so fristete doch der größte Teil der Meister ein kümmerliches Dasein[120]. 1907 existierten noch 1336 gewerbliche Alleinbetriebe, weitere 939 Betriebe beschäftigten nicht mehr als drei Gehilfen. Wie ein Vergleich der Entwicklung identischer Betriebe zwischen 1895 und 1907 zeigt, hatten erst Betriebe mit mehr als 10 Beschäftigten in gesteigertem Maße Chancen zur Betriebsvergrößerung[121]. Der Aufstieg zum kleinen und mittleren Unternehmer setzte jedoch ein Betriebskapital voraus, über das die Handwerker nur in seltenen Fällen verfügten.

IV. Lokaler Wirtschaftsablauf und gesamtwirtschaftliche Entwicklung

Der Entwicklungsgang der Augsburger Industrie spiegelt in großen Zügen die Bewegungen der gesamten Volkswirtschaft und des Weltmarkts wieder, doch wurden diese Schwingungen durch örtliche Verhältnisse vielfach gebrochen, verzerrt, abgeschwächt oder verstärkt. Dabei wirkten sich nicht nur allgemeine zeitliche Phasenverschiebungen im Konjunkturablauf bei den Konsum- und Investitionsgüterindustrien entsprechend der lokalen Wirtschaftsstruktur aus; auch sektorale Sondereinflüsse in den vorherrschenden Industrien spielten eine wesentliche Rolle. Beispielsweise verlief in Augsburg in manchen Jahren nicht nur die Entwicklung der Kammgarn- und der Baumwollindustrie aufgrund unterschiedlicher Rohstoff- und Absatzlagen abweichend voneinander, auch bei den Baumwollspinnereien und den Baumwollwebereien konnten durch plötzliche Preisbewegungen divergierende Profitlagen entstehen[122].

Die Anfangsjahre der Augsburger Industrie fielen in eine Zeit des Übergangs von der vorindustriellen Wirtschaft zum industriellen Wirtschaftswachstum. In Deutschland waren die kapitalistischen Konjunkturbewegungen noch wesentlich schwächer ausgeprägt als in den industriell fortgeschritteneren Ländern, doch zeigten einzelne Sektoren, so vor allem die Textilindustrie, lebhafte wirtschaftliche Schwankungen. Nach der Übersiedelung der Kammgarnspinnerei nach Augsburg geriet dieser Wirtschaftszweig sogleich in die 1836/37 herrschende interna-

---

118 StA Augsburg, G 204. In dem Jahrzehnt zwischen 1870 und 1880 zeigten gerade die Abschwungjahre eine besonders hohe Zahl von Gewerbeanmeldungen im Handwerk:

1870: 202	1874: 234	1878: 317
1871: 216	1875: 297	1879: 301
1872: 239	1876: 305	1880: 244
1873: 261	1877: 260	

119 StA Augsburg, G I 16/12. Dabei ist allerdings der Begriff »Handwerk« nicht ausdrücklich definiert.
120 Vgl. dazu die Untersuchungen über das Schreinergewerbe, Cohen, a. a. O., S. 548 ff.
121 Beiträge zur Statistik des Königreichs Bayern, Bd. 83, S. 426 f., S. 199*.
122 Vgl. Spiethoff, a. a. O., Bd. I, S. 76.

tionale Absatzkrise im Wollgeschäft. Im Dezember 1837 stellte Friedrich Merz fest: »Es wäre viel besser, unter solchen Auspizien die Fabrik ganz einzustellen, denn die jetzigen Preise bringen Verlust statt Gewinn«[123]. Erst im Juni 1838 trat eine Aufwärtsbewegung ein, die, von einem Rückschlag im Herbst 1839 abgesehen, für das Augsburger Unternehmen bis 1845 anhielt. Dann machte sich der Umschwung bemerkbar; das erste Geschäftsjahr nach der Umwandlung der Kammgarnspinnerei in eine Aktiengesellschaft schloß mit einem schlechten Ergebnis ab[124].

Auch die ersten Jahre der Mechanischen Baumwollspinnerei und Weberei gestalteten sich schwierig. Hatte die Gesellschaft zunächst mit einem Mangel an flüssigen Mitteln zu kämpfen, so war 1842 die Konjunktur »geradezu eine desaströse«[125]. Der Absatz litt unter der Überflutung des Zollvereins mit billigen englischen Waren. Doch schon 1845/46 konnten außerordentlich günstige Ergebnisse erzielt werden, wobei der Baumwollindustrie die in den vierziger Jahren in Deutschland sich vollziehende Nachfrageverschiebung von Wolle zu Baumwolle zugute kam. 1847 trat auch in der Augsburger Baumwollindustrie ein Rückschlag ein, der durch den raschen Anstieg der Baumwollpreise nach einer Mißernte noch verschärft wurde[126].

Dagegen verliefen die vierziger Jahre für die Sandersche Maschinenfabrik insgesamt günstig; die englische Eisenindustrie befand sich in einer Absatzkrise und überschwemmte den deutschen Markt mit billigem Roheisen, was die Produktion wesentlich erleichterte[127].

Die Stockung im Revolutionsjahr 1848 verquickte sich mit den politischen Ereignissen und führte in Augsburg in den meisten Fabriken zu Betriebseinschränkungen und Arbeiterentlassungen[128]. Bereits im Juli trat jedoch eine allmähliche Besserung ein, wenn auch die Preise weiterhin gedrückt blieben. In der »großen Fabrik« wurde Ende September wieder mit voller Arbeitszeit gearbeitet, und am Jahresende waren die Lager geräumt[129]. Die politischen Verhältnisse im folgenden Jahr beeinträchtigten die Textilindustrie nicht mehr so stark, da nach den wirtschaftlichen und politischen Krisen der Vorjahre erhebliche Versorgungslücken zu schließen waren.

Das nächste Jahrzehnt brachte für die Augsburger Industrie eine Reihe sehr ertragreicher Jahre. Der Handelsvertrag zwischen Österreich und dem Zollverein im Jahre 1853 eröffnete speziell der Ausrüstungs- und Veredelungsindustrie neue Ab-

---

123 Genzmer, a. a. O., S. 54 ff., zit. S. 56.
124 Ebenda, S. 60 f.; Schmid, a. a. O., S. 76.
125 Die Mechanische Baumwollspinnerei und Weberei, Bericht, a. a. O., S. 7; Haßler u. a., Hundert Jahre Mechanische Baumwollspinnerei und Weberei Augsburg, a. a. O., Anhang (Zeittafel); SWA-Archiv, Augsburg, Protokoll der Ausschußsitzung vom 25. 1. 1843.
126 Spiethoff, a. a. O., Bd. I, S. 41, S. 115; Die Mechanische Baumwollspinnerei und Weberei, Bericht, a. a. O., S. 9; BayHStA München, MH 14254, Hauptbericht der Handels- und Gewerbekammer von Schwaben und Neuburg vom 10. 11. 1847.
127 Büchner, a. a. O., S. 23.
128 Schmid, a. a. O., S. 79; SWA-Archiv, Augsburg, Protokoll der Ausschußsitzung vom 19. 4. 1848; ebenda, Sitzung vom 29. 5. 1848. Ende März war die Mechanische Baumwollspinnerei und Weberei nicht mehr in der Lage, die Gelder für die Lohnzahlungen aufzubringen. Anderen Firmen scheint es ähnlich gegangen zu sein. Auf Antrag erklärte sich die kgl. Regierung im Mai 1848 bereit, zu diesem Zweck ein Darlehen an 3 Augsburger Firmen in Höhe von 150 000 fl. zu gewähren; Vgl. Holzschuher, a. a. O., S. 95; BayHStA München, MH 5748.
129 Die Mechanische Baumwollspinnerei und Weberei, Bericht, a. a. O., S. 10.

satzmöglichkeiten in Österreich[130]. Die starken Schwankungen der Baumwollpreise in den fünfziger Jahren ermöglichten den Spinnereien bei geschicktem Einkaufsverhalten bedeutende Spekulationsgewinne. Nach dem Abschluß des Pariser Friedens im Frühjahr 1856 erfuhren fast alle Waren erhebliche Preissteigerungen. Es folgten zwei Hochschwungjahre, in denen der Baumwollpreis ohne jeden Rückschlag von 5$^1/_2$ bis 9$^1/_2$ Pence p. lb. kletterte[131]. Die Maschinenbauindustrie partizipierte trotz steigender Roheisenpreise kräftig am Aufschwung der Baumwollindustrie in diesem Jahrzehnt; dazu trug nicht zuletzt der lebhafte lokale Absatz an Turbinen und Dampfmaschinen bei[132]. Die politischen Krisen der fünfziger Jahre beeinträchtigten lediglich die exportabhängigen Industriezweige, in Augsburg die Kammgarnspinnerei und die Kattundruckerei. Während des Krimkrieges stockte der bedeutende Rußland- und Orientexport der Kammgarnspinnerei, durch den italienischen Krieg verlor die Kattundruckerei von Schöppler und Hartmann ihren langjährigen Absatz in die Lombardei; das Absinken der österreichischen Valuta nach dem Krieg unterbrach anschließend auch die Ausfuhr nach Österreich[133].

Die von den USA nach Europa übergreifende Wirtschaftskrisis setzte dem Boom im Sommer 1857 ein Ende[134]. 1858/59 wurde die Stockung durch den Ausbruch des italienischen Kriegs noch vertieft. Die Folgen waren wiederum Verkürzungen der Arbeitszeit und Entlassungen. Diesmal war auch die Maschinenfabrik durch die nachlassende Investitionsbereitschaft und den daraus folgenden Auftragsmangel in Mitleidenschaft gezogen. Im September 1859 war die Krise jedoch wieder überwunden[135]. Insgesamt betrachtet stellten die fünfziger Jahre für die Augsburger Industrie, und speziell für die Baumwollfabriken, eine Phase raschen, problemlosen Wachstums dar, wie sie sich später nicht mehr wiederholen sollte. »Thatsache ist«, schrieb 1853 Georg Heinzelmann in dem Gründungsaufruf für die Baumwollfeinspinnerei, »daß kein namhafter Gewinn für Kapitalanlagen leichter als in der Industrie erhältlich ist«[136].

Das nächste Jahrzehnt verlief widersprüchlicher; kurzfristige, extrem hohe Profite standen einer anhaltenden Depression in der zweiten Hälfte der sechziger Jahre gegenüber. Während des amerikanischen Bürgerkriegs erreichte die Baumwollspekulation ihren Höhepunkt. So berichtete die Mechanische Baumwollspinnerei und Weberei: »Bei vielen Spinnereien erlangte der kaufmännische, oder besser gesagt, spekulative Theil ihrer Aufgabe einen unberechtigten Vorrang vor dem technischen, und auch unser Etablissement hat trotz großer Resultate später unter

---

[130] Helmut Böhme, Deutschlands Weg zur Großmacht. Studien zum Verhältnis von Wirtschaft und Staat während der Reichsgründungszeit 1848–1881, Köln, 2. Aufl. 1972, S. 48; Graßmann, a. a. O., S. 268; Dey, a. a. O., S. 70 f. Wie beflügelnd der Handelsvertrag auf die Erwartungen der Industriellen allgemein wirkte, zeigt die Bemerkung G. Heinzelmanns anläßlich der Gründung der Baumwollfeinspinnerei: »Wer wird überhaupt bei einem Markt von 70 Millionen am Absatz eines guten Artikels zweifeln, sofern man nur einigermaßen thätig ist« (StA Augsburg, G III 17/20).
[131] Die Mechanische Baumwollspinnerei und Weberei, Bericht, a. a. O., S. 10. Übersichten über die Entwicklung der Baumwollpreise ebenda, Anhang (1840–1889); Graßmann, a. a. O., S. 89 (1866–1893); Jahresbericht der Handels- und Gewerbekammer 1903, S. 4 f. (1854–1903).
[132] BayHStA München MH 5489; Büchner a. a. O., S. 28.
[133] Genzmer, a. a. O., S. 65; Chronik der Neuen Augsburger Kattunfabrik, a. a. O., S. 71.
[134] Spiethoff, a. a. O., Bd. I, S. 118 f.; Hans Rosenberg, Die Weltwirtschaftskrise von 1857–1859, Beiheft 30 zu VSWG, Stuttgart 1934, S. 109 ff. Bei der Stadtbachspinnerei machte sich bereits 1857 ein leichter Rückgang der Produkte und des Gesamtlohns bemerkbar, während die Mechanische Baumwollspinnerei und Weberei 18$^1/_2$ % Dividende verteilte. (Jahresbericht der Handels- und Gewerbekammer 1903, S. 4; Die Mechanische Baumwollspinnerei und Weberei, Bericht, a. a. O., Anhang.)
[135] Graßmann, a. a. O., S. 104; MAN-Archiv Augsburg, Protokoll der Generalversammlung vom 18. 5. 1859.
[136] StA Augsburg, G III 17/20.

den Consequenzen dieser Auffassung gelitten«[137]. Schon das Jahr 1862 brachte einen enormen Anstieg der Baumwollpreise. Das Ausbleiben der amerikanischen Baumwolle zwang jedoch mit der Zeit in steigendem Maße zur Verwendung minderwertigerer Rohstoffe aus Italien, Ägypten und Ostindien, was nicht nur technische Probleme bei der Verarbeitung schuf, sondern gleichzeitig als Folge davon die Löhne der Arbeiter herabdrückte[138].

Dagegen konnte die Kammgarnspinnerei aufgrund der Engpässe auf dem Baumwollmarkt und der dadurch steigenden Nachfrage nach Wollstoffen während des Sezessionskrieges eine Reihe besonders günstiger Jahre verzeichnen[139].

Mitte der sechziger Jahre änderte sich die zollpolitische Lage zum Nachteil der Textilindustrie, vor allem der Spinnereien. Der Handelsvertrag zwischen Preußen und Frankreich 1862/65 reduzierte die Eingangszölle beträchtlich, während Österreich als Antwort darauf den Einfuhrzoll auf Garne aus dem Zollvereinsgebiet erhöhte. Die schwerwiegenden Folgen dieser Maßnahme zeigt allein schon die Tatsache, daß der Export der Stadtbachspinnerei nach Österreich, der noch 1863 nahezu eine Million Gulden betragen hatte, in kurzer Zeit auf ca. 150 000 fl. herabgedrückt wurde[140]. Die Maschinenfabrik Augsburg geriet schon zu Beginn des Jahrzehnts unter den wachsenden Konkurrenzdruck der rasch expandierenden deutschen Maschinenbauindustrie, so daß in der Folge die Produktion zeitweise schneller stieg als der Erlös. Diese Entwicklung zwang zu ständigen Rationalisierungsmaßnahmen, die auch zur Einsparung von Arbeitskräften führten[141]. Die Krise von 1866 trat in Augsburg vor allem als Kreditkrise in Erscheinung. Die Beendigung des Sezessionskrieges und die Wiedereröffnung des amerikanischen Marktes steigerten die Kapitalbedürfnisse der Industrie, so daß sich von 1865 an ein Kapitalmangel bemerkbar machte[142]. Das traf die Augsburger Industrie »um so empfindlicher, als die Zahlungsmittel speziell in Bayern schon in normalen Zeiten den Bedürfnissen nicht genüg(t)en«[143]. Der Ausbruch des deutschen Krieges 1866 beschleunigte das Ende des Hochschwungs und blockierte den Absatz nach den nördlichen Zollvereinsgebieten und dem für die Kammgarnspinnerei in Frage kommenden böhmischen Markt[144]. Nachdem in einzelnen Fabriken bereits die Arbeitszeiten verkürzt und Entlassungen vorgenommen worden waren, richtete Ende Mai 1866 das Gremium des Augsburger Handelsstandes mit Befürwortung durch den Magistrat eine Eingabe an das Staatsministerium des Handels und der öffentlichen Arbeiten mit dem Verlangen, die Bayerische Hypotheken & Wechselbank zu einer vermehrten Notenausgabe zu ermächtigen und mit einer Summe von zwei bis drei Millionen Gulden der Augsburger Industrie Darlehen gegen

---

137 Die Mechanische Baumwollspinnerei und Weberei, Bericht, a. a. O., S. 16; »[...] In richtiger Erfassung der Verhältnisse waren die Vorräthe an Baumwolle sehr bedeutend vermehrt worden und die nächsten drei bis vier Jahre gehören zu den glänzendsten, welche das Etablissement gesehen hat«, ebenda.
138 Die Mechanische Baumwollspinnerei und Weberei, Bericht, a. a. O., S. 17; Spiethoff, a. a. O., Bd. I, S. 120; vgl. StA Augsburg, E IV 3/134.
139 Schmid, a. a. O., S. 89.
140 Böhme, Deutschlands Weg zur Großmacht, a. a. O., S. 107 ff., S. 119, S. 182; Graßmann, a. a. O., S. 59 f.; Dey, a. a. O., S. 77. Die Baumwollgarn- und Gewebezölle entsprachen nun wieder dem Stand von 1846. Dagegen betrug die Zollerhebung Österreichs statt 2½ öst. fl. nun 6 fl.
141 MAN-Archiv Augsburg, Protokoll der Generalversammlung vom 23. 8. 1862. Um die Konkurrenzfähigkeit zu steigern, plante man um diese Zeit bereits, Dampfmaschinen in verschiedenen Größen auf Lager herzustellen (ebenda).
142 Spiethoff, a. a. O., Bd. I, S. 121 ; vgl. dazu die Beurteilung der Krise von 1866 bei Jürgen Schuchardt, Die Wirtschaftskrise vom Jahre 1866 in Deutschland, in: Jb. für Wirtschaftsgeschichte 1962/II, S. 102 ff.
143 StA Augsburg, H 35, Gremium des Handelsstandes am 30. 5. 1866.
144 Ebenda; Schmid, a. a. O., S. 89.

Depot nach Muster der preußischen Darlehenskassen zu gewähren. Unter gleichzeitiger Beschwörung sozialer Unruhen erklärten die Augsburger Industriellen mit unverhohlener Deutlichkeit, es liege »im eigenen, wohlverstandenen Interesse des Staates, der Industrie in außerordentlichen Zeiten, in denen die Mittel der Einzelnen nicht mehr ausreichen, helfend unter die Arme zu greifen«[145]. Bei der daraufhin auch bewilligten vermehrten Emission von Banknoten wurde bestimmt, die Kredite »vorzugsweise solchen Unternehmungen zuzuwenden, bei deren Einschränkung oder Sistierung die Brodlosigkeit einer größeren Zahl von Arbeitern zu besorgen wäre[146].

Insgesamt scheint die Wirtschaftskrise von 1866 die Augsburger Industrie nicht besonders schwer getroffen zu haben; fast alle größeren Spinnereien und Webereien steigerten das Produktionsvolumen, und die Mechanische Baumwollspinnerei und Weberei verteilte am Jahresende schon wieder eine Rekorddividende von $22^{1}/_{2}\%$[147]. Untypisch lagen die Verhältnisse auch bei der Maschinenfabrik Augsburg, für die der Geschäftsablauf durch Rüstungsaufträge außerordentlich belebt wurde. Zu Entlassungen kam es dieses Mal nicht, doch traten Schwierigkeiten in der Liquidität auf. Im Gegensatz zur Mechanischen Baumwollspinnerei und Weberei, in der das spekulative Element in diesen Jahren den Vorrang hatte, behielt die chronisch unterkapitalisierte Maschinenfabrik ihre vorsichtige Unternehmenspolitik bei und schüttete keine Dividende aus[148].

Von dem gesamtwirtschaftlichen Aufschwung, der von 1866 bis 1873 den Hochschwung der sechziger Jahre fortsetzte, war in Augsburg zunächst nur wenig zu spüren[149]. Die Baumwollzufuhr blieb 1869 um ca. 300 000 Ballen hinter der Erwartung zurück; trotzdem gelang es den Spinnereien dieses Mal nicht, die Garnpreise in einem dem Aufschlag der Rohstoffpreise entsprechenden Verhältnis zu steigern. Ähnlich ungünstig gestaltete sich die Lage für die Webereien, die in der zweiten Jahreshälfte unter einer gravierenden Absatzstockung litten. Die Preise für Wolle und Wollfabrikate fielen bereits seit 1867 und erreichten Mitte 1869 einen Tiefstand, dem ein langsamer Anstieg folgte[150]. Auch die Veredelungsindustrie befand sich in einer schwierigen Situation. Allein in der metallverarbeitenden und der Maschinenbauindustrie kündete sich der Aufschwung an. Die Bilanz der Maschinenfabrik Augsburg wies 1869 mit einem Reingewinn von nahezu 15 % »ein so günstiges Resultat aus, wie es seit Bestehen des Etablissements noch nicht erreicht wurde«[151]. Das Jahr 1870 setzte für die Augsburger Textilindustrie zu-

---

145 StA Augsburg, H 35, Eingabe vom 30. 5. 1866.
146 Ebenda, Schreiben des Staatsministeriums des Handels vom 25. 6. 1866. Die Interessen der Großindustrie wurden vom Augsburger Magistrat ohne weiteres mit dem öffentlichen Interesse gleichgesetzt, so schrieb er in einem Begleitschreiben: »Augsburg hat sein Wiederaufblühen lediglich der Fabrikindustrie zu verdanken; auf ihr beruht sein Wohlstand, auf ihr die Zunahme der Bevölkerung« usw. (ebenda). Dagegen lehnte der Magistrat städtische oder staatliche Initiativen zugunsten der ebenfalls in Schwierigkeiten geratenen Handwerksmeister mit der Begründung ab: »Die Bürger werden hierdurch daran gewöhnt, für sich sorgen zu lassen, statt daß sie selbst Hand anlegen und sich selbst helfen« (ebenda).
147 Die Mechanische Baumwollspinnerei und Weberei, Bericht, a. a. O., Anhang; Graßmann, a. a. O., S. 53 (Tabelle); StA Augsburg, G I 16/13 (Produktionsstatistik für die Jahre 1862-1871). Zur unterschiedlichen zeitgenössischen Beurteilung der Krise vgl. auch Jochen Schmidt, Bayern und das Zollparlament. Politik und Wirtschaft in den letzten Jahren vor der Reichsgründung (1866/67), MBM 46, München 1973, S. 28.
148 MAN-Archiv Augsburg, Protokoll der Generalversammlung vom 26. 9. 1866.
149 Vgl. Spiethoff, a. a. O., Bd. I, S. 121; Hans Mottek, Die Gründerkrise. Produktionsbewegung, Wirkungen, theoretische Problematik, in: Jb. für Wirtschaftsgeschichte 1966/I, S. 53; Mottek weist jedoch darauf hin, daß es die Textilindustrie nach einer gewissen Erholung in den Jahren 1867 und 1868 nicht zu entscheidenden quantitativen Fortschritten brachte (ebenda, S. 56).
150 Jahresbericht der Handels- und Gewerbekammer 1869, S. 2, S. 10 ff.
151 MAN-Archiv Augsburg, Protokoll der Generalversammlung vom 22. 9. 1869.

nächst mit mittelmäßigem Geschäftsgang ein. Nach Kriegsausbruch kam der Handel durch die Störungen im Transportwesen und im Geldverkehr für mehrere Wochen nahezu ganz zum Erliegen[152]. Wenn auch die Produktion vorübergehend gedrosselt werden mußte, so führte doch die kriegsbedingte Nachfrage, beflügelt von den deutschen Siegesmeldungen bald zu lebhafterem Geschäftsgang, wobei eine gewisse spekulative Vorwegnahme der künftigen Nachfrage nicht auszuschließen ist[153].

Die »Gründerjahre« brachten der gesamten Augsburger Industrie Rekordumsätze. Die Mechanische Baumwollspinnerei und Weberei und die Stadtbachspinnerei verteilten 1871 und 1872 jeweils 25 % Dividende, die Maschinenfabrik verzeichnete 1871/72 das günstigste Jahr seit der Gründung[154]. Bemerkenswert bei dieser Gewinnexplosion ist jedoch die Tatsache, daß die Produktionssteigerungen in der Textilindustrie nicht nennenswert ins Gewicht fielen. 1871 löste sich der kriegsbedingte Produktionsstau und ließ die Preise in die Höhe klettern. Auch im »eigentlichen« Gründerjahr, 1872, fand in der Augsburger Textilindustrie in erster Linie eine Wertsteigerung und kein wesentlicher mengenmäßiger Zuwachs statt. Bei einigen Augsburger Baumwollfabriken gingen Rohstoffverbrauch und Produktion 1872 sogar zurück[155].

Die Augsburger Wirtschaft blieb auch von den typischen Auswüchsen der »Gründerjahre« verschont. Fabrikneugründungen entstanden 1871/72 nur ganz vereinzelt[156]. Die Augsburger Börse registrierte seit dem Herbst 1871 ein fühlba-

---

152 Jahresbericht der Handels- und Gewerbekammer 1870, S. 5 ff.; Haßler u. a., Hundert Jahre Mechanische Baumwollspinnerei und Weberei, a. a. O., Anhang; Genzmer, a. a. O., S. 71. Bei der Mechanischen Baumwollspinnerei und Weberei wurde eine Produktionseinschränkung um rund 25 % vorgenommen; eine vorübergehende Reduktion fand auch bei der Kammgarnspinnerei statt. Die Maschinenfabrik Augsburg produzierte seit dem Krieg von 1866 regelmäßig Gewehrverschlüsse für die bayerische Armee, im Geschäftsjahr 1870/71 rund 20 000 Stück (MAN-Archiv Augsburg, Protokoll der Generalversammlung vom 14. 9. 1870 und 27. 9. 1871).
153 Die Mechanische Baumwollspinnerei und Weberei, Bericht, a. a. O., S. 19: »Allerdings war das Vertrauen nach den glänzenden deutschen Siegen im August und September vollständig wiedergekehrt [...]«. Vgl. MAN-Archiv Augsburg, Protokoll der Generalversammlung vom 14. 9. 1870; Jahresbericht der Handels- und Gewerbekammer 1870, S. 1.
154 StA Augsburg, Nachlaß Haßler, K 36, Geschäftsbericht für die Handelskammer 1872/73 (Stadtbachspinnerei); Die Mechanische Baumwollspinnerei und Weberei, Bericht, a. a. O., Tabelle; Genzmer, a. a. O., S. 72; MAN-Archiv Augsburg, Protokoll der Generalversammlung vom 25. 9. 1872.
155 Daß dies keine Einzelerscheinung war, zeigen Spiethoff, a. a. O., Bd. II, Tafel 24, und Rolf Wagenführ, Die Industriewirtschaft. Entwicklungstendenzen der deutschen und internationalen Industrieproduktion 1860 bis 1932, in: Vierteljahreshefte für Konjunkturforschung 31, 1933, S. 60 f., was von Mottek, a. a. O., S. 62, allerdings bezweifelt wird. Bei Graßmann, a. a. O., S. 68 f. finden sich folgende Angaben:

Mechanische Baumwollspinnerei und Weberei
a) Spinnerei

Jahr	Rohstoffverbrauch absolut (Pfd. Baumwolle)	Index (1870 = 100)	Garnproduktion absolut (Zollpfd.)	Index (1870 = 100)
1870	1 355 990	100	1 131 320	100
1871	1 517 928	111,9	1 219 396	107,8
1872	1 486 232	109,6	1 194 514	105,6

b) Weberei

Jahr	Rohstoffverbrauch absolut (Pfd. Garn)	Index (1870 = 100)	Stückproduktion absolut (Stück à 50 m)	Index (1870 = 100)
1870	1 244 402	100	123 285	100
1871	1 234 714	99,2	127 145	103,1
1872	1 222 778	98,3	126 358	102,5

156 StA Augsburg, G 204 (Gewerbean- und -abmeldungen 1870, 1871, 1872).

res Anziehen der Industriepapiere, doch wechselten die einheimischen Aktien auch jetzt nur selten den Besitzer und blieben vom Haussetreiben jener Jahre unberührt; die mäßigen Kurssteigerungen spiegelten in erster Linie den wirtschaftlichen Aufschwung wieder. Größere Transaktionen wurden über die Berliner, Frankfurter und vor allem die Wiener Börse abgewickelt. Die Kursentwicklung von drei Augsburger Industriepapieren zeigt die typische Entwicklung während des Hochschwungs an[157]:

	Stand am			
	27. 12. 1870	28. 12. 1871	2. 12. 1872	30. 12. 1873
Stadtbachspinnerei	200	235	235	245
Kammgarnspinnerei	107	115	140	135
Maschinenfabrik Augsburg	98	101½	148	146

Entsprechend der vorsichtigen Beteiligung der Augsburger Fabrikanten und Kapitalisten am Boom der Gründerjahre waren auch die Auswirkungen des Börsenkrachs zunächst gering. Nur wenige, meist kleinere und schlecht finanzierte Unternehmen gingen in den folgenden Jahren in Konkurs[158]. Das Jahr 1873 verlief für die Augsburger Industrie vorwiegend befriedigend; die lokalen Industriepapiere erholten sich nach dem Wiener Börsenkrach noch 1873 sehr rasch. Die Baumwollspinnereien waren trotz leichter Stagnationserscheinungen weiterhin gut beschäftigt, nur die Webereien litten bereits unter den sinkenden Preisen[159]. Auch in der Metallverarbeitung und der Maschinenbauindustrie war 1873 von der Krise noch wenig zu bemerken. Der schwunghafte Absatz gestaltete sich lediglich in der zweiten Jahreshälfte etwas ruhiger[160]. Manche Unternehmen, z. B. die Maschinenfabrik Augsburg, gerieten erst 1875/76 in die Abwärtsbewegung, wobei sich allerdings der Preisverfall von Materialien und Fabrikaten schon früher bemerkbar machte[161]. Mit der Zeit schlug sich jedoch im Börsengeschäft die Entwertung fast aller Papiere nieder; »ein langsames, unaufhaltsames Abbröckeln der Curse, ein dumpfes allgemeines Unbehagen im Zusammenhange mit dem sich fortwährend verschlimmernden Zustande von Handel und Industrie lähmte ebenso die Unternehmungslust der Geschäfttreibenden, wie es das Publikum von jeder Beteiligung fern hielt«[162].

Damit ging ein Abschnitt Augsburger Industriegeschichte zu Ende, der trotz wirtschaftlicher und politischer Krisen insgesamt eine Phase steigenden Wachstums und hoher Gewinne bedeutet hatte. Das änderte sich in den nächsten Jahrzehnten. Nach dem Abschluß der Gründungsperiode der Augsburger Industrie setzte nun eine Phase gesteigerten Konkurrenzkampfes ein, verbunden mit teilweise sinkenden Profiten. Vor allem für die Textilindustrie bedeutete die Depres-

---

157 Lieb, a. a. O., S. 74 f.
158 Graßmann, a. a. O., S. 157 ff. Zwei neu gegründete Bankhäuser, die Augsburger Bank (gegründet 1871) und die Augsburger Effekten- und Discontobank (gegründet 1872), konnten sich nur wenige Jahre halten. (BayHStA München, MH 11169, MH 11174; Zs. des kgl. bayerischen Statistischen Bureaus, 14. Jg. 1882, S. 227).
159 Lieb, a. a. O., S. 74; Jahresbericht der Handels- und Gewerbekammer 1872/73, S. 99 f., S. 136 f.
160 Ebenda, S. 107.
161 MAN-Archiv Augsburg, Protokoll der Generalversammlung vom 29. 9. 1874, 29. 9. 1875 und 28. 9. 1876; Protokoll der Ausschußsitzung vom 21. 2. 1876: Im Februar 1876 kam es zu Arbeiterentlassungen. Eine Verzögerung des Abschwungs war in der Maschinenbauindustrie infolge langfristiger Aufträge nichts Außergewöhnliches (Mottek, a. a. O., S. 65).
162 Jahresbericht der Handels- und Gewerbekammer 1874/75, S. 27.

sion einen tiefgreifenden Einschnitt. Schon die Zurückhaltung bei Neuinvestitionen zu Beginn der siebziger Jahre hatte vorwiegend strukturelle Gründe. Mit der Annexion des Elsaß drohte eine Erhöhung der Baumwollspindelzahl im Reich um ca. 56 % und eine Vermehrung der Webstühle um ca. 88 % und damit nach Meinung der Augsburger Textilindustriellen »eine kolossale Überproduktion«[163]. Zwar gelang es dem 1870 gegründeten Verein Süddeutscher Baumwollindustrieller unter lebhafter Beteiligung der Augsburger Unternehmer, während der Friedensverhandlungen 1871 eine Übergangsregelung durchzusetzen; danach blieb der elsässischen Textilindustrie der französische Markt bis zum 1. Januar 1873 erhalten[164]. Nach dem Ablauf dieser Frist verstärkte sich die rückläufige Konjunktur für die Textilindustrie zusätzlich durch die erschwerten Absatzbedingungen. Die elsässische Baumwollindustrie, die ebenfalls unter der Depression litt, paßte sich den deutschen Marktverhältnissen an und produzierte statt der ehemals für den französischen Bedarf bestimmten feineren Garne nun gröbere Nummern; damit wurde sie zur direkten Konkurrentin der auf Massenartikel spezialisierten Augsburger Industrie[165]. Als Folge des deutsch-französischen Handelsvertrags hörte auch der Absatz nach Österreich nahezu ganz auf; als Märkte kamen fast nur noch Süddeutschland und Sachsen in Frage. Den norddeutschen Markt überflutete »die riesige und geradezu wahnsinnige Überproduktion Englands«, dessen Export nach Asien um diese Zeit ins Stocken geriet und verstärkt auf das Festland drängte[166].

Die Vermehrung der Betriebsmittel in der deutschen Baumwollindustrie nach der Annexion des Elsaß erhöhte vor allem für die Spinnereien das Absatzrisiko. In der Augsburger Industrie zeigte sich daher das Bestreben, einen möglichst großen Teil der Garnproduktion am Ort selbst abzusetzen, was zwischen 1873 und 1913 zu einer Vervierfachung der Webstuhlzahl führte, während die Spindelzahl im gleichen Zeitraum nur knapp um das Eineinhalbfache stieg[167]. Geht man von der Zahl der Beschäftigten aus, so wurde zwischen 1875 und 1907 nahezu das gesamte Wachstum in der Baumwollindustrie von den Webereien getragen. Die Zahl der Beschäftigten betrug[168]:

	in den Baumwollspinnereien		in den Baumwollwebereien	
1875	3 879	Zunahme	1 734	Zunahme
1907	4 089	210 = 5,4 %	4 527	2 793 = 161,1 %

[163] StA Augsburg, Nachlaß Haßler K 9 a, Referat Haßler auf dem Allgemeinen Fabrikantentag in Mannheim am 5. 12. 1870. Die Schätzungen über den Zuwachs an Produktionsmitteln differierten: Denkschrift der Handels- und Gewerbekammer für Schwaben und Neuburg über die deutsche Zoll- und Handelspolitik mit spezieller Bezugnahme auf die Textilindustrie des Kammerbezirks, Augsburg 1879, S. 5; Heinrich Herkner, Die oberelsässische Baumwollindustrie und ihre Arbeiter, Straßburg 1887, S. 274; Mottek, a. a. O., S. 57 f. Auch in Württemberg fanden während der Gründerjahre in der Baumwollindustrie unter dem Eindruck der Annexion nur wenige Gründungen und Kapazitätserweiterungen statt (ebenda, S. 57).
[164] Eberhard Kolb, Ökonomische Interessen und politischer Entscheidungsprozeß. Zur Aktivität deutscher Wirtschaftskreise und zur Rolle wirtschaftlicher Erwägungen in der Frage von Annexion und Grenzziehung 1870/71, in: VSWG 60, 1973, S. 355 ff.
[165] Ivo Nicolai Lambi, Free Trade and Protection in Germany 1868–1879, Beiheft zu VSWG 44, Wiesbaden 1963, S, 18; Denkschrift der Handels- und Gewerbekammer, a. a. O., S. 10; Graßmann, a. a. O., S. 92.
[166] Denkschrift des Handels- und Gewerbekammer, a. a. O., S. 10; StA Augsburg, Nachlaß Haßler, K 36. Die Ausfuhr der Stadtbachspinnerei nach Österreich sank von 3120 Ztr. im Jahre 1872 auf 654 Ztr. im Jahre 1875.
[167] Berechnet nach Jahresbericht der Handels- und Gewerbekammer, 1872/73, Anhang, Tabelle IV; Mai, a. a. O., S. 152.
[168] Beiträge zur Statistik des Königreichs Bayern, Bd. 44, S. 344; Amt für Statistik und Stadtforschung, Augsburg, Beruf der Bevölkerung [...], a. a. O., S. 152.

Die nun einsetzende Tedenz zum kombinierten Betrieb, zur Spinnweberei, hatte ihre Ursache nicht zuletzt in den Vorteilen, die sich diesen Betrieben in Krisenzeiten boten: Bei Produktionseinschränkungen beschäftigten die Mischbetriebe ihre eigenen Spindeln weiter, während bei den reinen Spinnereien die Aufträge ausblieben[169]. Auf dem Hintergrund dieses sich allmählich vollziehenden Strukturwandels in der Augsburger Baumwollindustrie ist die Entwicklung der nächsten Jahrzehnte zu sehen.

Ende der siebziger Jahre arbeiteten die meisten Textilfabriken, vor allem die Spinnereien, mit Verlusten und teilweise auch mit Produktionseinschränkungen. Die Krise lastete allerdings auf den einzelnen Unternehmen unterschiedlich, je nach der finanziellen Ausstattung. 1876 bestanden nach dem Bericht der Handelskammer in Augsburg »vier größere Spinnereien, welche einander in die Fenster sehen und dabei doch die ganze Scala von der größten Ergiebigkeit bis zum völligen Ruin aufwiesen«[170]. Abgesehen von den zyklischen Tiefstandsjahren (in der Textilindustrie vor allem die Jahre 1878 und 1879), die von Schrumpfungserscheinungen begleitet waren, trat insgesamt während der Depressionsphase kein Rückgang des lokalen Wirtschaftswachstums hinsichtlich der Produktion ein[171]. Dagegen gingen die Beschäftigtenzahlen in fast allen Branchen bis 1882 zurück; auch die Unternehmergewinne und die Kapitalverzinsung unterlag infolge des deflationären Preisverfalls bei Materialien und Fertigfabrikaten einer regressiven Tendenz[172]. Die Stadtbachspinnerei produzierte z. B. im Jahre 1872 40 395 Ztr. Garn mit einem Wert von umgerechnet 6 402 600 M, so daß der Verkaufswert eines Zentners Garn also von 158,5 M auf 111,0 M sank[173]. Die Höhe der von Augsburger Aktiengesellschaften zwischen 1873 und 1892 ausbezahlten Dividende betrug ca. 8,1 % im Durchschnitt pro Jahr. Die Mechanische Baumwollspinnerei und Weberei schüttete in den Jahren 1853 bis 1872 im Durchschnitt 17,2 % Dividende pro Jahr aus, während der zwei Jahrzehnte von 1873 bis 1892 dagegen nur 9,0 %[174].

Die durch Deflation und erhöhten Wettbewerb geminderten Profitspannen konnten nur durch technische Verbesserungen und größeren Ausstoß wenn nicht kompensiert, so doch gemildert werden. Die Augsburger Textilfabriken, in der Frühindustrialisierung mit relativ hohem Sachkapital und modernsten Betriebsanlagen ausgestattet, besaßen lange Zeit einen Vorsprung innerhalb ihrer Branche und konnten die Hausseperioden ohne die Beeinträchtigung durch größere Neuerungen nützen. Nun wurden bei den meisten Unternehmen die immer wieder

---

169 Mai, a. a. O., S. 33 f. Die größte Augsburger Spinnerei, die Stadtbachspinnerei, stellte zwar selbst keine Webstühle auf, beteiligte sich aber 1905 an der Weberei in Plauen und 1911 mit 200 000 M an der Fichtelbach-Weberei.
170 Jahresbericht der Handels- und Gewerbekammer 1876, S. 23 f., ebenda, 1877, S. 4; Graßmann, a. a. O., S. 92; Die Mechanische Baumwollspinnerei und Weberei, Bericht a. a. O., Anhang; SWA-Archiv, Augsburg, Akt Verband Süddeutscher Textilarbeitgeber, darin: Protokoll der Besprechung der Weberei-Interessenten, Augsburg am 23. 8. 1877.
171 Graßmann, a. a. O., S. 69; vgl. Hans Rosenberg, Große Depression und Bismarckzeit. Wirtschaftsablauf, Gesellschaft und Politik in Mitteleuropa, Berlin 1967, S. 38 ff.
172 Beiträge zur Statistik des Königreichs Bayern, Bd. 50, S. 465 ff. Klagen über den Preisrückgang und die sinkenden Gewinne trotz gesteigerter Produktion finden sich reichlich. Vgl. StA Augsburg, Nachlaß Haßler, K 36 (Stadtbachspinnerei); MAN-Archiv Augsburg, Protokoll der Generalversammlung vom 29. 9. 1875, ebenda, vom 28. 9. 1876, ebenda, vom 30. 9. 1878.
173 StA Augsburg, Nachlaß Haßler, K 36 (Jahresbericht der Stadtbachspinnerei für die Handels- und Gewerbekammer, 1872/73, 1876).
174 Berechnet nach Graßmann, a. a. O., S. 264 f.; Die Mechanische Baumwollspinnerei und Weberei, Bericht, a. a. O., Anhang.

hinausgeschobenen Rationalisierungsmaßnahmen unter dem Druck der Depression eingeleitet. Am kritischsten war die Lage bei der Mechanischen Baumwollspinnerei und Weberei, wo eine kurzsichtige Dividendenpolitik jahrelang nahezu den gesamten Jahresgewinn verteilt hatte. Das Unternehmen war nun »mit sehr veralteten Spinnerei-Einrichtungen [...], mit Webstühlen, die nur 120 Schläge per Minute machen konnten, absolut nicht mehr konkurrenzfähig«[175]. Ein Teil der Kosten für die Reorganisations- und Rationalisierungsmaßnahmen wurde durch Steigerung der Arbeitsintensität und Senkung der Löhne unmittelbar auf die Arbeiter abgewälzt. Als Folge davon läßt sich eine Steigerung der Arbeitsproduktivität gerade für die Jahre zwischen 1875 und 1890 bei mehreren Betrieben nachweisen[176].

Anfang der achtziger Jahre trat in der Lage der Textilindustrie eine Besserung ein. Zu dem langsam ansteigenden Realeinkommen, das den Markt für Konsumgüter wieder aufnahmefähiger machte, gesellte sich eine erneute Verlagerung der elsässischen Produktion, die von der Fabrikation gröberer Garnnummern wieder zur Herstellung feinerer Garne zurückführte. Auch der wirtschaftliche Aufschwung in Amerika und die Belebung des asiatischen Markts für England führten zu einer Entlastung der süddeutschen Textilindustrie[177]. Die Aufwärtsbewegung wurde allerdings für die Baumwollspinnereien und die Kammgarnspinnerei bereits 1884/85 wieder unterbrochen, während sie sich für die Webereien bis 1887 fortsetzte[178]. In den Jahren 1885, 1886 und 1887 kam es in Augsburger Spinnereien vereinzelt wieder zu Produktionseinschränkungen. Eine Verschärfung erfuhr der Abschwung 1891/92 durch die reiche amerikanische Baumwollernte und die dadurch einsetzende Verbilligung von Material und Fabrikaten[179].

In der Maschinenbauindustrie, die insgesamt weniger unter kurzfristigen Schwankungen zu leiden hatte, trat die Scherenbewegung der Preise im Verhältnis zur Produktionsmenge während der »Großen Depression« besonders deutlich zutage. Mangel an Aufträgen wurde eigentlich nur 1874/75 registriert; dann wiesen alle Anzeichen darauf hin, daß zwar genügend Bestellungen vorlagen, die Gewinnspannen sich jedoch wesentlich verringert hatten[180]. Die metallverarbeitende und die Maschinenbauindustrie partizipierten besonders lebhaft am Aufschwung der achtziger Jahre. Während aber die Ergebnisse in der Metallindustrie, z. B. in der Messingfabrik Beck, bereits 1884 wieder stark rückläufig waren, hielt die Hochkonjunktur in der Maschinenbauindustrie bis zur Jahresmitte 1891 an[181]. In dieser Phase erlebte besonders die Maschinenfabrik Augsburg nahezu über zehn

---

175 Die Mechanische Baumwollspinnerei und Weberei, Bericht, a. a. O., S. 22.
176 Graßmann, a. a. O., S. 61 ff., S. 95 f.; StA Augsburg, G I 16/13 (Beispiel einer Lohnsenkung); Produktionserhöhungen durch technische Verbesserung führten ebenfalls zu einer Senkung der Stücklöhne (Jahresberichte der Fabrikinspektoren 1893, S. 229).
177 StA Augsburg, Nachlaß Haßler, K 6 (Mitteilungen des Präsidiums des Vereins Süddeutscher Baumwollindustrieller an die Vereinsmitglieder vom 27. 3. 1880, Nr. 8). Vgl. Rosenberg, Große Depression, a. a. O., S. 47 f.
178 Jahresbericht der Handels- und Gewerbekammer 1884, S. 1 ff., 1885, S. 2, 1887, S. 3.
179 StA Augsburg, G III 17/20; Mai, a. a. O., S. 31.
180 Jahresbericht der Handels- und Gewerbekammer 1875/76, S. 16 ff.; MAN-Archiv Augsburg, Protokoll der Ausschußsitzung vom 21. 2. 1876; ebenda, Protokoll der Generalversammlung vom 28. 9. 1876. Die MAN konnte bereits 1878 wieder »zahlreiche und große Aufträge« verbuchen, »allerdings zu sehr bescheidenen Preisen« (Protokoll der Generalversammlung vom 28. 9. 1878, vgl. auch Protokoll der Generalversammlung vom 28. 9. 1880). Auch kleinere Firmen, so z. B. eine Augsburger Röhrenfabrik, verzeichneten Ende der 70er Jahre einen lebhaften, im Vergleich zu früher aber weniger einträglichen Geschäftsgang (Jahresbericht der Handels- und Gewerbekammer 1876, S. 28).
181 Ebenda, 1891, S. 14 f.

Jahre einen beispiellosen Aufstieg. Die Arbeiterzahl erhöhte sich von 667 Personen im Jahre 1881 auf 1939 im Jahre 1891, hatte sich also in einem Jahrzehnt verdreifacht, während sich die Arbeiterzahl der Maschinenfabrik Riedinger in der gleichen Zeit immerhin verdoppelte[182].

Die Baisse zu Beginn der neunziger Jahre traf die Textilindustrie wiederum heftiger als die Maschinenbauindustrie, die sich bald erholte und 1899 mit Rekordumsätzen abschloß[183]. Nach einem kurzen Aufschwung um die Mitte des Jahrzehnts blieb die Lage der Textilbranche unbefriedigend. Die Situation der Augsburger Kammgarnspinnerei verschlechterte sich zusätzlich durch die Mitte der neunziger Jahre eintretende Wollknappheit infolge einer australischen Dürrekatastrophe[184].

Die Ursachen für die Dauerkrise der Textilindustrie sind auf verschiedenen Gebieten zu suchen. Neben der amerikanischen Hochzollpolitik und der steigenden internationalen Konkurrenz trug vor allem die außerordentliche Erhöhung der Spindeln und Webstühle im Deutschen Reich während der neunziger Jahre zu einer kontinuierlichen Überproduktion bei[185]. Zudem wirkten die Begleiterscheinungen des allgemeinen Aufschwungs – steigende Löhne und Materialpreise sowie erhöhter Zinsfuß – besonders drückend auf den nicht an der Hochkonjunktur beteiligten Industriezweig[186]. Auch in der Augsburger Textilindustrie war zwischen 1892 und 1898 eine auffallende Steigerung der Betriebsmittel zu konstatieren. Während zwischen 1873 und 1892 die Zahl der Webstühle nur um 3266, die der Spindeln um 103 812 stieg, erhöhte sich allein zwischen 1892 und 1898 die Webstuhlzahl um 2517, die Spindelzahl um 70 760[187]. Das Wachstum der Textilindustrie vollzog sich in diesem Zeitraum weniger in der Steigerung der Arbeitskräftezahl als in der Ausweitung der Produktionsmittel[188].

Die Krise der Jahre 1900 bis 1902 belastete die Augsburger Industrie schwer, wenn auch anfangs nicht alle Branchen betroffen waren. Weitaus am schlimmsten wurde zunächst die Kammgarnspinnerei in Mitleidenschaft gezogen, die im Jahre 1900 ihre Arbeiterzahl von 1200 auf ca. 900 reduzierte; auch die Webereien litten erheblich unter dem Niedergang und führten 1901 eine fünfundzwanzigprozentige Betriebseinschränkung durch[189]. Ein Zeichen für den fühlbaren Rückgang der Beschäftigung ist die Tatsache, daß die Zahl der in Augsburger Betriebskrankenkassen versicherten Arbeitnehmer von 17 706 im Jahre 1900 auf 16 621 im Jahre 1902 zurückging[190]. In der Metallverarbeitung und im Maschinenbau waren besonders einzelne Betriebe stark betroffen, darunter die Maschinenfabrik Riedinger, die 250 Arbeiter entließ; dagegen geriet die chemische und die Papierindustrie erst

---

182 MAN-Archiv Augsburg, Foth, a. a. O., Anlage 8, S. 2; Graßmann, a. a. O., S. 109 (bei Riedinger stieg die Arbeiterzahl von 420 im Jahre 1880 auf 892 im Jahre 1890).
183 Jahresbericht der Handels- und Gewerbekammer 1896, S. 12, 1899, S. 13.
184 Mai, a. a. O., S. 23.
185 Heinrich Sybel, Die Baumwollindustrie, in: Die Störungen im deutschen Wirtschaftsleben während der Jahre 1900 ff., Bd. I, Schriften des Vereins für Sozialpolitik CV, Leipzig 1903, S. 129.
186 Ebenda, S. 130.
187 Jahresbericht der Handels- und Gewerbekammer 1872/73, Anhang, Tabelle IV; Mai, a. a. O., S. 152. Im deutschen Reich betrug die Zahl der

	Webstühle	Spindeln
1892	129 983	6 033 498
1898	194 726	7 381 629

(Sybel, a. a. O., S. 129).

188 A. Oppel, Die deutsche Textilindustrie, Leipzig 1912, S. 16.
189 StA Augsburg, G I 16/12; Jahresbericht der Handels- und Gewerbekammer 1900 ff.; BayHStA München, MH 11255 (Bericht der Staatskommissäre für die Börse in Augsburg vom 16. 3. 1902).
190 StA Augsburg, G I 19/8.

spät in den Niedergang[191]. 1903 trat eine allmähliche Erholung ein; insbesondere die Baumwollspinnereien verzeichneten ein rasches Anziehen der Preise, angeheizt durch die wieder einsetzende Spekulation, während die Konjunktur für die Kammgarnspinnerei noch nicht umgeschlagen hatte[192]. Auch im Maschinenbau lief das Geschäft nur langsam an. Mangelnde Inlandsnachfrage in der Dampfmaschinenfabrikation und Absatzschwierigkeiten bei Eismaschinen in Europa erhöhten bei der MAN zunehmend den Export nach Übersee, an dem allerdings das Werk Augsburg nicht in dem Maße beteiligt war wie die Werke Nürnberg und Gustavsburg. In Abschwungjahren wich jedoch auch das Augsburger Unternehmen verstärkt auf den ausländischen Markt aus. Eine ebenso bedeutende Rolle spielte der Export bei den kleineren Maschinenfabriken[193].

In den Jahren 1903 bis 1907 nahm fast die gesamte Augsburger Industrie am allgemeinen Aufschwung teil, dessen stimulierende Wirkungen jedoch durch den enormen Anstieg der Rohstoffpreise teilweise getrübt wurden. Nur die Kammgarnspinnerei litt 1902 und 1903 unter der allgemeinen Wollknappheit und schloß sich im ersten Halbjahr 1904 einer Betriebseinschränkung der deutschen Kammgarnspinnereien an[194]. 1907 machte sich trotz vorläufig noch befriedigendem Geschäftsgang schon Kapitalmangel bemerkbar; Ende des Jahres trat der Rückschlag ein, der sich durch das schnellere Sinken der Preise für Halb- und Fertigfabrikate gegenüber den vom Kohlensyndikat noch hochgehaltenen Rohstoffpreisen besonders empfindlich auf die Augsburger Industrie auswirkte. Erheblicher Wassermangel im Herbst 1908 zwang zudem zu vermehrter Verwendung von Kohle[195]. Die Baumwollspinnereien und -webereien führten 1908 über vier Monate hinweg eine durchschnittlich vierzehnprozentige Betriebseinschränkung durch[196]. Auch die Maschinenbauindustrie litt unter gedrückten Preisen und flauem Geschäftsgang. Insgesamt schien aber der Abschwung 1908 die Augsburger Industrie weniger hart getroffen zu haben als die Krise nach der Jahrhundertwende; die Zahl der Arbeitslosen blieb unter dem Limit von 1900/02[197].

191 StA Augsburg, G I 16/12.
192 Jahresbericht der Handels- und Gewerbekammer 1903, S. XI.; BayHStA München, MH 11255, Bericht der Staatskommissäre [...] vom 27. 2. 1903 und 30. 1. 1904.
193 MAN-Archiv Augsburg, Nachlaß Guggenheimer, K 31, handschriftliche Übersicht für Werk Augsburg vom 12. 3. 1912.

Jahr	Gesamtverkauf	davon ins Ausland		Verkauf nach Übersee	
1903	10 167 297 M	5 423 015 M	53,3 %	319 183 M	3,1 %
1904	9 945 579 M	3 478 940 M	34,9 %	211 387 M	2,1 %
1905	11 646 198 M	4 866 348 M	41,8 %	414 214 M	3,6 %
1906	13 495 780 M	5 469 532 M	40,5 %	1 057 572 M	7,8 %
1907	12 736 154 M	5 536 072 M	43,5 %	879 504 M	6,9 %
1908	13 148 246 M	7 451 601 M	56,7 %	524 161 M	4,0 %
1909	14 369 600 M	7 230 099 M	50,3 %	654 476 M	4,6 %
1910	16 189 385 M	8 698 157 M	53,7 %	784 710 M	4,8 %

Vgl. dazu Jahresbericht der Handelskammer 1913, S. 24: »Für die Maschinenfabriken, die ihre Produktion im Inlande nicht unterbringen können, besteht mehr denn je die Notwendigkeit, dem Übersee- und Auslandsgeschäft besondere Beachtung zu schenken«; Mai, a. a. O., S. 53 ff.
194 Jahresberichte der Handels- und Gewerbekammer 1903–1907, besonders 1903, S. XV f., S. 1 ff., 1904, S. XI, S. 1 ff., S. 38, 1906, S. XI; Schmid, a. a. O., S. 104; Genzmer, a. a. O., S. 76 ff.
195 Spiethoff, a. a. O., Bd. I, S. 135; Jahresbericht der Handels- und Gewerbekammer 1907, S. XII ff.; ebenda, 1908, S. XIII; Jahresbericht des Vereins Süddeutscher Baumwollindustrieller 1907, S. 3 (in: BayHStA München, MWi 7147).
196 Jahresbericht der Handels- und Gewerbekammer 1908, S. 5; StA Augsburg, G I 16/51.
197 StA Augsburg, G I 16/12. Im November 1901 zählte man in Augsburg und Umgebung ca. 900 Arbeitslose, im Dezember 1908 »nur« rund 400. Beide Zahlenangaben sind zwar infolge der ungeeigneten Erhebungsmethoden zu niedrig gegriffen, zeigen aber die Relationen.

Trotzdem setzte sich in der Textilindustrie die Depression auch in den nächsten Jahren fort. Die ungewöhnlichen Produktionssteigerungen der vergangenen Jahre konnten von der Bevölkerung, die unter dem Preisdruck fast aller Verbrauchsgüter litt, nicht aufgenommen werden; die »fühlbare Einschränkung des Konsums« wirkte sich zwangsläufig auf den Absatz der Massenartikel der Augsburger Textilindustrie aus[198]. Zudem war die Mode für Kattune ungünstig und erschwerte somit auch den Absatz der Webereien. Die Baumwollknappheit und der hohe Preisstand der Rohbaumwolle verzögerten in der Textilindustrie auch 1910 die Teilnahme am allgemeinen Aufstieg[199]. 1911 trat schließlich ein plötzlicher Sturz der Baumwollpreise infolge einer amerikanischen Rekorderte ein und entwertete die bei hohem Preisstand gefüllten Lager, so daß für die Weberei schwere Verluste entstanden[200]. Mit den gesunkenen Preisen setzte jedoch wieder eine lebhaftere Nachfrage ein. Im Aufschwungjahr 1912 konnte die Textilindustrie wie fast alle übrigen Branchen der Augsburger Industrie gute Ergebnisse erzielen. Die Maschinenindustrie verzeichnete bereits 1910/11 eine merkliche Besserung, die aber »weit mehr in der Vergrößerung des Umsatzes als in der Gestaltung der Fabrikatpreise und des Verdienstes« zum Ausdruck kam. Auch im Handel herrschte die Tendenz »steigender Umsatz und sinkender Geschäftsgewinn« vor[201]. Noch Ende 1912 setzte schon wieder ein Konjunkturrückschlag ein, der sich 1913 rasch verschärfte. Im ersten Quartal 1914 wurde in den Webereien eine siebzehneinhalbprozentige Betriebseinschränkung durchgeführt, auf die sich im Vorjahr die Industriellen in Bayern, Württemberg, Baden und dem Elsaß geeinigt hatten[202].

Mit dem Ausbruch des Ersten Weltkriegs und der Umstellung auf die Kriegswirtschaft ging eine Epoche der Wirtschaftsgeschichte zu Ende. In einem Dreivierteljahrhundert war in Augsburg ein bedeutendes bayerisches Industriezentrum entstanden. Dabei läßt sich der Beginn des vielschichtigen Prozesses der Industrialisierung nicht auf einen bestimmten Zeitpunkt legen. Sieht man von einer »Vorbereitungsphase« seit ca. 1834 ab, so kommt dem Jahr 1840 durch das Zusammentreffen von drei folgenreichen Ereignissen eine symbolische Bedeutung zu: mit der Eröffnung der Mechanischen Baumwollspinnerei und Weberei und der Maschinenfabrik Sander wurden die Grundlagen zu den beiden dominierenden Industriezweigen gelegt, während die Inbetriebnahme der Eisenbahnlinie nach München die Voraussetzungen für die weitere industrielle Entwicklung schuf. In quantitativer Hinsicht – nach der Steigerung der Produktion, der Zahl neuer Fabriken, dem Wachstum des Industrieproletariats und wie später noch zu zeigen sein wird, auch nach dem Wachstum der Stadtbevölkerung – erfolgte der eigentliche Durchbruch zur industriellen Wirtschaft erst in den fünfziger Jahren. Die Jahrzehnte von der Entstehung der Fabrikindustrie in Augsburg bis 1870/73 bil-

---

198 Jahresbericht der Handelskammer 1910, S. 4 f.; zur abweichenden Entwicklung der Textilindustrie allgemein vgl. Spiethoff, a. a. O., Bd. I, S. 138.
199 SWA-Archiv, Augsburg, Schreiben der Mechanischen Baumwollspinnerei und Weberei vom 25. 4. 1910 an den Verband Süddeutscher Textilarbeitgeber.
200 Jahresbericht der Handelskammer 1911, S. 11; der Kg-Preis für Rohbaumwolle fiel innerhalb von vier Monaten von 160 auf 98 Pfennig.
201 Jahresbericht der Handelskammer 1911, S. 2 f.
202 Jahresbericht der Handelskammer 1913, S. 4. Auch die unsicheren politischen Verhältnisse führten zu wirtschaftlichen Stockungen, so heißt es im Bericht des Staatskommissärs für die Börse vom 19. 2. 1914 (BayHStA München, MH 11255): »Die Kriegsfurcht veranlaßte die Kapitalisten, ihre Gelder dem Verkehr zu entziehen, und dies führte zu einer bedrohlichen Geldverknappung und Geldteuerung, wodurch die wirtschaftliche Entwicklung gehemmt wurde«.

deten trotz des unterschiedlichen Charakters der Konjunkturen der fünfziger und sechziger Jahre doch eine Einheit; in diesem Zeitraum entstanden die bedeutendsten Industrieunternehmen unter den Bedingungen raschen, unproblematischen Wirtschaftswachstums, niedriger Löhne und hoher Unternehmergewinne. Dagegen hatte die wirtschaftliche Zäsur zu Beginn der siebziger Jahre für die Augsburger Textilindustrie zugleich einen strukturellen Wandel im Gefolge, der durch die veränderte Marktlage nach der Annexion des Elsaß bedingt war. Unter dem Einfluß der großen Depression ging die Zahl der Beschäftigten zwischen 1875 und 1882 nahezu in allen Branchen zurück, während unter dem krisenbedingten Rationalisierungsdruck eine Verminderung der Produktion offensichtlich nicht eintrat. Nach einer Phase gesteigerten Wachstums zwischen 1882 und 1895, dessen Träger vor allem die Metall-, die Maschinenbau-, die Bauindustrie und der Handel waren, drängt sich bei der Betrachtung des Zeitraums zwischen 1895 und 1907/13 der »Eindruck der Stagnation, teilweise sogar der direkten Rückentwicklung« auf[203]. Das fühlbar verlangsamte Wirtschaftswachstum dieser Jahre kann nicht nur als Auswirkung der ökonomischen Krise um die Jahrhundertwende gedeutet werden, sondern barg alle Anzeichen einer durch spezielle Augsburger Verhältnisse bedingten Strukturkrise in sich. Ein Vergleich mit der Entwicklung der Beschäftigtenzahlen in anderen bayerischen Städten zeigt das Zurückbleiben der Augsburger Industrie besonders deutlich:

Beschäftigte in Industrie und Handwerk 1882–1907[204]

Stadt	1882 Beschäftigte	1895 Beschäftigte	+/− abs.	%
Augsburg	17 429	28 241	10 812	62,0
München	35 866	84 108	48 242	134,5
Nürnberg	26 332	48 132	21 800	82,8
Würzburg	7 814	12 137	4 323	55,3
Fürth	7 880	13 899	6 019	76,4

Stadt	1907 Beschäftigte	+/− abs.	%	1882 − 1907 +/− abs.	%
Augsburg	34 857	6 616	23,4	17 428	100
München	111 592	27 484	32,7	75 726	211
Nürnberg	99 102	50 970	105,9	72 770	276
Würzburg	15 166	3 029	25,0	7 352	94
Fürth	21 890	7 991	57,5	14 010	177

Das Wachstum der Beschäftigtenzahlen in der Augsburger Industrie entwickelte sich demnach nicht nur prozentual langsamer als das Wirtschaftswachstum in den beiden Großstädten München und Nürnberg und der Industriestadt Fürth, sondern wurde seit 1895 sogar von der wenig industrialisierten Universitätsstadt Würzburg übertroffen.

---

203 Mai, a. a. O., S. 154.
204 Ebenda, S. 157.

Dies verlangsamte Wachstum blieb jedoch nicht auf die Zahl der Beschäftigten beschränkt, sondern erstreckte sich auch auf die Zahl der Betriebe[205]:

	1847	1861	1875	1882	1895	1907
Industrielle und handwerkliche Betriebe	2255	2017	3516	3758	3727	3312
Handels- und Dienstleistungsbetriebe	666	533	1615	1956	2336	2599
Betriebszahl insgesamt	2921	2550	5131	5714	6063	5911
darunter:						
Textilindustrie	943	205	163	128	107	95
Maschinenbau	73	47	100	134	135	152
Metallverarbeitung	183	160	197	230	230	224

Dabei sind zeitlich gesehen drei Hauptbewegungen zu unterscheiden: Zwischen 1847 und 1861 ging die Zahl der Betriebe insgesamt bei gleichzeitigem Anstieg der Beschäftigtenzahl zurück. Es zeichnete sich darin eine Abnahme der Überbesetzung im Handwerk und eine Zunahme unselbständiger Arbeit ab. Zwischen 1861 und 1875 trat wieder eine Erhöhung der Betriebszahl ein, die nun durch den industriellen Aufschwung bedingt war. Seit den achtziger Jahren setzte ein Rückgang ein, der sich zwischen 1895 und 1907 noch beschleunigte. Er erstreckte sich allerdings nur auf den Produktionsbereich, während die Zahl der Handels- und Dienstleistungsbetriebe weiter anstieg. In diesem Vorgang spiegelte sich zum Teil die nun einsetzende industrielle Konzentration wieder. Der Vergleich mit den übrigen bayerischen Industriestädten, in denen die Zahl der Betriebe durchweg im Steigen begriffen war, legt jedoch die Vermutung einer gleichzeitigen Rückentwicklung für Augsburg nahe. Dies unterstreicht auch die Tatsache, daß von den zwischen 1895 und 1907 ermittelten identischen Betrieben in Augsburg sich mehr Betriebe verkleinert als vergrößert hatten[206].

Betriebe mit Personen	identische Betriebe 1895–1907	Vergrößert abs.	%	Verkleinert abs.	%
1	47	30	63,8	–	–
2 – 10	1625	570	31,2	633	40,8
11 – 50	153	94	61,4	48	31,4
51 – 100	17	13	76,5	4	23,5
101 – 200	11	6	54,5	5	45,5
201 – 500	12	5	41,7	7	58,3
501 – und mehr	2	2	100,0	–	–
insgesamt	1867	657	35,2	727	38,9

Erst jene Betriebe, die mindestens zehn Arbeiter beschäftigten, hatten demnach eine Chance, sich zu vergrößern, während bei einem Beschäftigtenstand von 200 bis 500 Arbeitskräften schon wieder eine Rückentwicklung drohte.

[205] Für 1847 und 1861 errechnet nach: Beiträge zur Statistik des Königreichs Bayern, Bd. 10, S. 46 ff., Bd. 44, S. 326 ff., Bd. 50, S. 464 ff.; Statistik des deutschen Reiches, NF, Bd. 118, S. 113 f.; Amt für Statistik und Stadtforschung, Augsburg, Beruf der Bevölkerung [...] a. a. O., S. 152.
[206] Beiträge zur Statistik des Königreichs Bayern, Bd. 83, S. 199*.

Im folgenden gilt es nun, die möglichen Ursachen dieser Entwicklung näher zu betrachten.

Die Zahl der Beschäftigten nach Gewerbegruppen[207]

	1847	1861	1875	1882	1895	1907
I–II Landwirtschaft	151	144	153	84	361	328
III Bergbau	—	21	—	—	—	28
IV Steine, Erden	120	188	208	163	252	187
V Metallverarbeitung	791	775	1310	1182	2140	2180
VI Maschinenbau	207	1126	2006	1870	3905	5850
VII Chem. Industrie	117	189	304	450	854	689
VIII Leuchtstoffe, Seifen etc.	64	72	145	195	232	193
IX Textilindustrie	4545	5648	7061	6783	9499	11 213
X–XI Papier und Leder	263	327	534	613	909	1186
XII Holzindustrie	457	624	787	761	1009	1595
XIII Nahrungsmittel	785	1313	1703	1532	2348	2550
XIV Bekleidung und XV Reinigung	1000	1540	2884	2635	3517	3344
XVI Baugewerbe	572	601	782	781	2962	4961
XVII Polygraphische Gewerbe	207	377	430	430	574	820
XVIII Kunstgewerbe	19	34	40	34	40	61
III–XVIII Industrie	9147	12 835	18 194	17 429	28 241	34 857
XIX Handel	941	792	2048	2490	4060	5615
XX Versicherungen	—	—	—	—	—	—
XXI Verkehr	216	188	249	298	336	758
XXII Beherbergung, Gaststätten	167	325	722	972	1503	1505
XIX–XXII Handel und Verkehr	1324	1305	3019	3760	5899	7878
insgesamt	10 622	14 284	21 366	21 273	34 501	43 063

Wachstumsphasen einiger Augsburger Industriezweige

Jahr	1. Metallverarbeitung				2. Maschinenbau			
	Beschäftigte	+/–	%	Index	Beschäftigte	+/–	%	Index
1847	791			100	207			100
1861	775	— 16	2,0	98	1126	919	444	544
1875	1310	535	69,0	165,6	2006	880	78,2	969
1882	1182	— 128	9,8	149,4	1870	— 136	— 6,8	903,4
1895	2140	958	81,0	270,5	3905	2035	108,8	1886,5
1907	2180	40	1,9	275,6	5850	1945	49,8	2826,1

Jahr	3. Textilindustrie				4. Bekleidung und Reinigung			
1847	4545			100	1000			100
1861	5648	1103	24,3	124,3	1540	540	54	154
1875	7061	1413	25,0	155,4	2884	1344	87,3	288,4
1882	6783	— 278	— 3,9	149,2	2635	— 249	— 8,6	263,5
1895	9499	2716	40,0	209,0	3517	882	33,5	351,7
1907	11 213	1714	18,0	246,7	3344	— 173	— 4,9	334,4

[207] Zusammenstellung nach: Beiträge zur Statistik des Königreichs Bayern, Bd. 10, S. 46 ff., Bd. 44, S. 326 ff., Bd. 50, S. 464 ff.; Statistik des deutschen Reiches, NF, Bd. 118, S, 113 f.; Amt für Statistik und Stadtforschung, Augsburg, Beruf der Bevölkerung [...], a. a. O., S. 152.

Jahr	5. Chemische Industrie Beschäftigte	+/−	%	Index	6. Papier- und Lederindustrie Beschäftigte	+/−	%	Index
1847	181			100	263			100
1861	261	80	44,2	144,2	327	64	24,3	124,3
1875	449	188	72,0	248,1	534	207	63,3	203
1882	645	196	43,7	356,4	613	79	14,8	233,1
1895	1086	441	68,4	600	909	296	48,3	345,6
1907	882	− 204	− 18,8	487,3	1186	277	30,5	451

Jahr	7. Holz- und Schnitzstoffe	+/−	%	Index	8. Polygraphische Gewerbe	+/−	%	Index
1847	457			100	207			100
1861	624	167	36,5	135,6	377	170	82,1	182,1
1875	787	163	26,1	172,2	430	53	25,6	207,7
1882	761	− 26	− 3,3	166,5	430	−	0	207,7
1895	1009	248	32,6	220,8	574	144	33,5	277,3
1907	1595	586	58,1	349	820	246	42,9	396,1

Jahr	9. Baugewerbe	+/−	%	Index	10. Handel und Verkehr	+/−	%	Index
1847	572			100	1324			100
1861	601	29	5,1	105,1	1305	− 19	− 1,4	98,6
1875	782	181	31,6	136,7	3019	1714	131,3	228,0
1882	781	− 1	0,1	136,5	3760	741	24,5	284
1895	2962	2181	379,3	517,8	5899	2139	56,9	445,5
1907	4961	1999	67,5	867,3	7878	1979	33,5	595

V. Struktur- und Standortprobleme der Augsburger Industrie

Sucht man nach den Ursachen für das Phänomen des verlangsamten Wachstums, so muß man zunächst sektorale Strukturprobleme von den Folgen spezifischer Veränderungen im lokalen Bereich trennen. Der Zuwachs an Beschäftigten in der Textilindustrie zwischen 1895 und 1907 um nur 18 % wirkte sich besonders nachhaltig aus, da die Textilbranche immerhin noch mehr als ein Viertel aller Arbeitskräfte beschäftigte. Zwar wuchs die Augsburger Textilindustrie damit doppelt so schnell wie die Textilindustrie im Reichsdurchschnitt (zwischen 1895 und 1907 um 9,6 %) und steigerte damit ihren Anteil an der Gesamtzahl der in der deutschen Textilbranche Beschäftigten von 0,8 % im Jahre 1875 auf 1,03 % im Jahre 1907, doch trat im gleichen Zeitraum eine anteilmäßige Verringerung in den Betriebskapazitäten ein[208]. Seit den neunziger Jahren konnte die Augsburger Baumwollindustrie mit der Zunahme der Spindeln und Webstühle im deutschen Reich nicht mehr Schritt halten; während der Augsburger Anteil bei den Webstühlen 1892 noch 5 % betrug, war er 1909 bereits auf 4,2 % gesunken, um dann bis 1913 wieder auf 4,4 % anzusteigen; ähnlich lag das Verhältnis bei den Baumwollspindeln, wo der Anteil von 6,3 % im Jahre 1892 auf 5,8 % im Jahre 1914 sank[209].

---

208 Oppel, a. a. O., S. 16. Danach arbeiteten im Reichsgebiet in der Textilindustrie:
    1875   926 767 Personen   1895   993 257 Personen
    1882   910 089 Personen   1907   1 088 280 Personen
209 Mai, a. a. O., S. 153.

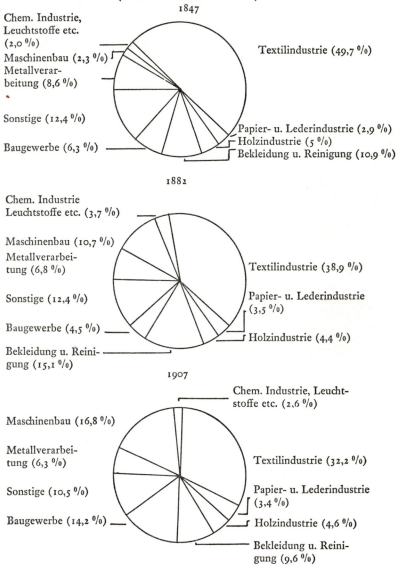

Die Struktur der Augsburger Industrie
(Anteil an der Industrie in %)

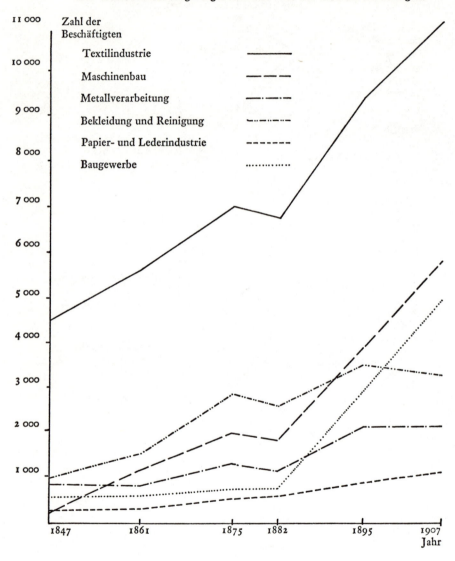

Das verlangsamte Wachstum der Augsburger Textilindustrie war im Zeichen des sich seit den achtziger Jahren in Deutschland anbahnenden Zurücktretens der Konsumgüterindustrie hinter die Investitionsgüterindustrie nichts Ungewöhnliches[210]. Allerdings wurde diese allgemeine Entwicklung in Augsburg nicht durch das raschere Wachstum anderer Industriezweige kompensiert. Auch die Maschinenbauindustrie wuchs nach 1895 langsamer als in der vorausgehenden Zählungsperiode, wenn sie auch die Textilindustrie im Wachstumstempo noch übertraf. Die verlangsamte Fortentwicklung der Textilindustrie traf in der Phase des »organisierten Kapitalismus« mit anderen Schwierigkeiten zusammen. Seit den siebziger Jahren des 19. Jahrhunderts setzte in der deutschen Wirtschaft ein Kartellisierungs- und Konzentrationsprozeß ein. Besonders die festgefügten Vereinigungen der Rohstoffproduzenten bestimmten seitdem in steigendem Maße die Preisgestaltung und veränderten so auch den Ablauf der Krisen[211]. Waren sie früher in der Regel von einem Absinken der Rohstoffpreise begleitet, so ging vor allem seit der Jahrhundertwende in der von den Kartellen beeinflußten Wirtschaft der Preis der Rohstoffe langsamer zurück als derjenige der Fertigfabrikate. Dies veranlaßte die Abnehmer ihrerseits zur Bildung von Kartellen, um die dadurch drohende Schmälerung der branchenüblichen Profite abzufangen. Der »Absolutismus des Kohlensyndikats« traf die abseits von Rohstoffen und Energiequellen gelegene Augsburger Industrie besonders empfindlich, um so mehr, als es sich gerade bei den beiden hauptsächlich vertretenen Branchen — der Textil- und der Maschinenbauindustrie — um relativ schwach, bzw. nur auf niedriger Stufe kartellisierte Industrien handelte[212].

In der Textilindustrie setzte die Kartellisierung später und langsamer ein als in anderen Gewerbezweigen. Die unterschiedlichen Betriebsformen — vom Verlagssystem bis zur Aktiengesellschaft — die Vielfalt der Produkte und auch die oft unterschiedlich gelagerten Interessen der Hersteller (z. B. der Weber und Spinner) erschwerten den Zusammenschluß[213]. Zwar entstanden bereits Ende der achtziger Jahre die ersten Textilkartelle, doch wuchs ihre Bedeutung erst nach der Jahrhundertwende als Reaktion auf die durch die Preispolitik der Rohstoffsyndikate hervorgerufene Steigerung der Produktionskosten[214]. Der Verband Süddeutscher Baumwollindustrieller, 1870 als vorwiegend auf zollpolitischem Gebiet wirkender Interessenverband gegründet, nahm später auch Kartelleigenschaften an. Bereits 1877 kam das Präsidium zu dem Schluß, daß zur Vermeidung der Überproduktion »das einzige Mittel in einer allgemeinen Reduktion der Produktion zunächst der gesamten deutschen mechanischen Baumwollweberei, einschließlich derjenigen von Elsaß-Lothringen, gefunden werden könne«[215]. Die Durchsetzung solcher Pro-

---

210 Walther Hoffmann, Stadien und Typen der Industrialisierung, a. a. O., S. 22, 164, 182 f.; ders., Das Wachstum der deutschen Wirtschaft seit der Mitte des 19. Jahrhunderts, Berlin 1965, S. 196 ff. (Tab. 15).
211 Hans-Ulrich Wehler, Der Aufstieg des Organisierten Kapitalismus und Interventionsstaates in Deutschland, in: H. A. Winkler (Hrsg.), Organisierter Kapitalismus, Kritische Studien zur Geschichtswissenschaft, Bd. 9, Göttingen 1974, S. 40 ff.; Erich Maschke, Grundzüge der deutschen Kartellgeschichte bis 1914, Dortmund 1964, S. 18.
212 Jahresbericht der Handels- und Gewerbekammer 1907, S. 17; Maschke, Kartellgeschichte, a. a. O., S. 19.
213 Wilhelm Schütze, Zur Zusammenschlußbewegung in der deutschen Textilindustrie, Diss. Frankfurt/M. 1927, S. 13.
214 Ebenda, S. 14; Maschke, Kartellgeschichte, a. a. O., S. 19.
215 SWA-Archiv, Augsburg, Rundschreiben des Präsidiums vom 24. 8. 1877 (in: Akt Verband süddeutscher Textilarbeitgeber).

duktionseinschränkungen war jedoch nur schwer zu erreichen[216]. Hohe Spekulationsgewinne, die kapitalkräftige Unternehmen vor allem unter den Spinnereien manchmal selbst in Krisenzeiten durch eine geschickte Einkaufspolitik verzeichnen konnten, ließen gemeinsame Produktionseinschränkungen nicht immer opportun erscheinen. Rein regionale Betriebseinschränkungen, wie die vierzehnprozentige Reduktion im Bereich der süddeutschen Verbandsfirmen im Jahre 1908, wirkten sich auf die Preise wenig aus[217]. Neben der Regelung der Produktion versuchte der Verein auch direkten Einfluß auf die Preise durch die Einrichtung von Preismeldestellen und Einheitspreislisten, Schaffung einheitlicher Verkaufsbedingungen usw. auszuüben[218].

Ähnlich ungeeignet für die Kartellisierung war die Maschinenbauindustrie mit ihrem breiten Spektrum verschiedenster Fabrikate. Durch den Bezug von Kohle und Roheisen — zwei besonders weitgehend kartellisierten Gütern — bestand hier eine doppelte Abhängigkeit. 1908 bedauerte MAN-Werk Augsburg, »daß die deutsche Maschinenindustrie sich noch nicht zu größerer Spezialisierung entschließen konnte, und daß noch kein Weg zu engerem Zusammenschluß behufs Verhinderung ruinöser Unterbietungen gefunden wurde«[219]. Gerade bei den Großunternehmen war jedoch die Bereitschaft zur kollektiven Regelung der Preise und Absatzmärkte gering. Im Bereich des Dieselmotorenbaus war für MAN angesichts der nach der Jahrhundertwende außerordentlich rasch wachsenden Nachfrage keine Syndizierung nötig, ebensowenig im Schnellpressen- und allgemeinen Maschinenbau[220]. Dagegen bestand von seiten der MAN starkes Interesse an der Regelung des Dampfturbinenbaus. Sie beteiligte sich 1904 zusammen mit den Firmen Krupp AG, Norddeutscher Lloyd, den Siemens-Schuckertwerken und einem Schweizer Unternehmen an einem Dampfturbinen-Syndikat und betrieb um 1910/11 Verhandlungen über Wettbewerbsbeschränkungen im Dampfturbinenbau auf internationaler Ebene[221]. Seit 1913 gehörte die MAN auch dem Internationalen Tiefdruck-Syndikat (ITS) an[222]. Während Großunternehmen wie die Maschinenfabrik Augsburg-Nürnberg noch am ehesten in der Lage waren, sich durch hohe Investitionen, Forschungsprogramme und Patente eine Unabhängigkeit am Markt zu sichern und überhöhte Rohstoffpreise auf die Abnehmer ihrer

---

216 StA Augsburg, G II 18/20. So berichtete der Direktor der Baumwollfeinspinnerei in der Generalversammlung am 31. 3. 1887: »Von rheinischen und sächsischen Spinnern wurden Versuche zu einer gemeinsamen Verminderung der Produktion, um bessere Preise zu erzielen, gemacht, aber dieselben hatten bei den verschiedenen süddeutschen und elsässischen Interessenten keinen Erfolg«. Die Augsburger Kammgarnspinnerei, die dem 1880 gegründeten Verband Deutscher Kammgarnspinner angehörte, beteiligte sich bereits in den neunziger Jahren an Produktionseinschränkungen (Genzmer, a. a. O., S. 73; Schmid, a. a. O., S. 107; Mai, a. a. O., S. 19).
217 StA Augsburg, G III 17/16, Generalversammlung der Baumwollspinnerei am Stadtbach am 2. 3. 1909.
218 Schütze, a. a. O., S. 41 f.; Jahresbericht der Handels- und Gewerbekammer 1907, S. 4.
219 Jahresbericht der Handelskammer 1908, S. 37. Ein 1858 entstandenes Projekt, zur Sicherstellung der Roheisenversorgung ein Eisenwerk bei Sulzbach in der Oberpfalz anzukaufen, wurde vom Ausschuß der Maschinenfabrik Augsburg am 3. 11. 1858 abgelehnt (MAN-Archiv Augsburg, Protokoll der Ausschußsitzung). Die deutschen Maschinenfabriken litten auch unter der Praxis der Kartelle, Rohstoffe im Ausland zu Dumping-Preisen zu verkaufen, weil als Folge davon die ausländischen Konkurrenzfirmen billiger produzieren konnten (Jahresbericht der Handels- und Gewerbekammer 1903, S. XVI; vgl. Maschke, Kartellgeschichte, a. a. O., S. 37). Auch die MAN befürchtete eine gezielte Schädigung der bayerischen Maschinenindustrie durch den Stahlwerk-Verband (Büchner, a. a. O., S. 138 f.).
220 Hans Mauersberg, Deutsche Industrien im Zeitgeschehen eines Jahrhunderts. Eine historische Modelluntersuchung zum Entwicklungsprozeß deutscher Unternehmen, Stuttgart 1966, S. 254; Jahresbericht der Handels- und Gewerbekammer 1904, S. 38: Noch 1904 war das Augsburger Werk auf dem Gebiet des Dieselmotorenbaus trotz Kapazitätserweiterungen so überlastet, daß nicht einmal alle Bestellungen angenommen werden konnten.
221 Jahresbericht der Handels- und Gewerbekammer 1904, S. 39; Mauersberg, a. a. O., S. 254 f.
222 Ebenda, S. 255.

Fabrikate abzuwälzen, gelang das den in Augsburg ansässigen kleineren Maschinenfabriken nur in sehr beschränktem Umfang. Die Handelskammerberichte sind angefüllt mit den Klagen dieser Firmen über die Kartelle und Syndikate der Rohstoffproduzenten[223].

Diese Entwicklung genügt jedoch nicht, das verlangsamte Wachstum der gesamten Augsburger Wirtschaft zu erklären. Vielmehr erscheint es angebracht, weitere Ursachen vor allem in der Veränderung jener Standortbedingungen zu suchen, die einst stimulierend auf den Beginn der Industrialisierung wirkten. Eine wesentliche Rolle spielte bei diesem Vorgang der Wandel in der Bedeutung der Wasserenergie für die Wirtschaft. Bereits 1886 wies der Augsburger Industrielle Frommel darauf hin, »daß in Augsburg keine 200 Pferdekräfte in Wasser mehr disponibel« seien[224]. Sobald sich neue Industriebetriebe ansiedeln wollten, waren sie gezwungen, die kostspieligere Dampfkraft in Anspruch zu nehmen. Damit traten aber alte Standortnachteile wieder in den Vordergrund, z. B. die Verteuerung der Produktion durch hohe Transportkosten für Kohle. Ein Versuch Augsburger Unternehmer Ende der fünfziger Jahre, durch den Erwerb der Kohlengruben in Peissenberg die Energieversorgung zu erleichtern, führte zu keinem Ergebnis[225]. Doch auch für die über Wasserkraft verfügenden älteren Betriebe stellte sich Ende des 19. Jahrhunderts eine Verschlechterung der Energielage ein. Die Aufstellung der modernen Selfaktor-Spindeln in den achtziger und neunziger Jahren erhöhte den PS-Verbrauch der Spinnereien auf nahezu das Doppelte[226]. Die Bedeutung der Wasserkräfte ging daher ständig zurück; eine 1889 in Betrieb genommene neue Spinnereianlage der Mechanischen Baumwollspinnerei und Weberei wurde bereits nur noch mit Dampfkraft ausgerüstet[227]. Die Veränderungen im Energiebereich zeigt folgende Übersicht[228].

Jahr	Dampfkraft/PS	Jahr	Wasserkraft/PS
1855	340	1851	2556,8
1861	1 157,5	1865	5187,2
1893	11 449,9	1892	9288,9

Angesichts der zunehmenden Verwendung von Kohle und der steigenden Transportkosten muß auch die verkehrspolitische Situation Augsburgs Ende des 19. und zu Beginn des 20. Jahrhunderts berücksichtigt werden. Die anfangs sehr günstigen Verkehrsverhältnisse hatten sich nicht in dem Maße fortentwickelt, wie dies zunächst zu erwarten war. Die Bevorzugung Münchens in der Verkehrspolitik wirkte sich direkt zum Nachteil Augsburgs aus; so scheiterten z. B. die Bemühungen der Augsburger Industrie, die Führung der internationalen Eisenbahnlinie von der Nordsee nach Italien über Augsburg zu erreichen[229]. Als Folge der Standortnachteile in Bayern erwog die MAN bereits 1905 die Errichtung eines

---

223 Jahresbericht der Handels- und Gewerbekammer 1905, S. 43, 1906, S. 39, 1908, S. 38.
224 StA Augsburg, Nachlaß Haßler, K 36, Protokoll der öffentlichen Plenarsitzung der Handels- und Gewerbekammer vom 25. 8. 1886; um diese Zeit hatten allerdings die meisten Textilbetriebe noch ein gewisses Maß an ungenützten Wasserkräften in Reserve.
225 Ebenda, K 34.
226 Graßmann, a. a. O., S. 241.
227 Haßler u. a., Hundert Jahre Mechanische Baumwollspinnerei und Weberei, a. a. O., Anhang.
228 Zusammenfassung nach Graßmann, a. a. O., S. 238, 246.
229 Mai, a. a. O., S. 137; Graßmann, a. a. O., S. 257.

Zweigwerks am Niederrhein; 1910 wurde der Kauf von Grundstücken in Duisburg beschlossen, 1912 dort der Betrieb für schwere Maschinen und Gießerei aufgenommen[230].

Eine andere, allerdings nur schwer erfaßbare Ursache für die gedämpfte Wirtschaftsentwicklung in Augsburg lag in den Verhältnissen auf dem Kapitalmarkt. Schon anläßlich der Gründung einer Diskonto- und Effektenbank in Augsburg zu Beginn der siebziger Jahre wurde darauf hingewiesen, »daß die zahlreichen Bankinstitute in dem benachbarten München gar viele Geschäfte und Geschäftsverbindungen von Augsburg weg und an sich gezogen haben«[231]. Ein großer Teil der einst so bedeutenden Augsburger Privatbanken verschwand im letzten Drittel des 19. Jahrhunderts oder sank zu Filialen deutscher Großbanken herab[232]. Eine Ausnahme bildete das Bankhaus Schmid & Cie., das sich bis in die Weimarer Zeit halten konnte[233]. Diese Bank kontrollierte die Finanzierung der meisten Augsburger Unternehmen, vor allem in der Textilbranche; die Gründungen einer Reihe von Aktiengesellschaften, bzw. die Umwandlung von Privatfirmen in Kapitalgesellschaften oder die Vergrößerung bestehender Firmen wurden unter der Leitung des Hauses Schmid durchgeführt[234]. Bei all diesen Transaktionen gelangten in der Regel Vertreter des Bankhauses in den Aufsichtsrat und übten dort einen maßgeblichen Einfluß auf die Betriebspolitik aus. Zudem gelang es der Bank, durch Gewährung hoher Kredite für Baumwolleinkäufe die Augsburger Spinnereien in zusätzliche Abhängigkeit zu bringen; der größte Teil der Baumwolltratten wurde auf die Schmid-Bank gezogen[235]. Der Einbruch fremden, stärker expandierenden Kapitals in die Augsburger Industrie war unter diesen Umständen nicht leicht und wurde auch im großen und ganzen bis zum Ersten Weltkrieg verhindert[236]. Dagegen floß Augsburger Kapital in nicht unerheblichem Ausmaß schon während des 19. Jahrhunderts in andere Industriegebiete ab[237].

Wenn auch die Geschlossenheit der Augsburger Industriellen und Kapitalisten nach der Jahrhundertwende nicht mehr ganz so ausgeprägt war wie in der Gründungszeit, so bestimmte doch immer noch ein kleiner Kreis, vertreten in Schlüsselpositionen in den Aufsichtsräten der großen Firmen, in der Handels- und

---

230 Büchner, a. a. O., S. 138, 140 f.
231 BayHStA München, MH 11 174, Konzessionsgesuch vom 26. 6. 1872.
232 Mai, a. a. O., S. 70. Häufig arbeiteten in einer Übergangsphase die bisherigen Inhaber der Privatbanken oder deren Söhne an leitender Stelle weiter in der Filiale.
233 Friedrich Schmid, Jakob Friedrich und Paul Schmid, a. a. O., S. 380. Das Bankhaus Schmid ging 1931 an die Bayerische Hypotheken- und Wechselbank.
234 Friedrich Schmid, Jakob Friedrich und Paul Schmid, a. a. O., S. 372 ff.; zu diesen Maßnahmen gehörten z. B. die Reorganisation der Mechanischen Baumwollspinnerei und Weberei incl. des Baus von vier neuen Betriebsanlagen zwischen 1877 und 1910, die Übernahme der Fa. Schiffmacher & Cie. durch eine Aktiengesellschaft (1872), die Erweiterung der Stadtbachspinnerei durch die Übernahme der Baumwollspinnerei am Senkelbach und der Wertachspinnerei, die Umwandlung der Riedingerschen Buntweberei in eine Aktiengesellschaft usw.
235 Reuther, a. a. O., S. 72.
236 Mai, a. a. O., S. 76, konstatierte zu Beginn des 20. Jahrhunderts ein allmähliches Abbröckeln der Daueraktionäre; doch blieben die Aufsichtsgremien vorwiegend in einheimischen Händen. Das Eindringen fremden Kapitals in größerem Umfang vollzog sich erst in der Weimarer Zeit (Schütze, a. a. O., S. 78 ff.). 1922 drang die Hammersen-AG, der damals größte Konzern der Baumwollindustrie, in die Augsburger Buntweberei, 1923 in die Haunstetter Spinnerei und Weberei ein. In beiden Fällen gelangten dabei mehrere nichteinheimische Kapitalisten in den Aufsichtsrat. 1924 erwarb der Konzern ca. ein Drittel des Aktienkapitals der Neuen Augsburger Kattunfabrik, 1925 die Majorität in der AG für Bleicherei, Färberei und Druckerei vorm. Prinz. Der Christian-Dierig-Konzern aus Oberlangenbielau, der sich in Interessengemeinschaft mit der Hammersen-AG befand, erwarb neben der mechanischen Weberei am Mühlbach noch eine Vertikalverflechtung mit der Haunstetter Weberei.
237 Zorn, Handels- und Industriegeschichte, a. a. O., S. 168, S. 170.

Gewerbekammer und im Kollegium der Gemeindebevollmächtigten oder im Magistrat die Weichenstellung für die künftige Industrieansiedlung und die lokale Wirtschaftspolitik. Im Vergleich mit der Entwicklung in anderen Industriegebieten kam aber der Kapitalkraft dieses Industriellen- und Bankierkreises nicht mehr die gleiche Bedeutung zu wie in der Zeit der Frühindustrialisierung. Insofern darf angenommen werden, daß gerade die Homogenität und Exklusivität der Augsburger Oberschicht nun zu einem Hemmschuh der industriellen Entwicklung geworden war.

Zweites Kapitel   Die Bevölkerungsentwicklung

I. Das Bevölkerungswachstum

Augsburg hatte zu Beginn des 19. Jahrhunderts nicht nur seit langem an politischer und ökonomischer Bedeutung verloren; auch die Zahl der Einwohner lag weit unter dem Stand früherer Epochen. Die Bevölkerung der Stadt, die im 14. Jahrhundert bereits auf zwanzig- bis dreißigtausend Einwohner geschätzt wurde, erreichte ihren Höhepunkt im frühen 16. Jahrhundert mit ca. fünfzigtausend Menschen — eine Zahl, die erst in den sechziger Jahren des 19. Jahrhunderts wieder erreicht werden sollte[1]. Im 17. Jahrhundert dezimierten schwere Pestepidemien, der Dreißigjährige Krieg und in dessen Gefolge Hunger und Seuchen die Bevölkerung; bei Kriegsende war ihre Zahl auf rund zwanzigtausend gesunken. Danach begann sie nur langsam wieder zu wachsen und bewegte sich seit der Mitte des 18. Jahrhunderts um achtundzwanzig- bis dreißigtausend Einwohner[2]. Erst im Verlauf des Industrialisierungsprozesses wurde diese stationäre Phase überwunden: In einem Jahrhundert, zwischen 1807 und 1910, wuchs die Bevölkerung um das Dreieinhalbfache[3].

Das Bevölkerungswachstum 1807–1910[4]

Jahr	Einwohner			Wachstum im Vergleich zur letzten Zählung		Zunahme gegen 1807 1807 = 100
	m	w	zus.	abs.	in %	
1807			27 689			
1811/12	13 817	15 652	29 469	1780	6,4	106,4
1818			29 809	340	1,2	107,7
1827			30 249	440	1,5	109,2
1830			29 019	−1230	− 4,1	104,8
1834			33 085	4066	14,0	119,5
1837			34 273	1188	3,6	123,8
1840	19 491	17 378	36 869	2596	7,6	133,2
1843			37 934	1065	2,9	137,0
1846			38 206	272	0,7	137,8
1849			37 986	− 220	− 0,6	137,2
1852	20 444	18 896	39 340	1354	3,6	142,1

1 Aloys Schreiber, Die Entwicklung der Augsburger Bevölkerung vom Ende des 14. Jahrhunderts bis zum Beginn des 19. Jahrhunderts, Diss. Erlangen 1922 (Maschinenschrift), S. 33 ff.; Hermann J. Kulzer, Die Bevölkerungsbewegung der Stadt Augsburg seit 1900, Diss. Erlangen 1925, S. 19.
2 Zur kritischen Würdigung der Zahlenangaben für das 18. Jahrhundert siehe Haertel, a. a. O., S. 171.
3 Am 1. Januar 1911 erhöhte sich die bei der Volkszählung im Dezember 1910 ermittelte Bevölkerungszahl durch die Eingemeindung der Nachbarorte Oberhausen und Pfersee um 20 528 Einwohner. In den meisten Publikationen wird deshalb als Einwohnerzahl für 1910 bereits 123 015 angegeben.
4 Eine Übersicht über die Einwohnerzahlen findet sich im Verwaltungsbericht des Stadtmagistrats von 1869. Die dort angegebenen Zahlen stimmen aber in einigen Fällen nicht mit den Angaben in den »Beiträgen zur Statistik des Königreichs Bayern« überein. Für die Tabelle wurde das Zahlenmaterial zusammengestellt nach: Beiträge zur Statistik des Königreichs Bayern, Bd. I, S. 14, 15, Bd. 86, S. 214, 215, Bd. 13, S. 20, Bd. 20, S. 12, Bd. 28, S. XX, Bd. 35, S. XXVI, Bd. 53, S. 20, Bd. 58, S. 244, Bd. 61, S. LVI, Bd. 63, S. 248, Bd. 68, S. 246, Bd. 84, S. 306; Zs. des kgl. bayerischen Statistischen Bureaus, 13. Jg. 1881, S. 8.

Jahr	Einwohner			Wachstum im Vergleich zur letzten Zählung		Zunahme gegen 1807 1807 = 100
	m	w	zus.	abs.	in %	
1855			40 695	1355	3,4	147,0
1858			43 616	2921	7,2	157,5
1861	24 718	20 671	45 389	1773	4,1	163,9
1864	26 802	22 530	49 332	3943	8,7	178,2
1867	26 297	23 770	50 067	735	1,5	180,8
1871	24 897	26 323	51 220	1153	2,3	185,0
1875	27 962	29 251	57 213	5993	11,7	206,6
1880	29 396	32 012	61 408	4195	7,3	221,8
1885	31 420	34 485	65 905	4497	6,8	238,0
1890	36 522	39 107	75 629	9724	14,8	273,1
1895	39 303	42 593	81 896	6267	8,3	295,8
1900	42 960	46 210	89 170	7274	8,9	322,0
1905	45 468	49 455	94 923	5753	6,5	342,8
1910	49 264	53 223	102 487	7564	8,0	370,1
(1911)	(59 290)	(63 725)	(123 015)			

Zählungsperiode	Durchschnittlicher jährlicher Gesamtüberschuß bzw. -verlust	Durchschnittlicher jährlicher Geburtenüberschuß/-verlust		Durchschnittlicher jährlicher Wanderungsüberschuß/-verlust	
		abs.	in % des Gesamtwachstums	abs.	in % des Gesamtwachstums
1808–1811	+ 445	− 268	− 60,2	+ 713	+160,2
1812–1818	+ 48	− 287	− 597,9	+ 335	+697,9
1819–1827	+ 49	− 130	− 265,3	+ 179	+365,3
1828–1830	− 410	− 82	− 20,0	− 328	− 80,0
1831–1834	+1016	− 153	− 15,1	+1169	+115,1
1835–1837	+ 396	− 210	− 53,0	+ 606	+153,0
1838–1840	+ 865	− 214	− 24,7	+1079	+124,7
1841–1843	+ 355	− 180	− 50,7	+ 535	+150,7
1844–1846	+ 90	− 150	− 166,7	+ 240	+266,7
1847–1849	− 73	− 161	− 220,5	+ 88	+120,5
1850–1852	+ 451	− 99	− 21,9	+ 550	+121,9
1853–1855	+ 451	− 592	− 131,3	+1043	+231,3
1856–1858	+ 973	+ 44	+ 4,5	+ 929	+ 95,5
1859–1861	+ 591	− 129	− 21,8	+ 720	+121,8
1862–1864	+1314	+130	+ 9,9	+1184	+ 90,1
1865–1867	+ 245	+ 11	+ 4,5	+ 234	+ 95,5
1868–1871	+ 288	− 109	− 37,8	+ 397	+137,8
1872–1875	+1498	+158	+ 10,5	+1340	+ 89,5
1876–1880	+ 839	+250	+ 29,8	+ 589	+ 70,2
1881–1885	+ 899	+270	+ 30,1	+ 629	+ 69,9
1886–1890	+1944	+295	+ 15,2	+1649	+ 84,8
1891–1895	+1253	+366	+ 29,2	+ 887	+ 70,8
1896–1900	+1454	+750	+ 51,6	+ 704	+ 48,4
1901–1905	+1150	+743	+ 64,6	+ 407	+ 35,4
1906–1910	+1512	+778	+ 51,5	+ 734	+ 48,5

Als wichtigstes Ergebnis des vorliegenden Zahlenmaterials[5] läßt sich somit festhalten, daß das gesamte Wachstum der Augsburger Bevölkerung bis in die siebziger Jahre nahezu ausschließlich durch Wanderungsgewinne hervorgerufen wurde, die zum Teil sehr beträchtliche Sterbeüberschüsse ausgleichen mußten[6]. In den fünfziger und sechziger Jahren traten geringfügige Geburtenüberschüsse auf, aber erst seit Mitte der siebziger Jahre wurde die Bevölkerungszunahme in steigendem Maße auch von Geburtenüberschüssen getragen; nach 1895 schließlich sank der Wanderungsgewinn unter die Hälfte des Gesamtwachstums.

Die niedrigen Einwohnerzahlen zu Beginn des 19. Jahrhunderts sind eine Folge der Revolutionskriege und der napoleonischen Feldzüge. 1792 begann für Augsburg eine Serie von Truppendurchmärschen und Einquartierungen, die erst 1812 endete[7]. Die Stadt war zeitweise mit Soldaten, Verwundeten und Flüchtlingen überfüllt. Die dadurch hervorgerufene Verknappung der Nahrungsmittel und die Verschlechterung der hygienischen Verhältnisse führten bald zu einem Ansteigen der Sterbefälle und einem merklichen Geburtenrückgang, der auch durch einen gewissen »Nachholeffekt« in den wenigen Friedensjahren nicht ausgeglichen werden konnte[8]. Seit 1803 zeichnete sich außerdem ein stetiger Rückgang der Eheschließungen ab, die 1809 ihren tiefsten Stand erreicht hatten. Der relativ hohe Wanderungsgewinn zwischen 1808 und 1811/12 muß noch als eine Folge der Kriegswirren angesehen werden; danach blieb die Einwohnerzahl bis zum Ende der zwanziger Jahre nahezu konstant. Mißernten, Lebensmittelteuerung und Getreidespekulation in den Jahren 1816 und 1817, die wirtschaftliche Depression nach der Aufhebung der Festlandssperre und die Krisen der zwanziger Jahre wirkten hemmend auf das Bevölkerungswachstum[9]. Zwischen 1828 und 1830 trat sogar ein Wanderungsverlust ein — das einzige Mal vor dem Ersten Weltkrieg. Zu Beginn der dreißiger Jahre, für die sich schon eine Erholung der Augsburger Wirtschaft ankündigte, ist ein extrem hoher Wanderungsgewinn zu verzeichnen. Bei seiner Beurteilung sind allerdings Zweifel an der Genauigkeit der in der Regel durch die örtliche Polizeibehörde vorgenommenen Erhebungen angebracht[10]; trotzdem blieb die damit angedeutete Tendenz zum kontinuierlichen Bevölkerungswachstum bestehen.

Unübersehbar hebt sich der beachtliche Wanderungsgewinn zwischen 1838 und 1840 ab — eine Folge der in dieser Zeit einsetzenden Fabrikgründungen und der

---

5 Eine erste Übersicht über Geburten, Sterbefälle und Eheschließungen im 19. Jahrhundert findet sich bei Hans Rost, Die Bevölkerungszahl der Stadt Augsburg bis zum Jahre 1900, in: Der schwäbische Postbote. Beilage zur Augsburger Postzeitung 1905, September/Oktober. Eigene Nachprüfungen anhand der Veröffentlichung in den Intelligenzblättern ergaben einige Abweichungen, insbesondere bei den Geburtenzahlen.
6 Vgl. dazu die Verhältnisse in anderen Städten, z. B. in Barmen, wo in der Regel die Geburtenüberschüsse überwogen. Köllmann, Sozialgeschichte der Stadt Barmen, a. a. O., S. 70.
7 Jäger, a. a. O., S. 124 ff. und S. 191 f.
8 Angaben über Geburten, Sterbefälle und Eheschließungen im letzten Jahrzehnt des 18. Jhs., finden sich bei Schreiber, a. a. O., S. 49. Zu den möglichen Ursachen des raschen Bevölkerungswachstums nach Krieg, Seuchen usw. siehe D. E. C. Eversley, Bevölkerung, Wirtschaft und Gesellschaft, in: Wolfgang Köllmann, Peter Marschalck (Hrsg.), Bevölkerungsgeschichte, Köln 1972, S. 102 f. Eversley weist auch auf die langfristig negativen Auswirkungen für die Bevölkerungsentwicklung hin, die bestimmte Fälle von tödlich verlaufenden Kinderkrankheiten haben können, sofern sie zu einer Verdoppelung der Kindersterblichkeit führen (ebenda, S. 128). Diese Situation trat in Augsburg um die Jahrhundertwende ein, als ein Teil des Nachwuchses einer Epidemie der Kinderblattern zum Opfer fiel (Schreiber, a. a. O., 53).
9 Vgl. dazu Graßmann, a. a. O., S. 10; Jäger, a. a. O., S. 202.
10 Vgl. zur Problematik der frühen kommunalen Statistik die Ausführungen über Berlin bei Karin Weimann, Bevölkerungsentwicklung und Frühindustrialisierung in Berlin 1800–1850, in: Otto Büsch (Hrsg.), Untersuchungen zur Geschichte der frühen Industrialisierung vornehmlich im Wirtschaftsraum Berlin/Brandenburg, Berlin 1971, S. 162.

damit verbundenen regen Bautätigkeit[11]. Die Jahre 1847 bis 1849, in denen sich die wirtschaftliche Abschwungphase mit den durch die politischen Ereignisse bedingten Absatzstockungen und Produktionseinschränkungen verquickte, führten vorübergehend zu einem Rückgang der Einwohnerzahl. Dann aber zeichnete sich im Bevölkerungswachstum bzw. in der Wanderungsbilanz der eigentliche Durchbruch der Industrialisierung ab, der auch für Augsburger Verhältnisse – trotz bedeutender Anfänge in den vierziger Jahren – erst um die Jahrhundertmitte anzusetzen ist. Der Konjunkturaufschwung dieses Jahrzehnts brachte neben den zahlreichen Betriebsgründungen auch steigenden Arbeitskräftebedarf mit sich. Durch eine heftige Cholera-Epidemie im Jahre 1854, die über tausend Menschenleben forderte, wurde die Zunahme der Einwohner allerdings etwas abgeschwächt[12]. Bezeichnenderweise traten in den nächsten Jahren (1856 und 1857) zum erstenmal geringfügige Geburtenüberschüsse auf. Während sich die Handelskrisis von 1857 hinsichtlich der Bevölkerungsbewegung in Augsburg kaum bemerkbar machte, führte die darauf folgende kurze Abschwungphase zu einer leichten Verringerung der Zuwanderung. Die höchsten Wanderungsgewinne vor der Reichsgründung konnte Augsburg zwischen 1862 und 1864 verbuchen. In der ersten Hälfte der sechziger Jahre waren Fabrikneugründungen zwar seltener geworden, aber die bestehenden Unternehmen, vor allem die der Textilbranche, weiteten trotz Rohstoffknappheit während des amerikanischen Bürgerkrieges ihre Kapazitäten aus[13].

Um die gleiche Zeit traten erneut Geburtenüberschüsse auf; sie können wohl als eine Folge der Veränderungen in der »Bevölkerungsweise« aufgefaßt werden[14]. Die zugewanderten Bevölkerungsgruppen fielen nach den hohen Zuwachsraten der letzten Jahre nun auch zahlenmäßig soweit ins Gewicht, daß ihr noch weitgehend von agrarischen Traditionen bestimmtes Fortpflanzungsverhalten ausschlaggebend für die generative Struktur der Gesamtbevölkerung geworden war. Das natürliche Bevölkerungswachstum beruhte auch nicht auf einem Absinken der Sterblichkeit (die in den sechziger Jahren im Vergleich zur Jahrhundertmitte eher wieder eine steigende Tendenz aufwies), sondern auf einem Ansteigen der Geburtenziffern. Während der Stagnation im Wirtschaftsleben, die sich seit der Mitte der sechziger Jahre abzeichnete, ließ auch die Anziehungskraft der Stadt auf die Zuwanderer vorübergehend deutlich nach. Erst die »Gründerjahre« brachten Augsburg eine neue Zuwanderungswelle, mit der sich nun endgültig auch ein bleibender Geburtenüberschuß durchsetzte. Die Sterblichkeit sank jedoch zunächst noch nicht, sondern erhöhte sich zu Beginn der siebziger Jahre sogar – eine Folge der raschen Bevölkerungszunahme und der dabei auftretenden Mißstände in der Infrastruktur. Erst in den achtziger Jahren trat eine Besserung ein, zur gleichen Zeit etwa, in der auch die Geburtenziffern fühlbar zu sinken begannen[15]. Während die Menschen auf die Krisen der vorindustriellen Zeit häufig mit einem Hinausschieben geplan-

---

11 Welche Bedeutung allein der Bau einer großen Fabrik für den örtlichen Arbeitsmarkt und damit auch für die Zuwanderung haben konnte, zeigt das Beispiel der Mechanischen Baumwollspinnerei und Weberei Augsburg, die auf der Fabrikbaustelle 1838 ca. 500 Maurer und Taglöhner beschäftigte, von denen die meisten von auswärts kamen (SWA-Archiv, Augsburg, Schreiben der Direktion an den Stadtmagistrat vom 26. 5. 1838 und an die Regierung von Schwaben und Neuburg vom 14. 8. 1838).
12 Hessel, a. a. O., S. 11.
13 Beispiele bei Grassmann, a. a. O., S. 49 ff.
14 Gerhard Mackenroth, Bevölkerungslehre, Berlin 1953, S. 110, definiert »das geschichtliche Zusammenspiel generativer Verhaltensweisen einer Menschengruppe« als »Bevölkerungsweise« oder »generative Struktur«.
15 Auf den Rückgang der Sterblichkeit wirkte sich auch die allgemeine Verbesserung der hygienischen Verhältnisse fördernd aus. In Augsburg konnte nach dem Bau der Wasserleitung (1879) ein Teil der alten Brunnen geschlossen und die Qualität des Trinkwassers erheblich verbessert werden (Verwaltungsberichte des Stadtmagistrats 1894, S. 182).

ter Eheschließungen reagierten, kam es nun zu dauernden Beschränkungen der Geburtenzahlen. Mackenroth sieht darin den »Niederschlag des Erlebnisses der Krise als einer Dauererscheinung und die Rezeption der erlebten Dauerunsicherheit des Einkommensbezuges in den Lebensplan«[16]. In Augsburg stellte sich mit dem Übergang zur Hochindustrialisierung in der zweiten Hälfte der achtziger Jahre noch einmal ein bedeutender Wanderungsgewinn ein — der höchste, der in einer Zählungsperiode zwischen 1807 und 1910 überhaupt festgestellt werden konnte. Dann schlug sich die wirtschaftliche Stagnation, bzw. das verlangsamte Wachstum, das die lokale Industrie seit den neunziger Jahren kennzeichnete, auch in der Bevölkerungsentwicklung nieder: die Einwohnerzahl wuchs langsamer und gleichmäßiger. Trotzdem blieb der prozentuale Anteil des Wanderungsgewinnes am Gesamtwachstum noch erstaunlich hoch. Die Erklärung dafür ist in erster Linie in den zwar regressiven, aber immer noch verhältnismäßig hohen Sterbeziffern zu sehen. Augsburg belegte in der Sterblichkeitsstatistik unter vergleichbaren deutschen Groß- und Mittelstädten bis ins 20. Jahrhundert die ersten Plätze (es stand 1893 unter 49 Städten an dritter, 1895 unter 55 Städten an zweiter und 1904 unter 58 Städten an dritter Stelle)[17]. Diese Sterblichkeitsziffern resultieren aus dem besonders hohen Anteil der Kindersterblichkeit an der Gesamtsterblichkeit.

Von 100 Sterbefällen in Augsburg trafen auf Kinder im 1. Lebensjahr:[18]

1871	42,7	1890	35,9
1875	53,0	1895	43,1
1880	42,8	1900	40,3
1885	40,2	1904	36,3

Für diese extrem hohen Werte ist neben der ungesunden Beschaffenheit der Wohnungen in den Arbeitervierteln insbesondere die gerade in Augsburg schon weit fortgeschrittene Einspannung der Frau in den Produktionsprozeß verantwortlich. Das dadurch entstandene »Kostkinderwesen« mit all seinen üblen Begleiterscheinungen wurde vom Stadtmagistrat als Hauptgrund für die hohe Kindersterblichkeit angesehen[19]. Daneben wirkte sich natürlich auch die starke Belastung der berufstätigen Arbeiterinnen bei kaum vorhandenem Mutterschutz auf die Gesundheit und Pflege der Neugeborenen aus. In der Häufigkeit der Todesursachen insgesamt standen die Tuberkuloseerkrankungen mit rund 15 % aller Sterbefälle an erster Stelle[20].

Die Betrachtung der Augsburger Bevölkerungsgeschichte im 19. Jahrhundert liefert reichlich Material für die Beobachtung, »daß sich die Beziehung zwischen Bevölkerung und Industrie vornehmlich auf lokaler und begrenzter regionaler Ebene realisiert«[21]. Die Entwicklungsstadien der örtlichen Industrie fanden ebenso wie die übergreifenden Konjunkturabläufe eine unübersehbare Parallele in den verschiedenen Phasen des Bevölkerungswachstums. Trotzdem stellte sich dabei nicht immer auch eine tatsächliche quantitative Entsprechung ein, d. h. das Ausmaß

16 Mackenroth, a. a. O., S. 401.
17 Statistisches Jb. deutscher Städte, 5. Jg. 1896, S. 307, 7. Jg. 1898, S. 266, 13. Jg. 1906, S. 481.
18 Quelle: Verwaltungsberichte des Stadtmagistrats 1871–1910.
19 Verwaltungsberichte des Stadtmagistrats 1894, S. 184. Ebenso in der Beurteilung: Karl Martini, Zur Lage der Augsburger Fabrikarbeiter, Augsburg o. J. (1903?), S. 50. Zur klassenspezifischen Verteilung der Sterblichkeit siehe unten, Kapitel III und Teil II dieser Arbeit.
20 Verwaltungsberichte des Stadtmagistrats 1894, S. 185.
21 Eversley, a. a. O., S. 94.

eines wirtschaftlichen Auf- oder Abschwungs zog nicht unbedingt eine vergleichbar starke Schwankung in der Wanderung nach sich. Nach R. Heberle kommen Wanderungsgewinne in der Regel durch ein Zurückbleiben der Abwanderung hinter der Zuwanderung zustande, Wanderungsverluste meistens nicht durch Zunahme der Abwanderung, sondern durch ein noch stärkeres Nachlassen der Zuwanderung im Vergleich zur Abwanderung[22]. Dabei läßt sich auch beobachten, daß die Zahl der Wegzüge in der ersten Aufschwungphase manchmal noch weiter zurückgeht, während sie andererseits in der ersten Abschwungphase mitunter weiter steigt. Derartige Unregelmäßigkeiten, wie sie sich auch für die Wanderungsbewegungen des 19. Jahrhunderts nachweisen lassen[23], können verschiedene Ursachen haben. Einmal ließen sich die Zuwanderungsströme nicht ausschließlich von dem zu erwartenden Arbeitsangebot leiten; auch andere Momente, so z. B. landwirtschaftliche Krisen, konnten eine zyklische Verschiebung, einen höheren oder niedrigeren Korrelationsgrad zwischen Wirtschaftsablauf und Bevölkerungsentwicklung bewirken. So ist zu bedenken, daß speziell die im Zuge der Land-Stadt-Wanderung an den Industriestandort geführten Menschen weder den entsprechenden Informationsstand für ein »konjunkturgerechtes« Wanderungsverhalten besaßen, noch in den meisten Fällen überhaupt die Möglichkeit hatten, zwischen weiterer Seßhaftigkeit und Abwanderung zu wählen: die Abstoßungsmomente am Wohnort und die anziehenden Momente am Zuwanderungsort konnten durchaus unterschiedliches Gewicht besitzen[24].

Andererseits vermochten auch administrative Maßnahmen die Zuwanderung zu beschränken oder die Abwanderung zu erzwingen bzw. zu beschleunigen. In Bayern verhinderte bis 1868 die restriktive Handhabung des »Heimatrechts« und der »Ansässigmachung« ein dauerndes Verweilen der Zuwanderer am neuen Wohnort. Erst die Ansässigmachung berechtigte zur Gründung einer selbständigen Heimat und zur Eheschließung[25]. Diese Prozedur war jedoch an bestimmte Voraussetzungen geknüpft (Sicherung eines ausreichenden »Nahrungsstandes«) und mit Kosten verbunden. Die Gemeinden besaßen bei der Anwendung der Gesetze genügend Spielraum, um Ansässigmachung und Erwerb des Heimatrechts durch Zuwanderer, die weder ein Vermögen besaßen noch selbständig ein Gewerbe ausübten, entsprechend zu erschweren oder gar zu verhindern. Mit dem Heimatrecht war die öffentliche Unterstützung im Not- oder Krankheitsfall verbunden: den Nichtheimatberechtigten drohte in einer solchen Lage die Ausweisung. Auch der Augsburger Magistrat scheute vor harten Maßnahmen nicht zurück; er forderte die Fabrikbesitzer wiederholt auf, regelmäßig Meldung über Ein- und Austritte und Entlassungen ihrer Arbeiter zu erstatten, »um über deren fernere Beschäftigungsweise sich Kenntnis zu verschaffen, oder, im Falle solche sich beschäftigungslos nach ihrem Austritt aus einer Fabrik in hiesiger Stadt herumtreiben wollten, ihre schleunige Entfernung bewirken zu können«[26]. Dieses Vorgehen zeigt, daß Abwanderung im Falle individueller oder allgemeiner Arbeitslosigkeit von den

---

[22] Rudolf Heberle, Fritz Meyer, Die Großstädte im Strome der Binnenwanderung, Leipzig 1937, S. 11.
[23] Ebenda, S. 10 f., Anmerkung 2, für Chemnitz.
[24] Zur »push-pull«-Theorie siehe C. J. Jansen, Migration. A Sociological Problem, in: C. J. Jansen (Hrsg.), Readings in the Sociology of Migration, Oxford 1970, S. 12.
[25] Zu den Bestimmungen im einzelnen: Horst Hesse, Die sogenannte Sozialgesetzgebung Bayerns Ende der sechziger Jahre des 19. Jahrhunderts, MBM 33, München 1971, S. 35 f. Emil Riedel (Hrsg.), Das bayerische Gesetz über Heimat, Verehelichung und Aufenthalt vom 16. April 1868, nebst einer Darstellung der älteren bayerischen Gesetze über Heimat, Ansässigmachung, Verehelichung und Armenpflege und den Vollzugsvorschriften, Nördlingen 1868, S. 33 ff.
[26] StA Augsburg, G I 16/13, Zirkular vom 30. 11. 1847.

Behörden geradezu erzwungen werden konnte. Wurden solche Maßnahmen in größerem Umfang durchgeführt, so mußte sich der Wanderungsgewinn in Krisenzeiten noch stärker verringern.

Geburten- und Sterbeziffern[27]

Jahr	Sterbefälle auf 1000 Einwohner	Geburten auf 1000 Einwohner*
1807	42,1	37,4
1811/12	36,6	32,3
1818	35,6	23,2
1827	28,7	26,9
1830	36,7	33,3
1834	38,3	30,4
1837	32,8	25,8
1840	27,7	24,5
1843	33,6	26,0
1846	30,2	25,8
1849	28,0	24,5
1852	29,1	27,5
1855	25,8	24,8
1858	27,2	27,2
1861	32,0	26,0
1864	29,4	33,9
1867	33,0	37,2
1871	46,5	36,7
1875	37,6	42,0
1880	30,5	38,3
1885	27,4	33,2
1890	27,3	32,1
1895	26,8	33,2
1900	26,3	32,4
1905	21,0	28,9
1910	18,1	25,9

*incl. Totgeburten

Geburten, Todesfälle, Eheschließungen[28]
1801–1913

Jahr	Lebendgeburten	Totgeburten	Sterbefälle	Eheschließungen
1801	1072	—	1276	342
1802	1056	—	1099	345
1803	1000	—	1028	267
1804	978	—	1185	259
1805	931	—	1189	191
1806	928	—	1840	169
1807	1036	—	1165	138
1808	969	—	1127	126
1809	997	—	1459	89

27 Quelle: Intelligenzblätter 1801–1870; Zs. des kgl. bayerischen Statistischen Bureaus 1871–1914; Verwaltungsberichte des Stadtmagistrats 1869–1913.
28 Quelle: Intelligenzblätter 1801–1870; Zs. des kgl. bayerischen Statistischen Bureaus 1871–1914; Verwaltungsberichte des Stadtmagistrats 1869–1913.

Jahr	Lebendgeburten	Totgeburten	Sterbefälle	Eheschließungen
1810	1001	—	1334	178
1811	953	—	1075	198
1812	866	—	1080	201
1813	781	—	1002	193
1814	823	—	1191	159
1815	881	—	1034	146
1816	804	—	1070	156
1817	748	—	1167	140
1818	693	—	1060	133
1819	872	—	1021	197
1820	833	—	1098	187
1821	802	—	816	169
1822	812	—	952	206
1823	808	—	888	185
1824	799	—	934	192
1825	776	—	866	262
1826	755	—	1005	245
1827	815	—	868	279
1828	868	—	959	274
1829	903	—	957	222
1830	966	—	1066	208
1831	922	—	1144	186
1832	939	—	955	198
1833	960	—	1114	170
1834	1006	—	1266	168
1835	902	—	1083	137
1836	881	—	1091	135
1837	884	—	1124	161
1838	758	—	1050	166
1839	756	—	987	170
1840	905	—	1023	178
1841	900	—	1126	168
1842	964	—	993	178
1843	988	—	1273	168
1844	908	—	1029	161
1845	1024	—	1184	153
1846	986	—	1154	159
1847	912	—	1117	156
1848	889	—	1032	171
1849	930	—	1065	199
1850	1055	—	1226	245
1851	1020	—	1084	307
1852	1083	—	1144	226
1853	1050	—	1163	235
1854	1016	—	2637	190
1855	1010	—	1051	291
1856	1177	—	1080	245
1857	1248	—	1210	203
1858	1187	—	1188	216
1859	1314	—	1349	194
1860	1086	—	1169	284
1861	1181	—	1452	347

Jahr	Lebendgeburten	Totgeburten	Sterbefälle	Eheschließungen
1862	1340	—	1471	420
1863	1560	—	1257	621
1864	1671	—	1451	521
1865	1415	—	1623	488
1866	1772	—	1742	428
1867	1863	—	1653	511
1868	1883	—	1823	515
1869	1962	—	1943	757
1870	2128	—	2143	550
1871	1823	58	2380	600
1872	2121	64	1882	773
1873	2204	61	2172	734
1874	2179	73	2264	635
1875	2338	65	2154	622
1876	2533	65	2087	572
1877	2336	61	2297	470
1878	2375	66	2204	436
1879	2253	65	2080	490
1880	2299	53	1876	411
1881	2177	77	1896	437
1882	2214	84	1900	496
1883	2099	100	1844	487
1884	2123	77	1934	449
1885	2121	67	1809	535
1886	2063	95	1766	549
1887	2162	92	1955	544
1888	2179	80	1897	635
1889	2338	75	1938	654
1890	2355	76	2064	746
1891	2543	94	2335	727
1892	2591	87	2283	674
1893	2579	89	2192	665
1894	2582	92	2079	697
1895	2624	91	2197	716
1896	2762	108	1881	760
1897	2702	91	2011	771
1898	2772	88	1894	842
1899	2884	85	2025	878
1900	2803	89	2348	887
1901	2907	98	1887	791
1902	2733	92	1999	763
1903	2657	86	1858	763
1904	2664	86	2167	801
1905	2655	90	1990	846
1906	2712	81	1886	826
1907	2725	83	1954	881
1908	2757	107	1982	852
1909	2714	79	1893	855
1910	2554	102	1855	852
1911	3238	91	2589	1011
1912	3130	110	2220	1142
1913	2729	1296	3985	139

Insgesamt gesehen, verlief das Bevölkerungswachstum Augsburgs im Vergleich mit anderen deutschen Industriestädten ausgesprochen ruhig und kontinuierlich. Dafür war ausschlaggebend, daß die Stadt verhältnismäßig früh in den Industrialisierungsprozeß einbezogen wurde und bis 1871 bereits die Hälfte ihrer 1910 ermittelten Einwohnerzahl erreicht hatte. Im Rückblick lassen sich fünf Phasen des Bevölkerungswachstums ablesen: von 1812/15 bis 1830 ein Stadium äußerst schwachen Wachstums mit Hang zur Rezession, von 1830—1850 die erste Anlaufphase und von 1850—1871 schließlich der Übergang zum industriellen Bevölkerungswachstum. Zwischen 1871 und 1890 fallen die höchsten Wachstumsraten des 19. Jahrhunderts an, während sich die folgenden zwanzig Jahre durch ein gleichmäßiges Ansteigen der Einwohnerzahlen auszeichnen.

II. Der Wandel der Bevölkerungsstruktur

Nach einem kursorischen Überblick über die Augsburger Bevölkerungsentwicklung während der Industrialisierung erscheint es angebracht, an einigen Punkten besonders typische Veränderungen in der Bevölkerungsstruktur herauszugreifen. Wie die Tabelle über die Entwicklung der Einwohnerzahlen zeigt, kam es im 19. Jahrhundert zu einer Verschiebung der Geschlechterproportionen. Seit 1871 wies Augsburg einen bleibenden Frauenüberschuß auf, der charakteristisch für Industriestädte mit einem hohen Prozentsatz an Erwerbstätigen in der Textilbranche war[29]. Die weitgehende Verwendung der billigeren Frauenarbeit speziell in den Spinnereien und Webereien verringerte nicht nur das örtliche Angebot an Arbeitsplätzen für Männer, sondern ließ es auch weniger anziehend erscheinen, da die Austauschbarkeit der Geschlechter bei einem Teil der Arbeitsplätze zwangsläufig das Lohnniveau herabdrückte. Andererseits führte der große Bedarf an weiblichen Arbeitskräften schließlich auch zu einem Überwiegen der Frauen bei der Zuwanderung.

Der prozentuale Anteil der Frauen an der Gesamtbevölkerung betrug[30]:

1811/12	53,1 %	1864	45,7 %	1880	52,1 %	1900	51,8 %
1840	47,1 %	1867	47,5 %	1885	52,3 %	1905	52,1 %
1852	48,0 %	1871	51,4 %	1890	51,7 %	1910	51,9 %
1861	45,5 %	1875	51,1 %	1895	52,0 %	(1911)	51,8 %

Der weibliche Bevölkerungsteil wäre noch wesentlich stärker vertreten, würde man bei der Berechnung nur die Zivilbevölkerung berücksichtigen. Infolge der

---

29 So betrug der Anteil der Frauen in Bielefeld im Jahre 1880 52,5 %, in Krefeld 52,7 %, in Barmen 1885 51,9 %. Angaben bei Wolfgang Hofmann, Die Bielefelder Stadtverordneten, Lübeck und Hamburg 1964, S. 28; Köllmann, Sozialgeschichte der Stadt Barmen, a. a. O., S. 83.
30 Nach Abzug des aktiven Militärs ergibt sich für 1871 (2386 Militärpersonen) ein Frauenanteil von 53,9 %, für 1900 (3153 Militärpersonen) von 53,7 % (Beiträge zur Statistik des Königreichs Bayern, Bd. 28, S. XX; Bd. 63, S. 248).

Verschiebung der Geschlechterproportionen waren die Heiratschancen der Frauen offensichtlich geringer als die der Männer. 1880 waren 35 % der Männer verheiratet (1871: 32,4 %), von den Frauen dagegen nur 32,2 % (1871: 30,1 %)[31]. Allerdings waren nahezu dreimal so viele Frauen verwitwet wie Männer. Der ökonomische Zwang zur Wiederverheiratung wurde gerade für die Frauen der unteren Bevölkerungsklassen durch das örtliche Arbeitsangebot weitgehend aufgehoben. Insgesamt gesehen war der Anteil der verheirateten Einwohner in ständigem Steigen begriffen. Doch auch darin spiegelten sich vor 1868 die Folgen administrativer Beschränkung wieder, denen die Verehelichung in Bayern unterworfen war[32].

Von 100 Einwohnern waren verheiratet[33]:

1840	20,0	1885	32,7
1852	22,3	1890	32,5
1867	21,1	1895	33,1
1871	31,4	1900	33,8
1875	33,9	1905	34,6
		1910	35,6

Die Zahl der Eheschließungen stieg 1869 abrupt an, ging aber ein Jahr später wieder zurück. Ein Teil der Ehen, die bis dahin durch die restriktive Anwendung der gesetzlichen Vorschriften verhindert worden waren, wurde nun nachgeholt[34]. Das Heiratsalter muß relativ hoch angesetzt werden: 1867 waren nur 3 % der einundzwanzig- bis fünfundzwanzigjährigen Männer und 0,5 % der sechzehn- bis zwanzigjährigen Frauen verheiratet[35]. Diese Werte veränderten sich im Laufe der Zeit nicht wesentlich. Eine natürliche Folge der Verweigerung der Verehelichungsfreiheit für weite Kreise der Bevölkerung war der fast im gesamten Königreich übliche extrem hohe Prozentsatz an unehelichen Geburten. Auch Augsburg bildete in dieser Beziehung keine Ausnahme: 1810/11 kamen 26,3 % aller Neugeborenen unehelich zur Welt, 1844/45 waren es 31,8 %, 1876 17,4 %, 1900 17,6 % und 1909 18,0 %[36].

Der Wandel in der generativen Struktur der Bevölkerung – der Wechsel von der unbeschränkten (ehelichen) Fruchtbarkeit zur Geburtenbeschränkung – zeigt sich am ehesten in der Entwicklung der Fruchtbarkeitsziffern. Der in den achtziger Jahren einsetzende Abwärtstrend kam darin anschaulich zum Ausdruck.

---

31 Beiträge zur Statistik des Königreichs Bayern, Bd. 31, S. 81, Bd. 46, S. 87.
32 Wie einschneidend sich die Gesetzgebung in Bayern in dieser Beziehung auswirkte, zeigt ein Vergleich mit der Entwicklung der Verheiratetenquote in Barmen. Dort waren 1837 bereits 31,6 von 100 Einwohnern verheiratet (Köllmann, Sozialgeschichte der Stadt Barmen, a. a. O., S. 76).
33 Zahlenangaben in: Beiträge zur Statistik des Königreichs Bayern, Bd. 1, S. 72, Bd. 4, S. 174, Bd. 25, S. 54, Bd. 31, S. 81; Zs. des kgl. bayerischen Statistischen Bureaus, 10. Jg. 1878, S. 50 ff.; Beiträge zur Statistik des Königreichs Bayern, Bd. 53, S. 20, Bd. 58, S. 244; Zs. des kgl. bayerischen Statistischen Bureaus, 28. Jg. 1896, S. 318, 33. Jg. 1901, S. 182; Beiträge zur Statistik des Königreichs Bayern, Bd. 68, S. 246, Bd. 84, S. 306.
34 Ähnliche Beobachtungen lassen sich auch für andere Städte machen, z. B. für Nürnberg, wo sich nach 1868 die Zahl der Eheschließungen um ca. 20 % erhöhte (Eckert, a. a. O., S. 41).
35 Beiträge zur Statistik des Königreichs Bayern, Bd. 25, S. 54.
36 Zahlenangaben in: Beiträge zur Statistik des Königreichs Bayern, Bd. 86, S. 214 f. Bd. 3, S. 170, Bd. 37, S. 210; Zs. des kgl. bayerischen Statistischen Bureaus, 33. Jg. 1901, S. 192, 38. Jg. 1910, S. 580.

a) Eheliche Fruchtbarkeitsziffern[37]

	auf 1000 Ehefrauen im 15.–50. Lebensjahr trafen im Durchschnitt der Jahre	Geburten
	1862/63–1869/70	248
	1871 –1875	257
	1879 –1888	209
	1891 –1900	215
	1901 –1905	200

b) Allgemeine Fruchtbarkeitsziffern[38]

Jahr	Frauen im 16.–45. Lebensjahr	Geborene (incl. Totgeb.)	Fruchtbarkeitsziffer (⁰/₀₀)
1867	12 794	1811	141,6
1871	14 077	1881	133,6
1875	15 500	2403	155,0
1880	16 339	2352	143,9
1885	17 488	2188	125,1
1900	23 483	2892	123,2
1910	31 704	2656	83,8

Diese Entwicklung blieb nicht ohne Auswirkungen auf die Veränderung der durchschnittlichen Familiengröße. Das Quellenmaterial erlaubt allerdings keinen Einblick in die Veränderung der Kinderzahlen, sondern überliefert nur die Haushaltsgrößen. Danach umfaßte die Durchschnittsfamilie 1840 4,7, 1852 3,7, 1861 3,0, 1885 4,4 und 1910 4,3 Personen[39]. Diese Durchschnittszahlen, die auch die Einzelhaushalte mit einschließen, sagen zwar über die tatsächliche Familiengröße wenig aus, lassen aber an ihren Schwankungen den Strukturwandel ablesen, dem die Familie unterworfen war. 1840, zu einer Zeit also, in der nur ein geringer Teil der Bevölkerung verheiratet war, scheint der Familienverband am größten gewesen zu sein. Die im Haus des Meisters lebenden Gesellen, unverheiratete, nicht in den Arbeitsprozeß eingegliederte weibliche Verwandte und erwachsene Kinder, die im väterlichen Gewerbe arbeiteten, prägten den vorindustriellen Charakter der Familie. Daneben verfügten auch die bürgerlichen Haushalte noch über eine wesentlich höhere Zahl an Dienstboten als in späteren Jahren[40]. In den folgenden Dezennien vollzog sich in dieser Hinsicht ein tiefgreifender Wandel: ein immer größerer Teil der Familienmitglieder schied durch eigene Erwerbstätigkeit außer-

---

[37] Da für eine längerfristige Beobachtung der Fruchtbarkeit der Ehefrauen nicht genügend Material vorlag, mußte auf die veröffentlichten Durchschnittsergebnisse in: Beiträge zur Statistik des Königreichs Bayern, Bd. 71, S. 147, zurückgegriffen werden.
[38] Errechnet nach: Beiträge zur Statistik des Königreichs Bayern, Bd. 25, S. 54, Bd. 31, S. 81; Zs. des kgl. bayerischen Statistischen Bureaus, 10. Jg. 1878, S. 266; Beiträge zur Statistik des Königreichs Bayern, Bd. 46, S. 87; Amt für Statistik und Stadtforschung, Augsburg, Die Volkszählung 1885 (Manuskript), S. 46 f.; Beiträge zur Statistik des Königreichs Bayern, Bd. 69, S. 230 ff.; Zs. des kgl. bayerischen Statistischen Bureaus, 46. Jg. 1914, S. 377.
[39] Berechnet nach: Beiträge zur Statistik des Königreichs Bayern, Bd. 1, S. 72, Bd. 4, S. 174, Bd. 10, S. 13; Amt für Statistik und Stadtforschung, Augsburg, Volkszählung 1885, S. 7; Zs. des kgl. bayerischen Statistischen Bureaus, 42. Jg. 1910, S. 559.
[40] Vgl. dazu die Zahl von über 3000 Dienstboten im Jahre 1811/12. Beiträge zur Statistik des Königreichs Bayern, Bd. 86, S. 214.

halb des häuslichen Bereichs aus der Familie aus. Andererseits war die entstehende Fabrikarbeiterschaft durch das geltende Heimat-, Ansässigmachungs- und Verehelichungsrecht von der Familiengründung weitgehend ausgeschlossen oder mußte eine Verehelichung zumindest hinausschieben. Erst nach der Aufhebung der Verehelichungsbeschränkungen ging mit einer wachsenden Verheiratetenquote auch eine Vergrößerung der Familie einher. Zwischen 1885 und 1910 ging die Zahl der alleinstehenden Personen um fast 2 %/o zurück, was auf eine weitere Verringerung unfreiwilliger Ehelosigkeit hindeutet[41].

Für 1910 zeichnet sich folgendes Bild der Familienstruktur ab[42]:

Haushaltungen mit	abs.	in %
nur Familienangehörigen	15 344	58,4
Dienstboten für häusliche Dienste	3 789	14,4
Gewerbe- und Arbeitsgehilfen oder ländlichem Gesinde	877	3,3
Untermietern ohne eigenen Haushalt, Schlafgängern usw.	6 286	23,9
Summe der Haushaltungen	26 296	100,0

Daraus ergibt sich, daß die Anzahl der im Hause ihres Dienstherrn lebenden Gesellen verschwindend gering war. Dagegen befanden sich fast in einem Viertel aller Familien fremde Personen als Schlafgänger oder Untermieter. Der alte, ökonomisch fundierte, patriarchalische Familienverband löste sich im Verlauf der Industrialisierung weitgehend auf und wurde allmählich durch die moderne Kleinfamilie ersetzt. Gleichzeitig war jedoch das Familienleben der Arbeiterbevölkerung durch überlange Arbeitszeiten, geringe Einkommen und unwürdige Wohnverhältnisse aufs äußerste bedroht[43].

Die Binnenwanderung führte der Stadt als neue Einwohner insbesondere jüngere Leute zu und bewirkte damit einen Wandel im Altersaufbau der Bevölkerung — eine überproportionale Vertretung der »produktiven« Altersgruppen der Fünfzehn- bis Fünfzigjährigen und eine anteilige Verringerung des Nachwuchses.

Altersaufbau 1867–1910[44]

1867 Altersgruppe	abs.			%		
	m	w	zus.	m	w	zus.
1–15	4 982	5 060	10 042	18,9	21,3	20,0
16–30	11 415	7 282	18 697	43,4	30,6	37,3
31–50	6 574	7 083	13 657	25,0	29,8	27,3
51–70	2 902	3 689	6 591	11,0	15,5	13,2
über 70	431	649	1 080	1,7	2,8	2,2
unbekannt	—	—	—	—	—	—
insgesamt	26 304	23 763	50 067	100,0	100,0	100,0

41 1885 gab es 1256 Einpersonenhaushalte (8,3 %/o aller Haushalte), 1910 stellten die 1880 Einzelhaushalte nur 6,6 %/o aller Haushalte (Amt für Statistik und Stadtforschung, Augsburg, Volkszählung 1885, S. 9; Zs. des kgl. bayerischen Statistischen Bureaus, 43. Jg. 1911, S. 559).
42 Zs. des kgl. bayerischen Statistischen Bureaus, 43. Jg. 1911, S. 559.
43 Zum Funktionsverlust der Familie in der Industriegesellschaft siehe auch Mackenroth, a. a. O., S. 361 ff.
44 Quelle: Beiträge zur Statistik des Königreichs Bayern, Bd. 25, S. 54; Amt für Statistik und Stadtforschung, Augsburg, Volkszählung 1885, S. 46 f.; Zs. des kgl. bayerischen Statistischen Bureaus, 46. Jg. 1914, S. 377.

1885 Altersgruppe	abs. m	w	zus.	% m	w	zus.
1–15	8 682	8 743	17 425	27,6	25,4	26,5
16–30	9 961	9 855	19 816	31,7	28,5	30,1
31–50	8 228	9 509	17 737	26,2	27,6	26,9
51–70	3 930	5 260	9 190	12,5	15,3	13,9
über 70	601	1 115	1 716	1,9	3,2	2,6
unbekannt	—19	2	21	0,1	—	—
insgesamt	31 421	34 484	65 905	100,0	100,0	100,0
1910						
1–15	17 105	17 432	34 537	28,9	27,4	28,1
16–30	17 723	17 482	35 205	29,9	27,4	28,6
31–50	16 474	17 559	34 033	27,8	27,6	27,7
51–70	6 839	9 236	16 075	11,5	14,5	13,1
über 70	1 126	2 011	3 137	1,9	3,1	2,6
unbekannt	23	5	28	—	—	—
insgesamt	59 290	63 725	123 015	100,0	100,0	100,0

Der niedrigen Ortgebürtigkeit entsprechend, die Augsburg bis in das 20. Jahrhundert aufwies, war die Altersklasse der unter Sechzehnjährigen besonders schwach besetzt. Sie umfaßte 1867 nur ein Fünftel der Gesamtbevölkerung, während nahezu zwei Drittel der Einwohner zur Gruppe der Sechzehn- bis Fünfzigjährigen zählten. Zwischen 1867 und 1910 stieg der Anteil des Nachwuchses, doch gehörte Augsburg auch im 20. Jahrhundert noch zu den Städten mit geringer Besetzung der unteren Altersklassen[45]. Wenngleich sich der vermehrte Zuzug heirats- und fortpflanzungsfähiger Menschen nach einiger Zeit in wachsenden Geburtenüberschüssen niederschlug, so wirkte sich doch andererseits die hohe Kinder- und Säuglingssterblichkeit negativ auf die Überlebenschancen der Neugeborenen aus und hielt den Nachwuchs in Grenzen. Der Prozentsatz der über Siebzigjährigen stieg im Beobachtungszeitraum vorübergehend nur geringfügig an; wie üblich waren dabei die Frauen stärker vertreten als die Männer[46].

Wie unterschiedlich der Altersaufbau der Einheimischen und der Zuwanderer gegliedert war, und wie entscheidend folglich die Altersstruktur insgesamt durch niedrigere Ortgebürtigkeit beeinflußt werden konnte, zeigt eine Gegenüberstellung beider Bevölkerungsteile für das Jahr 1900[47].

a) Ortsgebürtige Altersgruppe	abs. m	w	zus.	% m	w	zus.
1–15	8 883	9 452	18 335	58,7	52,9	55,6
16–30	3 249	4 153	7 402	21,5	23,3	22,5
31–50	1 896	2 520	4 389	12,4	14,2	13,3
51–70	924	1 345	2 269	6,1	7,5	6,9
über 70	197	371	568	1,3	2,1	1,7
insgesamt	15 122	17 841	32 963	100,0	100,0	100,0

45 Vgl. dazu die Untersuchung der Ortgebürtigkeit einiger Stadttypen bei Wolfgang Köllmann, Zur Bevölkerungsentwicklung ausgewählter deutscher Großstädte, in: Bevölkerungsgeschichte, Hrsg. von W. Köllmann/ P. Marschalck, Köln 1972, S. 265 ff.
46 Die Sterblichkeit der Frauen lag im allgemeinen niedriger als die der Männer. Mackenroth, a. a. O., S. 82 f.
47 Quelle: Beiträge zur Statistik des Königreichs Bayern, Bd. 69, S. 230 ff.

b) Zuwanderer Altersgruppe	abs.			%		
	m	w	zus.	m	w	zus.
1—15	3 445	3 366	6 811	12,4	11,9	12,1
16—30	10 761	8 931	19 692	38,7	31,5	35,0
31—50	8 851	9 474	18 325	31,8	33,4	32,6
51—70	4 184	5 529	9 713	15,0	19,5	17,3
über 70	597	1 069	1 666	2,1	3,7	3,0
insgesamt	27 838	28 369	56 207	100,0	100,0	100,0

Altersaufbau 1900

a) Ortsgebürtige

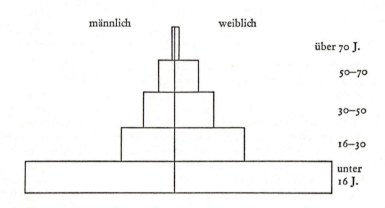

b) Zuwanderer

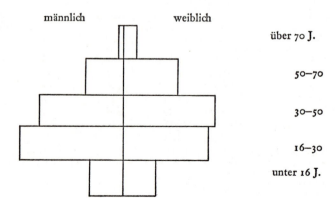

III. Die Zuwanderer — Herkunft, Integration und Mobilität

Unter dem Einfluß der Binnenwanderung veränderte sich neben der demographischen auch die soziale Struktur der Stadt. Die Integrierbarkeit der neuen Bevölkerungsgruppen hing nicht zuletzt von dem sozialen und kulturellen Gefälle ab, das sie in Verbindung mit der räumlichen Distanz überwinden mußten. »Der Prozeß der Desintegration und Neuorientierung«[48], den jeder Zuwanderer in seiner persönlichen Entwicklung nachzuvollziehen hatte, verkürzte oder erschwerte sich je nach dem Ausmaß der abverlangten Umstellung oder Anpassung. Über die Herkunftsorte der Zuwanderer liegen für die Zeit vor der Reichsgründung keine genauen Angaben vor. Im 18. Jahrhundert wanderten Fachkräfte aus den Zentren der Kattunherstellung, aus Wien, Zürich, Basel, Chemnitz, Hamburg, den Niederlanden, aber auch aus Erlangen und Schwabach nach Augsburg, suchten dort in den großen Kattunmanufakturen um Arbeit nach und ließen sich zum Teil auch in der Stadt nieder[49]. Diese frühe Form der Einzelwanderung hatte mit der Binnenwanderung des 19. Jahrhunderts noch nichts zu tun. Die einheimische Bevölkerung, besonders die zünftige Gesellen- und Meisterschaft, sah den Zuzug nicht gern. Man fürchtete neben der ökonomischen Konkurrenz »Immoralität, Schulden und Überdrang von Fremden, die sich einzeln oder mit Familien in Besitz und das Bürgerrecht einschlichen«[50]. Während der Frühindustrialisierung warben die Augsburger Textilindustriellen Facharbeiter, Aufsichtspersonal und technische Direktoren aus dem Elsaß an. Zur Zeit der Volkszählungen spielte diese einst nicht unbedeutende Zuwanderungsgruppe jedoch zahlenmäßig keine Rolle mehr[51].

Für den Zeitraum zwischen 1871 und 1907 stehen bezüglich der Herkunftsorte mehrere Erhebungen mit unterschiedlichem Differenzierungsgrad zur Verfügung[52]. Die Einteilung der Zugezogenen in Nah- und Fernwanderer stößt zunächst auf Abgrenzungsschwierigkeiten[53]. Das gesamte rechtsrheinische Bayern kann schon wegen seiner Größe nicht als Nahwanderungsgebiet angesprochen werden. Am geeignetsten erscheint es deshalb, als Nahwanderungsgebiet Schwaben/Neuburg, Oberbayern und Mittelfranken heranzuziehen. Dann ergibt sich für die Herkunft der Augsburger Bevölkerung folgendes Bild:

---

48 Wolfgang Köllmann, Industrialisierung, Binnenwanderung und »Soziale Frage«, in: VSWG 46, 1959, S. 61.
49 Haertel, a. a. O., S. 191.
50 Aus einem Gutachten der Ratskonsulenten, 1794, zitiert nach Dirr, Augsburger Textilindustrie, a. a. O., S. 42.
51 Reuther, a. a. O., S. 56. Eine genauere zahlenmäßige Erfassung der französischen Zuwanderer ist nach der erst in jüngster Zeit erfolgten Vernichtung der Arbeiterbücher der SWA nicht mehr möglich. Zu näheren Angaben über die elsässischen Arbeiter und die Herkunft der frühen MAN-Arbeiter siehe unten, Teil II. 1871 lebten in Augsburg nur noch 60 geborene Elsässer (Beiträge zur Statistik des Königreichs Bayern, Bd. 32, S. 358).
52 Für 1871 ist eine detaillierte Aufschlüsselung abgedruckt in: Beiträge zur Statistik des Königreichs Bayern, Bd. 32, S. 346 ff. Für die Jahre 1880 und 1885 liegen handschriftliche Aufzeichnungen im Amt für Statistik und Stadtforschung, Augsburg, vor. Da sich in der Zeit zwischen diesen beiden Erhebungen keine wesentlichen Veränderungen ergeben haben, wurde hier nur die Zählung von 1885 herangezogen. In den Beiträgen zur Statistik des Königreichs Bayern, Bd. 83, findet sich eine Übersicht für die Jahre 1871, 1900 und 1907, die jedoch keine Aufgliederung der außerbayerischen Zuwanderer und der Geschlechter zuläßt (S. 98 f.). Dem gleichen Band wurde auch die Verteilung der Bevölkerungsgruppen auf die Berufe entnommen (S. 252 f.).
53 Köllmann, Industrialisierung, Binnenwanderung und »Soziale Frage«, S. 65, definiert als Nahwanderer »Zugezogene aus der gleichen Provinz bzw. dem gleichen Land«. Für München beschränkt er den Nahwanderungsbereich auf Südbayern (ebenda, S. 66).

Es waren geboren in...	1871 abs.	%	1885 abs.	%	1900 abs.	%	1907 abs.	%
Augsburg	19 587	38,2	24 004	36,4	32 963	37,0	37 363	39,5
Schwaben u. Neuburg	15 966	31,1	20 395	30,9	27 729	31,1	28 231	29,8
Oberbayern	3 771	7,4	4 975	7,6	8 033	9,0	9 419	10,0
Mittelfranken	2 706	5,3	2 991	4,5	3 413	3,8	3 084	3,3
Nahwanderer	22 443	43,8	28 361	43,0	39 175	43,9	40 734	43,1
Niederbayern	817	1,6	1 148	1,7	1 748	2,0	1 914	2,0
Oberpfalz	879	1,7	1 252	1,9	1 958	2,2	1 831	1,9
Oberfranken	1 062	2,1	1 941	2,9	1 766	2,0	1 604	1,7
Unterfranken	924	1,8	952	1,5	1 099	1,2	1 084	1,1
außerhalb Bayerns (incl. Pfalz)	5 508	10,8	8 247	12,5	10 461	11,7	10 065	10,7
Fernwanderer	9 190	18,0	13 540	20,5	17 032	19,1	16 498	17,4
Summe	51 220	100,0	65 905	100,0	89 170	100,0	94 595	100,0

Für die Jahre 1871 und 1885 können auch die Geschlechterproportionen und die Heimatgebiete der nicht aus Bayern stammenden Zuwanderer ermittelt werden.

Herkunftsgebiet	1871 Männer abs.	%	Frauen abs.	%	1885 Männer abs.	%	Frauen abs.	%
Schwaben/Neuburg	7 449	46,3	8 517	54,8	9 271	45,3	11 124	51,8
Oberbayern	2 052	12,8	1 719	11,1	2 345	11,5	2 630	12,3
Mittelfranken	1 515	9,4	1 191	7,7	1 515	7,4	1 476	6,9
Nahwanderer	11 016	68,5	11 427	73,6	13 131	64,2	15 230	71,0
Niederbayern	541	3,4	276	1,8	656	3,2	492	2,3
Oberpfalz	521	3,2	258	2,3	756	3,7	496	2,3
Oberfranken	682	4,2	380	2,4	1 233	6,0	708	3,3
Unterfranken	650	4,0	274	1,8	551	2,7	401	1,9
Württemberg	964	6,0	1 554	10,0	1 503	7,4	2 233	10,4
Preußen	290	1,8	160	1,0	661	3,2	274	1,3
sonstiges Reich	686	4,3	448	2,9	1 077	5,3	658	3,1
Fernwanderer	4 334	26,9	3 450	22,2	6 437	31,5	5 262	24,6
Österreich/Ungarn	418	2,6	428	2,8	624	3,1	735	3,4
Schweiz	199	1,2	147	0,9	178	0,8	150	0,7
sonstiges Ausland	118	1,2	96	0,5	86	0,4	68	0,3
Ausländer insg.	735	4,6	671	4,2	888	4,3	953	4,4
Summe	16 085	100,0	15 548	100,0	20 456	100,0	21 445	100,0

Auf 100 zugewanderte Männer treffen Frauen:

Herkunftsgebiet	1871	1885
Schwaben und Neuburg	114	119
Oberbayern	83	112
Mittelfranken	78	97
Nahwanderer	103	115
Niederbayern	51	76
Oberpfalz	68	65
Oberfranken	55	57
Unterfranken	42	72
Württemberg	161	148
Preußen	55	41
sonstiges Reich	65	61
Fernwanderer	79	81
Österreich/Ungarn	102	117
Schweiz	73	84
sonstiges Ausland	81	79
Ausländer insg.	91	107
Zuwanderer insg.	96	104

Im Erwerbsleben verteilten sich Einheimische und Zuwanderer unterschiedlich:

Herkunftsgebiet	Erwerbstätige abs.	%	1907 Dienstboten abs.	%	Angehörige abs.	%
Augsburg	12 987	26,0	457	13,2	23 984	58,4
übriges Schwaben	17 938	35,9	1 801	51,8	8 330	20,3
Oberbayern	5 958	11,9	549	15,8	2 912	7,1
Mittelfranken	1 936	3,9	141	4,1	1 007	2,5
Nahwanderer	25 832	51,7	2 491	71,1	12 249	29,9
Niederbayern	1 335	2,7	90	2,6	489	1,2
Oberpfalz	1 222	2,4	78	2,3	531	1,3
Oberfranken	1 099	2,2	40	1,2	456	1,1
Unterfranken	736	1,5	29	0,8	319	0,8
sonstiges Reich und Ausland	6 722	13,5	287	8,2	3 056	7,4
Fernwanderer	11 114	22,3	524	15,1	4 860	11,8
Einwohner	49 933	100,0	3 472	100,0	41 093	100,0

1907
Beruf und Gebürtigkeit der Bevölkerung

Herkunftsgebiet	Landwirtschaft abs.	in % der Berufsgruppe	in % der Herkunftsgruppe	Industrie und Handwerk abs.	in % der Berufsgruppe	in % der Herkunftsgruppe
Augsburg	512	37,4	1,4	22 195	44,0	59,4
Schwaben/Neuburg	519	37,9	1,8	13 955	27,7	49,4
Oberbayern	126	9,2	1,3	4 367	8,7	46,4
Mittelfranken	37	2,7	1,2	1 321	2,6	42,8
Nahwanderer	682	49,8	1,7	19 643	39,0	48,2
Niederbayern	25	1,8	1,3	856	1,7	44,7
Oberpfalz	21	1,5	1,1	813	1,6	44,4
Oberfranken	19	1,4	1,2	687	1,4	42,8
Unterfranken	12	0,9	1,1	404	0,8	37,3
sonstige Gebiete	99	7,2	1,0	5 843	11,6	58,1
Fernwanderer	176	12,8	1,1	8 603	17,0	52,2
Summe	1370	100,0	1,4	50 441	100,0	53,3

Herkunftsgebiet	Handel und Verkehr abs.	in % der Berufsgruppe	in % der Herkunftsgruppe	Häusl. Dienste etc. abs.	in % der Berufsgruppe	in % der Herkunftsgruppe
Augsburg	7 741	40,2	20,7	327	28,5	0,9
Schwaben/Neuburg	6 036	31,3	21,4	455	39,7	1,6
Oberbayern	1 807	9,4	19,2	146	12,7	1,6
Mittelfranken	650	3,4	21,1	34	3,0	1,1
Nahwanderer	8 493	44,1	20,8	635	55,4	1,6
Niederbayern	393	2,0	20,5	25	2,2	1,3
Oberpfalz	447	2,3	24,4	26	2,3	1,4
Oberfranken	328	1,7	20,4	13	1,1	0,8
Unterfranken	221	1,2	20,4	5	0,4	0,5
sonstige Gebiete	1 637	8,5	16,3	115	10,1	1,1
Fernwanderer	3 026	15,7	18,3	184	16,1	1,1
Summe	19 260	100,0	20,4	1164	100,0	1,2

Herkunftsgebiet	Militär, Staatsdienst, freie Berufe			Ohne Beruf		
	abs.	in % der Berufsgruppe	in % der Herkunftsgruppe	abs.	in % der Berufsgruppe	in % der Herkunftsgruppe
Augsburg	2529	25,8	6,8	4 124	33,0	11,0
Schwaben/Neuburg	2720	27,8	9,6	4 388	35,2	15,5
Oberbayern	1743	17,8	18,5	1 230	9,9	13,1
Mittelfranken	489	4,9	15,9	553	4,4	17,9
Nahwanderer	4952	50,5	12,2	6 171	49,5	15,1
Niederbayern	413	4,2	21,6	202	1,6	10,6
Oberpfalz	301	3,1	16,4	223	1,8	12,2
Oberfranken	306	3,1	19,1	251	2,0	15,6
Unterfranken	279	2,8	25,7	163	1,3	15,0
sonstige Gebiete	1024	10,5	10,2	1 347	10,8	13,4
Fernwanderer	2323	23,7	23,1	2 186	17,5	13,3
Summe	9800	100,0	100,0	12 481	100,0	13,2

Generell läßt sich feststellen, daß die Wanderungsströme, was ihre Herkunftsgebiete betrifft, zwischen 1871 und 1907 relativ konstant blieben. Der größte Teil der Zuwanderer kam aus dem Regierungsbezirk Schwaben und Neuburg, aus den angrenzenden bayerischen Regierungsbezirken Oberbayern und Mittelfranken und aus dem Nachbarland Württemberg. Bei den Heimatgebieten der in Augsburg anwesenden Ausländer spielten Österreich/Ungarn und die Schweiz die bedeutendste Rolle. Innerhalb der schwäbischen Zuwanderung erhielt Augsburg einen besonders hohen Anteil aus dem eigenen Bezirksamt (1871: 2989 Personen) und aus den Ämtern Dillingen, Donauwörth, Günzburg und Nördlingen. An der oberbayerischen Zuwanderung waren besonders hoch beteiligt die nahe der schwäbischen Bezirksgrenze gelegenen Ämter Friedberg, Aichach, Landsberg und Schongau. Einen ansehnlichen Platz innerhalb der oberbayerischen Zuwanderung nahm der zwischenstädtische Wanderungsaustausch mit München ein, bei dem Augsburg allerdings einen Wanderungsverlust zu verbuchen hatte (1871 lebten 775 Münchner in Augsburg und 1581 geborene Augsburger in München). Ein entsprechender Austausch mit Nürnberg fand dagegen nicht statt. Die Hauptzuwanderung aus Mittelfranken rekrutierte sich ebenfalls aus den »grenznahen« Bezirksämtern Feuchtwangen, Dinkelsbühl, Gunzenhausen und Weißenburg. Eine vergleichbare, parallel zur Grenze verlaufende Wanderungslinie ließe sich vermutlich auch für die württembergischen Zuwanderer ziehen. Die Zuwanderung aus den übrigen Reichsgebieten hatte für Augsburg wenig Bedeutung.

Aus den Ergebnissen für 1871 und 1885 lassen sich anhand der Geschlechterproportionen auch bestimmte Schlüsse auf die Art der Wanderung ziehen. Bei der schwäbischen Zuwanderung überwogen die Frauen. Soweit sie aus dem ländlichen Textilgewerbe stammten, mußte Augsburg mit seinem hohen Bedarf an weiblichen Arbeitskräften eine starke Anziehungskraft ausüben. Zum anderen wird die überproportionale Vertretung der Frauen bei der schwäbischen Nahwanderung auf die weibliche Dienstbotenwanderung zurückzuführen sein: über die Hälfte aller in Augsburg tätigen Dienstboten stammte 1907 aus dem Regierungsbezirk Schwaben und Neuburg. Bei der Zuwanderung aus den übrigen bayerischen Regierungsbezirken überwogen die Männer; nur bei der oberbayerischen Zuwanderung kehrte sich dieses Verhältnis nachweisbar seit 1885 zugunsten der Frauen um — möglicherweise eine Auswirkung der wachsenden Anziehungskraft der Münchner Industrie auf die männlichen Zuwanderer. Besonders hoch ist der Anteil der Frauen aus Württemberg und Österreich/Ungarn. Hier darf man mit einiger Sicherheit auf eine speziell beruflich orientierte Wanderung innerhalb bestimmter Industriezweige (Textilindustrie), bzw. auf einen Wechsel von der Vorarlberger und württembergischen Hausindustrie in die Fabrikindustrie schließen. Insgesamt gesehen zeigten die Frauen eine wachsende Neigung zur Beteiligung an der Wanderung. Sie folgten darin dem steigenden Bedarf der Augsburger Industrie an weiblichen Arbeitskräften, der nicht allein aus den Nahwanderungsgebieten gedeckt werden konnte.

Im Laufe der Zeit trat ohnehin eine Verschiebung des Anteils einzelner Gebiete an der Wanderung auf. Der Prozentsatz der im Regierungsbezirk Schwaben Geborenen sank seit 1900 fühlbar ab. Als Grund darf die bis dahin erfolgte maximale Ausschöpfung des Arbeitskräftepotentials aus diesem Raum angesehen werden. Ebenso ging der Anteil der Mittelfranken an der Zuwanderung ständig zurück; die Anziehungskraft des stärker expandierenden Industriezentrums Nürnberg erstreckte sich immer mehr auch auf die mittelfränkischen Randgebiete. Im Gegensatz dazu stieg die Zahl der aus Oberbayern stammenden Menschen kontinuierlich an; dabei läßt sich jedoch nicht feststellen, ob die Zunahme auch weiterhin auf eine höhere Beteiligung der Frauen zurückzuführen ist. Insgesamt vollzog sich trotz gewisser ausgleichender Momente eine Verschiebung des Anteils der Nah- und Fernwanderung an der Gesamtwanderung:

Jahr	Nahwanderer abs.	%	Fernwanderer abs.	%
1871	22 443	70,9	9 190	29,1
1885	28 361	67,7	13 540	32,3
1900	39 175	69,7	17 032	30,3
1907	40 734	71,2	16 498	28,8

Geht man davon aus, daß die Fernwanderung in erster Linie »Chancenwanderung mit dem Ziel beruflichen und sozialen Aufstiegs«[54] bedeutet, so erklärt sich ihr Nachlassen als Folge einer gewissen kulturellen und sozialen »Verprovinzialisierung« Augsburgs bei gleichzeitig sich verlangsamendem Wirtschaftswachstum. Gerade für die beruflich höher qualifizierten Fernwanderer stand nur ein begrenztes Angebot an entsprechenden Arbeitsplätzen bereit.

1907 trafen in deutschen Großstädten im Durchschnitt auf 42,4 % Ortsgebürtige 32 % Nahwanderer und 22,9 % Fernwanderer[55]. Im Vergleich dazu besaß Augsburg eine geringere Ortsgebürtigkeit, einen wesentlich höheren Anteil an Nah-

---

54 Köllmann, Zur Bevölkerungsentwicklung ausgewählter deutscher Großstädte, a. a. O., S. 263.
55 Zahlenangaben bei Köllmann, Industrialisierung, Binnenwanderung und »Soziale Frage«, a. a. O., S. 65.

wanderern und einen unterdurchschnittlichen Prozentsatz an Fernwanderern. In der Höhe der Ortsgebürtigenquoten spiegelt sich in gewissem Umfang der Grad der Industrialisierung wider[56]. Der Anteil der Einheimischen an der Augsburger Bevölkerung betrug:

	Ortsgebürtige					
	absolut			in % der Gesamtbevölkerung		insgesamt
	m	w	insgesamt	m	w	
1871	8 812	10 775	19 587	35,4	40,9	38,2
1880	10 199	12 154	22 353	34,7	38,0	36,4
1885	10 965	13 039	24 004	34,9	37,8	36,4
1890	12 139	14 593	26 732	33,2	37,3	35,3
1900	15 122	17 841	32 963	35,2	38,6	37,0
1907	—	—	37 363	—	—	39,5

Während der Zuwanderungswelle zu Beginn der siebziger Jahre sank die Ortsgebürtigkeit um fast zwei Prozent ab, hielt sich bei verlangsamtem Wirtschafts- und Bevölkerungswachstum während der ersten Hälfte der Depressionsphase auf gleichem Niveau und erreichte 1890 nach einem neuen Wanderungshoch den niedrigsten Stand vor dem Ersten Weltkrieg. Danach begann die Ortsgebürtigkeit wieder langsam anzusteigen, bis sie 1907 auch den Wert von 1871 übertraf. Dabei lag die Ortsgebürtigkeit der Frauen zwischen drei und fünf Prozent über derjenigen der Männer; auch wirkte sich die Zuwanderungswelle der späten achtziger Jahre auf die Ortsgebürtigkeit der Frauen fast gar nicht mehr aus — ein deutliches Anzeichen dafür, daß es sich dabei in erster Linie um männliche Zuwanderer handelte, die der Aufschwung der Metall- und Maschinenbauindustrie nach Augsburg zog. Die Ortsgebürtigkeit hätte in Augsburg vermutlich noch wesentlich niedriger gelegen, wenn die Kinder der Zuwanderer bei den Zählungen nicht bereits als Einheimische registriert worden wären. Ein von Köllmann angewandtes Verfahren, über die Nachwuchsziffer die Ortsgebürtigkeit neu zu berechnen, ergibt auf die Daten der Volkszählung von 1900 angewandt eine geschätzte Ortsgebürtigkeit von nur 23,9 %[57]. Die unterproportionale Vertretung der Einheimischen kann im Fall Augsburgs nicht auf ein beschleunigtes Bevölkerungswachstum in der Hochindustrialisierungsphase zurückgeführt werden — obwohl der Wanderungs-

---

[56] So wiesen z. B. die rheinischen Textilstädte, deren bedeutendste Wachstumsphase in der Frühindustrialisierung lag, um 1907 bereits eine außerordentlich hohe Ortsgebürtigkeit (zwischen 50 und 60 %) auf (ebenda, S. 64).

[57] Zur Berechnung siehe Köllmann, Zur Bevölkerungsentwicklung ausgewählter deutscher Großstädte, a. a. O., S. 271 ff. Für Augsburg ergibt sich danach folgende Aufstellung:

sog. weiblicher Tragkörper (16- bis 50jähriger)			Nachwuchs	Nachwuchsziffer
Ortsgebürtige	Zuwanderer	insgesamt	unter 16	je 100 Frauen des Tragkörpers
6673	18 405	25 078	25 146	100,3
Berichtigter Nachwuchs		restliche Bevölkerung		
Ortsgebürtige	Zuwanderer	Ortsgebürtige	Zuwanderer	
6689	18 457	14 628	49 396	

Gesamtbevölkerung: 89 170

Korrigierte Ortsgebürtige: 21 317 = 23,9 %, Korrigierte Zuwanderer: 67 853 = 76,1 %.

gewinn auch nach 1890 nicht unerheblich war – sondern muß in erster Linie als Ergebnis des geringen Wachstums der örtlichen Bevölkerung angesehen werden[58]. Mäßige Geburtenraten bei hoher Sterblichkeit und geringen Aufwuchschancen sorgten zwangsläufig dafür, daß den Zuwanderern zahlenmäßig das Übergewicht in der Einwohnerschaft zufiel.

Ein wichtiger Faktor für die Beeinflussung der Ortsgebürtigkeit kann die Mobilität sein, deren genauer Umfang sich aber aus dem vorhandenen Material mit Sicherheit nicht rekonstruieren läßt. Es ist zwar möglich, die Zahl der zugezogenen Personen annähernd korrekt zu ermitteln, doch blieb die Zahl der polizeilich gemeldeten Wegzüge weit unter ihrer tatsächlichen Höhe; die Abgewanderten unterließen es einfach, sich polizeilich abzumelden[59]. Korrigiert man die Zahl der Wegzüge anhand der späteren Volkszählungsergebnisse, so ergibt sich am Beispiel von zwei Zählungsperioden folgendes Bild:

	Zuzüge	Errechnete Wegzüge	Wanderungsvolumen	Zu- und Abwandernde in % der Gesamtbevölkerung
1886	10 753	10 014	20 767	31,2
1887	10 538	10 008	20 546	30,4
1888	11 523	10 116	21 639	31,3
1889	13 692	11 278	24 970	35,0
1890	15 033	11 874	26 907	36,2
1891	14 512	13 395	27 907	36,5
1892	12 560	12 586	25 236	32,8
1893	12 963	12 205	25 168	32,5
1894	13 131	11 358	24 489	30,8
1895	13 196	12 472	25 668	31,5

Wie die Tabelle zeigt, war etwa ein Drittel der Augsburger Bevölkerung an der Fluktuation beteiligt, was als ziemlich hoher Mobilitätsgrad bewertet werden darf[60]. Dabei muß angenommen werden, daß sich die Abwanderung nicht allein auf die Binnenwanderer beschränkte. Diese Vermutung wird bestätigt, wenn man zur Schätzung der Seßhaftigkeit eine Bevölkerungsentwicklung unter Ausschluß der Zu- und Abwanderungen konstruiert: Nimmt man an, daß die im Jahre 1880 gezählte Bevölkerung voll seßhaft geblieben wäre und sich nur durch das natürliche Wachstum fortentwickelt hätte, so ergäbe sich daraus für das Jahr 1900 eine errechnete Bevölkerung von 69 822 (gezählt: 89 170); der Anteil der Ortsgebürti-

58 Im Vergleich zu Augsburg wies Nürnberg 1907 47,0 % Ortsgebürtige auf, und das, obwohl Nürnberg seit den 8oer Jahren ein besonders beschleunigtes Bevölkerungswachstum zu verzeichnen hatte. Vgl. dazu Beiträge zur Statistik Bayerns, Bd. 69, S. 262.
59 Verwaltungsberichte des Stadtmagistrats Königreichs Bayern, 1898, S. 196. Wie bedeutend die Zahl der nicht abgemeldeten Personen war, zeigt der Umstand, daß die Stadtverwaltung trotz Berücksichtigung einer jährlichen Fehlerquote von der Volkszählung 1900 die Bestätigung Augsburgs als Großstadt erwartete – ein Ergebnis, das erst 10 Jahre später eintrat!
Für die Tabelle wurde der sich aus den polizeilichen Angaben (Verwaltungsberichte des Stadtmagistrats 1886–95) ergebende Wanderungsüberschuß mit dem bei den Volkszählungen festgestellten Wanderungsgewinn verglichen und zwischen 1886 und 1890 durchschnittlich um 2133, zwischen 1891 und 1895 um 3191 Wegzüge pro Jahr ergänzt.
60 Vgl. dazu Augsburgs Stellung in der graphischen Darstellung bei Heberle, a. a. O., S. 160 (für die Mobilität im Durchschnitt der Jahre 1906–12).

gen an der errechneten Bevölkerung läge dann mit 47,2 % immer noch unter der Hälfte der Gesamtbevölkerung[61]. Dieses Ergebnis läßt auf einen niedrigen Grad an Seßhaftigkeit bei der Augsburger Bevölkerung schließen. An der Abwanderung müssen folglich nicht nur die Zuwanderer, sondern auch die Ortsgebürtigen selbst beteiligt gewesen sein. Augsburg scheint nicht nur für viele Nahwanderer in erster Linie Durchgangsplatz für entferntere Wanderungen gewesen zu sein — was aus der geographischen Lage durchaus zu erklären ist — sondern bot offensichtlich auch den einheimischen Arbeitskräften nicht genügend berufliche Chancen. Dabei dürfte in erster Linie das begrenzte Angebot an Arbeitsplätzen für Männer und das allgemein niedrige Lohnniveau ausschlaggebend gewesen sein.

Diese Annahme wird durch die Tatsache unterstützt, daß nur ein Viertel aller Erwerbstätigen Einheimische waren. Ortsgebürtige und Zuwanderer verteilten sich zwar unterschiedlich auf die einzelnen Berufsabteilungen, jedoch übertrafen die Zugezogenen die Einheimischen in sämtlichen Bereichen[62]. Relativ zahlreich waren die gebürtigen Augsburger in den Rubriken »Industrie und Handwerk« sowie in »Handel und Verkehr« vertreten, sehr schwach dagegen in den »Häuslichen Diensten«, in »Staatsdienst, Militär« und den »freien Berufen«. Für eine Tätigkeit in Industrie und Handwerk entschieden sich innerhalb der Gruppe der Einheimischen nahzu 60 Prozent. Dafür wurden die für Städter weniger attraktiven Berufe der Abteilung »Häusliche Dienste« in erster Linie von den schwäbischen und oberbayerischen Nahwanderern ausgeübt. Hier brachte wohl die ländliche Herkunft der meisten Zuwanderer ähnlich wie bei der Zusammensetzung der Dienstboten eine Bevorzugung vertrauter Berufe mit sich. Das gilt auch für die Tätigkeit in der Landwirtschaft, in der knapp die Hälfte der Berufsbevölkerung aus Nahwanderern bestand. Bezeichnenderweise waren die Nahwanderer gerade in den industriellen Berufen vergleichsweise schwächer beteiligt als in allen übrigen. Bei den Fernwanderern lagen die Verhältnisse umgekehrt. Sie wandten sich in erster Linie der Industrie, dem Staats- und Militärdienst und den freien Berufen zu. Wie bei der hohen Beteiligung der Nahwanderer in der letztgenannten Abteilung, so handelte es sich auch bei den bayerischen Fernwanderern vermutlich zum größten Teil um versetzte Beamte und Militärangehörige. Bei den außerbayerischen Fernwanderern dürfte es sich um beruflich hochqualifizierte Binnenwanderer gehandelt haben. In den Berufen in Handel und Verkehr hielten sich Einheimische und Nahwanderer fast die Waage; der Einfluß der Nahwanderer lag nur um einige Prozente höher. Auffallend ist, daß mit Ausnahme der nichtbayerischen Fernwanderer in allen Herkunftsgruppen etwa ein Fünftel der Bevölkerung in Handel und Verkehr tätig war.

Eine unübersehbare Staffelung zeichnete sich in der Herkunft der nicht berufstätigen Angehörigen ab. Während weit über die Hälfte von ihnen in Augsburg geboren war, kamen die Nahwanderer nur auf einen Anteil von knapp dreißig Prozent, die Fernwanderer nur auf etwas mehr als ein Zehntel, wobei die meisten von ihnen nicht aus Bayern stammten. Generell läßt sich also vermuten, daß die Zahl der Angehörigen unter den Binnenwanderern bei den aus dem Nahwanderungsbereich stammenden Menschen am größten war, mit steigender Entfernung ab-

---

[61] Zum Berechnungsverfahren siehe Köllmann, Zur Bevölkerungsentwicklung ausgewählter deutscher Großstädte, a. a. O., S. 262. Dort sind auch vergleichbare Ergebnisse für andere Städte angegeben.
[62] Der Gesamteindruck, den die Statistik liefert, wird etwas verzerrt, weil sich die Zahlenangaben auf die gesamte Berufsbevölkerung und nicht auf die Erwerbstätigen beziehen. Bei einer Aufgliederung der Erwerbstätigen läge der Anteil der Einheimischen in den einzelnen Berufsabteilungen vermutlich noch niedriger.

nahm, bei der außerbayerischen Einzelwanderung jedoch größer war als bei der bayerischen Fernwanderung. Während die Nahwanderer aus dem Regierungsbezirk Schwaben bei der Zuwanderung nach Augsburg am ehesten die sie erwartenden Verhältnisse abschätzen und ihre Angehörigen gleich mitnehmen bzw. bald nachkommen lassen konnten, wanderten die bayerischen Fernwanderer ohne Familie zu und vermischten sich offensichtlich mit der einheimischen Bevölkerung. Doch diese Annahmen sind mit Vorsicht zu betrachten, da ja die in Augsburg geborenen Kinder der Zuwanderer bereits als Einheimische zählten.

Wenn in Augsburg auch die Ortsgebürtigkeit relativ niedrig lag blieb doch die Homogenität der Bevölkerung im wesentlichen gewahrt. Die Zuwanderer aus dem schwäbischen Einzugsbereich dominierten und ließen sich nach Dialekt und Mentalität leicht integrieren. Verstärkt wurde das schwäbische Element noch durch die württembergische Zuwanderung, mit der es in den achtziger Jahren über siebzig Prozent der Gesamtbevölkerung stellte. Um die gleiche Zeit hatten über eintausend nicht in Bayern geborene Personen die bayerische Staatsbürgerschaft erworben; die meisten von ihnen stammten vermutlich aus Württemberg[63]. Bei der Integration der Zuwanderer spielte mit Sicherheit der Unterschied in der bisherigen und der neuen Arbeits- und Lebensweise die größte Rolle. Die Wanderung vom Land in die Industriestadt brachte für die Betroffenen mehr Umstellungsschwierigkeiten mit sich als der Wohnungs- und Arbeitsplatzwechsel zwischen zwei Industriestädten. Von den aus dem gesamten Königreich Bayern nach Augsburg zugewanderten Menschen kamen 1907 30 122 (63,1 %) vom Land, 17 582 (36,9 %) aus anderen Städten, worunter nach der zeitgenössischen Statistik Gemeinden mit über 2000 Einwohnern zu verstehen sind. Damit wies Augsburg — jedenfalls was die bayerische Zuwanderung betrifft — sogar einen höheren Anteil an städtischer Geburtsbevölkerung auf als Nürnberg (30 %) und München (36,3 %)[64].

Die Zuwanderung ländlicher Bevölkerung aus Schwaben und Oberbayern förderte eine Entwicklung, die nicht ohne Bedeutung für die Gestaltung der sozialen und politischen Verhältnisse in Augsburg war: Der Zustrom vorwiegend katholischer Bevölkerung führte im Verlauf des 19. Jahrhunderts zu einer kontinuierlichen Verschiebung der Konfessionsverhältnisse. Es lebten in Augsburg[65]:

Jahr	Protestanten abs.	%	Katholiken abs.	%	Juden abs.	%	Sonstige abs.	%
1811/12	11 646	39,5	17 721	60,1	102	0,4	—	
1840	12 820	39,1	19 858	60,6	97	0,3	—	
1867	16 056	32,1	33 559	67,0	449	0,9	3	—
1875	17 780	31,1	38 470	67,2	889	1,6	72	0,1
1895	23 426	28,6	57 159	69,8	1156	1,4	155	0,2
1905	24 581	25,9	68 989	72,7	1101	1,2	252	0,2
1910[66]	27 575	22,4	93 716	76,2	1217	1,0	507	0,4

63 Amt für Statistik und Stadtforschung, Augsburg, Volkszählung 1885, S. 73.
64 Beiträge zur Statistik des Königreichs Bayern, Bd. 83, S. 99. Man muß allerdings berücksichtigen, daß zwischen Heimatort und dem bei der Volkszählung ermittelten Zuwanderungsort noch mehrere Durchgangsstationen liegen können. Trotzdem läßt sich im allgemeinen für Bayern feststellen, daß industrialisierte Städte auch einen höheren Prozentsatz an Bevölkerung städtischer Herkunft aufwiesen (z. B. Schwabach, Erlangen, Kempten), ebenda.
65 Zusammengestellt und berechnet nach: Beiträge zur Statistik des Königreichs Bayern, Bd. 86, S. 215, Bd. 1, S. 73, Bd. 20, S. 36, Bd. 36, S. XXVII, Bd. 61, S. LVII.
66 Incl. der am 1. 1. 1911 eingemeindeten Orte.

Im politischen und sozialen Leben der Stadt zeichneten sich die Zuwanderer oft durch besondere Aktivität aus; wie später zu zeigen sein wird, verdankte vor allem die Arbeiterbewegung den Binnenwanderern immer wieder entscheidende Anstöße und Initiativen.

IV. Berufsgliederung und Sozialstruktur

Der Wandel der Sozialstruktur im 19. Jahrhundert, der durch den Übergang von der agrarischen und gewerblichen Wirtschaftsweise zur industriellen geprägt wurde, brachte im gesellschaftlichen Gefüge der Städte tiefgreifende Veränderungen mit sich. Die Entwicklung läßt sich am ehesten anhand von drei, sich wechselseitig bedingenden Merkmalen beschreiben: der Zunahme und Differenzierung der im Produktionsbereich und den Dienstleistungsberufen beschäftigten Erwerbstätigen, dem Anwachsen der in abhängigem Arbeitsverhältnis stehenden Menschen und der Einspannung der Frau in den Produktionsprozeß. Die neu entstandenen Arbeitsplätze in der kapitalistischen Wirtschaft waren keine »Stellen« im Sinne der vorindustriellen Wirtschaft[67]. Ökonomische Krisen konnten nicht mehr mit individueller Sparsamkeit oder Ausdehnung der Arbeitszeit zur Steigerung des Ertrags beantwortet werden, sondern gefährdeten durch den plötzlichen Verlust des Arbeitsplatzes die soziale Existenz schlechthin. Mit dem Lohn des Fabrikarbeiters konnte in der Regel keine Familie unterhalten werden; Frau und Kinder, die sich in der agrarischen und gewerblichen Wirtschaft am häuslichen Erwerb beteiligt hatten, waren nun gezwungen, außerhalb des Hauses zum Verdienst des Mannes beizutragen, und zwar in den meisten Fällen unter materiell noch schlechteren Bedingungen als männliche erwachsene Arbeiter.

Zur Analyse der sozialen Auswirkungen des Industrialisierungsprozesses in Augsburg mußte Quellenmaterial von sehr unterschiedlicher Qualität und Aussagefähigkeit herangezogen werden; darunter litt zwangsläufig die Vergleichbarkeit der gewonnenen Ergebnisse[68]. Trotzdem läßt sich ein Bild der Berufs- und Sozialstruktur gewinnen, das in etwa den Erwartungen entspricht, die sich aus der Betrachtung der lokalen Wirtschaftsentwicklung ergaben.

---

67 Vgl. dazu Mackenroth, a. a. O., S. 400 f.; Gunther Ipsen, Bevölkerungsgeschichte, in: W. Köllmann/P. Marschalck (Hrsg.), Bevölkerungsgeschichte, Köln 1972, S. 88.
68 Ein erstes, wenn auch sehr unvollständiges Bild von der Berufsgliederung gibt für Augsburg die unter Montgelas durchgeführte Erhebung von 1811/12. Für die Jahre 1840 und 1852 stehen zwei gleichartig aufgebaute Statistiken zur Verfügung, die sich aber auf die gesamte Haushaltsbevölkerung beziehen und keine gesonderte Ausscheidung der Erwerbstätigen zulassen. Das ist erst bei der bayerischen Berufszählung von 1871 möglich. Nach dem gleichen Schema aufgebaut, aber detaillierter aufgeschlüsselt ist die Erhebung des Augsburger Magistrats aus dem Jahre 1885 (Amt für Statistik und Stadtforschung, Augsburg). Die Berufszählungen des Reiches von 1882, 1895 und 1907 sind mit den bayerischen Berufszählungen nur bedingt vergleichbar.

Für das Jahr 1811/12 liegen folgende Angaben vor:[69]

	Erwerbstätige	
I. Landwirtschaftliche Tätigkeit		
Gärtner, Fischer	111	
II. Industrie/Handwerk/Handel		
1. Gewerbetreibende/Fabrikbesitzer	(173)[70]	
2. Handwerksmeister	1955	
3. Bankiers	19	
4. Speditions-, Kommissionshändler	53	
5. Kaufleute en gros und en detail	107	
6. Käufler und Hucker	213	
7. Krämer	185	
8. Gesellen	2298	
III. Persönliche Dienste		
Boten, Kutscher, Fuhrleute	47	
IV. Dienstboten		
1. Bediente und Knechte	432	
2. Mägde	2614	
V. Freie Berufsarten		
Musikanten, Tanzmeister usw.	25	
Aufgegliederte Erwerbstätige insgesamt		8 232
Nicht aufgegliederte restl. Zivilbevölkerung (incl. Angehörige)		19 519
VI. Militär		
1. Aktive	1231	
2. Angehörige	487	
insgesamt		1 718
Gesamtbevölkerung		29 469

Zu den nicht ermittelten Erwerbstätigen gehören die freien Berufe, die Beamten, Rentiers und Privatiers. Im Vergleich zu Nürnberg und München wies Augsburg eine für seine Größe beachtliche Zahl an »Gesellen« auf, die mit ziemlicher Sicherheit auch die Fabrik- und Manufakturarbeiter umfaßte. Da 1811/12 für die Fabriken zwar eine Gewerbe-, aber keine Berufszählung vorgenommen wurde (nur die Gesellen, Dienstboten, Handwerksmeister und Handeltreibenden wurden persönlich erfaßt), ist nicht mit Sicherheit zu sagen, wie hoch die Zahl der in Augsburg wohnenden Fabrikarbeiter tatsächlich war. In 173 Fabriken und Gewerbebetrieben wurden 1576 Arbeiter beschäftigt. Darunter befanden sich allerdings auch die Gehilfen in den Brauereien, Branntweinbrennereien und Mühlen. Außerordentlich hoch war auch die Zahl der Mägde. Allerdings ist zweifelhaft, ob diese Frauen und Mädchen wirklich nur zu den häuslichen Dienstboten zählten. Es fehlt eine gesonderte Erfassung des weiblichen Fabrikpersonals; jedenfalls ist bekannt, daß Frauen speziell in den Kattundruckereien schon seit dem 18. Jahrhundert beschäftigt wurden[71].

Die beiden Berufszählungen von 1840 und 1852 ermöglichen schon einen differenzierteren Einblick, wenn auch das Erhebungsschema eher an ständischen

---

69 Beiträge zur Statistik des Königreichs Bayern, Bd. 86, S. 214 ff.
70 Da die Zahl der Fabrikbesitzer nicht ermittelt wurde, konnte sie nur geschätzt werden. Es wurde eine Mindestzahl entsprechend der Anzahl der Betriebe eingesetzt.
71 Dirr, Augsburger Textilindustrie im 18. Jahrhundert, a. a. O., S. 42; Haertel, a. a. O., S. 173.

Merkmalen orientiert war als an Kategorien, die der werdenden Industriegesellschaft entsprachen[72]. Zwischen 1840 und 1852 verringerte sich die in der Landwirtschaft arbeitende Bevölkerung um über 2000 Personen. Besonders betroffen davon war die Gruppe mit gewerblichem Nebenberuf und das landwirtschaftliche Gesinde. In beiden Fällen darf angenommen werden, daß die in der Zwischenzeit einsetzende Industrialisierung den landwirtschaftlichen Nebenerwerb vieler Familien dadurch überflüssig machte, daß Angehörige und Kinder in den Fabriken Arbeit suchten. Allerdings muß bei der außergewöhnlich starken Schwankung auch mit einer verschieden gehandhabten Erhebungsform gerechnet werden, die einen Teil der früheren landwirtschaftlichen Bevölkerung nun den Gewerbetreibenden zurechnete. Die bedeutendste Veränderung vollzog sich bei der Berufsbevölkerung der Gruppe »Industrie, Handwerk, Gewerbe und Handel«, deren Anteil an der Gesamtbevölkerung um sechseinhalbtausend Personen anstieg. Der Zuwachs ging aber nicht – wie zu erwarten gewesen wäre – auf das Konto der Unselbständigen, sondern war Resultat einer Ausweitung der Selbständigen. Daß es sich bei dieser Statusveränderung nicht um wachsenden Wohlstand handelte, zeigt die Unterscheidung der Statistik in Selbständige mit und solche ohne Haus- oder Grundbesitz. Während die über Immobilien verfügende Bevölkerung im Verlauf von zwölf Jahren nahezu unverändert geblieben war, wuchs die Zahl der besitzlosen Selbständigen anteilmäßig um über 15 %. Dagegen verzeichnete die Gruppe der Gesellen, Arbeiter und Dienstboten sogar einen Rückgang. Die Berufsgliederung von 1852 spiegelt deutlich den Höhepunkt der Handwerkerkrise in Augsburg wider. Handwerk und »Freie Erwerbsarten« waren übersetzt[73]. Auch die Zahl der von Renten, höheren Diensten usw. lebenden Personen war zurückgegangen; doch zeigten sich in der Zwischenzeit auch Ansätze zur Überwindung der vorindustriellen Armut: die Zahl der conscribierten Armen hatte wesentlich abgenommen.

Es lebten	1840		1852	
	abs.	%	abs.	%
I. von der Landwirtschaft				
1. Gutsbesitzer, Pächter, Verwalter, Landwirte im Hauptberuf	68	0,2	75	0,2
2. von Landwirtschaft und gewerblicher Arbeit	2 224	6,0	216	0,6
3. Landbau-Taglöhner	84	0,2	137	0,3
4. Landwirtschaftliches Gesinde	600	1,6	137	0,3
Agrarbevölkerung	2 976	8,0	565	1,4
II. von Mineralgewinnung, Gewerbe, Industrie und Handel				
1. Selbständige mit Haus- und Grundbesitz	5 276	14,3	5 714	14,5
2. Selbständige ohne Haus- und Grundbesitz	7 847	21,3	14 246	36,2
3. Gehilfen, Gesellen, Lehrlinge, Dienstboten	5 899	16,0	5 384	13,7
4. städtische Taglöhner	36	0,1	173	0,4
von Gewerbe und Handel lebende Bevölkerung	19 058	51,7	25 517	64,8

---

[72] Beiträge zur Statistik des Königreichs Bayern, Bd. 1, S. 72 ff., Bd. 4, S. 174 ff.
[73] Allein die Zahl der zu versteuernden Handwerksbetriebe war in der Zeit zwischen 1847 und 1852/55 (Steuerperiode) um über 600 gestiegen. Ab 1855 ging die Zahl der Handwerksmeister ständig zurück (Beiträge zur Statistik des Königreichs Bayern, Bd. 10, S. 59; StA Augsburg J 1/20, Übersicht zur Gewerbesteuer, 17. 7. 1860).

Es lebten	1840 abs.	%	1852 abs.	%
III. von Renten, höheren Diensten, Wissenschaft und Kunst				
1. Geistliche	122	0,3	375	1,0
2. von Renten lebender Adel	252	0,7	138	0,4
3. Beamte in Hof-, Staats-, Gemeinde- und Stiftungsdienst	3 484	9,4	2 622	6,7
4. Rentner, Pensionäre, Gelehrte, Ärzte, Künstler	4 262	11,6	2 798	7,1
5. Dienstboten dieser Berufe und des Militärs	1 091	3,0	1 271	3,2
von Renten und höheren Diensten lebende Bevölkerung	9 211	25,0	7 204	18,4
IV. Militär	4 094	11,1	5 129	13,0
V. Conscribierte Arme	1 530	4,2	925	2,4
Gesamtbevölkerung	36 869	100,0	39 340	100,0

Berufsgliederung 1882[74]

Berufsgruppe	Erwerbstätige abs.	%	Angehörige und Dienstboten abs.	je 100 Erwerbstätige	Haushaltsbevölkerung abs.	%
I. Land- und Forstwirtschaft	653	2,2	668	102,3	1 321	2,2
II Bergbau	1	—	2	200,0	3	—
III. Steine/Erden	197	0,7	319	161,9	516	0,8
IV. Metallverarbeitung	1 197	3,9	1 443	120,6	2 640	4,3
V. Instrumenten-, Maschinen-, Apparatebau	1 761	5,7	3 033	172,2	4 794	7,8
VI Chemische Industrie	345	1,1	315	91,3	660	1,1
VII. Forstwirtschaftl. Nebenprodukte, Leuchtstoffe, Öle, Fette	146	0,5	270	184,9	416	0,7
VIII. Textilindustrie	4 651	15,1	3 442	74,0	8 093	13,2
IX Papier- und Lederindustrie	589	1,9	607	103,1	1 196	2,0
X. Holz- und Schnitzstoffe	843	2,7	1 076	127,6	1 919	3,1
XI. Nahrungs- und Genußmittelindustrie	1 611	5,2	1 949	121,0	3 560	5,8
XII. Bekleidungs- und Reinigungsgewerbe	2 963	9,6	2 378	80,3	5 341	8,7
XIII. Baugewerbe	1 201	3,9	1 584	131,9	2 785	4,5
XIV. Polygraphische Gewerbe	399	1,3	378	94,7	777	1,3
XV. Kunstgewerbe	82	0,3	90	109,8	172	0,3
XVI. Erwerbstätige ohne nähere Bestimmung	13	—	10	76,9	23	—
Summe II–XVI	15 999	51,9	16 896	105,6	32 895	53,6

[74] Beiträge zur Statistik des Königreichs Bayern, Bd. 48, S. 248 ff.

Berufsgruppe	Erwerbstätige abs.	%	Angehörige und Dienstboten abs.	je 100 Erwerbstätige	Haushaltsbevölkerung abs.	%
XVII. Handel	2 607	8,5	3 577	137,2	6 184	10,1
XVIII. Versicherungsgewerbe	29	0,1	58	200,0	87	0,1
XIX. Verkehrsgewerbe	1 150	3,7	2 331	202,7	3 481	5,7
XX. Beherbergung und Erquickung	956	3,1	689	72,1	1 645	2,7
Summe XVII–XX	4 742	15,4	6 655	140,3	11 397	18,6
XXI. Häusliche Dienste, Lohnarbeit wechselnder Art	619	2,0	435	70,3	1 054	1,7
XXII. Öffentliche Dienste, Freie Berufe	4 244	13,8	3 171	74,7	7 415	12,1
XXIII. Ohne Beruf, ohne Berufsangabe	4 525	14,7	2 724	60,2	7 249	11,8
Insgesamt	30 782	100,0	30 549	99,2	61 331	100,0

Berufsgliederung 1907 [75]

Berufsgruppe	Erwerbstätige insgesamt abs.	%	erwerbstätige Frauen abs.	auf 100 Erwerbstätige
I. Land- und Forstwirtschaft	726	1,5	194	26,7
II. Bergbau	11	—	3	27,3
III. Steine/Erden	105	0,2	3	2,9
IV. Metallverarbeitung	2 388	4,8	211	8,8
V. Instrumenten-, Maschinen-, Apparatebau	4 141	8,3	108	2,6
VI. Chemische Industrie	432	0,9	11	25,7
VII. Forstwirtschaftl. Nebenprodukte, Leuchtstoffe, Öle, Fette	207	0,4	20	9,7
VIII. Textilindustrie	6 282	12,6	3 548	56,5
IX. Papier- und Lederindustrie	976	1,9	274	28,1
X. Holz- und Schnitzstoffe	1 407	2,8	170	12,1
XI. Nahrungs- und Genußmittelindustrie	2 261	4,5	308	13,6
XII. Bekleidungs- und Reinigungsgewerbe	3 595	7,2	2 038	56,7
XIII. Baugewerbe	2 838	5,7	35	1,2
XIV. Polygraphische Gewerbe	588	1,2	130	22,1
XV. Kunstgewerbe	133	0,3	7	5,3
XVI. Erwerbstätige ohne nähere Bestimmung	47	0,1	6	12,8
Summe II–XVI	25 411	50,8	6 972	27,4

[75] Amt für Statistik und Stadtforschung, Augsburg, Beruf der Bevölkerung [. . .], a. a. O., S. 560.

Berufsgruppe	Erwerbstätige insgesamt abs.	%	erwerbstätige Frauen abs.	auf 100 Erwerbstätige
XVII. Handel	4 665	9,3	2 016	43,2
XVIII. Versicherungsgewerbe	120	0,2	6	5,0
XIX. Verkehrsgewerbe	2 613	5,2	101	3,9
XX. Beherbergung und Erquickung	1 535	3,1	1 055	68,7
Summe XVII–XX	8 933	17,9	3 178	35,6
XXI. Häusliche Dienste, Lohnarbeit wechselnder Art	916	1,8	774	84,5
XXII. Öffentliche Dienste, Freie Berufe	5 627	11,2	1 126	20,0
XXIII. Ohne Beruf, ohne Berufsangabe	8 420	16,8	5 278	62,7
Insgesamt	50 033	100,0	17 522	35,0

Berufsgliederung 1907 II

Berufsgruppe	Angehörige abs.	je 100 Erwerbstätige	Haushaltsbevölkerung insgesamt abs.	%
I. Land- und Forstwirtschaft	644	88,7	1 370	1,4
II. Bergbau	6	54,5	17	—
III. Steine/Erden	100	95,2	205	0,2
IV. Metallverarbeitung	2 612	109,4	5 000	5,3
V. Instrumenten-, Maschinen-, Apparatebau	5 718	138,1	9 859	10,4
VI. Chemische Industrie	538	124,5	970	1,0
VII. Forstwirtschaftl. Nebenprodukte, Leuchtstoffe, Öle, Fette	330	159,4	537	0,6
VIII. Textilindustrie	3 743	59,6	10 025	10,6
IX. Papier- und Lederindustrie	815	83,5	1 791	1,9
X. Holz- und Schnitzstoffe	1 770	125,8	3 177	3,4
XI. Nahrungs- und Genußmittelindustrie	2 897	128,1	5 158	5,5
XII. Bekleidungs- und Reinigungsgewerbe	2 368	65,9	5 963	6,3
XIII. Baugewerbe	3 479	122,6	6 317	6,7
XIV. Polygraphische Gewerbe	576	98,0	1 164	1,2
XV. Kunstgewerbe	143	107,5	276	0,3
XVI. Erwerbstätige ohne nähere Bestimmung	35	74,5	82	0,1
Summe II–XVI	25 130	98,9	50 541	53,4

Berufsgruppe	Angehörige abs.	je 100 Erwerbstätige	Haushaltsbevölkerung insgesamt abs.	%
XVII. Handel	4 250	91,1	8 915	9,4
XVIII. Versicherungsgewerbe	247	205,8	367	0,4
XIX. Verkehrsgewerbe	5 184	198,4	7 797	8,2
XX. Beherbergung und Erquickung	646	42,1	2 181	2,3
Summe XVII–XX	10 327	115,6	19 260	20,4
XXI. Häusliche Dienste, Lohnarbeit wechselnder Art	230	25,1	1 146	1,2
XXII. Öffentliche Dienste, Freie Berufe	4 173	74,2	9 800	10,4
XXIII. Ohne Beruf, ohne Berufsangabe	4 061	48,2	12 481	13,2
Insgesamt	44 565	89,1	94 598	100,0

Die Berufszählungen von 1882 und 1907 ermöglichen einen Einblick in Entwicklung und Wandel der Erwerbstätigkeit. Wie die Tabellen zeigen, arbeitete knapp über die Hälfte aller Berufstätigen in Industrie und Gewerbe. Der Anteil dieses Sektors verringerte sich bis 1907 um ca. 1 % und war damit für eine Industriestadt verhältnismäßig niedrig. Dieses Ergebnis entsprach jedoch dem gleichmäßigen Bevölkerungswachstum und dem frühen Beginn der Industrialisierung; vor allem fehlten in Augsburg die überproportional rasch wachsenden Industriezweige der Hochindustrialisierung, wie sie z. B. in Nürnberg vertreten waren[76]. Innerhalb der Berufsgruppen in Industrie und Gewerbe vollzog sich seit den neunziger Jahren nur eine anteilige Verschiebung in der Besetzung einzelner Branchen. So ging analog zum verlangsamten Wachstum der Textilindustrie auch deren Anteil an der Gesamtzahl der Berufstätigen zurück, während die stärker expandierende Metall- und Maschinenbauindustrie einen Zuwachs erfuhr. Der Anteil des gewerblichen Sektors in Augsburg sank dagegen schon über einen längeren Zeitraum; bei der bayerischen Berufszählung von 1871 hatte er noch 53,4 % aller Erwerbstätigen umfaßt[77]. Nach G. Ipsen »wächst dem industriellen Standort in Handel und Verkehr, im Baugewerbe, in den Dienstleistungen und öffentlichen Diensten eine zweite Stadt zu, die sich in der Größenordnung den industriellen Belegschaften vergleicht«[78]. Gerade die Berufe des tertiären Bereichs zeigten (mit Ausnahme des öffentlichen Dienstes) eine steigende Tendenz. Baugewerbe, Handel und Verkehr nahmen anteilmäßig um 5 % zu. Bei der Post und im Telegrafenbetrieb arbeiteten 1907 bereits 608 Berufstätige, bei der Eisenbahn 1277. Als Garnisonsstadt und Sitz der Kreisregierung besaß Augsburg überörtliche Verwaltungsfunktionen und infolgedessen auch einen umfangreicheren Beamtenapparat,

---

[76] In Augsburg spielte z. B. die elektrotechnische Industrie so gut wie keine Rolle. In Nürnberg betrug der Anteil der Erwerbstätigen in Industrie und Handwerk 1882 56,5 %, 1907 aber 61,7 % aller Berufstätigen (berechnet nach: Hugo Frh. von Rehlingen und Haltenberg, Beruflich-soziale Gliederung der Bevölkerung des Königreichs Bayern vom Jahre 1840–1907, Weiden 1911, Tab. 12, 15 und 17).
[77] Berechnet nach: Beiträge zur Statistik des Königreichs Bayern, Bd. 34, S. 316 f.
[78] Gunther Ipsen, Artikel »Stadt«, in: Handwörterbuch der Sozialwissenschaften, Bd. 9, S. 790.

der sich jedoch im Staatsdienst seit 1895 verringerte[79]. Die Verminderung der staatlichen Beamten ist jedoch mit Vorsicht zu beurteilen, da in dieser Rubrik ja nur bestimmte Funktionen erfaßt wurden (vor allem Verwaltung und Justiz). Dagegen weitete sich die kommunale Bürokratie, der immer neue öffentliche und soziale Aufgaben zugeteilt wurden, entsprechend aus: 1885 waren 419 Beamte und Angestellte im Gemeindedienst tätig, 1904 bereits 525[80]. Auch in diesen Angaben sind jedoch die Berufstätigen in der kommunalen Energieversorgung und im Straßenbahnbetrieb nicht mit inbegriffen.

Die Zahl der von arbeitslosem Einkommen lebenden Bevölkerung überstieg 1907 die Größe aller übrigen aufgeführten Berufsgruppen. Allerdings veränderte sich die Zusammensetzung dieses Personenkreises, der schon 1882 in bedeutendem Umfang vertreten war, unter dem Einfluß der Sozialversicherung entscheidend. Waren 1907 zwei Drittel aller Berufslosen Pensionäre und Rentner, ein Fünftel Schüler, die nicht bei ihren Angehörigen wohnten, und nur 10 Prozent Unterstützungsempfänger bzw. Insassen von Armen- und Wohltätigkeitsanstalten, so betrug nach der Augsburger Statistik von 1885 der Anteil der Rentner und Pensionisten erst 39,2 %, der Prozentsatz der Unterstützten und Anstaltsinsassen dagegen noch 30,9 %[81].

Die Zahl der jeweils auf einen Erwerbstätigen treffenden Angehörigen ging zwischen 1882 und 1907 fast in allen Berufen zurück. Darin zeichnete sich sowohl die Abnahme der häuslichen Dienstboten als auch die zunehmende Erwerbstätigkeit der Frau ab. Gerade auf Berufe mit besonders hohem Anteil an weiblichen Arbeitskräften trafen naturgemäß am wenigsten nicht berufstätige Angehörige (häusliche Dienste, Bekleidungs- und Textilindustrie). Mit der Industrialisierung setzte die Auflösung der alten Familie und der traditionellen Form der Hauswirtschaft ein. Die Familie verlor ihren Charakter als Produktivgemeinschaft in doppelter Hinsicht: Mit der Zunahme unselbständiger Arbeit für breite Bevölkerungsschichten vollzog sich die Trennung von Wohn- und Arbeitsplatz; die ehemalige häusliche Mithilfe der Familienangehörigen wurde durch den Eintritt in die Fabrik ersetzt. Daneben zeichnete sich auch im bürgerlichen Haushalt ein Wandel ab: Während noch im 18. Jahrhundert im Hause selbst gesponnen, gebacken und geschlachtet wurde, übernahmen nun in steigendem Maße Industrie und Gewerbe diese Funktion[82]. Dadurch konnte die Dienstbotenhaltung eingeschränkt werden. In Augsburg trafen 1871 auf 100 Einwohner 7,4 Dienstboten, 1882 5,6 und 1907 nur mehr 3,7[83]. Dieser Vorgang traf mit der steigenden Abneigung der jungen Mädchen aus den städtischen Kleinbürger- und Proletarierschichten zusammen, unter Verzicht auf persönliche Freiheit bei einer »Herrschaft« zu dienen. Wie die Statistik über die Herkunft der Dienstboten zeigt, stammten 1907 rund 86 % aller Augsburger Dienstboten nicht aus der Stadt selbst, sondern aus dem ländlichen Einzugsbereich und den übrigen bayerischen Provinzen. Die einheimischen Frauen zogen die Arbeit in der Fabrik oder im Dienstleistungsbereich vor.

79 Vgl. Berufszählung 1895, Zs. des kgl. bayerischen Statistischen Bureaus, 28. Jg. 1896, S. 283.
80 Amt für Statistik und Stadtforschung, Augsburg, Volkszählung 1885, S. 87; Statistisches Jb. deutscher Städte, 13. Jg. 1906, S. 446 ff.
81 Amt für Statistik und Stadtforschung, Augsburg, Volkszählung 1885, S. 103 f.; Beruf der Bevölkerung [...], a. a. O., S. 560.
82 Wilhelm Gerloff, Veränderungen der Bevölkerungsgliederung in der kapitalistischen Wirtschaft, Berlin 1910, S. 37; Schmoller, a. a. O., S. 178 ff.
83 Berechnung nach: Beiträge zur Statistik des Königreichs Bayern, Bd. 34, S. 316, 317, Bd. 48, S. 248 ff.; Amt für Statistik und Stadtforschung, Augsburg, Beruf der Bevölkerung [...], S. 560.

Einen Überblick über die Entwicklung der weiblichen Erwerbstätigkeit ermöglicht ein Vergleich zwischen der kommunalen Erhebung von 1885 und der Berufszählung von 1907[84].

	Erwerbstätige insgesamt	darunter Frauen	weibl. Erwerbstätige in % je Berufsabteilung	weibl. Erwerbstätige in % aller arbeitenden Frauen
	1885			
I. Land- und Forstwirtschaft	451	52	11,5	0,8
II. Industrie und Handwerk	16 044	4 791	29,9	69,6
III. Handel und Verkehr	4 522	1 158	25,6	16,8
IV. Häusliche Dienste, Lohnarbeit wechselnder Art	857	364	42,5	5,3
V. Öffentliche Dienste, freie Berufe	5 743	514	9,0	7,5
Summe	27 617	6 879	24,9	100,0
	1907			
I. Land- und Forstwirtschaft	726	194	26,7	1,6
II. Industrie und Handwerk	25 411	6 972	27,4	56,9
III. Handel und Verkehr	8 933	3 178	35,6	26,0
IV. Häusliche Dienste, Lohnarbeit wechselnder Art	916	774	84,5	6,3
V. Öffentliche Dienste, freie Berufe	5 627	1 126	20,0	9,2
Summe	41 613	12 244	29,4	100,0

Der Anteil der erwerbstätigen Frauen, die 1885 bereits ein Viertel aller Berufstätigen stellten, stieg bis 1907 nur mehr um 4,5 % — ein Zeichen dafür, wie frühzeitig in Augsburg die Eingliederung der Frau in den Produktionsprozeß begonnen hatte. In der Land- und Forstwirtschaft stieg der Prozentsatz erwerbstätiger Frauen vermutlich infolge vermehrter Abwanderung der Männer in die Industrie weiter an. Die geringfügige Verminderung des weiblichen Anteils in den industriellen Berufen muß als Ergebnis einer Umstrukturierung der Augsburger Wirtschaft in der Phase der Hochindustrialisierung angesehen werden, in deren Gefolge Branchen mit überwiegend männlichen Arbeitskräften (Maschinenbau) ein stärkeres Gewicht erhielten. Die berufstätigen Frauen waren erwartungsgemäß besonders zahlreich in der Textilindustrie und im Bekleidungs- und Reinigungsgewerbe vertreten. Zieht man die kommunale Statistik von 1885 heran, so zeigt sich, daß die Frauen in der Textilindustrie damals erst mit 41,5 % beteiligt waren. In der Zwischenzeit war ein Teil der Männer offensichtlich in die besser bezahlten Berufe abgewandert. Mit Ausnahme der Textil- und Bekleidungsindustrie überwo-

---

[84] Die Abteilung der Berufslosen wurde nicht mit einbezogen, da ja die tatsächliche Erwerbstätigkeit dargestellt werden soll.

gen die männlichen Erwerbstätigen in allen Branchen. In der Abteilung Handel und Verkehr stellten die Frauen 1907 immerhin schon über ein Drittel aller Berufstätigen, obwohl ihr Anteil 1885 erst ein Viertel betragen hatte. Der größte Teil dieser weiblichen Arbeitskräfte stand hinter dem Ladentisch; im Banken- und Versicherungsgewerbe waren 1907 nur 10 Frauen beschäftigt. Etwas stärker war die Beteiligung im Post- und Telegrafendienst (64). Am auffallendsten verlief die Entwicklung im Bereich der häuslichen Dienste und wechselnden Lohnarbeit. Dort hatten die Frauen 1885 noch nicht einmal die Hälfte aller Berufstätigen erreicht, während sie 1907 bereits über 80 % stellten. Da die Männer offensichtlich eine feste Anstellung, wenn auch in abhängiger Stellung, einer kümmerlichen kleinbürgerlichen Existenz vorzogen, verwandelte sich diese Berufsgruppe immer mehr in eine weibliche Domäne.

Eine bedeutsame Steigerung der weiblichen Berufstätigen verzeichneten auch die freien Berufe und der öffentliche Dienst. Hier waren die Frauen 1907 besonders stark im pädagogischen Bereich (408) und in der Gesundheitspflege (367) vertreten, wo sie jeweils die Zahl der männlichen Erwerbstätigen übertrafen. 1908 waren in Augsburg 88 städtische Beamtinnen tätig, davon allein 84 in der Armen- und Krankenpflege, aber nur vier in der allgemeinen Verwaltung, im Energieversorgungsbereich und bei der Sparkasse[85]. Von einem nennenswerten Einbruch weiblicher Erwerbstätiger in die staatliche und kommunale Bürokratie kann bis zu dieser Zeit noch nicht gesprochen werden.

Als selbständige Gewerbetreibende traten Frauen nahezu ausschließlich im Handel und Kleingewerbe auf. Nur sechs Frauen waren 1885 als »Unternehmerinnen« in kleinen Fabrikbetrieben (die aber diesen Namen kaum verdienten) tätig. Zu diesem Zeitpunkt bestand im Kleingewerbe, in Handel und Verkehr knapp ein Drittel aller Selbständigen aus Frauen. Sehr langsam drangen weibliche Berufstätige in die Reihen der Industrieangestellten vor: in den Kontors der Fabriken arbeitete 1885 nur eine einzige Frau. Die Arbeitszerlegung in den Büros war noch nicht weit genug fortgeschritten, um billige weibliche Arbeitskräfte mit geringen Qualifikationsansprüchen einrücken zu lassen. Auch 1907 scheint dieser Prozeß noch nicht allzu weit fortgeschritten gewesen zu sein; in der Maschinenbauindustrie, wo Frauen in der Produktion wohl keine Verwendung fanden, betrug ihr Anteil erst 2,6 %. Die Tendenz zur steigenden Beteiligung der Frauen im Dienstleistungsgewerbe fand eine noch viel deutlichere Entsprechung in der Umgruppierung weiblicher Erwerbstätigkeit überhaupt. Waren 1885 noch nahezu 70 % aller berufstätigen Frauen in Industrie und Handwerk beschäftigt, so sank dieser Anteil bis 1907 auf knapp 57 %.

Aufschlüsse über die Berufstätigkeit der verheirateten Frau vermittelt nur die Statistik von 1871. Danach ergibt sich bei der Berücksichtigung der sozialen Stellung im Beruf ein wesentlicher Unterschied: Zwar nahmen sowohl bei den Selbständigen wie bei den Unselbständigen die ledigen Frauen den größten Teil ein; doch zeigte sich, daß bei den Selbständigen sowohl der Anteil der verheirateten als auch der der verwitweten Frauen prozentual höher lag als bei den Gehilfinnen und Arbeiterinnen.

Der Versuch, die Entstehung der modernen Klassengesellschaft an einem lokalen Beispiel nachzuzeichnen, stößt auf erhebliche Schwierigkeiten bei der Klassifizie-

---

85 Statistisches Jb. deutscher Städte, 18. Jg. 1912, S. 624.

rung einzelner gesellschaftlicher Gruppen. Das Grundverhältnis der Klassen, das sich nach der Stellung im Produktionsprozeß bestimmt, wird teilweise verdeckt und modifiziert durch die Überlagerung mit gesellschaftlichen Schichten, die man als die Feingliederung der Klassen bezeichnen kann[86]. Aber auch die Eingrenzung sozialer Schichten selbst bereitet Schwierigkeiten, da sie — vor allem bedingt durch das historische Material — posthum gewonnene Einsichten in das Sozialverhalten bestimmter Schichten (z. B. über deren Rollenbewußtsein, Wahlverhalten oder Berufsideologie) bei der sozialgeschichtlichen Analyse notgedrungen antizipiert. Im vorliegenden Fall kommt als Nachteil hinzu, daß für Augsburg detaillierte Angaben über die soziale Gliederung der Bevölkerung nur für die Jahre 1871 und 1885 vorliegen, und somit abschließende Ergebnisse über die Auswirkungen der Hochindustrialisierung fehlen. Zum anderen ist es für bayerische Verhältnisse schwierig, unzureichende statistische Angaben, z. B. über den Anteil der »Proletaroiden« unter den Handwerksmeistern und Gewerbetreibenden, durch die Frage nach der Heranziehung zur oder Befreiung von der Gewerbesteuer zu ergänzen, da in Bayern grundsätzlich alle Gewerbe versteuert werden mußten[87]. Im Folgenden wurde deshalb eingedenk dieser Schwierigkeiten darauf verzichtet, die lückenhaften statistischen Angaben in ein Schichtungs- bzw. Klassenschema zu pressen. Dagegen läßt sich ein wesentliches Merkmal des sozialen Strukturwandels, die übergreifende Tendenz zur Proletarisierung weiter Bevölkerungsgruppen, zumindest für den kurzen Zeitraum zwischen 1871 und 1885, problemlos verfolgen. Zur besseren Verdeutlichung dieses Prozesses wurden jeweils nur die Angaben für den Produktions- und Verteilungsbereich herausgegriffen[88].

1871

	Erwerbstätige	Selbständige				Unselbständige			
		m	w	zus.	in % der Erwerbstätigen	m	w	zus.	in % der Erwerbstätigen
I. Land- und Forstwirtschaft	489	217	15	232	47,4	212	45	257	52,6
II. Industrie und Handwerk	14 061	2 027	1 817	3 844	27,3	7 512	2 705	10 217	72,7
III. Handel und Verkehr	3 587	1 867	283	2 150	59,9	1 001	436	1 437	40,1
insgesamt	18 137	4 111	2 115	6 226	34,3	8 725	3 186	11 911	65,7

---

86 Werner Hofmann, Grundelemente der Wirtschaftsgesellschaft, Reinbek bei Hamburg 1969, S. 35.
87 Zs. des kgl. bayerischen Statistischen Bureaus, 2. Jg. 1870, S. 90. Eine Kombination aus einem Schichten- und Klassenschema wandte Köllmann, Sozialgeschichte der Stadt Barmen, a. a. O., S. 289, unter Heranziehung der verschiedenen Steuerklassen auf die Verhältnisse in Barmen an.
88 Beiträge zur Statistik des Königreichs Bayern, Bd. 34, S. 316 f.; Amt für Statistik und Stadtforschung, Augsburg, Volkszählung 1885, S. 87 ff.

1885

	Erwerbstätige	Selbständige				Unselbständige			
		m	w	zus.	in % der Erwerbstätigen	m	w	zus.	in % der Erwerbstätigen
I. Land- und Forstwirtschaft	451	164	11	175	38,8	235	41	276	61,2
II. Industrie und Handwerk	17 988	2 662	1 312	3 974	22,1	10 023	3 991	14 014	77,9
III. Handel und Verkehr	2 568	951	353	1 304	50,8	971	293	1 264	49,2
insgesamt	21 007	3 777	1 676	5 453	26,0	11 229	4 325	15 554	74,0

Der Anteil der Selbständigen ging innerhalb von 14 Jahren um acht Prozent zurück, wobei am stärksten die Sektoren Landwirtschaft sowie Handel und Verkehr von dieser Entwicklung betroffen waren. Doch auch der Rückgang im gewerblichen Bereich, in dem ja die Konzentration schon weiter fortgeschritten war, ist auffallend, wenn auch die Zahl der Selbständigen absolut betrachtet sogar stieg. Mit dem Rückgang der Selbständigen in Landwirtschaft, Handel und Verkehr holte Augsburg nur eine Entwicklung nach, die um 1871 in den größeren Städten in Bayern schon weiter fortgeschritten war. Dagegen übertraf der niedrige Anteil der Selbständigen in Handwerk und Industrie 1871 die Verhältnisse in Nürnberg[89]. Darin spiegelte sich das Vorherrschen der Aktiengesellschaft in der Augsburger Industrie wider; wie bereits erwähnt, gab es vor allem in der Textilindustrie zu diesem Zeitpunkt kaum mehr Einzelunternehmer.

Zusammenfassend kann nun festgehalten werden, daß die großen Phasen der Wirtschaftsentwicklung in Augsburg erwartungsgemäß eine deutliche Entsprechung im Wachstum der Einwohnerschaft fanden. Dabei mußten die Ströme der Zuwanderer anfangs noch sehr beträchtliche Geburtsverluste ausgleichen; auch in späteren Jahren blieb die vergleichsweise hohe Kindersterblichkeit in Augsburg ein hemmendes Element für die Bevölkerungsentwicklung. Die Binnenwanderung führte der Stadt in erster Linie junge, im Erwerbsalter stehende Menschen zu. Die meisten dieser Zuwanderer, die bald in allen Bereichen der Wirtschaft dominierten, stammten aus dem Regierungsbezirk Schwaben und Neuburg, aus Oberbayern, Mittelfranken und dem angrenzenden Württemberg. Für viele von ihnen war Augsburg nur eine Durchgangsstation zu weiterer Wanderung, so daß die Stadt einen ziemlich hohen Mobilitätsgrad aufwies. Wie in vielen Städten, in denen die Textilindustrie eine dominierende Rolle spielte, und mit ihrem hohen Bedarf an unqualifizierten billigen Arbeitskräften einen Anziehungspunkt für die Frauen und Mädchen der Umgebung bildete, überwog auch in Augsburg allmählich der weibliche Bevölkerungsteil. Einen nicht unbedeutenden Nebeneffekt für die kulturelle und politische Entwicklung der Stadt brachte die Binnenwanderung durch die wei-

---

89 Vgl. dazu die Übersicht bei Haltenberg, a. a. O., S. 27.

tere Verschiebung des konfessionellen Gleichgewichts zugunsten der Katholiken mit sich.

Unter dem Einfluß der Industrialisierung veränderte sich vor allen die berufliche und soziale Struktur der Bevölkerung; schon um die Mitte des 19. Jahrhunderts ging der Anteil der noch in der Landwirtschaft beschäftigten Einwohner zurück, während die Zahl der in Industrie und Handwerk tätigen Personen sprunghaft anstieg. Das frühzeitige Einsetzen der Industrialisierung bewirkte jedoch, daß spätestens seit den achtziger Jahren die Berufe in Handel, Verkehr und im Dienstleistungssektor einen immer breiteren Raum neben dem eigentlichen Produktionsbereich einnahmen. Schließlich fand die Konzentrationstendenz in der Industrie eine unübersehbare Parallele in dem relativ raschen Rückgang selbständiger Existenzen und der Zunahme der abhängig Beschäftigten, wobei entsprechendes Zahlenmaterial allerdings nur für einen begrenzten Zeitraum zur Verfügung stand.

Ein weiterer Aspekt der Industrialisierung, der bis jetzt noch nicht angesprochen wurde, aber für die Zeitgenossen wohl der auffälligste war, zeigte sich in rigorosen Eingriffen in das traditionelle Stadtbild und die überkommenen Formen des Wohnens.

Drittes Kapitel: Die Entstehung der industriellen Stadtform

I. Räumliches Wachstum, Bebauung, Bevölkerungsdichte

Die Konzentration, Spezialisierung und Mechanisierung der Produktion in großen Fabriken, der Verlust der selbständigen Arbeit für breite Bevölkerungsschichten und die Zusammenballung proletarischer Existenzen an den Standorten der Industrie führten zur Trennung von Arbeitsplatz und Wohnort, dem »wichtigsten räumlichen Merkmal des Verstädterungsprozesses in Zeitalter der Industrialisierung«[1]. Zum Teil als Folge dieser grundlegenden Tatsache ist die mehr oder minder rigide Trennung und Verteilung der Bevölkerung nach sozialen Klassen, Besitz und Einkommen innerhalb der Stadt anzusehen; sie konnte im Verein mit der »naturwüchsig« funktionierenden Zuweisung bestimmter Wohnformen ebenso zur Verschärfung gesellschaftlicher Antagonismen beitragen, wie Disziplinierung, Ausbeutung und Entfremdung im industriellen Arbeitsprozeß. »Die Verstädterung vollendete und versinnbildlichte die Zerstörung von Gesundheit, solidarischen Beziehungen, Unabhängigkeit und Bewegungsfreiheit«[2], ohne gleichzeitig die Grundlagen für neue Formen des sozialen Zusammenlebens bereitzustellen. Das galt nicht nur für Großstädte oder rasch wachsende Industriegemeinden mit ökonomischer Monostruktur, sondern auch für den Typ der »offenen Bürgerstadt« mit »industrieller Teilstadt«[3], dem die ehemalige Handelsmetropole Augsburg zuzurechnen ist.

Die historische Untersuchung einer Industriestadt darf nicht vergessen, daß »die Gemeinde als soziales Gebilde [...] ohne die Dimension physikalischen Raumes und geographischer Entfernung nicht denkbar« ist[4]. Eine Auswertung des Quellenmaterials unter sozialökologischen Aspekten bietet wichtige Aufschlüsse über die Fortsetzung gesellschaftlicher Ungleichheit im Wohnbereich und die desintegrierende Wirkung städtischen Wachstums auf die proletarischen Bevölkerungsschichten[5].

Die geographische Lage Augsburgs ist durch einen Höhenzug charakterisiert, der sich von Süden nach Norden durch die Stadt zieht. Der eine Teil der Siedlung liegt auf der Hochebene zwischen Lech und Wertach, der andere Teil in der Talsohle der beiden Flußläufe, die im Norden der Stadt einen spitzen Winkel bilden. Die tiefer gelegenen östlichen Stadtviertel werden bis zum heutigen Tag von einem weit verzweigten Kanalnetz durchzogen. Die Innenstadt Augsburgs war 1781 im Zuge der Reorganisation des Armenwesens in acht Litera-Bezirke (A–H) eingeteilt worden[6]. Erst im Verlauf der Industrialisierung entstanden außerhalb der

---

1 Thienel, a. a. O., S. 3. Vgl. dazu Croon, a. a. O., S. 14–26.
2 Michael Vester, Die Entstehung des Proletariats als Lernprozeß, Frankfurt 1970, S. 107.
3 Ipsen, Artikel »Stadt«, a. a. O., S. 790.
4 Renate Mayntz, Soziale Schichtung und sozialer Wandel in einer Industriegemeinde. Eine soziologische Untersuchung der Stadt Euskirchen, Stuttgart 1958, S. 48.
5 Thienel, a. a. O., S. 17, bezeichnet als Aufgabe der Sozialökologie »das Studium der Verteilung der verschiedenen Institutionen und Bevölkerungskategorien im Raum der Stadt und der Prozesse, die zur Bildung der Verteilungsmuster führen«.
6 Hessel, a. a. O., S. 12.

Altstadt die Randbezirke Westend, Ostend, Südend, Nordend und die beiden Wertach-Vorstädte. Zu Beginn des 19. Jahrhunderts herrschte auch in der Innenstadt noch eine relativ weiträumige Bauweise vor; das galt besonders für die Randbezirke, wo Gartenanlagen, Wiesen und Äcker das Stadtbild auflockerten[7]. Nur das eigentliche Zentrum mit den Bezirken B, D und C wies eine geschlossene Bauweise auf. Das Areal der Stadt veränderte sich im vorigen Jahrhundert nur unwesentlich. Es umfaßte in den neunziger Jahren eine Gesamtfläche von ca. 220 000 ar; davon waren 45 030 ar mit Häusern (incl. Höfe und Gärtchen) bebaut, weitere 32 000 ar entfielen auf Verkehrswege, Parks und Friedhöfe. Es blieb eine unbebaute Fläche von rund 142 000 ar, die für größere Gärten, Land- und Forstwirtschaft genutzt wurde[8]. Innerhalb des Stadtbezirks befanden sich allein 82 561 ar (37,5 %) der Gesamtfläche) im Besitz der Kommune; hinzu kamen weitere 14 154 ar städtischen Grundbesitzes außerhalb des Stadtbezirks und insgesamt 309 649 ar unter städtischer Verwaltung stehende Stiftungsgrundstücke. Im Vergleich mit anderen deutschen Groß- und Mittelstädten gehörte Augsburg damit zu den Gemeinden mit dem höchsten Anteil an kommunalem Grundbesitz[9].

Einer baulichen Expansion größeren Ausmaßes und der damit verbundenen Erschließung neuer Verkehrswege standen zunächst die Festungsanlagen der Stadt hemmend im Wege. Für die außerhalb der Stadtmauern aufgezogenen Bauten galt bis ins 19. Jahrhundert noch das Reversrecht, d. h. sie waren nur zugelassen, soweit sie militärischen Erwägungen nicht im Wege standen und mußten im Bedarfsfall wieder abgerissen werden[10]. Aus dieser Rechtslage ist es erklärlich, daß die Fläche zwischen den Stadtwällen und den beiden Flüssen bis in die Mitte des 19. Jahrhunderts nahezu unbebaut blieb. Neben den ausgedehnten Gartengütern der alten Patrizierfamilien lagen nur kleinere Gewerbebetriebe, vor allem Naturbleichen und Mühlen, außerhalb der Stadt[11]. Die Festungsanlagen selbst befanden sich seit 1806 in bayerischem Staatsbesitz. Seit den fünfziger Jahren führte der Magistrat Verhandlungen mit der Staatsregierung, um den Rückkauf und die Niederlegung der Mauern zu erreichen. 1860 konnte die Stadt die Befestigungen am Gögginger Tor erwerben und begann sofort mit der Schleifung. 1866 wurde schließlich die Festungseigenschaft Augsburgs ganz aufgehoben. Rückkauf und Niederlegung der Wälle belasteten den städtischen Haushalt mit insgesamt 623 791 fl., führten aber gleichzeitig zu einem lebhaften Aufschwung des Bauhandwerks, der sich in der Erschließung der Außenbezirke fortsetzte[12]. Die nun mögliche Stadterweiterung konnte aber bereits nicht mehr nach übergeordneten Gesichtspunkten erfolgen. Noch ehe bei der städtischen Verwaltung Ansätze eines planerischen Bewußtseins erwacht waren, hatte die Standortwahl der Industriebetriebe irreversible Tatsa-

---

7 StA Augsburg, Plansammlung, Die Kreishauptstadt Augsburg im Jahre 1852, bearbeitet und graviert von Sebastian Beil.
8 Statistisches Jb. deutscher Städte, 6. Jg. 1897, S. 3.
9 Ebenda, S. 19.
10 Obwohl im 19. Jahrhundert nach dem Ende der Napoleonischen Kriege nicht mehr ernsthaft damit gerechnet wurde, daß Augsburg in einem künftigen Krieg eine Rolle als Festung spielen könnte, ergaben sich aus der Festungseigenschaft doch gewisse Hemmnisse für die Bebauung. So teilte die Militärbehörde der Mechanischen Baumwollspinnerei und Weberei 1837 mit, daß der von ihr geplante und von der städtischen Baubehörde bereits genehmigte Fabrikbau nicht ausgeführt werden könne, da das Gebäude im Schußrayon liege; erst nach Verhandlungen konnte dieser Einspruch beseitigt werden (Reuther, a. a. O., S. 54).
11 Reuther, a. a. O., S. 47.
12 Verwaltungsberichte des Stadtmagistrats 1869, S. 87 ff.

chen geschaffen, das künftige Wachstum der Stadt eingeschränkt und einseitig in bestimmte Richtungen gedrängt.

Eine Bevorzugung bestimmter Standorte durch gewerbliche Betriebe hatte es in Augsburg bereits in vorindustrieller Zeit gegeben. An den Lecharmen der sog. »Unterstadt« und in der Jakober Vorstadt (Lit. G und H) standen im 18. Jahrhundert die hölzernen Trockentürme der Färber. Auch die kleineren Kattunmanufakturen befanden sich in erster Linie in den wasserreichen Stadtbezirken A und C[13]. Doch schon die 1770/72 erbaute und für damalige Begriffe riesige Kattunmanufaktur von J. H. Schüle lag außerhalb der Stadt vor dem »Roten Tor« und deutete bereits das Drängen der Großunternehmen zur Peripherie an. Diese Entwicklung wurde in Augsburg während des 19. Jahrhunderts nicht zuletzt auch dadurch verstärkt und beschleunigt, daß die am Ort vorhandenen bedeutenden Kapitalmengen frühzeitig die Entstehung von Aktiengesellschaften und damit von Großbetrieben förderten. Ein zweites, entscheidendes Moment für die Standortwahl lag in der dadurch ermöglichten intensiveren Ausnutzung der Wasserkräfte von Lech und Wertach bzw. deren Seitenkanälen. Ihren Wasserläufen folgend umschlossen die Fabrikbetriebe von Nordosten bis zum Südosten in einem Halbkreis die Stadt. Der südwestliche Stadtrand (Richtung Pfersee und Göggingen) wurde dagegen nur spärlich industrialisiert. Die erste bedeutende Industrieansiedlung im 19. Jahrhundert entstand im Gelände zwischen Jakober Vorstadt und Lech durch den Bau der Mechanischen Baumwollspinnerei und Weberei (1838 bis 1840)[14]. 1845 folgte der erste Fabrikbau der Kammgarnspinnerei. Eine Baumwollfeinspinnerei, die Fichtelbachweberei und die Spinnweberei am Sparrenlech schlossen sich an. Dazwischen ließen sich im Verlauf der Zeit mehrere kleinere Betriebe, vor allem aus der metallverarbeitenden Branche nieder. Im Norden wurde die Industriezone von der Stadtbachspinnerei, der Haindlschen Papierfabrik, der Buntweberei Riedinger, der Maschinenfabrik Riedinger und der Maschinenfabrik Augsburg fortgesetzt. Den vorläufigen Abschluß bildeten im Nordwesten zwei Spinnereien an Wertach und Senkelbach. Seit dem 18. Jahrhundert wurde die Wasserenergie im Stadtgebiet von zahlreichen Mühlen der verschiedensten Art (Schleifmühlen, Walkmühlen, Sägewerken usw.) verwendet, die zwar — entsprechend dem Stand der Technik — nur eine begrenzte Leistungsfähigkeit besaßen, infolge ihrer Beschränkung auf den engeren Markt und der damit verbundenen Monopolstellung aber relativ krisenunabhängig waren. Ihre Anzahl vermehrte sich in der Depressionsphase des frühen 19. Jahrhunderts sogar[15]. Für eine rationellere Ausnutzung der Energie mußten jedoch aufwendige Wasserwerke und Turbinenanlagen eingerichtet werden, die einen Kapitaleinsatz erforderten, der nur von Industrieunternehmen aufgebracht werden konnte.

War somit im Nordosten die Stadterweiterung durch den Fabrikengürtel blockiert, so entstand ein weiteres Problem für das Wachstum durch die Führung der

---

13 Georg Strössner, Männer der Augsburger Industrie im Licht von Stadtgeschichte und Familienforschung (Maschinenschrift), Augsburg 1943, S. 2. Zu den Standorten kleinerer Fabrikbetriebe in den zwanziger Jahren: Graßmann, a. a. O., S. 5.
14 Eine Übersicht über alle wichtigen öffentlichen und privaten Baumaßnahmen in Augsburg von 1830—1900 und von 1900—1933 findet sich bei Norbert Lieb, Augsburgs bauliche Entwicklung als Ausdruck städtischen Kulturschicksals seit 1800, in: ZHV Schwaben, Bd. 58, 1951, S. 18—24 und S. 54—61. Vgl. dazu auch die topographische Karte von J. Leybold, Augsburg und seine Fabriken, 1875 (StA Augsburg, Plansammlung).
15 Reuther, a. a. O., S. 47.

Eisenbahnlinien. Die sich bei Oberhausen vereinigenden Strecken Richtung Nürnberg und Ulm führten im Südwesten um Augsburg herum, sie berührten damit gerade die am wenigsten industrialisierte Hälfte der Stadt. Dafür durchschnitten sie die älteren Verkehrsverbindungen zu den Nachbarorten. Für den Fußgängerverkehr nach Pfersee wurde zunächst ein Steg angelegt, für den Fahrverkehr mußte später nördlich des Hauptbahnhofs ein Tunnel gebaut werden. Auch die Straßenverbindung mit Göggingen konnte nur durch den Bau einer eigenen Eisenbahnbrücke aufrecht erhalten werden. Die Gabelung der Bahnstrecken nach Buchloe und München zerteilte das südliche Vorgelände der Altstadt[16]. Für die im Norden und Osten gelegenen Betriebe gestaltete sich der Transport der Roh- und Brennstoffe und der Fertigerzeugnisse von und zum Bahnhof äußerst umständlich. Das galt vor allem für die schweren Transportgüter der Maschinenfabriken. Bereits in den sechziger Jahren entstand deshalb im Kreise Augsburger Industrieller der Plan, die größeren Fabriken durch eine Ringbahn unmittelbar mit dem Bahnhof zu verbinden. Eine zu diesem Zweck mit englischem Kapital gegründete Gesellschaft scheiterte jedoch am Widerstand des Magistrats, der nach der mühsam erreichten Aufhebung der Festungseigenschaft Augsburgs eine neue Beschränkung städtischen Wachstums befürchtete[17]. Nachdem in den achtziger Jahren die maximale Ausnutzung der Wasserkräfte erreicht worden war und die Industriebetriebe in steigendem Maße auf den Verbrauch von Kohle angewiesen schienen, stellte sich die Frage eines Gleisanschlusses für die Großbetriebe immer dringlicher[18]. Den Augsburger Industriellen gelang es, in Verhandlungen mit der Staatsbahn den Bau einer Ringlinie auf Kosten einer privaten Lokalbahn AG durchzusetzen. 1890 konnte der Betrieb eröffnet werden; im folgenden Jahrzehnt erhielten auch die Industriebetriebe der Nachbarorte einen Gleisanschluß. So wenig die Notwendigkeit eines direkten Bahnanschlusses der Fabrikbetriebe verkannt werden darf, so barg die ausschließlich von industriellen Interessen bedingte Linienführung der Lokalbahn aber andererseits für die Stadtplanung eine Fülle von Problemen in sich. Im Jahre 1900 stellte der Magistrat resigniert fest: »Die Augsburger Lokalbahn durchschneidet einzelne Baugebiete derart ungünstig, daß eine zweckmäßige Blockeinteilung und namentlich Straßenkreuzungen sehr erschwert werden«[19]. Die Stadt erhielt zwar für die aus Kommunalbesitz zur Verfügung gestellten (nicht verkauften) Grundstücke eine geringfügige jährliche Abgabe, die sich nach der beförderten Gütermenge richtete, doch erwuchsen ihr aus den nun erst notwendig gewordenen vielfachen Über- und Unterführungen beim Bau neuer Straßen erhebliche Lasten[20].

Die Industrieansiedlung im Osten und Norden bewirkte für die künftige Stadtentwicklung zweierlei: einmal verhinderte sie ein organisches Wachstum der Altrandbezirke über die Linie der ehemaligen Befestigungsanlagen hinaus, zum anderen entstanden zwischen den Fabrikanlagen durch private und betriebliche Bau-

---

16 Lieb, Augsburgs bauliche Entwicklung, a. a. O., S. 33.
17 J. Horn, W. Miller u. a., Die Großindustrie Augsburgs. Den Festteilnehmern an der XV. Wanderausstellung des Verbandes deutscher Architekten und Ingenieure in Augsburg vom 1. bis 3. 9. 1902, Augsburg 1902, S. 129 f.; Heufelder, a. a. O., S. 20 ff.
18 Vgl. dazu die Ausführungen in der Plenarsitzung der Handels- und Gewerbekammer vom 25. 8. 1886 (StA Augsburg, Nachlaß Haßler, K 36).
19 StA Augsburg, G II 15/13, Beantwortung eines Fragebogens des Vereins für Socialpolitik zur Wohnungsfrage, 30. 9. 1900.
20 J. Horn, W. Miller, u. a., a. a. O., S. 143. 1901 betrugen die Einnahmen für die Stadtverwaltung 192 777 M.

maßnahmen von der übrigen Stadt isolierte Arbeiterviertel. An den nordöstlichen Altstadtrand schloß sich seit dem Ende der sechziger Jahre die »Klauckevorstadt«, eine zunächst nur aus vier gleichartigen Blöcken bestehende Arbeitersiedlung, an. In unmittelbarer Nähe der Betriebe lagen die Arbeiterwohnungen der Stadtbachspinnerei, der Maschinenfabrik Riedinger, der Baumwollfeinspinnerei, der Maschinenfabrik Augsburg und der Haindlschen Papierfabrik. Im Osten befanden sich das »Kammgarn-Quartier« und die Siedlung der Mechanischen Baumwollspinnerei und Weberei[21]. Hinter dem nordwestlichen Fabrikgürtel erstreckten sich auf beiden Seiten des Flußlaufes die Wertachvorstädte. Ende der sechziger Jahre entstanden, hatten sie um 1910 die Grenze des Nachbarorts Oberhausen erreicht. Die meisten dieser Arbeiterwohnhäuser bestanden aus rechteckigen, ein- bis zweistöckigen Blöcken. Im Aussehen nahezu uniform, wurde ihre triste Eintönigkeit noch durch geradlinige Straßenführung mit rechtwinkligen Kreuzungen unterstrichen. In den Wertachvorstädten trugen um 1880 die meisten Straßen nicht einmal Namen, sondern nur Nummern oder Bezeichnungen wie »erste Querstraße, zweite Querstraße« usw. – ein deutlicher Hinweis auf die rasche, schematische Bebauung und die Gleichgültigkeit der Stadtverwaltung gegenüber den neuen Arbeitervierteln[22]. Die eigentliche Stadterweiterung vollzog sich in den Außenbezirken zwangsläufig im Westen und Südwesten der Stadt. Zwischen Kaiser- und Schießgrabenstraße im Südwesten, in der Gegend um die Bahnhof-, Fugger- und Volkhartstraße und zwischen Gesundbrunnenstraße und Stadtjägerstraße entstanden nach 1860 die neuen bürgerlichen Wohngebiete (Westend und Südend)[23].

Eine intensivere Bebauung der Innenstadt trat trotz des noch reichlich vorhandenen Raumes ebenfalls erst seit dem Ende der sechziger Jahre ein. Noch 1859, zu einer Zeit also, in der Augsburg bereits beachtliche Zuwanderungsgewinne zu verzeichnen hatte, konstatierte W. H. Riehl, daß innerhalb der Stadtmauern »seit Jahrzehnten kaum ein Paar Neubauten aufgestiegen« seien[24]. In der Tat hielt sich speziell der Zuwachs an Wohngebäuden bis dahin in engen Grenzen; eine ständig steigende Bewohnerzahl pro Wohngebäude war die Folge. Sie nahm auch nach dem ersten Bauboom der späten sechziger Jahre nur kurzfristig ab.

Jahr	Zahl der Wohngebäude	Zahl der Bewohner pro Gebäude
1811/12	3075	9,6
1840	3169	11,6
1852	3187	12,3
1867	3100	16,2
1871	3799	13,5
1880	3939	15,6
1885	4342	15,2
1890	4721	16,0
1900	4884	18,3

21 Adreßbuch 1881, Häuserverzeichnis, S. 54 ff.; Verwaltungsberichte des Stadtmagistrats 1900, S. 256; Lieb, Augsburgs bauliche Entwicklung, a. a. O., S. 25.
22 Adreßbuch 1881, S. 73 ff.
23 Verwaltungsberichte des Stadtmagistrats 1896, S. 159, 1900, S. 256; Lieb, Augsburgs bauliche Entwicklung, a. a. O., S. 25.
24 Wilhelm Heinrich Riehl, Augsburger Studien, in: Deutsche Vierteljahresschrift, 21. Jg. 1858, 1. Heft, S. 182.

In ähnlichem Maße stieg die Einwohnerzahl pro ha[25]:

Jahr	ha	Einwohner pro ha	Jahr	ha	Einwohner pro ha
1846	2156,05	17,7	1895	2200,59	36,9
1867	2326,27	21,5	1900	2206,57	40,4
1871	2212,79	23,1	1905	2206,57	43,0
1885	2200,59	29,9	1910	4394,04*	27,9

* incl. der Eingemeindungen vom 1. 1. 1911.

1904 war die Wohndichte am stärksten in den Arbeiterquartieren im südlichen Teil der Vorstadt links der Wertach mit 25,2 Personen pro Wohngebäude und in den anspruchsvolleren bürgerlichen Miethäusern im Westen der Stadt (Bismarckstraße) mit 22,7 Bewohnern. Der pro Person zur Verfügung stehende Wohnraum wies dabei natürlich äußerst unterschiedliche Maße auf, da die Stockwerkzahl der Arbeiterwohnhäuser niedriger lag[26]. Innerhalb der Altstadt mußte aus räumlichen Gründen geschlossen gebaut werden. In den Vorstädten jedoch setzte die Bebauung in den sechziger Jahren mit kleinen, ebenerdigen, von Gärtchen umgebenen Häusern ein. Dann aber griff die Bauspekulation auf diese Gebiete über, beflügelt von der empfindlichen Wohnungsknappheit[27]. Schon Ende der sechziger Jahre war es nämlich nicht unüblich, daß »Wohnungssuchende, wenn sie auf einem Bauplatz Bausteine liegen sehen, unter solchen Verhältnissen schon die künftige Wohnung miethen«[28]. So wurde später, vor allem aber seit den neunziger Jahren, auch in den Arbeitervorstädten zwei- und dreistöckig gebaut. Um die Überbelegung der Wohnhäuser zu verhindern, verbot der Magistrat schließlich den Einbau von Mansarden in dreistöckige Gebäude; außerdem schrieb er bestimmte Abstände zwischen den Häusern vor[29]. Zur Vermeidung der bereits in anderen Vierteln begangenen Fehler bei der Erschließung neuer Wohngebiete ließ man für die Bebauung um den Rosenauberg und in Richtung Göggingen nur noch zweistöckige Häuser zu. Dabei zeigten sich aber bald die Grenzen des behördlichen Einflusses auf die Bauspekulation: Die privaten Bauherren investierten in diesen Gebieten nicht mehr. 1900 mußte der Magistrat feststellen: »Da diese Baubeschränkungen auf die Rentabilität der Grundstücke einen bedeutenden Einfluß ausüben, so ist auch die Bauthätigkeit auf diesem Gebiet bisher eine ganz geringe geblieben«[30].

25 Quelle: Beiträge zur Statistik des Königreichs Bayern, Bd. 1, S. 28, Bd. 20, S. 23, Bd. 28, S. XX, Bd. 53, S. 20, Bd. 61, S. LVI, Bd. 63, S. 310, Bd. 68, S. 246, Bd. 84, S. 306.
26 Hans Rost, Die Wohnungs-Untersuchung in der Stadt Augsburg vom 4. Januar bis 24. März 1904, Augsburg 1906, S. 29.
27 Hinweise auf die Bauspekulation: ebenda, S. 38, S. 15.
28 Neue Augsburger Zeitung Nr. 297 vom 29. 10. 1869.
29 Verwaltungsberichte des Stadtmagistrats 1900, S. 256.
30 Ebenda, S. 130.

Die Einwohnerzahl der einzelnen Stadtbezirke wuchs im Verlauf des 19. Jahrhunderts sehr unterschiedlich:

Einwohnerzahlen[31]

Litera	1809	1880	Zunahme abs.	%	1905	Zunahme gegen 1880	%	Zunahme gegen 1809	%
A	4473	9351	4878	109,1	11 102	1 751	18,7	6629	148,2
B	2060	3264	1204	58,4	3 275	11	0,3	1215	58,9
C	3383	5041	1658	49,0	5 059	18	0,4	1676	49,5
D	2822	3690	868	30,8	3 356	−334	−9,1	534	18,9
E	1740	3917	2177	125,1	4 264	347	8,9	2524	145,1
F	3402	6685	3283	96,5	6 804	119	1,8	3402	100,0
G	3024	5023	1999	66,1	6 452	1 429	28,4	3428	113,4
H	3351	5373	1822	51,3	6 063	690	12,8	2512	70,7
WE	−	5375	−	−	11 932	6 557	122,0	−	−
SE	−	881	−	−	6 574	5 693	646,2	−	−
OE	−	2723	−	−	5 223	2 500	91,8	−	−
NE	−	2901	−	−	4 215	1 314	45,3	−	−
r. d. W.*	−	2626	−	−	5 188	2 562	97,6	−	−
l. d. W.	−	4558	−	−	15 416	10 858	238,2	−	−

* rechts bzw. links der Wertach.

Die Wohnviertel der Innenstadt hatten um 1880 mit Ausnahme der peripherienahen Jakober Vorstadt (Lit. G und H) und Lit. A den Höhepunkt ihres Einwohnerwachstums bereits erreicht. Die Tendenz zur Bevölkerungsabnahme trat im Bezirk D besonders frühzeitig hervor. Die Umwandlung von Wohnraum in Läden und Magazine setzte den vor allem für das 20. Jahrhundert typischen Prozeß der Verdrängung der Wohnbevölkerung aus den Stadtzentren in Gang[32]. Daneben konzentrierten sich in den inneren Stadtbezirken die Träger öffentlicher und politischer Funktionen: in Lit. D Polizei, Börse, die schwäbische Kreisregierung (in der ehemaligen bischöflichen Residenz), Forstamt, Rentamt, Bezirksamt usw., in Lit. C das Rathaus, in Lit. B das Hauptzollamt und die Kreisrealschule[33]. Am raschesten wuchsen die Vorstädte, vor allem die Bezirke Westend, Südend und die Wertachvorstädte. In den Wertachvorstädten betrug schon Ende der sechziger Jahre der Zuwachs ca. 300 Einwohner pro Jahr[34]. Das unterschiedliche Bevölkerungswachstum der einzelnen Stadtteile war jedoch nicht nur von der zur Verfügung stehenden Grundfläche abhängig, sondern auch von der sozialen Zusammensetzung ihrer Bevölkerung.

---

31 Quellen: Haertel, a. a. O., S. 210; Amt für Statistik und Stadtforschung, Augsburg, Volkszählung 1880, Tab. I a.; Kulzer, a. a. O., Tab. 3.
32 Verwaltungsberichte des Stadtmagistrats 1900, S. 14. Dabei ergaben sich »aus rücksichtslosem Verfolgen merkantiler Zwecke geradezu brutale Einbrüche in einzelne wertvolle Baukörper und das ganze Bild der Innenstadt« (Lieb, Augsburgs bauliche Entwicklung, a. a. O., S. 44).
33 Adreßbuch 1881, Häuserverzeichnis, S. 12, 15, 17, 25 ff.
34 Neue Augsburger Zeitung Nr. 297 vom 29. 10. 1869.

II. Die soziale Struktur der Stadtviertel

Eine differenzierte soziale Gliederung der Wohnbevölkerung gab es schon im vorindustriellen Augsburg. Eines der wesentlichen Merkmale der Verteilung der Einwohner — das Zusammenleben nach Berufen — läßt sich in Rudimenten bis ins 19. Jahrhundert verfolgen. Um 1806 befanden sich z. B. noch über zwei Drittel aller Weberhäuser in den Bezirken E und F, ein kleineres Weberzentrum lag in Lit. A (18,6 %)[35]. Bezeichnend ist es, daß Veränderungen in der sozialen Lage auch einen Wechsel der Wohngegend nach sich ziehen konnten. So registrierte Haertel für die Zeit zwischen 1785 und 1809 eine Verringerung des Hausbesitzes der Weber in den besseren Wohnlagen und eine Zunahme in den Jakobervorstädten, wo in erster Linie die unterständischen Schichten — Taglöhner, Fuhrleute, Manufakturarbeiter — lebten[36]. Im Stadtbezirk B besaßen die Braumeister in der Gegend um das »Bräuergäßchen« noch um 1880 allein 80 Anwesen, die in der Regel Wohnhaus und Braukeller in einem Gebäude vereinten[37]. Von der beruflichen Differenzierung hob sich in früheren Epochen aber auch eine ständische Scheidung der Bevölkerung ab. Analog zur geographischen Lage der Stadt entwickelte sich eine unübersehbare Wohnhierarchie: »Auf der Höhe dominierten die Patrizier, an der Höhe die Zünfte, unten in der Thalsohle aber liegt die Vorstadt, vorwiegend das Viertel der kleinen Leute und Proletarier«[38].

Die Abdrängung von Kleinbürgertum und Arbeiterbevölkerung an die Peripherie setzte sich im Verlauf der Industrialisierung in weit rigoroserer Form fort: 1880 wohnten 50 % aller in Augsburg lebenden Fabrikarbeiter außerhalb des ehemaligen Befestigungsgürtels, weitere 20 % saßen zwar im alten Stadtgebiet, waren aber auf die traditionellen Kleinbürgerviertel G und H beschränkt, die ihrerseits Ausläufer der Stadtanlage in die Außenbezirke darstellten[39]. Dabei darf angenommen werden, daß sich der Prozentsatz der in den Außenbezirken wohnenden Arbeiter bis zum Ersten Weltkrieg noch wesentlich steigerte, nachdem die Aufnahmefähigkeit und -bereitschaft der übrigen Viertel erschöpft war.

Einen groben Maßstab für die Beurteilung der sozialen Stellung der in einem Stadtteil vorwiegend ansässigen Bevölkerung bildet das Verhältnis der Dienstboten zur gesamten Einwohnerzahl eines Bezirks[40].

1885 entfiel ein Angehöriger des Dienstbotenstandes auf			
	Einwohner		Einwohner
Lit. A	23,2	Lit. H	23,7
Lit. B	9,6	Westend	8,5
Lit. C	12,8	Südend	31,8
Lit. D	4,9	Ostend	22,3
Lit. E	21,2	Nordend	31,1
Lit. F	17,0	r. d. Wertach	66,4
Lit. G	24,8	l. d. Wertach	72,8

35 Haertel, a. a. O., S. 207.
36 Ebenda, S. 206.
37 Adreßbuch 1881, Häuserverzeichnis, S. 12 ff.
38 Riehl, a. a. O., S. 152.
39 Errechnet nach: Amt für Statistik und Stadtforschung, Augsburg, Volkszählung 1880, Tab. LXIII.
40 Amt für Statistik und Stadtforschung, Augsburg, Volkszählung 1885, S. 81. Bei der Beurteilung dieser Angaben muß man natürlich in Betracht ziehen, daß die Dienstbotenhaltung sich in dieser Zeit nicht nur auf die Oberschicht beschränkte. Trotzdem ergeben die Werte ein Bild von der in den Wohnvierteln herrschenden Wohlhabenheit oder Armut.

Danach können die Bezirke D, Westend, B und C als die Wohnviertel des wohlhabenden Bürgertums angesprochen werden. Eine Untersuchung der Berufsstruktur der Stadtteilbewohner gibt nähere Aufschlüsse über deren berufliche Zusammensetzung.

1880 gehörten zu den Berufsgruppen[41]

Stadtbezirk	Landwirtschaft abs.	%	Handwerk abs.	%	Fabrikarbeit abs.	%	Handel abs.	%
Lit. A	90	1,0	4151	44,4	1175	12,6	855	9,1
Lit. B	26	0,8	836	25,6	221	6,8	490	15,0
Lit. C	29	0,6	2198	43,6	370	7,3	633	12,6
Lit. D	36	1,0	833	23,9	219	5,9	942	25,5
Lit. E	88	2,2	1283	32,8	818	20,9	202	5,2
Lit. F	34	0,5	2032	30,4	680	10,2	498	7,4
Lit. G	89	1,8	2045	40,7	1228	24,5	389	7,7
Lit. H	139	2,6	2209	41,1	1337	24,9	336	6,3
Westend	89	1,7	919	17,1	427	7,9	601	11,2
Südend	108	12,3	274	31,1	214	24,3	42	4,8
Ostend	169	6,2	305	11,8	1684	61,8	79	2,9
Nordend	39	1,3	614	21,2	1758	60,6	58	2,0
r. d. Wertach	26	1,0	901	34,3	1108	42,2	120	4,5
l. d. Wertach	55	1,2	1587	34,8	1884	41,3	261	5,7

	Verkehr abs.	%	Persönliche Dienstleistungen abs.	%	Erziehung, Literatur, Kunst, Kirche abs.	%	Gesundheitspflege abs.	%
Lit. A	143	1,5	409	4,4	204	2,1	67	0,7
Lit. B	49	1,4	64	1,9	119	3,6	29	0,9
Lit. C	12	0,3	72	1,4	262	5,2	35	0,7
Lit. D	8	0,2	19	0,5	166	4,6	63	1,7
Lit. E	18	0,5	165	4,2	235	6,0	6	0,2
Lit. F	31	0,5	116	1,7	234	3,5	31	0,5
Lit. G	96	1,9	216	4,4	78	1,5	11	0,2
Lit. H	46	0,9	273	5,0	118	2,2	102	1,9
Westend	42	0,8	83	1,5	167	3,1	26	0,5
Südend	21	2,4	21	2,4	27	3,1	—	—
Ostend	33	1,2	57	2,0	36	1,3	—	—
Nordend	1	0,1	56	1,9	41	1,5	9	0,3
r. d. Wertach	32	1,2	32	1,2	16	0,7	4	0,2
l. d. Wertach	29	0,6	170	3,7	40	0,9	1	—

41 Amt für Statistik und Stadtforschung, Augsburg, Volkszählung 1880, Tab. LXI und LXII. Die Tabelle LXIII unterscheidet für jede Berufsabteilung Selbständige, Unselbständige, Angehörige und Dienstboten.

Stadtbezirk	Beamte abs.	%	Militär abs.	%	Berufslose abs.	%	Berufsvorbereitung abs.	%
Lit. A	873	9,3	81	0,9	1199	12,7	114	1,2
Lit. B	364	11,2	606	18,6	365	11,2	95	2,9
Lit. C	447	8,9	57	1,1	748	14,8	178	3,5
Lit. D	510	13,8	72	1,9	602	16,3	173	4,7
Lit. E	273	6,7	29	0,7	430	10,9	370	9,4
Lit. F	808	12,1	1076	16,1	1026	15,4	119	1,7
Lit. G	333	6,6	2	–	490	9,8	46	0,9
Lit. H	233	4,3	3	0,1	544	10,1	34	0,6
Westend	1188	22,1	1017	18,9	726	13,5	90	1,7
Südend	87	9,9	20	2,2	58	6,5	9	1,0
Ostend	84	3,1	–	–	251	9,8	25	0,9
Nordend	79	2,7	3	0,1	213	7,3	30	1,0
r. d. Wertach	154	5,8	17	0,7	211	8,0	5	0,2
l. d. Wertach	258	5,8	6	0,1	245	5,4	23	0,5

Gewerbliche Strukturen hatten sich am stärksten in den Bezirken A, C, G und H mit ihrem hohen Anteil an von Handwerkstätigkeit Lebenden erhalten. Der niedrige Anteil dieser Berufsgruppe an der Bevölkerung der Bezirke B und D zeigt an, daß diese Viertel schon in vorindustrieller Zeit den Angehörigen höherer Stände vorbehalten waren.

Noch schwächer waren die Handwerker im Wohngebiet des gehobenen industriellen Bürgertums, im neuen Bezirk Westend, vertreten. Landwirtschaftliche Arbeit spielte in nennenswertem Umfang nur im Randbezirk H und den Außenbezirken Südend und Ostend noch eine Rolle. Die Fabrikbesitzer und Fabrikdirektoren verteilten sich abgesehen von den Wertachvorstädten ziemlich gleichmäßig über das Stadtgebiet. Allerdings lassen sich unterschiedliche Wohnformen feststellen: soziale Aufsteiger unter den Fabrikanten, wie z. B. Ludwig August Riedinger, ahmten patrizischen Lebensstil nach (»Riedinger-Palais«) und bevorzugten die Innenstadt[42]. Dagegen residierten Unternehmer mit stark entwickeltem Rollenbewußtsein und ausgeprägtem ideologischem Konzept neben oder innerhalb der Arbeitersiedlung oder in der Nähe »ihrer« Fabrik. Das galt vor allem für die Generation der Fabrikdirektoren Heinrich Buz, Albert Frommel, Theodor Haßler, Ernest Mehl[43]. Der Anteil der Fabrikarbeiter in den vornehmen Bezirken B und D war verschwindend gering[44]. Innerhalb der Stadt hatte sich ihnen am ehesten die Jakober Vorstadt (G und H), das Viertel der vorindustriellen unterständischen Schichten erschlossen; dabei wäre durchaus denkbar, daß in dieser Gegend die ansässige Bevölkerung selbst mit der Zeit die Rekrutierungsbasis für die neu entstehende Fabrikarbeiterschaft bildete[45]. Der proletarisch-kleinbürgerliche Charakter

---

42 Dem Darstellungsbedürfnis Riedingers fiel 1863 das Imhof-Haus, ein gotischer Bau, zum Opfer und wurde durch ein pompöses Neurenaissance-Gebäude ersetzt (Lieb, Augsburgs bauliche Entwicklung, a. a. O., S. 52).
43 Vgl. dazu Adreßbuch 1881.
44 Ohne Angehörige: Lit. B: 79, Lit. D: 62 Arbeiter. Dabei könnte es sich auch um Angestellte gehandelt haben, da die Tab. LXIII zwischen Arbeitern und Angestellten nicht unterscheidet.
45 Dieser Eindruck drängt sich auf, wenn man die vergleichsweise hohe Ortsgebürtigkeit der Bezirke G und H berücksichtigt (43,6 bzw. 43,0 %).

dieser Wohnviertel wurde durch den relativ hohen Anteil seiner Bewohner an der Rubrik »Persönliche Dienstleistungen« unterstrichen. Die selbständigen Tagelöhner, Dienstmänner, Holzhacker, Zugeherinnen usw. waren prozentual am stärksten in den Randlagen der Altstadt vertreten (Lit. A, E, G und H). Im Zentrum des Quartiers G lag die Fuggerei.

In den neuen Vierteln Nordend und Ostend bildete die Fabrikarbeiterschaft den dominanten Bevölkerungsteil. Das gilt mit Einschränkung auch für die Wertachvorstädte, die jedoch neben der zahlreichen Arbeiterbevölkerung noch einen höheren Anteil an Handwerkern aufwiesen. In der viereinhalbtausend Einwohner zählenden Vorstadt links der Wertach befand sich noch 1880 kein Arzt, desgleichen in den Vierteln Ostend und Südend[46]. Volksschullehrer betrachteten den Dienst in den Wertachvorstädten als Strafversetzung[47]. Der mangelhafte Ausbau der Infrastruktur dokumentierte sich auch im Straßenbild; Regen und Schneeschmelze verwandelten die Wege und Fahrbahnen der Wertachvorstädte in knöcheltiefen Morast[48]. Es ist allerdings nicht zu übersehen, daß in den Arbeitervorstädten strukturelle Schwierigkeiten mit der Armut ihrer Bewohner und der versteckten Interesselosigkeit des Magistrats an den nur selten mit dem Bürgerrecht ausgestatteten und deshalb auch bei den Gemeindewahlen nicht wahlberechtigten Bevölkerungsgruppen eng korrelierten.

Während die Fabrikarbeiter an die Peripherie gedrängt wurden, konzentrierten sich die im tertiären Bereich Beschäftigten mit ihren Familien in der Innenstadt. In Lit. D lebten über 25 % der Bezirkseinwohner vom Handel; in vergleichbarem Maße, aber nicht ganz so stark waren die Bezirke B, C und Westend beteiligt. Im Gegensatz zu der ebenfalls hohen Zahl an Handeltreibenden in Lit. A waren in diesen Bezirken aber nicht die Kleinhändler, sondern in erster Linie Bankiers, Großhändler und Händler mit Luxusgütern ansässig[49]. Höhere Beamte und freiberuflich Tätige bevorzugten das in der Bahnhofsgegend entstehende großbürgerliche Wohnviertel Westend. Bei den Berufslosen, die fast in allen Bezirken der Innenstadt anteilmäßig sehr stark vertreten sind, läßt die Statistik keine Differenzierung zwischen reichen Rentiers, bürgerlichen Privatiers und Unterstützungsempfängern zu. Im Bezirk A, dem Sitz der städtischen Armenpflege und des Obdachlosenasyls, muß ein großer Teil der angeführten Berufslosen als Arme betrachtet werden[50]. Dagegen dürfte es sich bei den meisten der Berufslosen in Lit. B, D und Westend um die Bezieher von Kapital- und Bodenrenten gehandelt haben, eine Annahme, die vor allem durch die große Anzahl der von dieser Bevölkerungsgruppe gehaltenen Dienstboten gestützt wird[51].

Fragt man nun nach der Verteilung der Zuwanderer auf die Wohngebiete, so ergeben sich Ungenauigkeiten in der Erfassung durch die Einbeziehung des Mili-

---

46 Die für die Vorstadt links der Wertach eingetragene Person in der Rubrik Gesundheitspflege ist eine Frau, vermutlich eine Hebamme (Amt für Statistik und Stadtforschung, Augsburg, Volkszählung 1880, Tabelle LXIII).
47 Vgl. dazu die Diskussionen im liberalen Bürgerverein der Wertach-Vorstadt (StA Augsburg, E IV 3/342, I. Fasc.).
48 Schwäbische Volkszeitung Nr. 69 vom 24./25. 3. 1895.
49 Darauf weisen die hohen Dienstbotenziffern für diese Gruppe hin. Vgl. außerdem Adreßbuch 1881, Häuserverzeichnis, S. 12 ff.
50 1885 lebten in diesem Bezirk 504 Pfründner und Arme in Anstalten (Amt für Statistik und Stadtforschung, Augsburg, Volkszählung 1885, S. 5).
51 In Lit. B befanden sich 1880 72, in Lit. D 126 und in Westend 208 Dienstboten in den Familien der Berufslosen.

tärs in den Kasernenbezirken B, Westend und Südend. Danach ergibt sich für 1880 folgendes Bild:

Von je 100 Bewohnern eines Stadtteils waren in Augsburg[52] geboren					
Lit. A	43,2	Lit. E	32,0	Westend	29,2
Lit. B	28,8	Lit. F	33,5	Südend	40,0
Lit. C	39,3	Lit. G	43,6	Ostend	44,0
Lit. D	35,7	Lit. H	43,0	Nordend	33,4
				Wertachvorstädte	27,9

Da in fast allen Bezirken mit reiner Zivilbevölkerung (mit Ausnahme von Lit. F) die Ortsgebürtigkeit der Männer um etwa 1–2 % niedriger liegt als die der Frauen, kann im Bezirk B insgesamt eine Ortgebürtigkeit von ca. 34 %, in Westend von ca. 31 % angenommen werden. Danach ergibt sich eine niedrige Ortsgebürtigkeit für die bürgerlichen Viertel B, C, D, F und Westend und für die Arbeiterviertel Nordend und Wertachvorstädte. Dagegen weisen die in ihrer Sozialstruktur sehr ähnlichen kleinbürgerlichen Wohnviertel A, G und H zusammen mit dem Arbeiterviertel Ostend die höchste Ortsgebürtigkeit auf. Als wichtigstes Ergebnis kann deshalb festgehalten werden, daß die Augsburger Oberschicht und der gehobene Mittelstand um 1880 nur mehr zu einem guten Drittel aus Einheimischen zusammengesetzt waren. Diese Aussage bezieht sich freilich auf eine breitere, statistisch erfaßbare Schicht, nicht aber auf den tatsächlichen gesellschaftlichen Einfluß einzelner Persönlichkeiten oder Familien. Zu berücksichtigen ist ferner, daß es sich bei den Angaben über die Ortsgebürtigkeit um »unkorrigierte« Zahlen handelt, d. h. gerade für die Arbeiterviertel mit ihrem hohen Anteil an Frauen im gebärfähigen Alter muß eine wesentlich niedrigere Ortsgebürtigkeit angenommen werden, sobald man die in Augsburg geborenen Kinder der Zuwanderer von der Ortsgebürtigkeit abzieht.

Doch nicht nur das Verhältnis der Zuwanderer zu den Einheimischen lag in den einzelnen Bezirken verschieden, auch zwischen Herkunftsgebiet und neuem Wohnviertel lassen sich Bezüge herstellen: die Wertachvorstädte wiesen (abgesehen von dem Kasernenbezirk B) den höchsten Anteil an bayerischen Zuwanderern auf. Ihr Anteil an Fernwanderern aus dem übrigen Deutschland war im Vergleich zu den anderen Arbeitervierteln gering. Dagegen waren in dem von der Maschinenbauindustrie beherrschten Bezirk Nordend über 14 % der Männer aus anderen deutschen Bundesstaaten zugewandert, weitere 10 % stammten aus dem Ausland, vermutlich aus Österreich und der Schweiz[53]. Aus diesen Zahlen ist unschwer eine in erster Linie beruflich motivierte Wanderung der im Nordend ansässigen Bewohner abzulesen, wogegen für die Bevölkerung der Wertachvorstädte eher die Land-Stadt-Wanderung bestimmend gewesen sein mag. Die feine soziale Abstufung, die daraus entstand, läßt sich an den schlechteren Wohnverhältnissen, die den Bewohnern der Wertachvorstädte zugemutet werden konnten, und den dort üblichen hohen Geburten- und Sterbequoten erkennen[54].

---

52 Amt für Statistik und Stadtforschung, Augsburg, Volkszählung 1880, Tab. XXXIII.
53 Ebenda.
54 In den Wertachvorstädten lag die Geburtenziffer 1888 noch bei 67,3 pro tausend Einwohner, 1895: 51,4 (Verwaltungsberichte des Stadtmagistrats 1888 und 1895).

Schließlich wirkte sich auch die sich im Laufe des 19. Jahrhunderts zugunsten der Katholiken verschiebende Konfessionszugehörigkeit in den Wohnvierteln unterschiedlich aus: in den Arbeitervorstädten mit geringer Ortsgebürtigkeit (Wertachvorstädte und Nordend) waren über Dreiviertel der Bevölkerung katholisch. Die jüdische Bevölkerung, die sich seit 1861 unbeschränkt in Augsburg niederlassen durfte und offensichtlich zum größten Teil der Oberschicht angehörte, war besonders zahlreich in den wohlhabenden Bezirken B, D (mit jeweils knapp 7 % der Bezirkseinwohner) und Westend (ca. 4 %) vertreten[55]. Wie bei den Zuwanderern, so zeigte sich auch am Beispiel der jüdischen Emanzipation zumindest im Wohnbereich eine Integration der neuen Bevölkerungsteile, soweit sie der gleichen oder einer verwandten sozialen Klasse bzw. Schicht entstammten. Dagegen blieben die traditionellen Viertel der Oberschicht intransigent gegen die Invasion proletarischer und kleinbürgerlicher Schichten. Hier sorgten schon entsprechende Mietpreise für angemessene Nachbarschaft.

Zusammenfassend läßt sich sagen, daß in Augsburg in den achtziger Jahren des 19. Jahrhunderts der Prozeß der Segregation,»der auf eine Neigung bestimmter Bevölkerungsgruppen, zusammenzuwohnen und andere Bevölkerungsteile nicht in gleiche Gebiete kommen zu lassen«[56], zurückzuführen ist, schon ziemlich weit fortgeschritten war. Diese mehr oder minder säuberliche Trennung der Bevölkerung nach Klassenzugehörigkeit, Einkommen und sozialem Prestige blieb jedoch nicht nur eine Frage sozialer Statuswahrung, sondern entschied auch über die Lebenschancen. Die Sterblichkeit in den Wertachvorstädten lag in manchen Jahren viermal so hoch wie z. B. im »bürgerlichen« Bezirk D. 1881 trafen Sterbefälle auf tausend Einwohner in Lit. A 34,8, Lit. B 15,3, Lit. C 28,2, Lit. D 12,5, Lit. E 30,4, Lit. F 27,1, Lit. G 30,5, Lit. H 29,8, Westend 16,9, Nordend 31,7 Südend 31,8, Ostend 30,1, Wertachvorstädte 55,3[57]. Die Ursachen für die hohen Sterbeziffern in den Arbeitervierteln, in denen ja im Durchschnitt vor allem jüngere Bevölkerung ansässig war, sind in der »abnormen Kindersterblichkeit« zu sehen[58]. Gerade bei der Kindersterblichkeit werden die sozialen Unterschiede besonders deutlich: 1884 trafen in den Wertachvorstädten auf 1000 Einwohner 33,5 Sterbefälle von Kindern im ersten Lebensjahr, im Bezirk D dagegen nur 2,1[59]. In der Tuberkulosesterblichkeit standen die Wertachvorstädte mit 22,7 % aller Todesfälle im Jahre 1894 an der Spitze[60]. Das individuelle Elend, das sich hinter diesen statistischen Angaben verbarg, läßt sich nur erahnen; für die Beurteilung der Gesamtsterblichkeitsziffer in Augsburg bilden sie jedoch eine wesentliche Ergänzung. Das Zahlenmaterial zeigt, daß die hohe Sterblichkeit in Augsburg nahezu ausschließlich zu Lasten der Arbeiterbevölkerung und der kleinbürgerlichen Schichten ging.

---

55 Amt für Statistik und Stadtforschung, Augsburg, Volkszählung 1880, Tab. XVIII.
56 Mayntz, a. a. O., S. 49.
57 Verwaltungsberichte des Stadtmagistrats 1881, S. 95 ff.
58 Ebenda, S. 97.
59 Ebenda, 1884, S. 146.
60 Ebenda, 1894, S. 206.

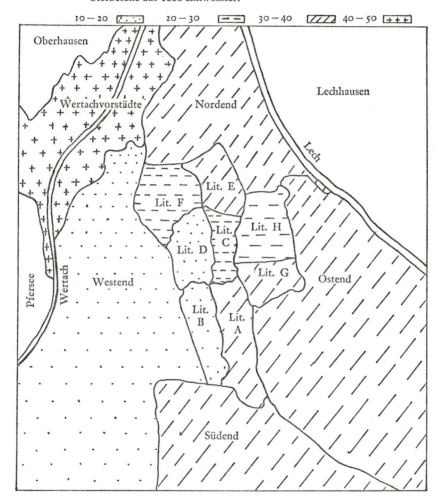

III. Die Vororte, Funktion, Entwicklung, Eingemeindungen

Wurde bis jetzt nur gezeigt, daß die Arbeiterbevölkerung an die Peripherie gedrängt und in gewisser Weise sogar isoliert von der übrigen Einwohnerschaft untergebracht wurde, so soll nun die Fortsetzung dieses Prozesses untersucht werden. Ein bedeutender Teil der in den Augsburger Fabriken arbeitenden Menschen wohnte nämlich überhaupt nicht im Stadtbezirk, sondern in den Nachbargemeinden. Schon 1858 berichtete W. H. Riehl: »So sitzt auch das Volk der Fabrikarbeiter nur zum kleinen Theile in der Stadt; sehr Viele wohnen auf den naheliegenden Dörfern und wandern bis aus dem Schmutterthale täglich herüber zur Arbeit«[61]. Erstreckte sich diese frühe Form der Pendelwanderung zum größten Teil auf die ursprünglich in den Nachbardörfern ansässige Bevölkerung, so nahmen später viele Arbeiter bewußt ihren Wohnsitz nicht in Augsburg, sondern in einem Nachbarort. Der Magistrat mußte um die Jahrhundertwende feststellen: »Ein größerer Fortschritt in der Zunahme der Bevölkerung als in den letzten zehn Jahren wird in absehbarer Zeit kaum erwartet werden dürfen, denn die hierfür an erster Stelle in Betracht kommende Arbeiterbevölkerung geht der Stadt Augsburg zum großen Theile verloren, weil hauptsächlich der Unterschied in den Miethpreisen usw. einen großen Prozentsatz der hier beschäftigten Arbeiter bestimmt, in den an die Stadt Augsburg angrenzenden fremden Gemeinden [...] Wohnung zu nehmen«[62].

Genauere Angaben über Herkunft und Größenordnung der Pendler lassen sich erst für 1908 ermitteln. Damals wohnten von den in Augsburg beschäftigten 20 809 Fabrikarbeitern nur 12 888, also knapp zwei Drittel in der Stadt. Allein 4566 Erwerbstätige wohnten in dem zum Regierungsbezirk Oberbayern zählenden Lechhausen, 1329 in Oberhausen; der Rest verteilte sich auf die Vororte Pfersee (544), Göggingen (295), Kriegshaber (431), Hochzoll (274), Friedberg (329) und andere Nachbarorte[63]. Bei diesen Gemeinden handelte es sich zu dieser Zeit jedoch nicht mehr um Schlafquartiere für die in der Stadt beschäftigten Arbeiter, sondern um Teilbereiche des Wirtschaftsraumes Augsburg. In Lechhausen hatten sich chemische Industrie und Textilindustrie angesiedelt, in Oberhausen neben der Textilindustrie auch das Bekleidungsgewerbe, in Pfersee eine Buntweberei und kleinere Unternehmen, in Göggingen eine Nähfadenfabrik, in Haunstetten eine größere Weberei[64]. Bei der Industrialisierung dieser Gemeinden dürfte das ständig vorhandene Arbeitskräfteangebot mindestens ebenso anregend gewirkt haben wie die auch in manchen Nachbargemeinden noch mögliche Ausnutzung der Wasserkräfte und das billige Bauland.

Mieten und Lebenshaltungskosten waren in den Vororten tatsächlich niedriger als im Stadtbezirk Augsburg. Vorherrschender Bautyp für Arbeiterwohnungen wurde auch auf den Dörfern das dreistöckige Miethaus. Doch auch in den Vororten lebte ein Teil der Einwohner in übersetzten Häusern und alten Hütten. Hausbesitz in Händen der Arbeiterbevölkerung fand sich teilweise in

---

61 Riehl, a. a. O., S. 182.
62 Verwaltungsberichte des Stadtmagistrats 1900, S. 13.
63 StA Augsburg, G I 16/50, Erhebung durch den Fabrikinspektor.
64 Ebenda. Vgl. auch Plan der Stadt Augsburg mit Vororten 1911/12, Plansammlung. Die Vororte besaßen Fabrikbetriebe: Göggingen 15, Pfersee 12, Oberhausen 7, Lechhausen 6, Haunstetten 3, Gersthofen 2, Bobingen und Meringerau 1.

Kriegshaber. Die Besitzer bewohnten dann in der Regel die Parterrewohnung und vermieteten das Dachgeschoß[65]. Der für andere Industriestädte mit agrarischem Hinterland so bedeutende Nebenerwerb in der Landwirtschaft spielte auch in den Nachbargemeinden Augsburgs keine große Rolle; lediglich in Haunstetten und Königsbrunn besaßen einige Arbeiter kleine landwirtschaftliche Anwesen[66].

Im Gegensatz zu anderen Industriestädten, die wenigstens einen Teil ihres Wachstums der Eingemeindung von Nachbarorten verdankten oder gar erst durch das Zusammenwachsen mehrerer kleiner Gemeinden zu einer Stadt zusammengeschlossen wurden, blieben Augsburgs Nachbargemeinden bis über die Jahrhundertwende hinaus selbständig. Die Lösung der Eingemeindungsfrage lag aber im beiderseitigen Interesse: Die mit geringeren finanziellen Mitteln ausgestatteten kleinen Gemeinden trugen schwer an den Folgelasten der Industrialisierung, ohne selbst die finanziellen Vorteile des Wirtschaftswachstums genießen zu können. In Oberhausen und Pfersee fehlten die Mittel zur Erbauung neuer Schulen; zum Teil wurden mehr als hundert Kinder in einer Klasse zusammengepfercht. Fast in sämtlichen Nachbarorten gab es weder Kanalisation noch eine öffentliche Trinkwasserversorgung[67]. Die Sterblichkeit lag bedeutend höher als in Augsburg (in Oberhausen zur Zeit der Eingemeindung bei 38,6 pro 1000 Einwohner, die Kindersterblichkeit bei 32,1 pro 1000 Einwohner[68]. Die Pflasterzölle, die Augsburg, Oberhausen und Pfersee untereinander erhoben, hemmten den Verkehr. Auch die ständig drohende Hochwassergefahr von Lech und Wertach konnten die kleineren Gemeinden nur mit Hilfe der vermögenden Großstadt bannen[69]. Augsburg hatte in seiner baulichen Erweiterung fast an allen Seiten die Grenzen der Nachbargemeinden erreicht. Das konnte bedeuten, daß künftige Industrieansiedlung schon aus Raummangel nicht mehr Augsburg, sondern in erster Linie dessen Nachbarorten zugute kam. Erste Anzeichen dafür gab es bereits um 1908; über tausend in Augsburg wohnende Arbeiter waren in den Fabrikbetrieben der Vororte beschäftigt[70]. Es war mehr oder weniger eine Zeitfrage, bis weitere Industriebetriebe und Arbeitskräfte in die Vororte abwandern würden.

Ende 1904 wandten sich die Gemeinden Oberhausen, Göggingen und Pfersee mit der Bitte um Eingemeindung an die Stadt Augsburg, aber erst sechs Jahre später waren die Verhandlungen über die Eingemeindungsbedingungen beendet. Nachdem im Sommer 1910 Siebenbrunn eingemeindet worden war, schlossen sich am 1. Januar 1911 Oberhausen und Pfersee der Stadt an. Göggingen verzichtete auf die Eingemeindung, nachdem sich ein starker Widerstand dagegen unter der Bevölkerung entwickelt hatte[71]. Die Lechhochwasserkatastrophe des Vorjahres hatte bereits erkennen lassen, daß Augsburg schon aus diesem Grund auch das rechte Lechufer in seinen Besitz bringen mußte. Der Anschluß Lechhausens und

---

65 Karl Martini, a. a. O., S. 70. In einem der Vororte, in Kriegshaber, befand sich das Quartier unterproletarischer Schichten. Im sog. »Elend«, einer Hüttensiedlung aus dem 18. Jahrhundert, hausten in feuchten, niedrigen Räumen die unangepaßten Opfer der Industriegesellschaft, die »ganz armen, durch ihre Unreinlichkeit, ihre geringe Zahlungsfähigkeit, ihren großen Kindersegen oder durch die Zungenfertigkeit der Weiber berüchtigten Arbeiterfamilien« (ebenda, S. 71).
66 Martini, a. a. O., S. 72.
67 Rudolf Schülke, Augsburg wurde eine Großstadt, in: Adreßbuch der Stadt Augsburg 1961, S. 21.
68 Kulzer, a. a. O., S. 21; Schülke, a. a. O., S. 21.
69 Kulzer, a. a. O., S. 21 f.
70 StA Augsburg, G I 16/50.
71 Schülke, a. a. O., S. 21 und 75; Stoll, a. a. O., S. 219. Göggingen besaß zwar eine niedrigere Bevölkerungszahl als Oberhausen und Pfersee, verfügte jedoch unter den in Frage kommenden Nachbargemeinden über das höchste Steueraufkommen und den bedeutendsten Pro-Kopf-Betrag.

der Gemeinde Hochzoll an Augsburg im Jahre 1913 brachte den bedeutendsten Zuwachs an Bevölkerung (19 055) und Bodenfläche (2794 ha) ein. Das Gebiet der am 2. 1. 1900 zur Stadt erhobenen Gemeinde Lechhausen besaß allein schon eine größere Ausdehnung als das Augsburger Stadtgebiet vor Beginn der Eingemeindungen. Den vorläufigen Abschluß der Eingemeindungswelle bildete am 1. April 1916 die Eingemeindung von Kriegshaber[72].

Das Wachstum der Augsburger Nachbarorte[73]

	Lech-hausen	Ober-hausen	Pfersee	Kriegs-haber	Haun-stetten	Göggin-gen
1855	3 448	1915	930	1070	718	1166
1861	4 086	2526	996	1195	956	1207
1867	5 047	3257	1356	1593	1014	1365
1871	5 645	4082	1854	1739	1193	1679
1875	6 724	4691	2884	2020	1196	2152
1880	7 469	4892	3370	2075	1457	2568
1885	8 250	5384	4169	2364	1545	2976
1890	10 365	6417	5330	2709	1696	3606
1895	11 093	6467	5764	2471	2154	4066
1900	14 172	7620	7011	2812	2398	4629
1905	16 892	8113	8590	3079	2611	5192
Wachstum 1855 bis 1905	13 444	6198	7660	2009	1893	4026
	389,9%	323,7%	823,7%	187,8%	263,6%	345,2%

Stellt man sich das Bevölkerungswachstum Augsburgs innerhalb von drei sich ständig erweiternden Ringen vor, so erhält man folgendes Ergebnis:

	1875–1910 abs.	in %
Wachstum der Altstadt (innerhalb der ehemaligen Befestigungsanlagen	4 432	7,7
Wachstum der Vorstädte (innerhalb des Stadtgebiets)	40 359	271,7
Wachstum der 1910/16 eingemeindeten Nachbarorte	28 443	166,8

Am raschesten gewachsen war also der mittlere Ring, die Stadterweiterung innerhalb des ursprünglichen Stadtgebietes.

---

72 Kulzer, a. a. O., S. 15.
73 Zusammenstellung nach: Beiträge zur Statistik des Königreichs Bayern, Bd. 69, S. 8 und 126.

Zweiter Teil

Die Stellung des Arbeitnehmers im industriellen Produktionsprozeß

Erstes Kapitel Die Durchsetzung industrieller Verhaltensnormen und Herrschaftsstrukturen im Arbeitsleben

Der Prozeß der Industrialisierung, der für einen wachsenden Teil der Bevölkerung zu unselbständiger Arbeit in zentralen Arbeitsstätten führte, brachte zugleich mit der arbeitsteiligen Organisation der Produktion, dem Einsatz von Maschinen und mechanischen Antriebskräften und der an rationeller Kapitalverwertung orientierten Betriebsführung zwangsläufig tiefgreifende Veränderungen in den Arbeitsbedingungen mit sich. Die Adaption neuer, teilweise den humanen Bedürfnissen strikt entgegenlaufender Verhaltensweisen vollzog sich in erster Linie unter dem Druck radikaler Disziplinierung am Arbeitsplatz. Für die frühen Augsburger Fabrikarbeiter bedeutete dieser Schritt fast immer eine Umstellung traditioneller Lebens- und Arbeitsgewohnheiten, auf die sie nur zögernd und oft mit unbewußten Abwehrreaktionen eingingen. Wenn sich der Anpassungsprozeß an die vom Industriebetrieb geforderten Verhaltensweisen auch in den ersten Jahrzehnten ohne spektakulären Protest der Betroffenen vollzog, so darf doch das Ausmaß dieses Vorgangs im Leben breiter Bevölkerungsschichten nicht unterschätzt werden.

I. Zusammensetzung und Herkunft der frühen Fabrikarbeiter

Wie radikal die Eingriffe in traditionelle Verhaltensweisen letzten Endes waren, wird erst deutlich, wenn man sich vergegenwärtigt, daß sich die Arbeiterklasse, die in Augsburg etwa seit den vierziger Jahren des 19. Jahrhunderts als eigene Bevölkerungsgruppe ins zeitgenössische Bewußtsein trat, aus Menschen verschiedenster Berufe und Herkunft zusammensetzte. Ein bedeutendes Reservoir an Arbeitskräften stellte das traditionelle Handwerk zur Verfügung. Die nähere Betrachtung zeigt jedoch, daß sich der Übergang dieser Gruppe keineswegs rasch und problemlos vollzog. Besonders die Frage, in welchem Umfang auch ehemalige Handwerksmeister ihren Unterhalt in den Fabriken suchten, ist nur schwer zu beantworten. Seit der Aufnahme der maschinellen Produktion fürchteten die Webermeister, sie müßten »froh seyn, am Ende in der Fabrik als Gesellen arbeiten zu dürfen«[1]. Ein Teil der Meister wich dem sozialen Abstieg zumindest zeitweise durch die Aufnahme des Kleinhandels mit auswärtigen Webwaren aus, so daß O. Reuther glaubte, einen möglichen Eintritt der Meister in die Fabriken schon aus psychologischen Gründen ausschließen zu können[2]. Dagegen hob jedoch der Augsburger Magistrat bereits 1858 die positive Wirkung hervor, welche die Aufnahme »vieler Bürger und Meister« als Aufseher und Vorarbeiter in die Fabriken auf die soziale Integration der Fabrikarbeiter ausübe[3]. Auch die bayerische Regierung drang z. B. bei der Konzessionierung der Mechanischen Baumwollspinnerei und Weberei darauf, »daß bei der Auswahl des Arbeiter-Personals vorzüglich auf beschäftigungslose Weber und Kinder von Webern Rücksicht genommen werde«, was von den Industriellen, denen selbst an einer Befriedung der Handwerksmeister gelegen war, auch bereitwillig akzeptiert wurde[4].

Gegenüber den verarmten Augsburger Webermeistern fiel der Anteil der ehemaligen Handwerksgesellen natürlich wesentlich stärker ins Gewicht. Seit der Mitte der vierziger Jahre verringerte sich die Zahl der wandernden Gesellen. Nach der gänzlichen Aufhebung des Wanderzwanges in Bayern 1853 sanken die jährlichen Wanderbuchvisierungen von 20 187 im Jahre 1851/52 auf 13 313 im Jahre 1854/55. Dabei machte der Augsburger Stadtkommissär die Beobachtung, »daß in neuerer Zeit eine große Menge von mit Wanderbüchern wandernden Handwerksgesellen, meist Webern, lediglich Beschäftigung in den Fabriken oder bei den Eisenbahnen suchen«[5]. Unter diesen »Fabrikgesellen« allerdings blieb der traditionelle Hang zur Wanderschaft weiterhin stark ausgeprägt. Die Direktion der Mechanischen Baumwollspinnerei und Weberei berichtete 1859, »daß bei eintretendem Frühjahr ein großer Teil unserer Handweber sich nicht zurückhalten ließ, um zu wandern und ihr Glück woanders zu versuchen, so daß gewöhnlich während der Sommermonate ein Teil der Handwebstühle wegen Mangel an Arbeitern stillstehen mußte«[6]. In der Handweberei der Mechanischen Baumwollspinnerei und Weberei wechselten auf diese Weise alljährlich ca. 300 Beschäftigte ihre Arbeitsplätze.

Diejenigen Webergesellen, die ursprünglich bei einem Meister gelernt hatten, verschmolzen nach ihrem Eintritt in den Industriebetrieb nicht sogleich mit der übrigen Masse der Fabrikarbeiter, sondern behielten einen Sonderstatus. 1841 erklärte der Augsburger Magistrat, »daß die in Fabriken arbeitenden Handwerksgesellen nicht eigentliche gewöhnliche Fabrikarbeiter sind, sondern Handwerksgesellen bleiben, bei Erkrankung oder auf Wanderung die Unterstützung wie andere

---

1 StA Augsburg, G III 17/9, Vorgeher der Weberinnung am 30. 5. 1845 an die Regierung von Schwaben und Neuburg.
2 BayHStA München, MH 5677; Reuther, a. a. O., S. 56.
3 StA Augsburg, G I 16/13.
4 BayHStA München, MH 5677; SWA-Archiv, Augsburg, Protokoll der Generalversammlung vom 30. 3. 1838: »Diesen, dem allerhöchsten landesväterlichen Gemüte entquollenen Bedingungen wird sich die Gesellschaft gewiß um so bereitwilliger unterwerfen, da es in ihrem eigenen Interesse liegt, daß die hiesigen Weber durch diese Unternehmung nicht gefährdet, sondern vielmehr unterstützt werden«.
5 StA Augsburg, G I 16/1; Gerard Schwarz, »Nahrungsstand« und »erzwungener Gesellenstand«. Mentalité und Strukturwandel des bayerischen Handwerks im Industrialisierungsprozeß um 1860, Berlin 1974, S. 116.
6 StA Augsburg, G I 16/13.

Handwerksgesellen ansprechen können, und die Fabrikbesitzer in dieser Beziehung lediglich ihre Meister vorstellen«[7]. Die zünftigen Gesellen blieben deshalb weiterhin verpflichtet, dem protestantischen oder katholischen Gesellenverband anzugehören und sich an den Auflagen zur Krankenunterstützung zu beteiligen. Eine Befreiung erfolgte erst, als die Mechanische Baumwollspinnerei und Weberei 1843 eine Fabrikkrankenkasse einrichtete, der ausnahmslos alle Arbeiter angehören mußten. 1845 wurden die zünftigen Gesellen jedoch wieder zur Auflage herangezogen[8]. Im übrigen unterschieden sich die »Meistergesellen« auch in ihrem eigenen Selbstverständnis von den übrigen Fabrikarbeitern, auf die sie nicht selten mit Geringschätzung herabsahen[9].

Für die Baumwollfabriken standen genügend Arbeitskräfte nicht nur in Augsburg selbst, sondern vor allem auch in den Gebieten der Landweber in der näheren Umgebung der Stadt zur Verfügung. Soweit es die Entfernung einigermaßen zuließ, zogen diese Arbeiter von Anfang an die Pendelwanderung und das Verbleiben in der Heimatgemeinde dem ungewohnten und teuren Leben in der Stadt vor. Auch die in den Fabriken arbeitenden Kinder kamen täglich aus Oberhausen und Lechhausen, aus Pfersee, Kriegshaber und Leitershofen zu Fuß in die Stadt[10]. Daneben ließ die Mechanische Baumwollspinnerei und Weberei auch in entfernteren Gegenden Weber und Fadenbinder anwerben. Gelernte Facharbeiter erhielten die Kosten für die Fahrt nach Augsburg ersetzt; jungen Mädchen, die das Weben erst in der Fabrik lernen wollten, wurde das Reisegeld später wieder vom Lohn abgezogen[11].

Die meisten Arbeitskräfte mußten, auch wenn sie die Handweberei und -spinnerei gelernt hatten, für den Umgang mit den Maschinen erst geschult werden. Seit 1838 konnten zukünftige Arbeiter der Mechanischen Baumwollspinnerei und Weberei noch vor Aufnahme des eigentlichen Fabrikbetriebes eine Webschule besuchen, wo ihnen Gelegenheit gegeben war, »sich in den verschiedenen Arbeiten des Webgeschäftes auszubilden, und zur dereinstigen Anstellung in der Fabrik sich zu befähigen«[12]. Nach dem Beginn der Produktion ließ man die Turbinen zunächst noch einige Zeit langsamer als üblich laufen, damit sich die Arbeiter an die Maschinen gewöhnen konnten[13]. Das Anlernen der Augsburger Arbeiter übernahmen Meister und Fabrikarbeiter aus Württemberg, Vorarlberg, der Schweiz und besonders aus dem Elsaß[14]. Gerade die Gruppe der französischen Arbeiter übte einen prägenden Einfluß auf die frühindustriellen Verhältnisse in der Textilindustrie aus. Schmid schätzte den Anteil der Elsässer unter den Arbeitern der Kammgarnspinnerei auf ca. ein Drittel, Reuther in der Mechanischen Baumwollspinnerei

---

7 SWA-Archiv, Augsburg, Schreiben des Magistrats vom 26. 3. 1841.
8 SWA-Archiv, Augsburg, Schreiben der Mechanischen Baumwollspinnerei und Weberei vom 18. 4. 1843, Schreiben des Magistrats vom 2. 5. 1843 und vom 17. 4. 1845.
9 Haßler u. a., Hundert Jahre Mechanische Baumwollspinnerei und Weberei, a. a. O., S. 69.
10 StA Augsburg, G I 17/1.
11 StA Augsburg, G III 17/9.
12 SWA-Archiv, Augsburg, Protokoll der Generalversammlung vom 30. 3. 1839; vgl. dazu die Arbeitsordnung der Webschule in: Haßler u. a., Hundert Jahre Mechanische Baumwollspinnerei und Weberei, a. a. O., S. 58.
13 SWA-Archiv, Augsburg, Ausschußprotokoll vom 30. 4. 1847.
14 Deutsches Museum, München, L. A. Riedinger, »Versuch« [...] a. a. O., S. 3; Die Mechanische Baumwollspinnerei und Weberei, Bericht, a. a. O., S. 6. Die Firma Köchlin, welche die Maschinen für die Firma lieferte, schickte auch Direktoren, Meister und Arbeiter. Als technische Direktoren der Firma wurden zunächst 2 Elsässer eingestellt. Typisch für die wichtige Rolle des französischen Personals ist, daß im Sprachgebrauch der Fabrik für Meister und Vorarbeiter auch das französische »contre-maître« angewandt wurde (SWA-Archiv, Augsburg, Ausschußprotokoll vom 31. 3. 1848).

und Weberei auf 50 Prozent[15]. Diese Annahme dürfte jedoch zu hoch gegriffen sein. Nach Aussage der Direktion befanden sich 1844 unter den 1100 Arbeitern der Mechanischen Baumwollspinnerei und Weberei ca. 700 bayerische Staatsangehörige, die übrigen vierhundert verteilten sich auf das restliche Reichsgebiet und das Ausland[16]. Die Franzosen, die »unstreitig zu den geschicktesten der Arbeiter« gehörten, fielen den Entlassungen im Revolutionsjahr 1848 zum Opfer. Bei eintretender Absatzstockung drangen die Mitglieder des Firmenausschusses gegen den anfänglichen Widerstand der Direktion aus Rentabilitätsgründen auf eine Reduzierung der Arbeiterzahl und die Entlassung der Ausländer, deren Plätze dann mit Einheimischen besetzt werden sollten. Zu diesem Zeitpunkt waren in der Fabrik noch etwa 180 Franzosen und Schweizer beschäftigt, die zum größten Teil mit ihren Familien in Augsburg lebten. Obwohl sie »beinahe ohne Ausnahme eine große Anhänglichkeit an (das) Etablissement bezeugten«, mußten sie innerhalb von vier Wochen mit einem Reisegeld versehen die Stadt verlassen[17]. Ihre Funktion als Lehrmeister der einheimischen Arbeiter war um diese Zeit bereits erfüllt. Reminiszenzen an die französischen Arbeiter erhielten sich in der Bezeichnung von Maschinen und Tätigkeiten in der Augsburger Textilindustrie noch bis in den Ersten Weltkrieg hinein[18]. Auch nach der Entlassung der Franzosen blieben die gebürtigen Augsburger unter den Fabrikarbeitern jedoch in der Minderheit. 1859 waren von den Beschäftigten der Mechanischen Baumwollspinnerei und Weberei nur 246 Arbeiter in Augsburg heimatberechtigt, 708 kamen aus dem übrigen Bayern, 133 aus anderen deutschen Ländern. Bei der Stadtbachspinnerei waren im gleichen Jahr nur 77 von insgesamt 900 Arbeitern in Augsburg heimatberechtigt[19].

Auch in der Maschinenbauindustrie wurden die Fachkräfte zunächst von fremden Arbeitern gestellt. Insbesondere die hochqualifizierten Former und Gießer, die bis dahin in Augsburg kaum vertreten waren, stammten zum größten Teil aus Württemberg und der Schweiz, während die im Taglohn beschäftigten »ungelernten« Arbeiter sich in erster Linie aus dem schwäbischen Einzugsgebiet rekrutierten. Eine Zwischenstellung bei der Herkunft der Arbeiter nahmen jene Berufe ein, die bereits im traditionellen Handwerk ausgeübt wurden, wie z. B. die Dreher, Schlosser usw. Zwar unterschied sich die Arbeit der Maschinenschlosser von der handwerklichen Tätigkeit, doch bestand immerhin die Chance, nach einer Einarbeitungszeit die Tätigkeit eines Facharbeiters auszuüben. Schlüsselt man anhand der Arbeiterbücher der MAN einige Berufskategorien für die Jahre 1852—1859 nach den Herkunftsgebieten der Arbeiter auf, so ergibt sich folgendes Bild[20]:

---

15 Reuther, a. a. O., S. 56; Schmid, a. a. O., S. 168. Die Arbeiterbücher der Mechanischen Baumwollspinnerei und Weberei, die darüber genauere Auskunft hätten geben können, und die Reuther noch einsah, ohne sie jedoch auszuwerten, wurden in den sechziger Jahren des 20. Jahrhunderts vernichtet.
16 SWA-Archiv, Augsburg, Schreiben vom 8. 10. 1844 an den Magistrat.
17 SWA-Archiv, Augsburg, Protokoll der Ausschußsitzung vom 31. 3. 1848 und vom 19. 4. 1848.
18 Reuther, a. a. O., S. 83.
19 SWA-Archiv, Augsburg, Schreiben vom 20. 5. 1859; StA Augsburg, Nachlaß Haßler, K. 3.
20 MAN-Archiv Augsburg, Arbeiterskontro 1852–1859; dort wurde jeder Arbeiter, der in diesem Zeitraum in der Fabrik beschäftigt war, mit Namen, Beruf, Herkunftsort, Tag des Ein- und Austritts und Verdienst am letzten Arbeitstag eingetragen. Für die Jahre 1844–1852 liegen nur noch Fotokopien der Einträge vor. In manchen Fällen wurden auch Kündigungs- und Entlassungsgründe in die Arbeiterbücher aufgenommen. Die Angaben für spätere Jahre sind nicht mehr vollständig. Bei der Einteilung der Heimatorte nach Herkunftsgebieten wurden nur eindeutig leserlich wiedergegebene Orte gezählt. Bei gleichlautenden Ortsnamen wurde der näher gelegene Ort angenommen.

Herkunftsgebiet	Former u. Gießer abs.	%	Schlosser abs.	%	Taglöhner abs.	%
Augsburg	7	4,8	56	25,9	109	14,0
sonstiges Schwaben	8	5,4	60	27,7	429	55,1
sonstiges Bayern	38	25,9	49	22,7	196	25,3
Württemberg u. Baden	42	28,6	24	11,1	33	4,2
sonstiges Reich	15	10,2	12	5,6	7	0,9
Schweiz	29	19,7	9	4,2	4	
übriges Ausland	8	5,4	6	2,8		0,5
insgesamt eingetreten	147	100,0	216	100,0	778	100,0

Dabei muß man allerdings berücksichtigen, daß die als »Taglöhner« eingestuften Arbeiter keineswegs alle ohne spezifische Berufsausbildung waren. So wurden z. B. in den fünfziger Jahren in der Maschinenfabrik Augsburg auffallend viele Schlosser, denen offensichtlich die Umschulung auf die Erfordernisse des Industriebetriebes nicht gelungen war, nur als Hilfsarbeiter beschäftigt. Unter den 1854 neu eingetretenen Taglöhnern, deren ursprünglicher Beruf über einige Wochen hinweg notiert wurde, befanden sich Weber, Schuhmacher, Schäffler, Maurer, Kaminfeger, Drechsler, Zinngießer und Schlosser[21].

Wie groß der Mangel an ausgebildeten Facharbeitern in der Anlaufphase der Industrialisierung in Augsburg und anderen Industriestädten war, zeigen die gegenseitigen Abwerbungsversuche der Fabrikanten. Sogar der Augsburger Unternehmer L. A. Riedinger, der gleichzeitig Aktionär der Maschinenfabrik Augsburg war, geriet in den Verdacht der systematischen Abwerbung von Gießereiarbeitern für den eigenen Betrieb[22]. Der Augsburger Bleichereibesitzer Martini beklagte sich 1858 bei der Polizei darüber, daß ein auswärtiger Unternehmer im Anschluß an eine Fabrikbesichtigung versucht habe, ihm Arbeiter abspenstig zu machen[23]. Blieb auch der Mangel an Facharbeitern vor allem in Zeiten der Hochkonjunktur eine typische Erscheinung im Augsburger Wirtschaftsleben, so wurde doch die Knappheit bestimmter Berufe im letzten Drittel des 19. Jahrhunderts überwunden[24]. Die Arbeiterbücher der MAN zeigen, daß seit den achtziger Jahren auch unter den Eisengießern zunehmend geborene Augsburger vertreten waren, nicht zuletzt wohl deshalb, weil die in der Fabrik ausgebildeten Gießereilehrlinge hauptsächlich aus der Stadt und der näheren Umgebung stammten[25].

Unter den späteren Arbeitergenerationen spielte keine fremde Volksgruppe mehr die Rolle, die in der Frühindustrialisierung den elsässischen Arbeitern zugekommen war. Kleinere Gruppen, wie etwa die als Streikbrecher bei einem Arbeitskampf im Augsburger Vorort Pfersee eingesetzten böhmischen Arbeiter, die sich nach dem Streik in der Stadt ansiedelten, waren von vornherein stark angefeindet und gezwungen, soziale und gesellige Kontakte auf die eigene Gruppe zu be-

21 MAN-Archiv Augsburg, Arbeiterskontro 1854 ff.
22 MAN-Archiv Augsburg, Ausschußprotokoll vom 24. 5. 1896.
23 StA Augsburg, G III 17/23.
24 Nach der Jahrhundertwende waren nahezu alle Aufschwungjahre in der Textilindustrie mit einem Nachfrageüberhang nach Facharbeitern verbunden (Jahresberichte der Handels- und Gewerbekammer 1904, S. 5, 1906, S. 7, 1907, S. 7). Doch selbst in ausgesprochenen Abschwungjahren konnten nicht alle Arbeitsplätze besetzt werden, so fehlte es 1902 an Webereiarbeitern (SWA-Archiv, Augsburg, Magistrat als Gewerbepolizei, 1. 10. 1902).
25 MAN-Archiv Augsburg, Arbeiter-Scontro F, 1882–1889.

schränken[26]. Auf ähnliche Ablehnung durch die einheimische Bevölkerung stießen vor allem in wirtschaftlichen Krisenzeiten die in Augsburg beschäftigten italienischen Bauarbeiter; ihr Einsatz als Streikbrecher in einem Arbeitskampf der Maurer führte im Sommer 1899 zu tagelangen Unruhen unter der Bevölkerung der Wertachvorstädte[27].

II. Die Handhabung der Fabrikdisziplin

Mit dem Eintritt in die Fabrik begab sich der Arbeiter in einen Herrschaftsverband, in dem der Unternehmer nach einer Definition Kockas »kraft Eigenbesitzes an Produktionsmitteln oder kraft Delegation seitens der Besitzer Anordnungsbefugnisse hat [...], um das Ziel, die Dauer und die Art des Arbeitsprozesses, die Tätigkeit und die Arbeitsverhältnisse der Arbeitnehmer in einer Weise zu bestimmen und durchzusetzen, die dem ebenfalls vom Unternehmer definierten Unternehmensinteresse entspricht«[28].

In der Frühphase der Industrialisierung waren die Beziehungen zwischen Fabrikanten und Arbeitern im Industriebetrieb sowohl für die Betroffenen selbst als auch für die staatlichen und kommunalen Behörden zum Teil ein rechtliches und soziales Novum, dessen Normierung und gesetzliche Absicherung weitgehend erst nachträglich und – trotz einiger Beschneidungen – im allgemeinen im Sinne der Arbeitgeber erfolgte. Vor der Aufnahme der Produktion in der Mechanischen Baumwollspinnerei und Weberei in Augsburg unternahmen zwei Direktionsmitglieder eine Informationsreise durch die Baumwollfabriken in Württemberg, Baden, im Elsaß und in der Schweiz, wobei sie neben betriebstechnischen Eindrücken auch Erfahrungen »über verschiedene administrative und hauspolizeiliche Einrichtungen« sammelten[29]. Bei der Zusammenstellung der ersten Fabrikordnung dienten Muster aus dem Elsaß und den Rheinlanden als Vorlage[30]. Die Fabrikordnungen der später gegründeten Augsburger Unternehmen orientierten sich in vielen Punkten an dem Vorbild der Mechanischen Baumwollspinnerei und Weberei; im übrigen aber kamen darin die Eigenarten des jeweiligen Betriebs und die persönlichen Anschauungen der Unternehmer zum Ausdruck, galten doch diese »Fabrikgesetze«, wie sie bezeichnenderweise manchmal genannt wurden, noch in den achtziger Jahren in den Augen der Fabrikanten als »reine Privatangelegenheit«[31].

Die Fabrikordnungen stellten in erster Linie ein Disziplinierungs- und Anpassungsinstrument für die größtenteils aus vorindustriellen Lebensbereichen stammenden Arbeiter dar. Sie erzwangen mit Hilfe drakonischer Strafen die Gewöh-

---

26 StA Augsburg, B 268, B 269, B 270. Noch im Streikjahr 1869 entstand in Pfersee ein »Böhmisch-Slawischer Leseverein«, was das offensichtlich starke Zusammenschlußbedürfnis der fremden Arbeiter unterstreicht. Bis in die achtziger Jahre kam es unter den Böhmen zu mehreren Vereinsum- und -neugründungen, wobei die Mitgliederzahl in den siebziger Jahren über 50 Personen betrug.
27 StA Augsburg, G I 16/14, A 181, G I 1/160, E IV 3/189.
28 Jürgen Kocka, Unternehmensverwaltung und Angestelltenschaft am Beispiel Siemens 1847–1914, Stuttgart 1969, S. 24.
29 SWA-Archiv, Augsburg, Protokoll der Generalversammlung vom 30. 3. 1839.
30 Reuther, a. a. O., S. 56.
31 VMB Nr. 33, 1886, S. 23.

nung an einen exakt geregelten Arbeitsablauf und die Unterdrückung aller spontanen und solidarischen Verhaltensweisen unter den Arbeitern. Der Arbeitstag begann in den großen Fabriken mit einem Glockenzeichen, das eine halbe Stunde vor Arbeitsbeginn die Öffnung der Fabrik verkündete; ein zweites Glockensignal zeigte den Beginn der Arbeit an. Nach einer weiteren Viertelstunde verschloß der Pförtner den Eingang und verwehrte allen Zuspätgekommenen den Eintritt in die Fabrik, die dafür eine Geldstrafe in Höhe eines doppelten Taglohnes zudiktiert bekamen. In gleicher Weise wurde jede Abwesenheit »sogar unter dem Vorwande einer Unpäßlichkeit, wenn solche nicht erwiesen werden kann«, bestraft[32]. Innerhalb der Fabrik schuldete der Arbeiter seinen Vorgesetzten »unbedingten Gehorsam«; andernfalls drohten ihm Geldbußen in Höhe von einem bis zu fünf Taglöhnen[33]. Die Vorschriften, die sich auf das Betragen am Arbeitsplatz selbst bezogen, zielten auf die Unterdrückung aller Gewohnheiten, wie sie noch in der vorindustriellen Handwerkswelt üblich waren. So untersagte die Fabrikordnung der Kattunfabrik Schöppler & Hartmann den Arbeitern, »mit Andern Besprechungen zu pflegen oder Possen (!) zu treiben, weil dadurch die Aufmerksamkeit auf die Arbeit gestört wird«[34]. In den Sälen der Baumwollfeinspinnerei sollte gar »vollkommenes Schweigen herrschen«[35]. Da die jugendlichen Arbeiter naturgemäß am schwersten an die Monotonie und den Drill eines Dreizehnstundentags zu gewöhnen waren, wurde den erwachsenen Spinnern die Verantwortung für das Betragen ihrer jugendlichen Mitarbeiter auferlegt[36]. Auch bei Getriebestillstand während der Arbeitszeit war es den Arbeitern bei Strafe eines halben Taglohns verboten, ihren Arbeitsplatz zu einem Gespräch mit den Kollegen zu verlassen[37]. Ebensowenig durfte ein Arbeiter während des Tages ohne eine eigens vom Direktor ausgestellte schriftliche Erlaubnis vom Pförtner aus der Fabrik gelassen werden[38]. Wer einen Fremden mit in die Fabrik nahm, wurde gleich mit einer Buße in Höhe des ganzen Wochenlohns belegt[39]. Vermutlich sollte diese Maßregel dazu dienen, die unter den Arbeitern noch üblichen freieren Umgangsformen auszumerzen, die Eigentümergewalt des Unternehmers zu betonen und Versuchen der Abwerbung von Arbeitern oder Erkundung von Betriebsgeheimnissen vorzubeugen.

Die Verfügungsgewalt des Unternehmers berechtigte ihn sogar dazu, die Arbeiter in besonderen Fällen auch außerhalb der regulären Arbeitszeit in der Fabrik festzuhalten. So riet der Magistrat 1844 den Fabrikbesitzern und -direktoren, »ihren männlichen Arbeitern bei Vermeidung ihrer Entlassung zu befehlen, daß sie, im Falle sich Exzesse, Brandfälle oder andere, die öffentliche Ruhe und Ordnung bedrohende oder störende Handlungen ereignen sollten, sogleich beim ersten Alarm in den Fabriken zum Schutze des Eigentums ihrer Fabrikherrn sich einzufinden und deren weitere Befehle abzuwarten hätten«[40]. Sollten sich solche Vorfälle während der Arbeitszeit ereignen, so könnten die Arbeiter »in der Fabrik

---

32 StA Augsburg, G I 16/13, Fabrikordnung der Mechanischen Baumwollspinnerei und Weberei (1840); G III 17/22, Fabrikordnung der Stadtbachspinnerei (1853).
33 StA Augsburg, A 179, Werkstattordnung der mechanischen Werkstätte J. Renk; G I 16/13, Fabrikordnung der Mechanischen Baumwollspinnerei und Weberei.
34 StA Augsburg, G III 17/39, Fabrikordnung der Kattunfabrik Schöppler & Hartmann (1865).
35 StA Augsburg, G III 17/20, Fabrikgesetze der Baumwollfeinspinnerei (1856).
36 StA Augsburg, G III 17/20, Fabrikgesetze der Baumwollfeinspinnerei (1856).
37 Ebenda; G III 17/22 (Stadtbach); A 179, Fabrikordnung der Zwirnerei und Nähfadenfabrik Augsburg (o. J.).
38 StA Augsburg, G I 16/13, Fabrikordnung der Mechanischen Baumwollspinnerei und Weberei; G III 17/22 (Stadtbachspinnerei).
39 Ebenda.
40 SWA-Archiv, Augsburg, Schreiben des Magistrats vom 5. 5. 1844.

solange zurückgehalten werden, als der Fabrikherr und der mit demselben sich benehmende Polizeivorstand es für nothwendig erachten würde«[41].

Besonders strengen Strafbestimmungen unterlag der Umgang mit Maschinen, Werkzeugen und Materialien. Defekte Maschinen, Heizungs- oder Beleuchtungsapparate durften nur vom Meister berührt werden — eine Verfügung, die angesichts der Unkenntnis der meisten Arbeiter im Umgang mit Maschinen ihre Berechtigung haben mochte[42]. Dagegen unterwarfen die demonstrativen Präventivmaßnahmen gegen Diebstahl die Arbeiter einer entwürdigenden Prozedur; Paragraph 21 der Fabrikordnung der Mechanischen Baumwollspinnerei und Weberei und der Stadtbachspinnerei bestimmte: »Die Werkmeister und die Pförtner sind befugt, alle Arbeiter beim Ausgange aus der Fabrik zu untersuchen, und zwar so oft sie es für gut finden; jeder muß sich diesem unterwerfen, sowohl im Interesse der Herren, als auch in dem der ehrlichen Arbeiter, auf die man falschen Verdacht haben könnte«[43]. Konnte ein Arbeiter die ihm anvertrauten Werkzeuge bei Nachfrage nicht sofort vorweisen, so wurden sie auf seine Kosten durch neue ersetzt[44]. Daneben enthielten eine Reihe von Augsburger Fabrikordnungen auch die Kollektivhaftung bei Diebstahl oder Beschädigung: Entstand in einem Arbeitssaal ein Schaden, für den der Täter nicht ermittelt werden konnte, so hafteten alle Arbeiter des Saals, bis der Schuldige gefaßt wurde[45]. Veruntreuung von Baumwolle und Entwendung auch unbedeutender Dinge wurde mit der Einbehaltung mehrerer Taglöhne oder sofortiger Entlassung — ebenfalls unter Verlust des bereits verdienten Lohnes — bestraft. Deutete schon die Einführung der Kollektivhaftung auf die prophylaktische Bekämpfung eventuell auftretender solidarischer Tendenzen hin, so züchtete eine andere Bestimmung systematisch ein gegenseitiges Denunziantentum unter der Belegschaft heran: Paragraph 22 der Fabrikordnung der Mechanischen Baumwollspinnerei und Weberei und der Stadtbachspinnerei besagte: »Überhaupt erhält derjenige, welcher eine durch einen Anderen begangene Untreue entdeckt, und auf der Schreibstube angibt, wenn der Täter überführt wird, eine der Wichtigkeit des Falles angemessene Belohnung, und sein Name soll verschwiegen bleiben[46]. Der Name des Diebs dagegen wurde in sämtlichen Werkstätten durch Anhang bekanntgegeben. Die Aufnahme einer ähnlichen Verfügung in die Fabrikordnung der Weberei am Fichtelbach wurde 1853 von der Regierung von Schwaben und Neuburg mit der Begründung untersagt, »daß diese Bestimmung als eine unbefugte Prostituierung zu betrachten und deshalb hinweg zu lassen ist«[47]. Daneben waren jedoch noch wesentlich entwürdigendere Verfahren zur Anprangerung von Vergehen gegen die Fabrikordnung üblich. In der Spinnerei und Weberei Krauss in dem Augsburger Vorort Pfersee stand noch in den sechziger Jahren in allen Arbeitssälen eine Tafel, auf der die Fabrikstrafen eines jeden Arbeiters eingetragen wurden[48]. Das Strafsystem in den Fabriken schuf eine Atmosphäre kleinlicher Gehässigkeiten. Eine Arbeiterin der Mechanischen Baumwollspinnerei und Weberei, die 1844 ohne Veranlassung auf eine Anzeige einer

---

41 SWA-Archiv, Augsburg, Schreiben des Magistrats vom 5. 5. 1844.
42 StA Augsburg, G III 17/22.
43 StA Augsburg, G I 16/13; G III 17/22; A 179, Fabrikordnung Zwirnerei und Nähfadenfabrik.
44 StA Augsburg, G I 16/13; G III 17/22.
45 Ebenda; vgl. zu dieser häufig auftretenden Bestimmung Jürgen Kuczynski, Die Geschichte der Lage der Arbeiter in Deutschland, Bd. II, Berlin 1962, S. 196 ff.
46 StA Augsburg, G I 16/13; G III 17/22.
47 StA Augsburg, G III 17/15; die Regierung war offensichtlich nur durch Zufall auf diese Bestimmung gestoßen. Andere Fabrikordnungen wurden deswegen nicht geändert.
48 StA Augsburg, E IV 3/134.

anderen Arbeiterin vom Werkmeister um einen Taglohn bestraft wurde, erklärte der Direktion, sie müßte »wegen der immerfort verhängt werdenden Geldstrafen die Bitte stellen, daß diese Strafen nicht mehr auf einseitige Aussage von Nebenarbeiterinnen, sondern erst nach gründlicher Untersuchung durch einen Aufseher verhängt werden«[49].

Besonders verlockend für die Anschwärzung von Arbeitskollegen beim Aufsichtspersonal wirkten Bestimmungen, die nicht nur die Anzeige von Veruntreuungen oder Diebstahl prämiierten, sondern auch bei Meldung von Arbeitsfehlern oder der Verwechslung von Garnen Geldgeschenke in Aussicht stellten[50]. Die meisten Strafen dürften für die Arbeiter ohnehin aus denjenigen Bestimmungen entstanden sein, die wie § 12 der Fabrikordnung der Mechanischen Baumwollspinnerei und Weberei, verfügten: »Der Arbeiter, welcher schlechte Arbeit liefert, verfällt in eine dem Fehler angemessene Strafe«[51]. Sie eröffneten dem Aufsichtspersonal Möglichkeiten unkontrollierbarer Willkür bei der Festsetzung der Lohnabzüge und erzeugten bei den Betroffenen immer wieder den Eindruck ungerechter Behandlung, da sich bei der unterschiedlichen Beschaffenheit und Qualität der Baumwolle sehr leicht Unregelmäßigkeiten im Arbeitsprodukt einstellen konnten. War ein Meister bei der Austeilung von Strafabzügen besonders freigiebig, so konnten Situationen entstehen wie 1868 in der Buntweberei Riedinger, wo sich die Arbeiter wegen der vielen Strafabzüge genötigt sahen, auch während der Mittags- und Vesperpausen und an den Sonntagvormittagen zu arbeiten, nur um auf einen durchschnittlichen Verdienst zu kommen[52]. Noch 1914 protestierten die Textilarbeiter »gegen das geradezu unerhört gehandhabte Strafsystem in den einzelnen Betrieben«[53]. Die Anwendung der Fabrikdisziplin blieb ebensowenig wie die sonstigen Beziehungen zwischen Arbeitern und Unternehmern unabhängig von der jeweiligen Konjunktur- und Arbeitsmarktlage. So konnte z. B. im Abschwungjahr 1878 Direktor de Rudder von der Spinnerei am Senkelbach befriedigt feststellen: »Das genügende Arbeitsangebot macht [...] eine strammere Einhaltung der Disziplin möglich und wirkt regulierend gegen Ausschreitungen von seiten der Arbeiter«[54].

Die rigorose Einengung der Persönlichkeit sowie die entwürdigende und teilweise ungerechte Behandlung in den Fabriken wurde bereits von der ersten Arbeitergeneration als Zumutung empfunden; der Meinung eines Arbeiters der Kammgarnspinnerei, der 1852 äußerte, »daß die Fabrik ein Zuchthaus sey«, dürften wohl viele gewesen sein[55]. Betrachtet man anhand der Arbeiterbücher der Maschinenfabrik Augsburg die Vorkommnisse, die zur Entlassung von Arbeitern führten, so standen dabei an erster Stelle Versäumnisse in der Arbeitszeit, Blauermontagmachen, Trunkenheit, aber auch »Ungehorsam«, Streit mit anderen Arbeitern, Krankheit und Forderung nach höherem Lohn[56]. Das exzessive Strafsystem in den Fabriken wurde durch die Reichsgesetzgebung in späteren Jahren etwas eingedämmt. Nach der Fabrikordnung der Mechanischen Baumwollspinnerei und We-

---

49 StA Augsburg, G III 17/9; Max Fuchs, Chronique scandaleuse der Baumwollspinnerei am Stadtbach, München 1864, S. 1 ff.
50 StA Augsburg, A 159, Fabrikordnung der Zwirnerei und Nähfadenfabrik.
51 StA Augsburg, G I 16/13, I. Fasc.
52 Ebenda.
53 StA Augsburg, G I 16/13, II. Fasc.
54 StA Augsburg, Nachlaß Haßler, K 4 a, Protokoll der 4. Sitzung der Reichsenquête über die Baumwoll- und Leinenindustrie vom 14. 11. 1878, S. 88.
55 StA Augsburg, G III 17/12.
56 MAN-Archiv Augsburg, Arbeiter-Scontro 1844 ff.

berei aus dem Jahre 1901 durften die Geldstrafen die Hälfte des durchschnittlichen Tagesverdienstes nicht mehr übersteigen, was aber noch immer zu empfindlichen Verdienstschmälerungen führen konnte. Außerdem waren bestimmte Ausnahmen erlaubt, die unter Umständen eine weite Auslegung zuließen; so konnten bei Tätlichkeiten gegen Vorgesetzte und Mitarbeiter, grobem Benehmen gegen Untergebene, Verstößen gegen die guten Sitten usw. weiterhin Geldstrafen in Höhe des durchschnittlichen Tagesverdienstes verhängt werden[57].

Als Folge der Gewerbeordnungsnovelle vom Juni 1891 veranlaßte der Technische Verein Augsburg die Ausarbeitung möglichst einheitlicher Fabrikordnungen für die Großunternehmen, was 1892 unter dem Vorsitz des Direktors der Mechanischen Baumwollspinnerei und Weberei, Albert Frommel, auch geschah[58]. Die von da an gesetzlich vorgeschriebene Anhörungspflicht der Arbeiter oder eines gewählten Arbeiterausschusses bei Erlaß einer neuen Fabrikordnung wurde in Augsburger Betrieben jedoch nicht immer eingehalten. So klagten 1906 die Arbeiter der Augsburger Kattunfabrik, die Direktion habe eine Fabrikordnung erlassen, ohne sie den Arbeitern vorzulegen, ja sogar nach der Genehmigung durch den Magistrat nachträglich noch Änderungen eingefügt[59].

So sehr die Disziplinarmaßnahmen in den Fabriken die Arbeitsbedingungen prägten und zur zwangsweisen Durchsetzung industrieller Verhaltensnormen beitrugen, stellten sie doch nicht die einzige Kontrolle im Arbeitsablauf dar. Der arbeitsteilige moderne Produktionsprozeß brachte gleichzeitig eine »innere Kontrolle« durch die »Aufeinanderfolge und gegenseitige Abhängigkeit der verschiedenen Teiloperationen« mit sich[60]. Damit wurde nicht nur in vielen Fällen die Akkordarbeit für das Unternehmen erst überprüfbar und rentabel; zugleich konnte sich auch die Kontrolle des Aufsichtspersonals mehr auf die Endstufen der Produktion beschränken[61].

III. Kündigungsfristen

Die Rechtlosigkeit des Arbeiters gegenüber dem Fabrikherrn dokumentierte sich besonders eindringlich bei der Auflösung des Arbeitsverhältnisses. Die Fabrikordnung der Mechanischen Baumwollspinnerei und Weberei von 1840 sah nach dem Eintritt des Arbeiters in die Fabrik eine vierzehntägige Probezeit vor, während der er den Betrieb auf Wunsch wieder verlassen konnte. Danach war er verpflichtet, mindestens ein halbes Jahr zu bleiben; diese Verpflichtung erneuerte sich automatisch um weitere sechs Monate, wenn nicht einen Monat vor Ablauf der Frist die

---

57 SWA-Archiv, Augsburg, Magistrat als Gewerbepolizei VII, Fabrikordnung 1901.
58 Gottlieb Seutter, Technischer Verein Augsburg, 1845–1895. Festschrift zur fünfzigjährigen Gründungsfeier, 19. 10. 1895, Augsburg 1895, S. 20.
59 StA Augsburg, G I 2/16, IV. Fasc.
60 Ernst Günther, Die Entlöhnungsmethoden in der bayerischen Eisen- und Maschinenbauindustrie, Berlin 1908, S. 28. In den Spinnereien und Webereien, wo die gegenseitige Abhängigkeit der einzelnen Arbeitergruppen frühzeitig sehr groß war, garantierte schon das Interesse jeder Gruppe an einem kontinuierlichen Verdienst das gleichmäßige Arbeitstempo der übrigen Arbeiter. So konnte die Direktion der Kammgarnspinnerei 1865 berichten: »Wenn es vorkommt, daß wegen Mangel an Vorgespinnst die Feinspinnerei warten muß, und die Arbeitszeit für diese erst morgens um sechs Uhr beginnt, so gibt sich bald eine Unzufriedenheit unter den Arbeitern kund« (StA Augsburg, G I 16/13).
61 Günther, a. a. O., S. 29.

Kündigung auf der Schreibstube erfolgte[62]. Ähnliche Regelungen bestanden in der Kammgarnspinnerei, der Spinnerei am Stadtbach und der Kattunfabrik Schöppler & Hartmann[63]. War aus dringenden persönlichen Gründen eine Auflösung des Arbeitsverhältnisses außer der Zeit erforderlich, so hatte der Arbeiter um seine Entlassung »auf bittendem Wege nachzusuchen«[64]. Dagegen stand es den Unternehmern frei, den Arbeiter jederzeit ohne Angabe von Gründen oder Einhaltung einer Kündigungsfrist zu entlassen[65].

Die Ausdehnung der Kündigungsfristen zu Lasten der Arbeiter nahm mit der Zeit sogar zu. Da es »von großem Nachteil für eine Fabrik ist, wenn Arbeiter, die mit viel Mühe und Geduld angelernt wurden, schon einen Monat nach von ihnen geschehener Kündigung wieder austreten können«, revidierte die Baumwollfeinspinnerei, wo die Arbeiter zunächst nur an eine einmonatige Kündigung gebunden waren, 1859 ihre ursprünglichen Bestimmungen dahingehend, daß die Arbeiter vor Ablauf eines halben Jahres nach der Einstellung überhaupt nicht, danach erst nach zweimonatiger Kündigung austreten konnten[66]. Auf Anraten des Magistrats wurde den Arbeitern wenigstens die Möglichkeit eingeräumt, im Verlauf des ersten Halbjahres aus gesundheitlichen Rücksichten oder im Fall dringender Familienangelegenheiten vorzeitig zu kündigen[67]. Ähnlich lagen die Verhältnisse bei der Weberei am Fichtelbach, wo 1853 noch eine vierwöchige Kündigung bestand, 1858 nur mehr eine halbjährige; Arbeiter, die in einer vier- oder sechswöchigen Ausbildung das Weben in der Fabrik gelernt hatten, mußten sogar ein volles Jahr in der Firma bleiben[68]. Eine zusätzliche Erschwernis der Kündigung lag in dem in vielen Fabriken geübten Brauch, an einem Zahltag nicht mehr als vier Kündigungen auf einmal entgegenzunehmen[69]. Bei einem Beschäftigungsstand von mehreren hundert oder gar tausend Arbeitern konnten dabei wochenlange Wartefristen entstehen.

Obwohl nahezu alle Unternehmen sich das Recht nahmen, ihre Arbeiter auch ohne besonderen Grund fristlos zu entlassen, wurde in der Praxis in einigen wenigen Betrieben ein etwas schonenderes Verfahren angewandt. So berichtete 1854 die Baumwollspinnerei & Weberei Rugendas dem Magistrat, »daß wir gegen unsere Arbeiter stets vierzehntägige Kündigung beobachten, was uns unter allen Umständen der Billigkeit angemessen erscheint; nur für den Fall schlechter Aufführung etc. behalten wir uns plötzliche Entlassung vor«[70]. Auch die Kammgarnspinnerei erklärte: »Untaugliche Subjekte [...] in technischer oder moralischer Hinsicht werden stets in vierzehntägiger Frist entlassen und nur ganz grobe Vergehen, wie Diebstahl, Rauflust oder Unsittlichkeit werden mit unerbittlicher Ent-

---

62 StA Augsburg, G I 16/13.
63 StA Augsburg, G III 17/22; G III 17/39.
64 SWA-Archiv, Augsburg, Schreiben an den Magistrat (ohne Datum, 1843). Die Beschränkung der Kündigungsmöglichkeit sollte zugleich sicherstellen, daß die Neueintretenden auch tatsächlich Fabrikarbeiter bleiben wollten. Bei einer Lockerung der Bestimmungen, so fürchtete die Direktion, »würde unsere Fabrik ein temporäres Asyl für alle dienstlosen Burschen und Mägde werden, welche zur Erlangung einer Aufenthaltskarte dieselbe benützen würden, bis sie einen Dienst finden« (ebenda).
65 StA Augsburg, G I 16/13; G III 17/22.
66 StA Augsburg, G III 17/20.
67 Ebenda. Da eine Beurlaubung im allgemeinen nicht üblich war, konnten vor allem auswärtige Arbeiter, die durch persönliche Umstände gezwungen waren, in ihre Heimatorte zurückzukehren, durch die langen Kündigungsfristen in große Bedrängnis geraten.
68 StA Augsburg, G IV 17/13; G III 17/15; vgl. ebenda, A 178, zu den Verhältnissen in der Stadtbachspinnerei, wo 1878 offensichtlich eine ähnliche Regelung in Kraft war.
69 StA Augsburg, G III 17/39; G III 17/15; die Arbeiter wurden dann in der Reihenfolge ihrer Kündigungen vorgemerkt.
70 StA Augsburg, G I 16/13.

lassung bestraft[71]. Während in diesen beiden (seltenen) Fällen eine gleich lange Kündigungsfrist für Arbeitgeber und Arbeitnehmer galt, war bei anderen Firmen zumindest die Kündigungszeit für den Unternehmer wesentlich kürzer als für den Arbeiter[72].

Von den außergewöhnlich langen Kündigungsfristen in der Textilindustrie wichen die Bestimmungen in den Maschinenfabriken wesentlich ab. In der Maschinenfabrik Augsburg bestand 1854 weder für die Geschäftsleitung noch für die Arbeiter eine Kündigungsfrist; auch die Fabrikordnung von 1902 sah keine Kündigungsfrist vor[73]. In der mechanischen Werkstätte Renk war in den achtziger Jahren eine beiderseitige Kündigungsfrist von drei Tagen üblich[74]. In der Maschinenbaugesellschaft Oexle & Cie. bestand für einen Teil der Arbeiter tägliche Kündigung[75]. Die Erklärung für dieses Phänomen wird man in erster Linie in der näheren Beziehung der Maschinenfabrik zum Handwerk zu sehen haben; sowohl der Übergang von der Werkstätte zur Fabrik als auch der Wechsel gelernter Gesellen zwischen Handwerk und Industriebetrieb ließ eine scharfe Abgrenzung der Verhältnisse nicht ohne weiteres zu. Im Handwerk jedoch bestand in Augsburg noch zu Beginn des 20. Jahrhunderts in den meisten Gewerben tägliche Kündigung für beide Seiten[76]. Diese Regelung wurde von den Gesellen offensichtlich nicht als Nachteil empfunden. Bei einer Erhebung über die Arbeiterverhältnisse im Jahre 1875 wünschten die Schreiner ausdrücklich die Beibehaltung dieses Brauchs[77]. Dagegen meinten die Zimmergesellen in ihrem 1891 ausgearbeiteten Lohntarif, es wäre »wünschenswert, daß die Herren Meister, wenn sie Gesellen wegen Mangel an Arbeit entlassen müssen, denselben wenigstens 8 Tage zuvor Bescheid wissen lassen, damit sich dieselben danach richten können, aber auch begehrenswert wäre es, daß die Gesellen nicht mitten in der Woche das Werkzeug fortwerfen, sondern am Samstag die Zeit zum Feierabendmachen ist«[78].

In den letzten Jahren vor dem Ersten Weltkrieg griffen nach den Beobachtungen des schwäbischen Fabrikinspektors unter den Arbeitern die Bestrebungen nach Aufhebung jeglicher Kündigungsfrist immer weiter um sich[79]. In den meisten Textilbetrieben bestand um diese Zeit nur mehr eine vierzehntägige gegenseitige Kündigung, so daß auf diese Weise eine Fesselung des Arbeiters an den Betrieb nicht mehr erreicht wurde. Trotzdem gehörte es 1906 z. B. zu den Streikzielen der Arbeiter der Augsburger Kattunfabrik, eine Herabsetzung der Kündigungsfrist auf acht Tage durchzusetzen[80]. Die Gründe für dieses Verhalten dürften in dem Strafsystem der Fabriken zu suchen sein. Für die Arbeiter war es finanziell zumeist günstiger, einer Summierung von Strafabzügen während einer Lohnperiode durch raschen Stellenwechsel zu entgehen. In den ersten Jahrzehnten der Industrialisierung geschah dies häufig auch unter Umgehung der vorgeschriebenen Kündigungsfristen[81].

71 StA Augsburg G I 16/13.
72 Ebenda; A 179. So betrug z. B. die Kündigungsfrist in der Zwirnerei und Nähfadenfabrik für die Arbeiter 6 Wochen, für die Direktion dagegen nur 14 Tage.
73 StA Augsburg, G I 16/13; G IV 1/17; nach Günther, a. a. O., S. 34, waren in der Maschinenbauindustrie auch an anderen Orten keine Kündigungsfristen üblich.
74 StA Augsburg, A 179.
75 StA Augsburg, A 181.
76 StA Augsburg, G I 16/30.
77 StA Augsburg, E IV 3/215.
78 StA Augsburg, E IV 3/476, I. Fasc.
79 Jahresberichte der Fabrikinspektoren 1910, S. 192.
80 SWA-Archiv, Augsburg, Magistrat VII, Fabrikordnung von 1901; StA Augsburg, G I 16/16.
81 StA Augsburg, A 178.

IV. Fluktuation und »Kontraktbruch«

Wenn aus der ersten Fabrikarbeitergeneration auch nur wenige direkte Proteste gegen die harten Arbeitsbedingungen an die Öffentlichkeit drangen, so weisen doch manche Anzeichen auf eine Art hartnäckiger Unangepaßtheit an die Zumutungen des Industriebetriebs hin. Am deutlichsten äußerte sich diese Haltung in dem häufigen Wechsel des Arbeitsplatzes. Von 90 Arbeitern z. B., die im Jahre 1845 in die Reichenbachsche Maschinenfabrik eintraten, hielten es 62,2 % (56) nicht länger als ein halbes Jahr in der neuen Arbeitsstätte aus[82]. Wie gering die Verweildauer im einzelnen war, zeigt folgende Aufschlüsselung:

Dauer der Betriebszugehörigkeit	1845 eingetretene Arbeiter	
	abs.	%
0 – 1 Woche	10	11,1
7 – 14 Tage	9	10,0
2 – 4 Wochen	6	6,7
1 – 3 Monate	14	15,6
3 – 6 Monate	17	18,9
6 – 12 Monate	13	14,4
1 – 2 Jahre	8	8,9
2 – 5 Jahre	8	8,9
5 – 10 Jahre	2	2,2
mehr als 10 Jahre	3	3,3
insgesamt	90	100,0

Die Gründe für den freiwilligen Austritt waren zum Teil dieselben wie die bei Entlassungen. Neben dem zu geringen Lohn, der am häufigsten als Grund genannt wurde, waren es vor allem Integrationsschwierigkeiten, die sich im Streit mit Vorgesetzten oder Kollegen äußerten, Klagen über zu schwere Arbeit oder zu hohe Geldstrafen. Dabei mochte bei nicht wenigen der fremden Arbeiter auch uneingestanden jene Grundstimmung ausschlaggebend gewesen sein, die 1856 ein Schlosser und ein Former schlicht als »Heimweh« bezeichneten[83].

Vergleicht man die Verhältnisse des Jahres 1845 mit der üblichen Verweildauer der 1884 in die Maschinenfabrik neu eingetretenen Arbeiter, so ergibt sich ein so augenfälliger Unterschied, daß daraus auch auf einen Bewußtseinswandel in der Arbeiterbevölkerung geschlossen werden muß. Ein Arbeitsplatzwechsel schon nach einigen Wochen, wie er 1845 noch die Regel war, kam jetzt nur noch selten vor. Die meisten der Neueingestellten blieben 1–2 Jahre, eine bedeutende Minderheit auch 3–5 Jahre und länger[84]. Nach einer Ermittlung aus dem Jahre 1903 gehörten dieser Gruppe inzwischen 54,1 % (1390) aller MAN-Arbeiter an; 27,8 % (716) waren zu diesem Zeitpunkt bereits zwischen 5 und 15 Jahren in der Firma beschäftigt, 12,8 % (329) zwischen 15 und 25 Jahren und 5,3 % (137) zwischen 25

---

[82] MAN-Archiv Augsburg, Arbeiter-Skontro 1845 (Fotokopien). Dabei wurde allerdings nicht zwischen Arbeitern unterschieden, die ihren Abschied freiwillig nahmen und solchen, die entlassen wurden. Die Frage, ob ein Arbeiter durch ein unangepaßtes Benehmen auffiel oder von selbst glaubte, sich nicht eingewöhnen zu können, ist in diesem Zusammenhang ohnehin zweitrangig.
[83] MAN-Archiv Augsburg, Arbeiter-Skontro 1856.
[84] Ebenda, Arbeiter-Skontro F, 1884.

und 48 Jahren[85]. Um einen relativ stabilen Kern der Belegschaft, der im Vergleich mit anderen bayerischen Maschinenfabriken jedoch nicht besonders groß war, gruppierte sich eine bedeutende Anzahl von zu stärkerer Fluktuation neigenden Arbeitern. Dieses Bild entspricht zugleich dem bei der Untersuchung der demographischen Verhältnisse Augsburgs gewonnenen Eindruck, daß die Stadt für viele Zuwanderer nur Durchgangscharakter besaß, und auch ein Teil der Einheimischen sich bessere Berufschancen an anderen Orten erhoffte.

Über die Fluktuation in der Textilindustrie liegen für die ersten Jahrzehnte der Industrialisierung keine Angaben vor. Da diese Branche einen beträchtlichen Anteil an jugendlichen, ungelernten und — wie zu vermuten ist — in erster Generation vom Land zugewanderten Arbeitern besaß, blieb hier die Fluktuation auch in späteren Jahren noch sehr lebhaft. In den neunziger Jahren wechselten zwischen 25 und 60 % der Gesamtbelegschaft der Betriebe den Arbeitsplatz[86]. In einem Spinnereibetrieb kamen 1909 auf 1000 Beschäftigte etwa 500 Eintritte und ebensoviele Austritte im Jahr, von denen mehr als ein Fünftel unter »Kontraktbruch«, d. h. ohne ordnungsgemäß Kündigung erfolgte[87].

Die Aufgabe des Arbeitsverhältnisses ohne Einhaltung der Kündigungsfristen wurde durch die einseitige Festlegung des Arbeiters in den ersten Jahrzehnten geradezu provoziert, trat aber auch in späteren Jahren noch recht häufig auf. Den Unternehmern stand in dieser Beziehung ein reichhaltiges Arsenal von Maßnahmen zur Verfügung, die unerwünschte Unterbrechung des Arbeitsverhältnisses zu verhindern. Zunächst verfiel nach den Bestimmungen aller Fabrikordnungen im Fall eines vorschriftswidrigen Austritts der gesamte Lohn, den der Arbeiter in der Zeit zwischen dem letzten Zahltag und dem Austritt aus der Fabrik verdient hatte. Außerdem erhielt der Betreffende kein Austrittszeugnis, was die Suche nach einer neuen Stelle wesentlich erschwerte. Daneben versuchten die Unternehmer vor allem in den ersten Jahren mit Hilfe der polizeilichen Paßkontrollen die von auswärts stammenden Arbeiter am vorschriftswidrigen Verlassen ihrer Stellen zu hindern. Alle Arbeiter, die nur eine Aufenthaltsgenehmigung besaßen, mußten nach Vorweisung ihrer Pässe und Arbeitsbücher bei der Einstellung in eine Fabrik diese Dokumente zusammen mit dem Eintrittszeugnis bei der Polizei abliefern. »Zur möglichsten Verhütung eines eigenmächtigen Austritts fremder Arbeiter« war der Magistrat 1841 bereit, den Abreisenden nur dann ihre Dokumente wieder auszuhändigen, wenn sie ein Austrittszeugnis der Fabrik vorweisen konnten[88]. Da es manche Arbeiter aber unterließen, das von der Fabrik ausgestellte Aufnahmezertifikat und ihr Dienstbuch vorschriftsmäßig bei der Polizei zu deponieren und daher auch ohne ordnungsgemäße Kündigung ihre Pässe zurückerhielten und die Stadt verlassen konnten, nahm die Mechanische Baumwollspinnerei und Weberei seit 1844 mit Duldung des Magistrats den neu eingestellten Arbeitern alle Ausweise und Zeugnisse ab und schickte sie selbst der Polizei zu[89].

Eine noch tatkräftigere Hilfe zur Durchsetzung ihrer Interessen erwuchs den Unternehmern aus der Möglichkeit, einen ohne Kündigung ausgetretenen Arbeiter mit Polizeigewalt zurückbringen zu lassen. In diesem Punkt zeigte sich in Augsburg anfangs eine gewisse Rechtsunsicherheit der Behörden. Bis zum Beginn der

---

85 Günther, a. a. O., S. 7.
86 Ebenda, S. 176.
87 Jahresbericht der Handelskammer 1909, S. 4 f.
88 SWA-Archiv, Augsburg, Schreiben vom 25. 4. 1841.
89 Ebenda, Schreiben vom 27. 10. 1844.

sechziger Jahre hielt sich der Augsburger Magistrat an die Vorschriften der Dienstbotenordnung, die eine polizeiliche Zurückführung des Entflohenen vorsah[90]. Dagegen entschied die Regierung von Schwaben und Neuburg, Forderungen der Fabrikanten auf Wiederaufnahme der Arbeit könnten nur über den Weg der Civilklage verfolgt werden; die Dienstbotenordnung finde auf Fabrikarbeiter keine Anwendung[91]. Die bayerische Gewerbeordnung von 1868 und die spätere Reichsgewerbeordnung bot dagegen jahrelang die Rechtsgrundlage für die zwangsweise Zurückführung der Fabrikarbeiter. Diese Möglichkeit wurde von den Unternehmern auch reichlich ausgeschöpft. Die Augsburger Polizeiakten sind angefüllt mit Fällen »exekutionsweiser« Zurückbringung der ohne Kündigung ausgebliebenen Arbeiter, selbst wenn diese Augsburg bereits verlassen und neue Arbeitsstellen angetreten hatten[92]. In vielen Fällen blieb diesen behördlichen Maßnahmen jedoch wenig Erfolg beschieden; manche Arbeiter erklärten gleich nach ihrer Zurückbringung, sie würden auf keinen Fall in der Fabrik bleiben, andere entwichen noch vor den Augen der Polizei aus dem Arbeitssaal[93].

Doch auch bei »ordnungsgemäßen« Kündigungen fanden die Unternehmer Wege, um wenigstens die zwischenbetriebliche Mobilität in Augsburg zu hemmen. 1858 meldete ein Arbeiter der Polizeibehörde, er sei nach seinem vorschriftsmäßig angekündigten Austritt aus der Kammgarnspinnerei auf der Arbeitssuche von mehreren Augsburger Spinnereien aus dem Grund abgewiesen worden, weil auf seinem Austrittszeugnis nicht ausdrücklich vermerkt worden sei, daß ihm die Kammgarnspinnerei den Eintritt in eine andere Fabrik gestattete[94]. Bei Nachforschungen stellte sich heraus, daß zwischen der Mechanischen Baumwollspinnerei und Weberei, der Stadtbachspinnerei und der Kammgarnspinnerei schon seit Jahren ein mündliches Einverständnis bestand, Arbeiter und Arbeiterinnen, die zwischen diesen Fabriken wechseln wollten, nur nach gegenseitiger Befürwortung aufzunehmen. Zweck dieser Maßnahme war es nach Mitteilung der Stadtbachspinnerei, »das leichtfertige Aufkünden wegen oft nichtssagenden und schlechten Gründen möglichst zu verhindern. Oft ergibt es sich, daß ein Arbeiter und zwar meistens jüngeren Alters, wissend, in einer anderen Fabrik gleich Arbeit zu finden, bloß aus Laune, überhaupt aus Hang zum Wechseln seine Arbeit verläßt [...]. Diese Sucht zum often Wechseln würde längst eine Calamität hervorgerufen haben, wenn die Arbeiter [...] ohne Anstand in anderen Fabriken Arbeit finden würden«[95]. Die Empfehlung oder Nichtempfehlung eines Arbeiters zur Aufnahme in eine andere Fabrik bedeutete auch eine Beurteilung »hauptsächlich in moralischer Beziehung«, wie sie im eigentlichen Arbeitszeugnis nicht ohne weiteres ausgedrückt werden könnte[96].

In den siebziger Jahren gingen manche Firmen dazu über, entgegen den Bestim-

---

90 StA Augsburg, G I 16/13, Schreiben vom 13. 12. 1861.
91 Ebenda, Schreiben vom 19. 12. 1861.
92 StA Augsburg, A 178.
93 Ebenda. Fall eines Arbeiters, der am 25. 5. 1875 von der Polizei an seinem Arbeitsplatz zurückgebracht wurde.
94 StA Augsburg, G I 16/13, Protokoll vom 20. 7. 1858.
95 Ebenda, Schreiben vom 6. 8. 1858. Zudem hegte das Unternehmen die Besorgnis, »daß die Arbeiter durch das viele Herumvagieren von einer Fabrik zur anderen demoralisiert werden und hiermit ihre Anhänglichkeit zu ihrem Brotherrn verloren geht, abgesehen davon, daß solche Arbeiter selten zu Ersparnissen kommen, weil sie dieselben bei jedem Austritt wieder in die Hand bekommen und dann meistens vergeuden« (ebenda). Die Augsburger Kammgarnspinnerei verstieg sich in ihrer Begründung gar zu der grotesken Formulierung, die Arbeiter würden »oft wegen Kleinigkeiten dem Brotherrn den Stuhl vor die Türe setzen« (Schreiben vom 31. 7. 1858).
96 Ebenda, Schreiben vom 6. 8. 1858.

mungen der Gewerbeordnung, die Arbeitszeugnisse der Austretenden mit Angaben über schlechte Führung oder den Kündigungsgrund zu versehen[97]. Durch die Verhandlungen des Gewerbegerichts oder Prüfungen von Arbeitsbüchern und Zeugnissen kamen in den neunziger Jahren immer wieder Fälle zutage, in denen Arbeitgeber sich durch besondere Zeichen oder Formulierungen in den Austrittszeugnissen über die Person des Arbeiters verständigten. So bedeutete z. B. die Formulierung »ist ordnungsgemäß ausgetreten« die Beendigung des Arbeitsverhältnisses unter Einhaltung der Kündigungsfrist, die Wendung »hat seinen Abschied erhalten« dagegen das kontraktbrüchige Verlassen der Arbeit oder auch die Lösung des Arbeitsverhältnisses durch den Arbeiter überhaupt[98]. Zwar wurden nach einer Intervention der schwäbischen Kreisregierung Klagen über solche Bräuche in späteren Jahren nicht mehr laut, doch wies ein Fabrikdirektor den Fabrikinspektor offen darauf hin, die Unternehmer würden sich in Zukunft »eben mit anderen Dingen helfen müssen«[99]. Lange bevor mächtige regionale und überregionale Unternehmerverbände sog. »Schwarze Listen« zur Warnung vor mißliebigen Arbeitnehmern in Umlauf setzten, funktionierte innerhalb der Augsburger Industrie ein informelles Boykottsystem. Als 1869 die Baumwollfeinspinnerei 12 Arbeiter entließ, weil sie um die Herabsetzung eines bestimmten, zur Erreichung einer Lohnprämie erforderlichen Produktionsquantums gebeten und dabei »eine den Arbeitern gegenüber den Arbeitgebern nicht zukommende Form« an den Tag gelegt hatten, wies die Firma gleichzeitig sämtliche Baumwollfabriken an, die Entlassenen nicht aufzunehmen[100]. Dieser »Rat« wurde von den übrigen Unternehmern so strikt befolgt, daß die Entlassenen, die fast alle eine Familie ernähren mußten, in eine sehr peinliche Lage gerieten[101].

V. Arbeitszeiten und Pausen

Der Arbeitstag war um die Mitte des 19. Jahrhunderts auch im Handwerk noch außerordentlich lang. Nach einer Umfrage des Magistrats arbeiteten 1847 die meisten Augsburger Werkstätten von fünf oder sechs Uhr morgens bis sieben oder acht Uhr abends[102]. Auch die beim Bau der Mechanischen Baumwollspinnerei und Weberei beschäftigten Maurer und Zimmergesellen hatten noch eine vierzehnstündige Arbeitszeit[103]. Die Augsburger Textilfabriken hielten von ihrer Gründung an bis 1869 an einer dreizehnstündigen Arbeitszeit fest; eine Ausnahme bildete lediglich die Kattunfabrik, wo eine Stunde weniger gearbeitet wurde. Die Arbeit begann um fünf Uhr morgens und endete um sieben Uhr abends, inbegriffen war eine einstündige Mittagspause und in der Regel eine Frühstücks- und Vesperzeit von jeweils 20—30 Minuten, während der allerdings die Maschinen weiterliefen. In manchen Fabriken wurde die Transmission auch in der Mittags-

---

97 StA Augsburg, A 178.
98 StA Augsburg, G I 16/74.
99 Jahresberichte der Fabrikinspektoren 1898, S. 399.
100 StA Augsburg, G I 16/13.
101 Ebenda. Der Stadtmagistrat setzte daraufhin ein Zirkular in Umlauf, in dem er die Unternehmer bat, diese Einstellungssperre wieder aufzuheben.
102 StA Augsburg, G I 16/1, I. Fasc.
103 Haßler u. a., Hundert Jahre Mechanische Baumwollspinnerei und Weberei, a. a. O., S. 69.

pause nicht abgestellt[104]. Bei den Vesperpausen handelte es sich um informelle Regelungen. Noch die Arbeitsordnung der Mechanischen Baumwollspinnerei und Weberei von 1901 räumte erwachsenen Arbeitern keinerlei Anspruch auf Pausen ein[105]. In den Maschinenfabriken war die Arbeitszeit von Anfang an kürzer als in der Textilindustrie. Sie betrug 1840 in der Sanderschen Maschinenfabrik 12 Stunden täglich; ab 1847 wurde fünfmal in der Woche 11½ und samstags 10½ Stunden gearbeitet[106].

Wenn auch die überlangen Arbeitszeiten für die damalige Zeit nichts Außergewöhnliches darstellten, so wurden sie von den Fabrikarbeitern angesichts der viel höheren Arbeitsintensität als im Handwerk und der Monotonie der Beschäftigung doch als besonders drückend empfunden. 1865 wandten sich die Arbeiter der Augsburger Textilfabriken unter Führung des Redakteurs Max Fuchs an den bayerischen König mit der Bitte, für die Verkürzung der Arbeitszeit um eine Stunde und die Verlegung des Geschäftsbeginns von fünf auf sechs Uhr morgens Sorge zu tragen[107].

Begründet wurde die Bitte vor allem mit dem Hinweis auf die zahlreichen Arbeiter, die nicht in der Stadt, sondern in den umliegenden Dörfern wohnten: »Um nun rechtzeitig an ihrer Arbeit einzutreffen, sind diese Arbeiter genötigt, morgens um drei Uhr aufzustehen. Um fünf morgens beginnt diese Arbeit und dauert bis abends sieben Uhr. Bis die Arbeiter nach Hause kommen, wird es neun Uhr und bis sie zur Nacht gegessen und die Ruhestätte aufsuchen können, wird es zehn Uhr. So bleibt diesen Arbeitern, wovon die Hälfte Kinder und Weibspersonen sind, nur fünf Stunden zur nöthigen Ruhe«[108]. Da die Fabriken aber nicht selten bis acht oder samstags gar bis elf Uhr abends arbeiten ließen, kämen viele Arbeiter nicht einmal in den Genuß dieser kurzen Erholung. Als Folge davon seien die Fabrikarbeiter schon auf den ersten Blick an ihrem blassen und kränklichen Aussehen zu erkennen[109]. In einer vom Magistrat angeforderten Stellungnahme erklärte die Direktion der Kattunfabrik daraufhin nicht ohne Zynismus, die Arbeiter sähen relativ kräftig aus, »wenn schon von Fabriken nicht vorausgesetzt werden kann, daß sie Anstalten für besondere Gesundheitspflege seien«[110]. Eine Verkürzung der Arbeitszeit lehnten alle Textilindustriellen mit dem Hinweis auf die Konkurrenz im Zollverein und die geringere Verzinsung des Anlagekapitals bei verminderter Produktion ab. Erst vier Jahre später sahen sich die Augsburger Unternehmer dann doch veranlaßt, »die Arbeitszeit in einer den menschlichen Kräften und Kulturbedürfnissen angemesseneren Weise zu modifizieren«[111]. Ausschlaggebend dafür war eine Veränderung des sozialen Klimas: Eine gewisse Unruhe in den Textilfabriken, wo zeitraubende Arbeitstechniken zur Verarbeitung minderwertiger Baumwolle das Lohnniveau drückten, zwei Streiks und das erwachende politische Bewußtsein der Arbeiter veranlaßten die Unternehmer zu Zugeständnissen[112]. Im August 1869 führte die Maschinenfabrik Augsburg die elfstündige Arbeitszeit ein, wie sie in anderen Maschinenfabriken des Zollvereins

---

104 StA Augsburg, G I 16/13.
105 SWA-Archiv, Augsburg, Arbeitsordnung 1901.
106 MAN-Archiv Augsburg, Foth, a. a. O., Anlage 9.
107 StA Augsburg, G I 16/13; Nachlaß Haßler, K 3.
108 StA Augsburg, Nachlaß Haßler, K 3.
109 Ebenda.
110 StA Augsburg, G I 16/13.
111 StA Augsburg, Nachlaß Haßler, K 3, Schreiben vom 27. 9. 1869 (Frommel, Haßler u. a.).
112 StA Augsburg, E IV 3/134; G I 16/13.

schon seit längerer Zeit bestand[113]. Ab November 1869 reduzierten die meisten Augsburger Spinnereien und Webereien den Arbeitstag von 13 auf 12 Stunden. Dabei blieben die Taglöhne unverändert, die Stücklöhne wurden leicht angehoben, so daß die Arbeiter »bei gleichem Fleiße« ihren Verdienst in etwa halten konnten[114]. Auf längere Sicht erhofften sich die Industriellen einen Ausgleich des erwarteten Produktionsrückgangs durch erhöhte Arbeitsintensität, wobei ihnen eine vorübergehende Verminderung des Ausstoßes angesichts der gedrückten Preise und der Absatzstockungen bei den Webereien nicht unerwünscht war[115]. Zur Abschwächung des sozialistischen Einflusses unter der Belegschaft reduzierte die Maschinenfabrik 1871 abermals die Arbeitszeit, nunmehr auf 60 Stunden in der Woche[116]. Die Textilindustrie, die gerade in der Gründerzeit nennenswerte Kapazitätserweiterungen scheute, und der nach der Annexion des Elsaß eher daran gelegen sein mußte, die vorhandenen Produktionsanlagen voll auszunutzen, hielt dagegen noch zwei Jahrzehnte lang an der zwölfstündigen Arbeitszeit fest.

Als die Augsburger Textilindustriellen im Juli 1889 schließlich den Beschluß faßten, die tägliche Arbeitszeit auf 11 Stunden zu verringern, fühlten sie sich nach eigener Aussage »absolut nicht unter dem Drucke seitens der Arbeiter, mehr unter einem solchen von oben und seitens der öffentlichen Meinung, denn der Zug der Zeit gehe eben einmal auf eine Arbeitszeit-Reduktion«[117]. In einem Zirkular Haßlers an die Arbeiter der Stadtbachspinnerei wurde jedoch auch der taktische Stellenwert der Arbeitszeitverkürzung angesprochen. In patriarchalischer Manier hieß es darin: »Wir bringen dieses Opfer, obgleich kein derartiges Gesuch von Euch gestellt wurde, [...] in Anbetracht der allgemeinen Zeitumstände, in Anerkennung Eures guten Verhaltens und zum Zwecke der Aufrechterhaltung des bisherigen freundlichen und friedlichen Einverständnisses zwischen uns und unseren Arbeitern, hoffen aber auch, daß Ihr unser Entgegenkommen würdigen, durch Fortdauer Eures Fleißes und Eurer Treue erwidern und niemals zugeben werdet, daß sich irgend Jemand zwischen uns und Euch dränge, und uns einander entfremde«[118]. Besonders die letzten Worte weisen auf die Funktion der Arbeitszeitverkürzung als Präventivmaßnahme hin. Wenn die Unternehmer auch Gerüchten über einen angeblich bevorstehenden Streik der Augsburger Textilarbeiter zur Erreichung des Elfstundentags nur wenig Glauben schenken mochten, so blieben sie doch von den »großen Strikes am Niederrhein und in Westphalen« und den möglichen Auswirkungen verstärkter sozialistischer Agitation unter den Arbeitern nicht unbeeindruckt[119]. Wie angebracht die Verkürzung des Arbeitstags war, erwies sich am Beispiel der Kammgarnspinnerei, die ihre Arbeitszeit nur um eine halbe Stunde reduzierte. Schon im April 1890 sah sich der Magistrat veranlaßt, die Polizei mit der Überwachung der Fabrik zu beauftragen, »da die Kammgarnspinnerei, deren Direktion den Arbeitern eine längere als in den anderen Textiletablissements übliche Arbeitszeit auch jetzt noch aus ganz ungerechtfertig-

---

113 MAN-Archiv Augsburg, Protokoll der Generalversammlung vom 22. 9. 1869.
114 Jahresbericht der Handels- und Gewerbekammer 1869, S. 47; Neue Augsburger Zeitung Nr. 246 vom 8. 9. 1869; StA Augsburg, Nachlaß Haßler, K 3, Schreiben vom 27. 9. 1869.
115 Ebenda.
116 MAN-Archiv Augsburg, Protokoll der Ausschußsitzung vom 8. 11. 1871.
117 StA Augsburg, Nachlaß Haßler, K 3, Protokoll einer Besprechung Augsburger Textilindustrieller am 22. 6. 1889 (Haßler).
118 StA Augsburg, Nachlaß Haßler, K 3, Zirkular vom 27. Juli 1889.
119 Die mechanische Baumwollspinnerei und Weberei, Bericht, a. a. O., S. 28; der erste Bürgermeister, Ludwig von Fischer, hielt einen Ausstand der Arbeiter für wahrscheinlich (StA Augsburg, Nachlaß Haßler, K 3, Protokoll der Besprechung vom 7. 6. 1889).

tem Eigensinn zumuthe, ein Herd der Arbeiter-Unzufriedenheit zu werden« drohe[120]. Erst nach Herabsetzung der Arbeitszeit war die Streikgefahr gebannt.

Die letzte bedeutende Reduzierung der Arbeitszeit in der Textilindustrie, die Einführung des Zehnstundentags, erfolgte zum 1. Januar 1906. Wie schon 1869 und 1889 handelte es sich auch in diesem Fall um eine taktisch wohlüberlegte Aktion der Augsburger Unternehmer, zu der sie sich im Gegensatz zu den Fabrikanten im Verband Süddeutscher Textilindustrieller und gegen den Willen des CVDI entschlossen[121]. Für die Entscheidung der Unternehmer waren zwei Gesichtspunkte ausschlaggebend: Zum einen sahen sie sich infolge der rapide gestiegenen Lebenshaltungskosten und der gespannten sozialen Atmosphäre nach der Metallarbeiteraussperrung im Sommer 1905 zu einer Lohnerhöhung veranlaßt; zum anderen erwarteten sie in absehbarer Zeit die gesetzliche Einführung des Zehnstundentags für Frauen, was bei dem hohen Anteil an weiblichen Arbeitskräften in der Textilindustrie und der Interdependenz der Arbeitsgänge praktisch eine Verkürzung der Arbeitszeit für alle Arbeiter nach sich ziehen mußte. In einem solchen Fall war jedoch eine Lohnerhöhung als Ausgleich für den einstündigen Verdienstausfall pro Tag nahezu unumgänglich. »Erhöhen wir also ab 1. Januar 1906 nur die Löhne«, so erläuterte Ferdinand Groß, der Direktor der Mechanischen Baumwollspinnerei und Weberei, »und kommt dann der Zehnstundentag, so haben wir die Lohnerhöhung zweimal«[122]. Infolgedessen zogen die Unternehmer eine sofortige Arbeitszeitverkürzung mit Lohnregulierung vor.

Die Textilarbeiter mußten aber auch dann noch länger arbeiten als ihre Kollegen in anderen Branchen. Für die MAN-Arbeiter war seit 1905 eine 58-Stunden-Woche in Kraft, die 1910 auf 56½ Stunden reduziert wurde[123]. Im Handwerk wichen die täglichen Arbeitszeiten je nach Gewerbeart sehr stark voneinander ab. Sie betrugen 1896[124]:

Beruf	Arbeitszeit ohne Pausen	Beruf	Arbeitszeit ohne Pausen
Bildhauer	9 – 9½ Std.	Kupferschmiede	10 Std.
Brauer	12 – 13 Std.	Lithographen	8 – 10 Std.
Buchdrucker	9 Std.	Maler	10½ Std.
Zigarrenarbeiter	11 Std.	Maurer	10 Std.
Feilenhauer	10½ Std.	Schuhmacher	12 – 14 Std.
Hafner	10 Std.	Tapezierer	9 – 10½ Std.
Handschuhmacher	11 Std.	Steinmetzen	10 Std.
Holzarbeiter	10¼ Std.	Zimmerer	9 – 10 Std.
Hutmacher	11 Std.		

Die längste Arbeitszeit hatten vor dem Ersten Weltkrieg noch die Brauer und Mälzer mit 13 Stunden im Jahre 1907 (wobei einige Stunden jedoch keine Arbeitszeit, sondern nur Präsenzzeit darstellten) und die Bäcker 1911 mit 12 Stunden[125].

---

120 StA Augsburg, G I 16/14; vgl. G III 17/12, Bekanntmachung vom 24. 8. 1889.
121 SWA-Archiv, Augsburg, Schreiben von H. A. Bueck an F. Groß vom 13. 9. 1905.
122 SWA-Archiv, Augsburg, Schreiben vom 27. 9. 1905 an den CVDI; Jahresbericht der Handels- und Gewerbekammer 1905, S. XII f., S. 3 ff. Zur Metallarbeiteraussperrung und ihren Auswirkungen siehe Teil III der Arbeit.
123 MAN-Archiv Augsburg, Foth a. a. O., Anlage 9. In einigen Augsburger Maschinenfabriken, unter denen sich auch MAN-Werk Augsburg befand, endete die Arbeit an Samstagen bereits um 12½ Uhr (Jahresberichte der Fabrikinspektoren 1910, S. 190).
124 Jahresberichte der Fabrikinspektoren 1896, S. 429.
125 Oberstaller, a. a. O., S. 42.

VI. Überstunden, Sonn- und Feiertagsarbeit

Wenn auch die übermäßig langen frühindustriellen Arbeitszeiten in Augsburg allmählich reduziert wurden und einige Gewerbe sich schon vor dem Ersten Weltkrieg dem Achtstundentag annäherten, so entsprach doch die vereinbarte Arbeitszeit nicht immer der tatsächlichen Länge eines Arbeitstags. Nach den Bestimmungen nahezu aller Fabrikordnungen waren die Arbeiter verpflichtet, auf Verlangen Überstunden zu leisten und einmal in der Woche, wenn es die Direktion für erforderlich hielt, auch eine ganze Nacht durchzuarbeiten[126]. Regelmäßige Nachtschichten waren allerdings in der Augsburger Industrie mit Ausnahme der Papierbranche nur selten anzutreffen[127]. Überstunden in großer Zahl fielen besonders in der ersten Phase eines wirtschaftlichen Aufschwungs an. Die Unternehmer wollten sich einerseits auch bei steigender Nachfrage keine Aufträge entgehen lassen, andererseits schoben sie im Hinblick auf den ungewissen Konjunkturverlauf das Risiko einer Betriebserweiterung eine Zeitlang hinaus[128]. So scheute z. B. die Messingfabrik Beck, wo 1851 infolge der Überstunden zeitweise vierzehn Stunden pro Tag gearbeitet wurde, die Kosten für eine Vergrößerung der Betriebsanlagen und des Arbeitspersonals[129]. Die Baumwollspinnerei Chur führte 1850 Nachtarbeit ein, um an dem plötzlich einsetzenden guten Geschäft möglichst kräftig zu partizipieren; eine Erweiterung der Fabrikanlagen wurde für später in Aussicht gestellt[130]. Die Ausnutzung des Booms ging stets zu Lasten der Arbeiter, wie ein Protestschreiben der Weber und Weberinnen der Buntweberei Riedinger an den Augsburger Ersten Bürgermeister, Ludwig von Fischer, vom Juli 1880 eindringlich vor Augen führt; darin heißt es: »Wir müssen schon von Weihnachten bis jetzt immer von früh halb sechs Uhr bis abends acht Uhr arbeiten; die Mittagsstund' ist bereits nicht erlaubt, da muß der Mensch zu Grunde gehn. Sagen darf keiner etwas, denn da heißt es gleich, wenn er nicht will, kann er gehen — und wohin jetzt«[131]. In der Maschinenfabrik Augsburg mußten die Arbeiter über nahezu drei Jahre hinweg, von 1887/88 bis 1890/91, pro Tag drei Überstunden leisten, was praktisch einem Dreizehnstundentag gleichkam[132]. Die Weberei am Fichtelbach stellte im Sommer 1906 an ihre Arbeiter das Ansinnen, für ein Vierteljahr 11 Stunden am Tag zu arbeiten, obwohl die Augsburger Textilindustrie erst zu Jahresbeginn die zehnstündige Arbeitszeit eingeführt hatte[133]; die Weigerung der Arbeiter beantwortete die Direktion mit Entlassungen. In der Kattunfabrik wurden 1906 so viele Überstunden geleistet, daß die tägliche Arbeitszeit wochenlang 12 Stunden betrug[134].

---

126 StA Augsburg, G I 16/13, Fabrikordnung der Mechanischen Baumwollspinnerei und Weberei 1840; G III 17/22, Fabrikordnung der Baumwollspinnerei am Stadtbach 1853; SWA-Archiv, Augsburg, Fabrikordnung 1901.
127 Jahresberichte der Fabrikinspektoren 1908, S. 109.
128 Vgl. dazu die Äußerung Haßlers vom 25. 1. 1885 in: VMB 30, 1885, S. 43: »Wenn wir wieder einmal günstige Conjuncturen haben, und die Fabriken mit 12 oder mit 11 Stunden Maximalarbeitszeit [...] nicht mehr ausreichen, die Conjunctur aber nicht mehr durch längere Arbeitszeit ausgebeutet werden kann, dann wird man sich einfach dadurch helfen, daß man neue Maschinen anschafft und das Geschäft vergrößert«.
129 StA Augsburg, G I 17/1.
130 Ebenda.
131 StA Augsburg, G III 17/40.
132 MAN-Archiv Augsburg, Protokoll der Generalversammlung vom 7. 9. 1888, 27. 9. 1889, 6. 7. 1891.
133 StA Augsburg, G I 16/14, II. Fasc.
134 StA Augsburg, G I 2/16, IV. Fasc.

Diese mehr oder weniger zufällig überlieferten Beispiele ausgedehnter Überstundenarbeit bieten nur einen kleinen Einblick in den Alltag der Augsburger Arbeiter. Eine genaue zahlenmäßige Erfassung der Überstunden ist nicht möglich, da die Betriebe für die Überarbeit männlicher Arbeitnehmer keine behördliche Erlaubnis einholen mußten. Nach den Angaben des Metallarbeiterverbandes betrug die Zahl der Überstunden 1906 in den kleineren Maschinenfabriken ca. 80- bis 100 000 im Jahr, in den Großbetrieben über eine halbe Million[135]. Die Überstundenarbeit der Frauen, deren Maximalarbeitszeit seit 1891 auf 11 Stunden beschränkt war, blieb geringer als die der Arbeiter, da sie zuvor beim Magistrat angemeldet werden mußte; trotzdem fielen dabei in manchen Betrieben bis zu 125 Überstunden pro Arbeiterin im Jahr an[136]. Eine Kontrolle und Eindämmung der Überstundenarbeit durch die staatlichen Aufsichtsorgane war nicht einfach. So berichtete der schwäbische Fabrikinspektor 1895: »Insbesondere macht es Schwierigkeiten, der sog. freiwilligen Überarbeit, welche in Wahrheit durch indirekten Druck erzwungen zu werden pflegt, zu steuern, da die Arbeitgeber die Verantwortung für solche Arbeit ablehnen«[137].

Die Arbeitszeit wurde jedoch nicht durch Überstunden verlängert. Da Reinigung und Reparaturen an den Maschinen für die im Stücklohn beschäftigten Arbeiter zu empfindlichen Lohneinbußen führen konnten, stellte sich mit der Zeit eine von den Fabrikanten gern gesehene partielle Sonntagsarbeit ein. So berichtete die Direktion der Mechanischen Baumwollspinnerei und Weberei 1857: »Überhaupt kommen gar manche unserer Arbeiter, die nach dem Stück bezahlt sind, an den Sonntagen freiwillig und ohne von uns eine Vergütung dafür zu bekommen, auf eine Stunde oder auch etwas länger in die Fabrik, um ihre Maschine in Ordnung zu bringen, oder etwas daran vorzurichten, damit sie in der Zeit, während welcher die Fabrik durch die Motoren in Betrieb ist, keinen Augenblick verlieren. Wir haben doch gewiß keinen Beruf, sie daran zu hindern, freuen uns im Gegenteil darüber, wenn sie sich durch solchen Fleiß einen höheren Lohn verdienen«[138]. Dieser durch geringe Bezahlung erzwungene »Fleiß« hatte für das Unternehmen den Vorteil, daß die Wartung der Maschinen nicht in die Arbeitszeit fiel, und die Arbeiter dadurch länger in der eigentlichen Produktion beschäftigt waren. Ähnlich verhielt es sich mit der Unsitte, schon vor Arbeitsbeginn am Morgen oder vor dem Ende der Mittagspause die Betriebsmaschine anlaufen zu lassen; ein Teil der Arbeiter setzte daraufhin lange vor Beginn der eigentlichen Arbeitszeit seine Webstühle in Gang. Die Unternehmer sahen das besonders gern, weil dabei die Antriebskräfte nur allmählich und nicht auf einmal voll belastet wurden[139].

Die Arbeit in den Fabriken und Werkstätten wurde außer an den Sonntagen nur noch an hohen Feiertagen unterbrochen. Die große Zahl der kirchlichen Feiertage, die in vorindustrieller Zeit mit Arbeitsruhe begangen wurde, schmolz auf Betreiben der Unternehmer mit der Zeit immer mehr zusammen. In einer Eingabe

---

135 Jahresbericht des Deutschen Metallarbeiterverbandes, Ortsverwaltung Augsburg, für 1906, S. 4 (in: StA Augsburg, G I 17/336).
136 StA Augsburg, A 161. Insgesamt wurden für die Augsburger Arbeiterinnen an Überstunden pro Jahr bewilligt:

1894	98 640	1898	38 184	1902	53 441	1906	14 706
1895	77 642	1899	25 780	1903	63 280	1907	21 900
1896	51 035	1900	70 612	1904	55 306	1908	11 369
1897	40 974	1901	28 382	1905	34 237	1909	28 494

137 Jahresberichte der Fabrikinspektoren 1895, S. 413.
138 SWA-Archiv, Augsburg, Schreiben an den Magistrat vom 21. 3. 1857.
139 Jahresberichte der Fabrikinspektoren 1910, S. 194.

an den Magistrat am 12. 5. 1859 behaupteten die Industriellen, Feiertage seien dem Arbeiter »sowohl in pecuniärer als auch in moralischer Beziehung schädlich. Wenn derselbe auch an solchen Feiertagen eine Stunde dem Kirchenbesuche widmet, so gibt er sich während dem größten Theil des Tages dem Müßiggang und den daraus entspringenden Lastern hin, wodurch er Veranlassung zu großen Auslagen hat, während er in jenen Tagen nichts verdient«[140]. Dank dieses unternehmerischen Kampfes gegen den Müßiggang durfte in Augsburg seit 1859 am Peter- und Paulstag, seit 1860 auch am Dreikönigstag, an Mariä Lichtmeß und Mariä Verkündigung gearbeitet werden. 1862 galten als arbeitsfreie Tage nur noch Neujahr, Karfreitag, Ostermontag, Himmelfahrt, Pfingstmontag, Fronleichnam, Friedensfest (8. August), Allerheiligen, Weihnachten und Stephanstag[141]. 1911 gab die katholische Kirche dem Drängen der bayerischen Industriellen nach und verlegte die Feste des hl. Josef und Johannes des Täufers sowie sämtliche Patrozinien der Kirchen- und Ortspatrone auf Sonntage. Die Feste Mariä Lichtmeß, Mariä Verkündigung und Mariä Geburt fielen ganz weg[142]. Auch lokale Feste, wie z. B. in Augsburg die Jakober Kirchweih, für welche die Arbeiter noch bis in die achtziger Jahre frei bekamen, verschwanden später; erst 1906 erreichte der Arbeiterverein vom MAN-Werk Augsburg die Freigabe des Nachmittags am Kirchweihmontag[143]. Patriotische Gedenktage wurden dagegen weit sorgfältiger gepflegt; in der Maschinenfabrik Augsburg bekamen z. B. die Teilnehmer am Feldzug 1870/71 jedes Jahr den Tag der Schlacht von Sedan ohne Verdienstabzug frei, die übrigen Arbeiter konnten um vier Uhr nachmittags Feierabend machen[144].

VII. Urlaubsregelungen

Wurde so im Laufe der Industrialisierung die Zahl der Arbeitstage pro Jahr immer mehr gesteigert und damit die Dauer der Erholungs- und Ruhetage ständig verringert, so setzte sich andererseits der Gedanke an einen Urlaub für Arbeitnehmer vor dem Ersten Weltkrieg nur sehr langsam durch. Oberstaller fand unter 63 vor dem Krieg in Augsburg abgeschlossenen gewerblichen Tarifverträgen nur 10 mit Urlaubsbestimmungen[145]. 1905 erhielten die Arbeiter in zwei Gasfabriken eine Woche Urlaub pro Jahr, die Brauereiarbeiter ab 1907 je nach Dauer der Betriebszugehörigkeit 2–3 Tage, ab 1910 5–7 Tage[146]. In der Großindustrie drang der Urlaubsgedanke noch langsamer durch. Im MAN-Werk war 1907 für die Zuteilung eines dreitägigen Urlaubs eine Dienstzeit von mindestens 10 Jahren

---

140 StA Augsburg, Nachlaß Haßler, K 3; Ähnlich Jahresbericht der Handels- und Gewerbekammer 1870, S. 22 f.: »Erfahrungsgemäß hat der Arbeiter an Feiertagen einen erhöhten Geldbedarf, welcher sehr häufig mehr zu Körper und Geist schwächenden Unterhaltungen als zur Erholung angewendet wird. Ausschreitungen gegen die Gesetze der Ordnung ereignen sich meistens an Feiertagen, während andererseits dieselben, zur Tätigkeit benützt, den Arbeiter in gewohnter Ordnung erhalten und ihm eine jährliche Ersparnis von 20–30 fl. ermöglichen würden«.
141 StA Augsburg, Nachlaß Haßler, K 3, Eingabe vom 24. 5. 1862.
142 Jahresbericht der Handelskammer 1911, S. 86 f.
143 StA Augsburg, Nachlaß Haßler, K 36, Protokoll der öffentlichen Plenarsitzung der Handels- und Gewerbekammer vom 10. 12. 1884; MAN-Archiv Augsburg, A 221, AVA-Geschäftsberichte 1906, S. 8.
144 Ebenda; Foth a. a. O., S. 258.
145 Georg Oberstaller, Die Entwicklung des Arbeitstarifvertragswesens in Augsburg bis Ende 1920 (Maschinenschrift), Diss. Würzburg 1922, S. 42.
146 Ebenda; StA Augsburg, G I 16/46.

erforderlich; um eine ganze Woche Urlaub zu erhalten, mußte ein Arbeiter mehr als 30 Jahre dem Werk angehören[147]. Ein Urlaubszuschuß zwischen 8 und 20 M wurde nur an die Mitglieder des Werkvereins ausbezahlt; die Aushändigung erfolgte allerdings nicht in bar, sondern in Blechmarken, die in der Verkaufsstelle des Werkvereins eingelöst werden mußten. Es ist nicht verwunderlich, daß jedes Jahr ein großer Teil der Urlaubsberechtigten »mit Rücksicht auf Familienverhältnisse« dem finanziellen Verlust auswich und auf den Urlaub verzichtete[148]. Ähnliche Urlaubsregelungen wie bei MAN bestanden auch in der Maschinenfabrik Riedinger und in der Mechanischen Baumwollspinnerei und Weberei[149].

VIII. Frauenarbeit

Die niedrigen Löhne der männlichen Fabrikarbeiter, die zum Unterhalt einer Familie in der Regel nicht ausreichten, zwangen auch die Frauen zur Mitarbeit. In der Zeit der ersten Fabrikgründungen, als die Möglichkeiten für die Beschäftigung von Frauen noch beschränkt waren, gingen die Arbeiterfrauen in fremde Häuser zum Waschen, Kochen und Putzen[150]. Später wurde der Miterwerb der Ehefrauen durch die Arbeit in der Fabrik zu einem festen Bestandteil des Familieneinkommens. Ein Augsburger Gutachten aus dem Jahre 1874 wies darauf hin, daß eine völlige Aufhebung der Frauenarbeit die Substanz vieler Arbeiterfamilien gefährden würde, da die Männer allein nicht genügend verdienten[151]. 1908 waren von den in Augsburg lebenden über 16 Jahre alten Fabrikarbeiterinnen 4053 (59 %) verheiratet[152]. Nach einer Umfrage des Fabrikinspektors aus dem Jahre 1899 unter verheirateten Arbeiterinnen des Kammerbezirks Schwaben und Neuburg gaben die Frauen als Grund für ihre Berufstätigkeit an[153]:

1. Ungenügender Verdienst des Ehemannes	46,1 %
2. Erzielung besserer Lebenshaltung	10,0 %
3. Erwerbssinn oder Sparsamkeitsrücksichten	28,4 %
4. Unsicherer Verdienst des Mannes	2,2 %
5. Unterhalt eines invaliden oder kranken Ehemannes oder arbeitsunfähiger Eltern	9,7 %
6. Zu großer Aufwand des Ehemannes für dessen eigene Lebenshaltung	1,9 %
7. Der Wunsch des Mannes, die Frau möge zum Verdienst beitragen	1,0 %
8. Rückzahlung von Schulden durch Hauskauf	0,7 %
insgesamt	100,0 %

---

147 MAN-Archiv Augsburg, A 221, AVA-Geschäftsberichte 1907, S. 9, 1908, S. 18.
148 Michael Gasteiger, Die Gelben Gewerkschaften. Ihr Werden und ihr Wesen, München 1909, S. 139; MAN-Archiv, Nachlaß Guggenheimer, Gelbe Gewerkschaften I, Bericht Pfeiffer vom 20. 9. 1909; Auszug Reisebericht vom 1. 7. 1909 (Berlin); AVA-Geschäftsberichte 1907, S. 9.
149 Gasteiger, Die Gelben Gewerkschaften, a. a. O., S. 139.
150 StA Augsburg, G I 16/1, I. Fasc.
151 StA Augsburg, A 153. Besonders bei ungelernten Arbeitern war die dauernde Mitarbeit der Ehefrau auch nach der Jahrhundertwende noch die Regel (Martini, a. a. O., S. 44).
152 StA Augsburg, G I 16/50.
153 Jahresberichte der Fabrikinspektoren 1899, S. 423 f.

Die ersten vier der angegebenen Motive, die für 86,7 % aller Arbeiterinnen zutrafen, kann man ohne weiteres unter den ökonomischen Zwang zum Mitverdienen subsumieren. Eine deutlich abgegrenzte Gruppe von Frauen mußte für den Unterhalt arbeitsunfähiger Angehöriger sorgen, was auf die Lücken der inzwischen eingeführten gesetzlichen Sozialversicherung hinweist. Auffallend gering war die Zahl der Frauen, die nur auf den ausdrücklichen Wunsch des Ehemannes arbeiteten. Aus eigenem Antrieb übte offensichtlich keine der Fabrikarbeiterinnen ihren Beruf aus. Die entfremdete, monotone und ungesunde Arbeit ließ Gedanken an eine mögliche »emanzipatorische« Funktion der Arbeit erst gar nicht aufkommen; vielmehr mußte den Frauen der Zwang zur Mitarbeit eindeutig als Nachteil erscheinen. Im Gegensatz zu den Männern hatten sie zusätzlich Haushalt und Familie zu versorgen — eine Doppelbelastung, die nach den Beobachtungen des Fabrikinspektors auf die Dauer unweigerlich zu gesundheitlichen Schäden führte[154]. Dabei blieb die Einstellung der Fabrikarbeiter zur Verteilung gesellschaftlicher Rollen bis zum Beginn des Ersten Weltkriegs merkwürdig starr. Bis in die Reihen der Sozialdemokraten hinein waren sie in der Mehrzahl für die völlige Aufhebung der Frauenarbeit außerhalb der Familie; selbst Forderungen, die zur Erleichterung der Lage der Arbeiterinnen beitragen sollten — wie z. B. 1914 das Verlangen nach Freigabe des Samstagnachmittags in der Textilindustrie — dienten in erster Linie dazu, den verheirateten Frauen mehr Zeit für die Verrichtung häuslicher Tätigkeiten zu gewähren[155].

In den ersten Jahrzehnten der Industrialisierung gab es für Frauen überhaupt keine Schutzbestimmungen. Sie arbeiteten unter den gleichen Bedingungen und ebenso lange wie die Männer. Frauen und Männer befanden sich in den Fabriken meist in gemeinsamen Räumen unter männlicher Aufsicht; nur in wenigen Betrieben waren Arbeiter und Arbeiterinnen in getrennten Räumen beschäftigt, wobei dann auch in einigen Fällen weibliches Aufsichtspersonal eingesetzt wurde[156]. Diese Form der Hand-in-Hand-Arbeit männlicher und weiblicher Arbeitskräfte diente den Unternehmern lange Zeit als Hauptargument gegen eine Beschränkung der Arbeitszeit für Fabrikarbeiterinnen. Noch 1885 wollte sich Theodor Haßler nur dazu herbeilassen, den Arbeiterinnen einen Zwölfstunden-Maximalarbeitstag zuzugestehen[157]. Die wichtigsten gesetzlichen Beschränkungen der Frauenarbeit — die Herabsetzung der erlaubten Maximalarbeitszeit 1891 auf 11 Stunden und 1908 auf 10 Stunden sowie die Einführung eines gesetzlichen Mutterschutzes, der sich seit 1878 auf drei Wochen nach einer Entbindung, seit 1891 auf vier Wochen erstreckte — konnten nur die schlimmsten Auswüchse beseitigen, die sich für Leben und Gesundheit der Fabrikarbeiterinnen ergaben[158]. Wie gravierend die Folgen der ständigen Überbelastung waren, läßt eine Aufschlüsselung der Sterbefälle in den Jahren 1871, 1872 und 1873 unter den über sechzehn Jahre alten Augsburger

---

154 Jahresberichte der Fabrikinspektoren 1899, S. 425.
155 StA Augsburg, G I 16/13, II. Fasc.; G I 2/14. Der Sozialdemokrat Leonhard Tauscher forderte 1877: »Schaffet die Frauenarbeit ab und ermöglicht es den Frauen, ihren Haushalt selbst zu führen; ermöglicht es dem männlichen Arbeiter, so viel zu verdienen, als er zur Ernährung von Weib und Kind bedarf«. Diese Haltung war auch in späteren Jahren noch häufig anzutreffen, wenn z. B. der Lagerhalter des sozialdemokratischen Konsumvereins 1905 äußerte: »Frauen gehörten nicht in die Fabrik, sondern ins Haus« (G I 16/14, II. Fasc.).
156 StA Augsburg, A 153.
157 VMB Nr. 30, S. 42. Mit den gleichen Argumenten kämpften die Industriellen auch gegen die Einführung des 10-Stunden-Tages für Frauen (SWA-Archiv, Augsburg, Magistrat als Gewerbepolizei, VII, Schreiben vom 1. 10. 1902).
158 Kuczynski, a. a. O., Bd. 3, S. 399; Jahresbericht der Handels- und Gewerbekammer 1908, S. XVIII.

Frauen erahnen. Danach waren 81,8 % der verstorbenen Arbeiterfrauen jünger als fünfzig Jahre, während bei den Frauen der übrigen Bevölkerung 61,2 % aller Sterbefälle auf die Altersgruppe der über Fünfzigjährigen trafen[159].

Da die Arbeiterinnen bis kurz vor der Geburt eines Kindes und frühzeitig nach der Entbindung zu arbeiten pflegten, waren auch die Lebenschancen der Arbeiterkinder geringer; in den gleichen Jahren starben von ihnen 65,3 % noch im Säuglingsalter, von den Neugeborenen der übrigen Bevölkerungsklassen dagegen »nur« 43,3 %[160]. Trotzdem hielten sich die Arbeiterinnen, die gezwungen waren, ihre Arbeitskraft ohne gesundheitliche Rücksichten zu verwerten, nur widerstrebend an die gesetzlichen Schutzbedingungen, die ihnen zugleich finanzielle Einbußen brachten[161]. Um 1909 war es erst in einigen wenigen Augsburger Firmen üblich, den Wöchnerinnen auf freiwilliger Basis einen Teil des durch die Schonfrist entgangenen Lohnes zu ersetzen und Unterstützung durch Abgabe kostenloser Milch zu gewähren[162].

Wenig Vorteile brachte den Arbeiterinnen die seit 1901 gesetzlich bestehende Möglichkeit, auf Antrag bereits eine halbe Stunde vor der üblichen Mittagszeit nach Hause zu gehen, um das Mittagsmahl für die Familie vorzubereiten. Die Augsburger Industriellen standen dieser Regelung ausgesprochen ablehnend gegenüber; nach einer Umfrage im Jahre 1909 hatten es nur 38 Arbeiterinnen gewagt, einen entsprechenden Antrag zu stellen. Neben den oft sehr großen Entfernungen zwischen Wohn- und Arbeitsplatz, der Möglichkeit zum Essenkauf in größeren Fabriken und den Unannehmlichkeiten, die den Arbeitskollegen durch die teilweise Nichtbesetzung von Maschinen entstanden, war es vor allem die Furcht vor Entlassung, welche die Frauen daran hinderte, das gesetzlich garantierte Recht auszuschöpfen[163].

Ein besonders gravierendes Problem stellte für arbeitende Mütter die Unterbringung und Beaufsichtigung der Kinder während der Arbeitszeit dar. Entsprechende kommunale, kirchliche oder private Einrichtungen standen trotz der frühzeitigen und weitreichenden Verbreitung der Frauenarbeit nur in sehr begrenztem Umfang zur Verfügung. In den dreißiger Jahren des 19. Jahrhunderts existierten in Augsburg drei Kleinkinder-Bewahrungsanstalten, die 1846 von über 340 Kindern besucht wurden; die Unkosten deckten Zuschüsse aus Kommunalmitteln,

---

159 StA Augsburg, A 153. Die Häufung der Sterbefälle beider Bevölkerungsgruppen in den verschiedenen Altersstufen zeigt die Unterschiede zwischen den Klassen in viel erschreckenderer Deutlichkeit als dies alle Unterscheidungen nach Stellung im Arbeitsprozeß, Einkommen usw. vermögen:

	Arbeiterfrauen		Frauen aus der übrigen Bevölkerung	
Lebensalter	Sterbefälle	in %	Sterbefälle	in %
16–18	5	7,6	4	1,1
19–25	10	15,3	26	7,0
26–30	12	18,2	17	4,6
31–35	8	12,1	25	6,8
36–40	7	10,6	24	6,5
41–45	5	7,6	24	6,5
46–50	7	10,6	24	6,5
51–55	2	3,0	31	8,3
56–60	3	4,5	25	6,8
61–65	3	4,5	44	11,8
66–70	2	3,0	43	11,5
71 ff	2	3,0	84	22,6
insgesamt:	66	100,0	371	100,0

160 StA Augsburg, A 153.
161 Martini, a. a. O., S. 49.
162 StA Augsburg, G I 16/50.
163 VMB Nr. 30, 1885, S. 38; StA Augsburg, G I 16/50.

Beiträge eines Frauenvereins und der Eltern, die pro Kind 6 Kr., für die Verpflegung zusätzlich 9 Kr. in der Woche bezahlen mußten, was nahezu dem halben Tagesverdienst eines Arbeiters gleichkam[164]. Der wohl vorwiegend proletarischen Herkunft der Kinder entsprechend wurde bei der Erziehung »namentlich auch darauf gesehen, daß sich die jungen Zöglinge an Thätigkeit gewöhnen«; sie mußten Flecht-, Web- und Klöppelarbeiten anfertigen, deren Verkauf ebenfalls zur Deckung der Kosten diente[165]. 1847 besuchten 60 Kinder, deren Eltern in der Mechanischen Baumwollspinnerei und Weberei arbeiteten, eine Kinderbewahranstalt; für die Anstaltsgebühren spendete die Firma 50 fl. im Jahr[166]. In den Fabriken selbst entstanden nur langsam und vereinzelt Kindergärten. 1889 verfügten erst die Zwirnerei und Nähfadenfabrik in Göggingen, die Spinnerei und Buntweberei in Pfersee, die Stadtbachspinnerei und die Kammgarnspinnerei über Kinderkrippen oder Kindergärten[167]. Der Besuch solcher Einrichtungen war in der Regel unentgeltlich, wenn er auch von den Unternehmern nicht nur aus uneigennützigen Motiven ermöglicht wurde. So hieß es in einem Bericht der Stadtbachspinnerei 1889: »Der Einfluß des Kindergartens auf frühzeitige Gewöhnung der Kinder an Zucht und Ordnung ist unverkennbar und lohnt reichlich die ca. M 1700 betragenden Kosten«[168].

Im allgemeinen kümmerten sich die Industriellen angesichts des großen Angebots an weiblichen Arbeitskräften nur wenig um die Situation der verheirateten Arbeiterin. Das in Augsburg vorherrschende System der Unterbringung von Kindern berufstätiger Mütter wurde deshalb das sog. »Kostkindersystem«. Für 1,50 bis 5 M Kostgeld pro Woche gab man die Kinder fremden Personen in Pflege. Allzu oft handelte es sich dabei um »schmutzige, grobe, alte Weiber«, die diese Aufgabe in erster Linie aus finanziellen Gründen übernahmen und den ihnen anvertrauten Kindern nur unzulängliche Nahrung und Pflege zukommen ließen[169]. Der Augsburger Magistrat betrachtete gerade diese Form der Pflege als eine wesentliche Ursache für die hohe Kindersterblichkeit in der Stadt. 1894 befanden sich in Augsburg 1281 Kinder in den Händen solcher »Pflegemütter«[170].

Trotz dieser offenkundigen Vernachlässigung der Bedürfnisse der Arbeiterinnen wurde die Frauenarbeit für die Industrie immer unentbehrlicher. Abgesehen von dem begrenzten Einsatz als Facharbeiterinnen, z. B. als Weberinnen in der Textilindustrie, trat mit der Zeit die Tendenz hervor, möglichst alle leichten, unqualifizierten Arbeiten an Frauen zu vergeben. »Frauenspersonen seien gefügiger und genügsamer als Mannspersonen, daher würden sie gern zur Arbeit genommen«, hieß es im allgemeinen[171]. Da ihr Einkommen ohnehin nur als »Mitverdienst« und nicht als »Familienlohn« zählte, konnte ihnen auch für gleiche Tätigkeit ein viel niedrigerer Lohn zugemutet werden[172]. Insofern ist es verständlich,

---

164 Johann Georg Wirth, Augsburg wie es ist! Beschreibung der Merkwürdigkeiten der altberühmten Stadt mit Bezug auf Kunst, Handel, Fabriken, Gewerbe etc., Augsburg, 1846, S. 116 f.
165 Ebenda.
166 SWA-Archiv, Augsburg, Ausschußprotokoll vom 23. 6. 1847.
167 Collektiv-Ausstellung der Augsburger Industriellen, veranstaltet von dem Technischen Verein in Augsburg unter Mitwirkung der Süddeutschen Textilberufsgenossenschaft in Augsburg (Deutsche Allgemeine Ausstellung für Unfallverhütung, Berlin 1889), Augsburg o. J., S. 10 ff.; Julius Post/H. Albrecht, Musterstätten persönlicher Fürsorge von Arbeitgebern für ihre Geschäftsangehörigen, I. Bd., Berlin 1889, S. 28.
168 Collektiv-Ausstellung [. . .], a. a. O., S. 10.
169 Martini, a. a. O., S. 50.
170 Verwaltungsberichte des Stadtmagistrats 1894, S. 184.
171 StA Augsburg, G II 13/259.
172 Zu den teilweise sehr bedeutenden Verdienstunterschieden bei gleicher Arbeit siehe unten; zum Problem der Bezahlung der Frauenarbeit: Kuczynski, a. a. O., Bd. 18, S. 92.

daß die Frauenarbeit von den männlichen Arbeitern immer auch unter dem Aspekt einer billigeren Konkurrenz betrachtet wurde, durch welche in vielen Fällen die eigene Arbeitskraft jederzeit ersetzt werden konnte[173].

Obwohl sich die Industriellen energisch gegen alle Versuche zur Beschränkung der Frauenarbeit wehrten, hielten sie doch andererseits an der Fiktion fest, auch die Arbeiterfrau sei in erster Linie nur Hausfrau und Mutter. Nahezu alle Wohlfahrtseinrichtungen, die Arbeiterinnen und vor allem jungen Mädchen zugute kommen sollten, dienten der Vorbereitung auf diese Rolle; auch die geringe Zahl der betrieblichen Kindergärten spiegelt diese widersprüchliche Einstellung wider. Dagegen bekämpften speziell die Textilindustriellen alle Versuche, den jungen Arbeiterinnen eine höhere allgemeine oder berufliche Qualifikation zu verschaffen. Am deutlichsten zeigt dies der zähe Kampf gegen die Einführung der Fortbildungsschulpflicht für schulentlassene Mädchen. Als dieser Kampagne kein Erfolg beschert war, bestanden die Unternehmer wenigstens darauf, daß die Schulstunden nicht während der Arbeitszeit gehalten werden dürften und es sich dabei »vorwiegend um einen Haushaltsunterricht handeln könnte und sollte«[174]. Dabei läßt sich der Verdacht nicht von der Hand weisen, daß auf diesem Wege das reichliche Angebot an unqualifizierten Arbeitskräften, wie es speziell die Textilindustrie benötigte, um jeden Preis aufrecht erhalten werden sollte. Daneben deutet der niedrige Anteil an arbeitenden Frauen in den Krisenjahren 1900 und 1908 darauf hin, daß die Arbeiterinnen gleichzeitig eine industrielle Reservearmee bildeten, die bei Bedarf bevorzugt entlassen wurde[175]. Dies unterstreicht auch die überproportional hohe Arbeitslosigkeit unter den Arbeiterinnen, wie sie sich bei einer Arbeitslosenzählung im Jahre 1901 ergab[176]. Damit wird deutlich, daß die Fabrikarbeit der Frau zwar zu einem wichtigen Bestandteil der Industriearbeit geworden war, die weiblichen Arbeitnehmer aber gleichzeitig ein Subproletariat bildeten, dessen Stellung im Arbeitsprozeß sich durch Tätigkeit und Bezahlung negativ von derjenigen der männlichen Arbeiter abhob. Das Heraustreten aus der traditionellen Rolle als Hausfrau und Mutter konnte unter den gegebenen Bedingungen auch nicht zu einem Emanzipationserlebnis führen, sondern brachte in erster Linie physische Überbeanspruchung und erhöhte Sterblichkeit mit sich.

IX. Kinder und Jugendliche im Fabrikbetrieb

War schon die früheste Jugend der Arbeiterkinder eine Vorbereitung auf ein entbehrungs- und arbeitsreiches Dasein, so begann für die Schulkinder bereits das allmähliche Hineinwachsen in die Fabrikarbeit. Die Verwendung von Kindern in Fabriken war in Bayern in der frühindustriellen Phase weit verbreitet. 1847 hatten

---

173 So wurde z. B. 1876 in einer Arbeiterversammlung die Forderung erhoben, »das Weib solle die Kinder erziehen und nicht dem Manne Konkurrenz machen« (StA Augsburg, G I 2/13, II. Fasc.).
174 SWA-Archiv, Augsburg, Beitrag zum Jahresbericht des Verbands Süddeutscher Textilarbeitgeber, 12. 5. 1910.
175 StA Augsburg, A 161; G I 16/50. Während 1894 noch 6059 von 15 549 Fabrikarbeitern (39,0 %) Frauen waren, betrug der Anteil 1900 nur 7286 (37,3 %) von 19 526, 1908 7775 von 20 809 Arbeitern (37,4 %).
176 StA Augsburg, G I 16/12. Diese Zählung vom November 1901 beruhte auf dem Selbstmeldesystem und war daher sehr lückenhaft, wobei man annehmen darf, daß bei den Arbeiterinnen der Anteil derjenigen, die sich nicht meldeten, sogar größer war als bei den Arbeitern. Trotzdem waren unter den 410 festgestellten Arbeitslosen im Stadtgebiet 183 Frauen (44,6 %).

2728 Arbeiter das vierzehnte Lebensjahr noch nicht erreicht. Dabei nahm neben der dezentralisierten ländlichen Textilindustrie in Schwaben auch das neue Industriezentrum Augsburg eine herausragende Stellung ein[177]. Eine von der Regierung angeordnete Umfrage im Jahre 1839 ergab, daß schon damals in drei Augsburger Fabriken ca. 40—50 werktagsschulpflichtige Kinder beschäftigt waren. Die meisten von ihnen stammten aus den Nachbarorten Haunstetten, Göggingen, Pfersee und Steppach und mußten im Winter elf, im Sommer zwölf Stunden und länger arbeiten[178].

1840 wurde in Bayern die Einstellung von Kindern vor dem vollendeten neunten Lebensjahr verboten, die tägliche Maximalarbeitszeit für Neun- bis Zwölfjährige auf zehn Stunden beschränkt und die Aufnahme von einem gerichtsärztlichen Attest sowie dem Nachweis entsprechender Schulkenntnisse abhängig gemacht. Die Arbeit sollte nicht vor sechs Uhr morgens beginnen und um acht Uhr abends beendet sein. Ferner war für die Kinder eine einstündige Pause und ein zweistündiger Unterricht während der Arbeitszeit in einer Volks- oder Fabrikschule vorgeschrieben[179]. Diese Bestimmungen wurden jedoch oft nicht eingehalten; 1841 arbeiteten z. B. in der Mechanischen Baumwollspinnerei und Weberei ein sieben- und ein achtjähriger Junge. Für die schulpflichtigen Kinder, darunter zehn- und elfjährige Jungen und Mädchen, sollte erst eine Fabrikschule eingerichtet werden[180].

Bei einer zweiten Umfrage zur Kinderarbeit in Bayern im Jahre 1851 zeigte sich, daß in Augsburger Fabriken nur mehr 16 Kinder beschäftigt waren, die das zwölfte Lebensjahr noch nicht vollendet hatten. Dagegen arbeiteten 805 sonntagsschulpflichtige Jungen und Mädchen zwischen dem 12. und 18. Lebensjahr in der Industrie, davon knapp die Hälfte in der Mechanischen Baumwollspinnerei und Weberei[181]. Die Mehrzahl der Fabrikkinder war in der Textilindustrie beschäftigt, die übrigen verteilten sich auf die Becksche Messingfabrik, die Maschinenfabrik Reichenbach, zwei Zündholzfabriken und die Cottasche Buchdruckerei. Bei Cotta arbeiteten 24 sonntagsschulpflichtige Jungen während der Woche von sechs Uhr morgens bis sieben Uhr abends, an Sonn- und Feiertagen von neun Uhr früh bis zwei Uhr nachmittags in der Druckerei und falzten die Allgemeine Zeitung. In der Kammgarnspinnerei mußten 108 Kinder von früh 5 Uhr bis abends 7 Uhr arbeiten. Am schlimmsten lagen die Verhältnisse in der Baumwollspinnerei Chur, wo 131 Jungen und Mädchen abwechslungsweise jeweils eine Woche lang in zwölfstündigen Tag- und Nachtschichten beschäftigt wurden. Auch in der Firma Rugendas & Cie. war seit 1852 Nachtarbeit für Kinder üblich; sie wurde 1853 auf Betreiben des Gerichtsarztes lediglich dadurch eingeschränkt, daß mehr Kinder eingestellt und die Nachtarbeit für Jugendliche auf zwei Tage in der Woche beschränkt wurde[182].

Ein Pfarrer, der beobachtet hatte, wie die in der Churschen Fabrik arbeitenden Kinder vor Erschöpfung dem Konfirmandenunterricht nicht mehr zu folgen ver-

---

[177] Hugo Kündig, Geschichte der bayerischen Arbeiterschutzgesetzgebung, Diss. München, Berlin 1913, S. 31.
[178] Ebenda, S. 11.
[179] StA Augsburg, G I 17/1; Kündig, a. a. O., S. 23 ff.
[180] SWA-Archiv, Augsburg, Verzeichnis der schulpflichtigen Kinder vom 2. 1. 1841; Schreiben des Stadtmagistrats an die Mechanische Baumwollspinnerei und Weberei vom 16. 2. 1841; Schreiben der Firma an den Magistrat vom 25. 2. 1841. 1843 teilte die Firma dem Magistrat mit, daß sie sich entschlossen habe, keine werktagsschulpflichtigen Kinder mehr aufzunehmen und den Schulbetrieb wieder einzustellen (ebenda, Schreiben vom 1. 12. 1843).
[181] StA Augsburg, G I 17/1, I. Fasc.
[182] Ebenda.

mochten, stellte »im Interesse der Menschheit« an den Magistrat die Bitte, die Nachtarbeit für Kinder ganz zu verbieten. Auf eine entsprechende Anfrage des Magistrats versicherten die Besitzer der Firma Chur, die Kinder verfügten über genügend Zeit zum Schlafen: »Wäre dies nicht der Fall, so würde es sich schon bey der nächsten Nacht dem Aufsichtspersonal sowohl als den Spinnern offenbaren, da bekanntlich bey jungen Leuten die Natur ihre vollen Rechte und zwar ohne langen Aufschub fordert. Gerade dieser letztere Umstand, daß junge Leute nicht umhin können, dem Schlafe und der Ruhe die nöthige Zeit zu widmen, ist mit eine Bürgschaft, daß es geschehe; denn wenn es nicht geschieht, so wird es wie gesagt unfehlbar entdeckt und natürlich ernstlich gerügt«[183]. Die Tatsachen entsprachen dieser zynischen Logik freilich nicht. So entschied der königliche Distriktschulinspektor der Nachbargemeinde Göggingen, der katastrophale Einfluß der Nachtarbeit müsse gar nicht erst nachgewiesen werden, er sei »durch das geisterhafte Aussehen dieser Kinder und öftere Krankheiten derselben – besonders Augenkrankheiten – konstatiert«[184]. Freilich fürchtete auch er in erster Linie, der Schaden würde in einigen Jahren »in der körperlichen und geistigen Verkommenheit dieser Unglücklichen zum unberechenbaren Nachtheile der Heimatgemeinde zu seiner ganzen Größe hervortreten«[185]. Auch der Augsburger Stadtmagistrat erkannte die Gefahren der Ausbeutung kindlicher Arbeitskraft, mußte aber gleichzeitig bekennen: »Indessen weiß der [...] Stadtmagistrat keine Verordnung, welche solche Nachtarbeiten verbietet«[186].

Obwohl seit 1854 das Mindestalter der Fabrikkinder auf 10 Jahre, die tägliche Maximalarbeitszeit auf neun Stunden festgesetzt und die Nachtarbeit verboten wurde, änderte sich das traurige Los der jugendlichen Arbeiter nur wenig. Der Fall eines dreizehnjährigen Jungen, der heimlich von zu Hause weglief, um der Fabrikarbeit zu entgehen, und der eines vierzehnjährigen Fabrikarbeiters, der wegen Erschöpfung und Unterernährung ins Krankenhaus gebracht werden mußte, veranlaßte den Magistrat 1856 erneut, an die Unternehmer die Bitte zu stellen, »im Interesse der Menschlichkeit die Aufnahme zu junger, noch nicht ausgebildeter Knaben und Mädchen als Fabrikarbeiter zu vermeiden, jeden Falls aber darauf zu sehen, daß die Aufzunehmenden auch körperlich kräftig sind«[187].

Das Inkrafttreten der Reichsgesetzgebung brachte eine Besserung auf dem Gebiet der noch sehr rückständigen bayerischen Kinderschutzbestimmungen. So durften nunmehr Kinder unter zwölf Jahren nicht mehr zu regelmäßiger Fabrikarbeit herangezogen werden und waren verpflichtet, Arbeitsbücher zu führen, die Auskunft über Alter und Schulbesuch gaben[188]. Die Übertretung der gesetzlichen Bestimmungen war jedoch auch weiterhin an der Tagesordnung; so enthielten die Arbeitsbücher oft Rasuren und augenfällige Ungenauigkeiten im Geburtsdatum

---

183 StA Augsburg, G I 17/1, I. Fasc.
184 Ebenda, Schreiben vom 18. 12. 1851.
185 Ebenda.
186 Ebenda, Schreiben an die Regierung von Schwaben und Neuburg vom 20. 1. 1852. Die gesetzlichen Schutzbestimmungen waren, soweit sie die Tageszeit betrafen, in der die Arbeit verrichtet wurde, bis 1854 nur Sollvorschriften. Gerade die Spinnerei Chur bot das Beispiel einer besonders hartnäckigen Ausnutzung der behördlichen Hilflosigkeit. Trotz mehrmaliger Ermahnungen des Magistrats beschäftigte sie noch einige Jahre Kinder bei der Nachtarbeit, wobei die Direktion abwechselnd auf einen Fabrikneubau verwies, der die Nachtarbeit überflüssig machen sollte, oder gar behauptete, die Arbeit werde von den Kindern »sozusagen spielend« verrichtet.
187 StA Augsburg, G I 16/13, I. Fasc.
188 StA Augsburg, A 153.

oder in den Angaben über den Schulbesuch. Nicht selten fanden sich sogar Geistliche und Vorstände der Landgemeinden bereit, jüngeren Kindern das vorgeschriebene Alter zu attestieren. Auch die Bestrafung der Unternehmer bei Verstößen gegen den Jugendschutz wirkte wenig abschreckend. So erhielt 1877 der Direktor der Kammgarnspinnerei eine Geldstrafe von 9 Mark, weil er ein schulpflichtiges Mädchen ohne Arbeitsbuch mehr als zehn Stunden am Tag beschäftigt hatte[189]. Doch auch unter den Arbeitern selbst trafen die Schutzbestimmungen für Jugendliche nicht immer auf Verständnis. In den Spinnereien und Webereien, wo keine eigentlichen Vesperpausen für erwachsene Arbeiter bestanden, und nur die Jugendlichen gesetzlich das Recht hatten, ihren Arbeitsplatz vor- und nachmittags jeweils für eine halbe Stunde zu verlassen, ließen sich die erwachsenen Spinner noch um die Jahrhundertwende diese Ausfallzeit, während der sie die Tätigkeit der als Aufstecker beschäftigten Jugendlichen mit übernehmen mußten, von ihren Gehilfen in Geld zurückerstatten[190].

Die Beschäftigung zwölf- bis vierzehnjähriger Kinder war in der Augsburger Industrie in den siebziger Jahren sehr verbreitet. 1874 arbeiteten 73 Mädchen und 91 Jungen zwischen zwölf und vierzehn Jahren und 188 Mädchen und 326 Jungen zwischen vierzehn und sechzehn Jahren in Fabrikbetrieben[191]. Da nach den Bestimmungen der Gewerbeordnung alle in einer Fabrik arbeitenden Kinder vor dem vierzehnten Lebensjahr – auch wenn sie die in Bayern nur sieben Jahre umfassende Volksschule schon absolviert hatten – täglich drei Stunden Unterricht erhalten mußten, gingen größere Firmen wieder dazu über, eigene Fabrikschulen zu errichten. 1877 bestanden in Augsburg fünf solcher Privatschulen, in denen insgesamt ca. 130 Kinder unterrichtet wurden. Der pädagogische Erfolg der Fabrikschulen war allerdings sehr fragwürdig, da die dort zusammengewürfelten Kinder meist eine recht mangelhafte und unterschiedliche Vorbildung besaßen und oft nicht einmal der deutschen Sprache mächtig waren[192]. Nach der Änderung der Gewerbeordnung 1878 wurden die meisten dieser Schulen wieder aufgelöst, da einerseits die frühere Bestimmung wegfiel, nach der auch schulentlassene noch nicht Vierzehnjährige Unterricht erhalten mußten, zum anderen aber Kinder unter vierzehn Jahren nicht mehr länger als sechs Stunden täglich beschäftigt werden durften, und somit die Aufnahme dieser Altersgruppe in die Fabrik für die Unternehmer weniger rentabel als früher war[193].

Die sukzessive Verkürzung der Arbeitszeit für Kinder und Jugendliche hatte im Verein mit den übrigen Schutzbestimmungen und den ständigen Behördenkontrollen in den Betrieben den Effekt, daß die Unternehmer mit der Zeit weitgehend auf die Beschäftigung von Kindern vor dem 14. Lebensjahr verzichteten. 1888 wurden in neun Augsburger Betrieben noch insgesamt 101 Zwölf- bis Vierzehnjährige und 630 Vierzehn- bis Sechzehnjährige beschäftigt, 1894 dagegen nur mehr 35 Kinder unter vierzehn und 916 Vierzehn- bis Sechzehnjährige[194]. Ein besonderes Problem entstand dabei für die schulentlassenen Dreizehnjährigen, die ein Jahr lang ohne

---

189 StA Augsburg, A 153.
190 Martini, a. a. O., S. 19.
191 StA Augsburg, A 153.
192 Ebenda; G I 16/74; E II C 13/27. In der Mechanischen Baumwollspinnerei und Weberei wurde eigens ein Lehrer für die Fabrikschule angestellt, der ein Jahresgehalt von 1040 M incl. freier Wohnung und Heizung bezog (ebenda).
193 StA Augsburg, G I 16/74; Jahresberichte der Fabrikinspektoren 1885, S. 31. Nur die Schule der Stadtbachspinnerei blieb noch bestehen und umfaßte 1885 53 Schüler.
194 StA Augsburg, A 153; ad G I 17/2; A 161; Jahresberichte der Fabrikinspektoren 1892, S. 209, 1896, S. 420.

Lernmöglichkeiten und Aufsicht blieben. Während in Nürnberg, München und Ludwigshafen schon in den neunziger Jahren das achte Schuljahr eingeführt wurde, erteilte die Augsburger Lokalschulkommission den Eltern lediglich den Rat, ihre Kinder einfach noch ein halbes oder ganzes Jahr in die siebte Klasse zu schikken, bis sie in eine Fabrik aufgenommen würden[195]. Erst 1903/04 wurde ein achtes Schuljahr für Mädchen auf freiwilliger Basis, 1907/08 eine obligatorische achte Klasse für Jungen eingeführt[196].

Gehörte um diese Zeit auch die regelmäßige Beschäftigung schulpflichtiger Kinder der Vergangenheit an, so blieb doch bei den Volksschülern der zeitlich begrenzte Miterwerb weiterhin die Regel. 1903 waren 224 Augsburger Volksschüler gewerblich tätig; die meisten trugen Brot oder Milch aus oder arbeiteten in Gaststätten. Viele verdingten sich außerdem in den Sommerferien zu Haus- und Feldarbeiten[197].

Die gesetzliche Einschränkung der Kinderarbeit vollzog sich nicht ohne den Widerstand interessierter Kreise. Von Behörden und Fabrikanten wurde immer wieder auf das zweifellos vorhandene Bestreben der Arbeiterfamilien hingewiesen, den Haushalt durch das möglichst frühzeitige Mitverdienen der Kinder zu entlasten. So stellte eine Untersuchung der Verhältnisse jugendlicher Fabrikarbeiter anläßlich der Bundesrats-Enquête 1875 fest: »Die Hauptursache dieser Ausbeutung der Arbeitskraft der Kinder liegt bei ihren Eltern selbst, welche [...] des Verdienstes wegen das meiste Interesse haben, daß ihre Kinder eine Schule nicht besuchen«[198]. Nicht selten erklärten sich die Elternpaare nur zum Eintritt in eine Fabrik bereit, wenn ihre Kinder ebenfalls, und zwar entgegen den Vorschriften, für die volle Tageszeit eingestellt wurden[199]. Die Ursachen der Kinderarbeit lagen ebenso wie die der Frauenarbeit in der niedrigen Bezahlung der erwachsenen Arbeiter und der außerordentlichen Billigkeit der Kinderarbeit. Noch in den siebziger Jahren des 19. Jahrhunderts kam eine Augsburger Untersuchungskommission zu dem Schluß, durch ein Verbot der Kinderarbeit würde »wenigstens bei den Arbeitern, die nicht zu den vorzüglichsten gehören, das Einkommen der Familie unter das Bedürfnis herabgedrückt werden«[200].

Hartnäckiger als jene Arbeiterfamilien, die sich das Existenzminimum nur auf Kosten der Gesundheit und Entwicklung ihrer Kinder sichern konnten, hielten die Augsburger Unternehmer, in erster Linie die Textilindustriellen, an der Kinderarbeit fest, wobei sie 1886 sogar erklärten, daß »deren Schädlichkeit in ihrem jetzigen Umfang in keiner Weise nachgewiesen ist, sondern nur von gewissen Seiten behauptet wird«[201]. Bedauerten die Industriellen schon, daß mit dem Inkrafttreten der Reichsgesetzgebung eine Verwendung von Kindern, die das zwölfte Le-

---

195 Jahresberichte der Fabrikinspektoren 1892, S. 209, 1896, S. 420. Die Lage der Dreizehnjährigen war vor der Einführung des 8. Schuljahres besonders im Winter sehr hart, da die Eltern sie meist in der ungeheizten Wohnung zurücklassen mußten.
196 Jahresberichte der Fabrikinspektoren 1903, S. 192, 1906, S. 202.
197 StA Augsburg, G I 17/1, II. Fasc.; Wilhelm Deffner, Soziale Gegensätze oder die Lage der Textilarbeiter in Augsburg, Berlin 1907, S. 7.
198 StA Augsburg, A 153. Der Magistrat setzte zu diesem Zweck aus seinen Reihen eine Untersuchungskommission ein, die aus zwei bürgerlichen und einem rechtskundigen Magistrat bestand. Diese Kommission wurde von »sachkundigen« Personen aus den mit Arbeiterfragen befaßten Kreisen unterstützt, so vom Bezirksarzt und den beiden Oberärzten des allgemeinen Krankenhauses, einem Geistlichen, einem Lehrer, den Fabrikanten Albert Frommel und Prosper de Rudder und zwei »ehemaligen« Arbeitern, einem Formstecher und einem Fabrikaufseher (ebenda).
199 Ebenda.
200 StA Augsburg, A 153.
201 VMB 32, 1886, S. 78.

bensjahr noch nicht zurückgelegt hatten, nicht mehr möglich war, so wandten sie sich besonders gegen alle weitergehenden Schutzbestimmungen, etwa gegen ein generelles Arbeitsverbot für Kinder vor dem vierzehnten Lebensjahr oder gegen die Beschränkung der Arbeitszeit für vierzehn- bis sechzehnjährige Jugendliche auf zehn Stunden pro Tag[202]. Als Hauptargumente dienten den Unternehmern neben der angeblichen Bedrohung der Konkurrenzfähigkeit der deutschen Industrie die Störung des Betriebsablaufs bei ungleichen Arbeitszeiten der verschiedenen Arbeitergruppen und die Besorgnis um die in Bayern schon mit dreizehn Jahren aus der Schule entlassenen Kinder, da ja »bekanntlich [...] der Müßiggang aller Laster Anfang« sei[203]. Diese Agitation gegen den Ausbau der Schutzbestimmungen für Kinder und Jugendliche blieb nicht ohne Erfolg. Auf das Betreiben der Textilindustriellen, an dem sich die Augsburger Fabrikanten maßgeblich beteiligten, wurde 1879 eine Ausnahmegenehmigung für vierzehn- bis sechzehnjährige Jugendliche in den Spinnereien erteilt; sie durften weiterhin statt der gesetzlich vorgeschriebenen zehn Stunden elf Stunden am Tag beschäftigt werden[204].

Das allmähliche Zurückgehen der Kinderarbeit lag nicht primär in der Einsicht von Eltern und Unternehmern begründet; neben dem technischen Fortschritt, der auch in der Textilindustrie viele Handgriffe durch Maschinenarbeit ersetzte und komplizierteren Betriebsabläufen im allgemeinen, die eine Beschäftigung von Kindern ausschlossen, war es vor allem der Einfluß der zeitgenössischen Öffentlichkeit auf die Gesetzgebung, der eine fortschreitende Ausweitung des Kinderschutzes herbeiführte. Dabei waren freilich nicht nur humane Gesichtspunkte ausschlaggebend, sondern ebenso ein wachsender Militarismus, der sich zunehmend an den schlechten Aushebungsergebnissen unter der Arbeiterjugend stieß. So vergaß auch die Augsburger Untersuchungskommission 1875 nicht, auf den wesentlich höheren Untauglichkeitsgrad unter den militärpflichtigen Arbeitersöhnen (66,4 %) im Vergleich mit den jungen Männern der übrigen Bevölkerung (44,6 %) hinzuweisen[205].

X. Die Lehrlinge in Handwerks- und Fabrikbetrieben

Die Gesetze zum Schutze der Kinder und Jugendlichen erstreckten sich nicht auf die Lehrlinge im Handwerk und wurden zunächst auch nicht auf die Fabriklehrlinge angewandt[206]. Die soziale Situation dieser Gruppen war jedoch teilweise nicht besser als die der Fabrikarbeiter. Mit der Einführung der Gewerbefreiheit 1868 in Bayern unterlag die Lehrlingsausbildung keiner Kontrolle mehr; ohne den

---

202 So erklärte der Augsburger Unternehmer Frommel auf dem Kongreß des CVDI 1878 in Berlin: »Ich will nicht einer Verwendung jüngerer Arbeiter das Wort reden, denn ich erkenne vollständig das Recht des Staates (!) an, die Gesundheit und die Entwicklung der Kinder zu schützen, aber das kann ich bemerken, daß ein Kind, welches mit zehn Jahren in Arbeit kommt, leichter eine Fertigkeit erwirbt, als ein Kind, das mit zwölf Jahren oder erst mit vierzehn Jahren in Arbeit kommt, und daß uns daraus Nachteil erwächst, wird jeder zugeben müssen, der sich einigermaßen mit der Textilindustrie befaßt«. (Stenographischer Bericht, Berlin 1878, S. 87; VMB 30, 1885, S. 38; VMB 32, 1886, S. 74 ff.).
203 VMB 32, 1886, S. 74; VMB 50, 1890, S. 47.
204 StA Augsburg, Nachlaß Haßler, K 2, Bekanntmachung vom 20. 5. 1879; Jahresbericht der Handels- und Gewerbekammer 1878/79, S. 17 ff.
205 StA Augsburg, A 153.
206 Ebenda.

Nachweis besonderer Befähigung hatte jeder das Recht, Lehrlinge zu halten[207]. Die Folge war neben mangelhafter Ausbildung eine Heranziehung der Lehrlinge zu berufsfremden Arbeiten und vor allem eine intensive Ausbeutung der Jugendlichen[208]. In welchem Umfang die sog. »Lehrlingszüchterei« mitunter betrieben wurde, zeigt die Beschwerde, die 1895 eine Gesellenversammlung über eine lithographische Anstalt erhob, die sechs Lehrlinge und einen Volontär, aber keinen Gesellen beschäftigt hatte[209].

Schriftliche Lehrverträge waren bindend erst seit 1908 vorgeschrieben; vorher fand meist nur eine mündliche Vereinbarung statt. Die Dauer der Lehrzeit war individuell geregelt; wurde Lehrgeld erhoben, was aber nicht überall der Fall war, so mußte es meist zur Hälfte beim Eintritt und zur Hälfte am Ende der Lehrzeit gezahlt werden[210]. Für seine Arbeit erhielt der Handwerkslehrling keine Bezahlung. Darin lag in vielen Fällen der einzige Unterschied zu den Gesellen, denn die Lehrlinge mußten genauso lange arbeiten wie die Erwachsenen[211]. Wie die Gesellen, so gehörte Ende des 19. Jahrhunderts auch der Lehrling nicht mehr zum Haushalt des Meisters. 1894 besaßen nur mehr 28,3 % aller Lehrlinge im Regierungsbezirk Schwaben und Neuburg Kost und Logis bei ihrem Lehrherrn[212]. Dagegen blieb der Lehrling weiterhin dem Züchtigungsrecht seines Meisters ausgeliefert, das nicht selten an der Grenze zur Körperverletzung zu liegen schien. In einem Gutachten, das die Regierung von Schwaben und Neuburg 1875 von den Holzarbeitergesellen zur Frage der Gewerbeordnung einholte, tauchte bezeichnenderweise der ausdrückliche Wunsch nach einem Schutz des Lehrlings vor Mißhandlungen auf[213].

Eine zumindest formale Besserung in der Ausbildung trat ein, als 1897 den Handwerkskammern die Überwachung des Lehrlingswesens übertragen und das Recht zur Ausbildung an die Ablegung der Gesellenprüfung, seit 1908 an die Meisterprüfung geknüpft wurde[214]. Da sich die Arbeitsanforderungen in der Industrie in mancher Hinsicht grundlegend von den Techniken des Handwerks unterschieden, und die Gewinnung entsprechender Facharbeiter nicht leicht war, gingen viele Augsburger Fabriken frühzeitig dazu über, eigene »Fabriklehrlinge« auszubilden. Die Kattunfabrik von Schöppler & Hartmann beschäftigte 1836 schon 16 Lehrlinge[215]. Für die Reichenbachsche Maschinenfabrik lassen sich die Lehrlinge in den Berufen der Gießer, Dreher und Schlosser seit 1844 nachweisen[216]. Die Lehrzeit betrug in der Maschinenfabrik in den fünfziger Jahren vier Jahre; dabei wurde dem Lehrling im Unterschied zum Handwerk von Anfang an ein geringer Taglohn gezahlt, der sich mit der Zahl der abgeleisteten Jahre erhöhte. Die ausgelernten Fabriklehrlinge gingen in der Anfangszeit manchmal wie die Handwerksgesellen »auf Wanderschaft«[217]. Seit 1892 verfügte die Maschinenfabrik Augs-

---

207 Hartwig Bopp, Die Entwicklung des deutschen Handwerksgesellentums im 19. Jahrhundert, Paderborn 1932, S. 42 f.; Philipp Kurtz, Die Handwerkskammer von Schwaben und Neuburg von 1900–1925, Diss. Erlangen, Ichenhausen 1929, S. 94.
208 StA Augsburg, A 178; E IV 3/215.
209 StA Augsburg, A 161.
210 StA Augsburg, E IV 3/215; Kurtz, a. a. O., S. 95 ff.; Cohen, a. a. O., S. 571. Bei den Augsburger Schreinermeistern zahlten ca. Zweidrittel der Lehrlinge Lehrgeld.
211 StA Augsburg, E IV 3/215.
212 Jahresberichte der Fabrikinspektoren 1894, S. 326.
213 StA Augsburg, E IV 3/215.
214 Kurtz, a. a. O., S. 94 ff.
215 Chronik der Neuen Augsburger Kattunfabrik, a. a. O., S. 67.
216 MAN-Archiv Augsburg, Arbeiter-Skontro 1844 ff.; Foth, a. a. O., S. 210.
217 MAN-Archiv Augsburg, Arbeiter-Skontro 1853.

burg über eine eigene Lehrwerkstätte. Dort wurden 1896 147 Lehrlinge in vier Lehrabteilungen von neun Meistern und Vorarbeitern unterrichtet. Im vierten Lehrjahr arbeiteten die Fabriklehrlinge bereits im Stücklohn, der bis zu 60 % des Lohnes eines ausgelernten Arbeiters betragen konnte. Am Ende der Lehrzeit wurde eine Probearbeit angefertigt und ein Lehrzeugnis ausgestellt. Während der Ausbildungszeit legte die Firma für jeden Lehrling zwischen 0,15 bis 0,30 M pro Arbeitstag zurück; den Gesamtbetrag erhielt der Lehrling nach beendigter Lehrzeit ausgehändigt, wenn er sich entsprechend den Erwartungen der Direktion verhalten hatte[218].

Die systematische Ausbildung in der Maschinenfabrik Augsburg stellte in der Industrie allerdings eine Ausnahme dar. In anderen Fabriken lernten die Lehrlinge meist nur die Bedienung bestimmter Maschinen. Wurden diese Arbeiter später entlassen, so führte ihre einseitige, auf die Bedürfnisse eines bestimmten Betriebes zugeschnittene Ausbildung nicht selten zu längerer Arbeitslosigkeit. Dieses reine Anlernsystem war insbesondere in der Textilindustrie üblich. So erlernte z. B. der Arbeiter in der Weberei erst nach seinem Eintritt in die Fabrik das Weben. Die Ausbildung war beendet, sobald er selbständig einen Stuhl bedienen konnte[219].

Nach der Jahrhundertwende tendierten Industriebetriebe mit systematischerer Ausbildung zu einer Angleichung ihrer Prüfungsbedingungen an die Berufsabschlüsse im Handwerk. 1911 einigte sich eine Kommission aus Vertretern der schwäbischen Handelskammer und der Handwerkskammer auf die Bedingungen, unter denen Fabriklehrlinge zu den Gesellenprüfungen zugelassen wurden. Damit war den Facharbeitern gleichzeitig die Möglichkeit eröffnet, später eine Meisterprüfung abzulegen, einen Handwerksbetrieb zu führen und selbst Lehrlinge auszubilden[220].

XI. Gesundheitliche Auswirkungen der Fabrikarbeit

Wenn der Augsburger Magistrat 1874 zu der Feststellung gelangte, die Fabrikarbeiter wirkten deshalb so kränklich, weil sich gerade der Fabrikarbeit viele Personen zuwendeten, die ohnehin schon eine geschwächte Konstitution besäßen und für andere Berufe untauglich seien, so konnte dies — wenn überhaupt — nur für einen Teil der Fabrikarbeiter zutreffen[221]. In der Maschinenbauindustrie z. B. wurde ein beträchtliches Maß an physischen Kräften von den Arbeitern, vor allem den Taglöhnern, im Umgang mit den schweren Maschinenteilen erwartet. Immer wieder tauchte in den Arbeiterbüchern als Entlassungsgrund die Formulierung »zu schwach« auf; ebenso häufig waren freiwillige Kündigungen mit der Begründung, die Arbeit sei zu schwer[222].

In der Textilindustrie, wo die Arbeit allgemein als »leicht« galt, war in den Anfangsjahren die Tätigkeit der Maschinenspinner Schwerstarbeit, für die nur besonders kräftige erwachsene Männer in Frage kamen. Bei den damals noch ge-

---

218 Jahresberichte der Fabrikinspektoren 1896, S. 421; MAN-Archiv Augsburg, Foth, a. a. O., S. 204.
219 Jahresberichte der Fabrikinspektoren 1897, S. 405, 1904, S. 150.
220 Jahresbericht der Handelskammer 1911, S. 84 ff.
221 StA Augsburg, A 153.
222 MAN-Archiv Augsburg, Arbeiter-Skontro 1844 ff.

bräuchlichen sog. »Mulejennies« mußte der ausgefahrene Spindelwagen, der ein beträchtliches Gewicht besaß, mit dem Knie zurückgestemmt werden — eine Beschäftigung, die 13 Stunden am Tag verrichtet, mit der Zeit zu deutlich wahrnehmbaren Deformationen an den Beinen führte[223]. Für die übrigen Arbeiter ergaben sich Gefahrenquellen am sog. Reißwolf, wo die Baumwolle gereinigt wurde, und in der Carderie, wo durch das Kämmen der Fasern eine erhebliche Staubentwicklung eintrat. Daneben war die Luft in den Arbeitssälen von dem Geruch scharfer Fette und Öle erfüllt und die Temperatur zum Teil außerordentlich hoch[224]. Eindeutig gesundheitsschädigend war die Arbeit in der Zündholzfabrikation beim Umgang mit Phosphor und in der Papierindustrie, soweit die Arbeiter mit den dabei verwerteten Lumpen in Berührung kamen; dieses Altmaterial enthielt oft Bakterien und giftige Stoffe, die zur Ansteckung mit Krankheiten, zu Hautausschlägen und Allergien führten[225].

Bei der Unfallgefahr am Arbeitsplatz spielte besonders das steigende Arbeitstempo und damit die erhöhte Beanspruchung der Arbeiter eine Rolle, wie sie der allmähliche Übergang von der mehr extensiven Ausnutzung menschlicher Arbeitskraft bei überlangen Arbeitszeiten in der Frühindustrialisierung zur intensiveren in der hochindustriellen Phase mit sich brachte[226]. In der Textilindustrie läßt sich dieser Vorgang schon an äußerlichen Anzeichen verfolgen, z. B. an den steigenden Spindel- und Webstuhlzahlen, die ein Arbeiter bedienen mußte. Während die frühindustriellen Fabrikweber nur an einem Webstuhl arbeiteten, hatten ihre Kollegen um die Jahrhundertwende zwei, drei und vier oder mehr Stühle zu versorgen.

1904 bedienten in den Fabriken Augsburgs und der Vororte[227]

	Weber	%
1 Webstuhl	42	1,0
2 Webstühle	3374	81,2
3 Webstühle	562	13,5
4 Webstühle	178	4,3
Stühle insgesamt	4156	100,0

Auch in den Spinnereien stiegen die Anforderungen; während Spinner und Ansetzer noch Ende der achtziger Jahre ca. 500—600 Spindeln beaufsichtigten, waren es 1907 bereits bis zu 1050[228].

Der frühzeitige und umfassende Einsatz von Maschinen in der Textilindustrie brachte mit den Jahren auch Sicherungs- und Schutzeinrichtungen an den Maschinen mit sich, welche die Unfallmöglichkeiten zumindest einschränkten. Dagegen

---

223 Reuther, a. a. O., S. 82 f.
224 Jahresberichte der Fabrikinspektoren 1891, S. 22; Martini, a. a. O., S. 76. Für jugendliche Arbeiter war seit 1878 die Beschäftigung am Reißwolf verboten (StA Augsburg, Nachlaß Haßler, K 2).
225 StA Augsburg, A 153.
226 Kuczynski, a. a. O., Bd. 3, S. 343 ff.
227 Jahresbericht der Fabrikinspektoren 1904, Beilagenheft, S. 139; Deffner, Soziale Gegensätze, a. a. O., S. 5. Die Webstühle lassen sich nicht ohne weiteres untereinander vergleichen. So arbeiteten Männer meist an 2 doppelbreiten und einem Dreiviertel-Stuhl (1,80—2,40 m bzw. 1,20—1,60 m) oder auf 2 doppelbreiten und 2 schmalen (0,80—1,10 m) Stühlen. Bei den sog. Northropstühlen, die in Augsburg verstärkt seit 1904 in Einsatz kamen, bedienten Männer 6 doppelbreite oder 14 schmale, Frauen 10—12 schmale Stühle.
228 Deffner, Soziale Gegensätze, a. a. O., S. 5.

war die Unfallgefahr in der Maschinenbauindustrie bis zum Ersten Weltkrieg ständig im Steigen begriffen; hier wurde ein Teil der Handarbeit erst nach und nach durch Maschinenarbeit ersetzt, so daß sich immer neue Gefahrenquellen ergaben. Im Geschäftsjahr 1890/91 traf in der Maschinenfabrik Augsburg im Jahresdurchschnitt allein auf ca. 10 Arbeiter ein Unfall[229]. Noch 1911 ereigneten sich 52 % aller Betriebsunfälle in Augsburg in Fabriken der metallverarbeitenden und der Maschinenbauindustrie; auf die Textilindustrie trafen 12 %[230].

Zwischen der Entwicklung der Unfallziffern und dem Konjunkturverlauf läßt sich ein auffallend enger Zusammenhang nachweisen. Die hohe Zahl an Überstunden, die in den Aufschwungjahren geleistet werden mußte, trieb auch die Unfallzahlen in die Höhe. Daneben verstärkte sich in solchen Jahren der Zustrom neuer, meist vom Lande stammender Arbeitskräfte, von denen viele zum erstenmal in einem Fabrikbetrieb arbeiteten und mit den Gefahren des Arbeitslebens nur wenig vertraut waren[231]. Besonders unfallreich waren jene Hochschwungjahre, die gleichzeitig Boomjahre für die Maschinenbauindustrie darstellten, wie z. B. die Jahre 1899, 1906 und 1911/12.

Unfälle in Augsburger Betrieben[232]

Jahr		Jahr		Jahr	
1891	1174	1898	1798	1905	1754
1892	987	1899	2014	1906	2090
1893	1441	1900	1752	1907	2009
1894	1181	1901	1531	1908	1855
1895	1169	1902	1302	1909	1850
1896	1675	1903	1382	1910	1839
1897	1498	1904	1684	1911	2473
				1912	2559

Die Zahl der tödlich verlaufenden Betriebsunfälle schwankte zwischen 2 und 11 Fällen pro Jahr.

Nach den Beobachtungen des Fabrikinspektors trug das vorherrschende Akkord- oder Prämiensystem indirekt an einem großen Teil der Betriebsunfälle die Schuld; der geringe Stücklohn oder Prämiensatz verleitete die Arbeiter immer wieder dazu, aus Gründen der Zeitersparnis Reinigungsarbeiten an den laufenden Maschinen vorzunehmen. Daneben weist die Tatsache, daß sich die meisten Unfälle am Ende der Woche ereigneten, auf die Überanstrengung und damit die nachlassende Aufmerksamkeit der Arbeiter nach mehreren übermäßig langen Arbeitstagen hin[233]. Eine weitere mögliche Unfallquelle, speziell bei weiblichen Arbeitnehmern, ergab sich aus dem Tragen weiter Kleidungsstücke; die Arbeiterinnen, für die sich nahezu das gesamte Leben in den Fabrikräumen abspielte, waren in der Regel nur schwer zu bewegen, ihre Straßenkleidung mit einer besonderen Arbeitskleidung zu

---

229 MAN-Archiv Augsburg, Protokoll der Generalversammlung vom 28. 9. 1891; Foth, a. a. O., S. 85; Zur Unfallverhütung in der Augsburger Industrie: Collektivausstellung [...], a. a. O., S. 11 ff.
230 Verwaltungsberichte des Stadtmagistrats 1911, S. 31.
231 Jahresberichte der Fabrikinspektoren 1912, S. 209.
232 Zusammenstellung nach den Verwaltungsberichten des Stadtmagistrats 1891–1910; seit 1896 war in Augsburg ein eigener städtischer Beamter ausschließlich für die Untersuchung der Betriebsunfälle zuständig (Jahresberichte der Fabrikinspektoren 1896, S. 413).
233 Jahresberichte der Fabrikinspektoren 1897, S. 426, 1900, S. 152.

vertauschen. Von diesem psychologischen Hemmnis abgesehen fehlten allerdings in kleineren Fabriken auch entsprechende Umkleideräume[234].

Bis zur Verabschiedung des Haftpflichtgesetzes im Jahre 1871 waren die bei Betriebsunfällen verunglückten Arbeiter bzw. deren Hinterbliebene allein auf Spenden der betrieblichen Wohlfahrtsfonds oder der Unternehmer angewiesen. Das Haftpflichtgesetz räumte dem Arbeiter zwar einen privatrechtlichen Schadensersatzanspruch gegen den Unternehmer ein, brachte aber wenig Hilfe, da die Prozeß- und Beweislast beim Arbeiter lag. In Augsburg gehörten die meisten großen Unternehmen erst seit 1872 einer privaten Unfallversicherung an[235]. Die Unfallgesetzgebung von 1885 befreite die Arbeiter zwar von dem Zwang zum Prozessieren und ging von der Voraussetzung des Nachweises einer eindeutigen Schuld des Arbeitgebers ab, doch konnten Ansprüche an die Versicherung erst ab Beginn der 14. Woche nach dem Unfall gestellt werden und waren grundsätzlich auf zwei Drittel des Schadens beschränkt. Welche Wirkung diese Bestimmungen für die Unfallopfer hatten, zeigte sich z. B. daran, daß in der Maschinenfabrik Augsburg von 182 Betriebsunfällen im Jahre 1890/91 nur 6 entschädigungspflichtig waren[236].

XII. Die Angestellten in Industrie und Handel

Von der Masse der Arbeiter in Industrie und Handwerk hob sich schon in frühindustrieller Zeit eine kleine Schicht von Meistern, Technikern, Ingenieuren und Commis ab, deren Status durch eine Reihe bestimmter Privilegien, wie kürzere Arbeitszeit, Gehalts- und Anciennitätsbezahlung, Sicherheit des Arbeitsplatzes, Gewährung von Urlaub usw., gekennzeichnet war[237]. Diese Sonderstellung, die sich aus dem besonderen Charakter der Angestelltentätigkeit, ihren schwer zu quantifizierenden Leistungen, den mangelnden Kontrollmöglichkeiten und der nur langsam fortschreitenden Arbeitsteilung im kaufmännischen und technischen Bereich einer Fabrik ergab, traf teilweise auch auf die Angestellten in den Banken und im Großhandel, weniger jedoch auf die rasch wachsende Zahl der Gehilfen im Einzelhandel zu. Trotz der großen Aufmerksamkeit, die von Unternehmerseite in Augsburg vor allem seit der Jahrhundertwende der ideologischen Entwicklung dieser Schicht geschenkt wurde, fließen die Quellen über die soziale Lage der Angestellten nur spärlich. Selbst die Abgrenzung des Personenkreises, der in der Industrie zu den Angestellten zählte, ist nicht einfach. So wurden z. B. die Fabrikmeister in der Augsburger Industrie in den einzelnen Unternehmen unterschiedlich eingestuft. Die Direktion der Mechanischen Baumwollspinnerei und Weberei definierte die Werkmeister 1856 nur als »Fabrikarbeiter mit der Eigenschaft als Aufseher«[238]. Ihnen war eine bestimmte Zahl an Maschinen und Arbeitern zur Über-

---

234 StA Augsburg, A 153.
235 StA Augsburg, G II 15/21, I Fasc.; MAN-Archiv Augsburg, Protokoll der Generalversammlung vom 25. 9. 1872; Graßmann, a. a. O., S. 208; Kuczynski, a. a. O., Bd. 3, S. 370 f.; Jahresbericht der Handels- und Gewerbekammer 1872/73, S. 222.
236 MAN-Archiv Augsburg, Protokoll der Generalversammlung vom 28. 9. 1891; H. Seelmann, Die Reichsversicherung, Leipzig 1912, S. 2 ff.; Leitfaden zur Arbeiterversicherung des Deutschen Reichs, bearbeitet von Mitgliedern des Reichsversicherungsamts, Berlin 1913, S. 3 ff.
237 Jürgen Kocka, Industrielle Angestelltenschaft in frühindustrieller Zeit, in: O. Büsch (Hrsg.), Untersuchungen [...], a. a. O., S. 365 f.
238 SWA-Archiv, Augsburg, Schreiben vom 10. 2. 1856 an den Stadtmagistrat.

wachung untergeordnet, nach der sich auch die Höhe des Verdienstes richtete. Wie die Arbeiter, so erhielten auch die Meister den Lohn nach zwei Wochen ausbezahlt[239]. Von ihnen unterschieden sich in den größeren Unternehmen die Obermeister, zu deren Befugnis auch die Aufnahme oder Entlassung von Arbeitern gehörte[240].

In der Maschinenfabrik Augsburg glichen die Meister ihrer Stellung nach eher den Angestellten, z. B. in der Beteiligung an den jährlichen Gratifikationszahlungen, von denen die Meister der Mechanischen Baumwollspinnerei und Weberei ausgeschlossen waren, oder bei der Festsetzung von Jahresgehältern[241]. Offensichtlich waren in dieser Branche noch lange Zeit technische Fähigkeiten der Meister stärker gefragt als ihre bloße Funktion als Aufsichtspersonal. Noch 1874 rückte der »Ingenieur« Korhammer in die Stelle eines ausscheidenden Werkmeisters ein[242]. Dagegen schien in der Textilindustrie zwischen Werkmeistern und technischen Beamten eine viel eindeutigere Funktions- und Statusverteilung vorzuliegen[243].

Die Zahl der kaufmännischen und technischen Angestellten blieb im Verhältnis zur Arbeiterzahl lange Zeit sehr niedrig. Die Mechanische Baumwollspinnerei und Weberei kam noch 1860 bei über 1000 Arbeitern mit einer Verwaltung aus, die neben dem kaufmännischen und dem technischen Direktor nur noch aus einem Kontrolleur, einem Buchhalter und vier Hilfskräften ohne Vorbildung bestand[244]. Im Maschinenbau war der Anteil der Angestellten unter den Betriebsangehörigen infolge der besonderen Rolle der technischen Beamten mit rund 6 % aller Arbeitnehmer 1885 höher als in der Textilindustrie, wo ihr Anteil nur ca. 3 % betrug[245]. Die Maschinenfabrik Riedinger verfügte 1889 bei 665 Arbeitern über 14 Ingenieure, 15 Techniker, 5 kaufmännische Angestellte, 4 Kalkulatoren, 3 Hilfskräfte und 19 Meister und Vorarbeiter, die Maschinenfabrik Augsburg bei 1795 Arbeitern über 67 Angestellte, 27 Magaziniers, Schreiber und Hilfskräfte und 27 Meister[246].

Über die Arbeitszeit der Industriebeamten in frühindustrieller Zeit fehlen entsprechende Angaben. Für die Angestellten in den Handels- und Bankunternehmen betrug die tägliche Arbeitszeit 1847 11 Stunden. Die Kontore öffneten um 8 Uhr morgens und schlossen um 7 Uhr abends[247]. 1906 erstreckte sich die Arbeitszeit in den Büros in der Regel über neun, manchmal auch nur über acht Stunden; aber auch Fälle mit zehnstündiger Arbeitszeit waren noch üblich. Die Mittagspause war länger als bei den Arbeitern und dauerte meistens eineinhalb bis zwei Stunden[248].

---

239 SWA-Archiv, Augsburg, Schreiben vom 10. 2. 1856 an den Stadtmagistrat.
240 Jahresberichte der Fabrikinspektoren 1904, Beilagenheft, S. 146.
241 MAN-Archiv Augsburg, Arbeiter-Skontro 1857; Protokoll der Generalversammlung vom 28. 9. 1890; SWA-Archiv, Augsburg, Fragebogen Graßmann.
242 MAN-Archiv Augsburg, Ausschußprotokoll vom 5. 12. 1874. Die Berufsbezeichnungen waren noch nicht genau abgegrenzt; Korhammer wurde z. B. abwechselnd als »Techniker« und als »Ingenieur« bezeichnet.
243 Die Äußerung Albert Frommels auf der Nürnberger Delegiertenversammlung des CVDI, »daß, wenn man einen Ingenieur nöthig hat, man 20 Anträge für einen bekommt, dagegen einen guten Werkmeister mit der Laterne suchen muß«, zeigt nicht nur, wie eindeutig die Übergänge zwischen beiden Berufsgruppen schon abgegrenzt waren, sondern weist gleichzeitig auf ein bereits sich anbahnendes Überangebot an qualifizierten Angestellten hin, für das die hierarchisch ausgerichtete Industrieverwaltung keine Verwendung hatte (VMB Nr. 17, 1882, S. 112).
244 Haßler, a. a., Hundert Jahre Mechanische Baumwollspinnerei und Weberei, a. a. O., Anhang.
245 Amt für Statistik und Stadtforschung, Augsburg, Volkszählung 1885.
246 Collektiv-Ausstellung [...], a. a. O., S. 34; MAN-Archiv Augsburg, Protokoll der Generalversammlung vom 28. 9. 1890.
247 StA Augsburg, G I 16/1, I. Fasc.
248 Jahresbericht der Handels- und Gewerbekammer 1906, S. 23.

Häufig wurde den Angestellten schon ein jährlicher Erholungsurlaub eingeräumt, der üblicherweise vom Dienstalter abhängig war und in besonderen Fällen bis zu vier Wochen betragen konnte[249]. In den Maschinenfabriken war die Präsenz eines oder mehrerer kaufmännischer Angestellter an den Sonntagvormittagen Pflicht. Ihre Aufgabe war es, den am Wochenende von der Montage zurückkehrenden Monteuren neue Instruktionen zuzustellen, die Arbeitsnachweise entgegenzunehmen und die Löhne auszubezahlen[250]. In den übrigen Büros der Industriebetriebe war Sonntagsarbeit für Angestellte kaum anzutreffen, um so mehr waren jedoch die Gehilfen im Groß- und Einzelhandel davon betroffen. Die Fabrikarbeiterbevölkerung war bei den überlangen täglichen Arbeitszeiten kaum in der Lage, sich unter der Woche mit den notwendigsten Lebensmitteln einzudecken und benützte für größere Einkäufe die Öffnungszeiten der Läden an den Sonntagvormittagen; auch die Bevölkerung der umliegenden Dörfer wanderte bevorzugt an den Sonntagen zum Einkauf nach Augsburg. Erst 1892 wurde durch Ortsstatut die sonntägliche Beschäftigung von Gehilfen, Arbeitern und Lehrlingen in Großhandlungen, Bank- und Wechselhäusern, Speditionen usw. auf die Zeit von 10–12 Uhr vormittags, in den übrigen Handelsgeschäften und Verkaufsläden auf 10–13 Uhr begrenzt. In »Notfällen« und an einem Inventursonntag im Jahr stand es den Prinzipalen jedoch weiterhin frei, ihre Gehilfen auch an Sonn- oder Feiertagen zu beschäftigen[251].

Schon diese kurzen Ausführungen verdeutlichen, wie heterogen die Gruppe der kaufmännischen und technischen Angestellten in Industrie und Handel in sozialer Hinsicht zusammengesetzt, und wie unterschiedlich der Abstand zum Status des Arbeiters oder Gesellen nicht nur der innerbetrieblichen Stellung nach, sondern auch – wie noch zu untersuchen sein wird – in materieller Beziehung war.

Für die Augsburger Industrieangestellten kam in den ersten Jahrzehnten der Industrialisierung ein besonderer Umstand hinzu: Die vorherrschende Unternehmensform der Aktiengesellschaft bei Großbetrieben ermöglichte zumindest formal für einen Teil der Angestellten den Aufstieg bis zur Stellung eines Direktors und damit die Ausübung von Unternehmerfunktionen – eine Perspektive, die sich den Angestellten in Einzelunternehmen in der Regel nicht stellte.

---

249 Jahresbericht der Handels- und Gewerbekammer 1906, S. 24.
250 Ebenda, 1904, S. 200.
251 Ebenda, S. 194.

Zweites Kapitel   Löhne und Lebenshaltung

Bei der Beurteilung der sozialen Lage der Arbeitnehmer fällt der Untersuchung der Einkommensentwicklung und der Lebenshaltungskosten eine zentrale Rolle zu. Die materiellen Rahmenbedingungen bestimmten nicht nur den Lebensstandard und verteilten Lebenschancen; ihre subjektive Erfahrung formte in besonders nachdrücklicher Weise die Einschätzung der eigenen Situation durch die Betroffenen und rief mit dem Wunsch nach Veränderung zugleich zahlreiche Konflikte im wirtschaftlichen Bereich hervor.

I. Die Löhne der Textilindustrie

1. Lohnstruktur und -niveau in den Anfangsjahren

Einen ersten Eindruck von den frühindustriellen Lohnverhältnissen in der Textilindustrie gibt ein Lohnkostenvoranschlag, der bei Gründung der Mechanischen Baumwollspinnerei und Weberei im Jahre 1837 erstellt wurde. Danach waren für den Zeitpunkt der Inbetriebnahme der Fabrik 753 Arbeiter eingeplant, davon 260 für die Spinnerei und 493 für die Weberei, deren Tageslöhne folgendermaßen festgesetzt wurden[1]:

I. Spinnerei Taglohn pro Arbeiter			II. Weberei Taglohn pro Arbeiter		
	fl.	Kr.		fl.	Kr.
1 Oberspinnmeister	8	–	1 Oberschlicht- und Webermeister	6	–
1 Carderiemeister	2	–	4 Webermeister	1	20
2 Unterspinnmeister	1	30	32 Kinder an den Spulmaschinen	–	20
2 Cardenschleifer	1	–	16 Mädchen in verschiedenen Abteilungen	–	30
16 Carden-/ Deckelputzer	–	36	400 Mädchen und Kinder an den Webstühlen	–	20
62 Mädchen in verschiedenen Abteilungen	–	20–25	3 Mechaniker, Schlosser, Schreiner	1	–
50 Aufstecker	–	12	1 Commis	1	45
38 Spinner	–	40	4 Taglöhner zum Packen und Tragen	–	30
76 Fadenbinder	–	20			
3 Mechaniker, Schlosser, Schreiner	1	–			
1 Pförtner	–	30			
1 Nachtwächter	–	30			
2 Feurer für Heizung und Beleuchtung	–	40			
2 Taglöhner	–	30			
1 Commis im Rezeptionsbüro	1	45			
2 Mädchen zum Nummerieren und Sortieren	–	25			

1 BayHStA München, MH 5677, Ausschreibung zur Zeichnung des Kapitels vom 28. 2. 1837.

Die Lohnskala weist eine beträchtliche Differenzierung in der Bezahlung auf, die jedoch für die frühindustrielle Phase typisch war: Der Carderiemeister verdiente in diesem Fall den zehnfachen Lohn eines Aufsteckers und den dreifachen Lohn eines Spinners, während ein Spinner immerhin noch den doppelten Lohn eines Fadenbinders oder einer Weberin bezog[2]. Bemerkenswert ist ferner die im Vergleich mit den übrigen Fabrikarbeitern relativ hohe Entlohnung der sog. »Professionisten«, der Mechaniker, Schlosser und Schreiner (später auch Maurer), welche die ständig in der Fabrik anfallenden Handwerkertätigkeiten auszuführen hatten. In der Weberei, wo die Einkommensunterschiede nicht ganz so groß wie in der Spinnerei waren, arbeitete die Masse der schlecht bezahlten Frauen und Kinder. Offensichtlich drückte die ausgiebige Verwendung jugendlicher und weiblicher Arbeiter auch die Löhne der Meister; die vier Webermeister bezogen ein geringeres Einkommen als die zwei Unterspinnmeister. Unter dem Einfluß der fortschreitenden Mechanisierung sollte sich dieses Verhältnis jedoch im Lauf der Zeit umkehren. Der Einkommensunterschied in den Spinnereien und Webereien mit ihrem im Vergleich zu anderen frühindustriellen Fabriken engen Tätigkeitsspektrum drückte nicht immer eine feste Statusverteilung aus. Da in der Textilindustrie eine längere Lehrzeit nicht üblich war, bestimmte Positionen aber erwachsenen Arbeitern vorbehalten blieben, mußten sich insbesondere junge Leute in den Spinnereien zunächst mit Hilfsarbeiten (z. B. als Aufstecker) begnügen, ehe sie in besser bezahlte Facharbeiterstellen einrücken konnten[3]. Im übrigen handelte es sich bei den im Kostenvoranschlag fixierten Tagelöhnen offensichtlich um im voraus pauschal festgesetzte Durchschnittslöhne für einzelne Arbeitergruppen, denn noch Jahre später waren wesentlich niedrigere Tagelöhne als die dort aufgezeichneten üblich; so ist der Fall einer jungen Arbeiterin überliefert, die noch 1844 einen Tageslohn von nur 8 Kr. bezog[4].

2. Lohnsysteme der Textilindustrie

In der Mechanischen Baumwollspinnerei und Weberei trat schon 1845 das sog. »Prämiensystem« bei der Lohnberechnung in Kraft, das später in der gesamten Augsburger Textilindustrie angewandt wurde[5]. Die Arbeiter erhielten einen sehr niedrigen Stück- oder Grundlohn und bei der Überschreitung einer bestimmten Leistung eine zusätzliche Prämie[6]. Der Anteil der Prämien am Gesamtlohn der

---

2 Zur frühindustriellen Lohnskala besonders Wolfram Fischer, Innerbetrieblicher und sozialer Status der frühen Arbeiterschaft, in: Die soziale Frage. Neuere Studien zur Lage der Fabrikarbeiter in der Frühphase der Industrialisierung, Stuttgart 1967, 246 ff. Die Löhne der Textilarbeiter waren an anderen Orten für vergleichbare Tätigkeiten höher als in Augsburg. Fischer führt z. B. (S. 233) für Mulespinner in Württemberg schon in den zwanziger Jahren des 19. Jahrhunderts Löhne von 50 Kr. bis 1 fl. an.
3 StA Augsburg, G I 16/13. Ein junger Arbeiter kündigte 1858 in der Kammgarnspinnerei, weil er zu lange auf die Stelle eines Spinners warten mußte.
4 StA Augsburg, G III 17/9.
5 Die Mechanische Baumwollspinnerei und Weberei, Bericht, a. a. O., S. 9; 1849 folgte bereits die Kammgarnspinnerei (Schmid, a. a. O., S. 80). Das Prämiensystem war seiner Wirkung nach keineswegs dazu angetan, »Pflichteifer und Fleiß« entsprechend zu belohnen, sondern sollte, wie es die Direktion der Baumwollfeinspinnerei offen formulierte, »ein Mittel sein, um die Spinner zu veranlassen, eine möglichst große Garnproduktion zu machen« (StA Augsburg, G I 16/13).
6 Ebenda (Vorgänge in der Weberei Riedinger und der Baumwollspinnerei 1868/69; Beispiel eines Lohntarifs mit Prämienberechnung von 1882); Hermann Mattutat, Das Prämiensystem in der Augsburger Textilindustrie, in: Soziale Praxis, V. Jg. 1895/96, S. 210. Danach sah die Lohnberechnung für 12 Tage bei Bedienung von 2 Webstühlen folgendermaßen aus:

Lohn	Prämie	Lohn	Prämie	Lohn	Prämie	Lohn	Prämie
12 M	–	14 M	2,– M	16 M	4,– M	18 M	6,– M
13 M	–	15 M	3,– M	17 M	5,– M	19 M	7,– M

Textilarbeiter war beträchtlich; er betrug 1890 bei der Mechanischen Spinnerei und Weberei etwa 25 %[7]. Noch 1896 ergaben die reinen Akkordverdienste ohne Prämien in der Regel nur einen Wochenverdienst zwischen 5 und 12 M[8]. Dieses System war bei den Arbeitern sehr unbeliebt, da nicht nur die Grundlöhne besonders gering bemessen waren, sondern auch jede Störung im Betriebsablauf, die Verarbeitung schlechteren Materials oder Abwesenheit bei Krankheit während einer Lohnperiode zu viel empfindlicheren Lohneinbußen führte als im reinen Akkordsystem. Vor allem aber gelangten auf diese Weise die ausgiebig verteilten Fabrikstrafen zu besonderer Wirkung, denn die Geldstrafen wurden am Ende der Lohnperiode schon vor der Prämienberechnung abgezogen; auf den dadurch verringerten Grundlohn wurde auch eine entsprechend niedrigere Prämie gezahlt, so daß auf diese Weise eine doppelte Bestrafung stattfand. Mitunter wurde sogar die Nichterreichung eines für die Prämienzahlung erforderlichen Produktionsquantums mit Strafe belegt[9].

Nach einem ähnlichen System wurden in vielen Betrieben der Augsburger Textilindustrie auch die Meister entlohnt. Sie bekamen ein niedriges Grundgehalt, das sich durch prozentuale Zuwendungen entsprechend der Höhe der in ihrer Gruppe verdienten Arbeitslöhne aufbesserte. Die Folge davon war, daß die Meister auf diese Weise für die Antreibung der Arbeiter zusätzlich motiviert wurden. Außerdem führte ihr persönliches Interesse an Höchstleistungen der ihnen unterstellten Arbeitergruppe in der Regel zu einer Diskriminierung der schwächeren Arbeiter, die auf diese Weise nur mehr die undankbarsten Aufgaben zugewiesen bekamen. Überhaupt förderte das Prämiensystem angesichts des unterschiedlich leicht zu verarbeitenden Rohmaterials unsolidarische Verhaltensweisen der Arbeiter untereinander und devotes Verhalten gegenüber den mit Verteilungsbefugnissen ausgestatteten Meistern[10].

Das Prämiensystem wurde erst 1899 abgeschafft; an seine Stelle trat reiner Stücklohn, dessen Höhe auf dem Durchschnitt der vorher gezahlten Prämien basierte[11]. Die Bezahlung erfolgte in den Spinnereien nach Gewicht oder je tausend Yard, in den Webereien nach Meter[12]. Dabei handelte es sich in einigen Fällen um »Bruttolöhne«, von denen die Arbeiter ihre Hilfskräfte selbst bezahlen mußten. Dies war offensichtlich noch in den dreißiger und vierziger Jahren in der Kattunfabrik von Schöppler & Hartmann üblich; nach den Krankenkassenstatuten von 1838 mußte jeder Arbeiter pro verdienten Gulden einen Kreuzer an die Krankenkasse abführen, vom Wochenlohn der Drucker jedoch wurde zunächst 1 fl. 30 Kr. Lohn für den Streicher abgerechnet[13]. Um die Jahrhundertwende gingen viele Betriebe zum Gruppenakkord über. So erhielten seit 1900 in der Wertachspinnerei die Spinner 52 %, die Ansetzer 28 % und die Aufstecker 20 % des gemeinsam verdienten Lohnes. Bei Zeitversäumnis ohne Verschulden der Arbeiter wurde eine geringe Entschädigung gewährt. Eine ähnliche Regelung war nach der Jahrhundertwende auch in der Mechanischen Baumwollspinnerei und Weberei in Kraft, doch

---

7 SWA-Archiv, Augsburg, Fragebogen Graßmann.
8 Mattutat, a. a. O., S. 210.
9 Jahresberichte der Fabrikinspektoren 1893, S. 212; Mattutat, a. a. O., S. 210; StA Augsburg, E IV 3/134. In einer Arbeiterversammlung wurde 1869 das Beispiel eines Arbeiters angeführt, der in 2 Wochen nur 9 fl. 18 Kr. verdient hatte und wegen Nichterreichung des Produktionsquantums 30 Kr. Strafe abgezogen bekam.
10 Mattutat, a. a. O., S. 211.
11 Jahresbericht der Handels- und Gewerbekammer 1899, S. 5.
12 Jahresberichte der Fabrikinspektoren 1904, Beilagenheft, S. 146.
13 Statuten für den Kranken-Unterstützungs-Verein der Arbeiter in der Kattunfabrik der Herren Schöppler & Hartmann in Augsburg, Augsburg 1838, S. 10/11.

setzte die Vergütung erst nach einer Ausfallzeit von mehr als zwei oder drei Stunden ein[14]. Im Zeitlohn arbeiteten in den Spinnereien und Webereien nur die in der Fabrik beschäftigten Handwerker und Hoftagelöhner, die Heizer, die Mischungs-, Batteur- und meist auch die Carderiearbeiter. In den Druckereien, Bleichereien und Färbereien dagegen erhielten die Arbeiter vorwiegend Tag- oder Stundenlohn[15].

Die Lohnzahlung erfolgte in der Augsburger Textilindustrie von den Anfangsjahren bis zum Ersten Weltkrieg für jeweils 14 Tage an den Samstagen; eine Ausnahme bildete die Kammgarnspinnerei, wo eine achtundzwanzigtägige Lohnperiode üblich war[16]. Vor der Auszahlung des Lohnes mußte mindestens ein Wochenlohn verdient sein, der für etwaige Strafabzüge einbehalten wurde[17]. Bei dem geringen Verdienst der Textilarbeiter, der in der Regel nur die kurzfristige Deckung der wichtigsten Lebensbedürfnisse zuließ, wirkte sich diese Maßnahme besonders hart für neu eingestellte Arbeiter aus, deren finanzielle Lage oft zusätzlich durch vorausgegangene Arbeitslosigkeit erschüttert war.

3. Die Entwicklung der Textilarbeiterlöhne

Zur Festsetzung der Lohnhöhe erklärte die Direktion der Baumwollspinnerei am Senkelbach im Jahre 1865, sie ergebe sich »von selbst durch Nachfrage nach Arbeit und Angebot von Arbeit«[18]. Diese Aussage gilt im weitesten Sinne während des gesamten Untersuchungszeitraumes. Dabei wurden die Löhne in erster Linie von den Wirtschaftskonjunkturen und der Entwicklung der Lebenshaltungskosten beeinflußt. Die Mechanische Baumwollspinnerei und Weberei, die bei Beginn des Betriebes für Facharbeiter hohe Anwerbelöhne gezahlt hatte, setzte schon im Mai 1841 die Löhne herab und stellte den Arbeitern, die für den geringeren Lohn nicht bleiben wollten, die Kündigung anheim[19]. Hier zeigte sich ein Umstand, der die Löhne der Textilarbeiter immer vergleichsweise niedrig hielt: die relativ rasche Erlernbarkeit des Spinnens und Webens und die geringen Kosten, die in die Ausbildung eines Facharbeiters investiert werden mußten, senkten zugleich den »Wert« des Textilarbeiters auf dem Arbeitsmarkt.

In den folgenden Jahren waren Lohnkürzungen bei konjunkturellen Rückschlägen ebenso gebräuchlich wie Aufbesserungen während der Teuerung um die Mitte der vierziger Jahre. 1847 verdienten erwachsene Männer einschließlich der Meister in der Mechanischen Baumwollspinnerei und Weberei im Durchschnitt 3 fl. 12 Kr. bis 12 fl. pro Woche, Jugendliche und Frauen 2 fl. bis 4 fl. 48 Kr. und vierzehnjährige Kinder 1 fl. 30 Kr. bis 1 fl.48 Kr.[20]. Etwa seit 1850 deutete sich trotz erheblicher Schwankungen eine steigende Tendenz bei den Jahreslöhnen an, die sich auch in den sechziger Jahren fortsetzte[21]. 1865 beliefen sich die durchschnittlichen

---

14 Jahresberichte der Fabrikinspektoren 1900, S. 156 f.; SWA-Archiv, Augsburg, Lohnstatistik.
15 Jahresberichte der Fabrikinspektoren 1904, Beilagenheft, S. 146 f.
16 StA Augsburg, G I 2/5, XIII. Fasc.
17 StA Augsburg, G I 16/13; SWA-Archiv, Augsburg, Fabrikordnung 1901.
18 StA Augsburg, G I 16/13.
19 StA Augsburg, G III 17/9.
20 StA Augsburg, G I 16/1, I. Fasc.
21 Die Mechanische Baumwollspinnerei und Weberei, Bericht, a. a. O., Anhang (Lohnstatistik); Jahresbericht der Handels- und Gewerbekammer 1903, S. 4 f. In der Kammgarnspinnerei stiegen die durchschnittlichen Jahreslöhne von 130–150 fl. in den vierziger Jahren auf 190 fl. im Jahre 1853 und betrugen 1855: 207 fl., 1857: 204 fl., 1863: 250 fl. (Schmid, a. a. O., S. 162). Für 1860 liegt ein Querschnitt der Lohnverhältnisse

Tageslöhne in verschiedenen Augsburger Spinnereien auf 45 Kr. bis 1 fl. 45 Kr. für erwachsene Männer, 34 Kr.–1 fl. für erwachsene Frauen und 30–36 Kr. für Kinder[22]. Wie ein Vergleich mit den Löhnen der Stadtspinnerei aus dem Jahre 1869 zeigt, stiegen die Löhne der männlichen Arbeiter bis zum Ende des Jahrzehnts kaum mehr; sie betrugen weiterhin 5–10 fl. pro Woche. Nur die unteren Lohngruppen der weiblichen und jugendlichen Arbeiter wurden angehoben und erreichten nun 4–7 fl. bzw. 3–6 fl. in der Woche[23]. 1868/69 litten die Arbeiter besonders unter der zeitraubenden Verarbeitung minderwertigen Rohmaterials, das infolge schlechter Baumwollernten zur Verwendung gelangte. Es drückte in der Buntweberei Riedinger 1869 den Durchschnittslohn für zwei Arbeitswochen auf nicht mehr als 9 fl., in der Krausschen Weberei im Augsburger Vorort Pfersee war sogar ein Verdienst von nur 7 fl. in zwei Wochen für erwachsene Arbeiter offensichtlich keine Seltenheit[24].

Die Gründerjahre brachten infolge der großen Nachfrage nach Arbeitskräften und den Preissteigerungen bei Lebensmitteln zwar in der gesamten Augsburger Industrie einen Anstieg der Nominallöhne mit sich, doch hielten sich die Aufbesserungen speziell in der Textilindustrie in Grenzen; wie allgemein in den Hochschwungjahren ging ein bedeutender Anteil der Erhöhung der durchschnittlichen Jahreslöhne auf die vermehrte Überstundenzahl zurück[25]. Die durchschnittlichen Tageslöhne der Baumwollspinnerei zeigten 1872 im Vergleich mit den sechziger Jahren wiederum nur in den unteren Lohngruppen Veränderungen an: Die Durchschnittslöhne der Männer bewegten sich zwischen 54 Kr. und 1 fl. 42 Kr. pro Tag, die der Frauen von 39 Kr. bis 1 fl. 12 Kr., die der Kinder zwischen 33 Kr. und 42 Kr. In der Mechanischen Baumwollspinnerei und Weberei erhielten erwachsene Arbeiter Wochenlöhne von 5 fl. 15 Kr. bis 10 fl., Arbeiterinnen von 3,42 fl. bis 10 fl. und Kinder von 3,42 fl. bis 6 fl.[26]. In vielen Betrieben wurden schon 1874/75 die Löhne wieder reduziert. Nur in den Spinnereien fanden wegen der wachsenden Konkurrenz der Nähfadenfabriken auf dem Arbeitsmarkt geringfügige Lohnerhöhungen für Jugendliche statt[27]. 1876 verdienten männliche Arbeiter in der Stadt-

---

für eine damals projektierte Tuchfabrik vor. Danach waren folgende Löhne vorgesehen: für je einen Spinn-, Tuchmacher- und Färbermeister 2 fl. Lohn pro Tag, für 8 Feinspinner je 1 fl. 30 Kr., für 4 Maschinenputzer, 2 Färberknechte, 3 Walker, 2 Rauher, 1 Ausgeher und 1 Portier je 1 fl., für 16 Weberinnen 36 Kr., für 36 in der Kunstwollfabrikation tätige Mädchen je zur Hälfte 20 bzw. 30 Kr.; daneben sollten 2 Arbeiter in der Weberei je 54 Kr., 2 Knechte in der Appretur je 48 Kr. und 5 Schur- und Nähmädchen je 28–30 Kr. erhalten (BayHStA München, MH 5751).
22 StA Augsburg, G I 16/13.
23 StA Augsburg, Nachlaß Haßler, K 36.
24 StA Augsburg, G I 16/13; E IV 3/134.
25 1871 wurden die Löhne in der Textilindustrie um ca. 10–15 % erhöht (Jahresbericht der Handels- und Gewerbekammer 1871, S. 7). Die SWA gewährte 1873 eine abermalige Aufbesserung, da infolge der großen Nachfrage nach Arbeitskräften nicht alle Maschinen besetzt werden konnten (Die Mechanische Baumwollspinnerei und Weberei, Bericht, a. a. O., S. 20).
26 StA Augsburg, G I 16/13; Nachlaß Haßler, K 36; SWA-Archiv, Augsburg, Schreiben vom 27. 8. 1872.
27 StA Augsburg, Nachlaß Haßler, K 36; Jahresbericht der Handels -und Gewerbekammer 1874/75, S. 5 ff.; StA Augsburg, A 153. Für 1874 liegen Angaben über die Verdienste der Jugendlichen und weiblichen Arbeitnehmer in der Textilindustrie vor. Danach verdienten

	Frauen			Jugendliche	
	niedrigster	mittlerer	höchster Lohn	12–14 J.	14–16 J.
Seiden-/Garnzwirnereien	5,95 M	8,10 M	11,04 M	4–6 M	6–9 M
Kammgarnspinnerei	6,50 M	8,50 M	11,50 M	6 M	7 M
Bw.-Spinnereien	7,70 M	9,89 M	13,01 M	3–8,10 M	8–10,20 M
Bw.-Spinnerei und Weberei	7,– M	11,– M	18,– M	–	8,50 M
Bw.-Weberei	7,81 M	9,71 M	11,96 M	5,10–6 M	6,17–9,85 M
Kattunfabrik	6,55 M	7,94 M	11,29 M	4,45–5,40 M	5,66–6 M
Färberei, Walkerei, Filz-, Kunstwollfabrikation	7,13 M	8,13 M	9,49 M	–	12 M

bachspinnerei 10—18 M in der Woche, Arbeiterinnen 7—15 M und Jugendliche unter 16 Jahren 6—10 M[28]. Die Entwicklung des Jahresdurchschnittlohnes während der Depressionsphase verlief bei den einzelnen Firmen unterschiedlich. In der Stadtbachspinnerei hielt sich die Lohnentwicklung bis 1889 außer stärkeren Einbrüchen in den Jahren 1876 und 1880—82 auf nahezu gleichem Niveau, d. h. die in früheren Jahren übliche kontinuierliche Steigerung der Löhne wurde für 15 Jahre unterbrochen. Erst zwischen 1890 und 1895 traten bedeutendere Lohnsteigerungen ein, denen dann aber wiederum für nahezu acht Jahre eine stagnierende Einkommensentwicklung folgte, in der sich die Krise der Textilbranche in den neunziger Jahren und um die Jahrhundertwende spiegelte[29]. In den Baumwollwebereien kam es im Gefolge der Rationalisierungsmaßnahmen, wie sie nach der Depression Ende der siebziger / Anfang der achtziger Jahre einsetzten, zum Teil noch einmal zu offenen Lohnkürzungen[30].

In der Mechanischen Baumwollspinnerei und Weberei, deren Arbeiter bereits in den siebziger Jahren ein höheres Lohnniveau erreicht hatten als ihre Kollegen in den reinen Spinnereien, setzte ein fühlbares Absinken des Jahreseinkommens in den Jahren 1878/79 ein, wonach sich die Löhne bis 1890 wieder auf das frühere Niveau einpendelten. Zu Beginn der neunziger Jahre sanken die Einkommen noch einmal ab. Der dann folgende Anstieg kann nur sehr langsam erfolgt sein, denn bis zum Jahr 1905, in dem in der Augsburger Textilindustrie im Zusammenhang mit der Arbeitszeitverkürzung allgemein eine Lohnerhöhung gewährt wurde, betrug die Steigerung nur ca. 10 %.

An der Entwicklung der Jahreseinkommen der Textilarbeiter in den Jahren vor und nach der Jahrhundertwende wird deutlich, daß die Lasten der strukturellen Krise in der Textilbranche trotz niedriger Ausgangslöhne ohne Bedenken an die Arbeiter weitergegeben wurden[31]. 1890 betrug der Wochenlohn in der Mechanischen Baumwollspinnerei und Weberei für männliche Jugendliche 6—10 M, für junge Mädchen 6—9 M; erwachsene Arbeiter erhielten 10—24 M, erwachsene Arbeiterinnen 9—21 M[32]. 1905 belief sich der Durchschnittslohn für erwachsene Arbeiter beiderlei Geschlechts auf 13,95 M pro Woche, für Jugendliche auf 8,80 M, was gegenüber den Löhnen von 1890 keine nennenswerte Steigerung vermuten läßt. Erst nach 1905 setzte wieder eine Aufwärtsbewegung ein, die in der Mechanischen Baumwollspinnerei und Weberei bis 1910 zu einer Erhöhung der durchschnittlichen Tagesverdienste um ca. 15 % führte[33].

Seit den Anfängen der Industrialisierung hatten sich unübersehbare Veränderungen in der Lohnstruktur ergeben. Die Unterschiede im Arbeitseinkommen waren zwar noch immer beträchtlich, aber nicht mehr so groß wie in früheren Jahren. 1912 bezog der höchstverdienende Arbeiter (Webermeister) nur mehr den 4,7-fachen Lohn des am wenigsten verdienenden (Ansteckerin)[34]. Im allgemeinen wurde

---

28 StA Augsburg, Nachlaß Haßler, K 36.
29 Vgl. dazu Lohntabellen S. 294 ff. Für die allgemeinen Lohnverhältnisse in der Textilindustrie: Jahresbericht der Süddeutschen Textilberufsgenossenschaft 1895, Augsburg 1896, S. 3; Martini, a. a. O., S. 37. Danach ergibt sich bei einem Vergleich der durchschnittlichen Tageslöhne einer Augsburger Spinnerei zwischen 1893 und 1899 eine Erhöhung um nur 10 Pf.
30 StA Augsburg, G I 16/13.
31 Dabei partizipierten die Arbeiter auch an Produktionserhöhungen durch technische Innovationen nicht; der Fabrikinspektor berichtete 1893, in einigen Fabriken seien die Stücklöhne herabgesetzt worden, da durch Betriebsverbesserungen die Produktion vereinfacht worden sei (Jahresberichte der Fabrikinspektoren 1893, S. 229).
32 SWA-Archiv, Augsburg, Fragebogen Graßmann.
33 SWA-Archiv, Augsburg, Lohnstatistik.
34 Ebenda.

nun die Arbeit in der Weberei höher bezahlt als in der Spinnerei. Die Einführung der Selfaktorspindeln und die fortschreitende Mechanisierung hatten die Handarbeit in der Spinnerei in größerem Umfang verdrängt als in der Weberei, wo der Verdienst noch in stärkerem Maße von der Geschicklichkeit des einzelnen Arbeiters abhing. Die Lohnstatistik der Mechanischen Baumwollspinnerei und Weberei von 1911 zeigt, daß bei einem Durchschnittslohn von 48 M für zwei Wochen der niedrigste Lohn für Selfaktorspinner 38,40 M, der höchste 57,60 M betrug, während ein Weber zwar nur 42,– M im Durchschnitt bezog, seine Lohnskala aber von 20,40 M bis 75,60 M reichte. Bei den kollektiven Betriebseinschränkungen in der Textilindustrie nach der Jahrhundertwende wirkte sich die unterschiedliche Mechanisierung deutlich auf die Löhne aus: während die Weber unter dem Druck des drohenden Einkommensverlusts durch erhöhtes Arbeitstempo oft nahe an ihren früheren Verdienst heranreichten, konnten die Spinner ihr Produktionsquantum kaum mehr erhöhen[35]. Unter dem Einfluß der Akkordarbeit verwischten sich zum Teil die Abstufungen in der Einkommenshierarchie; so konnten z. B. Selfaktor-Spinner die Meister im Lohn übertreffen, ebenso konnten Weber und sogar Weberinnen in einigen Fällen das Höchsteinkommen des Vorwerks- und des Webermeisters überflügeln.

Im Vergleich zu anderen Berufen war der Lohn der Textilarbeiter noch immer sehr niedrig. Die in der Mechanischen Baumwollspinnerei und Weberei beschäftigten Handwerker erhielten 1905 im Durchschnitt 15 % mehr Lohn als ein erwachsener Weber[36]. Häufig wurde auch – wie in anderen Branchen – die Bezahlung gleichartiger Tätigkeiten in verschiedenen Abteilungen einer Fabrik unterschiedlich gehandhabt. So betrugen in der Mechanischen Baumwollspinnerei und Weberei die täglichen Durchschnittsverdienste 1910 in der Spinnerei-Altbau 2,73 M, in der Spinnerei Rosenau 2,49 M, im Neubau 2,67 M und im Werk Aumühle 2,54 M; ähnliche Verhältnisse lassen sich auch für die Weberei feststellen[37].

4. Dienstalter- und Jahresprämien

Neben den Arbeitslöhnen erhielten die Beschäftigten in den meisten Augsburger Spinnereien und Webereien lohnähnliche Zulagen, die allerdings Geschenkcharakter trugen. Dazu zählten Christgeschenke aller Art, wie sie spätestens seit den neunziger Jahren verteilt wurden. In der Regel handelte es sich um kleinere Geldgeschenke, um Stoffreste für Kinderkleidung usw.[38]. Daneben verteilten die Großunternehmen »Alterslohnzulagen nach einem bestimmten System, ähnlich dem Besoldungswesen der gemeindlichen oder staatlichen Beamten«[39]. Darunter darf jedoch nicht ein parallel zum Lebensalter steigender Lohn oder auch nur ein Ausgleich zu dem mit nachlassender Leistungskraft im Alter absinkenden Lohn durch Sonderzulagen verstanden werden. Aus den Lohnstatistiken der Mechanischen Baumwollspinnerei und Weberei geht deutlich hervor, daß ältere oder schwächliche Arbeiter wieder in die ansonsten den Kindern und Jugendlichen vorbehaltenen niedrig bezahlten Stellen (z. B. als Aufstecker) einrücken mußten. Die Alters-

---

35 Jahresbericht der Handelskammer 1908, S. 8; Martini, a. a. O., S. 38.
36 SWA-Archiv, Augsburg, Lohnstatistik.
37 Ebenda.
38 Jahresberichte der Fabrikinspektoren 1898, S. 420, Hoyer, a. a. O., S. 29.
39 Jahresberichte der Fabrikinspektoren 1910, S. 204.

zulagen waren vielmehr einmal im Jahr zur Verteilung gelangende »Treue«- oder »Immobilitätsprämien«. In der Stadtbachspinnerei war es schon 1874 üblich, Arbeiter, die länger als 10 Jahre in der Fabrik beschäftigt waren, mit einem jährlichen Geschenk zu belohnen, dessen Höhe sich nach dem Geschäftsgewinn, der Lohnhöhe und dem Wohlverhalten des einzelnen Arbeiters richtete und sich in der Regel zwischen 20 und 100 fl. pro Jahr bewegte. Der Betrag wurde zunächst ganz, seit den achtziger Jahren mindestens zur Hälfte dem Sparkonto bei der Fabriksparkasse gutgeschrieben[40]. In der Mechanischen Baumwollspinnerei und Weberei erhielten die Arbeiter seit 1895 nach fünfjähriger Zugehörigkeit zum Betrieb Prämien zwischen 15 und 70 M im Jahr gutgeschrieben[41]. Die Arbeiter der Augsburger Buntweberei bekamen nach einer einjährigen Dienstzeit für jedes zurückgelegte weitere Jahr eine Zulage von 2 M, die bis zu 20 M ansteigen konnte[42]. Während es sich im Fall der Stadtbachspinnerei mehr um eine Betonung des patriarchalischen Prinzips handelte, das neben der »Fürsorge« des Arbeitgebers »Treue und Anhänglichkeit« des Arbeiters voraussetzte, trat bei den anderen Systemen schon durch die kurze Betriebszugehörigkeit der Beschenkten mehr der Anreiz zum längeren Verharren in demselben Unternehmen als die Prämiierung langjähriger Dienste in den Vordergrund. Eine Veranlassung zu solchen Maßnahmen lag nicht nur in der starken Fluktuation des durch Wohlfahrtsmaßnahmen weniger gebundenen Teils der Belegschaft, sondern auch in einer seit den neunziger Jahren feststellbaren Abwanderung von Arbeitskräften aus der Textilindustrie in die Maschinenfabriken, in denen den männlichen Arbeitnehmern höhere Löhne gezahlt wurden[43].

5. Der Einfluß der Arbeitsmarktstrukturen auf die Textilarbeiterlöhne

Das Lohnniveau der Augsburger Textilindustrie wurde von einer Reihe von Faktoren negativ beeinflußt. Zunächst handelte es sich bei einem bedeutenden Teil der Textilarbeiter um Frauen oder Kinder, die mit Niedrigstlöhnen abgespeist werden konnten. 1865 verdienten die Frauen in den Spinnereien im Durchschnitt zwischen 33 % und 46 % weniger als die Männer, 1912 in der Mechanischen Baumwollspinnerei und Weberei um 39 % weniger[44]. Waren auch die Frauen in noch größerem Maße als die Männer mit unqualifizierter Arbeit beschäftigt, so traten die Unterschiede doch nicht weniger deutlich zutage, wenn es sich um gleiche Tätigkeit handelte. 1912 verdiente eine Weberin am Tag im Durchschnitt 27 % weniger als ein Weber, während einer zwölftägigen Lohnperiode um 20 % weniger[45]. Zwar konnten auch Weberinnen die Durchschnittsverdienste der männlichen Kol-

---

40 Ergebnisse einer Erhebung über die in bayerischen Fabriken und größeren Gewerbebetrieben zum Besten der Arbeiter getroffenen Einrichtungen, veröffentlicht durch das kgl. Staatsministerium des Inneren, München 1874, S. 17; Jahresberichte der Fabrikinspektoren 1885, S. 27; Hoyer, a. a. O., S. 17; Die Arbeiterwohlfahrtseinrichtungen in bayerischen Fabriken und größeren Gewerbebetrieben. Denkschrift, bearbeitet vom Staatsministerium des kgl. Hauses und des Äußeren und vom kgl. Statistischen Bureau, München 1906, S. 16 f. Um 1906 wurde wieder der gesamte Prämienbetrag dem Sparkonto überwiesen.
41 Feßmann, a. a. O., S. 10.
42 Hoyer, a. a. O., S. 28.
43 Jahresbericht der Handels- und Gewerbekammer 1899, S. 2.
44 StA Augsburg, G I 16/13; SWA-Archiv, Augsburg, Lohnstatistik. In der Kammgarnspinnerei betrug der Unterschied zwischen den männlichen Durchschnittslöhnen (4,90 M) und den weiblichen (2,44 M) 1911 über 100 % (Schmid, a. a. O., S. 164).
45 SWA-Archiv, Augsburg, Lohnstatistik.

legen übertreffen, doch war dafür mehr Leistung erforderlich als sie von den Webern aufgebracht werden mußte. Bei den jugendlichen Arbeitern betrug der Rückstand zum Lohn der Erwachsenen bei gleicher Arbeit, z. B. als Aufstecker, für männliche Jugendliche 1912 47 %, für junge Mädchen sogar 68 %[46].

Daneben sicherte das traditionell umfangreiche Angebot an Arbeitsplätzen für ungelernte Arbeiter der Augsburger Textilindustrie einen ständigen Zustrom von Land-Stadt-Wanderern, die in der schwäbischen Kreishauptstadt oft zum erstenmal in einen Fabrikbetrieb eintraten und keine festgelegten Lohnansprüche mitbrachten. Litten schon die Maschinenbauarbeiter in Zeiten des konjunkturellen Rückgangs unter der lohnsenkenden Wirkung des großen Angebots an ungelernten Arbeitern aus ländlichen Gebieten, so galt dies für die Textilindustrie fast immer[47]. Die geographische Lage Augsburgs schloß einen Arbeitskräfteaustausch mit der Textilindustrie anderer Großstädte aus. Die aus den ländlichen Textilgebieten Schwabens stammenden Fachkräfte hatten zuvor vermutlich noch niedrigere Löhne bezogen, als sie in Augsburg gezahlt wurden. Diese relativ isolierte Lage Augsburgs als Textilzentrum dürfte eine wesentliche Ursache für das im Vergleich mit anderen Städten niedrige Lohnniveau in der Textilindustrie gewesen sein. Der Durchschnittsverdienst schien besonders bei männlichen Arbeitnehmern während des gesamten Untersuchungszeitraumes geringer gewesen zu sein als an anderen Orten[48]. Inwieweit hier ein Zusammenhang zwischen niedrigen Löhnen und der bereits festgestellten geringen Seßhaftigkeit und der Abwanderung auch einheimischer Bevölkerung bestand, läßt sich nur vermuten.

Einkommensnachteile entstanden den Textilarbeitern aber auch durch Kartellmaßnahmen der Unternehmer. Die Textilindustrie bildete in Augsburg den einzigen Wirtschaftszweig, in dem seit der Jahrhundertwende unabhängig von der wirtschaftlichen Lage einzelner Firmen in Abschwungjahren allgemeine Betriebsreduktionen zur Hochhaltung der Preise durchgeführt wurden. Die den Arbeitern dadurch aufgebürdeten Lohnverluste wogen angesichts der ohnehin geringen Einkommen besonders schwer. Bei der dreiundzwanzigprozentigen Betriebsreduktion im Jahre 1901 erhielten die Arbeiter in einer Fabrik 14 % des Lohnausfalls ersetzt[49]. Anläßlich der Einschränkungen im ersten Halbjahr 1914 vergütete die Mechanische Baumwollspinnerei und Weberei für jeden Tag, an dem die Arbeitszeit eingeschränkt wurde, zwischen 30 Pf. und 1,65 M. Dagegen zahlten die Mechanische Weberei am Fichtelbach und die Weberei Raff & Söhne in Pfersee überhaupt keine Entschädigung. Den Wunsch der Arbeiter nach einer generellen zwölfprozentigen Vergütung lehnten die Unternehmen ab[50]. Dabei blieb den Ar-

---

46 SWA-Archiv, Augsburg, Lohnstatistik.
47 Die große Anziehungskraft der Textilindustrie auf ungelernte Arbeiter wurde mit der Zeit sogar von den Unternehmern beklagt (Jahresbericht der Handels- und Gewerbekammer 1902, S. 12; vgl. auch 1905, S. 5). Arbeiter, die an einer gründlicheren Ausbildung interessiert waren, zogen offensichtlich von vornherein andere Branchen vor. Dagegen waren gerade die jüngeren, ungelernten Arbeiter sehr stark an der Fluktuation in den Textilfabriken beteiligt. Da sie durch eine spezielle Ausbildung in ihrer Tätigkeit nicht festgelegt waren, konnten sie auch jederzeit in besserzahlende Branchen überwechseln.
48 Für die achtziger Jahre ist ein Vergleich für einzelne Arbeiterkategorien möglich; siehe dazu Herkner, a. a. O., S. 308 und Graßmann, a. a. O., S. 169. Vgl. auch Kuczynski, a, a, O., Bd. 18, S. 172, ebenda, Bd. 3, S. 424; Bd. 4, S. 424. Die Angaben in Bd. 3, an denen sich auch A. V. Desai, Real Wages in Germany 1871–1913, Oxford 1968, S. 108 ff. orientiert, sind für einen Vergleich schlecht geeignet, da sie außer den von Graßmann übernommenen Augsburger Zahlenangaben und den bei Kuczynski wiedergegebenen rheinischen Löhnen nur auf Angaben aus Bayern, noch dazu aus dem kleinen Hof oder aus ländlichen Gebieten basieren.
49 Martini, a. a. O., S. 25.
50 Schwäbische Volkszeitung Nr. 41 vom 18. 2. 1914.

beitern in den letzten Jahren vor dem Ersten Weltkrieg die Funktion der regionalen und überregionalen Betriebseinschränkungen zur Stützung der Unternehmensgewinne keineswegs verborgen, um so mehr, als solche Maßnahmen unabhängig von der ökonomischen Situation des einzelnen Betriebs getroffen wurden. Als besonders drückend empfanden es die Belegschaften, daß als Begleiterscheinung der Betriebsreduktionen in der Regel »ein furchtbar unangenehmes Antreibesystem« in den Fabriken um sich griff, was deutlich darauf hinweist, daß die Fabrikanten trotz der angeblich notwendigen Produktionseinschränkungen für ihren Betrieb einen möglichst großen Output zu erzielen wünschten[51].

Bei den Arbeitern der Textilindustrie, die ca. ein Drittel der gesamten Augsburger Fabrikarbeiterschaft stellten, handelte es sich um eine besonders schlecht bezahlte Gruppe von Arbeitnehmern. Dies tritt nach einem Vergleich mit den Löhnen der zweitgrößten Arbeitergruppe, den Maschinenbauarbeitern, noch deutlicher zutage.

II. Die Lohnentwicklung in der Maschinenbauindustrie

1. Die Lohnverhältnisse der frühindustriellen Zeit am Beispiel der Maschinenfabrik Augsburg

In der Maschinenbauindustrie brachte schon die frühindustrielle Phase andere Lohn- und Arbeitsverhältnisse als in der Textilindustrie mit sich. Während dort ausländische Fachkräfte die einheimischen Arbeiter in relativ kurzer Zeit anlernten, konnte der Mangel an Facharbeitern in der Maschinenbauindustrie nicht so schnell überwunden werden, da für die in Frage kommenden Berufe längere Ausbildungszeiten erforderlich waren. Die Folge war, daß sich die Maschinenfabriken nicht auf die Zahlung hoher Anwerbelöhne beschränken konnten, sondern ein höheres Lohnniveau beibehalten mußten. Die nahezu ausschließliche Verwendung erwachsener männlicher Arbeiter schloß die Hungerlöhne, welche Frauen und Kinder in der Textilindustrie bekamen, ohnehin aus. Die Arbeit selbst war in der Maschinenindustrie anfänglich noch wenig mechanisiert und erforderte neben technischen Fähigkeiten zum Teil beträchtliche physische Kräfte von den Arbeitern.

Es ist schwierig, für die ersten Jahrzehnte ein einigermaßen zuverlässiges Bild von der Lohnstruktur in der Maschinenbauindustrie zu gewinnen. Zwar waren die Differenzen im Lohn zwischen den einzelnen Arbeitergruppen geringer als in der Textilindustrie, doch zeichneten sich die Löhne innerhalb einer Gruppe durch außergewöhnlich große Spannweiten aus. So schwankte z. B. in der Maschinenfabrik Augsburg der Lohn für Schlosser 1845 zwischen 48 Kr. und 1 fl. 48 Kr., bei den Schreinern 1848 zwischen 36 Kr. und 1 fl. Immerhin läßt sich durch die Häufigkeit bestimmter Lohnsätze ein höherer oder niedrigerer Durchschnittslohn für eine Gruppe annehmen. Zu den Arbeitern, deren Tagesverdienst nur selten unter einen Gulden absank, gehörten die Gießer und Former. Als Angehörige eines fast ausschließlich »importierten« Berufes bezogen sie Spitzenlöhne und brachten es schon in den vierziger Jahren auf einen Tageslohn von 1 fl. 42 Kr., mit dem sie

---

51 Schwäbische Volkszeitung Nr. 41 vom 18. 2. 1914.

auch die Meister in der Textilindustrie übertrafen[52]. Einer ähnlich gut bezahlten Kategorie gehörten die Mechaniker an, deren Löhne sich 1848 zwischen 1 und 2 fl. bewegten; im Gegensatz zu den Formern fanden sich unter ihnen jedoch auch häufig geringere Löhne von 42, 48 oder 54 Kr.[53]. Bei den Schlossern, die in den frühindustriellen Maschinenfabriken allgemein zu den höchstverdienenden Arbeitern zählten, waren dagegen in Augsburg um diese Zeit Spitzenlöhne selten anzutreffen. Bis Ende der fünfziger Jahre bewegte sich das Gros der Schlossereinkommen zwischen 42 Kr. und 1 fl.[54]. Ähnlich verhielt es sich bei den Drehern und Schmieden. Alle diese Arbeitergruppen stammten in der Regel aus dem Handwerk und mußten sich erst auf die Arbeit in der Fabrik umstellen.

Nach einer Auswertung der Angaben für das Jahr 1850 waren in der Reichenbachschen Maschinenfabrik folgende Löhne üblich[55]:

Mechaniker	42 Kr. – 1 fl.	Kesselschmiedgehilfe	42 Kr.
Schlosser	42 Kr. – 1 fl.	Drechsler	48 Kr.
Gießer	54 Kr. – 1 fl. 24 Kr.	Schreiner	42 Kr.
Dreher	54 Kr. – 1 fl. 6 Kr.	Maurer	36 Kr.
Kernmacher	54 Kr.	Tagelöhner	30–36 Kr.

Wenn sich diese Löhne im allgemeinen auch vorteilhaft von den Einkommen der Textilarbeiter abhoben, so wurde ein Verdienst von 1 fl. und mehr doch nur von wenigen Arbeitern erreicht. Gerade in den fünfziger Jahren häuften sich Kündigungen von seiten der Arbeiter, die in den Arbeiterbüchern mit dem Vermerk »Lohn zu gering« oder »kann bei seinem niedern Lohn nicht bestehen« versehen wurden[56].

In der Maschinenfabrik wurden schon in den vierziger Jahren Dampfmaschinen im Akkord aufgestellt. Dabei war Gruppenakkord häufiger als Einzelakkord. Die Aufteilung der anfallenden Arbeit nahm der Gruppenführer vor, der im Einvernehmen mit dem Meister auch die Leistungen der einzelnen Arbeiter bewertete. Da dieses System oft zu Konflikten führte, wurde es mit der Zeit durch den Einzelakkord abgelöst; seit 1910 übernahm ein Stücklohnbüro anstelle der Meister die Akkordfestsetzung[57]. Der Unterschied zwischen Grund- und Akkordlohn war bei gelernten Arbeitern recht groß; ein Schreiner verdiente z. B. 1870 im Taglohn 1 fl. 18 Kr. und gelangte durch Akkordarbeiten auf 2 fl. per Tag[58]. Die Arbeiter scheinen gerade in den ersten Jahrzehnten des Bestehens der Maschinenfabrik die Vergabe von Akkordarbeiten als willkommene Aufbesserung ihrer Einkommen betrachtet zu haben. Ein Dreher kündigte 1852 sogar, weil er zu wenig Akkordarbeiten erhielt[59].

Die extremen Schwankungen in den Löhnen innerhalb einer Berufsgruppe dürften aber nicht nur auf unterschiedliche Akkordleistungen zurückzuführen sein – in den Arbeiterbüchern sind auch sehr niedrig bezahlte Arbeiter mit lobenden Bemer-

---

52 MAN-Archiv Augsburg, Arbeiter-Skontro 1844 ff.
53 Ebenda.
54 MAN-Archiv Augsburg, Arbeiter-Skontro 1844 ff.
55 Ebenda, 1850.
56 Ebenda, 1854 ff.
57 Ebenda; Foth, a. a. O., S. 57.
58 MAN-Archiv Augsburg, Foth, a. a. O., S. 57.
59 MAN-Archiv Augsburg, Arbeiter-Skontro 1852.

kungen über ihre Tüchtigkeit versehen – sondern waren vermutlich die Folge der durch die Meister individuell ausgehandelten Akkorde[60]. Da die Meister im Vergleich mit den Meistern in der Textilindustrie offensichtlich eine angesehenere Stellung einnahmen, war auch ihr Einkommen höher. Ein Werkmeister verdiente bei der Maschinenfabrik Augsburg 1857 800 fl. im Jahre – mehr als das Doppelte des durchschnittlich verdienenden Facharbeiters in der Maschinenbauindustrie und etwa ein Drittel mehr als ein Spinnmeister um 1860[61].

Bei den Arbeiterlöhnen zeichnete sich bis gegen Ende der fünfziger Jahre kaum ein durchgehender Trend zur Erhöhung ab. Nur bei den sehr niedrig bezahlten Tagelöhnern finden sich in den Teuerungsjahren 1847 und 1848 Aufbesserungen auf 40 bis 42 Kr., die aber offensichtlich wieder zurückgenommen wurden, denn in den fünfziger Jahren bezogen die meisten Tagelöhner wiederum nur 30–36 Kr. am Tag[62]. Zu Beginn der sechziger Jahre zogen bei der Maschinenfabrik Augsburg die durchschnittlichen Jahreseinkommen an. Besonders Ende des Jahrzehnts brachte nach einem kurzen Rückschlag im Geschäftsjahr 1867/68 der einsetzende Hochschwung eine Aufbesserung der Löhne mit sich. Auch Anfang der siebziger Jahre wurden – wie in anderen Branchen – in der Maschinenbauindustrie »in Anbetracht der allgemeinen Theuerung« die Löhne erhöht[63]. Allerdings dürften sich diese Aufbesserungen in recht bescheidenem Rahmen bewegt haben, denn in einigen Fabriken nutzten die Arbeiter den Wirtschaftsboom und gingen freiwillig schon um fünf Uhr morgens zur Arbeit und blieben oft bis Mitternacht – wohl kaum aus Freude an der Arbeit, sondern eher, um ihre Einkommen den plötzlich einsetzenden Preissteigerungen anzupassen[64]. Bei der Maschinenfabrik Augsburg hielt sich der durchschnittliche Jahreslohn nach einem Rückgang im Jahre 1875/76 bis 1880 ungefähr auf gleichem Niveau; ähnliche Beobachtungen lassen sich auch bei anderen Augsburger Maschinenfabriken machen[65]. Ganz im Gegensatz zur Textilindustrie setzte jedoch in den achtziger Jahren eine rasche Expansion ein, an der auch die Arbeiter fast ausnahmslos durch höheren Verdienst partizipierten. Allerdings waren die auffallend hohen Jahreslöhne, die in diesen Jahren auf die Arbeiter der Maschinenfabrik Augsburg trafen, nicht das Ergebnis von Lohnerhöhungen, sondern entstanden durch jahrelange regelmäßige Überstunden- und Nachtarbeit[66]. Ein Vergleich mit den viel niedrigeren Einkommen der Jahre 1896 bis 1898, in denen kaum eine direkte Herabsetzung der Löhne stattgefunden haben dürfte, unterstreicht dies.

2. Veränderungen der Berufs- und Lohnstruktur in der hochindustriellen Phase

Die Lohnhierarchie, die sich in den ersten Jahrzehnten der Industrialisierung in der Maschinenbauindustrie abzeichnete, behielt ihre Gültigkeit nicht unbegrenzt. So besetzten die Former zwar um die Jahrhundertwende noch immer die obersten

---

60 Vgl. dazu Kocka, Unternehmensverwaltung und Angestelltenschaft, a. a. O., S. 68.
61 MAN-Archiv Augsburg, Arbeiter-Skontro 1857; Graßmann, a. a. O., S. 168.
62 MAN-Archiv Augsburg, Arbeiter-Skontro 1844 ff.
63 MAN-Archiv Augsburg, Protokoll der Generalversammlung vom 25. 9. 1872.
64 Graßmann, a. a. O., S. 181.
65 Ebenda, S. 179 f. Das bei Graßmann angeführte Beispiel einer Maschinenfabrik (Maschinenfabrik Johannes Haag?), deren Jahreslöhne seit Mitte der achtziger Jahre stark zurückgingen, scheint mir für Augsburger Verhältnisse nicht typisch zu sein; vermutlich waren dafür konjunkturabhängige Gründe ausschlaggebend.
66 MAN-Archiv Augsburg, Protokoll der Generalversammlung vom 7. 9. 1888 und vom 27. 9. 1889.

Ränge, doch wurden sie von den Monteuren und Schlossern, deren Löhne durch Montagezulagen in die Höhe schnellten, aber auch zum Teil von den Drehern übertroffen[67]. Eine lohndrückende Wirkung übte bei den Formern die häufige Nichtanrechnung der Arbeitsleistung oder gar Berechnung von Strafabzügen bei mißlungenen Gußstücken aus[68]. Die auffallend vielen Klagen nach der Jahrhundertwende auf diesem Gebiet zeigen, daß mit dem Nachlassen der Angebotsknappheit in diesem Beruf von den Unternehmern auch schärfere Arbeitsbedingungen durchgesetzt werden konnten. In kleineren Maschinenfabriken oder Eisengießereien wurden die gelernten Former in den neunziger Jahren oft durch angelernte Hilfskräfte verdrängt[69].

Ein Blick auf die Berufsstruktur einer Maschinenfabrik um diese Zeit zeigt, daß neben den gelernten Arbeitern eine beträchtliche Anzahl von ungelernten Hilfsarbeitern vorhanden war, deren niedrige Löhne sich deutlich von denen der Facharbeiter abhoben. Die Maschinenfabrik Riedinger beschäftigte 1889 45 Gürtler mit einem durchschnittlichen Tagesverdienst von 4,40 M, 117 Schlosser, 113 Dreher, 62 Former, 73 Schmiede und 25 Schreiner mit einem Lohn von je 4,— M, 6 Handwerker (Spengler) verdienten je 3,50 M, 5 Hilfsarbeiter je 3 M, 194 Hilfsarbeiter und 25 Maurer, Zimmerleute und Hoftagelöhner je 2,50 M am Tag[70]. Die Tagelöhne der Arbeiter der Maschinenfabrik Augsburg, die gerade in diesem Jahr besonders hohe Durchschnittseinkommen verzeichneten, lagen dagegen wesentlich niedriger. Dort erhielt 1889 ein Schlosser 2,80—3,80 M, ein Gießer 3,— M, ein Monteur 4,— M, ein Kesselschmied 3,50 M, ein Tagwerker 1,90—2,80 M[71]. Das Hauptkontingent der angelernten Arbeiter stellten in den Maschinenfabriken die auf die Bedienung bestimmter Maschinen abgerichteten sog. »Maschinenarbeiter«, die Hobler, Bohrer und Fräser[72]. In der Maschinenfabrik Augsburg lagen 1913 die durchschnittlichen Stundenverdienste der Facharbeiter bei 0,60 M, die der angelernten Arbeiter bei 0,49 M, die der ungelernten bei 0,37 M, was ungefähr einem Einkommensverhältnis von 10 : 8 : 6 entsprach[73].

Während in konjunkturellen Krisenzeiten die Facharbeiter ihr Einkommen in etwa halten konnten, sanken die Löhne der ungelernten Arbeiter rasch ab. Auch bei den Maschinenbauarbeitern wirkte sich in solchen Jahren der Druck der Zuwanderer vom Lande auf den Augsburger Arbeitsmarkt negativ auf die Löhne aus[74]. Die günstigen Lohnverhältnisse der achtziger und neunziger Jahre wiederholten sich für die Maschinenbauarbeiter später nicht mehr. Zunächst litten sie wie die übrigen Arbeitnehmer unter den krisenbedingten Lohnausfällen in den

---

67 Martini, a. a. O., S. 39.
68 StA Augsburg, G I 16/29. Noch 1906 beklagten sich die Former darüber, »daß [...] die Lohngarantie bei Fehlguß mehrfach vollständig verweigert und das Risiko seiner beschwerlichen Arbeit dem Former voll und ganz aufgebürdet wird«.
69 StA Augsburg, A 181.
70 Collectivausstellung [...], a. a. O., S. 35. Eine nähere Differenzierung der »Hilfsarbeiter« ist dabei nicht möglich.
71 MAN-Archiv Augsburg, Arbeiterskontro F 1882—1889.
72 Günther, a. a. O., S. 21.
73 MAN-Archiv Augsburg, Foth, a. a. O., Anlage 10.
74 Jahresberichte der Fabrikinspektoren 1902, S. 165. Im gleichen Jahr bemerkte zwar die Direktion der Maschinenfabrik Riedinger: »Die Schwierigkeit, welche sich der Erhaltung eines tüchtigen Arbeiterstammes bei der hier und da notwendigen Einschränkung der Arbeitszeit und dem schon hieraus entspringenden Verdienstentgang entgegenstellte, ließ eine Verbilligung der Herstellungskosten durch Lohnreduktion nicht zu« (Jahresberichte der Handels- und Gewerbekammer 1902, S. 38). Es ist jedoch fraglich, ob damit auch die zu stärkerer Fluktuation neigenden ungelernten Arbeiter gemeint waren. Die Erfahrungen des Fabrikinspektors sprechen eher dagegen.

Jahren 1900—1902; doch auch während des Aufschwungs häuften sich unter den Arbeitern der Maschinenfabrik Augsburg Klagen über die Senkung der Akkordsätze, willkürliche Lohnabzüge und unterschiedliche Akkordlöhne für die gleiche Arbeit in verschiedenen Werkstätten des Betriebs[75]. Die Lohndifferenzen innerhalb einzelner Arbeiterkategorien blieben weiterhin sehr ausgeprägt, was darauf hindeutet, daß in den Maschinenfabriken offensichtlich noch kaum Mindestlohngarantien existierten. Bei den Schlossern konnte der höchste Stundenlohn mitunter das Doppelte des niedrigsten betragen[76]. Im Verein mit dem kompromißlosen Auftreten der Augsburger Metallindustriellen im Arbeitskampf 1905, auf den später noch einzugehen sein wird, weisen diese Symptome eindeutig darauf hin, daß die Unternehmer dem steigenden Kostendruck, der in diesen Jahren durch die Standortnachteile Augsburgs erneut hervortrat, durch ein Niedrighalten der Löhne zu begegnen gedachten[77]. Für die Zeit nach der Jahrhundertwende stehen für die Maschinenfabrik Augsburg keine Jahreslohnangaben mehr zur Verfügung; die Daten der Maschinenfabrik Riedinger und der Fabrik für landwirtschaftliche Maschinen ehem. Epple & Buxbaum müssen im Hinblick auf das unterschiedliche (unbekannte) Ausgangsniveau isoliert betrachtet werden. Sie zeigen jedoch noch einmal, welche Ausnahme die hohen Löhne in der Maschinenfabrik Augsburg in den achtziger Jahren darstellten.

Vergleicht man diese Angaben mit den Löhnen in der Maschinenbauindustrie anderer Städte, so können die Augsburger Verhältnisse nicht als besonders vorteilhaft für die Arbeiter beurteilt werden[78]. Auch hier gilt ähnlich wie bei den Textilarbeiterlöhnen, daß die isolierte Lage Augsburgs — in der Maschinenbauindustrie nur durch die Nähe Münchens abgeschwächt — negativ auf die Lohnentwicklung einwirkte.

III. Sonstige Industrielöhne

Die Lohnentwicklung in den übrigen Augsburger Industriezweigen ist weniger ausführlich belegt als die in der Textil- und Maschinenbauindustrie. Einzelne Daten können aber zumindest einige grobe Anhaltspunkte für eine Beurteilung vermitteln.

1847 erhielten erwachsene Arbeiter in der Messingfabrik Beck Wochenlöhne zwischen 4,30 und 6 fl., junge Burschen verdienten 2,30 bis 3 fl. In der Ehnerschen Papierfabrik bezogen die am höchsten bezahlten Arbeiter 9 fl., die übrigen 4,12 fl. und 6 fl. in der Woche, wobei ein Teil der Arbeiter noch beim Fabrikherrn in Logis stand. Frauen bekamen zwischen 2,42 und 3 fl. Wochenlohn[79]. In einer Farbwarenfabrik betrugen die durchschnittlichen Wochenlöhne: 1850: 8 M, 1860: 12 M, 1870: 16 M, 1880: 20 M, 1890: 23 M[80]. Die Erhebungen anläßlich der Bun-

---

75 StA Augsburg, G I 16/29.
76 MAN-Archiv Augsburg, Foth, a. a. O., Anlage S. 10 f.
77 Martin Offenbacher, Der Ausstand und die Aussperrung in der Bayerischen Metallindustrie im Sommer 1905. Im Auftrag des Verbands Bayerischer Metallindustrieller nach Akten verfaßt, Nürnberg 1905, S. 19.
78 Kuczynski, a. a. O., Bd. 4, S. 425.
79 StA Augsburg, G I 16/1, I. Fasc.
80 Graßmann, a. a. O., S. 182 (alle Angaben dort in M umgerechnet).

desratsenquête förderten 1874 folgende Lohnangaben pro Woche für Frauen und Jugendliche zutage:[81]

	Frauen			Jugendliche unter 16 Jahren	
	Niedrigster Lohn in M	mittlerer Lohn in M	höchster Lohn in M	männlich in M	weiblich in M
I. Zündwarenfabriken	6,00	8,40	10,71	–	8,57
II. Handschuhfabriken	8,57	9,00	12,00	–	–
III. Laubsägenfabriken	3,43	8,57	17,14	5,60	–
IV. Goldrahmenfabriken	7,20	8,22	10,32	–	–
V. Papierhülsenfabriken	6,50	7,37	8,50	–	8,00
VI. Papierfabriken	7,26	8,85	11,00	–	7,91–9,00
VII. Tabakfabriken	7,90	8,25	8,60	–	–

1892 bezogen männliche Arbeiter in den Papierfabriken 12—21 M in der Woche, Frauen 6—12 M und Jugendliche 4—7 M; die Farbenindustrie zahlte 15—24 M an Arbeiter und 4,80—20 M an Arbeiterinnen. In der chemischen Industrie erhielten Männer 12—24 M, Arbeiterinnen 9—14 M und Jugendliche 6—8 M[82]. Einige Facharbeiter bezogen Spitzenlöhne, die sich durchaus mit denen der bestbezahlten Arbeiter in der Maschinenindustrie vergleichen ließen: In der Papierindustrie wurden 1892 Jahreshöchstlöhne von 1500 M angeführt, im Jahre 1900 betrugen die Maximallöhne in der gleichen Branche für Maschinenführer bis zu 1750 M im Jahr (Durchschnitt: 1150 M)[83]. Die übrigen gelernten Arbeiter in den Papierfabriken bezogen um die Jahrhundertwende 900—1060 M im Jahr, Hilfsarbeiter 800 bis 900 M, Taglöhner 750—800 M, Taglöhnerinnen 470—520 M, Heizer und Maschinisten 1000—1100 M[84]. In der chemischen Industrie erhielten erwachsene Männer 12,60—35 M Wochenlohn, Frauen 7,80—12 M und Jugendliche 6—9 M[85]. Die Verdienste der Frauen und Jugendlichen waren also in dieser Branche noch außerordentlich niedrig; auch wird man voraussetzen müssen, daß die Spitzenverdienste der Männer nur ganz wenigen Facharbeitern vorbehalten waren.

Wie in den Hauptbranchen arbeiteten auch die Arbeiter in den kleineren Industriezweigen hauptsächlich im Akkord. 1901 gab es in Augsburg nur mehr 4 Fabriken mit 996 Arbeitern, die nach reinem Zeitlohn bezahlten; 3030 Arbeiter waren in Fabriken mit Zeit- und Akkordlohn beschäftigt, 11 265 Arbeiter standen ausschließlich im Akkordverhältnis[86].

---

[81] StA Augsburg, A 153.
[82] Graßmann, a. a. O., S. 181.
[83] Ebenda; Martini, a. a. O., S. 41.
[84] Ebenda.
[85] Ebenda.
[86] Ebenda, S. 29; StA Augsburg, G I 2/5, XIII. Fasc.

IV. Handwerkerlöhne

Zur Abrundung des Bildes ist es angebracht, die Verdienstmöglichkeiten der Industrie mit denen im Handwerk zu vergleichen, wo ja 1901 immerhin noch knapp 30 % aller Arbeiter beschäftigt waren. Um eine kontinuierliche Betrachtung über einen längeren Zeitraum zu ermöglichen, wurden dabei auch jene Berufe zum Handwerk gerechnet, die sich im Laufe der Industrialisierung immer mehr zu industriellen Tätigkeiten entwickelten (z. B. Brauer, Buchdrucker usw.).

Die Löhne der Gesellen einschließlich Verpflegung und Unterkunft wurden durch gegenseitiges Übereinkommen mit den Meistern der einzelnen Gewerbe festgelegt; dabei sahen es Staat und Gemeindebehörden als ihre Pflicht an, durch Appelle an die Meister die Gesellenlöhne möglichst herabzudrücken, um auf diese Weise die Niedrighaltung der Preise zu garantieren. So empfahl die königliche Regierung 1820 auch dem Augsburger Magistrat, die Handwerksmeister der Stadt zu einer Senkung der Löhne zu veranlassen, die in den Teuerungsjahren 1817 und 1818 gestiegen und nach dem Abklingen der Krise weiterhin hoch geblieben seien[87]. Der Magistrat selbst ging dabei mit entsprechendem Beispiel voran und bestimmte 1831 ausdrücklich, die Löhne der in städtischem Dienst stehenden Handwerksgesellen dürften »jene bei den betreffenden bürgerlichen Meistern um so weniger übersteigen, als schon aus polizeilichen Rücksichten die Steigerung der Löhne im Dienste des Magistrats nachteilig auf das Publikum wirkt«[88]. Bei der Stadt beschäftigte Zimmerleute erhielten 1831 40 Kr. Taglohn im Sommer, 36 Kr. im Winter; Taglöhner bezogen im Sommer 30 Kr., im Winter 27 Kr.[89]. Vergleicht man diese Angaben mit den später in der Mechanischen Baumwollspinnerei und Weberei gezahlten Löhnen, so waren die Verdienste der städtischen Arbeiter, auch wenn sie unter den bei den privaten Meistern gebotenen lagen, nicht niedriger als die Löhne der Textilarbeiter.

Wochenlöhne der Handwerksgesellen 1847[90]

Beruf	Lohn mit Kost und Logis				Lohn ohne Kost und Logis			
	1. Ges. fl. Kr.	2. Ges. fl. Kr.	3. Ges. fl. Kr.	4. Ges. fl. Kr.	1. Ges. fl. Kr.	2. Ges. fl. Kr.	3. Ges. fl. Kr.	4. Ges. fl. Kr.
Färber	2.42	2.—						
Gerber	2.12	2.—						
Bäcker	1.12	1.—						
Weber					3.30	3.—	—.48*	1.—**
Buchbinder	2.—	1.18						
Hufschmied	4.—	2.42	1.48	1.36				
Feilenhauer	3.12***	2.36***						
Gold- und Silberarbeiter	2.42	2.42						
Hutmacher	5.—	4.30						

---

[87] StA Augsburg, G I 16/1, I. Fasc. Dabei durften individuelle Abmachungen jedoch nicht den Satzungen privater Gewerbevereine der Arbeitgeber zuwiderlaufen, deren Gründung von der Regierung ausdrücklich gefördert wurde. Vgl. Adolf Günther, René Prévost, Die Wohlfahrtseinrichtungen der Arbeitgeber in Deutschland und Frankreich, Schriften des Vereins für Socialpolitik, Bd. CXIV, Leipzig 1905, S. 10 ff.
[88] StA Augsburg, 57 C A 1355.
[89] Ebenda.
[90] StA Augsburg, G I 16/1.

Beruf	Lohn mit Kost und Logis				Lohn ohne Kost und Logis			
	1. Ges. fl. Kr.	2. Ges. fl. Kr.	3. Ges. fl. Kr.	4. Ges. fl. Kr.	1. Ges. fl. Kr.	2. Ges. fl. Kr.	3. Ges. fl. Kr.	4. Ges. fl. Kr.
Buchdrucker					6.30	4.—	4.—	
Schlosser	2.30	2.12	2.12					
Spengler	1.36	1.12						
Drechsler	1.36	1.12						
Büchsenmacher					4.—	3.—	2.—	
Bierbräuer	3.—	2.—	1.30	1.—				
Gürtler	1.48	1.36						
Mechanikus					9.—	8.—	6.—	5.24
Kupferschmied	2.—	1.48	1.36	1.12				
Tuchmacher					4.—	3.—	2.24	
Metzger	1.36	1.12						
Schreiner	1.42	2.—	1.48					
Brunnenmacher					4.48			
Zimmerer					4.48			
Schuhmacher					4.30	3.—	2.24	
Schneider					3.—	2.42	1.30	
Uhrmacher	1.48	1.30						
Tapezierer	2.30	2.30						

* Spulerin ** Andreherin (arbeitet nicht alle Tage) *** nur Mittagstisch

Für die Lohnhöhe war die Stellung des Gesellen unter den übrigen Gehilfen ausschlaggebend, die sich nach Alter und Betriebszugehörigkeit richtete und zu erheblichen Unterschieden in der Bezahlung führte. Ferner wohnten bereits um die Mitte des 19. Jahrhunderts nicht mehr alle Gesellen im Haus des Meisters; ihre Löhne mußten dementsprechend aufgebessert werden[91]. Vergleicht man die Löhne der nicht mehr in der Meisterfamilie lebenden Gesellen mit denen der Fabrikarbeiter, so zeigt sich allerdings, daß nur ein Teil der Handwerker (vor allem die ersten Gesellen) den Lohn eines erwachsenen Facharbeiters in der Industrie erreichte oder gar übertraf, während die übrigen ungefähr den Verdienst eines Fabriktagelöhners erhielten.

Für die nächsten Jahrzehnte liegen zwar kaum Angaben über die Entwicklung der Handwerkerlöhne vor. Die Tatsache aber, daß ihre Erhöhung während des Aufschwungs zu Beginn der siebziger Jahre prozentual größer war als die der Industrielöhne — die Lohnsteigerungen im Handwerk betrugen im Durchschnitt 25 %, in manchen Gewerben sogar bis zu 40 % — deutet darauf hin, daß hier ein besonders großer Aufholbedarf zu decken war[92]. Die Augsburger Zimmergesellen erhielten ab 1873 im Sommer 1 fl. 30 kr. bis 1 fl. 45 Kr., im Winter 1 fl. 15 Kr. bis 1 fl. 30 Kr. pro Tag; die Schreinergesellen, die im Stückakkord beschäftigt waren

---

[91] Aus der Aufstellung von 1847 geht nicht hervor, ob es sich bei den Löhnen ohne Wohnung und Verpflegung um die in bestimmten Gewerben jeweils vorherrschende Art der Bezahlung oder (was wahrscheinlicher ist) um auf nicht repräsentativer Grundlage ermittelte Einzelbeispiele handelt.
[92] Jahresbericht der Handels- und Gewerbekammer 1872/73, S. 75. Franz Rotter, Zur Geschichte der Industrie-Gewerkschaft Druck und Papier in Augsburg und die Gründung des Bezirks Schwaben, Augsburg 1967, S. 17, weist darauf hin, daß bei den Buchdruckern die Bezahlung in den sechziger Jahren z. T. auf die Hälfte des 1849 vereinbarten Tarifs gesunken war.

und bis dahin einen Taglohn zwischen 1 fl. und 1 fl. 30 Kr. bezogen hatten, bekamen im gleichen Jahr 30 % Lohnerhöhung zugestanden[93]. In der Depressionsphase gingen jedoch die Löhne in den meisten Gewerben wieder zurück oder stagnierten. 1888 erhielten die Zimmergesellen in Augsburg zwischen 2,70 und 2,90 M pro Tag, die Maurer dagegen schon 3,40 M[94]. Sie verdienten damit bei einem Meister mehr als die »Professionisten« in den Fabriken und erreichten den Verdienst eines Facharbeiters in der Maschinenbauindustrie. Hier muß allerdings berücksichtigt werden, daß gerade die Berufe des Baugewerbes besonders lebhaft an der sich vor allem im Maschinenbausektor vollziehenden zweiten Industrialisierungswelle in Augsburg partizipierten und insofern eine Ausnahme bildeten.

In den neunziger Jahren lagen die Verhältnisse wieder etwas ungünstiger, doch konnten sich Gesellen in bestimmten Handwerksberufen durchaus mit dem Einkommen der Facharbeiter messen; so reichte z. B. der wöchentliche Verdienst eines Kupferschmieds an den eines Schmieds in der Maschinenfabrik Augsburg heran. Dagegen verdiente ein Schuhmacher 1896 im Durchschnitt weniger als die ohnehin schon schlecht bezahlten Textilarbeiter.

Wochenlöhne der Handwerksgesellen 1879–1896[95]

Beruf	1879 M	1884 M	1896 M
Bildhauer			15 −31
Brauer			6 −20
Buchdrucker			15 −36
Feilenhauer			12 −21,60
Hafner			14,40−19,80
Handschuhmacher			18
Holzarbeiter, Schreiner	15−18	12−15	9 −21
Hutmacher			7,80−15,60
Kupferschmiede			16,80−24
Litographen			10 −40
Maler			10,80−21
Maurer-Poliere	24−30	27	
Maurer-Gesellen	18−20	15	21
Maurer-Handlanger	11−12	9,60	
Schneider	9−12	10−12	
Schuhmacher	9−12	9−12	7 −14
Steinmetzen			21 −24
Zimmerleute	18		16,80−22,80
Schlosser	15−18	12−18	

Für die folgenden Jahre lassen sich die Umrisse der weiteren Lohnentwicklung nur aufgrund lückenhafter Daten, die meist den im Handwerk bereits verbreiteten Tarifverträgen entnommen werden müssen, erkennen. 1899 bezogen die Augsburger Schreiner und Zimmerleute einen Stundenlohn von 28−40 Pf.[96]. 1906 betrug der durchschnittliche Stundenlohn eines Maurers 45 Pf., der eines Bauhilfs-

93 StA Augsburg, G I 16/13.
94 StA Augsburg, E IV 3/476.
95 StA Augsburg, C 59; Jahresberichte der Fabrikinspektoren 1896, S. 429.
96 StA Augsburg, A 181.

arbeiters 30 Pf.; bis 1910 war der Lohn eines Maurergesellen auf 50 Pf., der eines Zimmergesellen auf 48 Pf. und der eines Bauhilfsarbeiters auf 38 Pf. pro Stunde angestiegen[97]. Dagegen verdiente ein Brauereiarbeiter 1907 im Durchschnitt immer noch nur 21 M pro Woche[98]. Ein Schneider bezog 1907 nur bei erstklassiger Arbeit 3,50—4 M am Tag, die meisten mußten sich mit Tageslöhnen zwischen 2,50 und 3,50 M begnügen[99]. Die individuelle Staffelung der Löhne nach Dauer der Betriebszugehörigkeit, Gesellen- oder Lebensalter wurde im Handwerk auch nach der Jahrhundertwende noch beibehalten. So erhielten z. B. 1911 die Bau- und Kunstschlosser nach beendeter Lehrzeit im 1. Jahr 25—35 Pf., im 2. Jahr 36 Pf., im 3. Jahr 38—42 Pf., im 4. Jahr 43—46 Pf. Stundenlohn, danach aber 47—50 Pf.; nach dem vollendeten 25. Lebensjahr stieg der Lohn auf 52—56 Pf. pro Stunde[100].

Am schlechtesten schnitten unter den Handwerksgesellen die bei der Stadt Augsburg im Straßen-, Pflaster-, Wasser- und Gartenbau beschäftigten Arbeiter ab. 1900 waren in diesen Bereichen ca. 260 Gehilfen eingesetzt. Dabei unterschied man zwischen »ständigen« Arbeitern, die für die stets anfallenden Arbeiten fest eingestellt waren, und den »unständigen«, die nur nach Bedarf aufgenommen wurden. Die Löhne schwankten je nach Arbeiterkategorie und Jahreszeit um die Jahrhundertwende zwischen 1,60—4,— M pro Tag. Manche Arbeiter wurden auch im Akkord beschäftigt. Bei dem größten Teil der städtischen Arbeiter handelte es sich um alte, gebrechliche und halbinvalide Menschen, die in der Privatindustrie kein Unterkommen mehr fanden. Im Winter galten ca. 32 % aller städtischen Handwerker als sog. »Minderwerthige«, im Sommer ca. 16 %. Die meisten von ihnen standen in vorgerücktem Alter; so waren z. B. von den im Straßenbau beschäftigten 91 Gesellen 6 über 70 Jahre alt, 26 über 60 und 33 über 50 Jahre. Im Grunde war diese Art der Arbeitsvergabe nach wie vor eine Alternative zur Überweisung in die städtische Armenpflege. Von den Arbeitern wurde deshalb auch erwartet, daß sie bis an ihr Lebensende arbeiteten. 1904 erwiderte das Stadtbauamt auf den Vorschlag der Arbeiter, eine Versorgungskasse für Invaliden und Witwen einzurichten: dies sei nur schwer möglich, da man »an und für sich schon mit der Invalidität nahe kommenden Personen« arbeite; der Stamm an jüngeren Arbeitern sei sehr gering, und auch darunter »nicht die Besten«[101].

Zusammenfassend läßt sich feststellen, daß, abgesehen von den städtischen Arbeitern, viele Handwerksgesellen in Augsburg nicht schlechter situiert waren als die Facharbeiter in den Fabriken; gemessen an den niedrigen Löhnen der Textilindustrie zahlten die meisten Handwerksmeister sogar höhere Löhne. Allerdings stand das Einkommen der Gesellen in engem Bezug zur ökonomischen Lage ihres Gewerbes[102].

---

97 StA Augsburg, G I 16/33; G I 16/16.
98 StA Augsburg, G I 16/46.
99 StA Augsburg, G I 16/28.
100 StA Augsburg, G I 16/16.
101 StA Augsburg, 57 CA/355.
102 Das gilt vor allem für diejenigen Gewerbe, in denen die Gewinnspannen der Meister ohnehin gering und das Meistereinkommen oft nicht höher als der Gesellenlohn war; siehe dazu Cohen, a. a. O., S. 570.

V. Die Gehälter der Angestellten

Die Bezahlung der Industrieangestellten entsprach nicht von Anfang an ihrer besonderen Stellung im frühindustriellen Betrieb. Im Gegensatz zu den Arbeitern erhielten sie zwar Jahresgehälter, die in der Regel in monatlichen Raten ausbezahlt wurden, ihre Einkommen unterschieden sich jedoch oft nicht von denen der Facharbeiter. In der Mechanischen Baumwollspinnerei und Weberei erhielten die »Comptoiristen« 1847 monatlich Gehälter zwischen 25 fl. und 70 fl., in der Maschinenfabrik Augsburg und der Ehnerschen Papierfabrik zwischen 30 fl. und 50 fl.[103]. Diese teilweise niedrig anmutenden Bezüge entsprachen in etwa dem Einkommen, das zur gleichen Zeit ein einfacher Commis im Handelsgewerbe bezog. In einer Augsburger Großhandlung verdiente der Angestellte zur gleichen Zeit 350 fl. im Jahr, der erste Commis einer Buchhandlung kam auf 300 fl., der zweite auf 250 fl. Ein Bankhaus zahlte einem Angestellten 300 fl., dem Buchhalter 600 fl., dem Kassier 800 fl. und einem Procuraträger 1500—2000 fl.[104]. Die offensichtliche Orientierung der Gehälter für einfache Angestellte an den Bezügen im Handel, wo um diese Zeit die Gehilfentätigkeit nicht selten noch Durchgangsstadium auf dem Weg zur Selbständigkeit war, erklärt die geringe Höhe der Einkommen. Ein 300-Gulden-Jahresgehalt entsprach dem Verdienst eines guten Facharbeiters in der Maschinenbauindustrie und überstieg nur um ca. ein Drittel den durchschnittlichen Jahreslohn eines Textilarbeiters im Jahre 1847. »Da die Salaires beim Comptoir-Personale ohnedies sehr mäßig seyen«, sah sich der Ausschuß der Mechanischen Baumwollspinnerei und Weberei 1846 und 1847 sogar genötigt, den Angestellten eine Teuerungszulage in Höhe von 10 % ihres Gehalts zu gewähren[105]. Noch 1856 waren jedoch in der Firma nur vier Commis beschäftigt, die mehr als 1 fl. pro Tag verdienten: zwei erhielten je 1000 fl., die beiden anderen je 500 fl. im Jahr[106].

Im Vergleich mit den kaufmännischen Angestellten war die Bezahlung der Techniker und Ingenieure im Durchschnitt etwas höher. 1847 bewegten sich die Gehälter der Techniker in der Mechanischen Baumwollspinnerei und Weberei zwischen 468 fl. und 1872 fl., in der Reichenbachschen Maschinenfabrik zwischen 700 fl. und 1000 fl. im Jahr[107]. In der Maschinenfabrik stieg das Gehalt der drei ranghöchsten Ingenieure nach dem Direktor 1858 auf 2400 fl. (Betzendörfer) und je 1200 fl. (Gräßle und Heinrich Buz). Hinzu trat eine jährliche Gewinnbeteiligung in Form von Tantiemen, die sich nach der Höhe des Nettogewinns richteten. Sie betrugen z. B. 1859 für Betzendörfer 3570 fl., für Gräßle und Heinrich Buz je 1300 fl.[108]. Die übrigen Angestellten, die Meister, Magaziniers und Schreiber, erhielten jährliche Gratifikationen. 1890 traf bei einem für diesen Zweck ausgeschütteten Gesamtbetrag von 97 430 M im Durchschnitt auf einen Angestellten

---

103 StA Augsburg, G I 16/1, I. Fasc.
104 Ebenda.
105 SWA-Archiv, Augsburg, Ausschußprotokoll vom 28. 2. 1848.
106 SWA-Archiv, Augsburg, Schreiben vom 18. 5. 1860 an den Magistrat.
107 StA Augsburg, G I 16/1, I. Fasc. Bis 1848 bezog der technische Direktor der Mechanischen Baumwollspinnerei und Weberei, Ludwig A. Riedinger ein Gehalt von 1800 fl. und 1000 fl. Gratifikation. Von da an erhielt er 2400 fl. und 1 % Anteil am Reingewinn des Unternehmens (SWA-Archiv, Augsburg, Ausschußprotokoll vom 26. 6. 1847).
108 MAN-Archiv Augsburg, Protokoll der Generalversammlung vom 25. 9. 1859. Bei besonders geringem Geschäftsgewinn, wie z. B. im Jahre 1878 zustande kam, erhielten die ersten Angestellten Extragratifikationen (Protokoll der Ausschußsitzung vom 28. 8. 1878). Seit 1881 bekamen zwei Ingenieure eine jährliche Mindesttantieme von 3000 M garantiert (Protokoll der Ausschußsitzung vom 9. 11. 1881).

eine Gratifikation von 1206 M, auf einen Meister 487 M, auf eine kaufmännische Hilfskraft 127 M[109]. In der Mechanischen Bauwollspinnerei und Weberei bekamen die Angestellten eine Gratifikation; die Meister wurden nicht beteiligt[110].

Die Gratifikationen stellten ein Privileg dar, das die Angestellten von der Masse der übrigen Beschäftigten abhob — wurde von ihnen doch angenommen, daß sie (im Gegensatz zu den Arbeitern) bereit waren, die Interessen des Unternehmens mit ihren eigenen zu identifizieren. Höhe und Gewährung der jährlichen Gratifikation hing deshalb nicht nur von Leistung, Alter und Wohlverhalten des Angestellten ab, sondern auch davon, daß eine wesentliche Voraussetzung für die Privilegierung — der Verzicht auf eine dezidierte Vertretung der eigenen Interessen — erhalten blieb. Konsequenterweise versagte deshalb die Direktion von Werk Augsburg 1908, zu einem Zeitpunkt also, an dem sich die Mehrzahl der Angestellten längst durch fortschreitende Arbeitsteilung und Rationalisierung faktisch dem Status der Arbeiter angenähert hatte, den in verschiedenen Angestelltenverbänden organisierten Betriebsbeamten sowohl Gehaltsaufbesserungen als auch Gratifikationen[111].

Die Gehälter der Angestellten wurden jedoch zum Teil auch durch andere außerordentliche Zuwendungen aufgebessert. Während von den Arbeitern schon laut Arbeitsordnung mechanische Unterordnung und Verzicht auf eigene Initiative verlangt wurde, prämiierte die Firmenleitung bei den Angestellten ausdrücklich Kreativität und Einfallsreichtum. So bewilligte der Ausschuß der Maschinenfabrik Augsburg 1874 für den Ingenieur Bissinger, der sich besondere Verdienste bei der Konstruktion der endlosen Schnellpressen erworben hatte, »zur ferneren Anspornung eine extra Gratifikation von 1000 Thalern«; der Techniker Krumper erhielt 1878 eine Gehaltserhöhung als »Anerkennung seiner Geschäftstüchtigkeit«[112].

Für eine Beurteilung der Gehaltsentwicklung der Industrieangestellten über einen längeren Zeitraum hinweg eignen sich am besten die Verhältnisse in der Maschinenfabrik Augsburg, wo — bezeichnend für die besondere Stellung der Angestellten — bis in die neunziger Jahre die meisten Gehaltserhöhungen durch den Ausschuß, bzw. den späteren Aufsichtsrat der Firma genehmigt werden mußten. 1876 beschäftigte die Firma im technischen Büro 16 Techniker und Ingenieure. Von diesen bezog nur noch ein Angestellter ein Gehalt, das nicht höher als das eines Facharbeiters war (1080 M im Jahr); die übrigen erhielten 1260 M (zwei), 1440 M (einer), 2100 M (drei), 2580 M (einer), 3600 M (vier) 5100 M (zwei) und 6900 M (einer)[113]. Im kaufmännischen Büro war je ein Angestellter mit einem Gehalt von 1260 und von 1440 M vertreten, drei Angestellte bekamen je 2100 M und zwei je 3300 M[114]. Während der raschen Vergrößerung der Angestelltenzahl in der Aufstiegszeit des Unternehmens in den achtziger Jahren sank infolge der geringeren Gehälter der Neuangestellten und wohl auch durch den wachsenden Anteil unqualifizierter Tätigkeiten das Durchschnittseinkommen der Angestellten trotz regelmäßiger Gehaltserhöhungen von 2765 M im Jahre 1876 auf 2748 M im Jahre 1890[115].

109 MAN-Archiv Augsburg, Protokoll der Generalversammlung vom 28. 9. 1890.
110 SWA-Archiv, Augsburg, Fragebogen 1873; Fragebogen Graßmann 1890.
111 StaA Neuburg, Reg. Nr. 10 810.
112 MAN-Archiv Augsburg, Ausschußprotokoll vom 17. 3. 1874 und vom 11. 2. 1878.
113 Ebenda, Ausschußprotokoll vom 21. 2. 1876.
114 Ebenda.
115 Berechnet nach MAN-Archiv Augsburg, Ausschußprotokoll vom 21. 2. 1876 und Protokoll der Generalversammlung vom 28. 9. 1890.

Ein Überblick über die individuelle Einkommensentwicklung bei einigen langjährigen Angestellten der Maschinenfabrik ergibt folgendes Bild[116]:

I. Technisches Büro			Angestellter			
Jahr	Bissinger	Korhammer	Krumper	Ott	Leidinger	Reinhardt
1860	1500 fl.					
1874		1200 fl.		1200 fl.	2000 fl.	
1875		1800 fl.		1500 fl.		1200 fl.
1876	5100 M	3600 M	3600 M	2580 M	3600 M	2100 M
1878			4800 M			
1881	6000 M					
1882						3000 M
1883					3800 M	3300 M
1884			6000 M	3300 M		
1885		4000 M		3600 M	4200 M	
1886				4000 M	4500 M	4000 M
1888				4800 M	4800 M	4800 M
1890		5400 M	9000 M	5400 M	5400 M	5400 M

II. Comptoir			Angestellter	
Jahr	Wahl	Müller	Hoeßl	Leidinger II
1868	1400 fl.			
1874		1200 fl.		1200 fl.
1876	3300 M	2100 M	2100 M	2100 M
1882	4000 M			
1883		2700 M	2700 M	2700 M
1884		3000 M	3000 M	3000 M
1886		3600 M	3600 M	3600 M
1888		4200 M	4200 M	4200 M

Obwohl Aufeinanderfolge und Ausmaß der Gehaltserhöhungen in der Laufbahn eines Angestellten unterschiedlich gehandhabt wurden, setzte sich letzten Endes offensichtlich doch das Anciennitätsprinzip durch, nach dem die Angestellten nach einer Reihe von Dienstjahren mit einer bestimmten Höhe ihrer Bezüge rechnen konnten. Das Altersprinzip in der Bezahlung glich auch ursprünglich große Unterschiede im Einkommen, wie sie z. B. aus ungleicher Vorbildung resultierten, mit der Zeit aus. So war beispielsweise 1876 das Gehalt eines Ingenieurs zwar mehr als dreimal so hoch wie das eines Zeichners, 1890 aber verhielten sich die Gehälter der gleichen Angestellten nur mehr wie 9 : 7[117]. Die bewußte Orientierung an einem beamtenähnlichen Dienstverhältnis wurde auch dann noch beibehalten, als die meisten Voraussetzungen für eine Privilegierung der Angestellten bereits weggefallen waren. Als 1908 die Gehaltsbezüge der bayerischen Staats-

---

116 MAN-Archiv Augsburg, Zusammenstellung nach den Ausschußprotokollen 1860–1890.
117 MAN-Archiv Augsburg, Protokoll der Ausschußsitzung vom 21. 2. 1876 und vom 6. 9. 1890. Der Zeichner Nitzuhl verdiente 1876 1080 M, der Ingenieur Korhammer 3600 M; 1890 bezog Nitzuhl 4200,– M, Korhammer 5400,– M. Dabei wurde Nitzuhl nun auch als »Ingenieur« geführt, was auf einen betriebsinternen Aufstieg schließen läßt. Zum Anciennitätsprinzip bei der Angestelltenbezahlung siehe Kocka, Industrielle Angestelltenschaft in frühindustrieller Zeit, a. a. O., S. 365.

beamten einer Neuregelung unterzogen wurden, fanden auch in der Augsburger Privatindustrie vielfach Gehaltserhöhungen für kaufmännische und technische Industrieangestellte statt[118].

Über die Gehaltsentwicklung der Gehilfen im Handel und der wachsenden Gruppe der unqualifizierten Büroangestellten fehlen entsprechende Angaben. Ihre Lage war derjenigen der Arbeiter vermutlich wesentlich ähnlicher. Im Hinblick auf diese Gruppe ersuchte die schwäbische Handelskammer, die sonst alljährlich über die steigenden Lohnkosten Klage führte, die Arbeitgeber sogar ausdrücklich, »bei Bemessung der Gehälter ihrer Angestellten im Rahmen des wirtschaftlich Möglichen auf die in den Preisverhältnissen eingetretenen erheblichen Änderungen Rücksicht zu nehmen«[119].

Als Ergebnis dieses Überblicks läßt sich festhalten: In der Augsburger Arbeitnehmerschaft existierten auch in der hochindustriellen Phase noch beträchtliche Differenzierungen in der Bezahlung; diese bezogen sich nicht nur auf die über reine Einkommensverhältnisse hinausgehenden Unterschiede zwischen Arbeitern und Angestellten, sondern vor allem auf die durch die Struktur der Augsburger Industrie hervorgerufene Kluft zwischen mäßig bezahlten Facharbeitern und einer breiten Schicht von sehr schlecht bezahlten Hilfsarbeitern, Frauen und Jugendlichen, wie sie vor allem in der Textilindustrie mit ihrem großen Spektrum an unqualifizierter Arbeit anzutreffen war. Hinzu kam, daß die Einkommensentwicklung der Arbeiter, soweit sie vom Gang der Wirtschaft abhängig war, in verschiedenen Branchen zeitlich einen sehr unterschiedlichen Verlauf nahm – ein Umstand, der besonders im Hinblick auf die Entstehung emanzipatorischer Bestrebungen unter den Arbeitern zu berücksichtigen sein wird. Der gesamten Augsburger Arbeiterklasse und (wie man vermuten darf) auch vielen Angestellten war jedoch ein relativ niedriges Lohnniveau und seit der Wende zum zwanzigsten Jahrhundert eine nur schleppend vonstatten gehende Erhöhung der Nominallöhne gemeinsam[120]. Welchen Einfluß diese Tatsache auf die reale Einkommenssituation der Bevölkerung letzten Endes hatte, läßt sich nur durch einen Blick auf die Entwicklung der Preise und des Preisniveaus während des gleichen Zeitraums feststellen.

---

118 Jahresbericht der Handelskammer 1908, S. XIX.
119 Jahresbericht der Handelskammer 1910, S. 96. Zur Gehaltsentwicklung der Angestellten in den Vorkriegsjahren Kocka, Unternehmensverwaltung und Angestelltenschaft, a. a. O., S. 492 f.
120 Wie groß der Kreis der schlecht verdienenden Arbeitnehmer in Augsburg noch nach der Jahrhundertwende war, zeigt eine Übersicht über die Einkommensteuerpflichtigen aus dem Jahre 1908. Danach verdienten:

Zahl der Einkommensteuerpflichtigen	Jahreseinkommen	in % aller Einkommensteuerpflichtigen
4 709	bis – 750 M	21,2 %
7 318	750 – 1 050 M	33,0 %
2 290	1 050 – 1 200 M	10,3 %
1 812	1 200 – 1 400 M	8,2 %
1 536	1 400 – 1 600 M	6,9 %
1 061	1 600 – 1 800 M	4,8 %
478	1 800 – 2 000 M	2,2 %
1 685	2 000 – 3 000 M	7,6 %
819	3 000 – 5 000 M	3,7 %
278	5 000 – 7 000 M	1,3 %
88	7 000 – 10 000 M	0,4 %
96	10 000 – 100 000 M ff.	0,4 %
22 170		100,0 %

(StaA Neuburg, Rentamt Augsburg 590). Der prozentuale Anteil der weniger als 1050 M Verdienenden betrug bereits 1901 54,0 % und stieg bis 1908 sogar geringfügig an.

Durchschnittliche Jahreslöhne der Mechanischen Baumwollspinnerei und Weberei (A) und der Stadtbachspinnerei (B)[121]

Jahre	Jahreslohn A in M	Index (1890 = 100)	Jahreslohn B	Index (1890 = 100)
1841	349	57,7	.	.
1842	257	42,5	.	.
1843	275	45,5	.	.
1844	316	52,2	.	.
1845	291	48,1	.	.
1846	320	52,9	.	.
1847	356	58,8	.	.
1848	280	46,3	.	.
1849	345	57,0	.	.
1850	388	64,1	.	.
1851	405	66,9	.	.
1852	391	64,5	.	.
1853	392	64,8	.	.
1854	405	66,9	.	.
1855	408	67,4	.	.
1856	424	70,1	.	.
1857	423	69,9	.	.
1858	457	75,5	.	.
1859	426	70,4	.	.
1860	455	75,2	.	.
1861	459	75,9	.	.
1862	473	78,2	.	.
1863	446	73,7	.	.
1864	490	80,8	.	.
1865	478	79,0	370	69,5
1866	493	81,5	370	69,5
1867	505	83,5	387	72,7
1868	523	86,4	396	74,4
1869	547	90,4	412	77,4
1870	522	86,3	423	79,5
1871	556	91,9	437	82,1
1872	590	97,5	471	88,5
1873	626	103,5	491	92,3
1874	610	100,8	504	94,7
1875	642	106,7	509	95,7
1876	628	103,8	492	92,5
1877	644	106,4	501	94,2
1878	573	94,7	504	94,7
1879	547	90,4	502	94,4
1880	622	102,8	500	94,0
1881	635	105,0	494	92,9
1882	648	107,1	490	92,1

121 Die Mechanische Baumwollspinnerei und Weberei, Bericht, a. a. O., Anhang; SWA-Archiv, Augsburg, Fragebogen Graßmann; ebenda, Lohnstatistik; Jahresbericht der Handels- und Gewerbekammer 1903, S. 4 f. Die Ausrichtung der Indexzahlen auf das Jahr 1890 wurde gewählt, um für alle Lohnreihen möglichst weitgehende Vergleiche zu ermöglichen. Für die Umrechnung der Gulden- in Markbeträge wurde der in Bayern 1875 übliche Kurs 1 fl. = 1,80 M zugrunde gelegt.

Jahre	Jahreslohn A in M	Index (1890 = 100)	Jahreslohn B	Index (1890 = 100)
1883	652	107,7	493	92,7
1884	650	107,4	499	93,8
1885	637	105,3	498	93,6
1886	634	104,8	502	94,4
1887	632	104,5	500	94,0
1888	647	106,9	487	91,5
1889	669	110,6	499	93,8
1890	605	100,0	532	100,0
1891	612	101,2	573	107,7
1892	.	.	587	110,3
1893	.	.	593	111,5
1894	.	.	622	116,9
1895	.	.	643	120,9
1896	.	.	646	121,4
1897	.	.	644	121,0
1898	.	.	646	121,4
1899	.	.	650	122,2
1900	.	.	655	123,1
1901	.	.	650	122,2
1902	.	.	653	122,7
1903	.	.	668	125,6
1904	.	.	.	.
1905	671	110,9	.	.
1906	.	.	.	.
1907	.	.	.	.
1908	.	.	.	.
1909	.	.	.	.
1910	757	125,1	.	.
1911	786	129,9	.	.
1912	.	.	.	.
1913	.	.	.	.

Durchschnittliche Jahreseinkommen der MAN-Arbeiter[122] (incl. Meisterlöhne)

Jahr	Jahreslohn (M)	Index (1890 = 100)
1860/61	644	42,9
1861/62	721	48,0
1862/63	691	46,0
1863/64	770	51,3
1864/65	775	51,6
1865/66	793	52,8
1866/67	781	52,0
1867/68	666	44,4
1868/69	725	48,3
1869/70	864	57,6
1870/71	910	60,6

[122] Zusammenstellung nach MAN-Archiv Augsburg, Protokolle der Generalversammlungen 1861–1898; Ausschußprotokolle.

Jahr	Jahreslohn (M)	Index (1890 = 100)
1871/72	936	62,4
1872/73	1029	68,6
1873/74	1162	77,4
1874/75	1098	73,2
1875/76	1006	67,0
1876/77	1085	72,3
1877/78	1095	72,9
1878/79	1093	72,8
1879/80	1082	75,3
1880/81	1131	75,3
1881/82	1173	78,1
1882/83	1245	82,9
1883/84	1311	87,3
1884/85	1284	85,5
1885/86	1266	84,3
1886/87	1311	87,3
1887/88	1398	93,1
1888/89	1352	90,1
1889/90	1501	100,0
1890/91	—	—
1891/92	1337	89,1
1892/93	—	—
1893/94	—	—
1894/95	—	—
1895/96	—	—
1896/97	1228	81,8
1897/98	1199	79,9

Jährliche Durchschnittseinkommen in der Maschinenfabrik Riedinger[123] (Löhne und Gehälter)

Jahr	Durchschnittslohn (in M)
1899/1900	1131
1900/1901	1158
1901/1902	1126
1902/1903	1098
1903/1904	1181
1904/1905	1313

Durchschnittliche Jahreslöhne in den Vereinigten Fabriken landwirtschaftlicher Maschinen vorm. Epple & Buxbaum AG Augsburg[124]

Jahr	Durchschnittslohn (in M)
1910	1125
1911	1224
1912	1219
1913	1236
1914	1182

123 Zusammengestellt und berechnet nach den Jahresberichten der Handels- und Gewerbekammer 1900–1905.
124 Seebauer, a. a. O., S. 143.

VI. Lebenshaltung und Lebenshaltungskosten

1. Preise und Mieten

Die Kleinhandelspreise für Lebensmittel, die als wichtigster Anhaltspunkt für die Beurteilung der realen Einkommenssituation der Arbeitnehmer angesehen werden müssen, unterlagen in Augsburg während des gesamten Untersuchungszeitraums einer steigenden Tendenz[125]. Wurden die Jahre 1846 bis 1848 durch schlechten Ernteertrag und die auf die Wirtschaft zurückwirkenden Ereignisse der Revolutionszeit zu echten Notjahren für die Bevölkerung, so brachte das folgende Jahrzehnt mit dem eigentlichen Durchbruch der Industrialisierung und dem raschen Bevölkerungswachstum einen noch kräftigeren und von nun an kontinuierlichen Preisanstieg. Zwischen 1850 und 1860 betrugen z. B. die Preiserhöhungen bei Rind- und Kalbfleisch 30 %, bei Schweinefleisch 50 %; der Mehlpreis erhöhte sich um 80 %, der Brotpreis um 45 %[126]. Der Aufwärtstrend der Preise setzte sich auch in den sechziger Jahren und besonders im wirtschaftlichen Aufschwung der Gründerzeit fort. Die 1873 beginnende Depression, die sich vor allem durch einen Preisverfall der Industriegüter auszeichnete, blieb zunächst ohne Einfluß auf die Kleinhandelspreise. Ebensowenig wirkte sich die Förderung der Konkurrenz durch die Einführung der Gewerbefreiheit in Bayern 1869 zugunsten der Verbraucher aus. »Dem stillschweigenden oder verabredeten Übereinkommen der Gewerbetreibenden gegenüber fehlt es an einem wirksamen Mittel, diesem Monopol Schranken zu setzen«, stellte der Augsburger Stadtmagistrat 1879 bedauernd fest[127].

Das sprunghafte Wachstum der Einwohnerzahl zu Beginn der siebziger Jahre übte vor allem eine preistreibende Wirkung auf die Mieten aus. Zwar finden sich über die Entwicklung der Mietpreise in den ersten Jahrzehnten der Industrialisierung nur spärliche Belege; doch darf man mit Sicherheit annehmen, daß besonders die fünfziger und sechziger Jahre, in denen eine steigende Einwohnerzahl auf einen stagnierenden Baumarkt und ein sich kaum vergrößerndes Wohnungsangebot traf, erhebliche Härten mit sich brachten. Zwischen 1846 und 1879 erhöhten sich beispielsweise die Mieten der Arbeiterwohnungen je nach Größe und Lage um 55–166 %[128].

Die während der Depressionsphase um sich greifende Deflation kam erst in den achtziger Jahren speziell bei Fleisch, Brot und Mehl durch das Einpendeln der Preise auf ein allerdings recht hohes Niveau zur Geltung; bei den meisten der regelmäßig notierten Lebensmittel lagen die Preise in Augsburg in den achtziger

---

[125] Die Kleinhandelspreise für Lebensmittel wurden in Augsburg bis Ende der sechziger Jahre in den Intelligenzblättern veröffentlicht. Danach stiegen z. B. die Preise für 1 Pfund Roggenbrot zwischen Juli 1845 und Juli 1847 von 3 Kr. 5 hl. auf 5 Kr. 3 hl., 1 Metzen Weizenmehl von 1 fl. 20 Kr. auf 4 fl. 53 Kr., für 1 Pfund Schweinefleisch von 11 Kr. 4 hl. auf 16 Kr., für 12 Eier von 8 Kr. auf 12 Kr. (Intelligenzblatt 1845, S. 368, 1847, S. 363). Zur lokalen Preisentwicklung in anderen bayerischen Städten vgl. Maximilian Meyer, Lebensmittelpreise und Wohnungsmieten in Nürnberg (1890–1912), in: Kosten der Lebenshaltung in deutschen Großstädten, II. West- und Süddeutschland, Schriften des Vereins für Sozialpolitik, Bd. CXLV, Leipzig 1914, S. 1–42; W. Morgenroth, Die Kosten des Münchener Arbeiterhaushalts in ihrer neueren Entwicklung, ebenda, S. 271–304. Als Überblick für die allgemeine Preisgestaltung in Deutschland: Wilhelm Gehlhoff, Die allgemeine Preisbewegung 1890–1913, Schriften des Vereins für Sozialpolitik, Bd. CIXL, München und Leipzig 1928.
[126] Intelligenzblatt 1850 ff. Eine knappe Übersicht der Lebensmittelpreise findet sich auch bei Graßmann, a. a. O., S. 193.
[127] StA Augsburg, G II 4a/1.
[128] StA Augsburg, G I 16/1, I. Fasc.

Jahren höher als im vorausgehenden Jahrzehnt[129]. 1889/90 setzten die Preiserhöhungen von neuem ein und hielten, von konjunkturellen Schwankungen abgesehen, bis in die letzten Vorkriegsjahre an. Dabei gewann das Wachstum der jährlichen Preisraten seit der Jahrhundertwende und besonders seit 1904/06 ein bis dahin kaum erreichtes Tempo. Auch die Preise für zahlreiche vom Handwerk erstellte Dienstleistungen und Konsumgüter erhöhten sich, so z. B. die Preise der Schneider und Schreiner allein im Jahre 1900 um 15 %, die der Schuhmacher um 30 %, die der Maler, Maurer und Hafner um 20 %[130]. Zwischen 1904 und 1911 kletterten in Augsburg die Preise für Butter um 29 %, für Eier um 32 %, für Roggenmehl um 27 %, für Weizenmehl um 12 %, für Roggenbrot um 33 %, für Rindfleisch um 32 % und für Kartoffeln um 71 %. Ebenso kräftig zogen trotz erhöhter Bautätigkeit die Mietpreise an. Der Jahresmietzins für eine Arbeiterwohnung mit zwei bis drei Zimmern stieg zwischen 1904 und 1912 um ca. 40 %[131].

Konnte bei der Betrachtung der Augsburger Einkommensverhältnisse ein im Vergleich zu anderen Industriestädten relativ niedriges Lohnniveau festgestellt werden, so gilt für das Preisniveau gerade das Gegenteil; es war für eine Stadt der Größenordnung Augsburgs außergewöhnlich hoch. 1910 kostete ein Kilogramm Weizenmehl in Augsburg 4 Pf. mehr als in Berlin. Ähnlich verhielt es sich mit so wichtigen Lebensmitteln wie Roggenbrot, Kartoffeln oder Fleisch, deren Preise die in anderen Großstädten oft weit übertrafen[132].

2. Soziale Auswirkungen der Preissteigerungen

Die Folgen der Preisbewegungen für die Lebenshaltung der breiten Masse der Lohn- und Gehaltsempfänger lassen sich unschwer vorstellen. 1840 erhielt z. B. ein Facharbeiter für 1 fl. Taglohn etwas mehr als 1½ kg Schmalz; für 12 Kr. Taglohn erhielt man gerade 1 kg Hammelfleisch[133]. Nicht selten klafften Lohn- und Preisentwicklung deutlich auseinander. Zwischen 1850 und 1860 betrug z. B. die Steigerung der Jahreslöhne bei der Mechanischen Baumwollspinnerei und Weberei trotz der viel höheren Zuwachsraten der Preise wichtiger Lebensmittel nur 17,2 %[134]. Die damit verbundene materielle Not der Arbeiterbevölkerung läßt eine Bestimmung der Krankenkassenstatuten der Firma erkennen, in der den Mitgliedern ausdrücklich — und offensichtlich nicht ohne konkreten Anlaß — verboten wurde, »selbst zu betteln oder Andere betteln zu lassen«[135]. Während zwischen 1830 und 1840 der prozentuale Anteil der Armen an der Gesamtbevölkerung von 7,7 % (2228 Personen) auf 4,9 % (1831 Personen) sank, verringerte er sich bis 1850 nur auf 4,3 % (1668 Personen), bis 1860 auf 4,1 % (1749 Personen) und wies damit sogar eine absolute Erhöhung der Zahl der Armen auf. Erst zwischen 1860 und 1865 ging die Armenzahl auf 1302 Personen, bzw. 2,48 % der Einwohner zurück[136].

---

129 Die Preisentwicklung in den achtziger Jahren scheint örtlich sehr unterschiedlich verlaufen zu sein (vgl. dazu z. B. Morgenroth, a. a. O., S. 283). Vor allem aber erscheint es fraglich, ob im einzelnen tatsächlich eine so revolutionierende Erhöhung des Reallohnniveaus eintrat, wie dies z. B. Rosenberg, Große Depression und Bismarckzeit, a. a. O., S. 47 ff. anhand von Berechnungen feststellte, die fast durchweg auf Großhandelspreisen basierten.
130 Jahresberichte der Fabrikinspektoren 1900, S. 155.
131 Siehe Mietpreisübersicht, S. 188 f.
132 Statistisches Jb. deutscher Städte, 17 Jg. 1910, S. 736 ff., 20. Jg. 1914, S. 204 ff.
133 Berechnet nach Graßmann, a. a. O., S. 193.
134 Siehe Lohntabelle, S. 179 f.
135 Statuten der Unterstützungs- und Pensionscassa [...], a. a. O., S. 16, § 23.
136 Hessel, a. a. O., S. 17.

Während die Zahl der direkten Geldspenden aus der städtischen Armenpflege seit etwa 1840 rückläufig war, zeigte sich in den fünfziger Jahren eine auffallende Ausweitung des Personenkreises, der über die Armenpflege Beihilfe zum jährlichen Mietzins bezog. Die Zahl dieser Fälle stieg von 142 im Jahr 1839/40 auf 473 im Jahre 1859/60 und darf ebenfalls als Indiz für eine entsprechende Steigerung der Mieten angesehen werden[137].

Es ist fraglich, ob und wie stark die Reallöhne der Arbeiter durch die Anhebung der Nominallöhne zu Beginn der siebziger Jahre gestiegen waren. 1878 äußerte sogar ein Augsburger Unternehmer Zweifel daran, »daß die Löhne in zehn Jahren in größerem Verhältnis erhöht worden sind als die Preise für die Lebensmittel gestiegen sind«[138]. Besonders in der zweiten Hälfte der siebziger Jahre, wo bei sinkenden Nominallöhnen die Einzelhandelspreise weiter in die Höhe kletterten, war die Lage der Arbeiter drückend; der Fleischkonsum ging von 78,8 kg pro Kopf der Augsburger Bevölkerung im Jahre 1874 auf 67,6 kg im Jahre 1879 zurück und blieb bis zum Ende der achtziger Jahre niedrig. Nach einer vorübergehenden Besserung in der Ernährungslage zeichneten sich seit der Mitte der neunziger Jahre die Auswirkungen der stagnierenden Löhne der Textilarbeiter in Form eines weiteren Rückgangs im Fleischkonsum ab. Hierbei zeigte sich auch, daß die Senkung des Verbrauchsstandards offensichtlich in erster Linie auf mangelnde Kaufkraft zurückzuführen war, denn das Preisniveau bei Fleisch blieb mit Ausnahme von Kalbfleisch in diesem Zeitraum einigermaßen stabil. In der Regel pflegte die Arbeiterbevölkerung Preiserhöhungen bei besseren Fleischsorten zunächst einmal durch das Ausweichen auf mindere Qualität, vor allem auf Pferdefleisch, zu begegnen[139]. Soweit überhaupt vereinzelte Lohnerhöhungen in den neunziger Jahren stattfanden, wurden sie durch die Wachstumsraten der Mieten und der Lebensmittelpreise aufgezehrt[140]. Die Unhaltbarkeit einer restriktiven Lohnpolitik bei steigenden Preisen erkannten schließlich auch die Unternehmer. »Die fortschreitende Verteuerung auch der einfachsten Lebensführung bedingt dringend eine Erhöhung des Einkommens der Lohn- und Fabrikarbeiter«, schrieb Ferdinand Groß, der Direktor der Mechanischen Baumwollspinnerei und Weberei, 1905 an den CVDI[141]. Im gleichen Jahr registrierte auch der Fabrikinspektor einen weiteren »Rückschritt« im Lebensstandard der Fabrikarbeiter[142].

Der beschleunigte Preisanstieg der Jahre 1906–1912 wurde für die Arbeiter durch die Wirtschaftskrise 1908 und die in der Textilindustrie bis 1911 anhaltende Depression besonders empfindlich spürbar. Die Augsburger Handelskammer, die gleichzeitig eine Beseitigung der Lebensmittel- und Viehzölle strikt ablehnte, erwartete eine Erleichterung der Lebenshaltung nur »von einer vernunftgemäßen Beschränkung des in manchen Bevölkerungskreisen über Gebühr eingewerteten Fleischgenusses«; überhaupt sei es im Interesse der Wettbewerbsfähigkeit der

---

137 Hessel, a. a. O., Anhang, Tab. IV.
138 A. Frommel auf dem II. Kongreß des Centralverbandes deutscher Industrieller zur Wahrung und Förderung nationaler Arbeit, abgehalten in Berlin am 20.–23. 2. 1878, Stenographischer Bericht, Berlin 1878, S. 21.
139 Jahresberichte der Fabrikinspektoren 1896, S. 447, 1900, S. 155. 1883 konnten die Augsburger Gemeindebevollmächtigten feststellen, daß zwar »der Ertrag der Verbrauchssteuern noch immer nicht den erhofften Aufschwung genommen habe, doch wenigstens die Zunahme der Sparkassa-Einlagen und die Abnahme des Leihhausversatzgeschäftes eine Besserung im Allgemeinen erkennen lasse« (SWA-Archiv, Augsburg, Auszug aus dem Protokoll der XXVII. öffentlichen Sitzung des Kollegiums der Gemeindebevollmächtigten vom 18. 12. 1883).
140 Jahresberichte der Fabrikinspektoren 1899, S. 442.
141 SWA-Archiv, Augsburg, Durchschlag des Schreibens vom 27. 9. 1905.
142 Jahresberichte der Fabrikinspektoren 1905, S. 178.

deutschen Industrie und der weiteren militärischen Ausrüstung notwendig, »die Einfachheit in Sitte und Lebenshaltung nicht in Vergessenheit geraten zu lassen«[143]. Die Unternehmer ließen in der Praxis keinen Zweifel daran, an wessen Adresse sich dieser Einschränkungsappell richtete. Die Mechanische Baumwollspinnerei und Weberei engagierte sogar eine eigene Kochlehrerin, die den Arbeiterinnen des Unternehmens die Herstellung billiger Gerichte vorführte, »ohne daß bei diesen Zusammenstellungen das teure Fleisch die Hauptrolle spielt«[144]. Wie schwierig die Versorgung eines Arbeiterhaushalts mittlerweile geworden war, zeigt das Haushaltsbudget eines verheirateten Augsburger Brauereiarbeiters mit zwei Kindern aus dem Jahre 1907[145]:

Jahreseinnahmen:	21 M Wochenlohn + 4 l Bier pro Tag zu 16 Pf. (= 192 M in 300 Arbeitstagen)		1284,00 M
Ausgaben:		im Jahr	
1. Lebensmittel			
für Frühstück und Brotzeiten	(4,76 M pro Woche)	247,52 M	
für Mittagessen	(7,00 M pro Woche)	364,00 M	
für Abendessen	(4,20 M pro Woche)	218,40 M	
Lebensmittelausgaben insgesamt		829,92 M	
2. Kleidung			
Oberbekleidung (Mann 90 M, Frau 40 M, Kinder 30 M)		160,00 M	
Schuhwerk (Mann 36–40 M, Frau 15,60 M, Kinder 20 M)		72,00 M	
Wäsche		62,00 M	
Ausgaben für Kleidung insgesamt		294,00 M	
3. Gesundheit und Hygiene			
Waschmittel, Seife usw.		18,20 M	
Arztrechnung, Medikamente		10,40 M	
insgesamt		28,60 M	
4. Miete (3 Zimmer + Küche 18 M pro Monat)		216,00 M	
5. Heizung (8 M pro Monat)		96,00 M	
6. Genußmittel, Vergnügung, Bildung			
Tabak für den Mann		31,20 M	
Vergnügungsausgaben		20,80 M	
Zeitungslektüre		15,60 M	
insgesamt		67,60 M	
7. Versicherungs- und Gewerkschaftsbeiträge		31,20 M	
8. Steuern und Abgaben		15,60 M	
Jahresausgaben:			1578,92 M
Verbleibende Schulden: 294,92 M			

143 Jahresbericht der Handelskammer 1912, S. XI.
144 Jahresbericht der Fabrikinspektoren 1911, S. 192.
145 StA Augsburg, G I 16/46, Flugblatt der Brauereiarbeiter.

Bedenkt man, daß 1908 noch 8643 Augsburger Arbeitnehmer nicht mehr als 1050 M im Jahr zur Verfügung hatten, so läßt sich zumindest vermuten, daß viele Arbeiterhaushalte in diesen Jahren einen Minussaldo am Jahresschluß aufwiesen. Für die Vorkriegsjahre ab 1906 wird man, ohne anhand eines »Warenkorbs« einen umfassenden Index der Lebenshaltungskosten berechnen zu können, doch mit einem Rückgang des Reallohns und damit mit einer Verschlechterung der materiellen Lage der Arbeiterbevölkerung rechnen müssen[146].

Jährlicher Fleischkonsum in kg pro Kopf der Augsburger Bevölkerung[147]:

1870	78,0 kg	1883	68,4 kg	1896	65,9 kg		
1871	78,6 kg	1884	68,9 kg	1897	62,3 kg		
1872	71,0 kg	1885	69,6 kg	1898	59,0 kg		
1873	72,7 kg	1886	69,8 kg	1899	59,2 kg		
1874	78,8 kg	1887	71,2 kg	1900	—		
1875	76,7 kg	1888	76,0 kg	1901	79,9 kg		
1876	76,6 kg	1889	74,4 kg	1902	74,9 kg		
1877	72,1 kg	1890	64,3 kg	1903	74,0 kg		
1878	68,9 kg	1891	65,5 kg	1904	74,3 kg		
1879	67,6 kg	1892	60,2 kg	1905	71,8 kg		
1880	68,8 kg	1893	64,6 kg	1906	70,6 kg		
1881	70,9 kg	1894	59,8 kg	1907	74,8 kg		
1882	71,1 kg	1895	58,0 kg	1908	77,5 kg		

Kleinhandelspreise 1870–1911[148]
Index: 1890 = 100

Jahr	Roggenbrot 1 kg M	Index	Weizenmehl 1 kg M	Index	Kartoffeln 100 kg M	Index	Butter 1 kg M	Index
1870	0,18	60	0,34	85	3,80	58	1,61	77
1872	0,23	77	0,34	85	5,00	77	1,34	64
1875	—	—	—	—	—	—	1,84	88
1879	0,38	127	0,58	145	5,50	85	1,45	70
1880	0,38	127	0,50	125	7,00	108	1,73	83
1881	0,38	127	0,46	115	7,70	118	1,90	91
1882	0,39	130	0,42	105	8,30	128	1,82	88
1883	0,36	120	0,40	100	7,65	117	1,93	93
1884	0,36	120	0,40	100	—	—	1,76	85

146 Selbstverständlich stiegen nicht die Preise aller Lebensmittel in dem Ausmaß wie Fleisch. Für die Münchener Verhältnisse berechnete W. Morgenroth eine Gesamtsteigerung der Lebenshaltungskosten der Arbeiterbevölkerung zwischen 1905 und 1912 von ca. 15 %/o (Morgenroth, a. a. O., S. 279). Allerdings war das Tempo der Preissteigerungen in München etwas langsamer als in Augsburg; so stiegen dort zwischen 1906 und 1911 die Preise für Eßbutter um 14,5 %/o (Augsburg: 19,3 %/o), Eier um 15 %/o (Augsburg: 20,1 %/o), Rindfleisch um 16,7 %/o (Augsburg: 17,6 %/o), Kalbfleisch um 8,9 %/o (Augsburg: 10,8 %/o) (Statistisches Jb. deutscher Städte 17. Jg., 1910 ff.). Geht man nun davon aus, daß die Steigerungsrate in Augsburg für den Zeitraum von 1905–1912 mehr als 15 %/o betrug, die durchschnittliche Lohnerhöhung in der Mechanischen Baumwollspinnerei und Weberei im gleichen Zeitraum aber nur ca. 17 %/o, so ergibt sich im besten Fall ein Nullwachstum der Reallöhne, mit größerer Wahrscheinlichkeit aber ein Rückgang.
147 Zusammenstellung nach: Jahresberichte des Stadtmagistrats, 1870–1908. Der erhöhte Verbrauch seit 1901 dürfte auf die Inbetriebnahme eines neuen Schlachthofes zurückzuführen sein.
148 Zusammenstellung nach StA Augsburg, C 9/34, II. Fasc.; G II 4 a/1; C 59; Statistisches Jb. deutscher Städte, 13. Jahrgang, 1906, S. 202, 17. Jg. 1910, S. 734 f., 737, 20. Jg. 1914, S. 200 f., 204; Graßmann, a. a. O., S. 193.

Jahr	Roggenbrot 1 kg M	Index	Weizenmehl 1 kg M	Index	Kartoffeln 100 kg M	Index	Butter 1 kg M	Index
1885	0,38	127	0,36	90	6,80	104	2,10	101
1886	—	—	—	—	—	—	—	—
1887	—	—	—	—	—	—	—	—
1888	0,38	127	0,38	95	9,60	147	—	—
1889	0,36	120	0,38	95	6,80	104	2,11	101
1890	0,30	100	0,40	100	6,50	100	2,08	100
1891	0,32	107	0,42	105	7,70	118	2,10	101
1892	0,36	120	0,38	95	7,00	108	2,08	100
1893	0,28	93	0,34	110	6,10	94	2,12	102
1894	0,28	93	0,30	75	6,50	100	2,12	102
1895	0,28	93	0,32	80	6,90	106	2,00	96
1896	0,33	110	0,32	80	7,20	111	1,99	96
1897	—	—	—	—	7,40	114	2,12	102
1898	—	—	—	—	7,50	115	2,16	104
1899	—	—	—	—	7,00	108	2,08	100
1900	—	—	—	—	6,60	102	2,08	100
1901	—	—	—	—	6,50	100	2,09	100
1902	0,27	90	0,40	100	—	—	2,09	100
1903	—	—	—	—	7,00	108	2,13	102
1904	0,27	90	0,40	100	7,50	115	2,11	101
1905	—	—	—	—	7,90	122	2,15	103
1906	0,30	100	0,42	105	8,00	123	2,28	110
1907	0,36	120	0,47	117	7,60	117	2,20	106
1908	0,36		0,46	115	7,50	115	2,38	114
1909	0,36		0,48	120	9,50	146	2,48	119
1910	0,36		0,46	115	11,50	177	2,68	129
1911	0,36		0,45	113	12,00	185	2,72	131

Jahr	Rindfleisch 1 kg M	Index (1890 = 100)	Kalbfleisch (mittlere bis mindere Qualität) 1 kg M	Index (1890 = 100)	Schweinefleisch 1 kg M	Index (1890 = 100)
1870	0,92	72	0,76	58	0,98	66
1872	0,92	72	0,93	72	1,13	76
1875	1,07	84	0,98	75	1,30	88
1879	1,17	92	—	—	1,24	84
1880	1,12	88	1,03	79	1,32	89
1881	0,98	77	—	—	1,31	88
1882	1,08	85	—	—	1,30	88
1883	1,19	94	—	—	1,32	89
1884	1,18	93	—	—	1,26	85
1885	1,19	94	1,10	85	1,32	89
1886	—	—	—	—	—	—
1887	—	—	—	—	—	—
1888	1,19	94	1,12	86	1,32	89
1889	1,21	95	1,20	92	1,40	95
1890	1,27	100	1,30	100	1,48	100
1891	1,26	99	1,22	94	1,38	93

Jahr	Rindfleisch 1 kg		Kalbfleisch (mittlere bis mindere Qualität) 1 kg		Schweinefleisch 1 kg	
	M	Index (1890 = 100)	M	Index (1890 = 100)	M	Index (1890 = 100)
1892	1,24	98	1,18	91	1,42	96
1893	1,17	92	1,10	85	1,36	92
1894	1,26	99	1,37	105	1,38	93
1895	1,24	98	1,36	105	1,26	85
1896	1,25	98	1,35	104	1,32	89
1897	1,22	96	1,36	105	1,44	97
1898	1,23	97	1,39	107	1,52	103
1899	1,25	98	1,41	108	1,40	95
1900	1,28	101	1,44	111	1,39	94
1901	1,32	104	1,48	114	1,47	99
1902	1,32	104	1,55	119	1,57	106
1903	1,33	105	1,57	121	1,61	109
1904	1,36	107	1,57	121	1,48	100
1905	1,42	112	1,58	122	1,62	109
1906	1,53	120	1,66	128	1,76	119
1907	1,59	125	1,66	128	1,59	107
1908	1,70	134	1,80	138	1,70	115
1909	1,70	134	1,77	136	1,74	118
1910	1,66	131	1,72	132	1,69	114
1911	1,80	142	1,84	142	1,50	101

Jährliche Mietpreise 1846–1912[149]

Jahr	Miete in M	Größe, Ausstattung, Lage der Wohnung
1846	36–108,–	»Arbeiterwohnung«
1879	96,–	1 heizbarer Raum
	120,–	1 heizbarer und 1 nicht heizbarer Raum
	144–168,–	2 heizbare Räume
1884	96–120,–	1 heizbarer Raum, Küche, Kammer, Keller
	120–180,–	2 heizbare Räume, Küche, Kammer, Keller
1895	400–450,–	4 Zimmer, Küche, Kammer, Keller
1896	140–200,–	2–3 Zimmer, »Arbeiterwohnung« in der Innenstadt
	70–100,–	2–3 Zimmer, »Arbeiterwohnung« in der weiteren Umgebung
1900	180,–	»Arbeiterwohnung«, innere Stadt
	140–150,–	»Arbeiterwohnung«, Umgebung
	260–280,–	3 Zimmer mit Küche, innere Stadt
	220–240,–	3 Zimmer mit Küche, Wertachvorstädte

149 StA Augsburg, G I 16/1, I. Fasc. (1846); ebenda, C 59 (1879, 1884); ebenda, G II 4 a/1 (1885, 1896); ebenda, G II 15/13 (1900); Rost, a. a. O., S. 271 (1904); StA Augsburg, G II 4 a/1 (1906, 1908, 1910, 1912). Bei den Angaben von Rost und vermutlich auch bei den städtischen Erhebungen 1906–12 handelte es sich nicht um Durchschnittspreise (die oft nur einen rein rechnerischen Wert hatten und in der Praxis selten vertreten waren), sondern um sog. »übliche Mietpreise«, d. h. um die verhältnismäßig am häufigsten vorkommende Preislage. Dagegen berechnete der Gewerbeinspektor für 1912 folgende »Durchschnittspreise« für Augsburg und die Vororte: Einzimmerwohnung 130 M, Zweizimmerwohnung 204 M, Dreizimmerwohnung 344 M, Vierzimmerwohnung 512 M, Fünfzimmerwohnung 887 M (jeweils mit Küche). Bereits 1901 ermittelte eine Untersuchung des wirtschaftlichen Verbands der Augsburger Arbeitervereine als Durchschnittspreise für Wohnungen mit Küche in den Bezirken A, C, E, F, G, H, Nordend und den Wertachvorstädten bei 1 Raum 85 M, 2 Räumen 135 M, 3 Räumen 190 M, 4 Räumen 215 M, 5 Räumen 260 M (Wohnungsenquête in Augsburg, veranstaltet und bearbeitet vom wirtschaftlichen Verband der Arbeitervereine von Augsburg und Umgebung, Augsburg 1901, Tab. IV).

1904	50– 75,–	1 Raum ohne Küche
	101–125,–	2 Räume ohne Küche
	100–150,–	3 Räume ohne Küche
	101–150,–	1 Raum mit Küche
	101–150,–	2 Räume mit Küche
	151–200,–	3 Räume mit Küche
	251–300,–	4 Räume mit Küche
	401–450,–	5 Räume mit Küche
1906	180–192,–	2–3 Zimmer, »Arbeiterwohnung«
1908	192–204,–	2–3 Zimmer, »Arbeiterwohnung«
1910	216–228,–	2–3 Zimmer, »Arbeiterwohnung«
1912	240–250,–	2–3 Zimmer, »Arbeiterwohnung«

3. Die Wohnverhältnisse der Augsburger Arbeiterbevölkerung

Zu den restriktiven Bedingungen, denen der Industriearbeiter im Betrieb ausgesetzt war, gesellten sich bedrückende, lebensfeindliche Zustände im Wohnbereich. Niedrige Löhne und die spekulative Ausnutzung der mit wachsender Bevölkerung sprunghaft steigenden Nachfrage nach Wohnraum verurteilten die Arbeiterbevölkerung dazu, mit sog. »billigen« Klein- und Kleinstwohnungen vorlieb zu nehmen, die weder in Größe noch Ausstattung den tatsächlichen Bedürfnissen entsprachen. Bei den seit den siebziger Jahren speziell als »Arbeiterwohnungen« erstellten Unterkünften handelte es sich typischerweise fast durchweg um Kleinwohnungen mit zwei bis drei Zimmern. 1904 wies die Hälfte aller Mietwohnungen eine Größe von weniger als 50 qm auf[150]. Besonders in den Wertachvorstädten war der Typus der ein- bis zweizimmerigen Wohnung ohne Küche, wo sich Wohnen, Schlafen, Kochen und Waschen in ein und demselben Raum abspielte, sehr häufig anzutreffen[151]. Zu der Enge der Räume gesellte sich eine mangelnde Versorgung mit Luft und Licht als Folge zu dichter Bebauung der Grundstücke. Das galt nicht nur für die Altstadtbezirke; anläßlich einer Wohnungsuntersuchung im Jahre 1904 registrierten die Behörden, »daß gerade in den neuangelegten Stadtbezirken das Hinterhaus eine ziemliche Rolle« spiele und die Ausstattung der Gebäude mit mehr Freiraum und Gartenland zugunsten der »Kasernierungsrente« beschränkt würde[152]. Insgesamt war es um den baulichen und hygienischen Zustand der meisten Augsburger Wohnungen schlecht bestellt. Bei einer 1909 durchgeführten Wohnungsinspektion wurden von 1625 besichtigten Wohnungen allein 1162 wegen baulicher Mängel, Überfüllung oder aus sonstigen hygienischen und sanitären Gründen beanstandet[153].

Als Folge der Abdrängung in Kleinwohnungen waren die Unterkünfte der Arbeiterbevölkerung »unverhältnismäßig stark belegt«; Wohnungen mit nur einem Zimmer für sieben oder acht Personen waren besonders in den Wertachvorstädten und dem dichtbesiedelten Bezirk Lit. A keine Seltenheit[154]. In diesen Stadtteilen, aber auch in den Arbeiter- und Kleinbürgervierteln in der Klaucke- und Jakobervorstadt, verfügten viele Bewohner nicht einmal über ein eigenes Bett. 1904 wurden in Augsburg 6565 Personen gezählt, die ihr Bett mit einem, zwei oder sogar

---
150 Rost, a. a. O., S. 172.
151 Ebenda, S. 54.
152 Ebenda, S. 24.
153 Statistisches Jb. deutscher Städte, 18. Jg. 1912, S. 108 f.
154 StA Augsburg, G II 15/13.

drei Schlafgenossen teilen mußten. »Die Dichtigkeit des Sichzusammendrängens bei der Nachtzeit«, hieß es in dem Untersuchungsbericht, steigere sich »insbesondere in Familien mit zahlreichen Kindern und wenig Wohnraum oft ins Unglaubliche«[155]. Die Schlafgelegenheiten selbst waren bei der ärmeren Bevölkerung notdürftig genug. Besonders die Kinder mußten oft in sog. »Bettersatzobjekten«, auf Stroh und Lumpen, in Kisten, Koffern oder Wagen nächtigen. Auch Dienstboten und Handwerksgesellen, die im Hause des Meisters wohnten — um 1904 vornehmlich noch die Brauereiarbeiter, Bäcker- und Metzgergesellen — waren nach Meinung der Wohnungsinspektoren nicht um ihre Schlafplätze zu beneiden[156].

Die Situation der Arbeiter auf dem Wohnungsmarkt war durch zwei geradezu paradox anmutende Merkmale gekennzeichnet: Ihr niedriges Einkommen und die Entwicklung der Mietpreise zwangen sie, mit viel zu kleinen, sog. »billigen« Wohnungen vorlieb zu nehmen. Bei den kleinen Mietwohnungen mit ein bis drei Zimmern war der Raum jedoch im Durchschnitt um so teurer, je weniger Raum die Wohnung besaß; das gleiche galt für den Quadratmeterpreis. Die Augsburger Wohnungskommission kam aufgrund dieser Erkenntnisse 1904 zu dem Schluß, »daß die einfacheren und ärmeren Schichten der Bevölkerung relativ am teuersten wohnen«[157]. Die nahezu ausschließliche Beschränkung der Arbeiter auf diese Kleinwohnungen sorgte zugleich für einen ständigen Nachfrageüberhang und bildete damit eine Preisgarantie für die Hausbesitzer. Das im Vergleich mit anderen Großstädten relativ geringe Angebot an leerstehenden Wohnungen in Augsburg war nicht nur ein Indiz allgemeiner Wohnungsnot, sondern bezog sich in erster Linie auf die Knappheit der Wohnungen unterer Preisklassen. Wie ein Nachweis aus dem Jahre 1912 zeigt, kosteten nur ca. 45 % der freien Wohnungen weniger als 300 M Miete im Jahr. Das reichhaltigste Angebot umfaßten die Preisklassen mit 300 bis 500 und 500 bis 1000 M Miete[158]. Davon konnten jedoch die Arbeiterfamilien keinen Gebrauch machen.

Die Skala der Mietpreise differierte auch zwischen den einzelnen Wohngegenden sehr stark. Vor allem herrschte ein fühlbares Gefälle zwischen der Altstadt und den Vor- und Nachbarorten, wo das Wohnen wesentlich billiger war[159]. Innerhalb der Stadt kamen bestimmte Bezirke durch ihre Miethöhen für die Arbeiter als Wohngebiete überhaupt nicht in Frage; dazu gehörte z. B. das neue Viertel Westend, wo 1904 in einzelnen Straßen bis zu 80 % aller Wohnungen über 400 M, oft sogar ein Drittel aller Wohnungen über 1000 M Jahresmiete kostete[160].

Die meisten Arbeiterwohnungen waren nicht nur mit Familienangehörigen überbelegt, sondern in der Regel zusätzlich mit zahlreichen »Schlafgängern« besetzt[161]. Das galt schon für die Kleinwohnungen, ganz besonders aber, wenn das knappe Angebot an Wohnungen der unteren Preisklassen manche Familien zwang, größere und teuere Wohnungen zu mieten, die dann zur Aufbringung der Miete mit Untermietern und Schlafgängern angefüllt werden mußten. Auf diese Weise kamen im Durchschnitt 30 bis 40 % der Wohnungsmiete wieder herein. 1904 gab

---

155 Rost, a. a. O., S. 134, 129. Bei mehrfacher Belegung eines Bettes wurde die Benutzung häufig so geregelt, wie es Rost am Fall eines Familienvaters schildert, der tagsüber in einem Bett schlief, das nachts von 2 Schlafgängern benutzt wurde (Rost, a. a. O., S. 137).
156 Rost, a. a. O., S. 131, S. 206 ff.
157 Ebenda, S. 274.
158 StA Augsburg, G I 16/22.
159 StA Augsburg, G II 15/13.
160 Rost, a. a. O., S. 266 f.
161 StA Augsburg, G II 15/13; Jahresberichte der Fabrikinspektoren, Beilagenheft 1905, II. Teil, S. 185.

es in Augsburg insgesamt 4813 Untermieter, von denen 3426 der sozial besser gestellten Schicht der Zimmermieter angehörten. Diese setzten sich in erster Linie aus Commis, Kaufleuten, Offizieren, Beamten, Einjährigen, Studenten usw. zusammen. Bei den wenigen weiblichen Zimmermieterinnen handelte es sich um Lehrerinnen, Schauspielerinnen und Kontoristinnen. Das Gros der Schlafgänger dagegen, die nur ein Bett mieteten, bestand aus ledigen Fabrikarbeitern und -arbeiterinnen, Tagelöhnern, Verkäuferinnen und Eingeherinnen[162]. Die Mieten für Untermieter und Schlafgänger betrugen in den achtziger Jahren 4—5 M pro Monat, was sich bis zum Beginn des 20. Jahrhunderts kaum änderte; Zimmermieter zahlten 1904 durchschnittlich 9 M pro Monat[163].

Den knappen und schlechten Wohnverhältnissen, unter denen ein großer Teil der Bevölkerung litt, entsprach ein Hang zum häufigen Wechsel der Wohnung. 1909 zogen innerhalb der Stadt Augsburg allein 40 531 Menschen um, was einem Anteil von 40,9 % an der gesamten Einwohnerschaft entsprach[164]. Abgesehen von den teuren Wohnungen in Westend war die durchschnittliche Verweildauer am geringsten in den Arbeiterquartieren der Wertachvorstädte. Dagegen zeigten die Altstadtbezirke B, D und C, in denen das wohlsituierte Bürgertum lebte, aber auch die mit Werksiedlungen durchsetzten Arbeiterviertel in Nordend und Ostend, deren Bewohner durch die Verquickung von Wohn- und Arbeitsplatz in der Mobilität gehemmt waren, eine im Durchschnitt längere Verweildauer[165].

Das rasche Anziehen der Mietpreise nach der Jahrhundertwende zwang manche Familien, aus Ersparnisgründen in immer schlechtere und kleinere Wohnungen zu ziehen. Schon 1901 befürchtete der Fabrikinspektor, ein weiteres Ansteigen der Mieten werde eine allgemeine Verschlechterung der Wohnsituation der Arbeiterbevölkerung herbeiführen[166]. In letzter Konsequenz blieb den Arbeitern nichts anderes übrig, als in die im Umkreis der Stadt gelegenen Gemeinden auszuweichen, wo die Lebensmittelpreise und Mieten niedriger, die Anmarschwege zur Arbeitsstätte aber weiter und mühevoller waren.

---

162 Rost, a. a. O., S. 122 f.
163 StA Augsburg G 59; Rost, a. a. O., S. 123.
164 Statistisches Jb. deutscher Städte, 18. Jg. 1912, S. 44. Ein Umzug war nach ortsüblichem Brauch mit besonderen Kosten verbunden. Der ausziehende Mieter mußte in den meisten Fällen eine Abnutzungsgebühr an den Hausbesitzer entrichten, die in der Regel etwa 10 % der Jahresmiete betrug. Ebenso verbreitet war die Sitte, bei Abschluß eines Mietvertrages ein sog. Haft- oder Draufgeld vom neuen Mieter in Höhe bis zu 5 M zu verlangen (Schwäbische Volkszeitung Nr. 159 vom 16. 7. 1908; Rost, a. a. O., S. 277 f.).
165 Rost, a. a. O., S. 111.
166 Jahresberichte der Fabrikinspektoren 1901, S. 158. Die Tage im Jahr, an denen der Mietzins entrichtet werden mußte, Georgi und Michaeli (23. April und 29. September), waren »für den größten Teil von Augsburgs Bewohnern zwei harte, schwere Sorgentage« (StaA Neuburg, Reg. Nr. 10 126).

Drittes Kapitel   Das betriebliche Wohlfahrtssystem

Die Untersuchung der Lebens- und Arbeitsbedingungen der Augsburger Arbeiterbevölkerung ließ schon erkennen, wieviel politischer Konfliktstoff sich hier im Laufe der Zeit allein durch die Beschaffenheit der sozialen Verhältnisse ansammelte. Dabei wurde vorläufig noch von einem wesentlichen Faktor in den Beziehungen zwischen Arbeitnehmern und Arbeitgebern abgesehen, der sich gewissermaßen als Katalysator zwischen die sozialen Verhältnisse und ihre politische Artikulation schob: das betriebliche Wohlfahrtssystem[1]. Nahezu alle größeren Firmen in Augsburg verfügten über eigene Kranken-, Pensions- und Sparkassen, über Werkswohnungen, Konsumvereine, Bibliotheken usw., die nach Umfang und Ausprägung ein sozialpolitisches Instrument ersten Ranges bildeten. Sie stellten nicht nur materielle Zuwendungen von sehr unterschiedlichem Wert für die Arbeiter dar, sondern schufen gleichzeitig ein Geflecht direkter und indirekter Abhängigkeiten, das die industriellen Herrschaftsstrukturen über den Rahmen des Betriebs hinaus absicherte. Bei der Würdigung dieser Einrichtungen muß deshalb die Frage gestellt werden, mit welchen beruflichen oder finanziellen Vor- bzw. Nachteilen das betriebliche Wohlfahrtssystem bestimmte Verhaltensweisen der Werksangehörigen belegte. Das gilt gerade im Hinblick auf die spätere Beurteilung der Augsburger Arbeiterbewegung, deren Verlauf sich in mancher Beziehung deutlich von der Entwicklung in vergleichbaren Industriestädten unterschied.

I. Historische und strukturelle Voraussetzungen der betrieblichen Sozialpolitik

Wichiger als alle Varianten der zahlreichen betrieblichen Wohlfahrtseinrichtungen, wie sie auch in anderen deutschen Fabriken bestanden, waren für die Wirkungsgeschichte der betrieblichen Sozialleistungen in Augsburg zwei Umstände: das relativ frühzeitige Auftreten, das sie von Anfang an zu flankierenden Maßnahmen des Industrialisierungsprozesses erhob, und die Ausdehnung auf alle größeren Betriebe der Stadt und der Vororte.

In der alten Augsburger Oberschicht war die Sorge für Arme und Abhängige seit Jahrhunderten soziale Gewohnheit. Diese private Wohltätigkeit, wie sie sich in der Anlage der Fuggerei, zahlreichen Pfründen, Studienfonds usw. niederschlug, entlastete zugleich die städtische Armenpflege. Bis zum Beginn des 19. Jahrhunderts befand sich die Verwaltung der ca. 300 verschiedenen wohltätigen Stiftungen in den Händen von Privatleuten, z. B. der Senioren einer Patrizierfamilie oder

---

[1] Der Schwerpunkt der Betrachtung wurde im folgenden in erster Linie auf die Beschaffenheit der betrieblichen Sozialleistungen und ihre Auswirkungen auf die Lage der Arbeiter gelegt. Aus der umfangreichen Literatur an schematisierenden und theoretischen Untersuchungen sei deshalb nur auf die Arbeiten von Adolf Reichwein, Funktionswandlungen der betrieblichen Sozialpolitik, Dortmunder Schriften zur Sozialforschung, Bd. 26, Köln und Opladen 1965, und Ulrich Pleiß, Freiwillige soziale Leistungen der industriellen Unternehmung, Berlin 1960, hingewiesen, sowie auf die älteren Darstellungen von Ernst Michel, Sozialgeschichte der industriellen Arbeitswelt, ihrer Krisenformen und Gestaltungsversuche, 2. Aufl. Frankfurt a. M. 1948, S. 121 ff. und L. H. A. Geck, Die sozialen Arbeitsverhältnisse im Wandel der Zeit, Berlin 1931, S. 137 ff.

Geistlichen bestimmter Kirchen². Nach der Annexion Augsburgs durch Bayern wurde die Verwaltung des Stiftungsvermögens 1807 staatlichen Administratoren übertragen; bereits 1817 erhielten die Stiftungen jedoch eine eigene Verwaltung unter städtischer Aufsicht zurück³.

Die ersten Gründungen von Fabrikkrankenkassen, wie sie 1826 in der Messingfabrik J. A. Beck und 1833 in der Kattunfabrik Schöppler & Hartmann erfolgten, waren wohl noch stärker von diesen caritativen Traditionen des älteren Augsburger Bürgertums geprägt als von dem Versuch, den spezifischen Problemen der neu entstehenden Fabrikarbeiterklasse zu begegnen⁴. Die traditionellen sozialen Impulse wären freilich kaum ausreichend gewesen, um das System betrieblicher Sozialeinrichtungen in seinem späteren Umfang hervorzubringen. Ausschlaggebend für die weitere Entwicklung wurde die besondere Struktur der Augsburger Industrie, die durch die Dominanz der Aktiengesellschaft und des Großbetriebs gekennzeichnet ist. Die bayerische Regierung, die der Gründung von Aktiengesellschaften zunächst mißtrauisch gegenüberstand, da sie eine Zunahme des Spekulantentums befürchtete, behielt sich nicht nur die Konzessionierung vor, sondern machte sie von der Errichtung einer Krankenunterstützungskasse und sonstiger Wohlfahrtseinrichtungen abhängig⁵. Die Folge davon war, daß die zahlreichen in den vierziger und fünfziger Jahren des 19. Jahrhunderts in Augsburg gegründeten Aktiengesellschaften von Anfang an mit Sozialeinrichtungen versehen wurden, auch wenn die Regierung die Errichtung entsprechender Kassen manchmal erst anmahnen mußte⁶. Dabei gerieten zweifellos auch Firmen, für die ursprünglich keine Verpflichtung zur Erbringung von Sozialleistungen bestand, unter einen deutlichen Anpassungsdruck. Die Homogenität in der Produktion der Textilindustrie und der Bedarf an ähnlich ausgebildeten Arbeitskräften begünstigte bei der zeitweise gespannten Arbeitsmarktlage schon aus Konkurrenzgründen eine gewisse Egalisierung der Wohlfahrtsleistungen.

Betriebliche Wohlfahrtseinrichtungen in Augsburg 1874⁷

Betriebe mit Wohlfahrtseinrichtungen	31	
darin beschäftigte Arbeiter	8924	(100 %)
Betriebe mit mehr als 100 Arbeitern und Wohlfahrtseinrichtungen	19	
darin beschäftigte Arbeiter	8175	(91,6 %)
Aktiengesellschaften mit Wohlfahrtseinrichtungen	8	
darin beschäftigte Arbeiter	4846	(54,3 %)

In welchem Umfang die Lage der Augsburger Arbeiter durch diese besonderen Ausgangsbedingungen beeinflußt wurde, zeigt noch deutlicher ein Vergleich mit den Verhältnissen in der vom Klein- und Mittelbetrieb geprägten Nürnberger In-

---

2 Hessel, a. a. O., S. 21.
3 Ebenda, S. 92; Zorn, Augsburg, a. a. O., S. 246. Einen Überblick über die Stiftungen gibt für das 19. Jahrhundert Anton Werner, Die örtlichen Stiftungen für die Zwecke des Unterrichts und der Wohltätigkeit in der Stadt Augsburg, Augsburg 1899–1912.
4 Graßmann, a. a. O., S. 19; Statuten für den Kranken-Unterstützungsverein der Arbeiter in der Kattunfabrik der Herren Schöppler & Hartmann in Augsburg, Augsburg 1838, S. 3.
5 Ergebnisse einer Erhebung über die in bayerischen Fabriken und größeren Gewerbebetrieben zum Besten der Arbeiter getroffenen Einrichtungen, veröffentlicht durch das kgl. Staatsministerium des Innern, Abt. Landwirtschaft, Gewerbe, Handel, München 1874, S. 19; Graßmann, a. a. O., S. 22.
6 StA Augsburg, G III 17/15. So mahnte z. B. die Kreisregierung 1852 die Gründer der Weberei am Fichtelbach zur Errichtung einer Krankenkasse, »deren Satzungen noch vor dem Beginne des Fabrikgeschäftes der kgl. Regierung zur Genehmigung vorzulegen sind«.
7 Ergebnisse einer Erhebung über die in bayerischen Fabriken [...] zum Besten der Arbeiter getroffenen Einrichtungen, a. a. O., Anhang, Tab. A, S. 68 ff.

dustrie; dort waren nur 4473 Arbeiter in Betrieben mit Wohlfahrtseinrichtungen beschäftigt, davon wiederum die meisten in der Firma Cramer-Klett[8]. In Augsburg dagegen umfaßte der Anteil der in solchen Betrieben beschäftigten Personen 1873/74 97,4 % aller Fabrikarbeiter[9].

Ebenso entscheidend für die weitere Entwicklung war es, daß die den Aktiengesellschaften erteilten sozialen Auflagen nicht nur als obligatorisch akzeptiert, sondern durch ihre Ausgestaltung in gezielte betriebspolitische Maßnahmen verwandelt wurden. Schon die Gründer der Mechanischen Baumwollspinnerei und Weberei hielten es im eigenen Interesse für angebracht, neben den ihnen feindlich gesonnenen Webermeistern nicht durch ein verbittertes Proletariat einen zusätzlichen Unruheherd in der Stadt zu schaffen; vielmehr hofften sie, »daß die Fabrikarbeiter, in dem Bewußtsein, es seye für ihren Unterricht, für die Erhaltung der Gesundheit und für die successive Erwerbung eines Vermögens gesorgt, eine innigere und dauerndere Anhänglichkeit an die Unternehmung selbst erhalten«[10]. Beim späteren Ausbau der Wohlfahrtseinrichtungen sorgte in den Aktiengesellschaften nicht zuletzt die Unternehmensverfassung dafür, daß eine ausreichende Rentabilität für den Betrieb gewahrt blieb. Alle sozialen Leistungen, die sich als Kosten niederschlagen, bedurften der Zustimmung des Ausschusses bzw. des späteren Aufsichtsrats. Auf diese Weise entstand an manchen Punkten ein Dualismus zwischen dem Fabrikdirektor, der bei dieser Rollenverteilung zum »natürlichen Anwalt der Arbeiter« wurde, und dem Aufsichtsrat als Interessenvertretung der Aktionäre[11]. So lehnte z. B. der Aufsichtsrat der Maschinenfabrik Augsburg mehrmals die Vorschläge des Direktors zum Bau von Arbeiterwohnungen ab. Erst als die Gefahr drohte, daß Facharbeiter sich wegen der schwierigen Wohnungsbeschaffung in der Stadt anderen Orten zuwenden könnten, wurde die Erlaubnis erteilt[12]. Im allgemeinen waren die Differenzen jedoch nicht allzu groß, da die Augsburger Aktionäre mehr an der langfristigen Anlage ihres Kapitals als an kurzfristigen Gewinnen interessiert waren. Bei der Beurteilung des Stellenwerts der betrieblichen Wohlfahrtseinrichtungen muß daher von vornherein eine gewisse längerfristige Zweckrationalität im Handeln der Unternehmer und Fabrikdirektoren vorausgesetzt werden. Nach außen hin standen allerdings patriarchalische Tendenzen im Vordergrund, wenn es etwa in den Fabrikordnungen der Mechanischen Baumwollspinnerei und Weberei und der Stadtbachspinnerei hieß: »Für den Schutz und die väterliche Sorgfalt, welche alle Arbeiter von ihren Vorgesetzten zu erwarten haben, versprechen sie ihnen Anhänglichkeit und Treue«[13].

Dieses patriarchalische Motiv trat besonders bei Ludwig August Riedinger hervor[14]. Der 1809 in Württemberg geborene Riedinger, der vom Schreinergesellen

8 Ergebnisse einer Erhebung über die [. . .] zum Besten der Arbeiter getroffenen Einrichtungen, a. a. O., S. 62 ff.
9 Berechnet nach StA Augsburg, G I 16/13.
10 SWA-Archiv, Augsburg, Protokoll der Generalversammlung vom 30. 3. 1838.
11 Verhandlungen der am 26. und 27. September 1890 in Frankfurt a. M. abgehaltenen Generalversammlung des Vereins für Socialpolitik über die Reform der Landgemeindeordnung in Preußen und über Arbeitseinstellungen und die Fortbildung des Arbeitsvertrags, Schriften des Vereins für Socialpolitik, Bd. XLVII, Leipzig 1890, S. 198.
12 MAN-Archiv Augsburg, Protokoll der Ausschußsitzung vom 24. 11. 1860, 18. 11. 1873, 19. 1. 1874 und der Generalversammlung vom 29. 5. 1875.
13 StA Augsburg, G I 16/13; G III 17/22.
14 Zu L. A. Riedinger neben dem von ihm selbst verfaßten handschriftlichen »Versuch die Verhältnisse, wie selbe für L. A. Riedinger in Augsburg sich entwickelt haben, richtig darzustellen« (Deutsches Museum, München), Zorn, Ludwig August und August Riedinger, a. a. O., S. 381–394; Haßler, Geschichte der L. A. Riedinger Maschinen- und Bronzewaren-Fabrik Aktiengesellschaft Augsburg, a. a. O.,; Max Fuchs, Finanzrath L. A. Riedinger, der Unvergeßliche, Augsburg 1879.

zum technischen Direktor der Mechanischen Baumwollspinnerei und Weberei und später zum selbständigen Unternehmer aufstieg, kannte aus eigener Anschauung die soziale Unsicherheit und Not der frühindustriellen Arbeiter. Seine Vorstellungen zur Behebung der sozialen Frage bewegten sich freilich in einem relativ engen Rahmen: neben einer »Fürsorge in moralischer Beziehung« hoffte er vor allem durch »Vereine zum Wohl der Arbeiter, Steigerung der Produktion, Einfluß auf Reinlichkeit, Nahrung und Sparsamkeit« der Arbeiterbevölkerung zu einem bescheidenen kleinbürgerlichen Dasein zu verhelfen[15]. Wesentlicher Bestandteil des Riedingerschen Konzepts war die Herausbildung und Verinnerlichung eines bürgerlichen Moral- und Ehrenkodex unter den Arbeitern, auf den im Zusammenhang mit den Krankenkassenstatuten der Mechanischen Baumwollspinnerei und Weberei noch näher einzugehen sein wird. 1852 rühmte die Direktion, die vorbildliche Haltung ihrer Fabrikarbeiter sei vor allem auch »dem in ihnen selbst rege gemachten und unter dem Schutze weiser und loyal gehandhabter Gesetze neubelebten und gestärkten Ehrgefühle zu verdanken«[16]. Anläßlich einer Besichtigung der Fabrik und eines Gesprächs mit Riedinger im Jahre 1850 war der bayerische König Max II. von dem Erfolg der Arbeiterfürsorge in der Mechanischen Baumwollspinnerei und Weberei so überzeugt, daß er alle bayerischen Fabrikanten zur Nachahmung des Riedingerschen Beispiels, insbesondere der Pensionskasse, veranlassen wollte. Der Versuch scheiterte jedoch am Desinteresse der bayerischen Unternehmer, die nach Riedingers Eindruck in der Mehrzahl noch der Meinung waren, »man solle die Arbeiter, wenn sie arbeitsunfähig seien, wie andere in Pfründen und Armenhäuser tun«[17].

In Augsburg dagegen fand das Beispiel Riedingers Anklang; mehrere Fabrikdirektoren schufen in ihren Firmen weitverzweigte Wohlfahrtssysteme aus eigener Initiative. Besonders zu nennen ist dabei der Gründer der Augsburger Kammgarnspinnerei, Friedrich Merz, der als einer der ersten Augsburger Unternehmer schon in den fünfziger Jahren Werkswohnungen zu Verfügung stellte[18]. Sein Nachfolger im Dreierdirektorium, der Elsässer Ernest Mehl, setzte dieses Konzept mit dem großzügigen Ausbau des Kammgarnquartiers fort[19]. Unter ihm erhielt die Verwaltung der Wohlfahrtseinrichtungen eine religiös-pietistische Tendenz, die im Augsburger Unternehmertum sonst unbekannt war[20]. Die Wohlfahrtseinrichtungen der Stadtbachspinnerei wurden unter dem Direktorat Theodor Haßlers beträchtlich ausgeweitet[21]. Haßlers Wirken fiel in eine Phase fortschreitender Polarisierung der Interessen von Arbeitnehmern und Arbeitgebern, des aufkommen-

---

15 Deutsches Museum, München, Riedinger, Versuch, a. a. O., S. 9 ff.
16 SWA-Archiv, Augsburg, Schreiben vom 29. 11. 1852 an die Regierung von Oberbayern.
17 Deutsches Museum, München, Riedinger, Versuch, a. a. O., S. 11 ff.
18 StA Augsburg, G I 16/13; zu Friedrich Merz: Genzmer, a. a. O., S. 52 ff.; Schmid, a. a. O., S. 57 ff.; Zorn, Handels- und Industiegeschichte, a. a. O., S. 143 f.
19 Schmid, a. a. O., S. 90; Genzmer, a. a. O., S. 70. Mehl trat 1866 in das Direktorium ein und gehörte ihm bis 1904 an.
20 StA Augsburg, A 181: Die Arbeiter der Kammgarnspinnerei waren zum Teil über das »frömmelnde und französische Wesen des Direktors Mehl« sehr aufgebracht.
21 StA Augsburg, Nachlaß Haßler; Friedrich Haßler, Theodor Ritter von Haßler 1828–1901, in: Lebensbilder aus dem Bayerischen Schwaben, Bd. IX, München 1966, S. 352–383. Theodor Haßler, Aufzeichnungen über Bismarck und den Centralverband Deutscher Industrieller, kommentiert von Werner Frauendienst, in: Tradition, 7. Jg. 1962. Haßler begann als Ingenieur in der Maschinenfabrik Augsburg und leitete die Gründung und den späteren Betrieb der Baumwollspinnerei in Kolbermoor, ehe er 1868 für mehr als 20 Jahre die Direktion der Stadtbachspinnerei in Augsburg übernahm. Aus der vielfältigen Verbandstätigkeit Haßlers sei noch erwähnt, daß er u. a. Mitglied des ständigen Ausschusses des Volkswirtschaftlichen Congresses, Ausschußmitglied des Vereins für Sozialpolitik, Stellvertretender Vorsitzender des Vorstandes der Süddeutschen Textilberufsgenossenschaft und Vorsitzender des Technischen Vereins in Augsburg war.

den Interventionsstaats und mächtiger Interessenverbände – eine Entwicklung, die er selbst durch die Häufung zahlreicher Verbandsfunktionen, z. B. als Vorsitzender des Vereins Süddeutscher Baumwollindustrieller und des Centralverband Deutscher Industrieller, in hervorragender Weise repräsentierte. Unter diesen veränderten politischen Prämissen erhielt auch die betriebliche Sozialpolitik in verstärktem Maße den Charakter eines bewußt eingesetzten Kampfmittels gegen die sozialistische Arbeiterbewegung. Der gleichen Unternehmergeneration wie Haßler gehörten auch Albert Frommel und Heinrich Buz an[22]. Frommel, der als Nachfolger seines Onkels 1872 die Leitung der Mechanischen Baumwollspinnerei und Weberei übernahm, war wie Haßler führendes Mitglied im Verband Süddeutscher Baumwollindustrieller und im CVDI. Heinrich Buz setzte seit 1864 die Arbeit seines Vaters Carl Buz in der Direktion der Maschinenfabrik Augsburg fort. Unter ihm erhielt die Sozialpolitik dieses Unternehmens eine stark patriarchalische Einfärbung, die von Arbeiterseite nicht ohne Berechtigung mit den Verhältnissen im Reich des »Königs von Saarabien«, des Freiherrn von Stumm-Halberg verglichen wurde[23]. In der Verwaltung der reichlich dotierten Wohlfahrtseinrichtungen der Firma war der Einfluß der Arbeiter noch bescheidener als in anderen Fabriken. Unter den Fabrikdirektoren, die in besonderer Weise am Ausbau der betrieblichen Wohlfahrtseinrichtungen beteiligt waren, ist schließlich noch der langjährige Gérant der Baumwollfeinspinnerei, Georg Matthias Biermann, zu erwähnen; er gehörte wie Riedinger zu den wenigen Augsburger Unternehmern, die aus dem Arbeiterstand aufgestiegen waren. Seine Fürsorge galt in besonderer Weise der Unterbringung alter und invalider Arbeiter[24].

II. Die Fabrikkrankenkassen

Unter den verschiedenen Einrichtungen der betrieblichen Wohlfahrtssysteme kam von Anfang an der sozialen Sicherung der Arbeitnehmer im Krankheitsfall eine hervorragende Bedeutung zu. Eine minimale soziale Absicherung bei eintretender Krankheit bestand in Augsburg seit 1811 nur für Dienstboten und Handwerksgesellen. Sie mußten 12 Kr. im Quartal, seit 1834 24 Kr. an Beiträgen leisten und erhielten unentgeltliche Behandlung und Pflege im »Allgemeinen Krankenhaus«, das in den Räumen des ehemaligen Zucht- und Arbeitshauses eingerichtet war. Diese Art der Krankenfürsorge stand nicht nur äußerlich in engem Zusammenhang mit der öffentlichen Armenpflege; der Aufenthalt im Krankenhaus blieb nahezu ausschließlich auf die Augsburger Unterschichten und städtische und auswärtige Arme beschränkt. Wohlhabende Bürger ließen sich nur in ganz vereinzelten Fällen gegen Entgelt im Krankenhaus behandeln[25]. Neben dieser kommunalen Pfle-

---

22 Zu Frommel siehe Haßler, Hundert Jahre Mechanische Baumwollspinnerei und Weberei, a. a. O., Anhang; H. A. Bueck, Der Centralverband Deutscher Industrieller 1876–1901, Berlin 1902/05, Bd. I, S. 120, 165; Bd. II, S. 162, 245. Zu Buz: MAN-Archiv Augsburg, Personalakten.
23 Neue Augsburger Zeitung Nr. 124 vom 29. 5. 1906.
24 Wohnungs-Enquête in Augsburg, a. a. O., S. 38; E. von Hoyer, Der technische Verein und die Bestrebungen für das Wohl der gewerblichen Arbeiter zu Augsburg, Sonderabdruck aus dem bayerischen Industrie- und Gewerbeblatt Nr. 52, 1889, München 1890, S. 21.
25 Hessel, a. a. O., S. 119; SWA-Archiv, Augsburg, Schreiben des Magistrats vom 19. 5. 1838; Artikel über Herberge und die Auflage der Maurergesellen, Augsburg 1836.

geeinrichtung bestanden unter den Gesellen einzelner Gewerbe Selbsthilfeorganisationen, die vor allem den Zweck verfolgten, die Notlage, die für den Kranken durch den Verdienstausfall entstand, durch die Zahlung von Krankenunterstützung abzuwenden[26]. Auch unter den frühen Fabrikarbeitern fanden sich ähnliche Einrichtungen, z. B. unter den Formstechern und Kattundruckern, die als hochqualifizierte Facharbeiter in Augsburg seit dem 18. Jahrhundert vertreten waren und neben einer längeren Berufstradition ein den zünftigen Gesellen nicht unähnliches korporatives Bewußtsein ausgebildet hatten. 1837 stellten sie Statuten für einen Kranken- und Fremdenunterstützungsverein auf, der aber offensichtlich schon längere Zeit bestand. In diese Unterstützungskasse mußte jedes Mitglied neben einer Aufnahmegebühr, die zwischen 2 und 15 fl. schwankte, jede Woche 6 Kr. entrichten und bekam dafür im Krankheitsfall wöchentlich 2 fl. ausbezahlt. Die Verwaltung der Kasse erfolgte allein durch die Mitglieder bzw. durch die von ihnen gewählten Vorstände[27].

Die Unternehmer und Fabrikdirektoren, die um die gleiche Zeit die ersten Fabrikkrankenkassen ins Leben riefen, machten jedoch keinen Versuch, an diese Selbstverwaltungstraditionen unter den Arbeitern und Gesellen anzuknüpfen, sondern behielten sich die Aufsicht über die Kassen vor. In der Regel waren alle Arbeiter einer Fabrik Zwangsmitglieder in der Fabrikkrankenkasse. Ausgeschlossen von Mitgliedschaft und Unterstützung waren jedoch bezeichnenderweise neben den in der Fabrik beschäftigten Handwerkern auch die Taglöhner, in der Mechanischen Baumwollspinnerei und Weberei auch die anfänglich noch beschäftigten, stark fluktuierenden Handweber. Im Gegensatz zu den Facharbeitern sollte die Gruppe der im Taglohn beschäftigten ungelernten Arbeiter möglichst mobil gehalten und je nach Bedarf eingestellt oder wieder abgestoßen werden[28]. Von der Mitgliedschaft in der Fabrikkrankenkasse waren manchmal auch die Angestellten befreit[29]. Hinsichtlich der Finanzierung lassen sich zwei Typen von Fabrikkrankenkassen unterscheiden. In der Mechanischen Baumwollspinnerei und Weberei, der Stadtbachspinnerei, später auch in der Weberei am Fichtelbach, der Mechanischen Weberei L. A. Riedinger und der Schnupftabakfabrik Lotzbeck leisteten die Arbeiter keine direkten Beiträge zu den Kassen[30]. Die beiden erstgenannten Fir-

---

26 Besonders rührig waren auf diesem Gebiet die Buchdrucker, die seit 1830 eine Krankenkasse, seit 1843 einen Witwenunterstützungsverein und zahlreiche Hauskassen besaßen. 1863 wurden alle Privatkassen mit Ausnahme von zwei Hauskassen vereinigt (Rotter, a. a. O., S. 12). Für andere Gewerbe siehe StA Augsburg, E IV 3/134.
27 Statuten des Kranken- und Fremden-Unterstützungs-Vereins der Formstecher und Cottun-Drucker der kgl. Kreis-Hauptstadt Augsburg, Augsburg 1837, S. 3 ff. In jeder Kattunfabrik wurde ein Kassier von den Arbeitern gewählt, der die Beiträge einsammelte. Die Formstecher und Drucker bezeichneten sich selbst noch nicht als Arbeiter. Angehörige des gleichen Berufs hießen »Handwerksgenossen« (ebenda, S. 6 f.).
28 Besonders in der Frühindustrialisierung war es üblich, je nach Geschäftslage im Taglohn beschäftigte Arbeiter für kurze Zeit aufzunehmen. Die Stadtbachspinnerei konnte in einer später aufgestellten Arbeiterstatistik die im Jahresdurchschnitt beschäftigten Taglöhner für die ersten Jahrzehnte ihres Bestehens gar nicht mehr ermitteln (Jahresbericht der Handels- und Gewerbekammer 1903, S. 44 ff). Auch in den Maschinenfabriken war es anfangs üblich, neben einem relativ kleinen Stamm von ständigen Arbeitern bei größeren Aufträgen Taglöhner einzustellen, die nach Beendigung der Arbeiten wieder entlassen wurden (MAN-Archiv Augsburg, Protokoll der Generalversammlung vom 18. 5. 1859).
29 Statuten der Kranken- und Unterstützungs-Kasse für das Fabrik-Personal der Baumwollspinnerei am Stadtbach in Augsburg, Augsburg 1853, S. 4; Statuten der Unterstützungs-Pensions-Cassa der Bediensteten und Arbeiter der mechanischen Baumwollspinnerei und Weberei in Augsburg, Augsburg 1851, S. 11. Dagegen waren die Angestellten in der mechanischen Weberei am Fichtelbach (Satzung, S. 3) ausdrücklich mit eingeschlossen.
30 Jahresbericht der Handels- und Gewerbekammer 1869, S. 45; Statuten [. . .] der Mechanischen Baumwollspinnerei und Weberei, S. 3; Statuten [. . .] der Baumwoll-Spinnerei am Stadtbach, S. 3 f. In der mechanischen Weberei am Fichtelbach war nach den Statuten von 1853 noch die direkte Finanzierung durch die Arbeiter mit 1 1/2 Kr. pro verdientem Gulden vorgesehen (Satzungen, S. 3).

men führten beispielsweise 4 bzw. 3 %> der jährlichen Gesamtlöhne an die Krankenkasse ab; hinzu kamen die Einnahmen aus Fabrikstrafen, Geldgeschenke des Firmenausschusses bei Jahresabschluß oder besonderen Anlässen. Die indirekte Form der Finanzierung unterstrich in besonderer Weise den Wohltätigkeitscharakter der Einrichtung. Dabei wurde sorgfältig alles vermieden, was bei den Arbeitern den Anschein eines Gewohnheitsrechts hervorrufen konnte; so lehnte z. B. die Direktion der Mechanischen Baumwollspinnerei und Weberei Anfang 1851 die Überweisung einer Spende an den Krankenkassenfonds mit dem Hinweis ab, daß man »ein Geschenk auch zu jeder anderen Zeit zu diesem Zweck votieren könne, ohne die Arbeiter daran zu gewöhnen, etwa bei jedem Jahreswechsel ein solches zu erwarten«[31]. In den übrigen Fabriken mußten die Arbeiter entweder ein bis zwei Kreuzer pro verdientem Gulden an die Kasse abführen oder wöchentliche bzw. vierzehntägige Beiträge in Höhe von 3 bis 15 Kreuzern leisten[32].

Die Leistungen der Kassen erstreckten sich im Krankheitsfalle auf unentgeltliche ärztliche Behandlung, Versorgung mit Medikamenten, bzw. kostenlose Aufnahme in das städtische Krankenhaus. Daneben zahlten die meisten Kassen bei längerer Krankheit eine Krankenunterstützung aus, die sich in den siebziger Jahren auf 25 bis 50 % des normalerweise verdienten Lohnes belief und etwa 49 Kr. bis 4 fl. in der Woche betrug[33]. Weibliche Arbeitnehmer wurden dabei häufig benachteiligt. Der Krankenunterstützungsverein der Firma Schöppler & Hartmann umfaßte 1838 nur die männlichen Arbeitnehmer des Unternehmens[34]. In der Mechanischen Baumwollspinnerei und Weberei erhielten verheiratete Arbeiterinnen zwar Arztkosten und Medikamente erstattet, blieben aber von der Lohnentschädigung ausgeschlossen[35]. Dagegen erstreckte sich bei diesem Unternehmen schon in den fünfziger Jahren die Übernahme der Arzt- und Arzneimittelkosten auch auf die nicht in Arbeit stehenden Ehefrauen und werktagsschulpflichtigen Kinder der Versicherten. Ebenso wurde für das Mitglied oder dessen Frau ein Sterbegeld von 15 fl. geleistet. Bei den meisten anderen Firmen erfolgte die Ausdehnung des Versicherungsschutzes auf die Angehörigen erst in den achtziger Jahren[36]. Ohne Unterstützung blieben verheiratete Arbeiterinnen während der Schwangerschaft und bei Geburten; die Fabrikkrankenkassen kamen lediglich für daraus entstehende Krankheiten auf. Dagegen wurde nahezu bei allen Kassen unverheirateten Arbeiterinnen jegliche Hilfe in solchen Fällen vorenthalten. In der Mechanischen Baumwollspinnerei und Weberei verloren ledige Mütter, sofern sie nicht überhaupt entlassen wurden, alle bereits erworbenen Rechte auf Lohnunterstützung und Pension. Erst »nach dreijährigem Wohlverhalten in jeder Hinsicht« konnten die früheren Ansprüche wieder aufleben, was jedoch nur im Fall eines einmaligen »Fehltritts« möglich war[37]. Der Zeitraum für die Zahlung der Lohnentschädigung war bei den einzelnen Kassen unterschiedlich bemessen, erstreckte sich aber mindestens auf ein Vierteljahr, bei manchen Unternehmen sogar auf ein oder zwei

---

31 SWA-Archiv, Augsburg, Protokoll der Ausschußsitzung vom 17. 1. 1851.
32 Zs. des kgl. bayerischen Statistischen Bureaus, 7. Jg. 1875, S. 114 ff. Dort findet sich eine tabellarische Übersicht über Aufbau und Leistung der einzelnen Krankenkassen. Im übrigen vgl. die Angaben in den Kassenstatuten.
33 Zs. des kgl. bayerischen Statistischen Bureaus, 7. Jg. 1875, S. 114 ff.
34 Statuten für den Kranken-Unterstützungs-Verein [. . .] Schöppler & Hartmann, S. 4.
35 Statuten [. . .] der Mechanischen Baumwoll-Spinnerei und Weberei, S. 18.
36 Ebenda, S. 20 f. Sterbegeld war auch bei anderen Fabrikkrankenkassen üblich, so bei der Stadtbachspinnerei (Statuten, S. 12) in der Haunstetter Weberei (Statuten, S. 4) und in der Weberei am Fichtelbach (Statuten, S. 6).
37 Statuten [. . .] der Mechanischen Baumwollspinnerei und Weberei, S. 21 f.

Jahre[38]. Voraussetzung dafür war jedoch immer eine bestimmte Betriebszugehörigkeit, deren vorgeschriebene Mindestdauer zwischen zwei Jahren (bei Schöppler & Hartmann), drei Monaten (Maschinenfabrik Augsburg), zwei Monaten (Stadtbachspinnerei) und einem Monat (Maschinenfabrik Riedinger) schwankte[39].
Bei Stellenwechsel oder Entlassung eines Arbeiters gingen alle bis dahin erworbenen Ansprüche an die Krankenkasse verloren. Ausnahmen erlaubte lediglich die Kattunfabrik Frölich, wo die Mitgliedschaft im Unterstützungs-Verein auch nach dem Arbeitsplatzwechsel solange erhalten blieb, wie der Arbeiter Beiträge zahlte[40]. Dagegen lehnte es die Maschinenfabrik Augsburg 1858 ausdrücklich ab, die Statuten entsprechend dem Wunsch der Arbeiter so abzuändern, daß eine Mitgliedschaft in der Krankenkasse auch nach dem Austritt aus der Fabrik noch möglich wäre, wenn die Beiträge jeweils ein halbes Jahr im voraus entrichtet würden[41]. In der Mechanischen Baumwollspinnerei und Weberei erhielten nur Arbeiter, die mindestens sechs Jahre Mitglied waren, ein Austrittsgeld von einem Prozent des gesamten während der Mitgliedschaft verdienten Lohnes. Bei einem eventuellen Wiedereintritt in die Fabrik mußte dieses Austrittsgeld wieder eingezahlt werden. Hatte sich der Arbeiter außerhalb Augsburgs aufgehalten, mußte allerdings erst nachgewiesen werden, »daß das abwesende Individium ein sittliches Betragen gepflogen« hatte[42]. Ab 1858 zahlte die Mechanische Baumwollspinnerei und Weberei nur noch dann ein Austrittsgeld, wenn das Kassenmitglied von selbst wegen Krankheit seine Stelle kündigte[43].

Durch diese Regelungen wurde die mobilitätshemmende Funktion der Fabrikkrankenkassen aufrechterhalten. Darüber hinaus waren die Krankenkassenmitglieder vielfach direkten und indirekten Kontrollen unterworfen. So wurde z. B. den Mitgliedern der größeren Fabrikkrankenkassen in der Regel ein bestimmter Arzt zugewiesen; wünschten sie die Behandlung durch einen anderen Arzt, so mußten sie für die Honorarkosten selbst aufkommen. Die Mechanische Baumwollspinnerei und Weberei verpflichtete sogar die in den Vororten wohnenden Arbeiter auf bestimmte, dort ansässige Ärzte[44]. In der Maschinenfabrik Augsburg fanden seit den achtziger Jahren ärztliche Sprechstunden dreimal wöchentlich in den Räumen der Fabrik statt[45]. Mehrere Anzeichen deuten darauf hin, daß zwischen dem Insistieren der Unternehmen auf bestimmten, den Fabriken verpflichteten Ärzten und der Schonung der Kassenmittel ein Zusammenhang bestand. So berichtete der Fabrikinspektor 1896 von einem Arbeiter, dem der weitere Verbleib in seiner Firma unmöglich gemacht wurde, nachem er auf Wunsch der Kassen-

---

38 Zs. des kgl. bayerischen Statistischen Bureaus, 7. Jg. 1875, S. 114 ff.
39 Statuten [...] Schöppler & Hartmann, S. 9, MAN-Archiv Augsburg, Foth, a. a. O., S. 130 (Wiedergabe der Satzung von 1846); Statuten [...] Stadtbachspinnerei, S. 12; StA Augsburg, Nachlaß Haßler, K 3, Statuten der Kranken- & Sparkasse der Mechanischen Werkstätte von L. A. Riedinger, Augsburg (ungedruckt) 1859, § 5. In der Mechanischen Baumwollspinnerei und Weberei hatten neu aufgenommene Arbeiter nach drei Monaten Anspruch auf Erstattung der Krankenkosten, aber erst nach einem Jahr auf Lohnunterstützung (Statuten, S. 18).
40 Statuten für den Verein zur Unterstützung kranker und arbeitsunfähiger Arbeitsleute in der Cottunfabrik der Herren von Frölich in Augsburg, Augsburg 1842, S. 4.
41 MAN-Archiv Augsburg, Protokoll der Ausschußsitzung vom 23. 6. 1858.
42 Statuten der [...] Mechanischen Baumwollspinnerei und Weberei, S. 11 ff.
43 StA Augsburg, G I 26/13, I. Fasc.
44 Statuten der [...] Mechanischen Baumwollspinnerei, S. 22; Feßmann, a. a. O., S. 9. Seit 1872 wurde ein eigener Fabrikarzt in Lechhausen verpflichtet, seit 1908 waren den Arbeitern fast in allen Vororten bestimmte Ärzte zugewiesen.
45 MAN-Archiv Augsburg, Foth, a. a. O., S. 123; Jahresberichte der Fabrikinspektoren 1891, S. 21.

mitglieder den Kassenvorstand aufgefordert hatte, die Fabrikärzte zur Verordnung der erforderlichen Arzneien ohne Berücksichtigung der Kosten zu ermächtigen[46]. In der Kattunfabrik Augsburg wandten sich 1906 die Arbeiter gegen den zuständigen Kassenarzt, der ihrer Ansicht nach seine Pflichten gröblich vernachlässigte[47]. Eine Beeinflussung der von den Fabriken finanziell abhängigen Fabrikärzte gaben die Unternehmer auch ohne weiteres zu; so rühmte z. B. die schwäbische Handelskammer als Vorteil der Betriebskrankenkassen gegenüber den Ortskrankenkassen: »Auch die Kontrolle der Kassenärzte wird hier besser gehandhabt werden können, sowohl in bezug auf die Nachlässigkeit der ärztlichen Behandlung als bezüglich einer zu weit gehenden Konvenienz gegenüber den oft recht unvernünftigen Wünschen und Launen der Patienten«[48].

Von besonderem Interesse für die Unternehmer war auch die Frage, ob ein Arbeiter allein auf die Leistungen der Fabrik- bzw. Betriebskrankenkasse angewiesen war oder noch eine private Zusatzversicherung besaß. Die Kassenstatuten der fünfziger und sechziger Jahre enthielten nur selten Bestimmungen über Verbot oder Zulässigkeit einer Doppelversicherung; in dieser Zeit wären auch nur wenige Arbeiter in der Lage gewesen, die dafür erforderlichen Mittel aufzubringen. Erst seit den achtziger Jahren unterlagen Privatversicherungen der Meldepflicht und wurden auf die betrieblichen Unterstützungen angerechnet. Die Ordnungsstrafen bei nicht rechtzeitiger Angabe eines Versicherungsvertrags konnten bis zu 20 M betragen[49]. Die Maschinenfabrik Augsburg ließ 1906 durch ihren Arbeiterverein neben der Betriebskrankenkasse noch eine private Krankenhilfskasse für Firmenangehörige errichten, »weil dadurch eine Kontrolle bezüglich Simulation möglich sei wie sonst nicht, denn dann ist der Firma bekannt, was der Arbeiter im Krankheitsfall Einkommen hat, weil eine doppelte Privatversicherung seitens der Arbeiter doch fast ganz ausgeschlossen sei«[50].

Obwohl die Fonds der Fabrikkrankenkassen juristisch als Eigentum der Gesamtheit der Mitglieder galten, stand den Arbeitern eine entsprechende Verfügungsgewalt über dieses Eigentum nicht zu. In der Firma Schöppler & Hartmann war jeweils der älteste Chef des Hauses »Protektor« des Krankenvereins. Ihm stand ein sechsköpfiger Verwaltungsausschuß zur Seite, dessen Mitglieder »vorbehaltlich der Genehmigung des Herrn Protektors« aus der Belegschaft gewählt wurden. Bei Beanstandung der Wahl mußte eine Neuwahl erfolgen. Der Protektor hatte bei allen Beratungen Vorsitz und entscheidende Stimme. Den Ausschußmitgliedern oblag das Einziehen und die Abrechnung der Beiträge, die Wahl der Krankenbesucher, die Genehmigung der Unterstützungen usw.[51] In der Mechanischen Baumwollspinnerei und Weberei bildeten die Verwaltungsorgane der Krankenkasse eine statutenmäßig abgesicherte Institution zur kollektiven Selbstkontrolle und Disziplinierung der Mitglieder, deren Einfluß weit über die bloße Erledigung der Kassengeschäfte hinausging. Wenn auch in der Praxis den meisten Kassenausschüssen eine ähnliche Rolle zugekommen sein dürfte, so blieb die schriftliche Fixierung solcher Aufgaben auf die Mechanische Baumwollspinnerei und Weberei beschränkt. Der Ausschußwahl lag ein indirektes Wahlsystem zu-

---

46 Jahresberichte der Fabrikinspektoren 1896, S. 428.
47 StA Augsburg, G I 2/16, IV. Fasc.
48 Jahresbericht der Handelskammer 1909, S. 38.
49 Statut der Krankenkasse für die Maschinenfabrik Augsburg, Augsburg 1892, S. 25; Vgl. Statut der Fabrik-Krankenkasse für die Baumwollspinnerei am Stadtbach, Augsburg 1884, S. 11.
50 MAN-Archiv Augsburg, Nachlaß Guggenheimer, Gelbe Gewerkschaften, Bd. I, Bericht vom 20. 9. 1909.
51 Statuten [...] Schöppler & Hartmann, S. 14 ff.

grunde. Die Angehörigen der in der Fabrik vertretenen einzelnen Berufsgruppen stellten für je zwanzig Arbeiter einen Abgeordneten zur »Generalversammlung«, wobei auch »Weibspersonen« das aktive und passive Wahlrecht besaßen. In der Generalversammlung hatten außer den Arbeiterdelegierten sämtliche Meister, auch wenn sie nicht gewählt waren, Sitz und Stimme. Die Generalversammlung wählte alljährlich 24 Wahlmänner, denen die Wahl der zwölf Kassenausschußmitglieder vorbehalten war. Als Ausschußmitglieder kamen nur volljährige »unbescholtene« männliche Arbeitnehmer in Frage. Angesichts des hohen Anteils jugendlicher und weiblicher Arbeitnehmer waren dadurch von vornherein ca. $^2/_3$ der Belegschaft von der Wahl ausgeschlossen. Zudem hatten im Ausschuß neben den gewählten Mitgliedern jederzeit die Obermeister und technischen Direktoren Sitz und Stimme. Der Gérant und der technische Direktor bildeten gleichzeitig den Ausschußvorstand und die Vertretung der Fabrikherren, hatten allein das Recht zur Einberufung des Ausschusses, zur Führung des Vorsitzes und Festlegung der Tagesordnung. Bei Stimmengleichheit entschied die Stimme des Vorsitzenden[52].

Bei der ständigen Präsenz der Unternehmensleitung und der Meister erscheint es außerordentlich fraglich, ob es die Arbeitervertreter im Ausschuß je wagten, Interessen der Kassenmitglieder auch gegen die Stimme ihrer Vorgesetzten zu vertreten. Daß die Heranziehung der Arbeiter zur Verwaltung der Krankenkasse weniger der Mitbestimmung als der Bereitstellung intimerer Kenntnisse aus dem Arbeitermilieu dienen sollte, zeigen besonders jene Bestimmungen, nach denen der Ausschuß die Fabrikanten bei zweifelhaften Unterstützungsfällen zu beraten oder »die Funktion des Ehren- und Sittengerichts, wo die Statuten es vorschreiben, oder die Vorstände es verlangen« auszuüben hatte[53]. Die Folge war, daß die Ausschußmitglieder ihre Arbeitskollegen Kontroll- und Disziplinarmaßnahmen nach von der Unternehmensleitung vorgegebenen moralischen Maßstäben zu unterwerfen hatten. Durch ein System gegenseitiger Kontrolle und Aufsicht über die »Ungeübteren und Schwächeren« sollten die Arbeiter »sich selbst das schöne Bewußtseyn [...] schaffen, der Fabrik sowie dem Unterstützungs-Cassa-Verbande ein nützliches und würdiges Mitglied geworden zu sein«[54]. In Anlehnung an diese Prinzipien konnte z. B. »ein durch Trunkenheit und zügellosen Lebenswandel an Gesundheit heruntergekommener Arbeiter« seinen Anspruch auf Lohnentschädigung verlieren und aus dem Cassaverband ausgeschlossen werden. Ebenso war der Ausschuß berechtigt, »damit die Sparsamkeit durch Hoffnung auf Pension nicht Noth leide, [...] wo er es nöthig findet, über die Sparsamkeit eines jeden Einzelnen zu wachen und durch gute Lehren und Beispiele eine geordnete und geregelte Verwendung des Verdienstes zu erziehlen«[55]. Arbeiter, die sich durch Sparsamkeit oder Verschwendung besonders auszeichneten, konnten öffentlich als Vorbild oder abschreckendes Beispiel hingestellt werden. »Fortgesetzte Verschwendung« hatte den Ausschluß aus der Kasse zur Folge. Zudem war jedes Mitglied verpflichtet, auch »auf den sittlichen Lebenswandel seiner Angehörigen strenge zu sehen«[56]. Verließ ein Mann seine Familie, so entschied der Ausschuß »ohne Zulassung einer Beschwerde, [...] ob ein solcher Mann noch sittlich handle«; auch in diesem Fall drohte der Ausschluß[57].

52 Statuten [...] der Mechanischen Baumwollspinnerei und Weberei, S. 5 ff.
53 Ebenda, S. 8.
54 Ebenda, S. 30.
55 Ebenda, S. 15.
56 Ebenda, S. 16.
57 Ebenda, S. 28.

In den übrigen Fabriken waren die Aufgaben des Ausschusses weniger umfassend definiert, doch bestand auch hier die hauptsächliche Funktion darin, »der Direktion, so oft es von dieser verlangt wird, berathend an die Hand zu gehen«[58]. Die Zusammensetzung dieser Gremien war verschieden; im Ausschuß der Stadtbachspinnerei waren der erste oder älteste Meister, drei Arbeiter und zwei Arbeiterinnen vertreten, die von der Belegschaft gewählt, von der Direktion aber ausdrücklich bestätigt werden mußten[59]. In der Kammgarnspinnerei bildete sich der Ausschuß aus dem Obermeister, drei Arbeitern und einer Arbeiterin. Für die Wahl der Arbeitervertreter durften die Kassenmitglieder aus ihrer Mitte neun Personen vorschlagen, aus denen dann die Direktion drei Arbeiter und eine Arbeiterin auswählte. Wie bei den übrigen Kassen trat der Ausschuß nur auf Verlangen der Direktion zusammen[60]. In der Maschinenfabrik Augsburg wurden die Kassengeschäfte von zwei durch die Arbeiter gewählten Vorstände unter Aufsicht der Direktion verwaltet[61]. Relativ unabhängig und selbständig scheint der sechsköpfige Ausschuß der mechanischen Werkstätte L. A. Riedinger gewesen zu sein. Hier wurden auch die beiden Vorsteher des Ausschusses von den Arbeitern in indirekter Wahl aufgestellt. Bei wichtigen Entscheidungen mußte auch dieser Ausschuß im Einvernehmen mit der Fabrikleitung handeln, doch fehlen Hinweise auf die ständige Präsenz der Firmenvertreter oder Meister[62]. Neben diesem Typus der Kassenverwaltung, bei dem die Arbeiter zwar selten eine mitbestimmende, aber — soweit es der Direktion genehm war — wenigstens eine beratende Funktion hatten, existierten jedoch auch Fabrikkrankenkassen, deren Verwaltung ohne jede Beteiligung der Mitglieder erfolgte. In der Baumwollfeinspinnerei und in der Weberei Haunstetten bestand der Krankenkassenausschuß nur aus dem technischen Direktor und sämtlichen Meistern[63].

Bei Streitfällen zwischen Kassenmitgliedern und Ausschuß bzw. Kassenverwaltung war vor der Umwandlung der Fabrikkrankenkassen in Betriebskrankenkassen und der Revidierung der meisten Statuten im Jahre 1883 der Rechtsweg bei nahezu allen Kassen grundsätzlich ausgeschlossen[64]. Doch auch sonst gewährte die Existenz einer Fabrikkrankenkasse und die Entrichtung von Beiträgen den Arbeitern keineswegs die Sicherheit, im Krankheitsfall auch tatsächlich eine Unterstützung zu erhalten. In den Arbeiterbüchern der Maschinenfabrik Augsburg findet sich auch Krankheit als Entlassungsgrund[65]. Selbst langjährige Betriebszugehörigkeit schützte offensichtlich nicht vor einem Verlust des Arbeitsplatzes im Krankheitsfall[66]. Die Fabrik- bzw. Betriebskrankenkassen stellten sogar eine ständige Versuchung für die Unternehmer dar, zur Entlastung der Kassen kränkliche Ar-

---

58 Statuten [. . .] der Stadtbachspinnerei, S. 4.
59 Ebenda.
60 Statuten der Kranken- und Unterstützungs-Cassa und der Ersparnis-Cassa für das Fabrikpersonal der Augsburger Kammgarn-Spinnerei, Augsburg 1851, § 5.
61 MAN-Archiv Augsburg, Foth, a. a. O., S. 130.
62 Statuten der Kranken & Spar-Kasse der Mechanischen Werkstätte von L. A. Riedinger, Augsburg 1859, § 7 ff.
63 Satzungen [. . .] der Haunstetter Weberei, S. 4.
64 Statuten der [. . .] Mechanischen Baumwollspinnerei und Weberei, S. 28; Satzungen [. . .] der mechanischen Weberei am Fichtelbach, S. 7; Statuten [. . .] Schöppler & Hartmann, S. 19.
65 MAN-Archiv Augsburg, Arbeiter-Skontro 1844 ff.
66 So wurde 1914 sogar von Seite der christlichen Gewerkschaften kritisiert, »daß Arbeiter und Arbeiterinnen, die ihre ganze Lebenszeit in dieser Industrie zugebracht und dann einmal das Unglück haben, krank zu werden, kaltblütig schon entweder während der Krankheit den Kündigungsschein erhalten, oder aber nach ihrer Genesung einfach nicht wieder eingestellt werden« (Schwäbische Volkszeitung Nr. 41 vom 18. 2. 1914). Siehe dazu auch StA Augsburg, A 178, wo der Fall eines langjährigen Arbeiters der Maschinenfabrik Augsburg wiedergegeben ist, der während seiner Krankheit entlassen wurde.

beiter bevorzugt zu entlassen. Der Augsburger Gewerkschaftsverein stellte im Abschwungjahr 1908 fest: »Von sozialpolitisch recht verhängnisvollen Folgen dürften auch die jetzt noch mehr als sonst zu beobachtenden Maßnahmen sein, daß einzelne, besonders rücksichtslose Betriebsunternehmer bei der Ausstellung überschüssiger Arbeitskräfte besonders diejenigen herausziehen, welche mehr oder weniger kränklich sind. Damit erreichen sie gleichzeitig, daß ihre Betriebskrankenkassen, und damit ihre eigenen Mittel, geschont werden«[67].

Ähnlich negativ wirkte sich für die Augsburger Arbeiter die Tendenz der größeren Firmen aus, zur Schonung ihrer Mittel grundsätzlich nur junge, mit einem ärztlichen Gesundheitsattest versehene Arbeiter aufzunehmen. So beschränkte z. B. die Mechanische Baumwollspinnerei und Weberei das Höchstalter beim Eintritt in die Fabrik für Arbeiter auf 35 Jahre, für Arbeiterinnen auf 25 Jahre[68]. In der Maschinenfabrik Augsburg betrug ursprünglich die Altersgrenze für Taglöhner 35 Jahre, für gelernte Arbeiter vierzig Jahre. 1905 wurde wegen Mangel an Hilfsarbeitern das Höchstalter für diese Gruppe ebenfalls auf 40 Jahre festgesetzt. Die Einstellung älterer Arbeiter bedurfte der besonderen Genehmigung der Direktion. Zur Begründung für die Beibehaltung der Altersgrenze bei der Einstellung erklärte die Firma, die Aufnahme älterer Arbeitskräfte »würde naturgemäß eine stärkere Belastung der Krankenkasse und der anderen Versicherungszweige, endlich auch der Wohlfahrts-Einrichtungskassen herbeiführen. [Die] Beseitigung der Altersgrenze würde die Stabilität der Arbeiter noch mehr in Frage stellen. Der ohnedies schon starke Wechsel der Arbeitsstellen würde dadurch noch geradezu gefördert und die Lohnsätze in die Höhe getrieben«[69].

Die Fabrik- bzw. Betriebskrankenkassen stellten daher nicht nur durch die Aussicht auf mehr Sicherheit und bessere Versorgung im Krankheitsfall eine Mobilitätsschranke dar; ältere Arbeitnehmer liefen angesichts dieser durch die Sozialeinrichtungen bedingten Altersgrenzen bei Einstellungen Gefahr, nach einer Kündigung oder Entlassung keinen Arbeitsplatz in Augsburg mehr zu finden. Es steht außer Zweifel, daß solche Bedingungen die Risikobereitschaft der Arbeiter in sozialen Konfliktsituationen fühlbar verringern mußten.

III. Pensions- und Hilfskassen

Im Vergleich mit den Fabrikkrankenkassen besaßen die betrieblichen Pensionskassen in noch stärkerem Maße den Charakter von Gnadenerweisen. Die dafür angelegten Fonds entstanden nahezu ausschließlich ohne Arbeiterbeiträge aus regelmäßigen oder sporadischen Geschenken der Fabrikanten oder Aufsichtsräte, aus Fabrikstrafen und den Überschüssen beim Essen- oder Bierverkauf in den Hausmeistereien der Betriebe[70]. Für den einzelnen Arbeiter erwuchs daraus weder ein

---

67 StA Augsburg, G I 16/51. Diese Maßnahmen scheinen besonders für Krisenjahre typisch gewesen zu sein, wenn die sonst in der Regel bestehende Angebotsknappheit an Arbeitskräften nachließ. So meldete der Polizei-Offiziant Hagg im Dezember 1900 dem Magistrat, »daß sich die Fabriken successive ihres minderwertigen Arbeitermaterials entledigen« (StA Augsburg, G I 16/12).
68 Statuten der [. . .] Mechanischen Baumwollspinnerei und Weberei, S. 13.
69 MAN-Archiv Augsburg, Nachlaß Guggenheimer, K 53, Schreiben vom 19. 8. 1907.
70 Unterstützungskasse für das Personal der Maschinenfabrik Augsburg, Augsburg 1879, S. 4; Schmid, a. a. O., S. 149; Zs. des kgl. bayerischen Statistischen Bureaus, 7. Jg. 1875, S. 114 f.

statutenmäßig noch ein rechtlich fundierter Anspruch auf Pensionszahlung. Wo ursprünglich von der Belegschaft selbst Leistungen erbracht wurden, wie z. B. in der Baumwollfeinspinnerei, hob die Firma, »um den vielen Unannehmlichkeiten und Prozessen mit den Mitgliedern wegen ihrer Ein- und Rückzahlungen ein Ende zu machen«, die Beitragspflicht und damit auch alle Anrechte der Arbeiter mit der Zeit sogar auf[71]. Mit Ausnahme der Mechanischen Baumwollspinnerei und Weberei, wo Pensions- und Krankenkasse vereint waren und die Bewilligung der Pensionen zu den Aufgaben des Krankenkassenausschusses gehörte, erfolgte die Vergabe von Renten oder Unterstützungen an alte oder arbeitsunfähige Arbeiter deshalb in der Regel allein durch die Fabrikdirektion[72]. Wo dennoch ein eigener Pensionsausschuß existierte, ließen die Unternehmer äußerste Vorsicht bei der Zusammensetzung walten. So bestand der zwölfköpfige Pensionsausschuß in der Maschinenfabrik Augsburg aus dem Direktor, einem Ingenieur, dem ersten Buchhalter und neun Meistern und Arbeitern. Sieben Mitglieder aus der Gruppe der Meister und Arbeiter wurden von der Direktion aus vierzehn von der Belegschaft vorgeschlagenen Werksangehörigen ausgewählt, zwei weitere Mitglieder vom Direktor nach eigenem Gutdünken aus der Gesamtheit der Meister und Arbeiter ernannt. Dabei konnten jedoch nur solche Personen in den Ausschuß gewählt werden, die bereits sechs Jahre ununterbrochen der Firma angehörten[73].

Bei der Zuerkennung einer Pension waren neben dem jeweiligen Vermögensstand der Kasse »das Maß und die Ersprießlichkeit der Dienste, welche der Fabrik geleistet wurden«, die Zahl der Dienstjahre und ein »höherer oder geringerer Grad der Bedürftigkeit und Würdigkeit« als Kriterien ausschlaggebend. Die Unterstützungen konnten entweder als einmalige Abfindungssumme oder in wöchentlichen Raten gezahlt werden; jede wöchentliche Unterstützung wurde grundsätzlich nur auf ein Jahr festgesetzt und mußte folglich immer wieder erneuert, konnte aber auch geändert oder aufgehoben werden[74]. In der Maschinenfabrik Augsburg wurde nur »bei Todesfall einer um die Fabrik besonders verdienten Person« auch den Hinterbliebenen eine Unterstützung gewährt[75]. 1890 erhielt z. B. als erste Witwe die Frau eines verstorbenen Schlossers, welcher der Firma seit ihrer Gründung angehört hatte, ein einmaliges Geschenk von 2000 M[76]. Dagegen waren bei der Mechanischen Baumwollspinnerei und Weberei Witwen nach zehnjähriger Betriebszugehörigkeit ihres Mannes mit einem Drittel des Lohnes pensionsberechtigt. Da offensichtlich die meisten Arbeiter starben, bevor sie in den Genuß einer Pension gelangten, entwickelte sich die Pensionskasse immer mehr zu einer Witwenkasse. Nach Einführung der Verehelichungsfreiheit in Bayern beschloß die Direktion, künftig nur noch jene Arbeiterfrauen nach dem Tode ihres Mannes zu unterstützen, deren Ehe vor 1868 geschlossen worden war. Für die vorhandenen werktagsschulpflichtigen Kinder wurden Waisenpensionen ausgesetzt[77].

Nach der gesetzlich vorgeschriebenen Trennung von Kranken- und Pensionskassen erhielt die Pensionskasse der Mechanischen Baumwollspinnerei und Weberei 1885 ein neues Statut, nach dem vor allem die Möglichkeit der Vergabe von

---

71 Graßmann, a. a. O., S. 200.
72 Statuten der [. . .] Mechanischen Baumwollspinnerei und Weberei, S. 7.; Schmid, a. a. O., S. 149; Statuten der [. . .] Baumwollspinnerei am Stadtbach, S. 13.
73 Unterstützungskasse [. . .] der Maschinenfabrik Augsburg, S. 5 ff.
74 Ebenda, S. 7 f.
75 Ebenda, S. 3.
76 MAN-Archiv Augsburg, Protokoll der Generalversammlung vom 28. 9. 1890; Foth, a. a. O., S. 584.
77 Die Mechanische Baumwollspinnerei und Weberei, Bericht, a. a. O., S. 18; Graßmann, a. a. O., S. 204; Statuten [. . .] der Mechanischen Baumwollspinnerei und Weberei, S. 27.

Invaliditätspensionen rigoros eingeschränkt wurde. 1887 konnte Direktor Frommel feststellen: »Von einer Pensionierung vor dem 60. Lebensjahr ist nur ganz ausnahmsweise bei uns die Rede, und das sind dann ganz regelmäßig Fälle, wo der Ausschuß von vornherein der Überzeugung ist, der Anspruch ist berechtigt; in anderen Fällen werden Ansprüche fast gar nicht erhoben«[78].

Bei der Betrachtung der Pensionskassen darf man nicht übersehen, daß ihre Wirkung den Arbeitern erst relativ spät zugute kam; in den ersten Jahren des Bestehens solcher Fonds wurden überhaupt keine Pensionen gezahlt, sondern zunächst die Ansammlung eines gewissen Kapitals abgewartet. In der Maschinenfabrik Augsburg war z. B. 1868 erst ein einziger Pensionist vorhanden, der 30 Kreuzer pro Tag erhielt[79]. Bis 1881 erhöhte sich die Zahl der Pensionisten auf zwanzig. Dagegen stieg die Höhe der Pensionen nur sehr langsam. Ein Tagwerker wurde 1887 noch mit 6 M pro Woche pensioniert; ein 1892 pensionierter Obermeister erhielt 25 M pro Woche[80]. In der Messingfabrik Beck betrug die Höhe der Pensionen 1890 für Männer 6,50 M, für Frauen 4,50 M pro Woche[81]. Bei der Mechanischen Baumwollspinnerei und Weberei erhielt ein noch arbeitsfähiger Arbeiter nach vierzigjähriger Dienstzeit die Hälfte des im Durchschnitt der letzten zehn Jahre ausbezahlten Verdienstes, nach fünfzigjähriger Dienstzeit den ganzen im Durchschnitt der letzten zwanzig Jahre erhaltenen Lohn. Bei Arbeitsunfähigkeit war die Pensionsberechtigung an eine zehnjährige Betriebszugehörigkeit gebunden; dann erhielt der Arbeiter ein Drittel des durchschnittlich verdienten Lohnes. Erst nach dreißigjähriger Dienstzeit stand ihm der gesamte Durchschnittslohn zu[82]. Diese über einen längeren Zeitraum hinweg berechneten Durchschnittslöhne lagen natürlich erheblich unter dem Niveau des zur Zeit der Pensionierung verdienten Lohnes, selbst wenn mit einem Leistungs- und Verdienstabfall des älteren Arbeiters gerechnet werden muß. 1898 bewegten sich in der Mechanischen Baumwollspinnerei und Weberei die Pensionen für eine vierzehntägige Lohnperiode zwischen sechs und 38 M[83].

Neben den regulären Kranken- und Pensionskassen gab es in den größeren Fabriken in der Regel noch spezielle Unterstützungsfonds, aus denen in Notfällen jene Arbeiter unterstützt werden konnten, die statutengemäß auf die Leistungen der regulären Kassen keinen Anspruch hatten. Diesem Zweck diente z. B. der »Extra-Unterstützungsfonds« der Mechanischen Baumwollspinnerei und Weberei, der sich allein aus Geschenken der Aktionäre zusammensetzte und vom Aufsichtsrat verwaltet wurde[84]. Eine ähnliche Funktion hatte die 1862 errichtete »Special-Unterstützungs-Casse des Ausschusses« der Maschinenfabrik Augsburg. 1899 ging dieser Fonds an die »Arbeiter-Wohlfahrts-Einrichtungs-Casse« über, die schon längere Zeit bestand, keine eigene Satzung besaß und ebenfalls ausschließlich aus Firmenmitteln finanziert wurde. Zwei Jahre zuvor war diesem Konto bereits die 1883 gegründete Pensionskasse für Angestellte einverleibt worden. Letztere wurde während ihres Bestehens ausschließlich von den Erträgen der Hausmeisterei, Spenden des Aufsichtsrats und Zuweisungen der Firma finanziert[85].

78 VMB Nr. 38, 1887, S. 95.
79 MAN-Archiv Augsburg, Protokoll der Generalversammlung vom 2. 9. 1868.
80 MAN-Archiv Augsburg, Arbeiter-Skontro 1883; Protokoll der Ausschußsitzung vom 22. 2. 1892.
81 Jahresberichte der Fabrikinspektoren 1893, S. 233.
82 Statuten der [. . .] Mechanischen Baumwollspinnerei und Weberei, S. 26 f.
83 Jahresberichte der Fabrikinspektoren 1898, S. 417.
84 Feßmann, a. a. O., S. 11.
85 MAN-Archiv Augsburg, Foth, a. a. O., S. 282, S. 606 f.

Wichtig für eine Beurteilung der Pensionskassen in ihrer sozialgeschichtlichen Bedeutung ist vor allem die Tatsache, daß selbstverständlich jede Unterbrechung des Arbeitsverhältnisses, sei es durch einen vorübergehenden Arbeitsplatzwechsel oder die Beteiligung an einem Streik, zum Erlöschen der bis dahin erworbenen Pensionsansprüche führte. Die Maschinenfabrik Augsburg betrachtete sogar ihre Beteiligung an der bayerischen Metallarbeiteraussperrung im Jahre 1905, der in Augsburg nicht einmal ein Streik vorausgegangen war, als Lösung des Arbeitsverhältnisses, was für die Arbeiter den Verfall ihrer Ansprüche bedeutete. Erst 1937 (!) lebten diese Rechte für die noch verbliebenen Arbeiter durch einen Gnadenakt der Firma wieder auf[86].

IV. Die Auswirkungen der gesetzlichen Sozialversicherung auf die betrieblichen Kranken-, Unterstützungs- und Pensionskassen

Lange vor der Einführung der gesetzlichen Sozialversicherung war in Augsburg durch das Zusammentreffen bürgerlicher Stiftungstraditionen, sozialpolitischer Initiativen einzelner Unternehmer und günstiger struktureller Voraussetzungen, wie sie die Großindustrie bot, ein weitverzweigtes System sozialer Fürsorge für kranke, arbeitsunfähige und alte Arbeiter entstanden, das seinem Umfang nach einmalig für bayerische Verhältnisse war. Ohne Zweifel trugen diese Maßnahmen dazu bei, manches Elend zu lindern. Andererseits wurde die wohltätige Wirkung durch die Ausrichtung der Kranken- und Pensionskassen an langfristigen Rentabilitätserwartungen (Herabsetzung der Fluktuation unter den Arbeitern, geringere Konfliktbereitschaft) und die damit verknüpfte Willkür und Unkontrollierbarkeit bei der Bewilligung von Unterstützungen wesentlich beeinträchtigt.

Die Einführung der gesetzlichen Kranken-, Alters- und Invalidenversicherung wurde von den Augsburger Unternehmern zunächst als lästige Einmischung des Staates und Schmälerung der nahezu unumschränkten Verfügungsgewalt über die betrieblichen Sozialeinrichtungen angesehen. Allein die Idee einer gesetzlichen Unfallversicherung wurde als »Akt eminent konservativer Politik« begrüßt[87]. Bei der Diskussion um die Gesetzentwürfe waren Augsburger Unternehmer an der Spitze der Industriellenlobby vertreten. Albert Frommel gehörte einer im CVDI gebildeten Beratungskommission über die Entwürfe zur Kranken- und Unfallversicherung an[88]. Dabei ging es den Unternehmern vor allem darum, die ursprünglich geplante Arbeiterbeteiligung in der Verwaltung der Unfallversicherungsorgane zu verhindern. Haßler gelang es in mehreren Verhandlungen, die Reichsregierung davon zu überzeugen, »wie verhängnisvoll es bei der immer stärker hervortretenden sozialdemokratischen Bewegung sein würde, den Arbeitern eine gesetz-

---

86 MAN-Archiv Augsburg, Foth, a. a. O., S. 346. Dagegen wurde auf militärpflichtige Arbeiter frühzeitig Rücksicht genommen. Schon die Statuten der Mechanischen Baumwollspinnerei und Weberei von 1851 bestimmten, einem Rekruten könne die gesamte Dienstzeit auf die Pension angerechnet werden, »wenn er jede Gelegenheit zur Beurlaubung benützt, während seines ganzen Urlaubs in der Fabrik arbeitet und, wo die Möglichkeit gegeben ist, die Urlaubszeit als rechtschaffenes Familienglied im Hause seiner Eltern zubringt« (Statuten [...] der Mechanischen Baumwollspinnerei und Weberei, S. 12).
87 Jahresbericht der Handels- und Gewerbekammer 1880, S. 60.
88 Bueck, a. a. O., Bd. II, S. 245, 162. Frommel trat ursprünglich für eine Beteiligung der Arbeiter an den Kosten der Unfallversicherung ein.

liche Organisation zu geben, wie sie in dem Gesetzentwurf in Form der Arbeiterausschüsse in Aussicht genommen war«[89].

Ebenso wandten sich die Augsburger Industriellen zunächst mit aller Vehemenz gegen die Einführung der Alters- und Invalidenversicherung. Bei der Diskussion dieser Frage bildeten sich in der Handels- und Gewerbekammer allerdings zwei Fronten unter den Arbeitgebern heraus: Die zur Gewerbeabteilung zählenden Handwerksmeister traten für die Altersversorgung ein, die ihrer Meinung nach auch auf das Handwerk ausgedehnt werden sollte. Davon erhofften sie sich einen Rückgang der Übersetzung mancher Gewerbezweige, die auch darauf zurückzuführen war, daß viele Gesellen aus Furcht vor Armut im Alter die Selbständigkeit anstrebten. Dagegen lehnte die aus Industriellen, Kaufleuten und Bankiers bestehende Handelsabteilung eine gesetzliche Regelung mit dem Hinweis auf die finanzielle Belastung der Unternehmen, die bereits bestehenden betrieblichen Kassen und privaten Versicherungen der Arbeiter ab. Für den äußersten Notfall scheuten sich die Fabrikanten nicht, schlicht auf die Zuständigkeit der städtischen Armenpflege zu verweisen[90].

Nach dem Inkrafttreten der Sozialgesetzgebung gaben die Augsburger Unternehmer ihre frühere Gegnerschaft bald auf und distanzierten sich ausdrücklich von allen Bestrebungen, die auf eine Abschaffung der Gesetze zielten[91]. Dieser Wandel in der Einstellung ist wohl auf die Tatsache zurückzuführen, daß die neue Regelung in der Praxis keine tiefgreifenden Veränderungen im System der betrieblichen Wohlfahrtseinrichtungen hervorbrachte. Die Fabrikkrankenkassen blieben als Betriebskrankenkassen weiterhin bestehen; nur wo sie mit der Pensionskasse institutionell verbunden waren, mußte eine Trennung der Fonds erfolgen. Typisch für die bereits angedeutete Tendenz zur Angleichung der verschiedenen Sozialleistungen der größeren Augsburger Unternehmen ist der Umstand, daß die Anpassung der Kassenstatuten an die neuen gesetzlichen Vorschriften unter der Regie Theodor Haßlers und des Technischen Vereins Augsburg durchgeführt wurde[92].

Der größte Teil der Augsburger Arbeiter war bereits vor dem Inkrafttreten der reichsgesetzlichen Regelung aufgrund des bayerischen Gesetzes über öffentliche Armen- und Krankenpflege von 1869 versichert. Dem älteren Krankenhausverband gehörten vor 1883 im Jahresdurchschnitt 22 350 Personen, darunter 9680 Fabrikarbeiter, 7500 Gesellen und Lehrlinge und 520 Handlungsgehilfen und -lehrlinge an. Nach dem Inkrafttreten der gesetzlichen Krankenversicherung umfaßte dieser ältere Verband 1885 nur mehr 5855 Personen, vorwiegend Dienstboten, während die Zahl der durch Reichsgesetz versicherten Arbeitnehmer 17 860 betrug. Die Versicherten verteilten sich auf 25 Fabrik-, zwei Orts-, zwei Hilfskassen und die Gemeindekrankenversicherung[93]. Durch die Einführung der gesetzlichen Krankenversicherung wurden in Augsburg nur 1374 bis dahin nicht

---

89 Bueck, a. a. O., Bd. II, S. 302.
90 StA Augsburg, Nachlaß Haßler, K 36, Protokoll der öffentlichen Plenarsitzung der Handels- und Gewerbekammer vom 8. 11. 1880; Jahresbericht der Handelskammer 1880, S. 49 ff. Ganz besonders wandten sich die an weiblichen Arbeitskräften interessierten Textilindustriellen gegen die Einbeziehung der Witwen in die Altersversorgung. So erklärte Albert Frommel 1881, »daß eine Witwenpension unter Umständen geradezu demoralisierend wirkt. Eine Witwenpension kann veranlassen, daß Frauen, die sonst etwas leisten können, nichts mehr leisten und namentlich nicht mehr heiraten« (VMB 15, 1881, S. 78).
91 Jahresbericht der Handels- und Gewerbekammer 1891, S. 4.
92 Gottlieb Seutter, Technischer Verein Augsburg 1845–1895. Festschrift zur fünfzigjährigen Gründungsfeier, Augsburg 1895, S. 20.
93 StA Augsburg, G II 15/21, I. Fasc.

versicherte Personen zusätzlich einer Krankenkasse zugeführt. Durch Verfügungen nach dem Ortsstatut erweiterte sich jedoch allmählich der Kreis der gesetzlichen Versicherten, so 1886 durch die Einbeziehung der landwirtschaftlichen Arbeiter (ca. 100 Personen), 1887 durch die Verkäuferinnen (350), 1889 die Lehrmädchen (370) und diejenigen Handlungs- und Apothekergehilfen, deren Gehalt 2000 M im Jahr nicht überstieg (520 Personen)[94].

Wenn auch die Ortskrankenkasse durch die fortschreitende Erweiterung des Versicherungsschutzes und Veränderungen in der Wirtschaftsstruktur der Stadt mit der Zeit an Mitgliedern zunahm, so spielten doch die Betriebskrankenkassen auch in den folgenden Jahrzehnten noch die dominierende Rolle in der Krankenversicherung[95]:

Jahr	Versicherte insgesamt	Betriebskrankenkassen		Ortskrankenkassen		Gemeindekrankenversicherung		Sonstige Kassen	
1885	17 896	10 983	61,5 %	1 300	7,3 %	5 106	28,6 %	480	2,7 %
1888	19 841	12 114	61,0 %	2 102	10,6 %	5 515	27,8 %	110	0,6 %
1891	26 496	14 578	53,9 %	6 929	26,2 %	5 090	19,2 %	199	0,7 %
1895	27 054	14 604	54,0 %	7 827	28,9 %	4 623	17,1 %	—	—
1900	37 554	17 706	47,1 %	13 429	35,8 %	5 842	15,6 %	577	1,5 %
1902	36 737	16 493	44,9 %	13 307	36,2 %	6 217	16,9 %	720	2,0 %

Während in Augsburg 1895 mehr als die Hälfte aller Versicherten den Betriebskrankenkassen angehörte, waren es z. B. in München nur 8,9 %, in Nürnberg 11,2 %[96]. Die Versicherungsstruktur Augsburgs glich am ehesten den Verhältnissen in den Städten des Ruhrgebiets mit ihrem hohen Anteil an betrieblichen Wohlfahrtseinrichtungen und größeren Betrieben, die zur Kassengründung imstande waren[97].

Die Betriebskrankenkassen boten im Vergleich zu den Ortskrankenkassen durchaus materielle Vorteile für die Arbeiter. Die Stadtbachspinnerei verzichtete auch weiterhin auf direkte Beiträge der Arbeiter zur Krankenkasse, die Mechanische Baumwollspinnerei und Weberei übernahm zwei Drittel der Beiträge, die Baumwollspinnerei Senkelbach die Hälfte[98]. Daneben genossen die betrieblich versicherten Arbeitnehmer meist auch höhere Leistungen, z. B. durch die Zahlung von Krankengeld an Sonn- und Feiertagen, den Wegfall der dreitägigen Karenzzeit oder Gewährung von Krankenunterstützung über die gesetzlich vorgeschriebene Frist von 13 Wochen hinaus[99].

Da die Unternehmer gesetzlich nur zur Aufbringung eines Drittels der Beiträge verpflichtet waren, herrschte nun auch bei der Verwaltung der Betriebskrankenkassen eine Zweidrittelmehrheit der Arbeitnehmer. Trotzdem blieben den Unternehmern noch genügend Einflußmöglichkeiten. Nach den Statuten der Betriebs-

---

94 StA Augsburg, G II 15/21, I. Fasc.
95 Zusammenstellung nach StA Augsburg, G II 15/21, I. Fasc., G I 19/8; Statistisches Jb. deutscher Städte, 11. Jg. 1903, S. 446 f. (1895: Zahlen am Jahresende, sonst Durchschnittszahlen).
96 Statistisches Jb. deutscher Städte, 11. Jg. 1903, S. 446.
97 Ebenda. So betrug der Anteil der in Betriebskassen Versicherten z. B. in Dortmund 46,5 %, in Duisburg 55,3 %, in Essen 65,9 %.
98 Kollektiv-Ausstellung [...], a. a. O., S. 7; Feßmann, a. a. O., S. 10; Graßmann, a. a. O., S. 202.
99 MAN-Archiv Augsburg, Foth, a. a. O., S. 138; Martini, a. a. O., S. 82 ff.

krankenkasse der Maschinenfabrik Augsburg von 1893 befanden sich zwar unter den Vorstandsmitgliedern der Krankenkasse nur drei Vertreter der Firma, darunter aber der Vorsitzende des Ausschusses, ein Stellvertreter und der Kassenführer. Wie in früheren Jahren, so gehörte es auch weiterhin zu den Privilegien des Vorsitzenden, den Vorstand einzuberufen, »so oft dies die Lage der Geschäfte erfordert«[100]. Allerdings konnte nun die Hälfte der Beisitzer ebenfalls eine Einberufung beantragen. In den Generalversammlungen entschied bei Abstimmungen mit Stimmengleichheit mit Ausnahme von Wahlen die Stimme des Vorsitzenden[101]. Während sich das zahlenmäßige Übergewicht der Arbeitnehmer in den Ortskrankenkassen eindeutig auch zu deren Gunsten auswirken konnte, stellten die Augsburger Unternehmer für die eigenen Kassen dagegen 1909 mit Befriedigung fest: »Weniger fühlbar war dieses Verhältnis bei den Betriebskrankenkassen, weil dort immerhin die natürliche Autorität der Besitzer oder Betriebsleiter ein gewisses Gegengewicht gebildet hat«[102]. Diese Bemerkung zeigt, daß die psychologische Beeinflussung der Arbeitnehmervertreter durch die Anwesenheit der Betriebsleitung, die ja immer die Möglichkeit hatte, Sanktionen gegen mißliebige Kassenmitglieder einzuleiten, das formale Übergewicht der Arbeiter in der Verwaltung kompensierte[103]. Auch die Kontrolle der Kassenmitglieder im Sinne der Unternehmer konnte in den Betriebskrankenkassen fortgesetzt werden: »In der Betriebskrankenkasse [...] kann der Vorstand seine Leute persönlich beobachten, er kann in fortgesetztem Kontakt mit den Kranken-Kontrolleuren stehen, die Hilfe wird rascher und in mehr individualisierender Weise geboten und es kann dem notorischen Grundübel des Simulantentums sowie allen anderen Formen des Mißbrauchs erfolgreicher begegnet werden«[104]. Um den eigenen Einfluß in den Betriebskrankenkassen noch zu steigern, wären die Unternehmer sogar bereit gewesen, generell die Hälfte der finanziellen Lasten zu übernehmen, wenn dadurch auch ihr Stimmenanteil gestiegen wäre. Dabei betonte die Augsburger Handelskammer allerdings: »Wir sprechen dies aus, weniger, weil sich hier schon jetzt ungute Verhältnisse herausgebildet haben, sondern, — »vestigia terrent« —, um unseren mittel- und norddeutschen Kollegen zu Hilfe zu kommen, deren Krankenkassen nichts anderes als mächtige Organisationen der Sozialdemokraten und Gewerkschaften dank dem Umstand geworden sind, daß die Arbeiter in der Verwaltung »eo ipso« Zweidrittel der Stimmen haben«[105].

Die soziale Macht, welche die Unternehmer durch die betrieblichen Wohlfahrtseinrichtungen ausüben konnten, blieb schon deshalb weiterhin erhalten, weil die gesetzlichen Leistungen wesentliche Lücken und Unzulänglichkeiten aufwiesen. So führte z. B. die zeitliche Begrenzung der Krankenunterstützung auf 13 Wochen dort, wo zusätzliche Leistungen fehlten, nicht selten dazu, daß solche Patienten nach dem Aussetzen der gesetzlichen Fürsorge von der Armenpflege übernommen

---

100 Statut der Kranken-Kasse für die Maschinenfabrik Augsburg, Augsburg 1892, S. 5 ff.
101 Ebenda, S. 9 f.
102 Jahresbericht der Handelskammer 1909, S. 37.
103 Für die Beeinflussung und Disziplinierung der Kassenmitglieder liegen genügend Beispiele vor. In der Augsburger Zwirnerei und Nähfadenfabrik z. B. wurde ein Arbeiter entlassen, weil er einen Antrag zur Generalversammlung der Krankenkasse stellte, den er zuvor von der Arbeiterschaft hatte unterschreiben lassen. Der Augsburger Fabrikant und Magistratsrat Martini soll seinen Arbeitern in der Generalversammlung erklärt haben: »Und wenn Ihr alle für Eure Anträge stimmt, und ich will nicht, dann wird es eben nicht gemacht« (Deffner, Soziale Gegensätze, a. a. O., S. 10).
104 Jahresbericht der Handelskammer 1909, S. 37.
105 Ebenda, S. 9.

werden mußten. Auch Familienangehörige von versicherten Erkrankten erhielten oft noch Geld- oder Suppenspenden zu Lasten der Armenkasse[106]. Am häufigsten aber mußte die Armenpflege noch bei jenen Personen eingreifen, die eine Invaliditäts- oder Altersrente bezogen. Wie niedrig die Rentensätze waren, zeigt eine Aufstellung der Maschinenfabrik Augsburg aus dem Jahre 1890, in der ausgeführt wurde, daß zwar die gesetzlich mögliche Höchstrente bei Erreichung des siebzigsten Lebensjahres 439,94 M im Jahr betragen, durch einen geringeren Verdienst des jungen Arbeiters die höchste erreichbare Altersrente sich aber nur auf 191 M im Jahr belaufen würde[107]. In Anbetracht dieser niedrigen Bezüge nimmt es nicht wunder, daß von 312 Arbeitern, die in Augsburg zwischen 1891 und 1893 in den Bezug einer Invaliden- oder Altersrente eingewiesen wurden, 73 Personen fortlaufende Spenden aus der Armenkasse erhielten. Von diesen 73 Almosenempfängern hatten 45 (61,6 %) schon vor dem Rentenbezug Armenunterstützung erhalten, 28 (38,4 %) kamen erst nach dem Beginn der Rentenzahlung hinzu. Von den ursprünglich 45 konskribierten Armen schieden infolge des Rentengenusses nur drei Personen aus, 19 mußten die Armenkasse nur mehr teilweise in Anspruch nehmen, 23 erhielten jedoch neben ihrer Rente die Armenunterstützung in vollem Umfang weiter[108].

Diese Ausführungen zeigen, wie wenig die betrieblichen Unterstützungs- und Pensionskassen durch die gesetzliche Regelung der Verhältnisse überflüssig geworden waren. Nach wie vor bildeten sie einen wesentlichen Anreiz für die Arbeitnehmer, sich durch langjährige Bindung an eine Firma eine zusätzliche Altersversorgung zu schaffen.

V. Die Fabriksparkassen

Mit der Gründung der ersten Kranken- und Pensionskassen ging gleichzeitig der Versuch einher, die Arbeiter durch Gewöhnung an regelmäßiges Sparen der materiellen Dürftigkeit und Unsicherheit ihrer Existenz anzupassen. »Jeder wird bei einigem Nachdenken die wohltätigen Folgen einer vernünftigen Sparsamkeit von selbst fühlen und in der Folge die Wohltat eines, wenn auch nur kleinen Besitzes erkennen«, hieß es 1857 in der Präambel der Sparkassenstatuten der Firma

---

106 StA Augsburg, G II 15/21, I. Fasc. Als Berechnungsgrundlage für die Höhe der Krankenunterstützung diente der sog. »ortsübliche Taglohn«. Er wurde nach Anhörung der Gemeinde, der beteiligten Arbeitgeber und der Versicherungspflichtigen von der Bezirksregierung festgesetzt (Statistisches Jb. deutscher Städte, 19. Jg. 1913, S. 823). Der ortsübliche Taglohn war folglich keine rein statistische Größe, sondern spiegelte neben dem allgemeinen Lohnniveau in einer Stadt auch den Einfluß der verschiedenen Interessengruppen wieder. Auf jeden Fall war er jedoch wesentlich niedriger als der Taglohn eines Facharbeiters. Im Vergleich mit anderen Städten war in Augsburg der durchschnittliche Tagessatz bis um die Jahrhundertwende außerordentlich knapp bemessen:
Ortsübliche Tageslöhne für erwachsene Arbeiter in Augsburg
1894	1,80 M	1902	2,20 M
1892	1,80 M	1909	2,80 M
1897	1,80 M	1912	3,00 M
(Statistisches Jb. deutscher Städte, 6. Jg. 1897, S. 333, 19. Jg. 1913, S. 827). Zur Festsetzung der ortsüblichen Sätze siehe auch Jahresbericht der Handels- und Gewerbekammer 1906, S. 33, 1908, S. 16.
107 MAN-Archiv Augsburg, Protokoll der Generalversammlung vom 28. 9. 1890.
108 StA Augsburg, G II 15/21, I. Fasc., Tab. IV.

Schöppler & Hartmann[109]. Da bei den niedrigen Löhnen jedoch an ein freiwilliges Sparen nur schwer zu denken war, ordneten die meisten Fabriken Sparzwang an und zogen entsprechende Beträge gleich vom Lohn ab. Die Sparabzüge beliefen sich je nach Verdienst auf 1 bis 6 Kreuzer pro verdientem Gulden. In der Maschinenfabrik Riedinger stand es dem Direktor bei Lehrlingen und ledigen Arbeitern sogar zu, die Höhe der zu leistenden Einlagen nach Gutdünken selbst zu bestimmen. Auch die Höhe des Sparkassenvermögens eines jeden Arbeiters konnte — offensichtlich zur Anspornung der übrigen Belegschaft — öffentlich eingesehen werden[110]. Die Verzinsung der Spareinlagen in den Fabriksparkassen lag im Durchschnitt höher als bei der städtischen Sparkasse und bewegte sich zwischen 4 und 6 %. In der Regel sicherten die Arbeitgeber das Sparkassenvermögen durch Wertpapiere; in einigen Fällen wurden die Gelder der Arbeiter auch direkt im Betrieb angelegt[111].

Die Bevormundung des Arbeiters erschöpfte sich nicht nur im Sparzwang, sondern zeigte sich besonders drastisch darin, daß den Sparenden die Verfügungsmacht über ihr Eigentum entzogen wurde. Nahezu gleichlautend bestimmten die meisten Kassenstatuten: »Außerdem findet aber eine Rückzahlung der eingezahlten Beträge nur bei Verheiratungen, Ansässigmachungen, bei unvorhergesehener und unverschuldeter großer Bedrängnis und sonstigen besonderen Unglücksfällen, überhaupt nur auf Veranlassung außergewöhnlicher Begebnisse solcher Art statt, welche das Angreifen der Ersparnisse des Betreffenden auch wirklich zu dessen Besten vollkommen rechtfertigen«[112]. Da folglich der einzige Weg, ohne besondere Begründung an das Kassenguthaben zu kommen, in der Kündigung und dem Austritt aus dem Betrieb bestand, bildeten diese Bestimmungen einen Anreiz zum Wechsel des Arbeitsplatzes. So klagte die Direktion der Kammgarnspinnerei 1858 dem Magistrat: »Hauptsächlich wird das Mittel der Kündigung aber auch benützt, um die angewachsene Sparkasse, die sonst statutengemäß nicht verabfolgt werden darf, in die Hände zu bekommen und das darin angesammelte Kapital zu verprassen oder zu anderen Dingen zu verwenden«[113]. Mit der Zeit lockerten die Fabriken daher den Zwangscharakter der Kassen und ließen die Sparkonten auf freiwilliger Basis weiterführen. 1874 bestand noch bei sieben von insgesamt siebzehn Fabriksparkassen in Augsburg und Umgebung Sparzwang; um die Jahrhundertwende wurde nur noch in der Senkelbachspinnerei, der Mechanischen Weberei am Fichtelbach, in der Kammgarnspinnerei und der Röhrenfabrik Haag zwangsweise gespart[114]. Trotzdem verzichteten die Unternehmen nicht ganz auf »erzieherische« Maßnahmen; so fand sich bei der Maschinenfabrik Augsburg, die 1870 das freiwillige Sparen einführte, in den Sparkassenstatuten bis 1907 die Bestimmung: »Wer seine regelmäßigen Einlagen ohne Not zurückzieht, beweist

---

109 Statuten der Ersparniß-Cassa des Weber-Personals bei Schöppler & Hartmann in Augsburg, Augsburg 1857, S. 3.
110 Zs. des kgl. bayerischen Statistischen Bureaus, 7. Jg. 1875, S. 80 ff.; Statuten der Kranken- und Sparkasse der Mechanischen Werkstätte von L. A. Riedinger, Augsburg 1859, Sparkassenverein, § 1 ff.; Statuten der Kranken- und Unterstützungs-Cassa für das Fabrikpersonal der Augsburger Kammgarnspinnerei, Augsburg 1851, Ersparniskasse § 1 ff.
111 Jahresbericht der Handels- und Gewerbekammer 1869, S. 53; Zs. des kgl. bayerischen Statistischen Bureaus, 7. Jg. 1875, S. 80 ff.
112 Statuten [...] Riedinger, § 6; Statuten [...] Kammgarnspinnerei, § 5; Statuten [...] Schöppler & Hartmann, § 5. MAN-Archiv Augsburg, Foth, a. a. O., S. 270.
113 StA Augsburg, G I 16/13.
114 Zs. des kgl. bayerischen Statistischen Bureaus, 27. Jg. 1895, S. 80 ff.; StA Augsburg, G I 2/5, XIII. Fasc.

hierdurch, daß er den Zweck der Sparkasse verkennt und wird deshalb für die Zukunft von derselben ausgeschlossen«[115].

Die Begutachtung über Zulässigkeit und Umfang der Rückzahlungen oblag bei den Zwangssparkassen entweder dem Krankenkassenausschuß oder einem eigenen Sparausschuß. In der Baumwollfeinspinnerei entsandten je 15 Sparer einen Delegierten in den Ausschuß, der unter dem Vorsitz des Oberspinnmeisters tagte. In allen Fällen aber mußten die gefaßten Beschlüsse dem Géranten zur Genehmigung vorgelegt werden[116]. Wie bei den Krankenkassenausschüssen bestand auch hier die Funktion der Arbeitnehmervertreter vornehmlich darin, nach den von der Unternehmensleitung abgesteckten Normen zu urteilen und dieser entsprechende Detailkenntnisse über die Arbeiterverhältnisse zur Verfügung zu stellen. In der Maschinenfabrik Riedinger diente die Sparkasse auch dazu, »einzelnen verheirateten Arbeitern (ledigen nur in besonderen Fällen) in augenblicklich dringender Noth auszuhelfen, damit diese nicht gezwungen sind, das Ersparte anzugreifen«[117]. Das bedeutete nichts anderes, als daß die Arbeiter gegen Zins ($^1/_4$ Kreuzer pro geliehenem Gulden) ein Darlehen aus ihrem eigenen Vermögen (!) erhielten. Die aus diesen Zinsen angesammelten Gelder wanderten in die Krankenkasse.

Die durchschnittliche Sparkassen-Einlage eines Arbeiters betrug 1874[118]

Kammgarnspinnerei	78 fl.	Baumwollspinnerei Chur	205 fl.
Baumwollfeinspinnerei	152 fl.	Laubsägenfabrik Eberle	54 fl.
Stadtbachspinnerei	200 fl.	Maschinenfabrik Augsburg	143 fl.
Senkelbachspinnerei	22 fl.	Mechanische Baumwollspinnerei	
Zündstoffabrik Buz	74 fl.	und Weberei	170 fl.
		Weberei am Fichtelbach	18 fl.

VI. Betriebseigene Wohnungen

Von alters her umfaßte die traditionelle freiwillige Armenfürsorge in Augsburg gerade auch das Gebiet der Wohnungsbeschaffung. Die bereits im 16. Jahrhundert erbaute Fuggersiedlung verfügte um die Wende zum 20. Jahrhundert noch immer über 110 Wohnungen, für die der jährliche Mietzins lediglich 2 fl. betrug. Voraussetzung für die Zuweisung einer Wohnung in der Fuggerei war allerdings der Nachweis der Armut und der Zugehörigkeit zur katholischen Religion[119]. Insgesamt waren 1904 in Augsburg 992 Wohnungen (4,6 %) in Staats-, Stiftungs- oder Gemeindebesitz, für die Mietermäßigung oder -befreiung gewährt wurde[120]. Zudem wurde ein großer Teil der niederen städtischen Bediensteten und Arbeiter mit Dienstwohnungen und verbilligten Gemeindewohnungen in städtischen Ge-

115 MAN-Archiv Augsburg, zit. nach Foth, a. a. O., S. 273.
116 Statuten [. . .] Riedinger, § 15; Statuten [. . .] Kammgarnspinnerei, § 5; Statuten einer Sparkasse für das Personal der Baumwollfeinspinnerei, Augsburg 1859, § 17.
117 Statuten [. . .] Riedinger, § 14.
118 Berechnet nach Zs. des kgl. bayerischen Statistischen Bureaus, 7. Jg. 1875, S. 80 ff.
119 Wohnungs-Enquête in Augsburg, a. a. O., S. 37 f.
120 Rost, a. a. O., S. 47.

bäuden bedacht. Die meisten städtischen Beamten und Angestellten erhielten bis 1894 ein Wohnungsgeld, das dann mit dem Gehalt vereint wurde[121]. Eine spezielle Wohnsiedlung für Fabrikarbeiter unabhängig von der Betriebszugehörigkeit stellte nur die vom Gründer der Maschinenfabrik Augsburg eingesetzte Ludwig-Sandersche-Stiftung dar.

Im Gegensatz zum frühzeitigen Ausbau der Kranken- und Pensionskassen wurde der betriebliche Wohnungsbau in den ersten Jahrzehnten der Industrialisierung nur von wenigen Firmen in nennenswertem Umfang betrieben, z. B. von der Stadtbachspinnerei und der Augsburger Kammgarnspinnerei, von denen die letztere bereits 1854 mit der Errichtung von Arbeiterwohnungen begann[122]. Erst als die Wohnungsnot infolge der raschen Bevölkerungszunahme immer bedrohlichere Ausmaße annahm, legten die großen Unternehmen eigene Arbeitersiedlungen an. 1867 begann die Mechanische Baumwollspinnerei und Weberei, die bereits bei Gründung der Fabrik zwei Gebäude für Dienstwohnungen angekauft hatte, mit der Erstellung von Werkswohnungen[123]. Andere Firmen beurteilten den Nutzen solcher Arbeiterquartiere zunächst noch skeptisch; so meinte der Ausschuß der Maschinenfabrik Augsburg 1873: »Es erscheint vorteilhafter, anstatt solche Häuser für Rechnung der Fabrik zu erbauen, den Interessenten Geldunterstützungen aus der Gesellschaftscassa gegen hypothekarische Sicherheit und 5 % Verzinsung zufließen zu lassen, wodurch die Betheiligten in höherem Maße an unser Etablissement gefesselt sind«[124]. Zwei Jahre später standen jedoch schon die ersten Wohnhäuser der Maschinenfabrik[125]. Die Bautätigkeit der Fabriken steigerte sich besonders in den achtziger und neunziger Jahren, so daß um die Jahrhundertwende ein ansehnlicher Fundus an Werkswohnungen zur Verfügung stand.

Nach einer Erhebung des wirtschaftlichen Verbands Augsburger Arbeitervereine besaßen im Jahre 1900 zwanzig Firmen insgesamt 893 Fabrikwohnungen[126]. Legt man diesen Wohnungen eine durchschnittliche Belegung mit 4,5 Personen zugrunde, so wohnten in Augsburg ca. 4000 Menschen in Werkswohnungen und waren damit unmittelbar von dem Wohlwollen ihrer Arbeitgeber abhängig[127]. Damit erreichte die Augsburger Industrie zwar nicht jene Verhältnisse, wie sie durch Errichtung von Zechenwohnungen in Westdeutschland geschaffen wurden, doch stellten einige Großbetriebe bei der Unterbringung ihrer Arbeiter zweifellos außerordentlich hohe Quoten auf. In den 176 Wohnungen der Spinnerei am Stadtbach lebten beispielsweise 1890 775 Personen, von denen 446 (44,6 % der gesamten Belegschaft) in der Fabrik beschäftigt waren[128]. 1904 betrug der Anteil

---

121 StA Augsburg, G II 15/13.
122 StA Augsburg, G I 16/13, I. Fasc.
123 Feßmann, a. a. O., S. 5.
124 MAN-Archiv Augsburg, Ausschußprotokoll vom 18. 11. 1873.
125 MAN-Archiv Augsburg, Protokoll der Generalversammlung vom 29. 9. 1875.
126 Wohnungs-Enquête in Augsburg, a. a. O., Tab. VI.
127 Vergleicht man die Angaben bei Hoyer, a. a. O., S. 18 ff. und im Jahresbericht der bayerischen Fabrikinspektoren 1883, S. 31, so erscheint die Annahme einer Belegungsziffer von 4,5 Personen pro Wohnung am realistischsten.
128 Hoyer, a. a. O., S. 18. Wie die nachfolgende Tabelle zeigt, konnte die Zahl der in Werkswohnungen lebenden Arbeiter mit der wachsenden Belegschaft nicht Schritt halten. Das gilt auch für die Kammgarnspinnerei, von deren Personal 1889 280 Arbeiter (28 %) eine Werkswohnung bezogen hatten (Post/Albrecht, a. a. O., Bd. I, S. 342). Zu den Verhältnissen in anderen Städten W. Troeltsch / P. Hirschfeld, Die deutschen sozialdemokratischen Gewerkschaften. Untersuchungen und Materialien über ihre geographische Verbreitung 1896–1903, Berlin 1905, S. 74.

der in Werkswohnungen untergebrachten Arbeiter an der jeweiligen Gesamtzahl der Betriebsangehörigen[129]:

Firma	Arbeiterzahl	Haupt- und Untermieter in Werkswohnungen	in % der Belegschaft
Mechanische Baumwollspinnerei und Weberei	2560	346	13,5
Spinnerei am Stadtbach	990	328	33,1
Kammgarnspinnerei	1178	294	25,0
Spinnerei und Weberei Haunstetten	790	112	14,2
Baumwollfeinspinnerei	428	27	6,3
Spinnerei und Weberei Pfersee	720	46	6,3

Die Unterbringung der Arbeiter in Werkswohnungen erwies sich als vorzügliches Mittel zur Herabsetzung der Fluktuation[130]. Die Koppelung von Wohn- und Arbeitsplatz wirkte jedoch nicht nur mobilitätshemmend, sondern beeinflußte zwangsläufig auch das Verhalten der Arbeiter im Betrieb. Unerwünschte Wahrung der eigenen Belange, kritische Bemerkungen oder gar die Beteiligung an einem Streik konnten den Arbeiter nicht nur arbeits-, sondern zugleich obdachlos machen. Die Mietordnung der Gögginger Nähfadenfabrik sah z. B. eine vierteljährliche Kündigung der Wohnung nur dann vor, wenn der Mieter »im Dienste der Fabrik sich treu und fleißig bewährt und seine Wohnung in Zucht und Ordnung hält«[131]. War dies nach Meinung der Direktion nicht der Fall, so konnte sie die sofortige Räumung der Wohnung verfügen. Auch im »Kammgarnquartier« behielt sich die Betriebsleitung vor, die übliche Kündigungsfrist von 4 Wochen nach Gutdünken zu verkürzen oder zu verlängern[132].

Im Vergleich mit den privaten Arbeiterwohnungen waren die betriebseigenen Wohnungen bei geringerer Miete geräumiger und von besserer Qualität; häufig verfügten sie über ein Stück Gartenland, das von den Mietern für den Gemüseanbau genutzt werden konnte[133]. Bei der Maschinenfabrik Augsburg schwankten die Wohnungsgrößen 1890 zwischen 56 und 73 qm. Die Arbeiterwohnungen kosteten 78–182 M im Jahr, die Meisterwohnungen 205–233 M[134]. Bei der Stadtbachspinnerei beliefen sich die Mieten für Arbeiterwohnungen auf 67 bis 130 M, für Meister auf 150 bis 170 M[135]. Die Augsburger Buntweberei verzichtete bei ihren Wohnungen sogar ganz oder teilweise auf die Erhebung einer Miete[136]. Im Durchschnitt lagen die Mieten für Fabrikwohnungen um etwa 25–30 % niedriger als in der Stadt und den Vorstädten[137]. Der Mietzins wurde meistens für die

---

129 Jahresberichte der Fabrikinspektoren 1904, Beilagenheft, S. 164. Leider läßt sich der Anteil der in betriebseigenen Wohnungen untergebrachten Arbeiter am Gesamtpersonal nicht für alle Fabriken feststellen, da meistens nur die Zahl der Familien oder die Zahl aller in den Werkswohnungen lebenden Menschen (incl. Frauen und Kinder) angegeben wurde.
130 Jahresbericht der Handelskammer 1908, S. 4.
131 Abdruck der Mietordnung in den Jahresberichten der Fabrikinspektoren 1888, S. 39.
132 Abdruck bei Post/Albrecht, a. a. O., Bd. II, S. 279.
133 Wohnungs-Enquête in Augsburg, a. a. O., Tab. VI. Zweifellos erweckte die Bebauung des Gartenlands einen Hang zur Bodenständigkeit, der die Neigung zum Arbeitsplatz- und Wohnungswechsel noch mehr verringerte (Feßmann, a. a. O., S. 6).
134 Hoyer, a. a. O., S. 36.
135 Ebenda, S. 18.
136 Ebenda, S. 28.
137 Jahresberichte der Fabrikinspektoren 1885, S. 29; Post/Albrecht, a. a. O., Bd. II, S. 275.

Dauer von 14 Tagen gleich vom Lohn abgezogen[138]. Auch der Ankauf der auf Betriebskosten erstellten Wohnhäuser war bei einigen Firmen möglich, doch konnten die Arbeiter davon begreiflicherweise nur wenig Gebrauch machen. Bei der Kammgarnspinnerei war für den Erwerb einer Wohnung ohne Grundstück ein Kapital von 2850–5880 M erforderlich[139].

Die beträchtlichen Unterschiede im Mietpreis der Werkswohnungen zeigten nicht nur die unterschiedliche Größe der Wohnungen an, sondern signalisierten zugleich die Fortsetzung der hierarchischen Verhältnisse im Betrieb durch die architektonische Anlage der Arbeitersiedlung. So ließ beispielsweise die Kammgarnspinnerei sechs verschiedene Wohnungstypen erbauen, von denen zwei Typen ausschließlich Drei- und Vierzimmerwohnungen für Meister und Angestellte umfaßten, während die restlichen für Arbeiterfamilien bestimmt waren. Auch in den Arbeitersiedlungen der Maschinenfabrik Augsburg und der Stadtbachspinnerei wohnten die Meister in besonderen Wohnungen[140].

Wie in den Privatwohnungen, so war die Weitervermietung an Schlafgänger und damit die Einschränkung des Wohnraums für die Arbeiterfamilie auch in den Werkswohnungen üblich und wurde von den Firmen nachdrücklich gefördert. Dadurch bot sich für die Unternehmen die Möglichkeit, neben Familienvätern noch eine beträchtliche Anzahl lediger Arbeiter in betriebseigenen Wohnungen unterzubringen. Die Zwirnerei und Nähfadenfabrik Göggingen ließ ihre Arbeiterwohnungen sogar in einer für die Untervermietung besonders günstigen Weise einteilen. Vermietungswillige Familien bekamen die Untermieter von der Direktion zugewiesen[141]. Bei der Stadtbachspinnerei wurden größere Wohnungen grundsätzlich nur an Familien abgegeben, die bereit waren, ledige Arbeiter und Arbeiterinnen als Schlafgänger bei sich aufzunehmen; dabei durfte es sich natürlich nur um Werksangehörige handeln[142].

Das Leben in der Arbeitersiedlung unterlag ausgedehnten Reglementierungen und Kontrollen. Die Hausordnung der Kammgarnspinnerei bestimmte: »Jeder Miether hat für sich und die Seinigen und für seine Untermieter auf christliche Zucht und Ordnung [...] gewissenhaft zu halten«[143]. Die geforderte und wohl auch praktizierte Aufsicht des Hauptmieters über den Lebenswandel des Untermieters führte bei der Gögginger Nähfadenfabrik dazu, daß sich nur wenige Untermieter meldeten, da sie diese Form der persönlichen Überwachung scheuten[144]. Im Kammgarnquartier wurde für jedes Wohnhaus aus den Reihen der Mieter ein Aufseher aufgestellt, der die Durchführung aller Vorschriften der Hausordnung zu überwachen und abweichendes Verhalten sofort der Direktion zu melden hatte[145]. Die Mietordnungen griffen rücksichtslos in das Familienleben der Arbeiter ein: so verfügte z. B. die Mechanische Baumwollspinnerei und Weberei:

---

138 MAN-Archiv Augsburg, Protokoll der Generalversammlung vom 28. 9. 1890; SWA-Archiv, Augsburg, Mietordnung, § 3.
139 Post/Albrecht, a. a. O., Bd. II, 279.
140 Collektivausstellung, a. a. O., S. 24; MAN-Archiv Augsburg, Protokoll der Generalversammlung vom 29. 9. 1875; Hoyer, a. a. O., S. 18.
141 Jahresberichte der Fabrikinspektoren 1888, S. 26.
142 BayHStA München, MH 5679.
143 Post/Albrecht, a. a. O., Bd. II., S. 277.
144 Jahresberichte der Fabrikinspektoren 1888, S. 26.
145 Post/Albrecht, a. a. O., Bd. II, S. 277. Im Kammgarnquartier war z. B. sogar in der Hausordnung vorgeschrieben, wann die Kinder am Abend die Spielplätze zu verlassen hatten oder wie die Gartenbepflanzung auszusehen hatte.

»Familienmitglieder eines Miethers, die in anderen Fabriken arbeiten, sind vom Genuß der Fabrikwohnung ausgeschlossen, vorübergehende Ausnahmen unterliegen der besonderen Bewilligung der Fabrik«[146]. Das bedeutet für die Bewohner nichts anderes als die Verweigerung des Rechtes der freien Berufs- und Arbeitsplatzwahl für Ehefrauen und Kinder, die automatische Zuführung des Nachwuchses an die Fabrik und damit gewissermaßen die Heranzüchtung einer Stammbelegschaft für das Unternehmen. Auch sonst wurde den Mietern deutlich vor Augen geführt, daß der Genuß einer Werkswohnung offensichtlich ausschließlich der physischen Regeneration zu dienen hatte; so hieß es in § 4 der Mietordnung der Kammgarnspinnerei: »Freunde, Verwandte und Familienangehörige, welche nicht in der Kammgarnspinnerei beschäftigt sind, dürfen nur mit Genehmigung der Direktion, und wenn auch nur vorübergehend beherbergt werden«[147].

Da die Arbeiterquartiere in der Regel abseits von den Versorgungseinrichtungen der Stadt lagen, erhielten sie mit der Zeit eigene Einkaufsläden. Im Stadtbachquartier befand sich schon in den siebziger Jahren eine Filiale des Augsburger Konsumvereins. Nach dessen Auflösung entstand ein eigener Fabrikkonsumverein. Die Mitglieder wurden gegen Hinterlegung eines Geschäftsanteils von 10 M aufgenommen; sie wählten alljährlich in der Generalversammlung einen Ausschuß zur Kontrolle der Geschäftsführung und bestimmten die Dividende. Die Verwaltung des Konsumvereins übernahm ein Angestellter der Fabrik. Die Mechanische Baumwollspinnerei und Weberei errichtete 1906 in ihrem »Proviantbachquartier« eine Verkaufsstelle für Lebensmittel und Kolonialwaren, 1909 kam eine Metzgerei, 1911 eine Bäckerei hinzu[148]. Manche Fabriken verschafften ihren Arbeitern durch Großeinkäufe billigeres Brennholz oder unterhielten eine eigene Milchwirtschaft[149].

Der Versuch, die Arbeiter von den hohen Einzelhandelspreisen unabhängig und sie teilweise durch die Vergabe von Gartenland in der Gemüseversorgung autark zu machen, entsprang wohl nicht nur einer fürsorglichen Einstellung. Die in den Fabrikwohnungen sitzenden Arbeiter gehörten zur Stammbelegschaft, die nach Möglichkeit auch in Krisenzeiten beibehalten wurde; da sie mit den wichtigsten Unterhaltsgütern – Wohnung und Nahrung – relativ preiswert versehen war, konnten ihr ohne große Schwierigkeiten temporäre Einkommensverluste, wie sie durch die zahlreichen Betriebsreduktionen entstanden, zugemutet werden[150]. Damit erwies sich die verbilligte Werkswohnung nicht als Geschenk, sondern als Mittel zur Sicherung des Existenzminimums und als Lohnanteil, der den Arbeiter nur noch abhängiger machte[151].

Wie schon an anderen Beispielen gezeigt wurde, galten die mobilitätshemmenden Bemühungen der Unternehmer nicht allen Arbeitern in gleichem Maße. Die Bindung von Fachkräften wurde zweifellos für wichtiger gehalten als die Sorge für

---

146 SWA-Archiv, Augsburg, Allgemeine Miethsbestimmungen und Hausordnung für die Arbeiterwohnungen der Mechanischen Baumwollspinnerei und Weberei, (o. J.) § 3.
147 Post/Albrecht, a. a. O., Bd. II, S. 278.
148 Collektivausstellung, a. a. O., S. 9 f.; Feßmann, a. a. O., S. 12 f.
149 Ebenda, S. 14 f.; Hoyer, a. a. O., S. 31.
150 Vgl. dazu für die Firma Krupp, wo dieses Prinzip wesentlich systematischer verfolgt wurde: Joachim Schlandt, Die Kruppsiedlungen – Wohnungsbau im Interesse eines Industriekonzerns, in: Hans G. Helms/ Jörn Janssen (Hrsg.), Kapitalistischer Städtebau, 3. Aufl., Neuwied und Berlin 1971, S. 95 ff.
151 Siehe dazu StA Augsburg, A 178, Fall eines Arbeiters der Stadtbachspinnerei aus dem Jahre 1876. Vgl. auch Adolf F. Heinrich, Die Wohnungsnot und die Wohnungsfürsorge privater Arbeitgeber in Deutschland im 19. Jahrhundert, Diss. Marburg 1970, S. 143 ff.; Günther/Prévôt, a. a. O., S. 33 ff.

die ohnehin zu stärkerer Fluktuation neigenden ungelernten Arbeiter[152]. Ebenso wenig kümmerten sich die Fabrikdirektionen im allgemeinen um die Unterkunft der unverheirateten und jugendlichen Arbeiter, soweit sie nicht als Schlafgänger in Werkswohnungen Berücksichtigung fanden. Lediglich die Kammgarnspinnerei unternahm einen Versuch, über die Lösung des Wohnungsproblems auf diese Arbeitergruppe »erzieherisch« einzuwirken. Schon 1855 quartierte die Direktion unverheiratete Arbeiter und Arbeiterinnen in Zimmern mit bis zu sechs Betten und in zwei Schlafsälen mit je 14 bzw. 15 Betten ein. Die Saalbewohner bezahlten für 14 Tage 27 Kr. Schlafgeld. Die Unterbringung war erbärmlich genug. Die in der Mansarde gelegenen Säle wurden nicht geheizt, so daß die leichten Wolldecken, mit denen sich die Arbeiter begnügen mußten, im Winter von einer reifähnlichen Schicht überzogen waren[153]. Dagegen ließ die Fabrikleitung die Eingänge der Unterkünfte aufmerksam bewachen und achtete auf »strenge Sittlichkeit« unter den Bewohnern. Die Begeisterung der Arbeiter über diese Art der Kasernierung war offensichtlich gering. »Manche der Schlafgänger fühlen sich zu sehr beengt und beobachtet und möchten lieber den freien Lauf haben«, gestand die Direktion in einem Schreiben an den Magistrat[154]. Ähnlich ablehnend verhielten sich die jungen Arbeiterinnen gegen ein 1889 von der Kammgarnspinnerei errichtetes Mädchenheim, in dem die Bewohnerinnen neben Verpflegung und Unterkunft auch Unterricht in Hauswirtschaft bekamen. Um die Kapazität des Wohnheims auszulasten, zwang die Firma schließlich alle sechzehn- bis achtzehnjährigen Arbeiterinnen, für zwei Jahre in das Mädchenheim einzutreten. Sogar jene Fabrikarbeiterinnen, die noch bei ihren Eltern wohnten, wurden genötigt, in das Heim zu übersiedeln. Nach dem Bekanntwerden solcher Fälle setzte die Regierung von Schwaben und Neuburg diesen rigorosen Methoden 1896 ein Ende[155].

Unter den geschilderten Bedingungen bildete die teilweise Unterbringung der Belegschaft in Werkswohnungen zweifellos eine unübersehbare Schranke gegen die Entfaltung organisatorischer und politischer Aktionen im Betrieb. Dabei spielte die eigentliche Zahl der mit Fabrikwohnungen versehenen Arbeiter und die der stets vorhandenen Aspiranten nicht einmal die entscheidende Rolle[156]. Die unbedingte Abhängigkeit vom Wohlwollen der Unternehmensleitung verurteilte diese Minorität von vornherein, den Grundstock jener antisozialistischen, unternehmerfreundlichen Arbeitergruppen zu bilden, auf deren Bedeutung in der Augsburger Industrie noch einzugehen sein wird. Abschließend läßt sich für die Beurteilung der betrieblichen Sozialleistungen feststellen: Die Wohlfahrtseinrichtungen in den Augsburger Fabriken, vor allem die Kranken- und Pensionskassen, erfüllten in frühindustrieller Zeit die wichtige Funktion einer notdürftigen Absicherung der Arbeiter in Krankheit, Alter oder Invalidität. Durch die Beschränkung dieser Kas-

---

152 Es ist sicher kein Zufall, daß die ersten Werkswohnungen der Maschinenfabrik Augsburg für Meister bestimmt waren. Auch unter den Mietern der ersten Wohnungen der Kammgarnspinnerei befanden sich neben gelernten Spinnern die Meister der Fabrik (StA Augsburg, G I 16/13, I. Fasc.).
153 StA Augsburg, G I 16/13, I. Fasc.
154 Ebenda, Schreiben vom 28. 1. 1855.
155 Graßmann, a. a. O., S. 211 f.; StaA Neuburg, Reg. Nr. 10 909; Jahresberichte der Fabrikinspektoren 1896, S. 449; Münchener Post- und Augsburger Volkszeitung Nr. 237 vom 28. 10. 1896.
156 MAN-Archiv Augsburg, Protokoll der Generalversammlung vom 28. 10. 1897. Im Geschäftsjahr 1896/97 lagen in der Maschinenfabrik Augsburg allein 97 Gesuche um eine Werkswohnung vor. Lujo Brentano, Das Arbeitsverhältnis in den privaten Riesenbetrieben, Schriften des Vereins für Socialpolitik, Bd. CXI, Leipzig 1906, S. 140 ff.; Reichwein, a. a. O., S. 94, schreibt den Werkswohnungen die Wirkung zu, nach einer längeren streikhemmenden Phase eine zusätzliche Erbitterung und Streikwilligkeit unter den Arbeitern hervorzurufen. Für Augsburg läßt sich dies allerdings nicht nachweisen.

sen auf die einzelnen Betriebe wurden sie freilich dem zu häufigem Arbeitswechsel neigenden Typus des frühindustriellen Arbeiters nicht gerecht. Daneben blieben diese Leistungen völlig von der Willkür der Unternehmensleitung abhängig; sie legte nicht nur die Kriterien für die Gewährung der Unterstützung fest, sondern war auch in der Lage, dieses nur dem Vokabular nach vorindustrielle »Schutz- und Treue-Verhältnis« jederzeit durch die Entlassung des Arbeiters zu beenden. Soweit die Arbeiter an der Verwaltung der Wohlfahrtseinrichtungen beteiligt wurden, handelte es sich dabei nicht um Mitbestimmung, sondern um die Bereitstellung von Informationen über die Arbeiterverhältnisse oder um Aufsichtsfunktionen in einem von der Direktion inhaltlich abgesteckten Rahmen. An der starken Stellung der Unternehmer im Bereich der Kassenverwaltung änderte sich auch nach Einführung der Sozialversicherung wenig, da einerseits die gesetzlichen Leistungen dringend einer freiwilligen Ergänzung bedurften, andererseits die Arbeiter trotz der Majorität in der Krankenkassenverwaltung durch die Präsenz der Unternehmensleitung unter Druck gesetzt waren. Die Abhängigkeit der Arbeiter vom Wohlwollen der Arbeitgeber wuchs nahezu ins Unbeschränkte, sobald sie in werkseigenen Wohnungen untergebracht waren und Gefahr liefen, mit dem Arbeitsplatz zugleich das Dach über dem Kopf zu verlieren. Selbst die in den Werkswohnungen heranwachsenden Kinder »gehörten« dem Betrieb. Die Sozialpolitik der großen Unternehmen, die den Arbeiter im Idealfall von der Kinderkrippe über die Fabrikschule, die betriebseigene Lehrlingsausbildung, die Krankenversicherung, die Werkswohnung und den Konsumverein bis zur Betriebsrente und zum betriebseigenen Altersheim erfaßte, erzwang Loyalität und wunschgerechtes Verhalten in gleichem Maße durch materielle Anreize wie durch Androhung von Repressalien.

Während die Augsburger Unternehmen beträchtliche Summen in die betrieblichen Wohlfahrtseinrichtungen investierten, bewegte sich gleichzeitig das Einkommen der Augsburger Arbeiter auf einem relativ niedrigen Niveau[157]. Zwischen beiden Fakten bestand zweifellos ein Zusammenhang, denn die Leistungen der Sozialeinrichtungen waren im Grunde nichts anderes als ein Bestandteil des Arbeitseinkommens. Was sie von den Barlöhnen jedoch unterschied, war neben der vom Arbeitgeber verordneten Festlegung in einem bestimmten Bereich (z. B. bei den Werkswohnungen, als Pensionszuschuß usw.) vor allem die Ungleichmäßigkeit und Willkür bei der Auswahl der Empfänger. Während das niedrige Lohnniveau als offenkundiges Pendant des Wohlfahrtssystems alle Arbeiter traf, kamen die verschiedenen Sozialeinrichtungen nur einer bedeutenden Minderheit,

---

157 Zu den »Wohlfahrtseinrichtungen« zählten nach dem zeitgenössischen Verständnis z. B. auch Kantineneinrichtungen, Wasch- und Umkleideräume in den Fabriken, die heute zur selbstverständlichen Ausstattung größerer Betriebe gehören. Ende der achtziger Jahre betrug der Preis für ein Mittagessen in der Stadtbachspinnerei je nach Umfang 15–50 Pf., 1911 in der Mechanischen Baumwollspinnerei und Weberei im Durchschnitt 35 Pf. (Collectivausstellung [. . .], a. a. O., S. 9; Feßmann, a. a. O., S. 7). Obwohl den Arbeitern in Phasen der Hochkonjunktur zeitweise nicht einmal erlaubt wurde, mittags die Maschinensäle zu verlassen, verwandten die Unternehmer besondere Sorgfalt auf die Ausstattung der oft in repräsentativen Gebäuden liegenden Speisesäle. Soweit es die Jahreszeit zuließ, zogen es die Arbeiter jedoch in der Regel vor, ihr Mahl in einem Winkel im Freien zu verzehren; das »Schamgefühl, dem Nebenarbeiter zu zeigen, daß man nichts im Topfe habe«, war offenbar stärker als der Wunsch nach einem bequemen Aufenthalt (StA Augsburg, G I 2/5, XII. Fasc.). Neben Speise- und Waschräumen unterhielten die größeren Firmen auch eigene Bibliotheken für die Arbeiter, von denen die der Stadtbachspinnerei Anfang der neunziger Jahre bereits 1000 Bände umfaßte. (Graßmann, a. a. O., S. 200; Hoyer, a. a. O., S. 18 ff.). Die Bibliothek der Kammgarnspinnerei umfaßte vorwiegend religiöse Literatur und Sachbücher über geographische und historische Themen. Die belletristische Literatur bestand von einigen Werken Shakespeares und J. Gotthelfs abgesehen fast ausschließlich aus Trivialliteratur. Ein Verzeichnis des Bestandes findet sich bei Post/Albrecht, a. a. O., Bd. I, S. 332–342.

nämlich der Stammbelegschaft, zugute. Diesen stabilen Kern unter den Arbeitern aufzubauen und zu erhalten, war ein wesentliches Ziel der betrieblichen Sozialpolitik. Mehrere Anzeichen deuten jedoch darauf hin, daß daneben auch langfristige politische Überlegungen eine Rolle spielten.

Die für bayerische Verhältnisse recht ungewöhnliche Konzentration von einigen tausenden Fabrikarbeitern, mit der sich Augsburg schon in den Anfangsjahren der Industrialisierung konfrontiert sah, schien weder der Regierung noch dem Bürgertum der Stadt auf die Dauer unbedenklich. Die tiefsitzende Furcht vor der Entfesselung eines elenden, weder durch Besitz noch moralischen Halt gebändigten Proletariats ließ es geboten erscheinen, die Arbeiter durch materielle und erzieherische Maßnahmen zu »heben« und ihnen das Bewußtsein von Bürgern zu vermitteln, die sie ihrer sozialen und rechtlichen Stellung nach nicht waren. »Einen Haufen Gesindel und ehrloser Burschen könnten wir nicht in Ordnung halten«, schrieb die Direktion der Mechanischen Baumwollspinnerei und Weberei 1852; die loyale Haltung der Arbeiter sei vielmehr »dem in ihnen selbst rege gemachten [...] Ehrgefühle« zu verdanken[158].

Bildeten bei Gründung der Wohlfahrtseinrichtungen allgemeine gesellschaftspolitische Motive den Hintergrund, so ließ die spätere Ausgestaltung den Versuch erkennen, die Arbeiter von der kollektiven Wahrung ihrer eigenen Interessen abzuhalten und insbesondere sozialistischen Einflüssen entgegenzuwirken. Die Erwartungen der Unternehmer in dieser Beziehung charakterisieren die Ausführungen Albert Frommels vor dem Verein für Socialpolitik im Jahre 1890: »Ich will [...] keineswegs behaupten, daß bei solchen Wohlfahrtseinrichtungen [...] der Dank der Arbeiter immer gleich in greifbarer Form erfolgte. Man macht manchmal recht schwere und unangenehme Erfahrungen! [...] Die Folgen zeigen sich mit der Zeit, nicht auf einmal, in der ganzen Arbeiterschaft tritt ein besserer Ton ein, und es kann bei solchen Wohlfahrtseinrichtungen nicht ausbleiben, daß der Arbeitgeber in beständigem Verkehr mit seinen Leuten bleibt und infolgedessen auch über Mißstände, die sich in der Fabrik zeigen, unterrichtet wird, und in der Lage ist, ihnen abzuhelfen«[159].

---

158 SWA-Archiv, Augsburg, Schreiben an die Regierung von Oberbayern vom 29. 11. 1852.
159 Verhandlungen der am 26. und 27. September 1890 in Frankfurt a. M. abgehaltenen Generalversammlung des Vereins für Socialpolitik, Schriften des Vereins für Socialpolitik, Bd. XLIII, Leipzig 1890, S. 199.

Dritter Teil

Die Austragung sozialer und politischer Gegensätze

Der soziale und ökonomische Wandel, der sich in Augsburg seit den vierziger Jahren des 19. Jahrhunderts vollzog, brachte für die Stadt eine Reihe spezifischer Probleme mit sich, die sich aus dem Zeitpunkt und Verlauf der Industrialisierung, vor allem aber aus der Struktur der lokalen Industrie und den dadurch bedingten Einflüssen auf Bevölkerungsentwicklung, Sozialgefüge und Arbeitsverhältnisse ergaben. Die bisherigen Ausführungen deuteten bereits zwei wichtige Aspekte der politischen Entwicklung an: Zum einen wurde sichtbar, daß die einschneidenden Veränderungen in den Lebensbedingungen breiter Bevölkerungsschichten ein wachsendes Konfliktpotential schufen. Vor allem jene Menschen, die in erster Linie die sozialen Kosten der Industrialisierung zu tragen hatten – Arbeiter, Gesellen und kleine Handwerksmeister – rückten als mögliche Träger politischer Bewegungen in den Vordergrund. Gleichzeitig bildeten sich mit dem Ausbau des betrieblichen Wohlfahrtssystems, aber auch infolge besonderer Arbeitsmarktstrukturen soziale Rahmenbedingungen heraus, die eher die Unterdrückung und Verdrängung als die Austragung von Konflikten begünstigten. Vor diesem Hintergrund stellt sich die Aufgabe, die Auseinandersetzung des Augsburger Bürgertums mit den Problemen der werdenden Industriegesellschaft zu untersuchen, Entstehung und Ziele sozialer und politischer Protestbewegungen zu analysieren und die Rolle von Parteien und Verbänden im politischen Leben der Stadt aufzuzeigen.

Erstes Kapitel   Die Entstehung der politischen Parteien

I. Bürgerrecht und Wahlrecht

Die Rechtlosigkeit, der die Arbeiter im Fabrikbetrieb unterlagen, setzte sich auch in ihrer Stellung im öffentlichen Leben fort und ließ sie infolgedessen »Ausbeutung fast immer auch als politische Unterdrückung erfahren«[1]. Eine Beeinflussung ihrer sozialen Lage durch die Mitwirkung in gesetzgebenden Organen oder auch nur innerhalb der lokalen Verwaltungsgremien war den Arbeitern lange Zeit so

---

[1] Dieter Groh, Negative Integration und revolutionärer Attentismus. Die deutsche Sozialdemokratie am Vorabend des Ersten Weltkrieges, Frankfurt a. M. 1973, S. 35.

gut wie völlig verwehrt. In Augsburg galten wie in anderen bayerischen Städten Arbeiter und Gesellen in Gemeindeangelegenheiten vor 1869 überhaupt nicht als stimmfähige Bürger. An der Wahl der Gemeindevertreter durfte sich nur beteiligen, wer volljähriger bayerischer Staatsbürger und durch Grundbesitz, Ausübung eines besteuerten Gewerbes oder öffentlichen Amtes in der Gemeinde ansässig war[2]. Erst nach dem Inkrafttreten der neuen Gemeindeordnung von 1869, die das indirekte Wahlrecht durch ein direktes nach dem Mehrheitsprinzip ersetzte, waren auch abhängig Beschäftigte wahlberechtigt — vorausgesetzt allerdings, sie hatten zuvor das Bürgerrecht in ihrem Wohnort erworben. Die Zulassung zum Bürgerrecht setzte die Zahlung einer direkten Steuer und eine selbständige Haushaltsführung voraus; Dienstboten und Gesellen, die in der Familie ihres Meisters lebten, waren nicht bürgerrechtsfähig[3].

Obwohl diese Voraussetzungen immerhin von einem Teil der Arbeiter erfüllt wurden, war die Mehrzahl dennoch weiterhin jahrzehntelang vom Besitz des Bürgerrechts ausgeschlossen. Die Ursache dafür lag in den beträchtlichen Kosten, mit denen der Erwerb verbunden war. 1869 verlangte der Magistrat von Personen, die bereits in der Stadt heimatberechtigt waren, 75 fl., wenn die jährliche Gesamtsteuer mehr als 4 fl. betrug, 50 fl., wenn sie darunter lag. Personen, die erst das Heimatrecht, das in der Regel die Voraussetzung für die Beantragung des Bürgerrechts war, erwerben mußten, zahlten 100 fl. bzw. 60 fl. 40 Kr.[4]. Bedenkt man, daß ein Arbeiter für die Aufbringung der Bürgerrechtsgebühren im Durchschnitt zwei Monatslöhne sparen mußte, so ist verständlich, daß nur wenige von diesem Recht Gebrauch machten. Zwischen 1869 und 1875 stieg die Zahl der stimmfähigen Bürger z. B. nur um 83 Personen, obwohl Augsburg im gleichen Zeitraum einen beträchtlichen Bevölkerungszuwachs zu verzeichnen hatte[5].

Allerdings scheuten nicht nur Arbeiter, sondern auch besser situierte Einwohner den finanziellen Aufwand für die Bürgerrechtsgebühren. Die Gemeinden besaßen jedoch die Möglichkeit, bürgerrechtsfähige Personen zum Erwerb des Bürgerrechts zu verpflichten, »damit die Gemeinde-Ämter gehörig besetzt werden können und die Last der Übernahme dieser Ämter unter allen hierzu Befähigten mit entsprechender Gleichheit verteilt werden kann«[6]. Der Augsburger Magistrat machte freilich von diesem Recht nur sparsamen Gebrauch, da seit 1868/69 mit dem Erwerb des Bürgerrechts zugleich das Heimatrecht und damit die Fürsorgepflicht der Stadt im Fall der Verarmung verbunden war. Die Kommune zwang deshalb nur solche Einwohner zum Erwerb, die bereits das Heimatrecht besaßen und neben der Gewerbesteuer auch zur Grund- und Haussteuer veranlagt waren[7]. Ge-

---

2 Wilhelm Imhof, Die geschichtliche Entwicklung des Gemeinderechts im rechtsrheinischen Bayern seit dem Jahre 1818, Diss. Erlangen, München 1927, S. 21.
3 Ebenda, S. 55; Neue Augsburger Zeitung Nr. 242 vom 4. 5. 1869.
4 Intelligenzblatt Nr. 36 vom 24. 6. 1869. In den achtziger Jahren beliefen sich die Gebührensätze für bereits Heimatberechtigte auf 85,70–128,55 M, für noch nicht Heimatberechtigte auf 114–171,40 M. Auch die Gebühren für den Erwerb des Heimatrechts ohne gleichzeitige Beantragung des Bürgerrechts waren nicht gering bemessen. Sie betrugen 1868 für Männer, die schon ihre »ursprüngliche Heimat« in Augsburg hatten und diese durch Abschließung einer Ehe als sog. »selbständige Heimat« erwerben wollten, 24 fl., wenn sie der Arbeiterklasse angehörten, 36–48 fl. für Angehörige anderer Bevölkerungsschichten (StA Augsburg, G VI 1/17; Hesse, a. a. O., S. 169). Personen, die an einem Ort, an dem sie nicht geboren waren, das Heimatrecht erwerben wollten, mußten jahrelange Wartefristen in Kauf nehmen (5 Jahre, wenn sie sich freiwillig und »selbständig« in der Gemeinde aufgehalten und stets Steuern gezahlt hatten, 10 Jahre, wenn sie keinen eigenen Haushalt führten oder keine Steuern zahlten).
5 StA Augsburg, G VI 1/17.
6 StA Augsburg, H 1/28, Magistrat am 18. 2. 1882.
7 StA Augsburg, H 1/25.

rade für den Fall der Verarmung brachte der Besitz des Bürgerrechts in Augsburg gewisse Privilegien mit sich, auf welche Einwohner, die nur heimatberechtigt waren, keinen Anspruch hatten. In Not geratene Augsburger Bürger konnten anstelle der öffentlichen Armenunterstützung die Leistungen der zahlreichen wohltätigen Stiftungen in Anspruch nehmen; auf diese Weise gingen die bürgerlichen Ehrenrechte nicht verloren, was bei der Aufnahme in die städtische Armenpflege jedoch der Fall war[8].

Die Verwaltung der Stadt oblag seit dem Inkrafttreten der bayerischen Gemeindeordnung von 1818 dem Magistrat und dem Kollegium der Gemeindebevollmächtigten. Der Magistrat setzte sich aus zwölf bürgerlichen und vier rechtskundigen Magistratsräten zusammen. Er hatte alle der Gemeinde zustehenden Rechte auszuüben, so z. B. Leitung und Aufsicht der öffentlichen Gemeindeeinrichtungen und der Polizei, Berufung der städtischen Angestellten, Aufnahme von Bürgern, Verleihung der Gewerbegerechtigkeiten, Mitwirkung in der Armenpflege und im städtischen Schulwesen; außerdem konnte er Gemeindeumlagen zur Deckung des kommunalen Finanzbedarfs anordnen[9]. Die Wahl der bürgerlichen Magistratsräte und der beiden Bürgermeister erfolgte durch die Gemeindebevollmächtigten in dreijährigem Turnus; dabei wurde jeweils die Hälfte des Magistrats für eine Amtszeit von sechs Jahren gewählt.

Die 36 Mitglieder des Kollegiums der Gemeindebevollmächtigten, die von den Bürgern zunächst in indirekter, später in direkter Wahl gewählt wurden, besaßen weitgehende Kontrollbefugnisse über den Magistrat. Von den Gemeindebevollmächtigten wurde in dreijährigem Abstand nur jeweils ein Drittel für die Dauer von neun Jahren gewählt[10]. Diese Bestimmung läßt schon erkennen, wie schwierig es war, eine Veränderung der politischen Verhältnisse im Gemeindeparlament herbeizuführen.

Ein Landesparlament im modernen Sinne gab es in Bayern erst seit der Wahlrechtsreform von 1848, die das ständische Prinzip für die Kammer der Abgeordneten aufhob[11]. Für die Beteiligung an den Wahlen zum Landtag, die bis 1881 nicht geheim waren, wurde Volljährigkeit, Ansässigkeit im Königreich und Zahlung einer direkten Steuer vorausgesetzt[12]. Wie bei den Gemeindewahlen, so waren auch bei den Landtagswahlen die Bezieher von Armenunterstützung oder sehr niedrigen steuerfreien Einkommen von der Wahl ausgeschlossen. Am nachhaltigsten wurde der Wählerwille freilich durch das bis 1906 geltende indirekte Wahlrecht verzerrt. Zwar konnte jeder, der nur 20 Kr. Steuer im Jahr zahlte, Abgeordneter werden; als Wahlmänner durften jedoch nur Personen aufgestellt wer-

---

8 StA Augsburg, H 1/25.
9 Imhof, a. a. O., S. 7 ff. Klaus Beichel, Das Verhältnis zwischen Staat und Gemeinden im rechtsrheinischen Bayern nach den Gemeindegesetzen von 1808–1869, maschinenschriftl. Diss. Erlangen 1957, S. 75 ff. Die Gemeindeausgaben sollten in erster Linie aus Renten, Gebühren, Erträgnissen der Gemeindeanstalten usw. gedeckt werden; wenn diese Einnahmen nicht ausreichten, war der Bedarf durch Gemeindeumlagen, Verbrauchsteuern und sonstige lokale Abgaben zu decken (Hesse, a. a. O., S. 211 f.). Nach dem Übergang Augsburgs an Bayern zog der Staat zunächst diese Steuern an sich, was die Stadt jedoch bald in eine schwierige Lage versetzte. 1808 erhielt Augsburg das Kalk-, Kohlen- und Floßungelt, in den nächsten Jahren auch die Einnahmen aus dem Fleisch-, Malz- und Getreideaufschlag zurück. Die wichtigsten dieser örtlichen Gefälle, die als Verbrauchsteuern auf die Preise geschlagen wurden, und damit besonders die ärmere Bevölkerung trafen, wurden bis ins 20. Jahrhundert beibehalten (Verwaltungsberichte des Stadtmagistrats 1900, S. 72 ff.).
10 Imhof, a. a. O., S. 12 ff.
11 Max von Seydel, Bayerisches Staatsrecht, I. Bd., Die Staatsverfassung, bearbeitet von Robert Piloty, Tübingen 1913, S. 248; Nickel, a. a. O., S. 79.
12 Seydel, a. a. O., S. 248 ff.

den, die außer der Einkommensteuer noch eine andere direkte Steuer bezahlten, also z. B. Haus- oder Grundbesitz vorweisen konnten[13].

Die Stadt Augsburg bildete ursprünglich zusammen mit den zum Landgericht Augsburg gehörigen Gemeinden nur einen einzigen Landtagswahlkreis mit vier Abgeordneten. Bei den Maiwahlen 1869 wurde der Augsburger Wahlkreis auf drei, bei den Novemberwahlen des gleichen Jahres auf zwei Abgeordnete verkleinert, die nun ausschließlich die Stadt vertraten. 1907 verteilten sich Stadt und Umgebung auf drei Wahlkreise mit jeweils einem Abgeordneten. Davon umfaßten zwei Landtagswahlkreise den Stadtbezirk und nur ein Wahlkreis verschiedene Land- und Amtsgerichtsbezirke einschließlich der später eingemeindeten Orte Pfersee und Oberhausen[14]. Diese Abgrenzung verhinderte eine Überstimmung der Stadtbevölkerung durch die Landgemeinden. Umgekehrt verhielt es sich dagegen bei den Wahlen zum Reichstag seit 1871, bei denen die Augsburger Wähler stets von den Landgemeinden des Reichstagswahlkreises überstimmt werden konnten[15].

II. Gesellige und religiöse Gruppierungen im Vormärz

Vor den Revolutionsjahren 1848/49 bestanden in Augsburg keine Organisationen mit politischer Tendenz; das wäre im Hinblick auf den restaurativen Charakter jener Epoche auch kaum möglich gewesen. Das Vereinsleben beschränkte sich auf Zusammenschlüsse geselliger Art, die so klangvolle Namen wie »Frohsinn«, »Erheiterung«, »Tivoli« usw. trugen. In ihrer Zusammensetzung hielten die Vornehmeren dieser Klubs in der Regel streng auf soziale Homogenität. In der Gesellschaft »Harmonie« z. B. erfolgte die Aufnahme neuer Mitglieder nur durch Ballotage; die Bewerber mußten selbständig und gebildet sein. Ein jährlicher Mitgliedsbeitrag von 22 fl. sorgte zusätzlich für Exklusivität. Während die Vereine »Harmonie« und »Erholung« der Augsburger Oberschicht vorbehalten waren, galt die »Resource« als geselliger Mittelpunkt des Handwerkerstandes[16]. Den Vorsitz führte einige Jahre der Druckereibesitzer und spätere Magistratsrat Albrecht Volkhart. Volkhart wurde jedoch 1832 wegen Drucks zweier politischer Broschüren zu einer unbestimmten Zuchthausstrafe verurteilt und kam erst nach sechsjähriger Haft wieder frei[17]. Möglicherweise waren auch andere Mitglieder der

---

13 Augsburger Anzeigblatt Nr. 332 vom 3. 12. 1866.
14 Zs. des kgl. bayerischen Statistischen Bureaus, 2. Jg. 1870, S. 49; 39. Jg. 1907, S. 207; 44. Jg. 1912, S. 261; Dietrich Thränhardt, Wahlen und politische Strukturen in Bayern 1848–1953, Düsseldorf 1973, S. 113 ff. weist mit zahlreichen Beispielen auf die Wahlmanipulationen hin, welche die bayerische Regierung durch immer neue Veränderungen der Wahlkreise unternahm. Aber auch dem Magistrat standen bei der Durchführung der Wahlen ähnliche Möglichkeiten offen. Noch bei den Landtagswahlen von 1905 waren z. B. die Wahlbezirke in der Stadt so eingeteilt, daß in der Innenstadt, wo das gehobene Bürgertum wohnte, 80 Stimmen für einen Wahlmann genügten, während in den Wertachvorstädten 724 notwendig waren (Schwäbische Volkszeitung Nr. 143 vom 28. 11. 1964).
15 Siehe Anhang, Ergebnisse der Reichstagswahlen.
16 Richard Thoma, Gesellschaft und Geistesleben im vormärzlichen Augsburg, Diss. München 1953, S. 83 ff.
17 Thoma, a. a. O., S. 86; StA Augsburg, Nachlaß Volkhart; Pius Dirr, Albrecht Volkhart, Augsburg 1904, S. 3 ff. Volkhart, der zu den bedeutendsten Vertretern des frühen Liberalismus in Augsburg gehörte, wurde 1804 in Fürth (Bayern) als Sohn eines Buchdruckereibesitzers geboren. 1825 übersiedelte er nach Augsburg und arbeitete – inzwischen gelernter Buchdrucker – in der Druckerei der Allgemeinen Zeitung. Wenige Jahre später erwarb er eine Buchdruckerei. Nach politischer Verfolgung, Prozeß und Haftstrafe kehrte er 1838 nach Augsburg zurück, wo er eine eigene Zeitung, das »Augsburger Anzeigblatt«, gründete.

Resource liberalen Ideen nicht abgeneigt – ein Zusammenhang mit der späteren politischen Entwicklung kann freilich nicht nachgewiesen werden.

Dagegen ließ das stets gespannte Verhältnis zwischen Protestanten und Katholiken in Augsburg schon eher den Verlauf künftiger politischer Fronten ahnen. Das jahrhundertelange Zusammenleben beider Konfessionen in der ehemaligen Reichsstadt hatte die Gegensätze keineswegs gemildert, sondern vielmehr auch die alltäglichsten Lebensbereiche durchdrungen und geprägt. So war es in Augsburg z. B. üblich, daß Ärzte und Hebammen, Gastwirte und Handwerksmeister je nach Religion ausschließlich von katholischem oder protestantischem Publikum frequentiert wurden[18]. Die Katholiken stellten zwar die Mehrheit der Einwohner, befanden sich aber seit dem Übergang Augsburgs an Bayern und den damit verbundenen, vom protestantischen Bevölkerungsteil begrüßten Säkularisierungsmaßnahmen in einer kämpferischen Abwehrhaltung. Nach der Neuordnung der kommunalen Selbstverwaltung im Jahre 1818 fiel den Katholiken in beiden Gemeindegremien die Mehrheit zu. Den Höhepunkt ihres Einflusses erreichten sie 1842, als sich unter sämtlichen in diesem Jahr gewählten Gemeindebevollmächtigten kein einziger Protestant befand[19]. Dieser Zustand erweckte unter der protestantischen Bevölkerung ein ausgeprägtes Mißtrauen gegenüber dem Stadtregiment, so daß sich an den Gemeindewahlen, der Führung der Gemeindegeschäfte und der Verwaltung der Stiftungen schon in den vierziger Jahren immer wieder heftige Konflikte entzündeten[20]. »Was die religiösen Verhältnisse betrifft«, schrieb rückblickend der Augsburger Stadtkommissär 1849, »so bestand immer eine argwöhnische Spannung zwischen Katholiken und Protestanten dahier«[21]. Sie sollte in den Revolutionsjahren zum erstenmal ihren politischen Ausdruck finden.

III. Die Entstehung politischer Richtungen 1848/49

Die Welle revolutionärer Begeisterung, die im Frühjahr 1848 durch Deutschland ging, fand in Augsburg nur einen schwachen Widerhall. Am 4. März versammelten sich unter der Führung des ersten Bürgermeisters Forndran Augsburger Bürger zu einer Kundgebung auf dem Rathausplatz; eine Adresse an den König, die von 2000 Einwohnern unterschrieben wurde, verlangte die Einführung der Pressefreiheit, ein freiheitliches Vereins- und Versammlungsrecht, Öffentlichkeit und Mündlichkeit bei Gericht, Aufhebung der Verbrauchssteuern, Ministerverantwortlichkeit und Änderung des Landtags- und Gemeindewahlrechts »in dem Umfange, daß sich in der Wahl auch der allgemeine Wille erkennen lasse«[22]. Am gleichen Tag entluden sich die angestauten konfessionellen Streitigkeiten zwischen Protestanten und Katholiken in Ausschreitungen gegen einen katholischen Magistratsrat, dem Vergehen im Amt vorgeworfen wurde. Auch andere katholische Magistratsräte und Gemeindebevollmächtigte wurden der religiösen Voreingenommenheit

---

18 Riehl, a. a. O., S. 184 ff.
19 StA Augsburg, Nachlaß Volkhart, darin: Hugo Fischer, Zur Lebensgeschichte des Albrecht Volkhart, Bd. II, Handschriftliches Exemplar eines Vortrags vom 30. 9. 1902, S. 86.
20 BayHStA München, M Inn 54 973.
21 StaA Neuburg, Reg. Nr. 4309 b.
22 Nickel, a. a. O., S. 45; Staats- und Stadtbibliothek Augsburg, Adresse Augsburger Bürger an den König vom 4. 3. 1848.

bezichtigt und bedroht[23]. Doch solche Vorfälle waren eher die Ausnahme; die eigentliche Initiative lag im Frühjahr und Sommer 1848 bei einem Kreis gemäßigt liberaler Männer, der sich um den Buchdruckermeister Volkhart scharte. Auch die Kandidatenliste, die ein Wahlausschuß im April 1848 für die Wahlen zur Nationalversammlung aufstellte, umfaßte vor allem Volkhart-Anhänger, z. B. den Redakteur der Allgemeinen Zeitung, Widemann, Dr. von Kerstorf und die Advokaten Dr. Fischer und Dr. Paur[24]. Das Wahlprogramm stimmte in etwa mit den am 4. März erhobenen Forderungen überein. Republikanische Tendenzen wurden entschieden abgelehnt. So bekannte Dr. von Kerstorf am 20. April in einer Flugschrift, er halte die konstitutionelle Monarchie für die beste Regierungsform und würde »Gut und Blut daran setzen, um eine Republik zu verhindern«[25]. Auch sprach er sich entschieden gegen Wahlordnungen aus, »die nur einfach Hände und Füße zählen, soweit dadurch die Gefahr einer Unterdrückung der Intelligenz erzeugt wird«[26]. Als Abgeordneter ging nach den Wahlen zur Nationalversammlung der schon dem Vorparlament angehörende Advokat Dr. Paur hervor. In der Paulskirche schloß er sich zunächst dem mehr föderalistisch orientierten linken Zentrum an, das sich nach seinem Tagungsort »Württemberger Hof« nannte. Einige Monate später folgte er dem rechten Flügel dieser Gruppe, der sich vom »Württemberger Hof« ablöste und als »Augsburger Hof« konstituierte[27].

Politischer Liberalismus schloß in Augsburg zu diesem Zeitpunkt noch nicht die Befürwortung entsprechender Prinzipien auf wirtschaftlichem Gebiet mit ein. Im April 1848 machte sich unter den Augsburger Handwerksmeistern eine gewisse Unruhe bemerkbar, da sie ein Votum der Nationalversammlung im Sinne der Gewerbefreiheit befürchteten. An der Spitze des »Gewerbevereins«, der daraufhin im Mai ins Leben gerufen wurde, standen neben Volkhart auch politisch konservativ eingestellte Männer wie z. B. Bürgermeister Forndran[28]. Volkhart und der Schmiedemeister Frankenberger nahmen im Juli 1848 als Abgeordnete am Frankfurter Gewerbekongreß teil. Eine »Instruktion« des Gewerbevereins verpflichtete die Delegierten, sich gegen die Einführung der Gewerbefreiheit zu wenden. Gewerbeverleihungen sollten nur durch persönliche Konzessionen der Gemeindebehörden »nach vorherigem Nachweis der Befähigung, Vernehmung der Innung und Erwägung des Bedürfnisses« erteilt werden. Alle Angelegenheiten des Handwerks, so wurde gefordert, müßten durch obligatorische Innungen in Selbstverwaltung und durch eigene Schiedsgerichte geregelt werden. Die Gesellenzahl pro Meister sollte nicht mehr beschränkt werden, für die Gesellen aber weiterhin Wanderpflicht und das Aufsichtsrecht der Innung bestehen. Den Fabriken müsse auferlegt werden, nur ihre eigenen Fabrikate ohne Beschränkung herzustellen, alle »fremden« Arbeiten und auch Reparaturen jedoch dem Handwerk zu überlassen[29].

Durch die »Instruktion« des Augsburger Gewerbevereins und die bei den Verhandlungen des Frankfurter Gewerbekongresses zutage tretenden restaurativen Strömungen fühlten sich die Augsburger Gesellen in ihren Interessen übergangen.

---

23 StaA Neuburg, Reg. Nr. 4311.
24 Nickel, a. a. O., S. 71.
25 Staats- und Stadtbibliothek Augsburg, Worte eines Wahlkandidaten an die Wahlmänner (Dr. von Kerstorf am 20. 4. 1848).
26 Ebenda.
27 Nickel, a. a. O., S. 75 ff., S. 104 ff.
28 Ebenda, S. 85; Alfred Bacher, Geschichte der Augsburger Gewerbehalle 1855–1905, Augsburg 1905, S. 7.
29 Ebenda.

Am 26. Juli 1848 versammelten sie sich unter der Führung Dr. von Kerstorfs und verabschiedeten ihrerseits eine Adresse an die Nationalversammlung[30]. Darin lehnten sie nicht nur den Alleinvertretungsanspruch der zünftigen Meister für das Handwerk ab, sondern auch die Forderungen nach autonomen Innungen, Beaufsichtigung der Gesellen durch die Meister und Handelsbeschränkungen. Insbesondere aber wandten sie sich gegen die den Fabriken zugedachten Restriktionen, da »viele schon als Fabrikarbeiter im Gesellenstande ansässig gewordene Handwerker durch die den Fabriken zugedachten Beschränkungen aufs Äußerste verletzt und in ihrem Fortkommen gefährdet würden«[31]. Während die Meister also die Industriebetriebe als verhängnisvolle Konkurrenz betrachteten, sahen sie die Gesellen unter dem Aspekt vermehrter Arbeitsmöglichkeiten. Dabei waren sie bereits zu der Erkenntnis gelangt, daß für die meisten von ihnen der Status des Gesellen mehr als eine vorübergehende Phase war. Sie zeigten sich daher »fest entschlossen, keineswegs auf die seinerzeitige Aufnahme Eines oder Anderen von uns in einen solcher Art privilegierten Stand zünftiger Meister unsere Hoffnung zu setzen und in dieser Erwartung allenfalls vorerst zurück anstatt vorwärts zu gehen«[32]. Die im Gewerbeverein vertretenen Meister ließen sich freilich durch solche Rücksichten nicht beirren und richteten im September 1848 noch einmal eine Adresse an die Nationalversammlung, in der sie sich gegen die Einführung der Gewerbefreiheit aussprachen[33].

Im Herbst traten innerhalb des Gewerbevereins, dem ursprünglich Anhänger der verschiedensten politischen Richtungen angehörten, allmählich Differenzen auf. Die Zahl der Mitglieder stieg zwar von Mai bis Juni auf ca. 700 Personen, nahm von da an aber rasch wieder ab. Trotz des heftigen Widerstands Volkharts, der immer noch Fraktionsbildungen zu vermeiden hoffte, entstand im November 1848 als erster politischer Verein in Augsburg der »konstitutionell-monarchische Verein«[34]. In ihm sammelten sich unter der Führung des Redakteurs der katholischen Augsburger Postzeitung, Dr. Schönchen, und der Freiherren von Brentano und von Linden die katholisch-konservativen Kreise; durch die Agitationserfolge unter der Landbevölkerung verfügten die Konservativen im Januar 1849 über 3000 Mitglieder[35]. Der Verein trat entschieden für die Monarchie, die Interessen des Adels, den Fortbestand der Fideikommisse und gegen das Prinzip der Gewerbefreiheit ein, das als »eine unabsehbare Quelle von Brodlosigkeit und Verarmung« bezeichnet wurde[36]. Hinsichtlich der Einigung Deutschlands befürworteten die Konservativen schon aus konfessionellen Gründen die großdeutsche Lösung. Anfang 1849 bildete sich speziell zur Vertretung der katholischen Belange noch ein »Pius-Verein«, der dem »Katholischen Verein Deutschlands« angeschlossen war und im Februar 400 Mitglieder zählte[37].

Dieser in ihren Zielen klar ausgeprägten, konservativ-klerikalen und großdeutschen Bewegung traten erst im Januar 1849 die Anhänger der Paulskirchenmajorität entgegen und gründeten einen »Deutschen Verein«. An der Spitze standen Volkhart, der Advokat Fischer und einige Redakteure der Allgemeinen Zeitung,

---

30 StaA Neuburg, Reg. Nr. 10 097; ebenda, Reg. Nr. 4310.
31 Sonntagsbeilage zum Augsburger Anzeigblatt Nr. 31 vom 30. 7. 1848.
32 Ebenda.
33 Bacher, a. a. O., S. 11.
34 Ebenda, S. 11 f.; Der Lechbote Nr. 306 vom 4. 11. 1848; StaA Neuburg, Reg. Nr. 10 062.
35 StaA Neuburg, Reg. Nr. 10 062.
36 Beilage zur Augsburger Postzeitung Nr. 23 vom 20. 2. 1849.
37 StaA Neuburg, Reg. Nr. 10 062.

deren Redaktion jedoch im Gegensatz zum Deutschen Verein in ihrer Mehrheit großdeutsch orientiert war[38]. In einer Adresse an den bayerischen König setzte sich der Deutsche Verein im April 1849 für die uneingeschränkte Annahme der von der Nationalversammlung ausgearbeiteten Reichsverfassung durch Bayern ein. Dabei erklärten die Mitglieder jedoch ausdrücklich: »Der Augsburger deutsche Verein ist keine Gesellschaft von Demokraten; er hat sich entschieden gegen alle republikanischen Tendenzen erklärt, aber ebenso entschieden für das streng-monarchische Prinzip, d. h. für eine monarchische Spitze des deutschen monarchischen Bundesstaats«[39]. Trotz seiner gemäßigten Haltung konnte sich der Deutsche Verein in Augsburg angesichts der immer stärker hervortretenden Reaktion nur schwer durchsetzen; Mitte Februar verfügte er erst über ca. 80—90 Mitglieder[40].

Demokratische Strömungen mit republikanischem Einschlag vermochten noch viel weniger an Boden zu gewinnen. Diese Richtung vertrat zunächst allein die von Emanuel Schatz redigierte Zeitung »Volkshalle«, die seit Anfang 1848 in Augsburg erschien. Dieses »stets subversive Blatt«, wie es der Stadtkommissär nannte, trat für Pressefreiheit, Trennung von Schule und Kirche, stärkere Selbstverwaltung der Gemeinden, allgemeine Wehrpflicht, direkte Wahlen der Gemeinde- und Volksvertreter ein und ließ durchblicken, daß »für die Zukunft des gemeinsamen Vaterlandes es gar nicht unersprießlich sein dürfte, wenn alle Volksvertreter sich einige republikanische Tendenzen beilegten, sie brauchten deshalb noch keine Republikaner von reinstem Wasser zu sein«[41]. Anfang März 1849 erfuhren die demokratischen Kräfte vorübergehend einen gewissen Aufschwung, als der Bamberger Advokat Dr. Kronacher nach Augsburg kam, ein zweites demokratisch orientiertes Blatt, »Die Staffette«, gründete und die Bildung eines Märzvereins vorschlug[42]. Der Versuch, die freiheitlichen Errungenschaften der Revolution gegen die immer bedrohlicher einsetzende politische Reaktion doch noch zu bewahren, veranlaßte im April den Arzt Dr. Nusser, einen »Kreis-Märzverein« zu gründen, der sich dem Frankfurter Zentralverein anschloß. Sein Ziel war es, durch Mobilisierung der Bevölkerung Druck auf den bayerischen König in der Frage der Annahme der Verfassung auszuüben; dabei betonte das Vereinsprogramm: »Das sog. Prinzip der ›Vereinbarung‹, ob und wie viel die eine oder andere deutsche Regierung [ihren] Unterthanen allergnädigst von der deutschen Verfassung zukommen lassen will, ist so viel wie eine Vernichtung der Verfassung. Unsere Verfassung muß ganz, ungetheilt, unbedingt so wie sie ist, durchgeführt und angenommen werden«[43]. Dabei waren die Mitglieder des Märzvereins sogar bereit, den »in Süddeutschland so wenig Sympathien findenden deutschen Erbkaiser« hinzunehmen[44]. Eine für Mai 1849 angesetzte große Versammlung aller Märzvereine des Kreises scheiterte zunächst an der Verhaftung Kronachers und der Flucht des zweiten Vorstandes. Im Juni und Juli wurde auch zweimal polizeilich gegen die »Volkshalle« eingeschritten[45].

Die rasch einsetzende Reaktion erstickte in den nächsten Monaten alle politischen Aktivitäten. Einige Verhaftungen von politisch Verdächtigen lösten Furcht

38 StaA Neuburg, Reg. Nr. 10 062; Nickel, a. a. O., S. 124, S. 163.
39 StaA Neuburg, Reg. Nr. 4310.
40 StaA Neuburg, Reg. Nr. 10 062.
41 Die Volkshalle Nr. 215 vom 2. 11. 1848; StaA Neuburg, Reg. Nr. 4309 b; Nickel, a. a. O., S. 27.
42 StaA Neuburg, Reg. Nr. 10 062.
43 StaA Neuburg, Reg. Nr. 10 062.
44 Ebenda.
45 Nickel, a. a. O., S. 180.

vor weiteren polizeilichen Maßnahmen aus[46]. Hinzu kam, daß auch die gemäßigten Liberalen durch den Ausgang der Wahlen zum bayerischen Landtag entmutigt waren; trotz eifriger Agitation des Deutschen Vereins und des Gewerbevereins, die bei der Vorwahl ihre Kandidaten durchsetzen konnten, siegte beim zweiten Wahlakt allein die konservativ-klerikale Richtung. Die Wahl ausschließlich katholischer Abgeordneter erzeugte unter dem protestantischen Teil der Bevölkerung eine starke Erregung, die jedoch mit dem Nachlassen aller politischer Aktivitäten wieder abklang[47]. Im August 1849 hörten alle öffentlichen Kundgebungen auf; überall war »ein scheues Zurückhalten der wahren Gesinnung wahrnehmbar«[48]. Die politischen Vereine stellten ihre Tätigkeit ein. Der Märzverein löste sich vermutlich im Oktober auf, der Deutsche Verein vertagte sich. Die »Volkshalle«, die zuletzt nur noch einen Absatz von 200 Stück hatte, stellte im gleichen Monat ihr Erscheinen ein[49].

Die Augsburger Arbeiter zeigten sich in diesen unruhigen Zeiten »nichts weniger als ein Gegenstand der Furcht, sondern ihrer konservativen und loyalen Haltung wegen [als] eine wahre Stütze für die Ruhe und Ordnung in der Stadt«[50]. Seit September 1848 bestand zwar ein »Arbeiterbildungsverein«, der sich später der Arbeiterverbrüderung anschloß; er wurde jedoch nicht von den Arbeitern selbst geleitet, sondern stand unter der Führung des Schriftstellers und Naturforschers Dr. Ferdinand August Oldenburg[51]. Oldenburg, der den Behörden als politisch unverdächtige Persönlichkeit galt, hatte sich bereits auf Volksversammlungen für die Interessen der Handwerker eingesetzt[52]. Im Arbeiterbildungsverein achtete er streng auf den Ausschluß jeglicher politischer Betätigung. Als sich im März 1849 nach einer Rede Kronachers »mehre hundert Arbeitergesellen« spontan in eine Liste für die Gründung des Märzvereins eintrugen, bedrohte Oldenburg eine Doppelmitgliedschaft mit dem Ausschluß aus dem Arbeiterbildungsverein[53]. Der Verein Oldenburgs blieb von der polizeilichen Verfolgung zunächst verschont. Erst als am 13. und 14. November 1849 der Kongreß bayerischer Arbeitervereine in Augsburg tagte, wurden die Behörden aufmerksam. Das Mißtrauen der Obrigkeit bezog sich weniger auf den Inhalt der dort geführten Verhandlungen als auf die »nicht unbedenkliche Erscheinung« einer Organisation der Arbeiter an sich[54]. Trotz der konservativen, nach außen hin sogar betont unpolitischen Ausrichtung des Arbeiterbildungsvereins fürchtete der Augsburger Stadtkommissär, die Vereinsführung könne eines Tages in demokratische Hände geraten und in unruhigen

---

46 StaA Neuburg, Reg. Nr. 4309 b.
47 Ebenda. Gewählt wurden für Augsburg Bürgermeister Forndran und der Dompropst Allioli (StA Augsburg, Nachlaß Volkhart, Fischer, a. a. O., Bd. II, S. 52 f.).
48 StaA Neuburg, Reg. Nr. 4309 b.
49 Ebenda.
50 SWA-Archiv, Augsburg, Schreiben der Direktion vom 29. 11. 1852; siehe dazu auch StaA Neuburg, Reg. Nr. 4311; Holzschuher, a. a. O., S. 97.
51 StaA Neuburg, Reg. Nr. 10 062; Nickel, a. a. O., S. 169; Frolinde Balser, Sozial-Demokratie, 1848/49—1863, I. Band, Stuttgart 1963, S. 116 f.; Karl Rüdinger, Die Arbeiterbewegung in Bayern 1848–1850. Ein Beitrag zur Geschichte der achtundvierziger Bewegung in Bayern, (Münchener) Diss., Bottrop 1934, S. 30 ff.
52 Nickel, a. a. O., S. 135.
53 StaA Neuburg, Reg. Nr. 10 062. Kronacher suchte schon vergeblich, Zutritt zum Arbeiterbildungsverein zu erhalten. Danach trat er in einer Arbeiterversammlung auf, die eine an die Kammer der Abgeordneten gerichtete Adresse für die Einführung der Grundrechte verabschieden wollte. Kronacher, der daraufhin eine radikalere Adresse als geplant vorschlug, fand dabei mehr bei den Gesellen als bei den vorwiegend konservativ gesinnten Arbeitern Anklang.
54 StaA Neuburg, Reg. Nr. 4309 b. Nach Balser, a. a. O., S. 117, war Augsburg auf dem Arbeiterkongreß noch durch einen von Oldenburg unabhängigen Arbeiterverein vertreten, der sich vorwiegend aus Arbeitern der Maschinenbauindustrie zusammensetzte.

Zeiten »ein leicht zu mißbrauchendes, mächtiges Werkzeug für die Agitierung der unteren Volksklassen werden«[55]. Den Wandel in der Haltung der Behörden zu der bis dahin kaum beachteten Arbeiterorganisation bekam Oldenburg zu spüren, als er im Januar 1850 einen Wanderunterstützungsverein mit dem ausschließlichen Zweck gründete, das Betteln wandernder Handwerksgesellen zu beseitigen; der Bitte, zur Spendeneinzeichnung eine Haussammlung durchführen zu dürfen, wurde nicht entsprochen[56]. Die zunehmend feindselige Haltung der Regierung gegenüber dem Arbeiterfortbildungs- und dem Wanderunterstützungsverein erreichte ihren Höhepunkt, als sich im März 1850 der Deutsche Verein unter dem Druck des neuen bayerischen Vereinsgesetzes, das eine polizeiliche Überwachung aller Versammlungen vorsah, auflöste und das verbliebene Vereinsvermögen in Höhe von 100 fl. dem Arbeiterbildungsverein überwies[57]. Im Juni 1850 wurde auch der Augsburger Arbeiterbildungs- und Wanderunterstützungsverein durch Regierungsbeschluß aufgelöst[58]. Damit waren in Augsburg die letzten Reste politisch-organisatorischer Betätigung zerschlagen. Selbst der Piusverein mußte seine Versammlungen einstellen, da die Anhänger nicht mehr wagten, die Zusammenkünfte zu besuchen. Nicht ohne Zufriedenheit berichtete der Stadtkommissär im August 1850 an die Regierung: »Der Verlauf der deutschen Verfassungsangelegenheit wird von der Mehrzahl der Bevölkerung mit auffallender Teilnahmslosigkeit betrachtet«[59]. Allein Volkharts Anzeigblatt stand weiterhin in Verdacht, eine kritische Haltung zur Vernichtung der bürgerlichen Freiheiten einzunehmen.

Bei diesen ersten politischen Organisationen, die sich 1848/49 in Augsburg bildeten, handelte es sich noch nicht um Parteien im modernen Sinn, sondern vielmehr um den Zusammenschluß einzelner, ähnlich denkender Persönlichkeiten. Für die Beurteilung der im Verlauf der Revolution von 1848/49 in Augsburg hervorgetretenen politischen Strömungen läßt sich folgendes feststellen: Als die erfolgreichsten politischen Richtungen erwiesen sich die konservativ-klerikale und die gemäßigte liberale. Demokratisches Gedankengut dagegen fand kaum Eingang. Die weitere politische Entwicklung in Augsburg sollte zeigen, daß diese Richtung auch später so gut wie überhaupt keine Anhänger fand. Die konservativ-klerikale Richtung konnte sich durch ihre dezidiert großdeutsche Haltung, die Ablehnung der Gewerbefreiheit und die Betonung des monarchischen Prinzips auf eine breite Basis in der Stadtbevölkerung und ganz besonders in den damals noch zum Landtagswahlkreis zählenden Landgemeinden stützen. Zudem kam sie einer Schicht katholischer Kaufleute und Bankiers entgegen, die aus ökonomischen Gründen an einem engen Kontakt mit Österreich interessiert waren. Die gemäßigt-liberale Partei rekrutierte ihre Anhängerschaft vor allem aus Angehörigen freier Berufe und protestantischen Handwerksmeistern. Ihr fehlte jedoch zu diesem Zeitpunkt der Anklang bei den Augsburger Unternehmern und Fabrikdirektoren. Diese Gruppe räumte vorläufig noch allen, »das merkantile Interesse nicht unmittelbar berührenden Fragen in der Regel nur eine sekundäre Bedeutung ein«[60]. Außerdem waren die Augsburger Industriellen in jenen Jahren nicht einmal am

---

55 StaA Neuburg, Reg. Nr. 4309 b. Der Augsburger Stadtmagistrat, der durch die seit 1850 eingeführte Überwachung des Arbeitervereins näheren Einblick in dessen Versammlungen hatte, teilte diese Furcht jedoch nicht (StA Augsburg, E IV 3/146 a).
56 StaA Neuburg, Reg. Nr. 4309 c.
57 Ebenda.
58 StaA Neuburg, Reg. Nr. 4309 c; Rüdinger, a. a. O., S. 53.
59 StaA Neuburg, Reg. Nr. 4309 c.
60 Ebenda.

Bestand des Zollvereins sonderlich interessiert, noch viel weniger jedoch an der preußischen Hegemonie. Die Regierung von Schwaben und Neuburg, die über Persönlichkeiten, die im Verlauf der Revolution besonders hervorgetreten waren, nicht nur eine schwarze, sondern auch eine »weiße« Liste führte, setzte in letztere die Namen nahezu aller großen Augsburger Kaufleute, Bankiers und Fabrikanten ein, so die der Mitglieder der Familien Brentano, Casella, Frölich, Forster, Frommel, Riedinger, Schaezler, Schmid, von Stetten usw.[61].

Die »soziale Frage« spielte in den politischen Auseinandersetzungen der Revolutionsjahre so gut wie keine Rolle. Es muß schon als Ausnahme gewertet werden, wenn Kerstorf 1848 in einer Flugschrift die Aufnahme »besonderer Bestimmungen zum Schutze der Arbeitnehmer jeder Art gegen denkbaren Mißbrauch von Seiten der Arbeitgeber in die Gesetzbücher« und die »gesetzliche Regelung der Fürsorge für Verdienstlose und Arbeitsunfähige« forderte[62].

Die liberale Richtung war in erster Linie an der deutschen Einigung und der verfassungsmäßigen Garantie bürgerlicher Rechte interessiert, verfolgte aber im übrigen durch den Einfluß der Handwerksmeister wirtschaftspolitisch vorläufig noch eine restriktive Richtung. Allein der Pius-Verein verpflichtete sich in seinen Satzungen, »alle Kraft aufzubieten, daß die gegenwärtigen socialen Übel geheilt, die Noth der niederen Volksclassen erleichtert und deren leibliches Wohl befördert werden«[63]. Auf welche Weise dies geschehen sollte, blieb freilich offen.

IV. Die Anfänge der bürgerlichen Parteien

Wenn es nach 1850 auch zunächst scheinen mochte, als habe die Regierung mit der Zerschlagung der organisatorischen Formen des politischen Lebens auch dessen Antriebskräfte zerstört, so erwies sich dies bald als Täuschung. In Augsburg brachen in den fünfziger und sechziger Jahren erneut politische Gegensätze unter den Bürgern auf, wobei jedoch die von der mißtrauisch beobachtenden Bezirksregierung noch über zwei Jahrzehnte hinweg angewandten Bezeichnungen »Protestanten« und »Katholiken« für die beiden gegnerischen Parteien dem Charakter der Auseinandersetzungen immer weniger gerecht wurden. Zwar bildete sich in den fünfziger Jahren um den Privatier Patrozinus Wittmann und den schon 1848 hervorgetretenen Seidenwarenfabrikanten Freiherrn von Brentano ein kleiner Kreis ausgesprochen »ultramontan« eingestellter Persönlichkeiten, der sich besonders »im schroffen Anfeinden des Protestantismus und der Protestanten« gefiel, doch huldigte die Mehrzahl der Katholiken keineswegs dieser extremen Richtung[64]. Auch zum jüngeren Anhängerkreis der sich um Volkhart scharenden »Protestanten« zählten mehrere Katholiken[65]. Was sich unter dem Vorzeichen konfessionellen Streits während der Reaktionsphase abspielte, muß vielmehr als fortschreitende politische Polarisierung begriffen werden, wobei — verallgemeinernd

---

61 Nickel, a. a. O., S. 222.
62 Staats- und Stadtbibliothek Augsburg, Kerstorf, Worte eines Wahlkandidaten an die Wahlmänner, Flugschrift vom 20. 4. 1848.
63 StaA Neuburg, Reg. Nr. 10 062.
64 BayHStA München, M Inn 45 021.
65 Die führenden Augsburger Liberalen, Ludwig Fischer und Joseph Völk, waren Katholiken.

gesprochen – die katholischen Bürger mehr einer politisch konservativen Haltung, die protestantischen Einwohner eher liberalen Ideen zuneigten. Der Übergang vom vorwiegend konfessionellen Gegensatz zum politischen vollzog sich freilich nur allmählich und fließend. Eine Schlüsselrolle kam dabei nach wie vor den städtischen Kollegien zu. Obwohl ihrer sozialen Zusammensetzung nach eine typische Honoratiorenversammlung, spielten sich darin bald heftige Parteikämpfe ab, auf deren Bedeutung für die Herausbildung der politischen Richtungen in der Stadt nicht zuletzt die außerordentlich hohe Wahlbeteiligung bei den Gemeindewahlen jener Jahre hinwies[66]. Die Auseinandersetzungen entzündeten sich in der Regel an aktuellen Anlässen und reichten vom Kampf der Liberalen gegen die konfessionelle Trennung der Patienten im städtischen Krankenhaus über die Zulassung der Juden zur Ansässigmachung in Augsburg, der sich insbesondere der Kreis um Wittmann heftig widersetzte, bis zum Eintreten Volkharts für den Nationalverein, dessen Ziele die an Österreich orientierten Katholisch-Konservativen entschieden ablehnten[67].

Von nicht zu unterschätzender Bedeutung für die Rolle, welche den Augsburger Liberalen in späteren Jahren zufiel, wurde der Wandel in der Einstellung zur Gewerbefreiheit. Hatte man sich in den Revolutionsjahren zum größten Teil noch für die Beibehaltung des Konzessionswesens ausgesprochen, so war Ende der fünfziger Jahre die Mehrzahl von der Notwendigkeit einer liberaleren Wirtschaftsverfassung überzeugt[68]. Mit dem Eintreten für die Gewerbefreiheit gewannen die Liberalen die einflußreichste Gruppe von Bürgern für sich: die Unternehmer. Ihnen kam bei dem indirekten Wahlsystem als Wahlmänner eine Bedeutung zu, die ihr zahlenmäßiges Gewicht weit überschritt und wohl nicht zuletzt zu einer Umschichtung der politischen Machtverhältnisse in den städtischen Kollegien beitrug. Daneben lockerte die Zurückdrängung überkommener rein konfessioneller Gegensätze allmählich auch die bis dahin noch mehr oder weniger selbstverständliche Bindung der katholischen Bürger an Gemeindevertreter ihrer Konfession. Während Volkhart 1854 seine erneute Berufung zum Magistratsrat ablehnte, weil er im Hinblick auf die nahezu ausschließlich konservative Zusammensetzung dieses Gremiums keine Chancen für die Verwirklichung seiner Vorstellungen sah, brachten die Wahlen der Gemeindebevollmächtigten im gleichen Jahr zum erstenmal eine Mehrheit für die »Protestanten«[69]. 1857 schließlich kam es zum entscheidenden Erfolg der Liberalen. Bei einer für Gemeindewahlen außerordentlich hohen Wahlbeteiligung von 86,3 % stellten sie die Mehrheit der Wahlmänner und alle neu zu wählenden Gemeindebevollmächtigten. Dabei gelang es Volkhart, einen Teil der katholischen Stimmen für die Wahlmänner der von ihm angeführten Richtung zu gewinnen[70]. Eine Parteiorganisation bestand zu diesem Zeitpunkt auf beiden Seiten noch nicht, doch wurde der Wahlkampf von den Liberalen we-

---

66 BayHStA München, M Inn 54 955.
67 StA Augsburg, Nachlaß Volkhart, Fischer, a. a. O., Bd. II. S. 143 f. S. 157; Steinhäußer, a. a. O., S. 131; StaA Neuburg, Reg. Nr. 10 104. StA Augsburg, Nachlaß Volkhart, Fischer, a. a. O., Bd. II, S. 109; ebenda, S. 132 ff. Die positive Einstellung Volkharts zu Preußen teilten um diese Zeit noch nicht alle seiner Parteigänger. Noch 1863 wandte sich z. B. der Augsburger Liberale Joseph Völk gegen ein Deutsches Reich unter preußischer Führung (Theodor Schieder, Die kleindeutsche Partei in Bayern in den Kämpfen um die nationale Einheit 1863–1871, München 1936, S. 20 f.).
68 StA Augsburg, Nachlaß Volkhart, Fischer, a. a. O., Bd. II, S. 109.
69 Ebenda, S. 89; Dirr, Volkhart, a. a. O., S. 12; BayHStA München, M Inn 54 955.
70 Ebenda; StA Augsburg, Nachlaß Volkhart, Fischer, a. a. O., Bd. II, S. 117.

sentlich straffer geführt; vor allem pflegten sie sich von vornherein über die Aufstellung der Kandidaten zu einigen, was bei den Klerikalen nicht der Fall war[71].

Die nahezu völlige Verdrängung der Konservativen aus der Gemeindevertretung wurde von diesen nicht ohne heftigen Widerstand hingenommen. Bei der Wahl der Gemeindebevollmächtigten durch die Wahlmänner im Jahre 1860 überreichten dreißig katholische Wahlmänner dem Wahlkommissär eine Erklärung, in der sie es ablehnten, sich am Wahlakt zu beteiligen, »weil ihnen jeder Einfluß darauf und jede Verständigung mit den Wahlmännern protestantischer Confession von diesen versagt und abgeschnitten worden sei«[72]. Da die Wahl bei der Nichtbeteiligung einer so großen Zahl von Wahlmännern ungültig gewesen wäre, mußten die Katholiken unter Strafandrohung vorgeladen werden. Die Wahl selbst fiel — offensichtlich unter dem Eindruck dieses demonstrativen Schritts — paritätisch aus, doch kündigte die Parteizugehörigkeit der gewählten Ersatzmänner für die Zukunft ein erneutes Überwiegen der Liberalen an[73]. Vergeblich wandte sich der Anführer der Konservativen, Patrozinus Wittmann, 1862 in einem Protestschreiben an die Staatsregierung und verlangte, »das im Gemeindeleben unnatürlich zurückgedrängte katholische und konservative Element, etwa durch bessere Einteilung der Wahlbezirke und dergleichen mehr vor gänzlicher Unterdrückung zu schützen«[74]. Eine Neuordnung der Gemeindewahlbezirke erfolgte erst 1866 durch die Hinzufügung eines sechzehnten Wahlbezirks, der die Bewohner der neu entstandenen Wertachvorstädte umfaßte. Diese Änderung brachte den Konservativen jedoch keinen Vorteil. Mit 100 von 108 Wahlmännern stellten die Liberalen nun eine so überwältigende Mehrheit dar, daß sich die acht Konservativen bei der Wahl der Gemeindebevollmächtigten der Stimme enthalten konnten, ohne die Gültigkeit der Wahl zu gefährden[75].

Die veränderten Parteiverhältnisse in den Gemeindegremien fanden 1862 ihren Ausdruck in der Neubesetzung der Stelle des zweiten Bürgermeisters. Nach der Versetzung Conrad Heinrichs in den Ruhestand wurde der dem liberalen Flügel angehörende Regierungsaccessist Ludwig Fischer an dessen Stelle gewählt. Vier Jahre später trat er die Nachfolge des immer mehr in die Isolation geratenen großdeutsch-konservativen ersten Bürgermeisters Forndran an[76]. Fischer griff in den ersten Jahren seiner Amtszeit als »eifriges Organ der Volkhartschen Partei«[77] noch persönlich in die Wahlkämpfe ein, verstand es mit der Zeit aber, sich eine gewisse Unabhängigkeit gegenüber dem Augsburger »Rathausliberalismus« zu sichern. Seiner politischen Haltung nach ein typischer Repräsentant des neuen Augsburger Industriebürgertums, für dessen ökonomische und soziale Ziele er stets entschieden eintrat, pflegte er andererseits sorgfältig den Anschein einer plumpen

---

71 BayHStA München, M Inn 54 955.
72 Ebenda.
73 Ebenda.
74 Ebenda.
75 Ebenda.
76 Ebenda. Fischer wurde am 5. 10. 1832 in Sulzbach/Oberpfalz geboren, gehörte der katholischen Kirche an und war in Augsburg heimatberechtigt. In den sechziger Jahren fand er gerade unter der Arbeiterbevölkerung breite Zustimmung. Bei den Landtagswahlen holte er persönlich die mit der Fortschrittspartei sympathisierenden Arbeiter aus den Wirtshäusern und führte sie zum Wahllokal. Als 1865 Fischers Wiederwahl durch die Regierung bestätigt werden mußte, riet die Bezirksregierung dem Staatsministerium des Innern, die Bestätigung zu versagen, wies allerdings darauf hin, daß ein solcher Schritt beträchtliche Unruhe bei Fischers Anhängern, besonders aber unter der Arbeiterbevölkerung hervorrufen würde. Mit Rücksicht auf diese Gefahr wurde die Bestätigung nach mehrmonatiger Verzögerung schließlich erteilt.
77 Ebenda.

Interessenpolitik zu vermeiden und durch seine Person in späteren Jahren die Integrationsfähigkeit der liberalen Partei im großen und ganzen zu erhalten.

So günstig wie sich die Verhältnisse für die Liberalen seit der Mitte der fünfziger Jahre auf kommunaler Ebene entwickelten, lagen die Chancen im Landtagswahlkreis Augsburg allerdings noch nicht. Bei den Landtagswahlen des Jahres 1855 vermochten die Liberalen von fünf zu wählenden Abgeordneten nur einen einzigen Kandidaten, den ehemaligen Paulskirchenabgeordneten Adolf Paur, durchzusetzen; die übrigen Abgeordneten gehörten der katholisch-konservativen Richtung an[78]. Auch nach der Kammerauflösung im Jahre 1858 waren die Augsburger Liberalen wiederum nur durch Paur im neuen Landtag vertreten[79]. Seit 1852/54 versuchte die bayerische Regierung, die während der Revolutionsjahre in die Verfassung aufgenommenen liberalen und demokratischen Elemente zu eliminieren; selbst der Landtag sollte wieder in eine Ständevertretung zurückverwandelt werden. Unter dem Eindruck dieser Bestrebungen bildete sich in der Kammer aus Resten der demokratischen Linken, gemäßigten Liberalen und neu gewählten Vertretern bürgerlich-liberaler Ideen eine, allerdings in vielen Punkten noch uneinige Opposition heraus. Erst als im Frühjahr 1863 die bayerische Kammer abermals aufgelöst wurde, schloß sich die bayerische Linke zur »Fortschrittspartei« zusammen[80]. An den Vorbereitungen zur Gründung der neuen Partei nahm auch der Augsburger Advokat Dr. Joseph Völk teil, der um diese Zeit schon zu den profiliertesten Vertretern des schwäbischen Liberalismus zählte[81]. Bei den Landtagswahlen des Jahres 1863 erschwerte ein besonderer Umstand die Agitation der Augsburger Liberalen. Ihr Eintreten für den preußisch-französischen Handelsvertrag und den Zollverein wurde von einem Teil der Augsburger Fabrikanten und Kaufleute als Entscheidung empfunden, die ihren wirtschaftlichen Interessen zuwiderlief. Einige von ihnen, darunter der Gérant der Mechanischen Baumwollspinnerei und Weberei, Gustav Frommel, die Fabrikanten Forster, Beck und Reichenbach und die Bankiers Schaezler, Schmid und von Stetten schlossen sich daher vorübergehend den großdeutsch gesinnten Ultramontanen an und forderten in einem Wahlaufruf den Eintritt Österreichs in den Zollverein und die Ablehnung des preußisch-französischen Handelsvertrags, dessen »Tarifgestaltung nach unserer festen Überzeugung unsere seitherige Gewerbethätigkeit dem sicheren Ruine entgegenführen würde«[82]. Trotz der Gegnerschaft dieser einflußreichen Gruppe konnten die Liberalen im Stadtbezirk 66 von 92 Wahlmännern stellen, doch es gelang ihnen auch diesmal nicht, sich gegen die Stimmen der katholischen Wahlmänner aus den Landgemeinden durchzusetzen[83]. Erst die Wahlkreiskorrekturen des

---

78 StA Augsburg, Nachlaß Volkhart, Fischer, a. a. O., Bd. II., S. 97 f.
79 Ebenda, S. 124 ff.
80 Max Schwarz, Die Fortschrittspartei und die sog. Sozialgesetzgebung Bayerns im Jahre 1868/69, Diss. (Maschinenschrift) München 1923, S. 12 ff.; Schieder, a. a. O., S. 5 ff., S. 19 ff.
81 Völk wurde 1819 in Mittelstetten bei Augsburg geboren: nach dem Jura-Studium arbeitete er eine Zeitlang als Anwaltssubstitut für den Paulskirchenabgeordneten Dr. Paur in Augsburg. Während der Revolutionsjahre trat er für das Gagernsche Programm ein. 1855, im Jahr seiner Ernennung zum Anwalt, wurde Völk als Abgeordneter der Stadt Günzburg in den bayerischen Landtag gewählt. Völks politische Tätigkeit beschränkte sich ausschließlich auf die Landes- und Reichspolitik, in der Augsburger Kommunalpolitik trat er nicht hervor. (Hans Blum, Deutsche Staatsmänner und Abgeordnete, in: Die Grenzboten 1872, I, S. 10–28; Reingart Kästner, Dr. Joseph Völk und die deutsche Frage in Bayern. 1866–1870, in: ZHV Schwaben, Bd. 54, 1941, S. 7–59; Süddeutsche Presse Nr. 24 vom 24. 1. 1882. Im StA Augsburg befinden sich Reste des Völk-Nachlasses.)
82 Neue Augsburger Zeitung Nr. 103 vom 15. 4. 1863; Augsburger Anzeigblatt Nr. 89 vom 30. 3. 1863; Nr. 101 vom 13. 4. 1863; Nr. 104 vom 16. 4. 1863.
83 Augsburger Anzeigblatt Nr. 110 vom 22. 4. 1863; StA Augsburg, Nachlaß Volkhart, Fischer, a. a. O., Bd. II, S. 169.

Ministeriums Hohenlohe ermöglichten den Augsburger Liberalen einen Sieg in den beiden Landtagswahlen des Jahres 1869[84]. Die Vormachtstellung in den Gemeindegremien blieb auch nach der Einführung des direkten Gemeindewahlrechts erhalten[85].

Der Tod Volkharts im September 1863 bildete den unmittelbaren Anlaß für die Gründung einer liberalen Organisation in Augsburg; bis dahin hatte die Persönlichkeit Volkharts einen Kreis Gleichgesinnter zusammengehalten[86]. Nach längeren Vorbereitungen meldete am 30. 11. 1864 der Kaufmann Friedrich Keller die Gründung eines »Bürgervereins« an, dessen Zweck »gesellige Unterhaltung und Besprechung öffentlicher Angelegenheiten« sein sollte[87]. Dem Vorstand des Vereins gehörten die Kaufleute Karl Kopitsch, August Thomm und der Goldschläger Karl Kühny an; lokale Amtsträger traten nicht hervor. Dagegen war neben Völk und dem Augsburger Bankier Hans von Stetten auch Bürgermeister Fischer im Ausschuß der bayerischen Fortschrittspartei vertreten[88].

In der zweiten Hälfte der sechziger Jahre tendierten die Augsburger Liberalen entschiedener als früher in der nationalen Frage zu einer »kleindeutschen« Lösung, der Einigung Deutschlands unter preußischer Führung. Dabei erhielt das Streben nach Einheit allmählich das Übergewicht über den Wunsch nach Ausbau der bürgerlichen Freiheiten. Eine deutliche Wende in dieser Beziehung brachte der deutsche Krieg von 1866. Unter den Augsburger Liberalen blieb der preußische Bundesreformplan vom Frühjahr 1866, der die Einberufung eines aus direkten Volkswahlen hervorgegangenen Parlaments vorsah, nicht ohne Resonanz. Obwohl sie die taktischen Hintergedanken Bismarcks in diesem Punkt nicht verkannten, neigten gerade die Augsburger Liberalen eher zu einem Bündnis mit dem reaktionären Preußen als mit Österreich, hielten im äußersten Fall aber wenigstens eine neutrale Haltung für angebracht[89]. Der preußische Sieg und die dadurch auftauchende Möglichkeit einer raschen Einigung Deutschlands wischten die schwerwiegenden Bedenken hinweg, die in früheren Jahren stets hinsichtlich der reaktionären preußischen Innenpolitik geäußert wurden. Auf einer Volksversammlung am 28. 7. 1866 in Augsburg erklärte Völk: »Man ruft uns freilich fortwährend zu: die Selbständigkeit unseres Landes werde darunter leiden. Junkerthum und Brutalität werde über uns kommen, wir würden absolutistisch regiert werden — und leider, die Besorgnisse können nicht als ganz unbegründet zurückgewiesen werden [...]. Aber, meine Herren, auch das wird uns nicht abhalten dürfen, an dem Gedanken und Willen festzuhalten, daß wir einen deutschen Staat haben müssen. Haben wir diesen erst, so werden wir dann auch über Junkerthum und Absolutismus zu siegen vermögen«[90]. Ein Jahr später trat Völk jenen Stimmen entgegen, die »den Verlust von etwas Freiheit in ihrem Staate« beklagten; es gehe nun nicht mehr um »einzelne Fetzen von Freiheiten und Freiheitlein, welche da und dort erkämpft werden und an denen politische Kinder sich vergnügen«, man müsse vielmehr zu-

---

84 Neue Augsburger Zeitung Nr. 138 vom 21. 5. 1869. Bei diesen Landtagswahlen fanden sich nahezu alle großen Augsburger Fabrikanten und Bankiers wieder auf der Seite der Liberalen (Augsburger Anzeigblatt Nr. 127 vom 9. 5. 1869).
85 Augsburger Anzeigblatt Nr. 382 vom 3. 12. 1869.
86 Dirr, Volkhart, a. a. O., S. 15.
87 StA Augsburg, E IV 3/137. Obwohl es der Verein ausdrücklich als seine Aufgabe bezeichnete, sich mit öffentlichen Angelegenheiten zu befassen, gelang es dem nunmehr liberalen Augsburger Magistrat, eine polizeiliche Überwachung des Vereins bis 1875 zu verhindern.
88 StA Augsburg, Nachlaß Völk, Schreiben Braters vom 27. 11. 1864 mit Liste der Ausschußmitglieder.
89 Schieder, a. a. O., S. 95 ff.
90 Wochenschrift der Fortschrittspartei Nr. 31 vom 4. 8. 1866, S. 254 f.

erst sorgen, »daß die Nation zu ihrem Leben gelangt«[91]. Diese Entwicklung, gegen die sich offensichtlich unter den Augsburger Liberalen keine Gegenstimmen erhoben, weist zugleich darauf hin, daß das demokratische Element in der Augsburger Fortschrittspartei — anders als etwa in Franken — stets wesentlich schwächer ausgeprägt war als das nationalstaatliche Denken.

1868/69 gingen mit der Einführung der Gewerbefreiheit und der Schaffung eines neuen Verehelichungs-, Heimat- und Armenrechts die wichtigsten innenpolitischen Reformwünsche der Liberalen in Bayern in Erfüllung. Bürgermeister Fischer, der seit 1863 den Wahlkreis Immenstadt vertrat, wurde im Juli 1865 in den Sozialgesetzgebungsausschuß gewählt und 1867 zum Referenten für Ansässigmachung und Verehelichung, Heimat, Aufenthalt und Armenpflege bestellt. Dabei zeigte sich, daß Fischer durchaus zu den mehr konservativ gesinnten Liberalen zu rechnen war und nicht nur in seiner Eigenschaft als Bürgermeister, sondern auch als Vertreter bürgerlicher Interessen geneigt war, im Zweifelsfall die Freizügigkeit der unteren Bevölkerungsschichten zugunsten des Sicherheitsbedürfnisses und der wirtschaftlichen Interessen des Bürgertums zu beschränken[92].

Die Situation Bayerns nach der Entscheidung von 1866 und die Opposition der antiliberalen Kreise gegen die Regierung des Ministerpräsidenten Hohenlohe ließen in der Zwischenzeit auch im katholisch-konservativen Lager erste Anfänge einer lockeren Parteiorganisation entstehen. Anläßlich der Zollvereinswahlen im Januar 1868 schlossen sich mehrere konservativ gesinnte Augsburger Bürger zusammen und einigten sich auf ein gemeinsames Wahlprogramm. Die Wahlkampfparole lautete: »Handelspolitische Einigung mit dem Norden, aber kein Eintritt in das preußische Reich des Nordbundes«[93]. Ihre vorrangigen Gegner sahen die Konservativen deshalb in der »Verpreußungspartei«, den Liberalen. Als Vertreter Augsburgs im Zollparlament kandidierten für die Konservativen der Advokat Karl Barth und für die Liberalen Bürgermeister Fischer. Bei diesen ersten allgemeinen Wahlen in Bayern seit 1848 war die Wahlbeteiligung in Augsburg mit 61,5 % auffallend gering. Als Sieger im Stadtbezirk ging Fischer mit 68,6 % der abgegebenen Stimmen hervor. Wie bei den späteren Reichstagswahlen majorisierten jedoch die ländlichen Wähler im Augsburger Wahlkreis die Stadtbewohner, so daß als Abgeordneter Karl Barth ins Zollparlament einziehen konnte. Dort gehörte er zur äußersten Rechten, während Völk, der für Immenstadt/Kempten gewählt worden war, sich keiner Fraktion anschloß[94]. Im März 1868 bildete sich in Augsburg als neuer politischer Verein das »Casino«, dessen Ziel es war, »conservativ gesinnten Männer jeder Berufsart, jeder sozialen Stellung und jedes Glaubensbekenntnisses ein Mittel- und Sammelpunkt zu geselliger Unterhaltung und Besprechung von Tagesfragen, wie socialen, gewerblichen etc. Angelegenheiten zu wer-

---

91 Wochenschrift der Fortschrittspartei Nr. 41 vom 12. 10. 1867, S. 337 f.
92 Wochenschrift der Fortschrittspartei Nr. 26 vom 29. 6. 1867, S. 211 f. Nach Fischers Vorschlägen sollte z. B. die Ausweisung von Personen, die in der Gemeinde ihres Aufenthalts nicht heimatberechtigt waren, möglich sein, wenn die betreffenden wegen Blauer-Montag-Machen, eigenmächtigen Verlassens der Arbeit, Verrufserklärung gegen Gewerbemeister oder Übertretung der Dienstbotenordnung verurteilt worden waren; dies sollte auch gelten bei Personen, »welche nach eingetretener Störung der öffentlichen Ruhe in der Gemeinde anwesend sind, ohne über ständige Beschäftigung oder sonstige ausreichende Unterhaltsmittel sich ausweisen zu können, wenn gegen solche Personen dringender Verdacht einer Betheiligung an den Ruhestörungen vorliegt« (ebenda, S. 212). Zu Fischers Tätigkeit im Landtag siehe auch Hesse, a. a. O., S. 59 f.
93 Neue Augsburger Zeitung Nr. 21 vom 21. 1. 1868.
94 Neue Augsburger Zeitung Nr. 43 vom 12. 2. 1868. Wahlberechtigt bei den Zollvereinswahlen war jeder über 25 Jahre alte Mann, der nicht Armenunterstützung bezog und eine direkte Steuer bezahlte. Neue Augsburger Zeitung Nr. 44 vom 13. 2. 1868 und Nr. 120 vom 1. 5. 1868; Blum, a. a. O., S. 19.

den«[95]. Wie bei der Patriotenpartei, die sich um die gleiche Zeit in München konstituierte, handelte es sich bei den Mitgliedern so gut wie ausschließlich um Katholiken. Verbindendes politisches Element sollte das Streben nach »zeitgemäßen Reformen« und die Erhaltung der konstitutionellen Monarchie sein[96]. Geistiger Mittelpunkt der Augsburger Patriotenpartei war Dr. Max Huttler, der Verleger der Neuen Augsburger Zeitung und der Augsburger Postzeitung[97]. Damit hatten sich auch formell die beiden wichtigsten Richtungen gebildet, die in den nächsten Jahrzehnten die politische Auseinandersetzung in Augsburg beherrschten.

Weder Casino noch Bürgerverein waren freilich organisatorische Untergliederungen der Patrioten- bzw. Fortschrittspartei. Die Vereine waren völlig selbständig, beim Bürgerverein fehlte sogar jeder Bezug auf ein bestimmtes politisches Programm in den Statuten; auch Finanzierungsprobleme der Partei wurden nicht berührt[98]. Im Grunde stellten beide Vereine nur einen Sammelpunkt für Gleichgesinnte dar. Allerdings kam ihnen bei der Durchführung der Wahlkämpfe eine wichtige Rolle zu; selbst wenn dafür eigene Wahlkomitees gebildet wurden, waren deren Mitglieder in der Regel mit dem Führungskreis der Vereine identisch.

V. Bürgertum und soziale Frage

So unterschiedlich die sozialen Schichten waren, als deren hauptsächliche Repräsentanten beide Parteien auftraten — ländliche, vorindustrielle Gruppen auf der einen, Großbürgertum und städtische Intelligenz auf der anderen Seite — so wenig glich sich auch die Haltung, die Liberale und Konservative zu den Problemen des gesellschaftlichen Wandels und vor allem hinsichtlich der »sozialen Frage« einnahmen. Soziale Probleme traten traditionsgemäß zunächst als Aufgaben der Armenpflege und der Unterstützung in Not geratener Einwohner in das öffentliche Bewußtsein. Dabei befaßte sich die städtische Armenpflege von jeher in erster Linie mit den Symptomen des Elends, weniger mit der Verhütung oder gar den Ursachen der Verarmung.

Zu Beginn des 19. Jahrhunderts bestand in Augsburg als einzige öffentliche Einrichtung die 1711 gegründete Armenanstalt, deren Tätigkeit sich im Sammeln und Verteilen von Spenden erschöpfte; daneben existierte eine Beschäftigungsanstalt, die erst 1826 aus ihrer Verbindung mit dem örtlichen Zucht- und Arbeitshaus gelöst wurde. Die gesamte geschlossene Armenpflege für alte und kranke Menschen sowie die Versorgung der Waisenkinder fiel den privaten Stiftungen zu.

---

95 Neue Augsburger Zeitung Nr. 75 vom 15. 5. 1868 und Nr. 124 vom 5. 5. 1868.
96 Neue Augsburger Zeitung Nr. 124 vom 5. 5. 1868.
97 Huttler wurde 1823 in München geboren, trat nach dem Philosophiestudium in Freiburg 1850 in das Augsburger Benediktinerstift zu St. Stephan ein, das er mit päpstlichem Dispens 1855 wieder verließ. Mit finanzieller Hilfe der Kirche baute er durch die Übernahme der Augsburger Postzeitung, der Gründung der Neuen Augsburger Zeitung und den Erwerb des Bayerischen Kuriers eine katholische Pressemacht auf. Von 1869–1875 gehörte Huttler der bayerischen Abgeordnetenkammer an. Er starb am 12. 10. 1887 (Augsburger Postzeitung Nr. 281 vom 5. 12. 1887).
98 In anderen bayerischen Städten existierten bereits Vereine, die sich eindeutig als Lokalvereine der Fortschrittspartei betrachteten, so z. B. in Nürnberg, Fürth, München, Gunzenhausen, Weißenburg und Dinkelsbühl (Gerhard P. G. Eisfeld, Die Entstehung der liberalen Parteien in Deutschland 1858–1870, Hannover 1869, S. 131 ff.). Die meisten dieser Vereine verlangten von ihren Mitgliedern regelmäßige Beiträge (ebenda, S. 132). Zu dieser Kategorie kann der Augsburger Bürgerverein noch nicht gerechnet werden.

Nach einer vorübergehenden Verstaatlichung wurde das Armenwesen 1816 wieder der Kommune übertragen. Die Verwaltung übernahm ein Armenpflegeschaftsrat, der aus einem rechtskundigen und zwei bürgerlichen Magistratsräten bestand[99]. Ein gewisses Umdenken in der überkommenden Organisation der Armenfürsorge setzte 1848/49 ein. Johann Georg Wirth, der Direktor der Augsburger Kleinkinderbewahranstalt, unternahm im Auftrag des Magistrats eine Studienreise, um das Armenwesen in anderen Städten kennenzulernen[100]. Auf seine Anregung hin versuchte man in größerem Umfang als früher, durch Vergabe von Arbeit die Armen zur Deckung ihres Lebensunterhalts heranzuziehen. Neben einem Adreßbüro, wo Dauer- und Gelegenheitsarbeit vermittelt wurde, geschah das vor allem durch eine Flachs-, Hanf- und Wergspinnerei und -weberei, eine Streicherei, eine Seidenspulerei und die Fabrikation von Stroh-, Korb- und Schachtelartikeln[101]. Alle diese Versuche waren jedoch von vornherein mit entscheidenden Mängeln behaftet: Die Menschen, die in den Genuß der öffentlichen Armenpflege kamen, waren meist krank, alt oder gebrechlich und überhaupt nicht in der Lage, soviel zu arbeiten wie sie für ihren Lebensunterhalt benötigt hätten. Ihr Lohn mußte also immer einen Teil Armenunterstützung enthalten. Nicht selten mangelte es den auf diese Weise produzierten Gütern an Absatz, weil die Qualität schlecht war; andererseits durften solche Armenwerkstätten nicht »in die Erwerbskreise der steuerzahlenden Bevölkerung« eingreifen, d. h., nicht mit den Handwerksmeistern der gleichen Branche konkurrieren[102].

Die Erfahrungen mit der Beschäftigungsanstalt ließen erkennen, daß es sich in Augsburg um diese Zeit nicht mehr um die Bewältigung vorindustriellen Pauperismus und struktureller Arbeitslosigkeit handelte, sondern in steigendem Maße Bevölkerungsgruppen dann der Not preisgegeben waren, wenn sie arbeitsunfähig wurden; ihnen konnte mit einem Arbeitsangebot oder gar mit Arbeitszwang nicht geholfen werden. Die Armenpflege als letzte Station eines entbehrungsreichen Daseins stellte ohnehin nur eine Dimension des vielfältigen sozialen Elends der Unterschichten dar, das sich in Hungerlöhnen, schlechter Ernährung, unwürdigen Wohnverhältnissen, häufigen Krankheiten und hoher Sterblichkeit niederschlug. Diese Verhältnisse ließen die nicht unbegründete Furcht entstehen, »daß in Zeiten der Noth oder nur in Zeiten der Aufregung die Masse der Arbeiter von Niemand mehr gebändigt werden kann und gleich einem wilden Gebirgsstrom Alles zerstört«[103]. Die Bedrohung, die der gesellschaftlichen Ordnung aus einem politischen Erwachen des Proletariats oder auch nur aus Akten der Verzweiflung erwachsen konnte, war den Vertretern aller politischen Richtungen — wenn auch mit unterschiedlicher Intensität — bewußt[104].

Am oberflächlichsten wirkte die Auseinandersetzung der Liberalen mit der sozialen Frage. In den meisten programmatischen Erklärungen wurde sie so gut wie gar nicht angesprochen, ein echter Gegensatz zwischen Bürgertum und Arbeiter-

---

99 Hessel, a. a. O., S. 12 ff.
100 Ebenda, S. 37; Johann Georg Wirth, Nachrichten über Verpflegung, Versorgung und Beschäftigung der Armen, gesammelt auf einer Reise, Augsburg 1848.
101 Ebenda, S. 83 ff.; Jahresbericht über die Leistungen der städtischen Armenpflege in Augsburg für das Etatsjahr 1849/50, S. 1 ff.
102 StA Augsburg, G II 15/13; Hessel, a. a. O., S. 85 ff.
103 Holzschuher, a. a. O., S. 97.
104 Der Augsburger Stadtmagistrat schloß sich einer Bitte der Augsburger Industriellen um staatliche Unterstützung während der Wirtschaftskrise von 1886 mit dem Hinweis auf mögliche Verzweiflungstaten brotlos gewordener Arbeiter an: »Die Noth wird sie zu Vergehen gegen das Eigenthum, die Verzweiflung zu Exzessen und Störungen der öffentlichen Sicherheit verleiten« (StA Augsburg, H 35).

schaft schlichtweg geleugnet[105]. Die Mißstände auf sozialem Gebiet sah man mehr als vorübergehende Übel an, die durch die Intensivierung bereits bestehender Bemühungen um den Bau gesunder Arbeiterwohnungen, Beschränkung der Arbeitszeit und Abschaffung »überflüssiger« Feiertage usw. behoben werden könnten[106]. Dabei schob man den Arbeitern ein beträchtliches Maß an Eigenverantwortlichkeit für ihre Lage zu, so wenn z. B. der Direktor der Stadtbachspinnerei, Theodor Haßler, in einer liberalen Wählerversammlung den Arbeitern verkündete: »Was ich geworden bin, verdanke ich meinem Fleiß und meiner Sparsamkeit, darum rufe ich Ihnen zu: ›Arbeiten und Sparen, sonst hilft Ihnen nichts‹«[107]. Als besonders wichtig erachtete man im übrigen die Vermittlung von Bildung und Wissen für den Arbeiter und riet ihm daher, den Umgang mit solchen Leuten zu suchen, »welche durch ihre Bildung auf seinen Geist, sein Gemüth und seine Lebensanschauungen veredelnd wirken«[108]. Kritischere Töne zur Situation des Proletariats, die auch den ökonomischen Machtverhältnissen Rechnung trugen, waren nur anläßlich der Landtagswahlen von 1863 zu hören, bei denen sich ein großer Teil der Unternehmer den Konservativen zuwandte und durch massiven Druck auch die Arbeiter zu einer entsprechenden Stimmabgabe zu bewegen versuchte[109]. In ihrer Verärgerung darüber gab die Redaktion des Augsburger Anzeigblatts den Arbeitern zu bedenken, »daß keine einzige Fabrik in ihrem, sondern lediglich im Interesse der Capitalisten gegründet ist; finden diese ihre Rechnung nicht mehr, so wird die Fabrik geschlossen, ob die Arbeiter liberal oder klerikal gestimmt haben«[110]. Auch wurden nun die Arbeitsverträge in den Fabriken gerügt; dies seien »Löwen- und Tigerverträge«, da »auf Seite des Mächtigen und Stärkeren alle oder die größte Berechtigung, allein auf der Seite des Schwächeren oder Geringen nur die Verbindlichkeit, gar keines oder nur das geringste Recht« bestünde[111]. Sobald die Fabrikanten wieder in die Reihen der Fortschrittspartei zurückgekehrt waren, verstummte auch diese Kritik.

Die Frage, ob der Staat durch Schutzbestimmungen zugunsten der Arbeiter eingreifen sollte, wurde nur selten erörtert. Als sich 1865 nach der von Max Fuchs initiierten Petition zur Verkürzung der Arbeitszeit eine heftige Diskussion entspann, vertrat das Augsburger Tagblatt eine extrem liberale Auffassung, wenn es erklärte: »Eine Arbeitszeitverkürzung durch Gesetzeszwang herbeizuführen erscheint nicht zulässig, weil kein Gesetz dem freien Manne vorschreiben darf, nur so lange und nicht mehr zu arbeiten«[112]. Im übrigen werde die übermäßige Ausbeutung menschlicher Arbeitskraft sofort aufhören, wenn die Fabrikanten nicht mehr genügend Arbeiter zu den herrschenden Arbeitsbedingungen fänden: »So reguliert sich die Sache von selbst durch die Concurrenz der verfügbaren Kräfte«[113].

---

105 So Völk 1869: »Ich gestehe die Berechtigung einer einzelnen Klasse, sich Arbeiter zu nennen, gar nicht zu. Der kleine Bürger, der mit seiner Familie für den Fabrikanten arbeitet, ist auch ein Arbeiter; derjenige, welcher mit dem Werkzeug seiner Hand, mit dem Werkzeug seines Geistes sein Brod verdient, hat das Recht sich auch Arbeiter zu nennen« (Augsburger Anzeigblatt Nr. 184 vom 7. 7. 1869).
106 Augsburger Anzeigblatt Nr. 178 vom 1. 7. 1865.
107 Augsburger Abendzeitung Nr. 130 vom 12. 5. 1869.
108 Augsburger Anzeigblatt Nr. 178 vom 1. 7. 1865.
109 Augsburger Anzeigblatt Nr. 108 vom 19. 4. 1863, Nr. 109 vom 20. 4. 1863. In manchen Fabriken kursierten Listen für den ultramontanen Wahlaufruf, welche die Arbeiter unterschreiben mußten, wenn sie nicht ihre Stellung riskieren wollten.
110 Augsburger Anzeigblatt Nr. 107 vom 19. 4. 1863.
111 Augsburger Anzeigblatt Nr. 108 vom 20. 4. 1863.
112 Augsburger Tagblatt Nr. 287 vom 17. 10. 1865.
113 Ebenda.

Wichtiger als die nur sporadische Beschäftigung der Liberalen mit der Lage der Arbeiter war, daß man wenigstens grundsätzlich für die Einführung des allgemeinen, direkten und geheimen Landtagswahlrechts eintrat. Auch hier gab es allerdings Stimmen, die vor einer unzeitgemäßen Forcierung dieser Frage warnten. So meinte Ludwig Fischer 1868, »daß man durch direkte Wahlen großen Enttäuschungen entgegengeführt werden könne, allein Niemand wisse, wer schließlich der Enttäuschte sein wird«; ein neues Wahlgesetz müsse auf jeden Fall Vorkehrungen gegen »mißbräuchliche Handhabung« enthalten[114].

Während die Liberalen kaum je in programmatischer Weise auf die Lage der Arbeiter und die Nöte des Kleinbürgertums eingingen, bildete für die Katholiken im Augsburger Casino die soziale Frage als »der Alp der Gegenwart und das Schreckbild der Zukunft« ein zentrales Thema[115]. Die größere Sensibilisierung der Konservativen gegenüber gesellschaftlichen Problemen rührte wohl in erster Linie von ihrer Verbundenheit mit jenen Wählerschichten her, die vom industriellen Fortschritt entweder keinen unmittelbaren Vorteil erwarteten, wie etwa die Landbevölkerung, oder sich durch diesen sogar in ihrer Existenz bedroht sahen, wie z. B. die kleinen Gewerbetreibenden. Klarer als die Liberalen erkannten die Anhänger der Patriotenpartei daher, daß die gravierenden sozialen Gegensätze und Ungleichgewichte zwischen Arbeitern und Arbeitgebern, zwischen Handwerksmeistern und Unternehmern nicht durch das freie Spiel der Kräfte aufgehoben werden konnten. »Die Fortschrittspartei ist es, welche durch ihren falschen Ökonomismus eine naturgemäße Lösung der socialen Frage unmöglich macht, die Kluft zwischen Kapital und Arbeit stets vergrößert und den Abfluß von der arbeitenden Klasse in die hilfsbedürftige im raschen Fluß erhält, und dadurch die Armenlasten, welche wiederum unverhältnismäßig auf den Grundbesitz fallen, immerfort vermehrt«, schrieb Huttlers Neue Augsburger Zeitung 1868[116].

Als ersten Schritt zur Lösung der sozialen Frage betrachtete der Kreis um Huttler in jenen Jahren nicht einfach »Fleiß und Sparsamkeit« sondern vielmehr den organisatorischen Zusammenschluß der Arbeiter und damit die Stärkung ihrer Position gegen Staat und Unternehmer. Ganz in diesem Sinne war es daher, wenn ein Arbeiter in einem Leserbrief schrieb: »Wie erst, wenn einmal alle Arbeiter einig wären und ohne Überstürzung, die Grenzen der Billigkeit und der Ordnung nicht überschreitend, als festgeschlossene Corporation ein Gesetz zum Schutz der Arbeiter fordern würden?«[117]. Den ersten großen Streik in einem Augsburger Vorort im Jahre 1869 verfolgte die Neue Augsburger Zeitung mit Sympathie und Ratschlägen für die beteiligten Arbeiter. Im Anschluß an einen Bericht über Maßregelungen der Streikenden trat sie ausdrücklich für die gewerkschaftliche Organisation der Arbeiter ein und mahnte ihre Leser, »daß sie es ja nicht versäumen sollten, der Gewerkschaft der Manufakturarbeiter oder überhaupt jenen Vereinen sich anzuschließen, zu welchen sie ihrer Beschäftigung nach gehören. Ohne stramme, alle Arbeiterclassen umfassende Organisation kann die Arbeiterfrage einer Lösung nicht näher geführt werden«[118]. Langfristig sah Huttler die Überwindung der Abhängigkeit und Not der Arbeiter im »Prinzip der Cooperativ-Genossen-

---

114 Neue Augsburger Zeitung Nr. 45 vom 14. 2. 1869. Fischer dachte dabei wohl in erster Linie an eine Änderung der die Landbevölkerung bevorzugenden Wahlkreiseinteilung.
115 Neue Augsburger Zeitung Nr. 336 vom 7. 12. 1869.
116 Neue Augsburger Zeitung Nr. 35 vom 4. 2. 1868.
117 Neue Augsburger Zeitung Nr. 249 vom 11. 9. 1869.
118 Neue Augsburger Zeitung Nr. 248 vom 10. 9. 1869.

schaften, denn dasselbe entspricht allein der Freiheit, der Gleichberechtigung und dem Nutzen aller Beteiligten«[119].

Im November 1868 entschloß sich die Patriotenpartei, im Landtag einen Antrag auf Einführung direkter Landtagswahlen einzubringen, denn nur diese seien »wahre und echte natürliche Wahlen«[120]. Dies geschah natürlich weniger im Hinblick auf die noch geringe Arbeiterbevölkerung in Bayern als im Interesse der bäuerlichen Schichten, in denen die Konservativen ihren stärksten Rückhalt fanden. Wie ernst man es allerdings in Augsburg mit einer Vertretung der Arbeiter im Landtag meinte, zeigt das Versprechen Huttlers auf einer Wahlversammlung im Mai 1869, »daß, wenn die Arbeiter von Augsburg einen Mann ihres Vertrauens bezeichnen würden, die patriotische Partei demselben Sitz und Stimme zur Vertretung dieser hochwichtigen Interessen in der allgemeinen Landesvertretung zu verschaffen suchen würde, und dies sollte, weil als gerecht und dringend anerkannt, völlig uneigennützig geschehen, der betreffende Arbeiter sollte zu nichts weiterem als zur kräftigen Vertretung der Interessen seines Standes sich verpflichten dürfen«[121]. Dabei dachte man offensichtlich an die Aufstellung des Sozialistenführers Leonhard Tauscher als Ersatzmann für Karl Barth[122]. Bei der Beurteilung der Haltung der Patriotenpartei darf man nicht vergessen, daß die sozialkonservative Richtung in Augsburg in jenen Jahren wesentlich von der Persönlichkeit Max Huttlers geprägt war. Daneben existierte aber bereits eine Strömung, deren Anhänger eine allgemeine Emanzipation der Arbeiter keineswegs befürworteten. So konnte auch das Angebot an die Arbeiter bei den Maiwahlen 1869 innerhalb der Patriotenpartei selbst offensichtlich nur mit Mühe gegen »einige Geldleute und widerstrebende Actienbesitzer« durchgesetzt werden[123].

VI. Hilfsorganisationen und Selbsthilfeversuche

Die konkreten Maßnahmen, die in Augsburg zur Verbesserung der Lage der Arbeiter von amtlicher und privater Seite ergriffen wurden, bewegten sich im Rahmen der üblichen Förderung von Spar-, Vorschuß- und Konsumvereinen; der Gedanke an die Unterstützung von Produktivgenossenschaften mit öffentlichen Mitteln wurde dagegen strikt zurückgewiesen.

1854 betraute der Stadtmagistrat zwei Armenpflegschaftsräte und die Magistratsmitglieder Benno Stadler und Hans von Stetten mit der Aufgabe, »auf Mittel zur Vorsorge gegen Verarmung Bedacht zu nehmen« und der Gemeinde entsprechende Vorschläge zu unterbreiten[124]. Geplant wurde daraufhin die Gründung eines Sparvereins, mit dessen Fonds ein Lebensmittelmagazin eingerichtet werden sollte, in dem die ärmere Bevölkerung ihren Bedarf zu Großhandelspreisen decken konnte. Für die Aufbringung des Grundkapitals von 100 000 fl. sollten je zur Hälfte der Stadtmagistrat und wohlhabende Bürger durch die Übernahme von Aktien aufkommen. Jeder künftige Benutzer des Magazins hatte das Recht, auch die kleinste Quantität zum Großhandelspreis zu beziehen, mußte für jeden Gulden

---

119 Neue Augsburger Zeitung Nr. 336 vom 7. 12. 1869.
120 Neue Augsburger Zeitung Nr. 320 vom 20. 11. 1868.
121 Neue Augsburger Zeitung Nr. 130 vom 12. 5. 1869.
122 Augsburger Anzeigblatt Nr. 302 vom 3. 11. 1869.
123 Ebenda.
124 StA Augsburg, G II 15/13.

Warenabnahme aber 6 Kr. zur Ablösung und Vermehrung des Gründungsfonds bezahlen. Durch diese Einzahlungen sollte jedes Mitglied nach und nach neue Aktien und damit einen Anteil am Magazin-Vermögen erwerben bis der Fonds 500 000 fl. erreicht hatte. Dann war bei Überschüssen auch die Verteilung von Dividenden vorgesehen[125]. Über die ersten Jahre dieser Institution ist nur wenig bekannt, doch scheint sich die Hoffnung der Gründer, damit könne »wirklich Großes geleistet werden«, nicht erfüllt zu haben. 1871 hatte der Verein nur 65 Mitglieder, die in zwei Verkaufsläden einkaufen konnten; der jährliche Umsatz belief sich auf 10 000 fl., spiegelte jedoch auch die Einkäufe von Nichtmitgliedern wider, die ebenfalls Waren beziehen konnten[126].

Speziell für den Kreis der kleinen Gewerbetreibenden wurde im Juni 1865 ein »Vorschußverein« ins Leben gerufen. Gegen den Ankauf von ratenweise einzuzahlenden Geschäftsanteilen erwarben die Mitglieder das Recht, bei Bedarf größere Darlehen gegen einen Zinssatz von 8—10 % zu erhalten. Der Verein nahm seinerseits Darlehen auf, für welche die Mitglieder solidarisch hafteten. Unter ihnen befanden sich einige der »solventesten Bürger der Stadt«, die auf diese Weise das Protektorat über den Verein ausübten[127]. Während der Wirtschaftskrise des Jahres 1866 wurden die Leistungen des Vereins so sehr in Anspruch genommen, daß er vorübergehend die Vergabe von Darlehen einstellen mußte[128].

1859 entstand ein zweiter Konsumverein, die »Association zur Anschaffung nöthiger Lebensbedürfnisse«[129]. Den Vorsitz übernahm diesmal bereits ein Fabrikarbeiter; unter den Gründungsmitgliedern — meist Arbeiter und Handwerker — befand sich auch der spätere Sozialdemokrat Anton Seif und der nachmalige Vorsitzende des liberalen Arbeiterfortbildungsvereins, August Scharff[130]. Der Betriebsfonds wurde durch Einlagen der Mitglieder und Darlehen gebildet, die unter Solidar-Haftung aufgenommen werden sollten. Die Mitglieder waren verpflichtet, 30 Kr. Aufnahmegebühr zu zahlen und beliebige Einlagen ab 6 Kr. pro Woche zu hinterlegen[131]. Über die weitere Entwicklung des Vereins ist nichts bekannt.

Ein Jahr später entstand ebenfalls als Selbsthilfeorganisation der »Unterstützungs- und Pensionsverein für nicht erwerbsfähige Arbeiter«, dessen erster Vorsitzender der in der Armenbeschäftigungsanstalt angestellte Werkmeister Philipp Schadelock war. An der Verwaltung des Vereins waren zwar die Arbeiter direkt beteiligt, doch kam den bürgerlichen Ehrenmitgliedern noch eine bedeutende Rolle zu. So befanden sich z. B. im ersten Vorstand ein Privatier und ein Drechslermeister[132]. Der Augsburger Magistrat entnahm dem Statutenentwurf »mit großer Befriedigung, [...] in welch anerkennenswerter Weise die Teilnehmer dieses Vereins bestrebt sind, sich durch Aufbietung ihrer eigenen Kräfte für den Fall eintretender Erwerbsunfähigkeit Substanzmittel zu suchen, ohne öffentliche Hilfe in Anspruch nehmen zu müssen«[133]. Der Verein, der bei Erreichung des 60. Lebensjahres oder bei Erwerbsunfähigkeit seinen Mitgliedern eine Pension zahlte, löste sich jedoch schon 1868 wieder auf[134].

125 StA Augsburg, G II 15/13.
126 StA Augsburg, G II ya.
127 Augsburger Anzeigblatt Nr. 310 vom 11. 11. 1865.
128 StA Augsburg, H 35.
129 StA Augsburg, A 220.
130 Ebenda.
131 Ebenda.
132 StA Augsburg, A 157.
133 Ebenda.
134 Ebenda.

Eng verbunden mit der Fortschrittspartei war der 1862 gegründete liberale »Arbeiterfortbildungsverein«. Er bekannte sich ausdrücklich »zu dem Prinzipe der Selbsthilfe, wie es durch den edlen menschenfreundlichen Schulze-Delitzsch vertreten wurde«[135]. Doch auch hier war der Zulauf gering; 1872/73 besaß der Verein nur 86 Mitglieder. Sein Ziel, die Lage der Arbeiter durch die Verbreitung von Bildung zu verbessern, verfolgte er durch ein Unterrichtsangebot in Rechnen, Buchführung und Gesang. Regelmäßig einmal im Monat hielten Augsburger Lehrer vor dem Arbeiterbildungsverein größere Vorträge allgemeinbildenden und sozialpolitischen Inhalts[136]. Anfang Mai 1867 beschlossen die Mitglieder die Gründung eines Konsumvereins. Wie schon dem Spar- und Konsumverein und der »Association«, so war auch diesem neuen Unternehmen nur wenig Erfolg beschieden. Die Tätigkeit des Vereins beschränkte sich auf den Abschluß von Verträgen mit einem Bäckermeister, einem Kaufmann und einem Bierbrauer, die den Vereinsmitgliedern einen geringfügigen Rabatt einräumten. 1869 zählte der Konsumverein lediglich 64 Mitglieder, 1871 löste er sich auf, nachdem die Mitgliederzahl auf 11 herabgesunken war[137].

Die praktische Tätigkeit der Kirchen konzentrierte sich in den fünfziger und sechziger Jahren noch nicht auf die Arbeiterfrage. Die Eröffnung der »Anna-Anstalt«, eines Heimes für alleinstehende und »sittlich gefährdete« Fabrikarbeiterinnen im Jahre 1857 durch das katholische Stadtpfarramt von St. Maximilian ist eher als Akt traditioneller Caritas zu werten[138]. Sieht man von den wichtigen politischen Anregungen des Huttler-Kreises ab, so galt das hauptsächliche Interesse in jenen Jahren der Beeinflussung der Handwerksgesellen. Auf ihnen beruhte »die Hoffnung des künftigen Bürgertums«, sie galt es vor den Gefahren der Proletarisierung, vor allem aber vor der geistigen und politischen Entfremdung vom Bürgertum zu bewahren[139]. 1851 sammelte der Lehramtskandidat Ludwig Lang, inspiriert von einer Kolpingrede auf dem Mainzer Katholikentag und dem Beispiel des Münchener Gesellenvereins, einen Kreis junger Handwerker um sich, den er für die Gründung eines katholischen Gesellenvereins zu gewinnen vermochte[140]. Das Ziel des erst 1853 offiziell angemeldeten Vereins war die »Fortbildung und Unterhaltung der Gesellen Augsburgs zur Anregung und Pflege eines kräftigen, religiösen und bürgerlichen Sinnes und Lebens, um dadurch einen tüchtigen, ehrenwerten Meisterstand heranzubilden«[141]. Volksschullehrer erteilten Unterricht in Lesen, Schreiben, Rechnen und allgemeinbildenden Fächern; hinzu kamen Religions- und Gesangsstunden. An der Spitze des Vereins stand ein Geistlicher, der vom Vorstand gewählt wurde[142]. Die Mitgliederzahl des Vereins wuchs rasch an; im Gründungsjahr verfügte er über 50 Mitglieder, 1854 bereits über 116. Darunter befanden sich 10 Arbeiter, die als »Fabrikweber«, »Fabrikspinner« oder »Fabrikarbeiter« bezeichnet wurden. Möglicherweise handelte es sich dabei um ursprünglich gelernte Handwerksgesellen, denn die ersten Statuten schrieben vor, daß die eintretenden Gesellen »keine Lehrlinge« mehr sein durften, also doch offensicht-

---

135 Festbericht zur Jubelfeier des fünfundzwanzigjährigen Bestehens des Arbeiter-Fortbildungsvereins Augsburg am 14. und 15. August 1887, Augsburg 1887, S. 8.
136 Jahresbericht der Handels- und Gewerbekammer 1872/73, S. 222.
137 StA Augsburg, G II ya.
138 StA Augsburg, G I 16/13.
139 Neue Augsburger Zeitung Nr. 205 vom 29. 7. 1868.
140 Zum fünfzigjährigen Gründungsjubiläum des katholischen Gesellenvereins Augsburg, Separatdruck aus dem Unterhaltungsblatt Nr. 86 der Neuen Augsburger Zeitung (= Der Schwäbische Postbote vom 6. 7. 1902).
141 StA Augsburg, G III 6/62.
142 Ebenda.

lich eine Lehre absolviert haben mußten[143]. 1856 bezog der Verein ein eigenes Haus, in dem nicht nur die Vereinsabende stattfanden, sondern auch durchreisende Gesellen unentgeltlich Nachtquartier und eine Mahlzeit erhielten. Seit 1854 bestand auch ein Unterstützungsverein für kranke, arbeitsunfähige und – was für die damalige Zeit durchaus ungewöhnlich war – für arbeitslose Mitglieder. Bei all diesen Maßnahmen hielten die Vereinsvorstände jedoch an der Fiktion künftiger Meisterschaft für die Gesellen fest; seit 1857 konnten nur ledige Gesellen dem Verein beitreten. Die Probleme der wachsenden Zahl von Gesellen, die keine Aussicht auf Selbständigkeit besaßen, sich von den Fabrikarbeitern kaum mehr unterschieden und wie diese schließlich eine Familie gründeten, wurden so bewußt ausgeklammert. Neben dem katholischen Gesellenverein bestand seit Mai 1858 auch ein protestantischer Verein, dessen Vorsitzender, der Fabrikarbeiter August Scharff, sich als Gründungsmitglied an der »Assoziation« beteiligt hatte und später unter der Berufsbezeichnung »Kürschnermeister« Vorsitzender des Arbeiterfortbildungsvereins wurde. Im protestantischen Gesellenverein waren von Anfang an die Fabrikarbeiter auch im Vorstand vertreten, der unter anderem aus einem Buchbinder, einem Feilenhauermeister, einem Fabrikschreiner und einem Metalldreher bestand. Der protestantische Gesellenverein besaß bei weitem nicht den Einfluß und die Anziehungskraft des katholischen Vereins und dürfte wohl bis zu einem gewissen Grad eine Gegengründung gewesen sein, wie sie durch die konfessionellen Verhältnisse in Augsburg in solchen Fällen nicht selten entstanden[144].

Insgesamt gesehen hatten die Bemühungen verschiedener bürgerlicher und kirchlicher Kreise in Augsburg, die Not der Arbeiterbevölkerung durch Anleitung zur Selbsthilfe oder caritative Maßnahmen zu lindern, nur wenig Erfolg. Die Ursachen dafür lagen zum Teil in dem punktuellen Charakter und der Unzulänglichkeit der Hilfsaktionen sowie in der Apathie der Betroffenen, die nur selten zu eigenen Anstrengungen fähig und bereit waren. Vor allem aber konnte die »soziale Frage« nicht durch individuelle Hilfsmaßnahmen bewältigt werden, sondern verlangte nach politischen Lösungsmodellen. Trotz ihrer spärlichen Aussagen auf sozialpolitischem Gebiet besaßen in Augsburg die Liberalen zunächst das Vertrauen der politisch interessierten Arbeiter. Sie verdankten dies in erster Linie ihrem Eintreten für die Ausweitung bürgerlicher Rechte und Freiheiten. Noch 1863 stimmte die Mehrzahl der Arbeiter gegen den Willen der Unternehmer für die Fortschrittspartei[145]. Eine allmähliche Ablösung vollzog sich erst Ende der sechziger / Anfang der siebziger Jahre, als die liberale Partei immer mehr von großbürgerlichen Interessen beherrscht wurde und ihren Charakter als bürgerliche Emanzipationsbewegung verlor. Die Anhänger der Patriotenpartei waren in den Augen der Arbeiter durch die enge Bindung an die Mächte der Reaktion, an Adel, Großgrundbesitz und Kirche, belastet. Insbesondere wirkte sich die Vertretung kirchlicher Interessen auf kulturellem Gebiet und die Stützung des klerikalen Einflusses im öffentlichen Leben durch die Patriotenpartei nachteilig auf das Verhältnis zur Arbeiterschaft aus. Daneben ließ es der Klerus im Umgang mit der Arbeiterbevölkerung nicht selten an entsprechendem Verständnis fehlen, so daß auch die politischen Ideen eines Huttler den insgesamt negativen Eindruck nicht verwischen konnten[146].

143 Ebenda.
144 StaA Neuburg, Reg. Nr. 10 099.
145 Augsburger Anzeigblatt Nr. 111 vom 23. 4. 1863.
146 StA Augsburg, G I 2/11. So wurde z. B. auch von den Kanzeln gegen die Emanzipationsbestrebungen der Arbeiter gewettert, wodurch »der Widerwille gegen Untergebensein, Gehorchen, Sichfügen, der Geist der Unabhängigkeit und Willkür« überall im Vordringen sei.

VII. Die Antwort der sozialistischen Arbeiterbewegung

1. Die Anfänge der sozialdemokratischen Partei

Das Konzept einer Arbeiteremanzipation, das Ferdinand Lassalle im Frühjahr 1863 als Alternative zu den Selbsthilfe-Empfehlungen Schulze-Delitzschs in seinem berühmten »Antwortschreiben« umriß, wurde auch in der Augsburger Öffentlichkeit diskutiert. Das Augsburger Anzeigblatt reduzierte die Gegensätze zunächst fälschlicherweise auf die Gründung von Bildungsvereinen oder Agitation für das allgemeine Wahlrecht und beantwortete die Frage, welches dieser Mittel die Lage der Arbeiter am ehesten verbessern könne: »Es wäre unserer Meinung nach das Lassallesche das vorzugswerthere. Denn geht man in der Weise vorwärts, daß man Bildungsvereine errichtet, [...] so kann eines schönen Morgens die Regierung diese Vereine auflösen. Es wird also vor Allem notwendig sein, daß die Arbeiter, so es ihnen gegönnt ist, an den Wahlen teilzunehmen, nur entschieden liberale Männer, welche rückhaltlos dem Fortschritt huldigen, [...] wählen«[147]. Wenige Monate später wandte sich die Zeitung bereits mit aller Schärfe gegen die Forderung nach Gewährung von Staatskrediten für Arbeiter-Produktivgenossenschaften. Dies sei nur für »gemeinnützige« Projekte, z. B. Eisenbahnen möglich, nicht aber für einzelne Unternehmen[148]. Auch der Augsburger Arbeiterfortbildungsverein lehnte die Lassalleschen Vorschläge ab; zum Vereinstag der liberalen Arbeitervereine, der nach den Erfolgen Lassalles am 7. Juni in Frankfurt tagte, schickte er keinen eigenen Delegierten, beauftragte aber den Redakteur der Münchener Neuesten Nachrichten, Julius Knorr, mit der Vertretung der Augsburger Mitgliedschaft unter der ausdrücklichen Bedingung, dort gegen Lassalle einzutreten[149].

Unabhängig vom Arbeiterfortbildungsverein, in dem sich zu diesem Zeitpunkt offensichtlich noch alle Arbeiter zu den liberalen Ideen bekannten, konstituierte sich ein Jahr später die erste Mitgliedschaft des ADAV in Augsburg. Sie entstand nicht von selbst, sondern wurde im Auftrag Lassalles von dem Mechaniker Friedrich Dürr gegründet und am 29. März 1864 polizeilich angemeldet. Der neue Verein bestand zunächst nur aus 16 Personen, ausschließlich Handwerksgesellen, wuchs aber im gleichen Jahr auf 61 Mitglieder an[150]. Im September 1865 wurde der Tuchscherergeselle Johann Wahl zum Bevollmächtigten der Augsburger Mitgliedschaft ernannt; in einer Totenfeier für Lassalle, die seitdem zum festen Bestandteil des Vereinslebens wurde, legte er die Ziele des neuen Vereins dar und führte aus: »Die Lage des Arbeiterstandes kann nur dadurch gehoben werden, daß statt des Arbeitslohnes der Arbeitsertrag eintritt. Durch unsere Assoziationen würde das Kapital gezwungen, jedem Arbeiter, vom Géranten, Techniker, Buchhalter, bis herab zum Raddreher, je nach seiner Geschicklichkeit Gewinnanteile zu reichen«[151].

---

[147] Augsburger Anzeigblatt Nr. 96 vom 8. 4. 1863.
[148] Augsburger Anzeigblatt Nr. 150 vom 2. 6. 1863.
[149] Ebenda.
[150] StA Augsburg, E IV 3/134. Bei Hirschfelder, a. a. O., erster Hauptteil, I, finden sich Details über die Parteigründung. Der folgende Abschnitt über die Augsburger Sozialdemokratie von 1864 bis 1870 beschränkt sich daher in erster Linie auf diejenigen Gesichtspunkte, die für den Fortgang der vorliegenden Arbeit von Bedeutung sind.
[151] Augsburger Tagblatt Nr. 247 vom 7. 9. 1865; Abdruck der gesamten Rede in den Nummern 244–247.

Damit war zwar die geistige Trennung vom Liberalismus vollzogen, doch fehlten der neuen Arbeiterbewegung um diese Zeit noch die klassenkämpferischen Töne. Wahl lud ausdrücklich auch Bürger zum Vereinsbeitritt ein[152]. Während des deutschen Krieges von 1866 konstituierte sich ein »Arbeiter-Central-Ausschuß«, in dem Mitglieder des Arbeiterfortbildungsvereins und Angehörige des ADAV einträchtig zusammenarbeiteten[153]. Der Zusammensetzung nach zu urteilen, besaßen dabei die liberalen Arbeiter, die mit Oskar Schmiederich auch den Vorsitzenden stellten, anfangs den stärkeren Einfluß. Wie die Augsburger Liberalen, so trat auch der Centralausschuß entschieden für den Anschluß Süddeutschlands an Preußen ein, wobei die Aussicht auf ein deutsches Parlament ein wesentlicher Antrieb sein mochte[154]. Als gemeinsames Aktionskomitee der Arbeiter blieb der Ausschuß auch nach dem Krieg weiter bestehen und trat um die Jahreswende in die Agitation für das allgemeine, gleiche und direkte Wahlrecht ein, die in einer Petition an die Abgeordnetenkammer gipfelte, der sich über 1300 Arbeiter mit ihren Unterschriften anschlossen. Im Januar 1867 übernahm ein ADAV-Mitglied, Friedrich Dürr, den Vorsitz im Ausschuß. Als Antwort auf die Wahlrechtsagitation erklärte der Augsburger Magistrat den Centralausschuß Anfang April zum politischen Verein, worauf sich dieser freiwillig auflöste[155].

Auch ohne einen äußeren Eingriff wäre das Zusammengehen der Arbeiter verschiedener Richtung wohl nicht von langer Dauer geblieben. Nach Friedrich Dürr, Johann Wahl und dem Fabrikweber Franz Ströbel wurde am 18. September 1867 der aus Regensburg stammende Schriftsetzer Leonhard Tauscher zum Bevollmächtigten des ADAV in Augsburg ernannt[156]. Mit ihm erhielt der Augsburger Verein nicht nur eine seiner bedeutendsten Persönlichkeiten, sondern geriet zunehmend in ein radikaleres Fahrwasser; die »nun stereotyp gewordenen Expectorationen gegen das Kapital«, von denen der überwachende Polizeioffiziant ein Jahr später berichtete, lösten das bedächtigere Vorgehen der früheren Bevollmächtigten ab[157]. Deutlicher als vorher erklärte man nun auch bezüglich der geforderten Staatshilfe, »daß man [...] vom heutigen Staate diese Hilfe nicht verlange, sondern einem Staate, der erst geschaffen werden müsse, und der von den Arbeitern, nicht von der bevorzugten Klasse regiert werde«[158]. Die größere politische Distanz zu den bürgerlichen Parteien fand ihren Ausdruck bei den Zollvereinswahlen im Januar 1868, als der ADAV mit Tauscher als eigene Partei in den Wahlkampf ging. Das Ergebnis (152 Stimmen) zeigte jedoch, daß der Mehrzahl der Arbeiter das Verständnis für diesen neuen Kurs noch fehlte[159].

Die Polarisierung zwischen Liberalismus und Sozialdemokratie wurde beschleunigt durch die Ereignisse auf dem Nürnberger Vereinstag des Verbands deutscher Arbeitervereine im September 1868. Die dort von der Mehrheit beschlossene Annahme verschiedener Programmpunkte der Internationalen Arbeiterassoziation

---

152 Augsburger Tagblatt Nr. 247 vom 7. 9. 1865.
153 StA Augsburg, A 147.
154 Hirschfelder, a. a. O., I. Hauptteil.
155 Ebenda, Hauptteil I b.; StA Augsburg, A 147; Augsburger Anzeigblatt Nr. 339 vom 10. 12. 1866.
156 Tauscher wurde 1840 in Regensburg geboren, lebte seit 1864 in Augsburg, wo er ein Jahr später heiratete. Tauscher war für Arbeiterverhältnisse nicht schlecht situiert. Bei seiner Verehelichung wies er Ersparnisse in Höhe von 100 fl. nach. Seine Frau verkaufte 1865 ein Haus im Wert von 2700 fl. (StA Augsburg, E IV 3/134). Tauscher verfügte über eine außerordentliche Rednerbegabung und war berühmt für seinen pathetischen Stil. Weitere biographische Notizen zu seiner Person finden sich bei Eckert, a. a. O., S. 168 f.
157 StA Augsburg, E IV 3/134.
158 Ebenda, Tauscher in einer Volksversammlung am 6. 11. 1869.
159 Wahlaufruf in: Neue Augsburger Zeitung Nr. 33 vom 2. 2. 1868; Wahlergebnisse in: Nr. 43 vom 12. 2. 1868, Nr. 44 vom 13. 2. 1868.

führte zum Protest bzw. Austritt einer Minderheit aus dem Verband, zu der auch der durch den Schneidermeister Bischoff vertretene Augsburger Arbeiterfortbildungsverein gehörte. Diese Entscheidung wurde nun allerdings nicht mehr von allen Mitgliedern des Arbeiterfortbildungsvereins akzeptiert; ein Teil löste sich vom Verein ab und trat dem ADAV bei[160]. Diesen Schritt hatte im Laufe des Jahres 1867 bereits Georg Stollberg, der ehemalige zweite Vorstand des liberalen Arbeitervereins (von 1864—1867) vollzogen; der Schuhmachermeister und spätere Gastwirt zählte neben Tauscher und Jakob Endres von nun an zu den aktivsten Vertretern der sozialistischen Arbeiterbewegung[161]. Auch der spätere Gründer einer sozialistischen Partei Eisenacher Richtung in Augsburg, der Metallarbeiter Ludwig Jelle, kam ursprünglich aus dem liberalen Lager[162]. Nach den Vorgängen in Nürnberg änderte sich das Verhältnis zwischen den beiden Arbeitervereinen. Im Februar 1869 zogen ca. 400 Besucher einer ADAV-Versammlung in eine gleichzeitig stattfindende Zusammenkunft des Arbeiterfortbildungsvereins, wählten dort anstelle des Schneidermeisters Bischoff den Schriftsetzer Robert Neff zum Vorsitzenden der Versammlung und erklärten es in einer Resolution »als dringende Notwendigkeit, daß der gesamte Arbeiterstand sich den Bestrebungen des allgemeinen deutschen Arbeitervereins anschließe und sich von allen anderen Partheien lossage«[163]. In einer am nächsten Tag abgehaltenen Versammlung erklärten von 700 Anwesenden ca. 140 ihren Beitritt zum ADAV[164]. Die Fluktuation muß allerdings sehr groß gewesen sein, denn ein etwa um die gleiche Zeit erstelltes Mitgliederverzeichnis führt nur 183 Mitglieder an[165]. Davon zählte knapp die Hälfte zur Fabrikarbeiterschaft, was im Vergleich zur Mitgliederstruktur in späteren Jahren als relativ gutes Ergebnis bezeichnet werden kann.

160 BayHStA München, M Inn 73 499, Festbericht zur Jubelfeier des 25jährigen Bestehens des Arbeiter-Fortbildungsvereins Augsburg am 14. und 15. August 1887, 1862—1887, Augsburg 1887, S. 12; Hirschfelder, a. a. O., I. Hauptteil, II b.
161 BayHStA München, M Inn 73 499, Festbericht, a. a. O., S. 22. Der Schuhmacher Jakob Endres, der vor allem in den nächsten Jahren neben Tauscher zu den rührigsten Mitgliedern des Vereins zählte, wurde 1838 in Augsburg geboren (StA Augsburg, G I 2/13, II. Fasc.).
162 StA Augsburg, Nachlaß Völk. Jelles Name findet sich auf einer undatierten Mitgliederliste der Fortschrittspartei.
163 StA Augsburg, E IV 3/134.
164 Ebenda.
165 Ebenda. Im einzelnen setzte sich die Mitgliedschaft aus folgenden Berufen zusammen:

	absolut	in %
Fabrikarbeiter		27	14,8
Textilarbeiter		
Weber	18	
Spinner	5	
Formstecher	3	
Manger	1	
Färber	1	
Drucker	3	31	16,9
Schneider		16	8,7
Zimmerer, Schreiner		22	12,0
Schuhmacher		14	7,7
Schlosser, Dreher		22	12,0
Schmiede		9	4,9
Eisengießer		7	3,8
Schriftsetzer		5	2,7
Sonstige		30	16,5
insgesamt		183	100,0

Von den Angehörigen der metallverarbeitenden Berufe dürfte der größte Teil den Fabrikarbeitern zuzurechnen sein. Auffallend hoch ist der Anteil der Weber, was möglicherweise darauf zurückzuführen ist, daß diese sich noch eher die Einstellung von Handwerksgesellen erhalten hatten, die ja im großen und ganzen leichter für den Anschluß an die Arbeiterbewegung zu gewinnen waren.

Die zunehmende politische Unabhängigkeit vom Bürgertum demonstrierte der ADAV bei den Maiwahlen des Jahres 1869; eine Arbeiterversammlung beschloß einstimmig, nun nicht mehr mit der Fortschrittspartei zu gehen, sondern Stimmenthaltung zu üben[166]. Tauscher ließ sich auf einer Wahlversammlung der Fortschrittspartei im letzten Augenblick noch einmal dazu überreden, den Arbeitern ein Votum zugunsten der Liberalen zu empfehlen[167]. Die Entrüstung darüber war jedoch bei den Vereinsmitgliedern außerordentlich groß[168]. Noch weniger Anklang fanden Kontakte zu der Patriotenpartei; der Schneidergeselle Windsheimer stand mit seiner Ansicht, »daß die ultramontane Partei diejenige sei, welche die Arbeiter am wenigsten drücke«, ziemlich allein[169]. Bei den Novemberwahlen des gleichen Jahres war die Notwendigkeit der Wahlenthaltung unter den Augsburger Sozialdemokraten nicht mehr umstritten. In den Jahren 1868 und 1869 gewann die sozialistische Arbeiterbewegung zunehmend an Boden. Die zahlreichen Arbeiter- und Volksversammlungen, die der ADAV abhielt, waren in der Regel jeweils von mehreren hundert Menschen besucht; an den Parteiversammlungen selbst beteiligten sich normalerweise 60 bis 100 Mitglieder. Einer Volksversammlung im Rahmen eines großen »Arbeiterverbrüderungsfestes« im Juni 1869 wohnten über 3000 Menschen bei[170]. Es wäre freilich verfehlt, die Zahl der wirklich überzeugten Sozialisten auch nur annähernd nach diesen Angaben zu bestimmen; trotzdem läßt sich seit dem Frühjahr 1869 ein steigendes Interesse der Arbeiterschaft für sozialistische Ideen feststellen. Seit August 1869 erschien eine eigene Parteizeitung der bayerischen Lassalleaner, der »Proletarier«, die in München gedruckt und redigiert wurde[171].

Um die gleiche Zeit traten unter den Augsburger Sozialdemokraten jedoch schon ernsthafte Spannungen auf. Der sog. »Staatsstreich« des ADAV-Präsidenten J. B. von Schweitzer im Juni 1869, der ihm ausgedehnte Vollmachten in der Führung des Vereins verschaffte, rief bei einem Teil der Augsburger Mitglieder Empörung über dessen undemokratische Methoden hervor. Ludwig Jelle, der Wortführer dieser Gruppe, schloß sich einem Aufruf der ADAV-Opposition zur Beteiligung an der Gründung einer sozialistischen Arbeiterpartei in Eisenach an. Ende August 1869 gründete er selbst einen sozialdemokratischen Verein in Augsburg, dem anfangs allerdings nur 17 Mitglieder angehörten[172]. Dabei mochten zusätzlich persönliche Motive eine Rolle spielen, denn Jelle übte auch Kritik am Augsburger ADAV; dort werde »nur über die Fabrikanten geschimpft und Tauscher zu einem ›Herrgott‹ gestempelt, aber gelehrt werde den Leuten nichts«[173].

Was Tauscher und die übrigen aktiven ADAV-Mitglieder noch an der Seite Schweitzers hielt, war freilich weniger die Überzeugung von dessen Integrität als die Befürchtung, die Bebelsche Richtung sei zu sehr an die bürgerliche Demokratie, die Volkspartei, gebunden. So äußerte Tauscher Anfang August 1869 über den Eisenacher Kongreß, »daß derselbe nur von der Volkspartei ausgehe, daß die Volkspartei die Arbeiter zur Revolution treibe, um die Fürsten zu stürzen und das Capital auf den Thron zu setzen«[174]. Bald darauf wurde die Verbindung mit

---

166 StA Augsburg, E IV 3/134; Augsburger Abendzeitung Nr. 129 vom 11. 5. 1869.
167 Neue Augsburger Zeitung Nr. 132 vom 14. 5. 1869; Augsburger Abendzeitung Nr. 130 vom 12. 5. 1869.
168 StA Augsburg, E IV 3/134, Polizeibericht über die Parteiversammlung vom 15. 5. 1869.
169 Ebenda, Polizeibericht über die Versammlung vom 14. 8. 1869.
170 Ebenda, Polizeibericht über die Versammlung vom 27. 6. 1869.
171 StA Augsburg, E IV 3/134; Hirschfelder, a. a. O., I Hauptteil, I c.
172 Hirschfelder, a. a. O., I. Hauptteil, III c.; StA Augsburg, G I 2/11.
173 Ebenda, Polizeibericht über die Parteiversammlung vom 26. 8. 1869.
174 StA Augsburg, E IV 3/134, Polizeibericht über die Parteiversammlung vom 2. 8. 1869.

Schweitzer einer beträchtlichen Belastungsprobe unterzogen, als dieser anläßlich einer Rundreise durch Süddeutschland die Einstellung des »Proletariers« forderte, was von den Augsburger Sozialdemokraten entschieden abgelehnt wurde, und schließlich zum Bruch mit Schweitzer führte[175]. Am 5. Januar 1870 riefen Tauscher und Endres nach Rücksprache mit Münchner und Würzburger Parteifreunden zu einer neuen Parteigründung auf, dem »Allgemeinen Deutschen Sozialdemokratischen Arbeiterverein« mit Sitz in Augsburg[176]. Dabei wurde sowohl von Tauscher als auch von dem persönlich am Kongreß teilnehmenden Bebel eine weitgehende Annäherung der politischen Standpunkte zwischen der SDAP und dem ADSA konstatiert, ein Zusammengehen mit den Eisenacher Sozialdemokraten aber wegen der Stellung zur Volkspartei von den Augsburgern vorläufig für unmöglich erklärt[177].

Die neue sozialistische Partei, die im Grunde die Zersplitterung unter der Arbeiterbewegung nur noch weiter förderte, blieb entgegen den Hoffnungen ihrer Initiatoren auf Bayern beschränkt, wobei auch hier noch manche der lassalleanischen Vereine abseits standen. In Augsburg selbst schätzte die Polizei Mitte Februar 1870 die Stärke der ADSA auf ca. 180 Mitglieder, im Juni des gleichen Jahres soll der Verein ca. 400 Mitglieder besessen haben, aber die Versammlungen waren sehr schlecht besucht[178]. Auch das Vereinsorgan, der »Proletarier«, dessen Redaktion im März 1870 nach Augsburg verlegt wurde, hatte mit großen Schwierigkeiten zu kämpfen. Im Mai beschloß man daher, trotz früherer Bedenken, sich auf dem Stuttgarter Kongreß der Eisenacher Partei anzuschließen[179]. Der »Proletarier« blieb nach der Vereinigung weiter bestehen, doch verpflichtete sich die SDAP nicht, dessen Defizit zu übernehmen. Entscheidend für die Augsburger Lassalleaner war es jedoch, daß sich die Führer der SDAP für die Zukunft von Bündnissen mit der Volkspartei distanzierten und sich auch eindeutig zu den Beschlüssen des Baseler Kongresses der Internationalen Arbeiterassoziation von 1869 bekannten, die das Recht der Gesellschaft, Privateigentum an Grund und Boden abzuschaffen, postulierte[180].

Nach dem Kriegsausbruch im Jahre 1870 setzte sich unter den Augsburger Sozialdemokraten zunächst der »deutsche« Standpunkt durch, der besonders von Robert Neff, der mit dem »Proletarier« wieder nach Augsburg übergesiedelt war, vertreten wurde. Allerdings opponierte eine Minderheit, zu der neben Stollberg der Kreis um den 1869 aus dem ADAV ausgetretenen Ludwig Jelle gehörte, gegen die Theorie vom Verteidigungskrieg und die Hoffnung, aus einer Niederlage Frankreichs könne die französische Republik hervorgehen[181]. Erst nach dem Sieg von Sedan und der Weiterführung der Kampfhandlungen nahmen alle Mitglieder eine entschieden ablehnende Haltung ein. Vor allem warnte man vor der Annexion französischer Gebiete und der dadurch drohenden permanenten Kriegsgefahr[182]. Trotz der nicht unbedeutenden Erfolge der Augsburger Sozialdemokraten in den vergangenen Jahren zeigten gerade die Kriegsereignisse, daß es noch nicht gelungen war, bei einem größeren Teil der Arbeiter eine nachteilige Ände-

---

175 StA Augsburg E IV 3/134, Polizeibericht über die Mitgliederversammlung vom 18. 12. 1869.
176 StA Augsburg, G I 2/12.
177 StA Augsburg, E IV 3/134, Polizeibericht über die Parteiversammlung vom 23. 1. 1870.
178 StA Augsburg, G I 2/12.
179 Ebenda, Polizeibericht über die Parteiversammlung vom 28. 5. 1870.
180 Hirschfelder, a. a. O., I. Hauptteil, III c.
181 StA Augsburg, G I 2/13, I. Fasc., Polizeibericht über eine allgemeine Arbeiterversammlung vom 18. 7. 1870.
182 Ebenda, Polizeibericht über die Mitgliederversammlung vom 10. 9. 1870.

rung des politischen Bewußtseins herbeizuführen. Schon seit dem Sommer 1870 ging die Zahl der Versammlungsteilnehmer auffallend zurück, was wohl nicht allein auf die Beteiligung vieler Arbeiter am Feldzug zurückzuführen war. Doch erst die Reichsgründung und die Reichstagswahlen sollten zeigen, wie instabil das Anhängerpotential der Sozialdemokratie tatsächlich war.

2. Gewerkschaftsgründungen und erste Arbeitskonflikte

Schon bevor der Gedanke einer gewerkschaftlichen Organisation der Arbeiter und Gesellen von der lassalleanischen Arbeiterbewegung auf dem Allgemeinen Deutschen Arbeiterkongreß 1868 in Berlin aufgegriffen wurde, bestanden in einigen Berufen gewerkschaftsähnliche Organisationen. In Augsburg, wo die Buchdruckergesellen bereits 1849 mit den Meistern einen Tarifvertrag abgeschlossen hatten, war Ende des gleichen Jahres ein »Gutenberg-Verein« entstanden, der sich ausdrücklich die Hebung der sozialen Verhältnisse der Berufsgenossen zur Aufgabe machte. Er fiel jedoch wie viele Vereinsgründungen der Revolutionsjahre der Reaktion zum Opfer und wurde von der Bezirksregierung 1850 aufgelöst[183]. Mitte der sechziger Jahre machte sich unter den Augsburger Buchdruckern ein deutliches Interesse an gewerkschaftlichen Bestrebungen bemerkbar, das sich unter anderem in Sympathiekundgebungen für streikende Gesellen an anderen Orten äußerte; 1865 spendeten die Augsburger Buchdrucker 34 Thaler für ihre in einen Arbeitskampf verwickelten Kollegen in Leipzig[184]. Im April 1867 rief schließlich ein »Provisorischer Ausschuß« die Gesellen zur Gründung eines Buchdruckervereins auf, der sich im Juli des gleichen Jahres dem Verband deutscher Buchdrucker anschloß. Von den 126 in Augsburg beschäftigten Buchdruckern traten 84 sofort der Gewerkschaft bei. Dem Vorstand gehörten auch Tauscher und Neff an, die beide in der Pfeifferschen Buchdruckerei beschäftigt waren[185].

Während der Anschluß der Buchdrucker an die Gewerkschaft offensichtlich das Ergebnis einer längeren Entwicklung war, wenn auch die Anwesenheit Tauschers und Neffs den Schritt beschleunigt haben mochte, verdankten die lassalleanischen Gewerkschaften ihre Existenz ausschließlich externen Anregungen. 1868 entstanden in Augsburg in rascher Folge die Gewerkschaften der Metallarbeiter, der Schuhmacher, Schneider, Maler und Lackierer, Holzarbeiter und Zimmerleute, der Manufakturarbeiter und der Hand- und Fabrikarbeiter[186]. Im Sommer 1869 kon-

---

183 Rotter, a. a. O., S. 13 ff.
184 Ebenda, S. 17.
185 Ebenda, S. 18.
186 StA Augsburg, E IV 3/134, Polizeiberichte über die Gründungsversammlungen.

Gewerkschaft gegründet	Gründungsversammlung 1868	Versammlungsteilnehmer	davon Mitglieder des ADAV	Bevollmächtigter
1. Metallarbeiter	25. 10.	ca. 100	33	Ludwig Jelle, Metallarbeiter
2. Schuhmacher	27. 10.	ca. 60	16	Georg Stollberg, Schuhmacher
3. Schneider	2. 11.	ca. 42	31	J. G. Windsheimer, Schneider
4. Maler, Lackierer	7. 11.	ca. 30	30	Andreas Wüchner, Lackierer
5. Holzarbeiter	27. 11.	ca. 21	21	Otto Reim, Modellschreiner
6. Zimmerer	27. 11.	ca. 18	18	Xaver Sewald
7. Manufakturarbeiter	6. 12.	ca. 300	75	Leonhard Tauscher, Schriftsetzer
8. Hand- und Fabrikarbeiter	13. 12.	ca. 250	15	J. G. Windsheimer, Schneider

stituierte sich noch eine Mitgliedschaft des Allgemeinen deutschen Maurer- und Steinhauer-Bundes und die Sattlergewerkschaft[187]. Die Gründung einer Bäckergewerkschaft wurde wegen mangelnder Beteiligung auf einen späteren Zeitpunkt verschoben[188]. Die Einberufung der Gründungsversammlungen ging ausschließlich von aktiven ADAV-Mitgliedern aus, die auch die Bevollmächtigten der Gewerkschaften stellten. Auffallend ist, daß die stärkste Gewerkschaft, der Manufakturarbeiterverband, ebenso wie die schwächer vertretenen Hand- und Fabrikarbeiter keinen Berufsgenossen zum Bevollmächtigten wählten. Offensichtlich mußten die Fabrikarbeiter bereits Sanktionen der Unternehmer befürchten. Über die Tätigkeit der ersten Gewerkschaften ist wenig bekannt; immerhin scheinen regelmäßig Versammlungen abgehalten worden zu sein[189]. Da die Gewerkschaften um diese Zeit in Augsburg noch nicht als politische Vereine galten, blieben sie von polizeilichen Überwachungen unbehelligt[190]. Der Austritt der oppositionellen Gruppe um Ludwig Jelle aus dem ADAV im Sommer 1869 zog auch eine Spaltung der Gewerkschaftsbewegung nach sich. Im Oktober trat ein Teil der Metallarbeiter aus dem Metallarbeiterverband aus und schloß sich der internationalen Metallarbeitergewerkschaft an[191]. Nach dem Bruch der übrigen Augsburger ADAV-Mitglieder mit Schweitzer Ende 1869 mußte auch für diese eine neue Gewerkschaftsorganisation geschaffen werden. Der »Allgemeine deutsche Arbeiter-Verband«, der daraufhin ins Leben gerufen wurde, umfaßte Angehörige aller Berufsgruppen, denn an die Bildung von Einzelgewerkschaften war angesichts der Schwäche der Tauscher/Neff-Fraktion nicht mehr zu denken[192].

Die stärkere Hinwendung zu ökonomischen Fragen und die Betonung des klassenkämpferischen Elements durch Tauscher in den Jahren 1868/69 kam einer zweifellos schon vorhandenen unruhigen Stimmung unter der Arbeiterschaft entgegen und trug wohl nicht unwesentlich dazu bei, sie in offene Auflehnung gegen die drückenden Verhältnisse in den Fabriken zu verwandeln. Da es dem neuen Agitationsstil der Arbeiterbewegung entsprach, nun auch konkrete Mißstände in Augsburger Fabriken anzugreifen und auf Volksversammlungen zu diskutieren, mahnte der Magistrat die Unternehmer mehrmals, bei anstehenden Beschwerden von Arbeitern für rasche Abhilfe zu sorgen. Unter den gegebenen Umständen müsse man es überhaupt »als eine verhältnismäßig günstige Erscheinung betrachten, wenn Arbeiter mit ihren Klagen noch an die Gemeindebehörde sich wenden und um deren Vermittlung ersuchen, anstatt sofort und vollständig den Einflüsterungen der stets thätigen Agitatoren sich hinzugeben«[193]. Im September 1868 brach der erste Streik in der Buntweberei Riedinger aus. Die 30—40 Streikenden forderten höheren Lohn, klagten über schwer zu verarbeitendes Garn, kleinliche Handhabung der Fabrikstrafen, Sonntagsarbeit und Wegfall der Pausen — Mißstände, deren Beseitigung die Direktion schon längere Zeit zugesagt habe. Die Arbeitsniederlegung verlief jedoch erfolglos, die Streikenden wurden nicht mehr eingestellt. Unter ihnen befanden sich mindestens zwei ADAV-Mitglieder, so daß die

---

187 StA Augsburg, E IV 3/134.
188 Ebenda.
189 Anzeigen über Versammlungstermine finden sich in der Neuen Augsburger Zeitung.
190 StA Augsburg, E IV 3/134, Mitteilung des Stadtkommissärs vom 4. 2. 1869 an den Magistrat.
191 Neue Augsburger Zeitung Nr. 270 vom 2. 10. 1869.
192 StA Augsburg, E IV 3/196 (Statut).
193 StA Augsburg, G I 16/13, Magistrat an die Baumwollfeinspinnerei am 30. 6. 1869; ähnlich schon am 10. 9. 1868 an die Weberei Riedinger.

Vermutung, die sozialistische Bewegung habe dabei eine gewisse Rolle gespielt, zumindest naheliegt[194].

Im April des folgenden Jahres traten sämtliche Eisengießer der Maschinenfabrik Augsburg in einen zweieinhalb Tage dauernden Ausstand, da sich die Firma weigerte, einen Angestellten zu entlassen, der die Arbeiter unwürdig behandelt hatte[195]. Das geschlossene Vorgehen der Gießer überraschte die Direktion offensichtlich, denn sie entließ den Angestellten nach einigem Zögern tatsächlich und bot den Streikenden den Wiedereintritt in die Fabrik an, ohne weitere Bedingungen zu stellen. Auch im Falle des Gießerstreiks bestanden Verbindungen zum ADAV; Tauscher ermahnte die Streikenden zu Ruhe und Besonnenheit und setzte die Arbeitsniederlegung in der Maschinenfabrik auf die Tagesordnung einer Volksversammlung. Mit welchem Erfolg sich die Sozialdemokraten der Auseinandersetzung angenommen hatten, zeigt die Tatsache, daß die Firma einen Delegierten in die Volksversammlung schickte und ihre Beschlüsse bekanntgab[196]. Der Formerstreik unterschied sich von dem Streik der Weber im Vorjahr nicht nur durch den unmittelbaren Anlaß — auf der einen Seite die unter materieller Bedrängnis und physischer Überbeanspruchung leidenden Textilarbeiter, auf der anderen Seite die Former, die sich als qualifizierte Facharbeiter fühlten und auch als solche behandelt zu werden wünschten — auch die Durchführung des Streiks war verschieden. Während der Textilarbeiterstreik wenig sorgfältige Planung verriet, bildete sich unter den Formern sogleich ein Streikkomitee, das die Verhandlungen mit der Firma führte[197]. Die entgegenkommende Haltung der Direktion trug mit dazu bei, daß die Berührung der Arbeiter der Maschinenfabrik mit der sozialistischen Arbeiterbewegung nur eine Episode blieb[198].

Den Höhepunkt dieser ersten Streikbewegung bildete im Sommer 1869 die Arbeitsniederlegung in der Spinnerei und Weberei von Krauss & Sohn im Augsburger Vorort Pfersee. Das erst 1866 gegründete Unternehmen hatte noch mehr als die älteren und bereits konsolidierten Firmen mit der schlechten Konjunktur der sechziger Jahre zu kämpfen. Die wirtschaftlichen Schwierigkeiten wurden offensichtlich ohne Bedenken an die Arbeiter weitergegeben, denn die Löhne waren hier besonders niedrig, und die Handhabung der Strafabzüge schien an offenen Betrug zu grenzen[199]. Auch die allgemeinen Arbeitsbedingungen galten als besonders drückend; so waren in den Werksälen Tafeln aufgehängt, auf denen die Fabrikstrafen den Arbeitern öffentlich bekanntgegeben wurden. Die Meister schienen sich durch eine besonders rohe Behandlung ihrer Untergebenen auszuzeichnen und auch die Ansprüche auf Unterstützung durch die Fabrikkrankenkasse in vielen Fällen nur auf dem Papier zu stehen[200].

Die Zustände in der Krausschen Fabrik wurden zum erstenmal in einer Arbeiterversammlung am 3. August angeprangert. Klagen über die dortigen Verhältnisse waren schon länger bekannt, doch hatte sich die Erregung in den letzten Wochen gesteigert, da die Arbeiter zur Anwendung einer neuen, zeitraubenden

---

194 StA Augsburg, G I 16/13, Vernehmungsprotokoll vom 10. 9. 1868, Personalangaben vom 11. 10. 1868.
195 MAN-Archiv Augsburg, Foth, a. a. O., S. 335 ff.; StA Augsburg, G I 16/13; E IV 3/134; Neue Augsburger Zeitung Nr. 112 vom 24. 4. 1868.
196 StA Augsburg, E IV 3/134, Polizeibericht über die Volksversammlung vom 24. 4. 1869.
197 StA Augsburg, G I 16/13; E IV 3/134, Polizeibericht über die Volksversammlung vom 24. 4. 1869.
198 StA Augsburg, G I 2/13, II. Fasc., Tauscher in der Parteiversammlung vom 15. 1. 1876.
199 StA Augsburg, E IV 3/134, Polizeibericht über die allgemeine Arbeiterversammlung vom 3. 8. 1869 und vom 18. 8. 1869.
200 StA Augsburg, E IV 3/134, Polizeibericht über die Arbeiterversammlung vom 23. 8. 1869.

Arbeitstechnik gezwungen wurden[201]. Einige Arbeiter hatten daraufhin ihre Kündigung eingereicht, jedoch ihre Papiere nicht zurückerhalten. Zwei Wochen später trat erneut eine Arbeiterversammlung zusammen und besprach »die unerhörte Bedrückung« der Arbeiter in der Firma Krauss. Dabei wurden Lohnzettel verlesen, aus denen hervorging, daß Frauen dort nur zwischen 4 und 5 fl., Männer zwischen 7 und 8 fl. in 14 Tagen verdienten. In einer Resolution nannte die Versammlung diese Behandlung der Arbeiter »einen Akt unerhörter Willkür, wie er sich in der Zeit der Sklaverei und Leibeigenschaft nicht ärger gedacht werden kann«, und warnte alle Arbeiter vor dem Eintritt in dieses »dem Arbeiter den sauer verdienten Lohn entziehende Etablissement«[202].

Ob die Arbeiter vor dieser Versammlung bereits zum Streik entschlossen waren, läßt sich nicht mehr feststellen. Immerhin bemerkte Tauscher am Schluß der Versammlung, »daß, wenn diese Lektion bei den Herren Krauss & Sohn nicht helfe, er auch in der Lage sei, noch ein anderes, wirksameres Rezept zu verschreiben«, womit er nach Ansicht der Polizei »die Instandsetzung eines Streiks« meinte[203]. Als Antwort auf diese Resolution forderte Krauss am nächsten Tag diejenigen Arbeiter, die sich bedrückt fühlten, auf, innerhalb von zwei Tagen ihren Abschied zu nehmen; von den verbleibenden werde angenommen, daß sie mit den bestehenden Verhältnissen einverstanden seien. Daraufhin legten von rund 400 Beschäftigten 343 Arbeiter, darunter 213 Frauen und Mädchen, die Arbeit nieder und forderten Erhöhung der Löhne und Prämien, Herabsetzung der Kündigungsfrist, Neuregelung der Krankenunterstützungen, Verbesserung des Arbeitsmaterials, Abschaffung des willkürlichen Strafsystems und die Entfernung mißliebiger Meister[204]. Der Pfersee-Streik erregte in der gesamten Arbeiterbevölkerung Augsburgs großes Interesse. Innerhalb von wenigen Tagen fanden mehrere Volksversammlungen mit jeweils 3000–4000 Besuchern statt. Zur Unterstützung der Streikenden konstituierte sich ein Komitee, das sich aus 22 Arbeitern der verschiedenen Augsburger Fabriken zusammensetzte. Schon in den ersten Tagen wurden über 1000 fl. verteilt, sogar die in der Fabrik arbeitenden Kinder erhielten eine Streikunterstützung[205]. Doch auch die Unternehmer waren durch die Vorgänge in Pfersee aufgeschreckt. Sie erreichten ein Verbot der Geldsammlung durch die Bezirksregierung und bildeten einen Fonds zur Unterstützung des Fabrikanten Krauss[206]. Arbeiter, die aus Augsburg abgereist waren und im übrigen Bayern Arbeit suchten, mußten bald feststellen, daß ihre Namen auf »schwarzen Listen« standen, die im ganzen Land kursierten[207]. So war es nicht verwunderlich, daß Krauss allen Verhandlungsangeboten der Streikenden unzugänglich blieb und spottete, seinetwegen könnten die Arbeiter bis Weihnachten im Ausstand bleiben[208]. Vom Stadtmagistrat angefordertes Militär stand im Fabrikhof bereit, um eventuellen »Ruhestörungen« gewaltsam entgegentreten zu können[209].

---

201 StA Augsburg, E IV 3/134, Polizeibericht über die Arbeiterversammlung vom 23. 8. 1869. Sie mußten das zu verarbeitende Garn zunächst mit Seifenwasser benetzen.
202 StA Augsburg, E IV 3/134, Polizeibericht über die Arbeiterversammlung vom 18. 8. 1869.
203 Ebenda.
204 StA Augsburg, E IV 3/134, Polizeibericht über die Arbeiterversammlung vom 23. 8. 1869.
205 Ebenda; Volksversammlung vom 30. 8. 1869. Neue Augsburger Zeitung Nr. 232 vom 25. 8. 1869. Die Arbeiter der übrigen Fabriken wollten für die Streikenden pro Woche einen halben Tagesverdienst opfern.
206 StA Augsburg, Nachlaß Haßler, K 36. Der Rest des Fonds existierte noch 1875.
207 Neue Augsburger Zeitung Nr. 248 vom 10. 9. 1869; StA Augsburg, E IV 3/134. Einige Arbeiter mußten daher in die Schweiz ausreisen.
208 StA Augsburg, E IV 3/134, Polizeibericht über die Volksversammlung vom 4. 9. 1869.
209 StA Augsburg, G I 16/13, Kgl. bayerische Commandantschaft der Stadt Augsburg an den Magistrat, 2. 9. 1869.

Einem derartigen Aufgebot staatlicher und wirtschaftlicher Macht waren die streikenden Arbeiter nicht gewachsen. Das Unterstützungskomitee hatte nach 14 Tagen bereits 350 fl. Schulden gemacht[210]. Die meisten streikenden Arbeiter ließen sich nun ihre Löhne ausbezahlen und reisten ab; ihre Frauen und Kinder blieben vorläufig zurück und mußten weiter unterstützt werden. 24 »Rädelsführer« wurden endgültig entlassen und von der Regierung aus dem Bezirksamt Augsburg ausgewiesen[211]. Den in Augsburg verbliebenen Arbeitern präsentierte Krauss einige Zugeständnisse, so die wahlweise Einführung eines in einer anderen Augsburger Weberei gültigen Lohntarifs, Herabsetzung der Kündigungsfrist auf 4 Wochen und Entfernung der Straftafeln aus den Fabriksälen[212]. Die wichtigsten Forderungen der Arbeiter wurden hingegen nicht erfüllt. Vor rund 3000 Arbeitern mußte Tauscher, der sich immer wieder in die Verhandlungen mit Krauss eingeschaltet hatte, das Scheitern des Streiks eingestehen, aus dessen Verlauf er die Lehre zog, »daß eine Arbeitseinstellung künftig nicht über Nacht, sondern wohl vorbereitet und viel großartiger angelegt werden müsse«[213]. Eine der hauptsächlichen Ursachen für das Mißlingen des Streiks sah Tauscher wohl mit Recht in der Tatsache, daß von 343 Streikenden nur 12 Arbeiter Mitglied der Manufakturarbeiter-Gewerkschaft waren und als einzige eine reguläre Unterstützung bezogen[214].

Diese erste Kraftprobe zwischen Arbeitnehmern und Arbeitgebern hatte für beide Seiten weitreichende Folgen. Unter den Arbeitern bestärkte der Ausgang des Streiks das Gefühl der eigenen Ohnmacht und wirkte für lange Zeit abschreckend auf alle ähnlichen Bestrebungen. Unter den Augsburger Industriellen hingegen griff nun eine systematischere Verfolgung der Arbeiterbewegung um sich, nachdem sich die Wirksamkeit sozialistischer Agitation, als deren Ergebnis man die Arbeitseinstellung betrachtete, gezeigt hatte.

---

210 StA Augsburg, E IV 3/134, Polizeibericht über die Volksversammlung vom 4. 9. 1869.
211 StA Augsburg, G I 16/13, Bezirksamt Augsburg an den Magistrat, 2. 9. 1869; Neue Augsburger Zeitung Nr. 242 vom 4. 9. 1868.
212 Neue Augsburger Zeitung Nr. 242 vom 4. 9. 1869.
213 StA Augsburg, E IV 3/134, Polizeibericht über die Volksversammlung vom 4. 9. 1869.
214 Ebenda.

Zweites Kapitel Politik und Interessen.
Ideologischer und struktureller Wandel
der Parteien im Bismarckreich 1871—1890

In Augsburg lösten Verlauf und Ende des deutsch-französischen Kriegs 1870/71 wie überall in Deutschland Begeisterung und Jubel unter der Bevölkerung aus. Daran schienen alle sozialen Schichten gleichermaßen beteiligt zu sein; zu den Fackelzügen der Turnvereine und den Festreden lokaler Würdenträger gesellten sich die Musikkapellen der Fabrikarbeiter mit der »Wacht am Rhein« und »Heil Dir im Siegeskranze«[1]. Doch das Bild politischer Eintracht trog. Gerade die beiden folgenden Jahrzehnte brachten unter dem Eindruck der seit 1873 einsetzenden wirtschaftlichen Depression eine zunehmende Verschärfung der sozialen Gegensätze mit sich. Damit wurde der Kampf gegen die Sozialdemokratie zum wichtigen Integrationsfaktor für die konservativen Sammlungsbewegungen[2]. Zwischen 1871 und 1890 wandelte sich auch der Charakter der beiden großen bürgerlichen Parteien in Augsburg, wobei bestimmte, bereits vorhandene Tendenzen nun in den Vordergrund traten. Bei den Liberalen verschwanden die Reste freiheitlichen Denkens zugunsten einer massiven ökonomischen Interessenvertretung; in der Patriotenpartei ging die Aufgeschlossenheit für soziale Probleme in gleichem Maße zurück wie die Kritik am Kapitalismus verstummte und der Anpassung an die Bedingungen des neuen ökonomischen Systems wich.

I. Die Entwicklung der liberalen Partei

Für das liberale Bürgertum bedeutete die Reichsgründung 1871 die Erfüllung jahrzehntelanger Hoffnungen. Nun, da die Einheit des Reiches hergestellt war, gerieten jene freiheitlichen Bestrebungen noch mehr in Vergessenheit, die man schon zuvor aus »taktischen« Gründen zurückgestellt hatte. In Augsburg vollzog sich in den nächsten zwei Jahrzehnten die eigentliche Identifizierung der Industriellen- und Bankiersschicht mit der nationalliberalen Partei. Zwar bildeten in den siebziger und achtziger Jahren zahlenmäßig noch immer die Handwerksmeister die bedeutendste Gruppe unter den Mitgliedern des liberalen Bürgervereins, doch entstand allmählich eine unübersehbare Kluft zwischen den einfachen Mitgliedern und den Honoratioren, die teils durch formellen, teils durch informellen Einfluß nun in zunehmendem Maße die Politik der Partei bestimmten. Schon 1875 gehörten dem Wahlkomitee für die Landtagswahlen neben acht Handwerksmeistern drei Kaufleute und fünf Fabrikanten an[3]. Doch auch die noch an führender Stelle sitzenden Meister gehörten zu den wohlhabenderen und besaßen z. T. gleichzeitig einen Sitz in der Gewerbeabteilung der Handels- und Gewerbekam-

---
1 Augsburger Abendzeitung Nr. 243 vom 4. 9. 1870; Neue Augsburger Zeitung Nr. 32 vom 1. 2. 1871.
2 Rosenberg, Große Depression, a. a. O., S. 261 ff.; Groh, a. a. O., S. 48.
3 StA Augsburg, E IV 3/137, I. Fasc.

mer. Arbeiter traten im Bürgerverein so gut wie gar nicht hervor, wenn auch von bürgerlicher Seite ausdrücklich empfohlen wurde, »das Prinzip der Gleichberechtigung aller Parteimitglieder hochzuhalten« und den Arbeiter so zu schätzen wie den »reichsten und angesehensten Mann im Staate«[4].

Die wichtigste organisatorische Grundlage der Liberalen in Augsburg war nach wie vor der »Bürgerverein«. Daneben konstituierte sich 1872 ein »Liberaler Kreisverein«, dem die schon seit Jahren in der Fortschrittspartei und im Bürgerverein vertretenen Kaufleute Albert Hertel und Friedrich Keller, der spätere rechtskundige Magistratsrat Georg Pfeil, seit 1876 auch der Direktor der Mechanischen Baumwollspinnerei und Weberei, Albert Frommel, und der Verleger der Augsburger Abendzeitung, Carl Wirth, angehörten[5]. Wenn in der liberalen Partei auch keine eigentliche Willensbildung von oben nach unten stattfand, so wurde doch bis in die siebziger Jahre wenigstens die Wahlagitation auf breiter Basis geführt. Anläßlich der Landtagswahlen 1875 entsandten die Parteimitglieder eines jeden Wahlbezirks je einen Delegierten in ein Aktionskomitee, dessen Mitglieder für die Abhaltung von Distriktsversammlungen in ihren Bezirken sorgen mußten. Auf diesen Versammlungen wurden Obmänner gewählt, die dann die Hauptverantwortung für die Wahlagitation trugen[6]. Für die im gleichen Jahre stattfindenden Gemeindewahlen trat das Landtagsaktionskomitee mit den in den einzelnen Wahldistrikten aufgestellten Obmännern zusammen und bildete gemeinsam mit diesen den liberalen Wahlausschuß. Daraufhin wurden Distriktversammlungen anberaumt, die je vier Delegierte wählten, um die dann der zentrale Wahlausschuß erweitert wurde. Dieses Gremium stellte die Kandidatenliste für die liberale Partei auf[7].

Als jedoch in späteren Jahren die Führung der Partei zunehmend in die Hände der Großindustriellen, Bankiers und städtischen Honoratioren geriet, ging damit auch eine organisatorische Abkapselung einher. So wurde z. B. bei den Landtags- und Gemeindewahlen 1881 entgegen dem früheren Usus beschlossen, als Wahlkomitee den Vereinsvorstand einzusetzen, der dann das Recht haben sollte, 60–80 Personen zu kooptieren. Damit wurden nach den Worten eines opponierenden Vereinsmitglieds »alle Comité-Mitglieder einfach ernannt, aber nicht vom Volke gewählt, und nicht das Interesse aller, sondern [...] einzelner Klassen gewahrt«[8]. Gerade der Einfluß hochgestellter Persönlichkeiten im Bürgerverein ließ in der Augsburger Bevölkerung immer wieder den Verdacht entstehen, »die vom Magistrat erlassenen Verordnungen und getroffenen Maßregeln würden vorher im Bürgerverein ausgeheckt«[9].

Kleinbürgerliche Elemente, kleine Handwerksmeister und »Fabrikanten«, Werkmeister aus den Fabriken und vereinzelt auch Facharbeiter traten nur in den Bürgervereinen der beiden Wertachvorstädte hervor, die seit den sechziger Jahren bestanden und sich 1880 zu einem Verein zusammenschlossen[10]. Bei diesen Vereinsmitgliedern handelte es sich um eine gesellschaftliche Gruppe, die sich in erster Linie die »Wahrung der bürgerlichen Interessen«, d. h. die Aufrechterhaltung

---

4 StA Augsburg, E IV 3/137, I. Fasc., Bezirksgerichtsdirektor Günther in der Parteiversammlung vom 9. 4. 1875.
5 StA Augsburg, E IV 3/225.
6 StA Augsburg, E IV 3/137, I. Fasc.
7 Ebenda.
8 Ebenda, Gollwitzer in der Parteiversammlung vom 5. 4. 1881.
9 Ebenda, ein Parteimitglied in der Parteiversammlung vom 8. 3. 1881.
10 StA Augsburg, E IV 3/342, I. Fasc.

des eigenen höheren Status in einem ausschließlich vom proletarischen Milieu bestimmten Stadtviertel zum Ziele gesetzt hatte. Für den sozial exklusiven Bürgerverein der Innenstadt rechneten die liberalen Gesinnungsgenossen aus den Vorstädten zur quantité négligeable, auf die nur der Wahlen wegen gewisse Rücksichten genommen wurden[11]. Je nach der allgemeinen politischen Lage und dem Stand der Beziehungen zwischen den Vereinen schwankte der Bürgerverein der Wertachvorstädte zwischen einer mehr an unpolitischer Geselligkeit ausgerichteten und einer dezidiert nationalliberalen Haltung. Um in stärkerem Maße Fabrikarbeiter für die liberale Sache zu gewinnen, gliederte sich der Wertachverein 1883 eine Krankenkasse an, was auch tatsächlich einen beträchtlichen Anstieg der Mitgliederzahl zur Folge hatte[12].

Das Prinzip der Verbindung eines politischen oder geselligen Vereins mit einer Krankenkasse für die Mitglieder, das besonders die katholischen Vereine mit großem Erfolg anwandten, griff 1872 auch der Augsburger liberale Arbeiterfortbildungsverein auf[13]. Trotzdem blieb der Zulauf bescheiden. Zwischen 1879 und 1887 erhöhte sich die Mitgliederzahl von 107 auf 250 Personen, unter denen aber neben den Fabrikarbeitern zahlreiche Kleinmeister und Handwerksgesellen vertreten waren. 1876 beteiligte sich der Augsburger Verein an der Gründung des Verbands süddeutscher Arbeiterbildungsvereine in Stuttgart. Augsburg wurde für das erste Jahr zum Vorort bestimmt, der erste Vorstand des Augsburger Vereins, der Schneidermeister Johannes Bischoff, zum Vorsitzenden gewählt[14]. Der Arbeiterfortbildungsverein wurde nicht nur von der liberalen Partei, sondern auch von den Industriellen protegiert; anläßlich des fünfundzwanzigjährigen Vereinsjubiläums bat der Verein die Fabrikanten um finanzielle Unterstützung beim Ankauf eines Vereinshauses, dessen Hauptaufgabe es sei, »den von auswärts kommenden Arbeitern einen Haltpunkt zu gewähren, für deren Unterkunft zu sorgen und so die herumirrenden Leute einerseits vor den Fangarmen der Sozialdemokratie, andererseits vor einem leichtfertigen Lebenswandel zu retten«[15].

Die ersten Wahlen nach der Reichsgründung brachten für die Augsburger Liberalen mit 51,6 % der abgegebenen Stimmen einen triumphalen Erfolg, der sich nur aus dem überwältigenden Eindruck erklären läßt, den der siegreiche Feldzug und die Reichsgründung auch bei den vorwiegend ländlichen und katholischen Wählern des Augsburger Reichstagswahlkreises hinterließ[16]. Bis zum Ersten Weltkrieg sollte die Wahlperiode von 1871–1874 die einzige bleiben, während der Augsburg durch einen Liberalen vertreten wurde. Im Reichstag schloß sich im März 1871 eine Gruppe von 31 vorwiegend aus Süddeutschland stammenden Abgeordneten zu einer Fraktion zusammen, die sich »Liberale Reichspartei« nannte; Ludwig Fischer und Joseph Völk zählten zu den Gründungsmitgliedern. Vor dem Anschluß an die Nationalliberale Partei, der an sich folgerichtig gewesen wäre, hielt die süddeutschen Liberalen die Ungewißheit über deren Haltung zum föderalistischen Prinzip zunächst noch zurück, während sie an der Fortschrittspartei die

---

11 StA Augsburg, E IV 3/137, I. Fasc. Als sich 1880 der Bürgerverein der Wertachvorstädte an den Bürgerverein der inneren Stadt mit der Frage wandte, ob dieser bereit sei, im Landtag eine Petition wegen der Revision der Häusersteuer einzubringen, ergaben interne Diskussionen im liberalen Bürgerverein die Meinung, man solle alles in der Sache tun, denn »man dürfe diese Leute nicht vor den Kopf stoßen, da man sie bei den Wahlen brauche« (14. 9. 1880).
12 StA Augsburg, E IV 3/342, I. Fasc.
13 StA Augsburg, A 149.
14 BayHStA München, M Inn 73499; StA Augsburg E 3/292.
15 SWA-Archiv, Augsburg, Verband Süddeutscher Textilarbeitgeber, Mai 1887.
16 Zs. des kgl. bayerischen Statistischen Bureaus, 3. Jg. 1871, S. 199.

»allzu theoretische Richtung« störte[17]. Das Programm der Reichspartei war sehr allgemein gehalten und umfaßte neben der Forderung nach Ausbau der Reichsgesetzgebung nur sehr vage das Verlangen nach »Gewähr der persönlichen, bürgerlichen und politischen Freiheit«, dem besonders bei der Regelung des Presse- und Vereinswesens »im Sinne wahren Fortschritts« Rechnung getragen werden sollte. Im ersten Reichstag beteiligte sich die Reichspartei wie die Nationalliberalen am Ausbau der Reichsgesetzgebung und brachte über den Abgeordneten Völk einen Initiativantrag für ein Pressegesetz ein, der zu einem, allerdings nicht mehr verabschiedeten Entwurf unter dem Vorsitz Völks führte[18]. Während des Wahlkampfes von 1874 löste sich die Reichspartei auf; Völk, der für Immenstadt gewählt wurde, schloß sich nun der nationalliberalen Partei an[19]. Das Augsburger Reichstagsmandat fiel an einen Zentrumsabgeordneten.

Die enge personelle Verflechtung der Augsburger Liberalen mit Kreisen der Industrie blieb nicht ohne Wirkung auf den politischen Kurs der Partei. Die Abwendung vom Freihandelsprinzip, ein Hauptanliegen der Textilindustrie, vollzog sich rasch und offensichtlich ohne innerparteiliche Auseinandersetzungen. Joseph Völk gehörte im Herbst 1878 zu den 204 Abgeordneten, welche die schutzzöllnerische Adresse der »Freien Wirtschaftlichen Vereinigung« unterschrieben[20]. Am 10. Juli 1879 hielt er im Reichstag eine Rede für den neuen Zolltarif; das daraufhin erteilte Tadelsvotum seitens der Nationalliberalen führte am 12. Juli zum Ausscheiden der Gruppe um Völk, Schauß und von Hölder aus der Partei[21]. Auf der 3. Generalversammlung des CVDI, die im September 1879 in Augsburg stattfand, versicherte Bürgermeister Fischer den Industriellen sein Wohlwollen gegenüber der Schutzzollfrage. Dabei wandte er sich gegen Hinweise auf die frühere freihändlerische Einstellung der Augsburger Liberalen in den Jahren 1863–1865. Damals hätte man aus politischen Gründen für die Annahme des Handelsvertrages mit Frankreich plädiert und damit zugleich ein Votum zugunsten der preußischen Hegemonie abgeben wollen. Inzwischen sei jedoch nicht mehr einzusehen, »daß jeder freisinnige Deutsche ein Anhänger des abstrakten Freihandelsprinzips sein müsse«[22]. Die Belastung, welche besonders die Getreidezölle für die ärmere Bevölkerung darstellten, war dabei den Liberalen keineswegs entgangen, sondern wurde vielmehr bewußt in Kauf genommen. So wies Fischer darauf hin, »daß der neue Tarif, wenn er seine Wirkung thut, die Vertheuerung vieler allgemein nothwendiger Verbrauchsgegenstände herbeiführen muß«; diese würde jedoch »infolge der unvermeidlich eintretenden Erhöhung des Produktionsgewinnes und Arbeitslohnes alsbald ausgeglichen werden«[23]. Auch in den Fragen der Steuerreform sprachen sich die Augsburger Liberalen bevorzugt für indirekte Steuern und damit für die Überwälzung der Hauptlast auf die sozial Schwachen aus, denn es sei »in jeder Hinsicht zweckmäßiger, das notwendige Geld auf dem Wege der indirekten Besteuerung aufzubringen, als sich mit dem vollständig hoffnungslosen Versuch abzuplagen, durch eine sog. Revision der direkten Steuergesetze den Leuten das Zahlen mundgerechter oder angenehmer zu machen«[24].

17 StA Augsburg, Nachlaß Völk, Memorandum »Die liberale Reichspartei im deutschen Reichstage 1871–1873«.
18 Ebenda, Programm der liberalen Reichspartei vom 28. März 1871.
19 Süddeutsche Presse Nr. 24 vom 24. 1. 1882.
20 Süddeutsche Presse Nr. 24 vom 24. 1. 1882; Böhme, Deutschlands Weg zur Großmacht, a. a. O., S. 506 f.
21 Ebenda, S. 561.
22 VMB Nr. 10, 1879, S. 4 ff.
23 Ebenda, S. 6.
24 Augsburger Abendzeitung Nr. 157 vom 9. 6. 1881, Bürgermeister Fischer in einer Wählerversammlung am 8. 6. 1881.

Wie in den Jahren vor der Reichsgründung, so nahmen auch in den siebziger und achtziger Jahren soziale Probleme für die Augsburger Liberalen nur eine zweitrangige Stellung ein. Grundsätzlich war man zunächst der Ansicht, daß das Reich durch die politische Einheit und die steigende wirtschaftliche Macht auf dem Weltmarkt zu größerem Wohlstand für alle gelangen würde, der dann auch in Form von Lohnerhöhungen an die Arbeiter weitergegeben würde[25]. Doch bald wurden aggressivere Töne laut; so erklärte der rechtskundige Magistratsrat Pfeil im Dezember 1878 auf einer Versammlung des Bürgervereins, bei der Gewerbegesetzgebung dürften noch nicht alle Schranken fallengelassen werden, »da unser Volk in seiner Mehrheit noch nicht dazu gelangt sei, die volle Freiheit ertragen zu können. Die Lehrlinge und viele Arbeiter bedürften noch einer strengeren Aufsicht, wenn sie es zu etwas bringen sollten«[26]. Verderbliche Einflüsse auf die Lage der Arbeiter sah man bezeichnenderweise nicht etwa in niedrigen Löhnen oder unwürdigen Arbeitsbedingungen, sondern in der großen Zahl von Wirtshäusern, Leihanstalten, den vielen Feiertagen oder der angeblichen Verschwendungssucht der Arbeiterbevölkerung. Man müsse die Arbeiter »sparsamer und bescheidener machen«, hieß es 1881 im Bürgerverein; der Arbeiter solle »in seinen Verhältnissen bleiben und nicht darüber hinausgehen«[27]. Zur besseren Kontrolle der für unmündig erklärten Arbeiter empfahlen die meisten Vereinsmitglieder die Einführung von Arbeitsbüchern auch für erwachsene Arbeiter. Stimmen wie die des Gerichtsarztes Dr. Kuby, der dagegen betonte, »die subjektive Freiheit [...] müsse im Interesse des allgemeinen Fortschritts erhalten bleiben; der Grundsatz ›Freiheit, Gleichheit und Brüderlichkeit‹ sei stets hochzuhalten«, wirkten eher anachronistisch.[28]

In der Abwehr der erstarkenden Arbeiterbewegung und der Verteidigung der Interessen des Besitzbürgertums, auf dessen Seite sich die Augsburger Liberalen nun eindeutig geschlagen hatten, galten die Grundsätze der politischen Freiheit längst nicht mehr für alle. Am besten charakterisiert diese Tendenz der Wahlaufruf, den die Augsburger Liberalen nach dem zweiten Kaiser-Attentat und der darauffolgenden Reichstagsauflösung am 3. Juli 1878 veröffentlichten; er enthielt im Grunde das Programm einer konservativen Partei. Darin hieß es unter anderem:

»Die Lage erfordert gebieterisch eine starke Regierung, welche sich stützt und stützen kann auf die Volkskreise, durch deren aufrichtige und werthätige Mitwirkung das Reich gegründet und bisher in seinem Ausbau gefördert wurde. Es ist Pflicht, unserem erhabenen Kaiser und den Regierungen der Staaten des Reiches die zum Schutze der ernsthaft gefährdeten bürgerlichen Ordnung nothwendigen gesetzlichen Vollmachten zu ertheilen. Daß eine der Nothwendigkeit entsprechende Gesetzesvorlage den Charakter eines Ausnahmegesetzes an sich trägt, kann von der Zustimmung nicht abhalten, denn es ist gerechtfertigt, außergewöhnlichen Gefahren auch mit außergewöhnlichen Mitteln zu begegnen [...]

An Deutschlands Heeresmacht zu rütteln und zu mäkeln, ist heute weniger als je die rechte Zeit. Jede Schwächung unserer Wehrkraft wäre gleichbedeutend mit einer Schmälerung unserer Sicherheit. [...]

Unsere Opferkraft und zugleich unsere Opferwilligkeit werden wachsen, wenn es endlich einmal gelingen wird, die deutsche Wirtschaftspolitik in Bahnen zu lenken, welche

---

25 Vgl. z. B. Völk in einer Rede vor dem Verein der Liberalen in Chemnitz, Extra-Beilage zum Chemnitzer Tageblatt und Anzeiger vom 17. 2. 1875 (Exemplar im Völk-Nachlaß).
26 StA Augsburg, E IV 3/137.
27 Ebenda, Fabrikant Ammon in der Parteiversammlung vom 30. 3. 1881.
28 Ebenda, Versammlung vom 10. 12. 1878.

zum Bruche führen mit jener verkehrten Doktrin, die der deutschen Landwirtschaft, dem deutschen Gewerbe und der deutschen Industrie [...] den gebührenden Schutz verweigert [...]. Die bei seinerzeitiger Feststellung der Gewerbeordnung maßgebenden Theorie, daß die schrankenlose freie Konkurrenz für alle damit verknüpften Übel sofort auch die Heilmittel bereite, hat in der Praxis die Probe nicht bestanden. [...] Eine [...] Revision der Gewerbeordnung ist daher baldthunlich vorzunehmen [...].

Das Reichstagswahlgesetz und das zu dessen Vollzug erlassene Reglement erheischen eine Verbesserung mindestens in der Richtung, daß nur Wähler, welche eine gewisse längere Dauer des Aufenthaltes nachweisen, in die Wählerliste der Aufenthaltsgemeinde einzutragen sind.«[29]

II. Die konservative Partei

Anfang der siebziger Jahre erweiterte sich das Augsburger Parteienspektrum um eine neue konservative Partei, deren Programm stärker von weltanschaulichen Grundsätzen geprägt war als der Neokonservatismus der Liberalen. Die enge Verbindung, die seit den fünfziger und sechziger Jahren Protestantismus und Liberalismus eingingen, wurde von dem orthodoxeren Teil der Protestanten nur zögernd nachvollzogen. Mit wachsendem Mißtrauen betrachteten sie vor allem die Versuche der bayerischen Fortschrittspartei, den kirchlichen Einfluß im öffentlichen Leben zurückzudrängen und zu beschränken. Der eigentliche Bruch der strenggläubigen Protestanten mit den Liberalen trat spätestens 1869 ein, als sich die Fortschrittspartei nachdrücklich für die Einführung von Kommunal- bzw. Simultanschulen einsetzte[30]. Schon vor den Novemberwahlen erwogen daher einige Augsburger Bürger die Gründung einer konservativen Partei[31]. Den unmittelbaren Anstoß dazu gab die Kampagne der Liberalen gegen den Oberkonsistorialpräsidenten von Harleß, der als Mitglied der Kammer der Reichsräte gegen die Schulgesetze des Ministeriums Hohenlohe gekämpft hatte[32]. Für Mai 1872 wurde eine Gründungsversammlung nach Nürnberg einberufen. Die Partei, die sich daraufhin konstituierte, blieb zunächst nur auf Bayern beschränkt; erst 1876 schloß sie sich der Deutsch-konservativen Partei an[33]. Zum Parteiorgan der bayerischen Konservativen« wurde die in Augsburg erscheinende »Süddeutsche Reichspost« ernannt. Als führende Persönlichkeiten traten der seit 1863 als Assessor bei der Regierung von Schwaben und Neuburg beschäftigte August Emil Luthardt und der Augsburger Filzfabrikant Kaspar Lembert hervor[34]. Im übrigen lagen die Schwerpunkte der Konservativen vor allem in den fränkischen Kreisen des Löhe-Protestantismus.

Bezog sich ursprünglich die Kritik am Liberalismus in erster Linie auf dessen »kirchenfeindliche« Haltung, so gelangte Luthardt 1872 zu der Erkenntnis, »daß politischer und kirchlicher Liberalismus aus einem und demselben Ursprunge fließen, nämlich aus dem Geiste der Selbstherrlichkeit, welcher den Menschen ledig-

---

29 Augsburger Abendzeitung Nr. 182 vom 3. 7. 1878.
30 August Emil Luthardt, Mein Werden und Wirken im öffentlichen Leben, München 1901, S. 254 ff.
31 Luthardt, a. a. O., S. 254 ff.; Augsburger Anzeigblatt Nr. 309 vom 10. 11. 1869.
32 Luthardt, a. a. O., S. 259.
33 Ebenda, S. 296.
34 Ebenda, S. 295.

lich auf sich selbst stellt, von der Freiheit des einzelnen und seinem Selbstbestimmungsrecht ausgeht und von einer uranfänglich über den Menschen stehenden Autorität nichts wissen will«[35]. In der Abwehr dieser Strömung wurde nun eindeutig das konservative Leitbild einer ständischen Ordnung propagiert. So sei »die Volksvertretung, d. h. die Vertretung der unterschiedslosen Masse, umzubilden in Landstände, d. h. in eine Vertretung der organischen Stände oder Berufsklassen«[36].

Die Einstellung der protestantischen Konservativen zum Verhältnis von Staat und Kirche stieß auch in der Patriotenpartei auf Interesse. Schon 1873 versuchte Huttler, die konservative Partei in Augsburg zu einem Zusammengehen mit den Katholiken zu bewegen[37]. Doch die Konservativen lehnten ab und zogen in den nächsten Jahren als eigene Partei in den Wahlkampf. Der Erfolg war allerdings sehr gering; unter den bei der Landtagswahl von 1875 aufgestellten Wahlmännern befand sich kein einziger aus den Reihen der konservativen Kandidaten; bei den Reichstagswahlen der Jahre 1874 und 1877 gewann die neue Partei jeweils nur etwa ein Prozent der Wählerstimmen für sich[38]. Zu größerer Bedeutung gelangte die konservative Partei erst zu Beginn der achtziger Jahre, als durch das Zusammentreffen besonderer lokaler Ereignisse in Augsburg und einer Krise in der bayerischen Patriotenpartei die herkömmliche Parteienkonstellation in Bewegung geriet.

III. Die antiliberale kleinbürgerliche Protestbewegung der Depressionsphase

Die mit der wirtschaftlichen Krise seit 1873 im öffentlichen Bewußtsein verbundene Diskreditierung des Liberalismus machte sich trotz des frühzeitigen wirtschaftspolitischen Richtungswechsels der Augsburger Liberalen auch im politischen Klima der Stadt bemerkbar[39]. Ende der siebziger und Anfang der achtziger Jahre kam es zur Abspaltung kleinbürgerlicher Gruppen vom liberalen Bürgerverein. Dabei spielten allerdings neben der allgemeinen protektionistischen Strömung auch lokale Besonderheiten eine Rolle. Unter den Augsburger Handwerksmeistern und kleinen Gewerbetreibenden waren jene Ressentiments, mit denen sie den frühindustriellen Fabrikanten begegneten, nie ganz verschwunden. Der an anderen Orten häufiger anzutreffende allmähliche Ausbau eines Handwerksbetriebes zur Fabrik war in Augsburg verhältnismäßig selten, wie auch der Mittelbetrieb in der wichtigsten Branche, der Textilindustrie, nur eine unbedeutende Rolle spielte. Die dadurch entstandene deutliche Abgrenzung zwischen Großindustrie und kleinen Gewerbetreibenden setzte sich selbstverständlich im gesellschaftlichen Bereich fort und wurde als Diskriminierung besonders dort empfunden, wo Handwerk

---

35 Luthardt, S. 271.
36 Ebenda, S. 142.
37 Ebenda, S. 336.
38 Augsburger Abendzeitung Nr. 192 vom 13. 7. 1875, Nr. 195 vom 16. 7. 1875; vgl. Anhang, Die Ergebnisse der Reichstagswahlen von 1871–1912.
39 Zur Diskreditierung des Liberalismus Rosenberg, Große Depression, a. a. O., S. 62 ff. Zur Interessenpolitik und Ideologie des Handwerks allgemein: Heinrich August Winkler, Der rückversicherte Mittelstand. Die Interessenverbände von Handwerk und Kleinhandel im deutschen Kaiserreich, in: W. Rüegg / O. Neuloh (Hrsg.), Zur soziologischen Theorie und Analyse des 19. Jahrhunderts, Göttingen 1971, S. 163 ff. Adolf Noll, Wirtschaftliche und soziale Entwicklung des Handwerks in der zweiten Phase der Industrialisierung, ebenda, S. 193 ff.

und Industrie gemeinsam vertreten waren, z. B. in der Handels- und Gewerbekammer, wo sich die Industriellen häufig über die Interessen des Handwerks hinwegsetzten. Noch in den sechziger Jahren war der liberale Bürgerverein abgesehen von einigen Großkaufleuten, Akademikern und Beamten von selbstbewußten Handwerksmeistern beherrscht. Die verstärkte Zuwendung und Einflußnahme der Industriellen auf den Bürgerverein seit der Reichsgründung hob die sozialen Gegensätze nicht auf, sondern führte eher zu einer Deklassierung der Kleinunternehmer zu Mitgliedern zweiter Klasse, die sich in steigendem Maße von der politischen Willensbildung ausgeschlossen sahen. Die entstandene Kluft kam mehrfach deutlich zum Ausdruck, z. B. als 1880 ein Bäckermeister beantragte, daß auch die dem Bürgerverein angehörigen »Kleinbürger« das Recht haben sollten, Anregungen zur Auswahl der Themen für die Vereinsversammlungen zu geben, was bis dahin ausschließlich ein Privileg der »Großbürger« gewesen sei[40]. Verstärkt wurde die Unzufriedenheit des Kleinbürgertums noch durch den herrschenden »Rathausliberalismus«. Magistrat und Gemeindebevollmächtigten wurde immer wieder eine einseitige Orientierung an den Interessen der Großindustrie zu Lasten des Handwerks vorgeworfen[41]. 1878 kam es zu einer ersten Artikulation des angestauten Unmuts.

1. Der »neue Bürgerverein«

Der unmittelbare Anlaß für den Ausbruch eines offenen Konflikts zwischen der liberalen Rathausmehrheit und einer Gruppe unzufriedener Bürger war eher zufälliger, wenn auch symptomatischer Natur. Der Magistrat wollte Ende der siebziger Jahre mit dem Bau der Wasserleitung in Augsburg beginnen und beabsichtigte, die daraus entstehenden Kosten auf die Hausbesitzer zu verteilen. Dies hätte in erster Linie Handwerker, Händler und kleine Gewerbebetreibende belastet, die keineswegs in allen Fällen neben dem Hausbesitz noch über ein größeres Vermögen verfügten. Um die gleiche Zeit erregte ein Plan des Magistrats, die bestehenden Friedhöfe der Katholiken und Protestanten zu schließen und einen Kommunalfriedhof auf der Landzunge zwischen Lech und Wertach zu errichten, die Gemüter[42]. Im August 1878 trugen sich daher 146 Personen in einen »neuen« Bürgerverein ein, der sich ausschließlich mit kommunalen Fragen beschäftigen sollte[43]. Die Mitglieder stammten aus unterschiedlichen politischen Lagern, wobei allerdings die Liberalen am schwächsten, die Ultramontanen am stärksten vertreten waren. Bezeichnend für die radikale Protesthaltung des Vereins war es, daß zunächst auch die Beteiligung der Sozialdemokraten ohne Einspruch hingenommen wurde[44].

Der Verein verfolgte von Anfang an unübersehbare »antikapitalistische« Tendenzen, die freilich eher aus einer konservativen Abwehrhaltung gegenüber der neuen Industriegesellschaft als aus sozialistischen Motiven gespeist wurden. So erklärte der Zeitungsexpeditor Röder, der nicht der Sozialdemokratie angehörte: »Unter unseren Gegnern sind deren so viele, welche meinen, der Mensch fange

---

40 StA Augsburg, E IV 3/137, I. Fasc., Polizeibericht über die Generalversammlung vom 13. 1. 1880.
41 Ebenda, Polizeibericht über die Parteiversammlung vom 3. 5. 1881; StaA Neuburg, Reg. Nr. 10126.
42 StaA Neuburg, Reg. Nr. 10126; StA Augsburg, E IV 3/1, II. Fasc.; Luthardt, a. a. O., S. 337.
43 StaA Neuburg, Reg. Nr. 10126, Polizeibericht über die Vereinsversammlung vom 20. und 21. 8. 1878.
44 Ebenda.

erst dort an, wo ein gewisses Volumen an Coupons den Werth der Menschwürde bestimmt«[45]. Wie realistisch diese Sicht war, zeigte sich bei den Diskussionen des Vereins um die Finanzierung der Wasserleitung. Der Fabrikschmiedemeister Stahl aus der Maschinenfabrik Augsburg mußte seinen Vorschlag, die Kosten nicht nur den betreffenden Hausbesitzern aufzubürden, sondern über die Erhebung einer Gemeindeumlage auch die Fabriken heranzuziehen, mit der Entlassung büßen[46]. Mit der Zeit wurde die Anwesenheit bekannter Sozialdemokraten im Verein unter den Bedingungen des Sozialistengesetzes von den Mitgliedern als zu gefährlich empfunden; vor allem wollte man dem Magistrat keinen Anlaß bieten, sich auf diese Weise seiner unbequemen Kritiker zu entledigen. Zum offenen Konflikt kam es, als der neue Bürgerverein anläßlich der Gemeindewahlen 1878 eine eigene Liste aufstellte, für die auch ein Sozialdemokrat kandidierte. Die Mehrheit der Mitglieder sprach sich gegen die Kandidatur aus, »weil wir den Zeitverhältnissen Rechnung tragen müssen«[47]. Immerhin waren einzelne Mitglieder wie z. B. Röder der Ansicht, von der sozialistischen Theorie sei »nicht alles zu verdammen«[48]. Wenn einmal der innere Friede wiederhergestellt sei, könne man durchaus an die Aufstellung eines sozialistischen Kandidaten denken. Die Sozialdemokraten verließen schließlich den Verein, nachdem die Anfeindungen gegen sie immer stärker wurden.

Wenn der Verein auch bei den Gemeindewahlen mit einer Liste hervortrat, die nur 6 ultramontan gesinnte und 8 liberale Kandidaten enthielt, so bewegte sich die Mehrzahl seiner Anhänger immer mehr im ultramontanen Schlepptau. Die Katholiken, die im Augsburger Rathaus zu völliger Einflußlosigkeit verurteilt waren, zeigten lebhaftes Interesse an dem neuen Verein. Dr. Huttler bot sogar den unentgeltlichen Abdruck aller Vereinsanzeigen in der NAZ an. Trotzdem gelang es dem neuen Bürgerverein nicht, zu einem maßgeblichen Faktor im Gemeindeleben zu werden; bei den Wahlen siegte die Liste des alten Bürgervereins[49]. Die Folge war eine Verschärfung der ideologischen Auseinandersetzung. Es müsse, so hieß es in einer Versammlung im April 1880, »das jetzige liberale System allmählich zerstört werden«[50]. Zunehmend traten die ökonomischen Interessen der vorwiegend aus Handwerkerkreisen stammenden Mitglieder in den Vordergrund. Man polemisierte gegen die Gewerbefreiheit, Forderungen wurden laut wie »der Staat solle die Sache wieder in die Hand nehmen«, »Zwang gehöre her«[51]. Noch deutlicher als im neuen Bürgerverein trat diese Tendenz in einer anderen Gruppierung zutage, die wenige Jahre später entstand.

2. Die Gewerbepartei

Im Mai 1881 spaltete sich vom liberalen Bürgerverein eine Gruppe von Handwerksmeistern ab und gründete unter der Führung des Gärtners Joseph Teply und des Baumeisters Karl Gollwitzer einen »Gewerkverein«, der sich später in

---

45 StaA Neuburg, Reg. Nr. 10126, Polizeibericht über die Vereinsversammlung vom 15. 10. 1878.
46 Ebenda, Polizeibericht über die Vereinsversammlung vom 2. 9. 1878.
47 StaA Neuburg, Reg. Nr. 10126, Polizeibericht über die Vereinsversammlung vom 29. 10. 1878; Augsburger Volkszeitung Nr. 8 vom 16. November 1878.
48 StaA Neuburg, Reg. Nr. 10126, Polizeibericht über die Vereinsversammlung vom 29. 10. 1878.
49 Augsburger Volkszeitung Nr. 8 vom 13. 11. 1878, Nr. 9 vom 16. 11. 1878.
50 StaA Neuburg, Reg. Nr. 10126, Polizeibericht über die Vereinsversammlung vom 8. 4. 1880.
51 StaA Neuburg, Reg. Nr. 10126, Polizeibericht über die Vereinsversammlung vom 3. 6. 1880.

Gewerbepartei bzw. Gewerbe- und Bürgerverein umbenannte[52]. Hauptaufgabe des Vereins sollte die Durchsetzung von Handwerkerkandidaten bei den Landtags- und Gemeindewahlen und die Vertretung der sozialen und ökonomischen Interessen der Meister sein. Die Anhänger verpflichteten sich, »mit allen Kräften gemeinsam an der Hebung des Gewerbes zu arbeiten, damit dasselbe, welches unter dem Drucke allzu großer Concurrenz, durch die schrankenlose Gewerbefreiheit, durch die Wanderlager, das Hausiererwesen und die Großmacht des Capitals fast an den Bettelstab gebracht worden ist, wieder zu seiner früheren ehrenvollen Stellung emporkomme und man sagen könne, das Handwerk hat goldenen Boden«[53]. Der Wahlaufruf, mit dem der Gewerbeverein anläßlich der Landtagswahl von 1881 hervortrat, enthielt schon die meisten Forderungen, die in den nächsten Jahren zur Rettung des Handwerks immer wieder angepriesen wurden: Wiederherstellung der Innungen, größere Befugnisse des Meisters bei der Lehrlingsausbildung bis hin zu einem unangetasteten Züchtigungsrecht, Aufhebung des staatlichen Submissionswesens, Einschränkung der Zuchthausarbeit und Aufhebung des Hausiererhandels und der Wanderlager. Der Staat sollte sich bemühen, »über flaue Geschäftszeiten mit Staatsarbeiten möglichst hinwegzuhelfen« und die Großindustrie, die dem Handwerk gegenüber bevorzugt sei, durch die Erhebung einer »Coupon- und Börsensteuer« stärker zu belasten[54]. Auf organisatorischem Gebiet griff der Verein während der Landtagswahlagitation wieder auf das alte Prinzip der Vertrauens- und Obmänner zurück, wie es »der große Freiheitsmann Volkhart« ausgearbeitet hatte[55].

Obwohl man damit eine demokratischere Gesinnung gegenüber dem Bürgerverein dokumentieren wollte, waren nach den ursprünglichen Statuten des Vereins nur selbständige Handwerksmeister zugelassen, so daß Bürgermeister Fischer mit seiner Kritik an der neuen Parteibildung die Mahnung verband, man solle doch »um Gotteswillen heutzutage nicht da, wo man so glücklich ist, noch zum größten Theil in Einigkeit zu leben mit dem Arbeiterstand, ohne Noth diesen Stand daran erinnern, daß er auch seine eigenen Wege gehen könnte«[56]. Von den übrigen bürgerlichen Parteien unterschied sich die Gewerbepartei aber gerade dadurch, daß sie sich gar nicht bemühte, ein allgemeines Programm aufzustellen, sondern Interessenpartei war, die von der Erfüllung ihrer Forderungen mehr oder weniger die Heilung aller gesellschaftlichen Probleme erwartete. Diese Einstellung faßte 1882 der Buchdrucker Rackl unverblümt mit den Worten zusammen: »Zuerst die Interessen, dann die Politik«[57]. Damit wurde der Gewerbeverein zum Sprachrohr der von sozialen Abstiegsängsten heimgesuchten kleinen Selbständigen, in deren politischem Gedankengut sich scharfe Kapitalismuskritik mit reaktionären Forderungen nach Wiederherstellung der alten Gewerbeordnung verband. Es müsse wieder die Zeit kommen, hieß es 1884, »in der ein Handwerksmeister in seinem Arbeitsschurz genauso geachtet wird, wie einer, der in stolzer Equipage zu seiner Fabrik fährt«[58].

Der Hauptinitiator des Vereins, Gollwitzer, strebte ursprünglich eine gemäßigte Opposition gegen den Bürgerverein und dessen Honoratiorenherrschaft an und

---

52 StA Augsburg, E IV 3/363; StaA Neuburg, Reg. Nr. 10128.
53 Ebenda, Polizeibericht über die Vereinsversammlung vom 23. 5. 1881.
54 Augsburger Neueste Nachrichten Nr. 138 vom 16. 6. 1881.
55 StA Augsburg, E IV 3/363, Polizeibericht über die Vereinsversammlung vom 23. 5. 1881.
56 Augsburger Abendzeitung Nr. 157 vom 9. 6. 1881.
57 StaA Neuburg, Reg. Nr. 10128, Polizeibericht über die Vereinsversammlung vom 4. 2. 1882.
58 StA Augsburg, E IV 3/363, Joseph Teply in der Vereinsversammlung am 12. 11. 1884.

hoffte, durch Koalitionsangebote bei Wahlen, den durch die Absplitterung geschwächten Bürgerverein zum Eingehen auf die Kandidatenwünsche des Gewerbevereins zu zwingen[59]. Doch dieser Versuch schlug schon 1881 fehl. Bei den Landtagswahlen vereinigten sich konservative Protestanten und Katholiken und stellten in gleicher Zahl Wahlmänner aus jeder Konfession als Kandidaten auf[60]. Auch die Mehrheit der Mitglieder des Gewerbevereins bestand auf der Aufstellung einer eigenen Liste[61]. Bei außerordentlich hoher Wahlbeteiligung mußten in einigen Wahlbezirken sechs bis acht Wahlgänge abgehalten werden, um absolute Mehrheiten zu erreichen. Die Gewerbepartei erhielt über 800 Stimmen, konnte aber keinen Kandidaten durchsetzen und gab die Beteiligung an der Wahl schließlich auf. Ein Teil der Mitglieder enthielt sich daraufhin der Stimme, die übrigen votierten für die vereinigten Konservativen[62]. Diese konnten beide Landtagsmandate erobern und damit den Liberalen eine empfindliche Niederlage bereiten[63].

In der Gewerbepartei verstärkte sich mit der Zeit der Trend zur Zusammenarbeit mit den »Patrioten«. 1884 saß sogar der zweite Vorsitzende des katholischen Männervereins im Wahlkomitee der Gewerbepartei; auch die gleichzeitige Mitgliedschaft im katholischen Casino wurde geduldet. Der Wahlkampfparole der Liberalen bei den Gemeindewahlen 1884, »keine Ultramontanen ins Rathaus«, widersetzte sich der Gewerbeverein sehr energisch[64]. In den folgenden Jahren agitierten die Mitglieder weiterhin eifrig für die Einführung obligatorischer Innungen, die als »Universalheilmittel zur Heilung aller Schäden und Gebrechen des Handwerkerstandes« angepriesen wurden[65]. Gollwitzer, der die seit 1881 eingeführten fakultativen Innungen für ausreichend hielt, wurde deswegen stark angefeindet. Auf dem bayerischen Handwerkertag, der im Juli 1886 in Augsburg stattfand, entwickelte er noch einmal ausführlich seinen Plan über die Notwendigkeit von staatlichen Interventionen in wirtschaftlichen Abschwungzeiten. Ein »Reichsarbeitsamt«, mit einem Etat von 60 Millionen M aus den Erträgen einer Couponsteuer und der erhöhten Tabak- und Branntweinsteuer ausgestattet, sollte in Zeiten der Arbeitslosigkeit öffentliche Aufträge über ganz Deutschland entsprechend der Einwohnerzahl der Städte verteilen. »Ein in sozialpolitischer Beziehung nur halbwegs Sehender«, so erklärte Gollwitzer, müsse »zu der Überzeugung kommen, daß das jetzt noch herrschende Manchesterprinzip mit der Phrase des unfehlbaren ausgleichenden Spiels der freien Kräfte ein sozialpolitischer Unsinn ist, der nicht nur den eigentlichen Produzenten benachteiligt, sondern auch andere Stände schädigt [...]. Es liegt ja klar zu Tage, daß diese Theorie im Lauf der Zeit alle Güter dieser Erde ebenso wie den Hauptertrag der menschlichen Arbeit nur einer Coalition wucherischer Milliardenbesitzer zuführen würde, die ihre Mitmenschen ähnlich wie die Römer in den Circus zum Kampfe mit wilden Tieren zu ihrem Vergnügen werfen ließen«[66]. Gollwitzers Vorschläge, die im Prinzip den modernen Interventionsstaat antizipierten, fanden unter den Handwerksmei-

---

59 StA Augsburg, E IV 3/363, Polizeibericht über die Vereinsversammlung vom 23. 5. 1881.
60 Augsburger Abendzeitung Nr. 189 vom 12. 7. 1881, Luthardt, a. a. O., S. 336.
61 Augsburger Abendzeitung Nr. 186 vom 9. 7. 1881.
62 Augsburger Abendzeitung Nr. 192 vom 15. 7. 1881, Nr. 193 vom 16. 7. 1881; Luthardt, a. a. O., S. 337.
63 Der Kandidat der protestantischen Konservativen, Luthardt, nahm die Wahl für München an, wo er ebenfalls gewählt worden war; an seine Stelle rückte durch Nachwahl Kaspar Lembert. Damit waren zum erstenmal 4 konservative Abgeordnete im bayerischen Landtag vertreten. Mit den extremen und den übrigen Patrioten schlossen sie sich zur »Vereinigten Rechten« zusammen (Luthardt, a. a. O., S. 338 ff.).
64 StA Augsburg, E IV 3/363, Polizeibericht über die Parteiversammlungen vom 21. 5. 1884 und 12. 11. 1884.
65 Ebenda, Polizeibericht über die Handwerkerversammlung vom 3. 4. 1883.
66 Ebenda, Polizeibericht über den bayerischen Handwerkertag am 25. 7. 1886 in Augsburg.

stern, die sich vom Staat in erster Linie nur protektionistische Eingriffe erwarteten, nur wenig Anklang.

Seiner Rolle als Konkurrent der liberalen Partei war der Gewerbeverein schon in den Gemeindewahlen von 1884 nicht mehr gewachsen. Die protestantischen Mitglieder stimmten trotz anders lautender Beschlüsse wieder mit den Liberalen und verhalfen diesen dadurch zu einem glänzenden Wahlsieg[67]. Auch die Unterstützung von seiten der mehr ultramontan orientierten Anhänger ließ nach. Versammlungen wurden nur noch selten abgehalten, seit 1887 keine Mitgliederbeiträge mehr erhoben[68]. Die Ursachen für das allmähliche Versanden der Handwerkerbewegung in Augsburg lagen in der Regeneration und der wieder zunehmenden Integrationsfähigkeit der liberalen Partei.

IV. Die Reorganisation der liberalen Partei 1881–1890

Die Warnung der Augsburger Abendzeitung anläßlich der Niederlage von 1881, »daß, wenn eine Wahlbewegung die Massen in Fluß bringen soll, man nicht alles in geschlossenen Komité-Beratungen machen kann«, fand in der liberalen Partei ihren Niederschlag in einer Straffung der Organisation des Bürgervereins[69]. Neu ausgearbeitete Statuten sahen regelmäßige wöchentliche Versammlungen und die Abhaltung einer monatlichen Hauptversammlung vor. Dem Vereinsvorstand wurde ein Ausschuß von je zwei Mitgliedern eines jeden Wahldistrikts zur Seite gestellt, der Schriftführer des Vereins hatte regelmäßig Berichte über die Wochenversammlungen an die Presse zu leiten[70]. Als politische Hauptaufgabe sah man weiterhin den »Kampf der fortschrittlichen Entwicklung mit der Partei der Dunkelmänner«, der Patriotenpartei, an[71]. Im übrigen blieb der eindeutige Trend nach rechts unter den Augsburger Liberalen auch weiterhin bestehen. Den Bruch mit der liberalen Wirtschaftspolitik, den die Nationalliberalen mit der Heidelberger Erklärung 1884 vollzogen, hatte die Augsburger Partei längst hinter sich; während sich die Nationalliberalen in Heidelberg noch zurückhaltend zur Frage der Erhöhung der Getreidezölle äußerten, wurde dies in Augsburg bereits mit allem Nachdruck gefordert[72]. Eine Beitrittserklärung zur »Bayerischen Reichspartei«, zu der sich 1884 die bayerischen Nationalliberalen zusammenschlossen, hob als Schwerpunkte liberaler Politik die Stärkung der deutschen Heereskraft, die energische Bekämpfung der Sozialdemokratie und umfassende protektionistische Maßnahmen für Landwirtschaft, Industrie und Handwerk hervor[73].

---

67 StA Augsburg, E IV 3/137, II. Fasc.
68 Ebenda.
69 Augsburger Abendzeitung Nr. 192 vom 15. 7. 1881.
70 StA Augsburg, E IV 3/137, II. Fasc.
71 Ebenda, Ludwig von Fischer in der Generalversammlung am 30. 1. 1883.
72 Augsburger Abendzeitung Nr. 149 vom 30. 5. 1884. Die Augsburger Liberalen, so hieß es dort, »fürchten sich nicht vor dem Gespenst der ›Vertheuerung nothwendiger Lebensmittel‹, das bis auf den heutigen Tag ein bloßes Gespenst geblieben ist, und sie hielten sich für umso mehr dazu berufen, der Landwirtschaft diese Konzession zu machen, als gegen sie von gegnerischer Seite ja oft genug die Verdächtigung ausgesprochen worden ist, als sei ihr Eintreten für die Wirtschaftsreform lediglich im Interesse der Augsburger Großindustrie geschehen«.
73 Augsbuger Abendzeitung Nr. 139 vom 20. 5. 1884. Zu der Organisation der Partei auf Landesebene: Hermann Kalkoff, Nationalliberale Parlamentarier 1867–1917 des Reichstags und der Einzellandtage. Beiträge zur Parteigeschichte, Berlin 1917, S. 262.

Bei den Reichstagswahlen von 1884 versuchten die Liberalen, ihre aussichtslose Stellung im Wahlkreis dadurch zu verbessern, daß sie einen »Bauern«, d. h. einen Großgrundbesitzer als Kandidaten zu gewinnen strebten, der in der Lage gewesen wäre, die Stimmen der ländlichen Bevölkerung auf sich zu vereinigen; der Versuch schlug jedoch fehl[74]. Bei den Gemeindewahlen des gleichen Jahres überließ der Bürgerverein wegen der vielfachen Anfeindungen der letzten Jahre die Auswahl der Kandidaten einem unabhängigen Wahlkomitee. Trotzdem spiegelte die Kandidatenliste deutlicher denn je die Strukturen des Bürgervereins wider. Sie enthielt die Namen von sieben Fabrikanten, einem Kaufmann, zwei Privatiers und vier Handwerksmeistern[75]. Immerhin hatte die Vertrauenskrise des Liberalismus im kommunalen Bereich ihren Höhepunkt überschritten. In den nächsten beiden Jahren erlebte der Bürgerverein überraschend einen kräftigen Zuzug neuer Mitglieder. Dies dürfte darauf zurückzuführen sein, daß die Liberalen nun schon seit Jahren entschieden für eine protektionistische Politik eintraten, wie sie auch in kleinbürgerlichen Kreisen gefordert wurde. Nicht zuletzt trug zu der Aussöhnung der Handwerksmeister mit der liberalen Partei auch der Umstand bei, daß diese bei den Landtags- und Reichstagswahlen des Jahres 1887 ausdrücklich einen dem Handwerk entstammenden Kandidaten, den Säcklermeister Georg Brach, aufstellte[76]. Bei beiden Wahlen fanden sich Liberale und protestantische Konservative zu einem Komitee »reichstreuer Wähler« zusammen[77]. Diese Koalition, die im Hinblick auf die ideologische Entwicklung der Liberalen in den letzten Jahren nur folgerichtig war, wurde durch den Bruch des Bündnisses zwischen Konservativen und Zentrum im Reichstag anläßlich des Septennats ermöglicht. Die Kraft der neuen Sammlungsbewegung reichte jedoch bei den Reichstagswahlen nicht aus, um die Zentrumsmehrheit im Wahlkreis zu brechen. Dagegen konnten die Liberalen dank konservativer Unterstützung die beiden Landtagsmandate für den Augsburger Stadtbezirk zurückerobern[78]. Die Stimmengewinne, die sich aus dem Zusammengehen mit den Konservativen ergaben, verlor die Partei wieder, als das Kartell auseinanderbrach. Bei den Reichstagswahlen von 1890 zeigte sich, daß die Liberalen von nun an nicht mehr nur das Zentrum als ernsthaften Gegner betrachten mußten; mit 21,8 % aller Stimmen erreichten die Sozialdemokraten zum erstenmal eine Stellung, die nicht allzu weit von dem Wahlergebnis der Liberalen entfernt war[79].

V. Der politische Katholizismus und die Neubewertung der sozialen Frage

1. Organisation und politische Ziele der Patriotenpartei

Die Mitglieder der Augsburger Patriotenpartei fanden sich mit der veränderten politischen Situation nach der Reichsgründung relativ schnell ab. Im Januar 1871 gehörte Huttler zu den Wortführern jener Gruppe in der bayerischen Patrioten-

---

74 StA Augsburg, E IV 3/137, II. Fasc.
75 Ebenda.
76 Ebenda; Augsburger Abendzeitung Nr. 43 vom 12. 2. 1887.
77 StA Augsburg, E IV 3/137, II. Fasc.; Augsburger Abendzeitung Nr. 25 vom 25. 1. 1887, Nr. 50 vom 19. 2. 1887.
78 Augsburger Abendzeitung Nr. 53 vom 22. 2. 1887, Nr. 170 vom 22. 6. 1887.
79 Vgl. Anhang, Ergebnisse der Reichstagswahlen.

partei, die eine Annahme der Reichsverträge durch Bayern befürwortete. Dabei hielt er zwar die Gefahr des staatlichen Zentralismus nicht für gebannt und rügte die zu geringen Garantien für die Weiterentwicklung bürgerlicher Freiheiten, wollte aber ebensowenig das Risiko einer politischen und wirtschaftlichen Isolierung Bayerns eingehen[80].

Die wichtigsten organisatorischen Grundlagen des politischen Katholizismus blieben nach wie vor teils politische Vereine, wie das Casino, teils Organisationen mit vorwiegend religiösem oder geselligem Charakter, wie etwa die Männervereine, der Gesellenverein oder der 1874 gegründete Arbeiterverein, die jedoch zur politischen und weltanschaulichen Festigung ihrer Mitglieder nicht wenig beitrugen[81]. Das katholische Casino gab sich im Juli 1871 eine neue Satzung. Die dafür entworfenen Statuten sahen zunächst als Aufgabe vor, »die verfassungsmäßige [...] Ordnung der katholischen Kirche gegen alle Angriffe (zu) verteidigen«, wurden aber schon 1872 in schärferer Form erneuert. Vereinszweck war nun neben geselliger Unterhaltung die »Pflege und Förderung katholischer Interessen, und zwar auch auf öffentlichem Gebiete unter Benützung aller gesetzlich zulässigen und erlaubten Mittel«[82]. Dem Vereinsvorstand gehörten Karl Barth, der Redakteur Haas von der Augsburger Postzeitung und der Buchhändler Kranzfelder an; im Ausschuß saßen zwei Geistliche, ein Kaufmann, mehrere Handwerksmeister und Privatiers. Die aktiven Mitglieder des Casinos rekrutierten sich vor allem aus dem Kleinbürgertum und der Arbeiterschaft; Fabrikanten und Großkaufleute waren nur sehr vereinzelt vertreten, als wichtigste Persönlichkeit darunter der Maschinenfabrikant Engelbert Buxbaum[83]. Die katholische Partei unterschied sich schon nach Wählerpotential und Wahlchancen von den Liberalen. 1878 gehörten z. B. 81,6 % der Bevölkerung im Reichstagswahlkreis Augsburg der katholischen Religion an. Die Folge davon war, daß das Zentrum, zu dem die Kandidaten bei den Reichstagswahlen rechneten, über mehr als vierzig Jahre hinweg nahezu unangefochten das Reichstagsmandat behielten. Die fast selbstverständliche Einheit von konfessioneller und politischer Bindung ließ die Wähler der Zentrums- bzw. Patriotenpartei auch innerhalb der Gemeinde Augsburg, wo sie sich in der Minderheit befanden, einen überschaubaren Block bilden, der z. B. für die Gemeindewahlen Mitte der achtziger Jahre auf ca. 1200 Bürger geschätzt wurde[84].

Seit 1887 nannte sich auch die Augsburger Partei offiziell Zentrum[85]. Mit ihrem an ständischem Denken orientierten, antiliberalen und vorindustriellen Gesellschaftsbild eignete sich die Patrioten- bzw. Zentrumspartei gerade seit der Diskreditierung des Liberalismus durch die Krisen der siebziger Jahre zum Sammel-

---

80 Neue Augsburger Zeitung Nr. 23 vom 21. 1. 1871.
81 So urteilte z. B. der Magistrat 1875 über den Augsburger katholischen Gesellenverein: »Der Nutzen dieses Vereins und besonders des Gesellenhauses läßt sich namentlich hier, wo die Socialdemokraten ihr Unwesen treiben und zahlreiche Wirtshäuser zur Völlerei einladen, nicht verkennen; anderseits ist der schlimme Einfluß der nach jesuitischen Grundsätzen erzogenen jüngeren Geistlichkeit auf die Lebensanschauung und die politische Richtung der Gesellenvereinsgenossen unschwer wahrzunehmen« (StA Augsburg, G III 6/62); Thomas Nipperdey, Die Organisation der deutschen Parteien vor 1918, Düsseldorf 1961, S. 265.
82 StA Augsburg, E IV 3/212, I. Fasc.
83 Buxbaum gehörte zu den wenigen Augsburger Fabrikanten, die aus dem Handwerkerstand zum Fabrikbesitzer aufstiegen. Er besaß ursprünglich nur eine Schlosserwerkstatt, der er 1859 eine kleine Fabrik landwirtschaftlicher Maschinen angliederte. 1865 kaufte er ein neues Anwesen für die Fabrik und stellte eine Dampfmaschine auf. Die Zahl der dort beschäftigten Arbeiter stieg von 42 im Jahre 1869 auf 150 im Jahre 1872/73. 1882 fusionierte Buxbaum mit den landwirtschaftlichen Maschinenfabriken der Brüder Epple (Seebauer, a. a. O., S. 26 ff.). Buxbaum wurde 1884 und 1887 vom Wahlkreis Kaufbeuren in den Reichstag gewählt (Zs. des kgl. bayerischen Statistischen Bureaus, 16. Jg. 1884, S. 265; ebenda, 19. Jg. 1887, S. 7).
84 Zs. des kgl. bayerischen Statistischen Bureaus, 3. Jg. 1871, S. 199 ff.; StA Augsburg, E IV 3/212, I. Fasc.
85 Augsburger Postzeitung Nr. 21 vom 25. 1. 1887.

punkt und Fürsprecher für das Handwerk. Während die Liberalen die Wendung zum Schutzzoll nicht ohne Preisgabe theoretischer Positionen vollziehen konnten, war das Zentrum schon seit Jahren für Schutzzölle für die Landwirtschaft und gegen die Gewerbefreiheit eingetreten[86]. 1875 erklärte der Reichstagsabgeordnete und Appellationsgerichtsrat Dr. Mayer in einer Casino-Versammlung, »daß eine wirksame Abhilfe der bestehenden Mißstände nur von der Einführung einer dem früheren Zunftwesen ähnlichen Institution zu erwarten sei«[87]. Das neue Innungsgesetz, das seit 1881 die Bildung fakultativer Innungen ermöglichte, bezeichnete der Reichstagsabgeordnete Biehl als »Messer ohne Klinge«[88]. Von dieser Haltung her ist es verständlich, daß alle Versuche, in Augsburg eine eigene »Gewerbepartei« zu bilden, in kurzer Zeit in den Einflußbereich des Zentrums geraten mußten.

Auf kommunaler Ebene, wo sich das Zentrum in der Minderheit befand, kam es seit der 1873 in Bayern möglichen Einführung der Simultanschule mehrmals zu erfolglosen Protestaktionen, z. B. als der Augsburger Magistrat noch im gleichen Jahr die Eingliederung eines Teils der bis dahin in Klosterschulen erzogenen Kinder in eine neue Volksschule beabsichtigte. Dies sei nur eine Vorstufe zur konfessionslosen Schule, hieß es in einer katholischen Protestversammlung, eine solche Erziehung führe zum »Petroleumsgeist, zum Geist der Internationale, zum Vernichtungsgeist«[89]. Auch eine mit über 1000 Unterschriften versehene Vorstellung der Augsburger Katholiken im Jahre 1879 gegen die Errichtung einer Kommunalschule in den Wertachvorstädten blieb ohne Erfolg[90].

In der Einstellung zur sozialen Frage war im Augsburger Katholizismus der siebziger und achtziger Jahre wenig mehr von Huttlers früheren Bemühungen zu spüren, die Arbeiter in der selbständigen Vertretung ihrer Interessen zu unterstützen. Nun, da die Sozialdemokratie zwar noch keine numerische Stärke erreicht hatte, in der Vertretung ihrer Ziele aber ebenso eindeutig die Interessen der Kirchen tangierte wie die des Besitzbürgertums, war nicht mehr die Rede von »Cooperativ-Assoziationen« oder Ratschlägen für gewerkschaftliche Organisation und Streiks. Für die Geistlichkeit wurde die SPD die »incarnierte Gottesleugnung«, deren Einfluß es von der katholischen Arbeiterschaft mit allen Mitteln fernzuhalten galt[91]. Die eigenen Erfahrungen während des Kulturkampfes prägten zunächst jedoch die ablehnende Haltung der Katholiken gegen das Sozialistengesetz. »Mit Gewaltmaßregeln und Ausnahmegesetzen«, so meinte Redakteur Haas 1878, »lasse sich gegen die Sozialdemokratie nichts ausrichten; die agitatorische Seite derselben könnte mit den gegenwärtigen Gesetzen bekämpft werden«[92]. Auch Karl Barth nannte das Sozialistengesetz ein Gesetz, »wodurch viele errungene

---

86 StA Augsburg, E IV 3/1, II. Fasc., Edmund Jörg in einer Volksversammlung am 20. 7. 1878.
87 StA Augsburg, E IV 3/212. Dr. Max Theodor Mayer war seit 1874 mehrmals Reichstagsabgeordneter (Donauwörth) und Landtagsabgeordneter für Dillingen (Zs. d. kgl. bayerischen Statistischen Bureaus, 6. Jg. 1874, S. 142; 11. Jg. 1879, S. 193; 14. Jg. 1882, S. 7 und S. 47).
88 StA Augsburg, E IV 3/212, I. Fasc., Polizeibericht über die Parteiversammlung vom 28. 10. 1886. Biehl vertrat den Augsburger Wahlkreis von 1884–1893 im Reichstag. (Zs. des kgl. bayerischen Statistischen Bureaus, 16. Jg. 1884, S. 265; 19. Jg. 1887, S. 7; 22. Jg. 1890, S. 7.)
89 StA Augsburg, E IV 3/1, II. Fasc., Polizeibericht über die Volksversammlung am 20. 9. 1873. Bis 1870 bestanden ausschließlich konfessionelle Schulen, die sogar nach den katholischen und protestantischen Kirchensprengeln benannt waren. Als erstes Schulhaus für konfessionell gemischte Klassen wurde 1872 das Schulhaus links der Wertach ausgebaut (Steinhäußer, a. a. O., S. 121).
90 StA Augsburg, E IV 3/258, I. Fasc.
91 Ebenda, Domvikar Birle in Vereinsversammlung am 17. 5. 1874. Huttler selbst trat in den siebziger und achtziger Jahren in der Augsburger Patriotenpartei kaum mehr hervor.
92 Ebenda, Polizeibericht über die Vereinsversammlung vom 21. 7. 1878.

Freiheiten zum Opfer gebracht oder doch mindestens gefährdet würden«[93]. Das Abklingen des Kulturkampfes und die Schlüsselstellung, die dem Zentrum seit der Zustimmung zu den Schutzzöllen im Reichstag zufiel, änderte jedoch allmählich die Einstellung zur Reichsgewalt, so daß nun die Sozialdemokratie als vorrangiger Feind erschien[94]. Das einst so gehaßte »Preußen« stieg dabei sogar zum Garant gegen die internationale Verbreitung des Sozialismus auf[95].

2. Der katholische Arbeiterverein

Im Februar 1874 konstituierte sich unter dem Vorsitz des Schuhmachermeisters Georg Lenz und des Fabrikvorarbeiters Franz Beeh ein »Arbeiterverein auf christlicher Grundlage«, der sich zunächst christlich-sozialer, später katholischer Arbeiterverein nannte[96]. Die erste Versammlung war vorwiegend von Arbeitern »im vorgerückten Alter« besucht; die Wahl des Vorstandes brachte mit einer Ausnahme ausschließlich Arbeiter aus der Buxbaumschen Fabrik in den Vorstand, was auf eine kräftige Förderung schließen läßt, wenn nicht gar Buxbaum überhaupt erst die Arbeiter seiner Fabrik zur Vereinsgründung veranlaßte. Der Verein versuchte durch zahlreiche Vorträge von Geistlichen und Casinomitgliedern den Arbeitern ein Bild von den Ursachen der sozialen Frage und den Lösungsmöglichkeiten aus christlicher Sicht zu geben. Als Ziel christlicher Arbeiterpolitik wurde 1874 noch definiert, »daß zunächst gegen das heutige Wirtschaftssystem angekämpft werden müsse, in welchem das Mißverhältnis zwischen dem Gewinn der Unternehmen und dem Lohne der Arbeiter begründet sei«[97]. Kaplan Aubele empfahl den Arbeitern sogar »für den Fall, daß Arbeiter auf gütlichem Wege eine Verbesserung ihrer Lage von den Arbeitgebern nicht erreichen könnten, als einziges, aber auch äußerstes Mittel die Arbeitseinstellung«[98]. Davon war allerdings in späteren Jahren nicht mehr die Rede. Zwar erklärte Benefiziat Hauser, der geistliche Präses des Vereins, 1884: »Der christliche Grundsatz kennt kein unbeschränktes Eigentum, auch das eigene Gut ist es nicht, der Besitzer bildet bloß den Nutznießer, er hat gewisse Pflichten, diese, daß er das eigene Gut nach christlichen Grundsätzen gebraucht«[99]. Doch die Existenz einiger rücksichtsloser Unternehmer ermächtige die Arbeiter noch nicht zum Widerstand. »Die Arbeiter«, so hieß es, »sollten [...] zunächst von ihren eigenen Übeln sprechen und nicht immer bei den Fabrikanten und Arbeitgebern anfangen und sollten durch gute Beispiele ihre Kinder zur Genügsamkeit und zum christlichen Lebenswandel anleiten«[100]. Die

---

93 StA Augsburg, E IV 3/258, I. Fasc., Polizeibericht über die Vereinsversammlung vom 15. 9. 1878.
94 Helga Grebing, Geschichte der deutschen Arbeiterbewegung, 3. Aufl., München 1972, S. 83.
95 StA Augsburg, E IV 3/258, I. Fasc. Zu der Nachricht, ein französischer Arbeiterkongreß habe sich für die Abschaffung der Religion ausgesprochen, meinte z. B. Benefiziat Hauser am 2. 11. 1879: Wenn sich solche Anschauungen durchsetzten, zögen die Preußen noch einmal über den Rhein und versetzten den Franzosen Schläge.
96 StA Augsburg, E IV 3/258, I. Fasc.; Leopold Riedmüller, Chronik des katholischen Arbeitervereins in Augsburg 1874–1899, Augsburg 1900, S. 7, S. 36.
97 StA Augsburg, E IV 3/258, I. Fasc., Kaplan Aubele in der Vereinsversammlung vom 17. 5. 1874.
98 Ebenda.
99 Ebenda, II. Fasc., Benefiziat Hauser in der Versammlung vom 20. 4. 1884.
100 Ebenda, Vereinsmitglied Brachmann in der Versammlung vom 16. 6. 1878. Die Aufforderung zur Sparsamkeit wurde geradezu zum Leitmotiv der Versammlungen des Arbeitervereins. So mahnte Hauser im gleichen Jahr: »Die Arbeiter sollten sich an möglichste Sparsamkeit gewöhnen, sich des übermäßigen Biergenusses, Tabakrauchens usw. enthalten, auch keine täglich erscheinenden Zeitungen (!) halten«. Im Jahresbericht des Arbeitervereins für 1878 hieß es: »Im Besonderen beklagen wir das Übermaß in der den Stände-Unterschied verwischenden, modemäßigen Kleidung für Frauen und Töchter auch im Arbeiterstande«.

Gesellschaftskritik aus christlicher Sicht glitt immer mehr in bloßen Moralismus ab, der die Arbeiter mit ihrer gegenwärtigen Lage versöhnen wollte. Hauser erklärte schon 1876, »die Ursachen des Elends seien in dem allgemeinen Zustande der menschlichen Gesellschaft, der Arbeiter, des menschlichen Lebens und der persönlichen Beschaffenheit zu suchen. In bezug auf letztere ergebe sich, daß das Elend meist aus eigener Schuld, Dummheit, Unwissenheit, Sorglosigkeit, Verschwendung und übermäßigem Wirtshausbesuche entstehe«[101]. Die Lösung der sozialen Frage liege in der sittlichen Besserung des Arbeiters, der Gewährung angemessener Löhne für die Fleißigen, Einführung längerer täglicher Ruhezeiten, dem Bau gesunder Wohnungen und der Errichtung von Spar-, Vorschuß- und Krankenkassen.

Wurde somit der Arbeiter nicht mehr länger für das Opfer einer ungerechten Gesellschaft gehalten, sondern ihm die Schuld an seinem Elend selbst zugeschrieben, so ließ auch die Revision des Unternehmerbildes nicht mehr auf sich warten. Der Abgeordnete Karl Barth stellte schon 1879 die Behauptung auf, »der förmliche Kampf der Arbeiter gegen das Kapital sei unsinnig und verkehrt; was der Arbeit gegenüberstehe, sei der Geist, welcher das Kapital heranziehe und es sich eigen mache, daher könne niemals mit Recht und Billigkeit verlangt werden, mit dem Kapitale – dem Geiste – gleichgestellt zu werden, denn wenn der Geist, nämlich der einzige betreffende Mann, nicht wäre, so wären die Arbeiter gar nichts«[102]. Noch drastischer wurden die Arbeiter auf ihre angebliche Unmündigkeit von Domprediger Steigenberger hingewiesen, der 1883 erklärte, »der soziale Friede werde eintreten sobald der Vorgesetzte Vater seiner Untergebenen sein werde und letztere ihm Kinderherzen entgegenbrächten. Dies werde sich verwirklichen, wenn man vor der Aufführung der Arbeiter Respekt haben müsse«. Dabei rühmte er die Mitglieder des Arbeitervereins, die, »während andere über Vorgesetzte lästern, ihre Pflicht gegen die Vorgesetzten möglichst zu erfüllen strebten, ihre Vorgesetzten als Stellvertreter Gottes (!) ansähen und ihnen nach dem Willen Gottes dienten, so daß der Arbeitgeber mit Vertrauen auf den christlichen Arbeiter schauen könne. Durch solche treue Pflichterfüllung werde der Arbeiter sich viele Vaterherzen gewinnen«[103].

Die Hauptstoßrichtung des christlichen Arbeitervereins richtete sich gegen die sozialistische Bewegung. Der Verein sollte »einen Damm gegen die Sozialdemokratie und gegen deren monarchiefeindliche Bestrebungen überhaupt setzen«, die Mitglieder »eine geheiligte Feuerwehr bilden, um mit vereinten Kräften auch außerhalb dem engeren Kreise der Familie von dem geistigen Brande der Religions- und Glaubenslosigkeit im Arbeiterstande retten zu helfen, was sich noch retten läßt«[104]. Das von den bürgerlichen und geistlichen Ehrenmitgliedern gezeichnete Bild der Sozialdemokratie schwankte zwischen abstrusen Revolutions-

---

101 StA Augsburg, E IV 3/258, I. Fasc., Benefiziat Hauser in der Versammlung vom 20. 8. 1876.
102 Ebenda, Karl Barth in der Versammlung vom 6. 7. 1879.
103 Ebenda, Versammlung vom 19. 6. 1883. Für die Rechtfertigung der gesellschaftlichen Ungleichheit griffen die geistigen Väter des Vereins oft zu einer wunderlichen Logik, wenn etwa behauptet wurde: »Es müsse einen Unterschied der Stände geben, denn der Mensch könne nicht alles zugleich sein. Nehme man an, jeder Mensch hätte ein paar Millionen im Sack, wer würde dann die notwendigen Arbeiten verrichten? Es würden dann alle trotz ihres Reichtums den Hungertod sterben«. Reichtum sei ohnehin in der Regel durch Fleiß erworben; aber auch auf unrecht erworbenes Gut dürfte man nicht neidisch blicken, da dem Besitzer dadurch im Jenseits viel Unglück entstünde. Überdies hätte schließlich auch die Reichen »viel Kreuz und Leiden, die nicht mit Geld fortzuschaffen seien« (ebenda, Versammlung vom 7. 10. 1883).
104 StA Augsburg, E IV 3/258, I. Fasc., Benefiziat Hauser am 13. 10. 1878, Jahresbericht für 1878.

visionen und naiver Abschreckung, so wenn Hauser 1881 erklärte, »an der Spitze der Sozialdemokratie stehe der Dämon und die Hölle«[105]. Immer wieder wurden die Mitglieder auf die Gefährlichkeit der Lektüre sozialdemokratischer Broschüren und Zeitungen hingewiesen. Dem Kampf gegen die SPD diente auch die seit 1877 bestehende kleine Vereinsbibliothek, die z. B. Schriften mit dem vielsagenden Titel »Die Internationale oder ein Meer von Blut« enthielt[106].

Die eigentliche Lösung der sozialen Frage sah man in moralischer Erziehung der Arbeiter, gesetzlichen Eingriffen zur Verkürzung der Arbeitszeit, Beschränkung der Frauen- und Kinderarbeit, insbesondere aber in der Wiederherstellung einer ständischen Ordnung. 1884 äußerte Dr. Barth die Meinung, die soziale Frage laste deswegen auf der Bevölkerung, »weil die Arbeiter so schwer dazu kommen, sich zu einem förmlichen Stand zu entwickeln«[107]. Wie man sich im einzelnen eine ständische Gesellschaft vorstellte, blieb unklar, doch schien man darunter in erster Linie die Rückkehr zur traditionellen Gesellschaftsordnung zu verstehen, in deren drei Stände – einen vierten, so erklärte Kaplan Gutbrod, kenne er nicht – sich die modernen Klassen und Schichten einzuordnen hätten. Das Übel der modernen Gesellschaft sah man darin, daß die Angehörigen der verschiedenen Stände nicht mehr ihrem Stand angehörten. Nur der geistliche Stand stehe noch fest »wie eine Burg im Mittelalter«[108].

Trotz der zum Teil sehr stark ausgeprägten geistigen und moralischen Bevormundung durch den Klerus besaß der katholische Arbeiterverein eine große Anziehungskraft, die er in erster Linie der schon 1874 eingeführten Krankenkasse, zu der 1876 noch eine Sterbekasse trat, verdankte. Durch die reichlich fließenden Geldspenden der bürgerlichen Gönner war die Krankenversicherung nicht allein auf die Mitgliedsbeiträge angewiesen und somit relativ leistungsfähig: 1878 wurden 147 Kranke unterstützt[109]. Vorwiegend aus diesem Grund stieg die Zahl der Vereinsmitglieder in einem Ausmaß, das den geistlichen Beschützern des Vereins bald verdächtig wurde. 1878 wurden auf einer einzigen Versammlung 48 Neuzugänge gemeldet; die Zahl der Mitglieder erhöhte sich von 116 im Jahre 1874 auf 740 im Jahre 1879. Eine Aufstellung des Jahres 1879 zeigt, daß ca. 1/3 der Vereinsangehörigen über 50 Jahre alt war – eine Altersstruktur, die sich deutlich von der in der sozialdemokratischen Partei unterschied[110]. Dabei handelte es sich um eine Arbeitergeneration, die noch stärker dem traditionellen Autoritätsdenken verpflichtet war und – von den Ideen der Sozialdemokratie wohl eher verunsichert – eine geistige Festigung und Rückendeckung in einem religiös ausgerichteten Verein suchte. Um die tatsächlichen Anhänger des Arbeitervereins von den nur an der Krankenkasse Interessierten zu trennen, ersann man in den nächsten Jahren immer neue Mittel zur Filtrierung der Neuzugänge[111]. Wie berechtigt der Ver-

---

105 StA Augsburg, E IV 3/258, II. Fasc., Hauser am 3. 4. 1881.
106 StA Augsburg, E IV 3/258, I. Fasc. In welchem Rahmen sich eine – wenn auch äußerst seltene – direkte geistige Auseinandersetzung mit der sozialdemokratischen Theorie vollzog, zeigte sich z. B. 1884, als Hauser im Verein Teile aus Bebels »Die Frau im Sozialismus« vortrug und als Maßstab für die Beurteilung die Frage stellte: »Würde in diesem von Bebel gezeigten Staat noch eine Fronleichnamsprozession denkbar sein? Wenn Herr Bebel aufrichtig sein wollte, würde er sagen, nie und nimmer«. (Ebenda, II. Fasc. 20. 4. 1884).
107 Ebenda, II. Fasc., am 16. 11. 1884.
108 StA Augsburg, E IV 3/258, I. Fasc., am 16. 1. 1876.
109 Ebenda, I. Fasc., Jahresbericht für 1878.
110 Ebenda.
111 StA Augsburg, E IV 3/258, I. Fasc., Versammlung vom 17. 3. 1878. Die Aufnahme konnte verweigert werden, wenn bei einem Anwärter kirchenfeindliche Tendenzen, Trunksucht, Fluchen oder Vernachlässigung des Kirchengangs, der Beichte und der Teilnahme an Prozessionen festgestellt wurde. Für die einzelnen

dacht war, daß in erster Linie die Krankenversicherung so viele Arbeiter herbeilockte, zeigt sich, als seit der Einführung der gesetzlichen Krankenversicherung 1883 die Zahl der Mitglieder auffallend zurückging. Obwohl die Statuten die Möglichkeit boten, dem Verein ohne Unterstützungsanspruch anzugehören, zogen viele Arbeiter den Austritt vor, wenn sie durch die Versicherung im Arbeiterverein überversichert gewesen wären[112]. 1886 mußte wieder zur Werbung neuer Mitglieder aufgefordert werden, nachdem einige Jahre zuvor noch Aufnahmesperren ausgesprochen worden waren. Die Mitgliederzahl stieg erst wieder, nachdem sich der Verein 1887 zum »unpolitischen« hatte erklären lassen und von da ab auch Jugendliche aufnehmen durfte[113]. Ohne Zweifel stellte der christliche Arbeiterverein einen der bedeutendsten und erfolgreichsten Versuche dar, Teile der nicht sozialdemokratischen Arbeiterschaft zu sammeln. Trotz der anfänglich noch vorhandenen Kritik am Industriekapitalismus entwickelte sich dieser Zusammenschluß jedoch immer mehr zu einer in ihrem Kern emanzipationsfeindlichen Bewegung.

VI. Die sozialistische Arbeiterbewegung im Bismarckreich

1. Die sozialdemokratische Partei 1871–1878

Wie in den meisten bayerischen Städten brachte die erste Reichstagswahl für die Augsburger Sozialdemokraten eine Niederlage, deren Ausmaß sie nicht erwartet hatte. Ihr Kandidat Jacob Franz erhielt nur 362 Stimmen, obwohl nach seinen Angaben in einer Wählerversammlung ca. 1800 Menschen sich für ihn ausgesprochen hatten – ein Wählerreservoir, das, wenn auch etwas zu hoch angesetzt, annähernd dem Ergebnis der beiden nächsten Reichstagswahlen entsprach[114]. Wenn das Resultat trotzdem so niederschmetternd für die Sozialdemokratie ausfiel, so muß dafür die gleiche Erklärung gelten wie für den überraschenden Sieg des Liberalen Ludwig Fischer in einem Wahlkreis mit überwiegend ländlicher und katholischer Bevölkerung. Neben der Hochstimmung über die endlich erreichte Einheit verblaßte offensichtlich bei einem großen Teil der Arbeiterschaft die in den beiden Jahren zuvor vollzogene Distanzierung vom Liberalismus. Wie labil das Wahlverhalten der Arbeitnehmer im Grunde noch war, hatten zuletzt die Diskussionen um die beiden Landtagswahlen des Jahres 1869 gezeigt. Bedenkt man ferner die für Nichtmitglieder sicherlich verwirrenden Spaltungen in der Augsburger SPD in den letzten Jahren, so verwundert der Wahlausgang nicht. Auch wandte sich der sozialistische Kandidat Franz bewußt gegen die Stimmung in der Bevölkerung und

---

Bezirke des Stadtgebiets wurden Obmänner aufgestellt, die für die Krankenbesuche zuständig waren und zugleich darüber wachen mußten, daß in den Verein keine gefährlichen Elemente eindrangen. Darunter verstand man auch »Arbeiter, welche nur ihr eigenes Interesse und nicht das ihres Brotherrn im Auge hatten«; ihnen wurden als Motiv für den Vereinsbeitritt ausschließlich materielle Interessen unterstellt. Die bereits aufgenommenen Mitglieder waren verpflichtet, sich an den Vereinsversammlungen zu beteiligen; Abwesenheit mußte mit glaubhaften Gründen belegt werden. Wer gar bei der jährlichen Generalversammlung fehlte, wurde vom Vorstand vorgeladen und eingehend verhört.
112 Ebenda, II. Fasc.
113 Ebenda, II. Fasc.
114 »Proletarier« Nr. 85 vom 12. 3. 1871; Augsburger Abendzeitung vom 4. 3. 1871. In der Stadt selbst erhielt Franz nur 280 Stimmen. Siehe dazu und im folgenden auch Hirschfelder, a. a. O., II. Hauptteil, 1. Kapitel.

wohl auch eines großen Teils der Arbeiterschaft, wenn er in einer Wahlversammlung erklärte, er werde es im Falle seiner Wahl als erste Pflicht betrachten, »bei jeder Gelegenheit zu konstatieren, daß das neue Kaiserreich ein Reich des Unrechtes sei, daß er stets als entschiedener Gegner des Reiches auftreten und bei jeder Gelegenheit der Regierung die Mittel zum Weiterregieren verweigern werde; daß er darauf hinwirken werde, daß dieses deutsche Kaiserreich von den Abgeordneten als nicht zu Recht bestehend betrachtet werde, daß, falls die Regierung nicht abtrete, die Abgeordneten ihr Mandat niederlegen, um so die Regierung zu veranlassen, ohne Vertretung fortzuregieren«[115].

Die Entmutigung, die der Wahlausgang mit sich brachte, wirkte in den folgenden Monaten lähmend auf das Parteileben. Bitter rechnete Tauscher seinen Parteigenossen vor, »daß das kleine Häuflein der von Anfang an an der Spitze der Arbeiterbewegung stehenden Sozialdemokraten seit 4—5 Jahren Hunderte von Versammlungen abgehalten habe, und daß die Versammlungen von 5—6000 Menschen besucht gewesen seien, aber das Resultat sei gewesen, daß man den Rednern Beifall geklatscht habe, jedoch zu feige gewesen sei, in der Sache selbst etwas zu tun«[116]. Die Konsolidierung der Partei vollzog sich nur sehr langsam. Der »Proletarier« stellte sein Erscheinen bald ein, nachdem die Redakteure Neff und Franz wegen drohender Gefängnisstrafen für politische Vergehen in die Schweiz flüchteten. Tauscher beklagte noch im September 1873 die geringe Zunahme der Mitglieder, deren Zahl er zu diesem Zeitpunkt mit 200 angab[117]. Während die Sozialdemokratie in den siebziger Jahren in Nürnberg und München zunehmend an Breitenwirkung gewann, blieb die Augsburger Partei nach Mitglieder- und Wählerzahl weiterhin Angelegenheit einer kleinen Gemeinde.

Anteil der sozialdemokratischen Stimmen an der Gesamtzahl der abgegebenen Stimmen bei den Reichstagswahlen[118] 1871—1890:

1871		1874		1877		1878	
362	2,4 %	1609	7,3 %	1539	7,7 %	1329	6,8 %
1881		1884		1887		1890	
513	3,2 %	1550	7,9 %	2888	12,4 %	5070	21,8 %

Die Ursachen für diese abweichende Entwicklung in Augsburg sind vor allem in den besonderen Abhängigkeitsverhältnissen der Industriearbeiter zu sehen. Der Pferseestreik von 1869 hatte die Aufmerksamkeit der Unternehmer erst eigentlich auf die sozialistische Arbeiterbewegung gelenkt. Die Folge war, daß die Fabrikarbeiter, besonders die Textilarbeiter, die Ende der sechziger Jahre als Mitglieder einen bedeutenden Anteil an der Gesamtheit der Anhänger stellten, sich von der aktiven Parteiarbeit fernhalten mußten. Wie groß die Furcht vor Maßregelungen war, zeigt die Mahnung Stollbergs anläßlich der Gründung eines Wahlkomitees im Jahre 1876, keine Namen zu nennen, deren Träger eine Nominierung ablehnen müßten, weil das offene Bekenntnis zur Partei ihre Existenz gefährde. Aus dem gleichen Grund mußte auch von der sonst üblichen Verstärkung des Komitees

---

115 StA Augsburg, G I 2/13, I. Fasc., Polizeibericht über die Volksversammlung vom 4. 2. 1871.
116 Ebenda, am 6. 11. 1871.
117 Ebenda, in der Versammlung vom 20. 9. 1873.
118 Zusammenstellung nach Zs. des kgl. bayerischen Statistischen Bureaus, 3. Jg. 1871, 6. Jg. 1874, S. 142; 11. Jg. 1879, S. 193; 14. Jg. 1882, S. 7; 16. Jg. 1884, S. 265; 19. Jg. 1887, S. 7; 22. Jg. 1890, S. 7. Siehe dazu auch Anhang, Ergebnisse der Reichstagswahlen.

abgesehen werden[119]. Die Zahl der »unabhängigen« Mitglieder war in Augsburg so gering, daß die Partei nur mit Mühe einige Leute zur Besorgung der Wahlgeschäfte auftreiben konnte[120]. Obwohl Wahlversammlungen nach dem Gesetz nicht polizeilich angemeldet und daher auch nicht überwacht werden mußten, gab der Magistrat den Auftrag, »irgendeine nicht im Polizeidienste stehende zuverlässige Person« in die Wahlversammlungen der Sozialdemokraten zur Protokollierung abzuordnen[121].

Auch während des Wahlakts selbst mußten die Arbeiter fürchten, bei der Abgabe ihrer Stimme für einen Sozialdemokraten ertappt zu werden. Da es keine amtlichen Formulare und keine Kuverts für den Stimmzettel gab, waren die Wahlen auch streng genommen nicht geheim; der Beobachter mußte sich nur Aussehen und Reihenfolge der eingelegten Stimmzettel einprägen. Bei der Wahl, so klagten die Augsburger Sozialdemokraten, säßen »Géranten, Arbeitgeber und Meister im Wahllokal und beobachteten, ob der Arbeiter nicht einen sozialdemokratischen Stimmzettel abgebe; da gingen viele Arbeiter lieber nicht zur Wahl«[122]. Auch war es üblich, daß die Arbeiter am Wahltag, der ja auf einen Wochentag fiel, »von den Meistern kolonnenweise in das Wahllokal geführt und dort bis nach vollzogener Wahl beobachtet« wurden[123].

Für die geringe Beteiligung der Arbeiter an der sozialistischen Bewegung war ferner von Bedeutung, daß gerade die Metallarbeiter aus der Maschinenbauindustrie durch eine gewisse Konzessionsbereitschaft der Unternehmer zunächst von der Sozialdemokratie ferngehalten wurden. Durch die Verkürzung der Arbeitszeit auf 60 Stunden pro Woche gelang es der Maschinenfabrik Augsburg, im Herbst 1871 eine drohende Streikbewegung abzufangen und sich gleichzeitig die Loyalität der Arbeiter zu sichern. In einer Metallarbeiterversammlung mußte Tauscher hören, wie die Arbeiter von »ihren Herren« und den »Herren Meistern« sprachen; aber davon, daß sie mit diesen »Herren« gleichberechtigte Staatsbürger seien, habe keiner gesprochen[124]. Einer späteren Bemerkung Tauschers zufolge hielten sich die Arbeiter der Maschinenfabrik seit 1869 von der sozialistischen Arbeiterbewegung zurück und konnten auch in den siebziger Jahren nicht für die Partei gewonnen werden[125].

Zur Konsolidierung der Augsburger Mitgliedschaft und zur Vereinigung der noch vorhandenen Schweitzer-Anhänger mit den Internationalen wurde im Juni 1871 der »Sozialdemokratische Verein« gegründet, der in den folgenden Jahren vor allem die interne Schulung der Mitglieder übernahm[126]. Seit 1876 ging man dazu über, Bezirksversammlungen in den einzelnen Stadtteilen, speziell in den für die Sozialdemokraten so wichtigen Wertachvorstädten abzuhalten. Im Januar 1877 bildete sich dort ein eigener Arbeiterverein unter der Führung des Eisengießers Ludwig Jäger und des in der Eisenbahnwerkstätte beschäftigten Maschinenschlossers Joseph Zwiebel[127]. 1871 setzte als »Literarischer Verein« getarnt die Ansammlung eines Fonds für die spätere Neugründung eines lokalen Parteiblatts

---

119 StA Augsburg, G I 2/13, II. Fasc., Versammlung vom 23. 9. 1876.
120 Ebenda, Polizeibericht über die Versammlung vom 27. 1. 1877.
121 Ebenda, für die Wahlversammlung am 16. 12. 1876.
122 StA Augsburg, A 172, Endres am 14. 4. 1877.
123 StaA Neuburg, Reg. Nr. 10123.
124 StA Augsburg, G I 2/13, I. Fasc., Tauscher in der öffentlichen Versammlung am 18. 11. 1871.
125 StA Augsburg, G I 2/13, II. Fasc., in der Versammlung vom 15. 1. 1876.
126 StA Augsburg, G I 2/14, Polizeibericht über die Gründungsversammlung vom 24. 6. 1871.
127 StA Augsburg, A 172.

ein[128]. Im Januar 1876 konnte schließlich eine »Genossenschaftsbuchdruckerei« errichtet werden, deren hauptsächliche Aufgabe die Herstellung der neuen Parteizeitung »Volkswille« war. Die Kosten des Unternehmens trugen offiziell 60 Genossen, die nach Angabe der Statuten Anteilscheine zu je 30 M besitzen sollten. Der Magistrat zweifelte jedoch an dem wirtschaftlichen Zweck der Genossenschaft und hielt sie für einen politischen Verein, der durch die Herausgabe der Zeitung die sozialistische Agitation unterstützen sollte, dies um so mehr, als der Volkswille noch mehrere Monate nach seinem Erscheinen mit Verlust arbeitete und mit wenigen Ausnahmen keine anderen Drucksachen hergestellt wurden[129]. Im Frühjahr 1877 wurde die Genossenschaft geschlossen und drei der Mitglieder wegen Vergehen gegen das Genossenschaftsgesetz zu 30 M Geldstrafe bzw. 3 Tagen Haft verurteilt[130]. Die Schwierigkeiten, mit denen die Augsburger SPD in den siebziger Jahren zu kämpfen hatte, wirkten sich auch auf den Agitationsstil aus. Große Volksversammlungen mit über tausend Besuchern gehörten der Vergangenheit an. Öffentliche Versammlungen fanden – außer zu Wahlzeiten – meist nur statt, wenn aktuelle tagespolitische Themen aufgegriffen wurden. Höhepunkte in der Agitation bildeten in der Regel die Reichstagswahlen, in deren Vorbereitung die Sozialdemokraten um Monate früher als die bürgerlichen Parteien einstiegen. An den Landtagswahlen des Jahres 1875 beteiligten sich die Sozialdemokraten dagegen nicht; durch das indirekte Wahlsystem und die Bindung der Wahlmänner an ein bestimmtes Steueraufkommen waren die Chancen für die Arbeiter ohnehin gering. Der häufige Wechsel des Wohnorts und ein oft geringes Einkommen beschränkten außerdem die Qualifikation zum Urwähler; von 200 Personen, die 1875 auf einer Sozialdemokratischen Versammlung anwesend waren, schätzte der überwachende Polizeioffiziant nur ca. ein Drittel als wahlberechtigt ein[131].

Auch der Gemeindepolitik wandten sich die Arbeiterführer nur sehr zögernd zu. Ein Vorschlag Stollbergs im November 1872, über die Gemeindewahlen zu diskutieren, fand noch keinen Anklang[132]. Das fehlende Bürgerrecht für den größten Teil der Arbeiter setzte auch hier der Effizienz einer Wahlbeteiligung Schranken; außerdem richteten sich die Erwartungen noch immer in erster Linie auf die Umwandlung des bestehenden Staates in einen Volksstaat, aus der sich dann auch eine Veränderung in den Gemeinden ergeben werde. Eine erste Initiative auf kommunalpolitischer Ebene ergriff die sozialdemokratische Partei auf einer Volksversammlung im Dezember 1877, als sie vom Magistrat die Einführung eines gewerblichen Schiedsgerichts forderte und damit nach Meinung Tauschers bewies, »daß wir uns mit den kleinsten Dingen des praktischen Lebens befassen können«[133]. Den hauptsächlichen Vorteil paritätisch besetzter Schiedsgerichte, wie sie in Preußen bereits bestanden, sahen die Sozialdemokraten in der Öffentlichkeit der Verhandlung und in dem Umstand, daß nicht mehr ein einziger Beamter (in Augsburg der Polizeikommissär oder ein Rechtsrat) die Beschwerde entscheide, sondern mindestens 5 Personen. Daneben kam freilich speziell für die Arbeiter

---

128 StA Augsburg, E IV 3/219.
129 StA Augsburg, G I 2/15. Neben einem »Leitfaden zur Buchführung in Bierbrauereien« übernahm die Genossenschaftsbuchdruckerei kurioserweise den Druck der Formulare sämtlicher Augsburger Gerichtsvollzieher, denen noch dazu ein »Freundschaftspreis« berechnet wurde, was bei der Polizei sichtliche Verwirrung auslöste.
130 StA Augsburg, G I 2/15.
131 StA Augsburg, G I 2/13, I. Fasc.; ebenda, E IV 3/1, II. Fasc.
132 StA Augsburg, G I 2/13, I. Fasc., Versammlung vom 4. 11. 1872.
133 StA Augsburg, G I 2/13, II. Fasc., Volksversammlung vom 15. 12. 1877.

noch ein wesentlicher Aspekt zum Tragen: die Herkunft des Beamten aus dem gehobenen bürgerlichen Milieu und dadurch bedingt – trotz persönlicher Integrität – dessen mangelnde Fähigkeit, sich in das Arbeitermilieu einzufühlen. »Er ist in der Regel das Kind reicher Leute; er ist erzogen in allen Vorurteilen seines Standes und der besitzenden Klasse [...], er kennt das armselige Leben und Treiben des Proletariers gar nicht [...]. Der Fabrikant imponiert dem Beamten durch sein feines geschmeidiges Auftreten, der Proletarier weiß nichts vorzubringen als seine berechtigte Klage«[134]. Allerdings ging es den Sozialisten nicht allein um diesen Fortschritt. Tauscher schienen die gewerblichen Schiedsgerichte »ein weit volkstümlicheres Institut zu sein als die Geschworenengerichte, welche letzteren nur ein Institut der Bourgeoisie, ein Institut der besitzenden Klasse« seien[135]. Die Einführung der Gewerbegerichte sei der erste Schritt zur Volksjustiz; auf diese Weise, so meinte Tauscher, könnten die Sozialdemokraten »allmählich den Finger gewinnen, bis wir die ganze Hand nehmen«[136]. Verständlicherweise sahen die Sozialisten in der Wahl der Beisitzer genau das, was die kommunalen Behörden fürchteten: ein Betätigungsfeld für die sozialistische Agitation. Endres bekannte freimütig: »Wir haben auch gar keine Ursache zu verheimlichen, daß wir die Sache ordentlich ausbeuten werden«[137]. Ein Statutenentwurf der Sozialdemokraten für das künftige Gewerbegericht sah als wichtigste Punkte die Wahl der Beisitzer in direkter geheimer Wahl, das Frauenwahlrecht und die Berechtigung Arbeitsloser und von der Armenunterstützung lebender Personen zur Wahl vor. Auch Diäten von 3–4 M pro Tag für die Beisitzer wurden gefordert. Doch der Magistrat hatte sich zu diesem Zeitpunkt bereits gegen die Einführung eines Gewerbegerichts entschieden. Immerhin konstatierten die Sozialdemokraten nicht ohne Befriedigung: »Wenn der Magistrat die Schiedsgerichte nicht einführen will, so haben wir ihn doch wenigstens gezwungen, Farbe zu bekennen«[138]. Das allmählich wachsende Interesse an der Gemeindepolitik, das in der Augsburger SPD in den nächsten Monaten zu beobachten war, führte freilich zu keinen praktischen Ergebnissen mehr, da das Sozialistengesetz über Jahre hinweg nahezu jede Agitation unmöglich machte[139].

Nachdem in den siebziger Jahren spektakuläre öffentliche Erfolge für die Sozialdemokraten immer seltener wurden, verlagerte sich das Hauptgewicht der Parteiarbeit auf die Vermittlung eines möglichst gleichmäßigen Wissensstandes unter den Mitgliedern. Noch Ende des Jahres 1870 war unter dem Vorsitz von Jakob Franz der »Arbeiter-Bildungs-Verein Lassalle« entstanden, in welchem »entgegen dem in den von Schulze-Delitzsch ins Leben gerufenen Arbeiterbildungsvereinen herrschenden Prinzipien, die Arbeiter gänzlich von der Politik abzuziehen, dieselben vielmehr tüchtig politisch gebildet werden« sollten[140]. Das Programm des Vereins war ursprünglich weit gesteckt, so war neben der Besprechung von Tagesthemen, Erteilung von Unterricht, Pflege des Gesangs, der Geselligkeit und des Turnens auch die Gründung einer Abteilung für Arbeitsvermittlung und die Un-

---

134 StA Augsburg, G I 2/13, II. Fasc., Volksversammlung vom 15. 12. 1877.
135 Ebenda.
136 Ebenda.
137 Ebenda, Volksversammlung vom 15. 12. 1877.
138 Ebenda.
139 Noch anläßlich der bevorstehenden Gemeindewahlen des Jahres 1878 erklärte Tauscher: »Bei diesen Wahlen müssen wir in die Agitation eintreten und der Bourgeoisie zeigen, daß wir überall da sind, wo öffentliches Leben sich regt« (StA Augsburg, G I 2/14, Versammlung vom 5. 1. 1878.)
140 StA Augsburg, G I 2/21, Franz am 19. 11. 1870.

terstützung der Mitglieder in Notfällen geplant. Obwohl der Verein ca. 140 Mitglieder zählte, war die Beteiligung an den Versammlungen schon Anfang 1871 außerordentlich gering und kam nach der Flucht von Franz nahezu ganz zum Erliegen; im August 1871 löste sich der Verein wieder auf[141]. Seinen Zielen nach hätte er zweifellos dazu beitragen können, Ansätze einer proletarischen »Gegenkultur« zu schaffen und für breitere Arbeiterkreise geistiger und geselliger Mittelpunkt zu werden, wie es den katholischen Arbeiter- und Gesellenvereinen gelungen war. Der Zeitpunkt der Gründung, der mit einem Tiefstand in der Parteientwicklung zusammenfiel, war jedoch für den Erfolg des Unternehmens denkbar ungünstig.

Die eigentliche Bildungsarbeit verlagerte sich in den nächsten Jahren auf den Sozialdemokratischen Verein. Wichtigstes praktisches Bildungsziel war zunächst die Erziehung der Parteimitglieder zu Redegewandtheit und die Vermittlung der Grundzüge der sozialistischen Theorie. »Unsere Versammlungen«, sagte Zwiebel 1878 im Verein der Wertach-Vorstädte, »haben den Zweck, eine Schule zu sein zur Heranbildung von Männern, die in Versammlungen, vor Gericht, kurz in jeder Lebenslage reden und sich zu reden getrauen[142]. Bei der Schulung der Mitglieder erwies sich die Wiederaufnahme der Institution des Fragekastens als didaktisch erfolgreich. Die Mitglieder legten darin anonym Fragen nieder, die sie bewegten; einer der Versammlungsteilnehmer versuchte dann, sofort oder nach einer Vorbereitungszeit, die Frage in freier Rede zu beantworten. Beides — Fragen und Antworten — geben einen bescheidenen Einblick in Probleme und Vorstellungen der Parteimitglieder. Ein überraschend großes Interesse galt religiösen Themen; die Skala reicht von »Was heißt Religion« über Fragen nach der menschlichen Gestalt Jesu bis zum Verhältnis der Abstammungslehre zum christlichen Glauben[143]. Während die Frage nach dem Wesen der Religion mit dem Verlesen der Ringparabel aus Lessings »Nathan« beantwortet wurde, zeigten die übrigen Ausführungen, daß sich zumindest die führenden Sozialdemokraten weitgehend von der christlichen Lehre gelöst hatten. »Wir Sozialisten lieben auch einen Gott, wir sind Priester der Freiheit, wir predigen die Menschenliebe, wir wollen Fort- und Weiterentwicklung aller Menschenrechte«, erklärte der Viktualienhändler Seif[144]. Während man in öffentlichen Versammlungen vorsichtiger auf solche Fragen einging und die Religion zur Privatsache erklärte, wurde im kleinen Kreis deutlich, daß die Ablösung von christlichen Dogmen für einzelne Mitglieder ein ebenso wichtiges geistiges Erlebnis war wie die Übernahme sozialistischen Gedankenguts. Die meisten Fragen bezogen sich auf Informationen zur politischen Bildung; so wurde nach der Bedeutung der Worte »census«, »Bourgeois«, »Normalarbeitstag« und nach dem Unterschied von Demokratie und Sozialdemokratie oder Sozialdemokratie und Gewerkschaften gefragt; auch Probleme des Zukunftsstaates, z. B. ob es darin noch ein aktives Heer geben werde, oder ob die »Großproduktion« vorteilhaft für die Menschheit sei, interessierten die Mitglieder[145].

Neben dieses Frage- und Antwortspiel traten auch förmliche Vorträge, z. B. über die Frühsozialisten oder den Bauernkrieg. Insgesamt gesehen waren freilich die Bildungsbemühungen des Vereins bescheiden. Bei der Auflösung im Jahre 1878

141 StA Augsburg , G I 2/21, Beschluß in der Versammlung vom 5. 8. 1871.
142 StA Augsburg, A 172, Versammlung vom 26. 1. 1878.
143 StA Augsburg, A 172; G I 2/14.
144 Ebenda, am 20. 10. 1877.
145 StA Augsburg, G I 2/14.

verfügte der Sozialdemokratische Verein der Innenstadt über 20—30 Bücher und Broschüren, der Verein der Wertachvorstädte über 39 Bände[146]. Dagegen befanden sich im Privatbesitz der Parteimitglieder oft erstaunlich umfangreiche Bibliotheken. Bei einer Hausdurchsuchung, die während des Sozialistengesetzes bei dem Malergesellen Julius Theisz vorgenommen wurde, fand die Polizei einen Bücherschrank gefüllt mit Klassikern und freireligiösen Schriften[147]. Der Gastwirt Stollberg hinterließ bei seiner Flucht nach Amerika eine Bibliothek mit 103 Bänden[148].

Seit dem Ende der sechziger Jahre setzten die Augsburger Sozialdemokraten keine Hoffnung mehr auf den »Gegenwartsstaat«. Bei der Diskussion über die Programmentwürfe zum Gothaer Parteikongreß stellte Tauscher den Antrag, den Passus über die Errichtung von Produktivgenossenschaften mit Staatshilfe zu streichen, da eine solche Forderung erst im freien Volksstaat, nicht aber im bestehenden Klassenstaat sinnvoll sei[149]. Der Weg in den Sozialismus war freilich auch in der Vorstellung der Augsburger Sozialdemokraten nicht eindeutig festgelegt. »Die Möglichkeit ist nicht ausgeschlossen, daß der heutige Klassenstaat auf gesetzlichem Wege in einen Volksstaat sich verwandelt, wenn einmal das gesamte Volk von unserem Prinzip durchdrungen sein wird«, sagte Tauscher 1877; »die Umwandlung der Gesellschaft werde erfolgen, sobald die Mehrzahl der Bevölkerung sich hierfür aussprechen werde«[150]. »Die Arbeiter«, so stellte man sich vor, »werden im Reichstag dekretieren, daß für Produktionsgenossenschaften so und so viele Millionen ausgeworfen werden, und damit werde den Arbeitern aufgeholfen«[151].

Gegenüber der Hoffnung auf einen friedlichen Übergang regten sich jedoch unter den Sozialdemokraten selbst immer wieder Zweifel, die besonders dann zum Ausdruck kamen, wenn eine Verschärfung der Unterdrückungsmaßnahmen oder eine allgemeine Zuspitzung der innenpolitischen Lage eintrat. So meinte Tauscher 1874, selbst wenn die SPD eines Tages die Mehrheit im Reichstag bekäme, würde die Regierung die Beschlüsse des Parlaments nicht respektieren, sondern es auseinanderjagen. Die Revolution müsse in Deutschland möglicherweise auf der Straße ausgetragen werden[152]. Daß die Revolution einmal kommen werde, darüber bestand unter den Augsburger Sozialdemokraten allerdings kein Zweifel, auch wenn sie den Genuß des Sozialismus erst künftigen Generationen zuschrieben. Durch die Reden der Agitatoren zog eine unerschütterliche Fortschrittsgläubigkeit, die ihre Grundlagen in der Erkenntnis der Veränderbarkeit der Gesellschaft hatte. Man müsse den Arbeitern immer wieder sagen, mahnte Tauscher 1876, »daß es nicht Gottes Einrichtung ist, daß die einen gut leben und die anderen sich plagen; sondern daß es eine Menscheneinrichtung ist, die geändert werden kann; wenn sie zusammenständen, so könnten sie den Erdball aus den Fugen heben und könnten ihr Glück erreichen«[153].

Den sozialistischen Staat der Zukunft, auf den sich diese Hoffnungen richteten, stellten sich die Arbeiter in erster Linie als eine humane Gesellschaft vor: »Wenn die Fabriken, Grund und Boden einmal Gemeineigentum seien und die genossenschaftliche Arbeit eingeführt sei, dann werden die Männer der Wissenschaft aus-

---

146 StA Augsburg, E IV 3/219; A 172.
147 StA Augsburg, G I 2/5, X. Fasc.
148 StA Augsburg, G I 2/5, III. Fasc.
149 StA Augsburg, G I 2/13, I. Fasc., Versammlung vom 20. 3. 1875.
150 StA Augsburg, G I 2/14, Versammlung vom 22. 9. 1877; G I 2/13, II. Fasc., Tauscher am 5. 11. 1876.
151 Ebenda, Endres in der Versammlung vom 19. 11. 1876.
152 StA Augsburg, G I 2/13, I. Fasc., Versammlung vom 7. 3. 1874.
153 Ebenda, II. Fasc., Tauscher am 15. 7. 1876.

rechnen, wie hoch sich die Produktionskosten belaufen, und werden feststellen, was der Arbeiter bedarf, um ein menschenwürdiges Dasein zu haben. [...] Der Arbeiter werde Zeit zu seiner Erholung, zur Erziehung seiner Kinder und zu seiner eigenen Bildung gewinnen, und im Alter werde er nicht hinausgeworfen, wie eine alte Maschine, sondern werden jüngere Kräfte die Sorge um den alten Bruder übernehmen«[154]. Die Gesetze würden von den Volksvertretern beraten und seien dem Volk »zur direkten Entscheidung im Wege der Urabstimmung vorzulegen«[155]. Wie selbstverständlich die Zukunftserwartung war, zeigte sich z. B. an der Bemerkung des Maschinenschlossers Zwiebel, der sich gegen die religiöse Erziehung der Kinder in der Schule wandte, aber ausdrücklich hinzusetzte: »Doch soll in der Schule auch Naturgeschichte, Länderkunde und dergleichen gelehrt werden, denn wenn es im sozialistischen Staate auch seinerzeit keine Grenzpfähle mehr geben wird, Flüsse, Berge und Städte bleiben ja doch«[156]. Wenn von den Sozialisten die Ausbeutung der Arbeiter durch die Fabrikanten scharf verurteilt wurde, so betonten vor allem Endres und Tauscher immer wieder, ihr Haß »gehe nicht gegen Personen, sondern gegen die Sache; denn sie wüßten recht wohl, daß diejenigen, die heute im Besitz seien, eben Kinder ihrer Zeit seien und es nicht anders wüßten, als daß die Reichen bessere Leute seien als die Armen«[157]. Selbst bei der Regelung der Eigentumsfrage wollte man ohne Gewalt vorgehen, wie Tauscher 1876 erklärte: »Geschwätz sei es, wenn behauptet werde, der Sozialismus nehme jedem sein Eigentum. Der sozialistische Staat werde das Eigentum ebenso ablösen, als dies gegenwärtig bei Straßen- und Eisenbahnbauten geschieht, und werde dem Eigentümer das Ablösungskapital bezahlen, werde aber verhindern, daß damit wieder die Ausbeutung des Volkes betrieben und gewuchert werde. [...] Der Kapitalist möge sein Kapital verbrauchen und dann arbeiten, und wenn er dann nicht arbeiten wolle, möge er hungern«[158].

Der größte Teil der politischen Vorstellungen der Augsburger Sozialdemokraten beruhte in den siebziger Jahren noch immer auf der Lehre Lassalles. Anläßlich einer Gedenkstunde zu Lassalles Geburtstag im April 1877 meinte Tauscher: »Zwar hat schon im Jahre 1847 Karl Marx die Prinzipien des Sozialismus angedeutet, zwar auch Liebknecht hierüber geschrieben, aber Lassalle allein hat das Verdienst, trotz der gewaltigen Reaktion und trotz der riesigen Verfolgungen, denen er unterworfen war, für die Interessen des arbeitenden Volkes mit Freimut und ohne Ruhmsucht eingetreten zu sein«[159]. Als Tauscher im Januar 1878 wie schon so oft in den vergangenen zehn Jahren über das »eherne ökonomische Lohngesetz« referierte, stellte der Schuhmacher Kilian Schnitzer den Antrag, dieses Thema noch einmal auszugeben, weil er dann »die von Marx in seinem neuesten Werke gegen die Grundsätze des sog. ehernen ökonomischen Lohngesetzes aufgestellten Thesen in der Diskussion darzulegen gedenke«[160]. Dazu kam es allerdings nicht, da Schnitzer, der sich stets in einem gespannten Verhältnis zu Tauscher befand, zu dem angesetzten Termin nicht erschien.

Fragt man nun danach, in welchem Grade die Mitglieder der SPD in den siebziger Jahren außerhalb der bürgerlichen Gesellschaft standen, und wie sie diese

---

154 StA Augsburg, G I 2/13, II. Fasc., Tauscher am 2. 12. 1876.
155 Ebenda.
156 StA Augsburg, A 172, Versammlung vom 18. 8. 1877.
157 StA Augsburg, G I 2/13, I. Fasc.
158 StA Augsburg, G I 2/13, II. Fasc., Tauscher am 2. 12. 1876.
159 StA Augsburg, G I 2/14, Versammlung vom 14. 4. 1877.
160 StA Augsburg, G I 2/14, Versammlung vom 12. 1. 1878.

Situation geistig und politisch bewältigten, so bietet sich ein vielschichtiges Bild. Rein äußerlich gab es einige demonstrativ gesetzte Schwerpunkte, in denen sich die Sozialdemokraten von ihrer bürgerlichen Umgebung abhoben. Während z. B. das Bürgertum am 1. September das »Schlachtfest« von Sedan feierte, gedachten die Sozialdemokraten um die gleiche Zeit des Todestags Lassalles und gestalteten dies seit 1871 immer mehr zu einer Gegenfeier aus. Ebensowenig beteiligten sie sich an den Kaisergeburtstagsfeiern der »nationalliberalen Reichsschweifwedler«, sondern ehrten ostentativ die Märzgefallenen von 1848 und die Opfer der Pariser Kommune[161]. Im übrigen wollte das Bürgertum an seinen nationalen Gedenktagen von den »Reichsfeinden« ohnehin nicht gestört werden; als sich Richard Fischer, der Redakteur des »Volkswillen«, 1876 auf die Festwiese der Sedanfeier begab, um den »Sedanfestdusel der herrschenden Klassen« zu betrachten, mußte er sich vor den aufgebrachten Veteranen schleunigst in Sicherheit bringen[162]. In Augsburg war schon in den siebziger Jahren der Eintritt in die Sozialdemokratie gleichbedeutend mit dem »Austritt« bzw. dem Ausgestoßenwerden aus der bürgerlichen Gesellschaft. Für Fabrikarbeiter war es fast unmöglich, in der Stadt noch Arbeit zu finden. Auch die Wohnungssuche gestaltete sich für Sozialdemokraten noch schwieriger als für Arbeiter ohnehin[163].

Diese Situation förderte gleichzeitig das Identifikationsbedürfnis der außerhalb der Gesellschaft Stehenden. Die Hartnäckigkeit, mit der die Sozialisten gegen den Widerstand der Polizei immer wieder auf dem Vorzeigen und Mitführen roter Fahnen bestanden, der phantasievolle Einsatz der roten Farbe bei Kleidung und Schmuck, sind nur ein äußerliches Anzeichen dafür[164]. Der massive Druck, dem die Partei von außen her ausgesetzt war, wirkte jedoch nicht nur solidarisierend. Dem hohen persönlichen Einsatz der einzelnen Mitglieder entsprach es, daß sie auf die wirkliche oder vermeintliche Bedrohung ihrer innerparteilichen Position durch andere Mitglieder außerordentlich empfindlich reagierten. Das gilt besonders für die »Führer« der Partei, Tauscher und Endres. Schon bei der Gründung des Sozialdemokratischen Vereins im Jahre 1871 gab es Spannungen, weil Tauscher und Endres vom Vorstand ausgeschlossen blieben[165]. 1875 reichte der Advokatenschreiber Adolf Keim eine Beschwerde beim Parteiausschuß ein, in der er Tauscher, Endres und Stollberg bezichtigte, über die Augsburger Parteimitglieder eine förmliche Diktatur auszuüben und keine anderen Agitatoren neben sich zu dulden. Diese Beschwerde, die vom Parteiausschuß mit dem Hinweis auf die lang-

---

161 StA Augsburg, G I 2/13, I. Fasc. Der überwachende Polizeioffiziant beschrieb den Anblick, der sich bei der Lassalle-Feier 1872 bot, folgendermaßen: »Auf dem schwarz ausgeschlagenen Hintergrunde des Saales erhob sich eine hübsch arrangierte Blumen-Pyramide, auf welcher zwischen 2 brennenden Kerzen die Büste Lassalles aufgestellt war; links von dieser Büste war die rothe mit schwarzem Flor behangene Vereinsfahne angebracht; auf 4 Wappenschildern waren folgende socialdemokratischen Devisen zu lesen: ›Proletarier aller Länder vereinigt Euch‹ – ›Arbeiter, Ihr seid der Fels, auf welchen die Kirche der Zukunft gebaut wird‹ – ›Wir wollen sein ein einig Volk von Brüdern, nichts soll uns trennen in Noth und in Gefahr‹ – ›Wir sind die Kraft, wir hämmern jung das morsche Ding, den Staat, die wir von Gottes Zorne sind, das Proletariat‹« (G I 2/14).
162 StA Augsburg, G I 2/13, II. Fasc., Versammlung vom 2. 9. 1876.
163 StA Augsburg, G I 2/14. So berichtete Tauscher am 26. 5. 1877: »Ich weiß aus eigener Erfahrung, was es heißt, eine ungesunde Wohnung zu haben, ich bekomme hier niemals eine ordentliche Wohnung, schon darum nicht, weil ich Socialist bin« (ebenda).
164 So wurden z. B. bei einem Arbeiterfest demonstrativ rote Schürzen mitgebracht, nachdem der Magistrat das Mitführen der Vereinsfahne verboten hatte. Bei der Lassalle-Feier 1877 war der Saal mit roten Fenstervorhängen versehen, die Anwesenden trugen rote Halsschleifen und rote Uhrschnürchen, »die Frauen aber sämtlich rothen oder mit roth/vermischten Kopfschutz oder rothe Schleifen und Schürzen« (StA Augsburg, G I 2/14, Polizeibericht über die Versammlung vom 1. 9. 1877).
165 StA Augsburg, G I 2/14, Polizeibericht über die Versammlung vom 22. 7. 1871.

jährige zuverlässige Parteiarbeit der Genannten zurückgewiesen wurde, löste unter den führenden Augsburger Sozialdemokraten heftige Auseinandersetzungen aus. Tauscher erklärte schließlich, »daß es auch unter den Sozialisten geistige Rangverhältnisse gebe, wie Obersten, Offiziere usw.; nur gebildete und begabte Redner sollen öffentlich auftreten; es sei keine Entschuldigung, wenn einer sage, er sei ja nur Gefreiter, daher müsse man ihm verzeihen, wenn er dumm geredet habe«[166].

Zwei Jahre später brach der Konflikt zwischen Führung und Basis erneut auf, diesmal verlagert auf die Ebene Stadt – Vorort. Zu einer Parteiversammlung anläßlich der Wahl des Delegierten für den Parteikongreß wurden auch die Mitglieder des Arbeitervereins Lechhausen eingeladen, jedoch weniger, wie die Polizei wohl richtig bemerkte, zur Mitbestimmung über den Delegierten, als wegen der davon erhofften Erhöhung der Geldspenden für den Abgeordneten. Zur Überraschung der Augsburger stellten die Lechhausener einen eigenen Kandidaten für die Wahl auf (Lichtensteiger), der auch gewählt wurde, da die Lechhausener Sozialdemokraten über die Majorität verfügten. Die Betroffenheit der Augsburger über den Wahlausgang zeigt, wie weitgehend die Entscheidung im engsten Kreise schon vorweggenommen war[167].

Wenn diese Beispiele auch deutlich auf das Vorhandensein hierarchischer und autoritärer Strukturen hinweisen, so darf man doch nicht die gesellschaftlichen und politischen Umstände außer acht lassen, die diese Verhältnisse begünstigten, zum Teil sogar erzwangen. Als Tauscher seinen Parteigenossen einmal erklärte, die sozialistischen Führer würden noch viele Opfer von ihnen verlangen müssen, beteuerte er gleichzeitig, »daß der socialistische Hauptmann, der socialistische Lieutnant und Feldwebel jeder Zeit vorne stehen werden und nicht zwei Stunden hinter der Front«[168]. Wer an der Führung der Partei beteiligt war, mußte immer wieder für Verstöße gegen die Strafgesetzgebung einstehen, die infolge der reaktionären Vereinsgesetze bei der sozialistischen Agitation nur schwer vermieden werden konnten[169].

Zusammenfassend läßt sich feststellen, daß die Augsburger SPD in den siebziger Jahren ihre Basis in der Arbeiterschaft kaum mehr verbreitern konnte. Bedingt durch eine scharfe Überwachung der Arbeiter in den Betrieben, die Furcht vor Maßregelung und die ausgeprägten sozialen Abhängigkeitsverhältnisse blieb sie eine kleine Gruppe politisch interessierter Arbeiter, die – wohl nicht zuletzt wegen der geringen Agitationserfolge – die theoretische Diskussion sorgfältig pflegten. Dabei ist eine gewisse dogmatische Verengung nicht zu verkennen, die jedoch ebenso wie die hierarchischen Verhältnisse innerhalb der Augsburger Partei Ausdruck der gesellschaftlichen Ghettosituation der Mitglieder war.

---

166 StA Augsburg, G I 2/13, I. Fasc., Versammlung vom 14. 8. 1875, II. Fasc., Versammlung vom 9. 10. 1875.
167 Ebenda, II. Fasc., Versammlung vom 5. 5. 1877.
168 StA Augsburg, G I 2/13, II. Fasc., Versammlung vom 5. 8. 1876.
169 So hatten sich aktive Augsburger Sozialdemokraten bis 1878 folgende Strafen eingehandelt (G I 2/13, II. Fasc.): Tauscher: 1870 wegen Übertretung des Vereinsgesetzes und Beleidigung der Staatsregierung 28 Tage Gefängnis plus Verfahrenskosten; 1873 5 Taler Geldstrafe wegen Berufsbeleidigung; 1877 30 M Geldstrafe wegen Vergehens gegen das Genossenschaftsgesetz; Endres: 1870 4 Tage Gefängnis wegen Übertretung des Vereinsgesetzes; 1874 20 Taler Geldstrafe wegen Übertretung des Vereinsgesetzes; 1877 6 M Geldstrafe wegen unbefugter Veranstaltung einer Versammlung; 1877 1 Monat Gefängnis wegen Übertreten der §§ 131 und 187 des Strafgesetzbuches; Kilian Schnitzer: 1876 9 M Geldstrafe wegen unerlaubter Geldsammlung; 1876 3,40 M wegen Übertretung des Vereinsgesetzes; 1877 10 M Geldstrafe wegen unerlaubter Geldsammlung.

2. Die Augsburger Sozialdemokratie unter dem Sozialistengesetz

Eine Mischung aus Beklemmung und Durchhaltewillen beherrschte die Stimmung in den letzten sozialdemokratischen Versammlungen nach dem Hödel-Attentat, als die Verabschiedung eines Ausnahmegesetzes gegen die Partei so gut wie sicher schien. Das Bürgertum reagierte trotz besseren Wissens mit einer Hetzkampagne gegen die Sozialdemokraten. Das Augsburger Anzeigblatt warf den Sozialisten vor, sie sammelten Gelder, um damit Kaisermörder zu dingen; eine Anzeige gegen den Verfassser des Artikels durch Endres und Tauscher wegen Beleidigung wurde vom Augsburger Stadtgericht abgewiesen[170]. Auch die Augsburger Fabrikanten ließen die Gelegenheit nicht ungenutzt und verfaßten auf Initiative Theodor Haßlers einen Aufruf »An unsere Arbeiter«, der von allen größeren Fabriken übernommen, in den Werksälen angeschlagen und durch die Presse bekanntgegeben wurde:

»Zwei schmachvolle Angriffe auf das Leben unseres erhabenen Kaisers müssen auch dem Gleichgültigsten die Augen öffnen über die schließlichen Resultate der sozialdemokratischen Agitation, und an jeden Deutschen tritt die Pflicht unabweisbar heran, diesen Umtrieben mit allen Kräften entgegenzutreten. – Wenn wir nun auch gerne anerkennen, daß jene unheilvollen Lehren unter unseren Arbeitern verhältnismäßig nur wenige Anhänger gefunden haben und sich gerade Augsburg durch das gute Verhältnis zwischen Arbeitgebern und Arbeitern vor vielen Fabrikstädten auszeichnet, so müssen wir doch bedacht sein, auch das Unsrige zur Bekämpfung dieser Bestrebungen und damit zur Abwendung unermeßlichen Unglücks beizutragen –. Wir sind deshalb übereingekommen, fortan Niemanden zu beschäftigen, der sich an der sozialdemokratischen Agitation beteiligt, und werden in Ausführung dieses Beschlusses vom 15. Juli dieses Jahres an jeden Arbeiter entlassen, welcher alsdann noch einem sozialdemokratischen Vereine angehört, eine sozialdemokratische Zeitung verbreitet oder in anderer Weise die Zwecke der sozialdemokratischen Partei zu fördern sucht«[171].

In einer der letzten Versammlungen des sozialdemokratischen Vereins der Wertachvorstädte sagte Joseph Zwiebel, »ihm blute zwar das Herz, wenn das scheitere, was er zusammenzufügen half und was er seither leiten durfte – aber es könne in Folge der ergangenen Gewaltbefehle der Fabrikanten, dem Brode halber, nicht anders sein als ›auseinander‹!« Er ermahnte seine Parteigenossen, »alles, was die Fabrikherren auferlegen, geduldig tragen zu wollen, da doch wieder eine Zeit komme, wo die guten Ideen des Sozialismus anerkannt würden«[172]. Auch Tauscher mahnte die Genossen, »im Geschäfte selbst jede Agitation zu unterlassen. Sie (die Sozialdemokraten, d. V.) könnten die Gemaßregelten nicht schützen«[173]. Die Wirkungen des Augsburger »Fabrikantenukas« zeigten sich schnell. Schon im Juni mußte Ludwig Jäger aus der Partei austreten, da er nach einer Denunzierung von seinem Arbeitgeber mit Entlassung bedroht wurde. Zwiebel berichtete, »in seiner Werkstätte sei es soweit gekommen, daß Jeder, der mit ihm

---

[170] StA Augsburg, G I 2/14. Am 4. 6. 1878 schrieb das Augsburger Anzeigblatt (Nr. 132): »An dem socialen Körper sind Beulen, Auswüchse der schlimmsten Art – schlimmer und gemeingefährlicher, als man je ahnen konnte. [...] Diese Auswüchse müssen entfernt werden, wenn nicht der ganze Körper darunter leiden soll. Fort mit aller Heuchelei über unser vorgeschrittenes Zeitalter, fort mit allen Phrasen von idealer Humanität und falschem Liberalismus!«
[171] Augsburger Abendzeitung Nr. 167 vom 18. 6. 1878.
[172] StA Augsburg, A 172, Versammlung vom 29. 6. 1878.
[173] StA Augsburg, G I 2/14, Versammlung vom 15. 6. 1878.

rede, ein Sozialist sein müsse, auch wenn Jemand oft nur um ein Stück Werkzeug zu entlehnen zu ihm komme«[174]. Im Juli und August kam es zu größeren Entlassungen in den Riedingerschen Fabriken, in der Kammgarnspinnerei und in der Kattunfabrik[175].

Wenn die Parteimitglieder somit den Ernst der Lage zuerst am Arbeitsplatz zu spüren bekamen, so stellten sie sich doch zunächst auf eine nicht allzu lange Verfolgungsperiode ein. Am 28. September löste sich der Sozialdemokratische Verein, der noch ca. 100 Mitglieder zählte, von selbst auf, am 25. Oktober der Verein der Wertachvorstädte[176]. Am 25. 10. 1878 erschien der »Volkswille« unter dem Namen »Augsburger Volkszeitung« und gab sich von da an möglichst politisch neutral[177]. Eine Weile gelang es, den 1875 gegründeten »Arbeitersängerbund« zu einem Treffpunkt für interne Diskussionen werden zu lassen, doch die Polizei wurde bald aufmerksam. Nach einer Hausdurchsuchung bei dem ersten Vereinsvorstand löste sich der Arbeitersängerbund am 30. 12. 1878 auf[178]. Die Versuche, ein politisches Betätigungsfeld im »Neuen Bürgerverein« zu finden, schlugen fehl. Die Haupttätigkeit während des Sozialistengesetzes bestand für die Parteigenossen in der Verteilung und Lektüre sozialistischer Zeitungen und Schriften, vor allem des in Zürich erscheinenden »Sozialdemokrat« und der von Most herausgegebenen »Freiheit«. Dabei beschränkte man sich nicht nur auf die geheime Bestellung und Verteilung des Materials an die Interessenten, sondern versuchte auch weiteren Bevölkerungskreisen durch die Deponierung sozialistischer Schriften an den verschiedensten Stellen die Existenz einer illegalen Organisation zu signalisieren. So fanden sich trotz eifriger Verfolgungsmaßnahmen der Polizei immer wieder Maueranschläge oder Zeitungen auf Bürgersteigen, an Bäumen oder in Fensterrahmen. Auch Polizisten und Militärs erhielten anonym Exemplare der »Freiheit« oder des »Sozialdemokrat« zugestellt[179].

Zweifellos trug das engmaschige System sozialer und politischer Kontrolle, wie es in der Augsburger Großindustrie herrschte, zu einem gesteigerten Gefühl der politischen Ohnmacht und des Ausgeliefertseins bei. So kam es, daß gerade die anarchistische Richtung von den Augsburger Sozialdemokraten sehr eingehend beobachtet wurde. Zu den Empfängern der »Freiheit« gehörten ursprünglich Stollberg, Ortlam, Jäger, Zwiebel, Lichtensteiger, Winsauer und andere. Hauptsächlich an der Züricher Richtung orientiert waren Richard Fischer, Hohenreiner, Scheller, der Schneidermeister Merkel und der 1882 am Textilarbeiterstreik beteiligte Fabrikarbeiter Döltsch[180]. Doch Ortlam und Lichtensteiger bezogen sowohl die »Freiheit« als auch den »Sozialdemokrat«. Im März 1884 berichtete der Magistrat über die Most-Fraktion, »daß diese Partei hier zwar keinen festen Boden hat, obwohl die Metallarbeiter und Schneider vorherrschend Vorliebe zeigen [...]. Jedoch ausschlaggebend ist diese Partei hier nicht«. Kämen Parteifreunde auf der Durchreise nach Augsburg, so würden allerdings die Anarchisten »von den Deutsch-Sozialdemokraten so gut aufgenommen wie von den Anarchisten

---

174 StA Augsburg, A 172, Versammlung vom 19. 6. 1878.
175 Nürnberg-Fürther Sozialdemokrat Nr. 192 vom 17. 8. 1878.
176 StA Augsburg, G I 2/14; A 172.
177 Augsburger Volkszeitung Nr. 1 vom 25. 10. 1878; StA Augsburg, G I 2/6.
178 StA Augsburg, E IV 3/274.
179 StA Augsburg, G I 2/6; G I 2/5, I. Fasc. Ein besonders verhaßter Polizeioffiziant erhielt 1880 ein Kuvert mit dem »Sozialdemokrat« zugeschickt, dem ein Zettel mit der Aufschrift »Lese und urteile, Du dressierter Polizeihund« beilag.
180 StA Augsburg, G I 2/5, I. Fasc., Polizeibericht vom 4. 8. 1880 und vom 31. 8. 1880.

selbst«[181]. Nur wenige Augsburger Sozialdemokraten bildeten sich vermutlich eine so dezidierte Meinung wie der Eisengießer Ludwig Jäger, der sich in einem an seinen Freund Zwiebel nach Amerika geschickten Brief abfällig über die »Taktiker« in der Augsburger Partei äußerte, die bei den Reichstagswahlen 1881 Bebel als Kandidaten aufgestellt hatten. »Ich habe alleinig Most gewählt«, schrieb Jäger, »Parlament hat keinen Werth«[182]. Die meisten Augsburger Sozialdemokraten nahmen vermutlich eine abwartende Haltung ein, ohne sich eindeutig für den parlamentarischen oder den revolutionären Weg zu entscheiden; dabei schienen sie auch der Züricher Fraktion durchaus revolutionäres Vorgehen zuzutrauen[183].

Der Kreis der aktiven Sozialdemokraten beschränkte sich während der Verfolgungszeit auf eine kleine Gruppe zuverlässiger und meist schon altbewährter Parteimitglieder, die sich in der Holzheuschen und der Wolfschen Gaststätte trafen. Neue Anhängerzirkel entstanden nur selten; als Ausnahme muß es gewertet werden, wenn es z. B. dem Gürtlermeister Wilhelm Hüning in der Riedingerschen Maschinenfabrik gelang, die gesamte, aus fünfzig Mann bestehende und von ihm geleitete Werkstätte zum Abonnement auf den »Sozialdemokrat« zu bewegen, der dann unter den Arbeitern zirkulierte[184]. Vereinzelt bildeten sich auch landsmännische Gruppen von Sozialisten, die aus anderen Städten ausgewiesen waren, so im Sommer 1880 eine Gruppe sächsischer Parteimitglieder oder im Frühjahr 1886 sehr eifrig agitierende Österreicher[185].

Im Laufe der polizeilichen Verfolgung der Sozialdemokraten wurde der Kern der alten Augsburger Sozialdemokratie zerschlagen. Den ersten großen Einschnitt brachte eine Reihe von Prozessen wegen Verbreitung sozialistischer Schriften, die Ende des Jahres 1880 gegen 12 Sozialdemokraten geführt wurden und mit Freiheitsstrafen von ein bis zwei Monaten endeten. Daraufhin wanderten Stollberg und Ortlam nach Amerika aus, später auch Joseph Zwiebel und Schneidermeister Möckert[186]. Tauscher emigrierte nach der Verurteilung zu einer viermonatigen Gefängnisstrafe schon 1879 in die Schweiz, ebenso Richard Fischer, bei dem die Polizei 1880 ein Verteilerlager für sozialistische Schriften fand[187]. Endres starb im Januar 1879 im Alter von 41 Jahren, Ludwig Jelle verstarb 1880[188].

Wie sehr in diesen Jahren Denunziation und Spionage das soziale Klima prägten, zeigt sich an der Zusammenarbeit von Polizei und Unternehmern. Als z. B. im Juli 1880 Martin Ortlam, der in der Kammgarnspinnerei beschäftigt war, in den Verdacht der Verteilung sozialistischer Zeitungen geriet, ließ die Direktion den Arbeiter unauffällig auch in der Fabrik überwachen und ausspionieren[189]. Welches Gewicht Denunziationen hatten, zeigt das Beispiel eines Arbeiters der Kattunfabrik, der einen Schuhmacher zum Abonnement des »Sozialdemokrat« aufforderte und dafür 14 Tage Gefängnis erhielt[190]. Im übrigen gab der Magistrat nicht nur alle Namen der in den Ruch des Sozialismus geratenen Arbeiter an deren Betriebe weiter, sondern meldete auch sozialdemokratische Rekruten bei ihrem

---

181 StA Augsburg, G I 2/5, VII. Fasc., Magistrat am 18. 3. 1884 an die Regierung von Schwaben und Neuburg.
182 StA Augsburg, G I 2/6, Polizeibericht vom 15. 3. 1882.
183 StA Augsburg, G I 2/5, VII. Fasc., Magistrat am 18. 3. 1884 an die Regierung von Schwaben und Neuburg
184 StA Augsburg, G I 2/6, Polizeibericht vom 28. 3. 1881.
185 StA Augsburg, G I 2/5, II. Fasc.; G I 2/6.
186 StA Augsburg, G I 2/6.
187 Augsburger Volkszeitung Nr. 12 vom 20. 11. 1878; StA Augsburg, G I 2/6.
188 Ebenda; G I 2/5, II. Fasc.
189 StA Augsburg, G I 2/5, I. Fasc.
190 StA Augsburg, G I 2/6, Polizeibericht vom 26. 6. 1881.

Regiment — 1879 sogar, daß der Sohn »eines der eifrigsten hiesigen Sozialdemokraten«, des Bierwirts Holzheu, als Freiwilliger ins 3. Regiment eingetreten sei[191]. Schon 1883 hofften die Augsburger Sozialdemokraten, daß das Sozialistengesetz nicht mehr verlängert würde. Ende des Jahres wurden bereits Vorbereitungen für den Wiederaufbau der Partei getroffen; in zwei Volksversammlungen mit je 400—600 Teilnehmern traten Vollmar und der Nürnberger Sozialist Philipp Wiemer auf[192]. Doch erst Ende der achtziger Jahre war es unter der milderen Handhabung des Ausnahmegesetzes möglich, die Partei zu reorganisieren. Im März 1889 gründete sich in Augsburg ein »Volksthümlicher Wahlverein für den Reichstagswahlkreis Augsburg«, der in der Folgezeit zum Zentrum sozialistischer Aktivitäten wurde. Daneben bildeten die zum Teil neu ins Leben gerufenen gewerblichen Fachvereine Sammelpunkte für die Parteimitglieder[193]. In der zweiten Hälfte der achtziger Jahre erhielt der alte Kern der Augsburger Sozialdemokraten Verstärkung durch neu zugewanderte Sozialisten, die dann die Führung der Partei in den folgenden Jahrzehnten übernehmen konnten; so befand sich spätestens seit 1888 der aus Ungarn stammende Malergeselle Julius Theisz in Augsburg, seit 1884 der Schuhmacher Ludwig Renner[194]. Die Reichstagswahlen von 1890 brachten den Augsburger Sozialdemokraten hohe Stimmengewinne. Als das Sozialistengesetz am 30. September 1890 außer Kraft gesetzt wurde, deuteten alle Anzeichen darauf hin, daß die Augsburger Partei in den folgenden Jahren den Rückstand an Mitgliederzahl und Stimmenanteil bei den Wahlen gegenüber anderen Industriestädten aufholen würde.

3. Die Gewerkschaften

Mit den gleichen Schwierigkeiten wie die sozialdemokratische Partei hatten in den siebziger Jahren die Gewerkschaften zu kämpfen. Nach Meinung der Sozialdemokraten kam ihnen innerhalb der Arbeiterbewegung allerdings eine bescheidenere Rolle zu als der Partei selbst, deren Aufgabe es war, für die Abschaffung der bestehenden Produktionsverhältnisse zu sorgen. Zur Rolle der Gewerkschaften dagegen erläuterte Endres 1873: »Solange (die) Produktivassoziationen nicht hergestellt sind, solange müssen auch Anhaltspunkte vorhanden sein, die dem Arbeiter die heutigen Verhältnisse erträglich machen. Hierzu sind die Gewerkschaften am Platze«[195]. Schon vor dem Anschluß der Augsburger Sozialdemokraten an die Eisenacher Partei vollzog sich innerhalb der Gewerkschaften die Hinwendung zu den Internationalen Gewerksgenossenschaften. Die älteste internationale Gewerkschaft in Augsburg war die 1869 gegründete Metallarbeitergewerkschaft[196]. Daneben existierte seit 1871 eine internationale Gewerkschaft der Holzarbeiter, seit 1873 die Gewerksgenossenschaft der Manufaktur- und Handarbeiter[197]. Zwei 1873 gegründete Fachvereine der Maurer und Zimmerer schlossen sich 1874 der Gewerksgenossenschaft der Maurer und Zimmerer an[198]. Daneben bestanden noch

191 StA Augsburg, G I 2/5, I. Fasc., Bürgermeister Fischer am 6. 1. 1879 an das Kommando des 3. Infanterie-Regiments in Augsburg.
192 StA Augsburg, G I 2/6, Polizeiberichte vom 22. 9. und 14. 12. 1883.
193 Ebenda, Polizeiberichte vom 15. 3. und 13. 12. 1889.
194 StA Augsburg, G I 2/5, VII. Fasc.; G I 2/6.
195 StA Augsburg, E IV 3/1, II. Fasc., Polizeibericht über die Volksversammlung vom 18. 10. 1873.
196 StA Augsburg, G I 16/67; StaA Neuburg, Reg. Nr. 10 111.
197 StA Augsburg, E IV 3/215; E IV 3/247.
198 StA Augsburg, E IV 3/939; E IV 3/275.

eine Schneider- und eine Schuhmachergewerkschaft, der Verein deutscher Steinmetzen und der Verein der Glacéhandschuhmacher[199].

Im Gegensatz zu den alten lassalleanischen Gewerkschaften, die von der Polizei kaum beachtet und so gut wie gar nicht überwacht worden waren, galten dem Magistrat die internationalen Gewerkschaften als »verbotene Affiliationen« und zudem als Agitationstruppen der Sozialdemokratie[200]. Die Metallarbeitergewerkschaften in Augsburg und Lechhausen wurden 1877 von der Polizei geschlossen; die Holzarbeitergewerkschaft entging diesem Schicksal nur durch eine eigenmächtige Statutenänderung[201]. 1878 betrug die Zahl der Organisierten in den einzelnen Berufen nach Schätzung der Polizei[202]:

Gewerkschaft	Mitglieder	Krankenkasse	Mitglieder
Manufaktur- und Handarbeiter	ca. 80	Manufakturarbeiter	ca. 60
Schneider	ca. 32	Schneider	ca. 60
Schuhmacher	ca. 45	Schuhmacher	ca. 30
Zimmerer	ca. 60	Zimmerer	ca. 28
Maurer und Steinhauer	ca. 70	Weißgerber	ca. 31
Glacéhandschuhmacher	ca. 20	Metallarbeiter	ca. 50

Da die Hilfskassen »integrierende Bestandteile der Gewerkschaften« waren und im Falle der bereits aufgelösten Weißgerber- und Metallarbeitergewerkschaft ganz offensichtlich als Treffpunkt für die ehemaligen Gewerkschaftsmitglieder dienten, kann man die Zahl der Mitglieder- bzw. Sympathisanten auf etwa 300–400 Personen einschätzen, was schon allein im Hinblick auf über 10 000 Fabrikarbeiter und Handwerksgesellen als außerordentlich geringer Organisationsgrad gelten muß. Der Versuch, im April 1873 eine lokale »Gewerkschaftsunion« zu gründen, der Männer und Frauen aller Berufe angehören sollten und die dadurch leistungsfähiger gewesen wäre als die Einzelgewerkschaften, scheiterte, da der Magistrat den Verein zum politischen erklärte und damit die für sehr wichtig erachtete Beteiligung der Arbeiterinnen ausschloß. Dazu trug wohl nicht zuletzt die unerwünschte Zielsetzung des Vereins bei, nämlich »die Durchführung der zehnstündigen Arbeitszeit mit entsprechender Lohnerhöhung für die zu gering bezahlten Arbeiter, überhaupt gegenseitige Wahrung der Ehre sowie der geistigen und materiellen Interessen der Mitglieder durch Gewährung von Schutz gegen Bedrückungen oder ungerechte Anforderungen seitens der Arbeitgeber oder Behörden, nöthigenfalls durch Bestreitung der Kosten für alle gerichtlichen und außergerichtlichen Klagen und Führung der Prozesse aus der Gewerkschafts-Unions-Kasse«[203].

Die Ursachen der schwachen Beteiligung an der Gewerkschaftsbewegung sind wie im Falle der SPD in der strengen Kontrolle der Fabrikanten über die Arbeiter zu sehen. Wie groß die Furcht vor Maßregelungen war, zeigt sich z. B. daran, daß mehrmals öffentliche Versammlungen der Textilarbeiter von Arbeitern oder Angestellten aus anderen Branchen einberufen werden mußten, da ein Textilarbeiter, der offiziell als Einberufer einer Gewerkschaftsversammlung auftrat, seine

---

199 StA Augsburg, E IV 3/1, II. Fasc.; E IV 3/268; E IV 3/249; StaA Neuburg, Reg. Nr. 10 117; ebenda, Reg. Nr. 10 115.
200 StA Augsburg, G I 16/67, Magistratsbeschluß vom 31. 3. 1877.
201 StaA Neuburg, Reg. Nr. 10 116, Polizeibericht vom 5. 3. 1875.
202 StA Augsburg, E IV 3/1, II. Fasc.
203 StA Augsburg, E IV 3/243, Statuten, § 1.

Stellung verloren hätte[204]. Der Augsburger Delegierte auf der Generalversammlung der Manufakturarbeiter in Apolda 1875, Adolf Keim (kein Textilarbeiter!), berichtete von Maßregelungen »haarsträubender Natur« in der Augsburger Großindustrie[205]. Ähnliche Schwierigkeiten sind auch von der Holzarbeitergewerkschaft überliefert, wo sich z. B. 1875 eine einstündige Debatte darüber entspann, in wessen Namen die Einberufung einer Versammlung erfolgen sollte. Auch als man wegen der Errichtung eines Arbeitsnachweisbüros ein Komitee wählen wollte, das sich mit den Meistern in Verbindung setzen sollte, lehnten alle Genannten die Wahl ab[206]. Aber auch die Metallarbeiter, die im allgemeinen der Arbeiterbewegung sehr aufgeschlossen gegenüberstanden und offensichtlich auch in Augsburg über genügend »unabhängige« Männer aus kleineren Werkstätten für öffentliche Funktionen verfügten, zogen die Agitation in Volksversammlungen der Mitgliederwerbung am Arbeitsplatz vor, da die Gefahr der Denunziation zu groß war[207].

Ihrer Intention nach wirkten die Gewerkschaften in den siebziger Jahren keineswegs streikfördernd; so mahnte z. B. Jelle 1874 als Vorsitzender der Metallarbeitergewerkschaft »vor mutwilligen Strikes [...], da meistens die Fabrikanten siegreich aus denselben hervorgehen, weil die Arbeiter noch viel zu wenig organisiert seien«[208]. Stärker als in späteren Jahrzehnten betonten die Gewerkschaften in dieser Phase als Hauptziel der Arbeiterbewegung die Umwandlung der bestehenden »Produktionsweise« in eine sozialistische. So erklärte der Metallarbeiter Hirth in einer Gewerkschaftsversammlung: »Die Harmonielehre sei der gröbste Irrtum, da die Interessen der Arbeiter und des Kapitals sich schroff gegenüberstehen; eine Versöhnung beider sei nicht denkbar, ehe dem Arbeiter der volle Ertrag seiner Mühe bezahlt wird, in welchem Falle freilich das Kapital aufhöre«[209].

Nicht alle Gewerkschaftsmitglieder waren gleichzeitig SPD-Mitglieder, auch wenn sich in der Regel der aktive Kern mit der Führungsschicht in der Partei deckte. In der Metallarbeitergewerkschaft in Lechhausen zählte nach Aussage des Bevollmächtigten Lichtensteiger die Mehrzahl zu den Ultramontanen; auch einige Liberale sollen sich darunter befunden haben[210]. Der Grad der Organisation in einer Berufsgruppe hing oft von Zufällen ab, z. B. ob ein überzeugter Gewerkschaftsanhänger vorhanden war, dem es gelang, seine Kollegen zum Eintritt zu bewegen, oder auch von den speziellen Arbeitsbedingungen in einem Gewerbe. So begünstigte die Existenz größerer Handwerksbetriebe im Augsburger Tischler- und Zimmererhandwerk die Organisation. Dagegen ließen sich Berufe, wie beispielsweise die Bäckergesellen, deren Situation durch überlange Arbeitszeiten

204 StA Augsburg, E IV 3/247, z. B. Versammlung vom 5. 7. 1873 (von einem Eisengießer einberufen), Versammlung vom 29. 5. 1875 (von einem Schreiber einberufen).
205 Protokoll der Generalversammlung der Manufaktur-, Fabrik- und Handarbeiter-Gewerkgenossenschaft, abgehalten zu Apolda am 18., 19., 20. und 21. 9. 1875, Crimmitschau 1875, S. 47 (in: E IV 3/247). »Unter vielen, vielen Beispielen«, führte Keim nur das des Direktors der Riedingerschen Weberei an, der einem Arbeiter, der eine Versammlung besucht hatte, bedeutete: »Nur wer Geld hat, darf eine politische Meinung haben, wer kein Geld hat, hat's Maul zu halten« (ebenda). 1875 wurde ein Textilarbeiter entlassen, weil er es gewagt hatte, in einer Manufakturarbeiterversammlung zu sprechen (G I 2/13, I. Fasc.). Möglicherweise handelte es sich dabei um den in der Riedingerschen Weberei beschäftigten J. N. Leucht, der in einer Versammlung am 29. 5. 1875 ein Referat über die Arbeiter-Enquête des Bundesrats ausdrücklich mit der Absicht übernommen hatte, den Gegnern der Arbeiterbewegung das Argument zu nehmen, sozialistische Ideen würden den Arbeitern nur durch reisende Agitatoren nahegebracht (StA Augsburg, E IV 3/247).
206 StA Augsburg, E IV 3/215, Polizeibericht über die Versammlung vom 3. 4. 1875.
207 StaA Neuburg, Reg. Nr. 10 111, Polizeibericht über die Versammlung vom 10. 9. 1876.
208 StaA Neuburg, Reg. Nr. 10 111, Polizeibericht über die Versammlung vom 15. 8. 1874.
209 Ebenda, Versammlung vom 13. 9. 1874.
210 StA Augsburg, G I 16/67, Vernehmungsprotokoll vom 28. 4. 1877.

und Wohnen am Arbeitsplatz oder beim Meister gekennzeichnet war, nur sehr schlecht organisieren. Während nahezu alle Arbeitergruppen gegen die Einführung von Arbeitsbüchern protestierten, sprachen sich die Augsburger Bäckergesellen für diese Maßnahme aus, wie es die dem Verband »Germania« angehörenden Bäckermeister für ihre Betriebe beschlossen hatten[211]. Ebenso nachteilig konnte es sich auf die Organisierbarkeit auswirken, wenn eine bestimmte Branche nur durch ein einziges Unternehmen am Ort repräsentiert war und die Arbeiter zudem einer geringen Mobilität unterworfen waren. So hielten sich in Augsburg die Tabakarbeiter, die alle in der Lotzbeckschen Fabrik beschäftigt waren, nach Auskunft des Magistrats von der gewerkschaftlichen Bewegung völlig fern, »wozu die von Seiten der Fabrikdirektoren gepflogene strenge Disziplin unter dem dortigen Arbeitspersonal, welches verhältnismäßig günstig situiert ist, vieles beitragen dürfte«[212]. In den Versammlungen der Gewerkschaften versuchten die Agitatoren nicht nur, die Arbeiter über ihre Lage und die Ziele des Sozialismus aufzuklären, sondern stellten auch im Sinne der Erleichterung der »Übergangszeit« konkrete Forderungen. So verlangten die Textilarbeiter für Arbeiterinnen eine Karenzzeit von sechs Wochen vor und nach einer Entbindung, Beseitigung der Kinderarbeit, Einführung einer vierzehntägigen Kündigungsfrist und Regelung der Fabrikordnung auf gesetzlichem Wege[213]. Unter den organisierten Gesellen wurde häufig – wie auch bei den Meistern – über die Konkurrenz der Zuchthausarbeit, die mangelhafte Lehrlingsausbildung und den Einsatz ungelernter Gehilfen geklagt[214]. Im übrigen stufte man auch von sozialdemokratischer Seite den Interessenkonflikt zwischen Gesellen und Meistern anders ein als den zwischen Arbeitern und Fabrikanten, da man in den kleinen Meistern zugleich künftige Opfer des Kapitalismus sah. Endres mahnte die Schuhmachergesellen, sie sollten sich »gegen das Kapital und die Großindustrie wenden, die aus ihnen Proletarier machten, sich nicht zu solchen erniedrigen lassen und zum Meister halten, der allein sie vor diesem Lose zu schützen vermöge«[215]. In den siebziger Jahren waren die Ansätze zum Ausbau der gewerkschaftlichen Leistungen, die zu einer Erhöhung der Mitgliederzahl hätten beitragen können, noch ziemlich unterentwickelt. Die Holzarbeitergewerkschaft unterhielt zeitweise einen Arbeits- und Übernachtungsnachweis für Tischlergesellen, wodurch man hoffte, die Zahl der zureisenden Gesellen vor den Meistern geheim und den Lohn auf gleichem Niveau zu halten[216]. Auch die Manufakturarbeitergewerkschaft verfügte kurze Zeit über einen Arbeitsnachweis; ein detaillierter Gewerkschaftsbericht für das Jahr 1877 zeigt außerdem, daß die Krankenunterstützung von fast einem Viertel der Mitglieder in Anspruch genommen wurde; daneben betrugen allein die Prozeßkosten schon 300 M[217].

Nach dem Inkrafttreten des Sozialistengesetzes wurden alle noch bestehenden Gewerkschaften mit Ausnahme des Glacéhandschuhmacherverbands und des Verbands deutscher Steinhauer von der Polizei geschlossen oder lösten sich selbst auf. Das gleiche galt für die gewerkschaftlichen Krankenkassen, die zum Teil durch lokale Kassen (so bei den Maurern und Steinhauern) ersetzt wurden[218].

211 StaA Neuburg, Reg. Nr. 10 113, Polizeibericht über die Bäckerversammlung vom 15. 9. 1876.
212 StA Augsburg, G I 2/5, I. Fasc., 14. 3. 1879.
213 StA Augsburg, E IV 3/247, Versammlung vom 29. 5. 1875.
214 StA Augsburg, E IV 3/215; StaA Neuburg, Reg. Nr. 10 117.
215 StA Augsburg, E IV 3/1, Versammlung vom 11. 10. 1874.
216 StA Augsburg, E IV 3/215, Versammlung vom 22. 5. 1875.
217 StA Augsburg, E IV 3/247, Versammlung vom 2. 9. 1877.
218 StA Augsburg, E IV 3/268; E IV 3/249; E IV 3/189.

VII. Arbeitskämpfe

Die von Tauscher nach Beendigung des Pferseestreiks seinerzeit vorhergesagte »Gesamtarbeitseinstellung« für das folgende Jahr war ausgeblieben. In der Augsburger Großindustrie ereigneten sich bis in die achtziger Jahre keine nennenswerten Arbeitseinstellungen mehr[219]. Dies ist um so erstaunlicher, als gerade in den Gründerjahren die meisten Industrieorte sehr häufig Arbeitseinstellungen zu verzeichnen hatten. Dabei mochten einerseits die entmutigenden Erfahrungen des Pferseestreiks nachwirken, andererseits dürften die im Boom der frühen siebziger Jahre vorgenommenen Lohnerhöhungen zum Ausgleich des Kaufkraftverlusts und die erhöhten Verdienste infolge zahlreicher Überstunden offensichtlich die Unzufriedenheit gedämpft haben. Zudem trat seit Mitte der siebziger Jahre die Sorge um den Arbeitsplatz wieder in den Vordergrund.

Etwas anders verhielt es sich dagegen im Handwerk, wo — wie vermutet werden darf — ein noch größerer Lohnrückstand als in der Großindustrie auszugleichen war. Ansatzpunkte für Konflikte boten sich insbesondere in den typischen »Saisongewerben«, bei den Maurern, Zimmerern usw., wo im Frühjahr die Gesellen zurückkehrten und die Arbeitsbedingungen neu ausgehandelt wurden. Dabei waren offensichtlich bereits kollektive Vereinbarungen zwischen Gesellen und Meistern in »Tarifen« üblich. Auch hier scheinen jedoch die meisten Lohnerhöhungen zu Beginn der siebziger Jahre von den unter akutem Arbeitskräftemangel leidenden Meistern freiwillig gewährt worden zu sein. Eine Ausnahme bildeten die Augsburger Zimmerer, die im März 1873 eine Lohnerhöhung beantragten, die von den Meistern nur teilweise bewilligt wurde. Gesellen, die den Arbeitgeber-Tarif nicht innerhalb einer gewissen Frist durch Unterschrift anerkannten, wurden ausgesperrt. Die Zahl der Betroffenen ist nicht bekannt, doch scheint ein größerer Teil die Unterschrift verweigert zu haben, denn für die Ausgesperrten bestand ein eigenes Komitee. Nach Ablauf der Frist sahen sich die Meister jedoch gezwungen, auch diejenigen Gesellen wieder einzustellen, die den Tarif nicht unterschrieben hatten[220]. Im April des gleichen Jahres forderten die Tischlergehilfen 30 % Lohnerhöhung. Als die Meister ablehnten, traten von 250 Gehilfen 150 für drei Tage in den Ausstand, bis die Arbeitgeber wenigstens einen Kompromiß anboten. Die gewerkschaftliche Organisation spielte bei diesen kleineren Arbeitskämpfen offensichtlich keine Rolle. Die Tischlergehilfen bezogen nach Erkundigung der Polizei keinerlei Unterstützung von »Seite Dritter«[221]. Die Streikbereitschaft erlosch auch im Handwerk während der Wirtschaftskrise der siebziger Jahre. Zwar sahen sich die meisten Kleinbetriebe bis 1875 noch vollauf beschäftigt, doch war der Arbeitermangel durch die Freisetzung von Arbeitskräften der Großindustrie inzwischen behoben. Wesentliche Lohnerhöhungen konnten die Gesellen in der zweiten Hälfte der siebziger Jahre nicht mehr durchsetzen. Bereits ausgehandelte Tarife wurden von den Meistern empfindlich herabgedrückt[222].

---

219 Ein kleinerer Ausstand von 45 Tabakarbeitern wurde durch die Vermittlung des Magistrats rasch beigelegt (StA Augsburg, G I 16/13, I. Fasc.).
220 Ebenda, Polizeibericht vom 20. 3. 1873 (mit Lohntarif).
221 StA Augsburg, G I 16/13, I Fasc., Polizeibericht vom 15. 4. 1873.
222 StA Augsburg, E IV 3/215. In einer Tischlerversammlung wurde 1875 berichtet, die Gesellen erhielten für Möbel, die im Tarif mit 14–15 fl. veranschlagt seien nur mehr 9 fl., für die Bearbeitung eines Sarges statt 2 fl. 30 nur 1 fl. 18 (ebenda).

Erst 1882 kam es in Augsburg wieder zu einer größeren Streikbewegung. Durch den allmählichen Anstieg der Reallöhne in Deutschland zu Beginn der achtziger Jahre zeichnete sich auch in der auf Massenartikel spezialisierten Augsburger Textilindustrie eine Erholung ab; 1882 erfreuten sich die Webereien bereits wieder ansehnlicher Profite. Die gestiegenen Erträge wurden jedoch nicht an die Arbeiter weitergegeben. Zur vollen Ausnutzung des plötzlichen Aufschwungs wurden die Prämientarife sogar gesenkt, so daß der frühere Verdienst nur durch Leistungssteigerung gehalten werden konnte[223]. Am 22. Mai 1882 legten rund 550 Weber und Weberinnen der Mechanischen Baumwollspinnerei und Weberei die Arbeit nieder und verlangten die Beibehaltung des alten Prämientarifs, was ihnen nach anfänglicher Weigerung der Firma schließlich zugestanden wurde. Anfang Juni traten 250 Weber der Augsburger Buntweberei in den Ausstand; auch sie forderten die Wiedereinführung der alten Tarife bzw. Lohnerhöhungen. Am 19. Juni folgten schließlich 226 Weber der Fichtelbach-Weberei ihren Kollegen in den Streik, nachdem sie zwei Tage zuvor »in anständigster und maßvoller Weise« die Direktion um Wiedereinführung der 1878 festgesetzten Lohntarife gebeten, von dort aber den Bescheid erhalten hatten, man sei angesichts der Streikbewegung in anderen Webereien nicht in der Lage, den Arbeitern »auch nur die geringste Vergünstigung gewähren zu können«[224]. Am härtesten gestaltete sich der Streik in der Buntweberei. Direktor Eberhard ließ sich mit den Streikenden in keinerlei Verhandlungen ein[225]. Arbeiter die am ersten Streiktag noch nichts von der Arbeitseinstellung erfahren hatten, ließ er ohne Trinkwasser in den Arbeitssälen einsperren, um den Anschluß an die Ausständigen zu verhindern. Von der Polizei verlangte er die gewaltsame Entfernung der streikenden Arbeiter, die sich gruppenweise in der Nähe der Fabrik aufhielten. Doch der größte Teil der öffentlichen Meinung und auch die Behörden hatten diesmal Verständnis für die Forderungen der Arbeiter[226].

Die Arbeitseinstellungen im Sommer 1882 waren Teil einer Bewegung, die nahezu die gesamte Textilindustrie Augsburgs und der Vororte erfaßte. Vor und während der Arbeitskämpfe fanden Treffen von Textilarbeitern aus Augsburg, Haunstetten und Kempten statt. Wie die Polizei später durch Denunziation er-

---

223 StA Augsburg, G I 16/13, I. Fasc. (Lohntarif). So verdiente z. B. ein Weber, der 2 Stühle mit 170 Touren bediente, nach dem neuen Tarif zwischen 16 M (+ 1,90 M Prämie) und 29 M (+ 9,70 M Prämie). Nach dem alten Tarif hatte der Prämienzuschlag jedoch bei 16 M 2,25 M, bei 29 M 12 M betragen.
224 StA Augsburg, G I 16/13, I. Fasc., Polizeiberichte vom 24. 5. und 17. 6. 1882.
225 Das Klima der Einschüchterung, das in Augsburger Betrieben herrschte, illustriert folgender Vorfall: Bevor der Streik in der Buntweberei ausbrach, befragte Direktor Eberhard, der die Unruhe unter der Belegschaft bemerkte, einzelne Arbeiter nach ihren Forderungen und schlug die Bildung eines Komitees vor, das sich mit der Firmenleitung in Verbindung setzen sollte; »doch aus Furcht, einerseits von den Genossen als Verräter, andererseits von der Direktion als Rädelsführer gemaßregelt zu werden, lehnten die Gefragten jede Unterhandlung ab«. Als schließlich auf Verlangen der Direktion doch eine Arbeiterdeputation gewählt wurde, gehörten deren sämtliche Mitglieder später zu dem als »Rädelsführer« entlassenen Personenkreis (ebenda, Polizeibericht vom 30. 5. 1882).
226 StA Augsburg, G I 16/13, I. Fasc., Polizeibericht vom 11. 6. 1882. Ein Polizeiinspektor zitierte den Direktor der Buntweberei förmlich vor wegen der im Fabrikhof auf die Bekanntgabe der Antwort der Geschäftsleitung wartenden Arbeiter; als sich Eberhard schließlich – wohl in der Absicht, die Gewalttätigkeit der Streikenden zu demonstrieren – in Begleitung »eines riesigen, maulkorblosen Fanghundes« aus seiner Privatwohnung wagte, drückte ihm der Vertreter der Staatsgewalt unverhohlen seine Verachtung über die provokative Haltung gegenüber den sich sehr diszipliniert verhaltenden Arbeitern aus. Unter den Fabrikarbeitern schien die wohlwollende Haltung der Polizei nicht unbekannt gewesen zu sein, so kursierte das Gerücht, ein Polizist habe zu den Streikenden gesagt: »Ihr habt recht, nur wacker ausgehalten, eure Forderungen müssen erfüllt werden«. Sogar die Kleingewerbetreibenden wandten sich an den Magistrat mit der Bitte um Beilegung des Konflikts, da sie Verluste beim Verkauf von Lebensmitteln und der Vermietung von Schlafstellen an Arbeiter befürchteten (ebenda, Polizeibericht vom 6. 6. 1882).

fuhr, lag die Leitung des Streiks in den Händen der Sozialdemokraten Johann Döltsch, Jakob Jäger und Johann Weidmann, die alle in den bestreikten Betrieben beschäftigt waren. Ein Arbeiterkomitee koordinierte die Streikmaßnahmen und versuchte Verhandlungen mit der Direktion aufzunehmen. Es registrierte Namen, Familienstand und Kinderzahl der Streikenden und organisierte illegale Geldsammlungen für die Arbeiter. Allein in der Mechanischen Baumwollspinnerei und Weberei wurden 150 M für die Streikenden gesammelt. Dabei wirkte sich das Fehlen einer Arbeiterpresse während des Sozialistengesetzes und die Auflösung der Gewerkschaften natürlich erschwerend aus; zusätzliche finanzielle Hilfe mußte brieflich von auswärts erbeten werden. In Augsburg selbst riefen die Streikenden durch einen heimlich angebrachten Maueranschlag ihre Kollegen zur Unterstützung auf[227]. Wie schon beim Pferseestreik 1869 ging den Arbeitern auch 1882 finanziell der Atem aus. Resigniert stellte ein Komiteemitglied fest, daß »das längere Herumlaufen doch zu nichts Gutem führe, und der Arbeiter doch ganz allein auf seinen Verdienst angewiesen sei«[228]. Am 16. Juni brach der Streik in der Buntweberei zusammen. Die Arbeiter mußten um ihre Wiedereinstellung nachsuchen und auf Verlangen der Direktion ausdrücklich unter Zeugen erklären, daß sie »ihre ausgesprochene Entlassung als eine gerechtfertigte Verfügung der Fabrikdirektion anerkennen, dabei auch versprechen, künftig Gesetz und Fabrikordnung zu respektieren«[229]. Auch die Fichtelbachweberei nahm nur diejenigen Arbeiter wieder auf, die sich zuvor einen Entlassungsschein abgeholt und damit die Rechtmäßigkeit ihrer Entlassung förmlich anerkannt hatten. Etwa 50 Arbeiter, die in Verdacht besonderer Aktivitäten standen, wurden nicht mehr eingestellt und fanden einer Absprache der Augsburger Firmen zufolge im gesamten Stadtgebiet keinen Arbeitsplatz mehr[230].

Nach diesem Ergebnis scheint die Augsburger Textilarbeiter jahrzehntelang der Mut für die kämpferische Durchsetzung ihrer Rechte gegen die Unternehmer verlassen zu haben. Dazu trug freilich seit den neunziger Jahren eine Entwicklung bei, die in der Stadt ein extrem emanzipationsfeindliches Klima schuf und eigentlich erst jene besonderen »Augsburger Verhältnisse« hervorbrachte, die schon von den Zeitgenossen — je nach politischem Standort — teils mit herber Kritik, teils mit Beifall bedacht wurden.

---

227 StA Augsburg, G I 16/13, I. Fasc.: Darin hieß es: »Freunde! Arbeiter! Wie Euch wohl bekannt ist, sahen wir uns infolge schlechten Verdienstes genötigt, die Arbeit einzustellen. Die massenhafte Überproduktion, welche die noch kaum überstandene Geschäftskrise im Gefolge gehabt, war die Ursache, daß die Löhne in den letzten Jahren bis auf ein Minimum herabgedrückt wurden, mit welch letzteren aber nicht zum Existieren ist. [...] Arbeiter, Mitbürger, seit drei Tagen ruhen unsere Hände und der Vorrath an Lebensmitteln reicht ›trotz lebenslanger Arbeit‹ nicht mehr weit; daher wir uns genötigt sehen, auf diesem Wege, da uns jeder andere abgeschnitten, an alle (Arbeiter, d. V.) mit der Bitte heranzutreten, uns in diesem Kampfe, der ja für alle, welche von der Arbeit leben, gekämpft wird, uns nach Möglichkeit zu unterstützen. Denn wo der Arbeiter leben kann, da lebt alles!«
228 Ebenda, Polizeibericht vom 16. 6. 1882.
229 Ebenda.
230 StA Augsburg, G I 2/5; Fränkische Tagespost Nr. 174 vom 27. 7. 1882. Eine Firma, die entgegen den Abmachungen einen Teil der Entlassenen aufnahm, wurden von den übrigen Industriellen zur Rückgängigmachung der Einstellungen gezwungen. Bei den Ausgesperrten handelt es sich zum großen Teil um Familienväter, die sich in ihrer Not sogar an die Schwäbische Regierung wandten, allerdings ohne Erfolg.

Drittes Kapitel   Der »sozial-ökonomische Hexenkessel«
— die Sammlung der antisozialistischen
Kräfte 1890—1914

Während sich in Deutschland nach 1890 der Aufstieg der SPD zur stärksten Partei der Vorkriegszeit vollzog, und den Gewerkschaften Jahr für Jahr Tausende neuer Mitglieder zuströmten, blieben in Augsburg die Ansätze zu einer sozialistischen Massenbewegung schon in den Anfängen stecken. Gerade in der Phase zwischen 1890 und 1914, die es nun zu betrachten gilt, kamen jene Tendenzen zum Tragen, welche die Stadt in sozialgeschichtlicher Hinsicht deutlich von anderen vergleichbaren Industriestädten abhoben. Für die weitere Entwicklung der Augsburger Arbeiterbewegung waren nicht nur strukturell bedingte Hemmnisse ausschlaggebend, als welche z. B. die extensive Verwendung von Frauen und Jugendlichen in den Fabriken und der Umfang der betrieblichen Wohlfahrtseinrichtungen gelten müssen; hier gelang der Arbeitgeberseite auch, über die unmittelbaren ökonomischen Abhängigkeiten und sozialpolitischen Traditionen hinaus aktiv in den Verlauf der Arbeiterbewegung einzugreifen. Solange in der Zeit des Sozialistengesetzes Staat und Polizei die Arbeiterorganisationen niederhielten, SPD, Gewerkschaften und nahezu alle Hilfseinrichtungen zerschlagen waren, begnügten sich die Augsburger Industriellen mit losen Absprachen und privaten Verfügungen zur Unterdrückung sozialistischer Bestrebungen in den Betrieben, wie z. B. Haßlers »Sozialistengesetz«, dem sich die meisten Unternehmen angeschlossen hatten. Nachdem aber die Sozialdemokratie gestärkt aus der Verfolgung hervorgegangen war, Partei und Gewerkschaften eine lebhafte Agitation unter den Arbeitern zu entfachen begannen, und die Ergebnisse der Reichstagswahl von 1890 darauf hinwiesen, daß die sozialistische Bewegung im Begriff war, neben Liberalismus und politischem Katholizismus zu einer starken dritten Kraft in der Stadt zu werden, organisierten die Augsburger Fabrikanten in systematischer Form den »Klassenkampf von oben«. Damit veränderte sich bereits in den neunziger Jahren die politische Situation so deutlich zu Ungunsten der sozialistischen Arbeiterbewegung, daß deren weitere Entwicklung nur vor dem Hintergrund dieser besonderen lokalen Bedingungen verstanden und interpretiert werden kann.

I. Der Verband Ordnungsliebender Arbeitervereine

Nachdem der Augsburger Magistrat 1892 die Gründung eines Gewerbegerichts beschlossen und die Wahlen auf den 24. und 25. Januar 1893 festgesetzt hatte, bildete sich ein »Wahlkomité nichtsozialdemokratischer Arbeiter von Augsburg und Umgebung«, das sich aus Vertretern der katholischen Arbeitervereine, des Evangelischen Handwerker- und Arbeitervereins, des Arbeiterfortbildungsvereins und der Hirsch-Dunckerschen Gewerkvereine zusammensetzte[1]. Dieser Zusam-

---

[1] StA Augsburg, Nachlaß Haßler, K 4, Krantz, Bericht über Arbeiterverhältnisse; Augsburger Abendzeitung Nr. 24 vom 24. 1. 1893.

menschluß erfolgte angeblich »auf Anregung aus Arbeiterkreisen und vollständig unabhängig von den Großindustriellen und Capitalisten«[2]. Am 24. 1. 1893 erließ das Komitee einen Aufruf an »alle Arbeiter, welche mit uns der Meinung sind, daß wir auf dem Wege friedlichen Einvernehmens die Verbesserung des Looses der arbeitenden Klasse erstreben müssen«. Gleich den Arbeitgebern warnte man davor, mit der Wahl sozialdemokratischer Beisitzer dem Gewerbegericht den »Stempel des Klassenhasses« aufzudrücken[3]. Eine solche Einstellung blieb nicht unhonoriert; im März 1893 wandten sich die Direktoren und Fabrikbesitzer von neun Augsburger Unternehmen mit einem Rundschreiben an ihre Unternehmerkollegen, in dem sie ausführten, es liege »im eigensten Interesse der hiesigen Arbeitgeber, namentlich der Industriellen [...], die nicht sozialdemokratischen Arbeiter und ihre Vereinigungen, welche bei den genannten Wahlen den Kampf gegen die Sozialdemokraten aus eigener Initiative mit so viel Hingebung und Ausdauer geführt haben, in diesem von ihnen fortzuführenden Kampfe thatkräftig zu unterstützen, damit dieselben der von bekannter und unbekannter Seite mit reichlichen Mitteln ausgerüsteten Gegenpartei nicht mit zu ungleichen Waffen gegenüberstehen«[4]. Die dem Firmenausschuß angehörenden Unternehmen hatten sich deshalb entschlossen, regelmäßig bestimmte Summen entsprechend der Arbeiterzahl ihrer Betriebe an ein Gremium abzuführen, das die Gelder unter die antisozialistischen Arbeitervereine verteilen sollte; Voraussetzung war eine laufende Berichterstattung der Arbeitervereine über ihre Tätigkeit und die Verwendung der Unterstützungen, die nur für »Familien-Unterhaltungen, Unterstützungskassen usw., sowie zum Kampfe gegen die Sozialdemokratie, keinesfalls aber zu anderen politischen Zwecken, Landtags- und Reichstagswahlen ect.«, verbraucht werden durften[5].

Nach einer so massiven Ermunterung seitens der Unternehmer ließ die Konstituierung eines Dachverbandes der »wirtschaftsfriedlichen« Arbeitervereine nicht lange auf sich warten; im Mai 1893 bildete sich der »Verband ordnungsliebender Arbeiter«, der sich später in »Wirtschaftlicher Verband der Arbeitervereine von Augsburg und Umgebung« umbenannte[6]. Die zahlenmäßig stärkste Gruppe stellten dabei die katholischen Arbeiter- und Männervereine aus Augsburg und den Vororten und der evangelische Handwerker- und Arbeiterverein mit ca. 400 Mitgliedern[7]. 1901 rechneten 2802 Mitglieder (83 %) der insgesamt 3369 Ordnungsliebenden zu den katholischen Vereinen, dagegen waren die liberalen Arbeiter mit 280 Mitgliedern aus dem Arbeiterfortbildungsverein und ca. 170 Gewerksvereinsmitgliedern stark in den Hintergrund getreten, während der evangelische Arbeiterverein offensichtlich ganz aus dem Verband ausgeschieden war[8].

Die Augsburger Unternehmer beschränkten sich bei der Förderung dieser Arbeiterkreise nicht allein auf finanzielle Zuschüsse, die seit der Gründung des Augsburger Industrievereins im Herbst 1893 auch regelmäßig eintrafen, sondern statteten den Verband mit einem Machtmittel aus, das sich in den folgenden Jahren als

---

2 Augsburger Abendzeitung Nr. 24 vom 24. 1. 1893.
3 StA Augsburg, Nachlaß Haßler, K 4, Krantz, Bericht über Arbeiterverhältnisse; Augsburger Abendzeitung Nr. 24 vom 24. 1. 1893.
4 StA Augsburg, Nachlaß Haßler, K 4, Rundschreiben vom 23. März 1893.
5 Ebenda.
6 Martini, a. a. O., S. 106.
7 Zur Tätigkeit des evangelischen Handwerker- und Arbeitervereins um diese Zeit vgl. Jahresberichte der Fabrikinspektoren 1896, S. 431.
8 Martini, a. a. O., S. 106.

außerordentlich wirksames Instrument gegen die sozialistische Arbeiterbewegung erweisen sollte und zudem dem ordungsliebenden Verband zu einer Bedeutung verhalf, die er von selbst nie erreicht hätte. Ende 1893 konnte er ein Arbeitsnachweisbüro eröffnen, dem vom Augsburger Industrieverein das Stellenvermittlungsmonopol für die Großindustrie zugesichert wurde, d. h., die im Industrieverein vertretenen Unternehmer verpflichteten sich, bei der Suche nach Arbeitskräften sich ausschließlich dieses Instituts zu bedienen[9]. Ein Anschlag an den Fabriktoren der Maschinenfabrik Augsburg im April 1894 machte Stellungssuchende darauf aufmerksam, daß sie mit einem Ausweis des Vermittlungsbüros der »Ordnungsliebenden« bevorzugt eingestellt würden[10]. Stand dem Verband im ersten Jahr für die Vermittlungstätigkeit nur vier Stunden in der Woche eine Schreibkraft zur Verfügung, so unterhielt er 1898 schon ein Büro mit zwei Buchhaltern und 28 Wochenstunden Geschäftsverkehr[11]. Kennzeichnend für die Stellung des Verbands war es, daß der Anteil der Verbandsmitglieder an den Vermittelten stets sehr gering blieb; er betrug 1894 mit 129 von insgesamt 3170 Stellensuchenden nur 4 %, im Jahre 1901 ließ sich sogar nur ein einziges Verbandsmitglied vermitteln[12]. Damit lag eine wichtige Institution, deren sich die Mehrzahl der Arbeiter gezwungenermaßen bedienen mußte, in den Händen einer Minorität, die — gestützt von Seiten der Großindustrie — trotz aller Dementis diesen Nachweis auch in deren Sinn verwaltete, denn schließlich sollte nach Meinung der Unternehmer damit ausdrücklich »ein gewisser Ausgleich gegenüber der den Sozialdemokraten durch Besetzung des Gewerbegerichts zugefallenen Präponderanz« geschaffen werden[13]. Ein Überblick über Arbeitsnachfrage und Besetzung angebotener Stellen zeigt schon anhand des Vermittlungsumfangs, daß es diesem privaten Arbeitsnachweis gelungen war, zu einer zentralen Instanz in der Stadt aufzusteigen[14].

| Jahr | Arbeitsuchende insgesamt | davon Facharbeiter | | | | Facharbeiter insgesamt | Taglöhner, Ungelernte | Besetzte Stellen insgesamt | Von 100 Arbeitsuchenden wurden vermittelt |
		Maschinenbau	Textilindustrie	Baugewerbe	Sonstige				
1893	289	66	17	52	23	158	131	141	48
1894	3299	629	681	369	247	1926	1373	1497	45
1895	3709	834	603	500	255	2192	1517	1962	52
1896	3436	666	574	316	205	1761	1675	1697	49
1897	3929	706	831	307	174	2028	1901	1937	49
1898	3780	852	394	391	225	1862	1918	2369	62
1901	2436	445	460	315	338	1558	878	1441	59

9 StA Augsburg, Nachlaß Haßler, K 4, Krantz, Bericht über Arbeiterverhältnisse; Jahresbericht des Industrievereins 1895 ff.
10 MAN-Archiv Augsburg, Foth, a. a. O., S. 333.
11 StA Augsburg, Nachlaß Haßler, K 4, Geschäftsbericht der Arbeits-Nachweisstelle des Verbands ordnungsliebender Arbeitervereine von Augsburg und Umgebung, erstattet im Januar 1898.
12 Martini, a. a. O., S. 110; StA Augsburg, Nachlaß Haßler, K 4, Geschäftsbericht der Arbeitsnachweisstelle des Verbands ordnungsliebender Arbeitervereine von Augsburg und Umgebung, erstattet im Januar 1898.
13 StA Augsburg, Nachlaß Haßler, K 4, Krantz, Bericht über Arbeiterverhältnisse.
14 Zusammenstellung nach StA Augsburg, Nachlaß Haßler, K 4, Geschäftsberichte der Arbeitsnachweisstelle des Verbands ordnungsliebender Arbeitervereine; Martini, a. a. O., S. 110.

Wie die Tabelle zeigt, bediente sich vor allem die Textil-, Maschinenbau- und Bauindustrie des Nachweises der Ordungsliebenden; aber auch Kleingewerbetreibende und selbst staatliche Stellen, wie z. B. die Eisenbahnwerkstätte, meldeten Arbeitskräftebedarf dem Verband[15]. Mit dem Hinweis auf den gut funktionierenden Arbeitsnachweis der Ordnungsliebenden, den sie allein zu frequentieren bereit seien, blockierten die Industriellen jahrelang die Einführung eines städtischen Arbeitsamtes.

Nach der Übernahme des Arbeitsnachweises schuf der Verband der Ordnungsliebenden Arbeiter eine »Beschwerdekommission«, an die sich Arbeiter mit Klagen über Mißstände in den Fabriken wenden sollten. Hauptzweck dieser Einrichtung war es, die Anrufung des Gewerbeinspektors zu verhindern. Entsprechend der unternehmerfreundlichen Haltung des Verbands zeichnete sich die Kommission vor allem durch einen »Mangel an Rührigkeit« aus, und selbst die wenigen tatsächlich vorgebrachten Beschwerden stießen bei den Unternehmern meist auf taube Ohren[16]. Einen größeren Erfolg konnte der Verband mit seiner Bitte um Abschaffung des Prämiensystems im Jahre 1899 verbuchen, von dessen Unhaltbarkeit zu diesem Zeitpunkt aber auch der größte Teil der Unternehmer überzeugt war[17]. 1901 veranstaltete der Verband eine Untersuchung über die Wohnungsverhältnisse der Arbeiter, die in einem abschließenden Bericht die positive Wirkung der Werkswohnungen gebührend herausstrich[18]. Im gleichen Jahr beteiligten sich die Ordnungsliebenden an einer Petition der gesamten organisierten Arbeiterschaft (Gewerkschaftsverein Augsburg, Ortsverband Hirsch-Dunckersche Gewerkvereine, bayerischer Textilarbeiterverband, christlich-sozialer Metallarbeiterverband und christlicher Verband nichtgewerblicher Arbeiter) zur Einführung der wöchentlichen Lohnzahlung in den Fabriken. Die Antwort des Industrievereins war eine schroffe Abfuhr, die er jedoch als einziger von allen Organisationen den Ordnungsliebenden zustellte[19]. Solche Dissonanzen in den Beziehungen zwischen den wirtschaftsfriedlichen Arbeitern und den Unternehmern waren selten, doch trugen sie dazu bei, auf Seite der Arbeitgeber stets ein gewisses Mißtrauen gegenüber allen überbetrieblichen Arbeiterorganisationen wachzuhalten.

Im allgemeinen war es in den neunziger Jahren in den Fabriken jedoch üblich, die Arbeiter je nach ihrer Verbandszugehörigkeit in »ordnungsliebend« oder nicht ordnungsliebend, d. h. in politisch Unverdächtige und Verdächtige einzuteilen. Dabei gerieten selbst liberal gesinnte Arbeiter, die dem Verband nicht angehörten, in den Ruch staatsfeindlicher Gesinnung[20]. Die Münchener Post- und Augsburger Volkszeitung berichtete 1897, daß »an jedem sich zum Eintritt in die ordnungsheiligen Hallen der Maschinenfabrik Meldenden eine förmliche Vivisektion seiner bisherigen Vergangenheit« vorgenommen werde[21]. Solche Maßnahmen erschwerten sozialdemokratisch eingestellten Arbeitern nicht nur die Arbeitssuche, sondern förderten zugleich »jenen tieftraurigen Zustand in Augsburg [...], daß ein Arbeiter nicht dem anderen traut, weil er fürchten muß, es mit einem Denunzianten

---

15 Jahresberichte der Fabrikinspektoren 1896, S. 430.
16 Ebenda, 1895, S. 414, 1896, S. 415; StA Augsburg, Nachlaß Haßler, K 4, Krantz, Bericht über Arbeiterverhältnisse.
17 Jahresbericht der Handels- und Gewerbekammer 1899, S. 5.
18 Wohnungsenquête in Augsburg, veranstaltet und bearbeitet vom Wirtschaftlichen Verband der Arbeitervereine [...] a. a. O., S. 38 ff.
19 Martini, a. a. O., S. 111 f.
20 Jahresberichte der Fabrikinspektoren 1896, S. 40; StA Augsburg, E IV 3/342, II. Fasc.
21 Münchener Post- und Augsburger Volkszeitung Nr. 43 vom 23. 3. 1897.

zu thun haben, der seine und seiner Familie Existenz vernichten kann«[22]. Für die Unternehmer waren die Ordnungsliebenden nach den Worten von Heinrich Buz »vielleicht noch das einzige Bollwerk gegen die Überwucherung der Sozialdemokraten«[23]. Buz' Schwiegersohn, der ebenfalls in der Maschinenfabrik beschäftigte Ingenieur Krantz, schrieb an einen Bamberger Unternehmer, gegenüber den wirtschaftsfriedlichen Arbeiterorganisationen sei »von Gleichgültigkeit oder gar Repressivmaßregeln seitens der Arbeitgeber dringend abzurathen [...], denn ein solcher Standpunkt verdiente nur das Motto: ›C'est plus qu' un crime, c'est une faute‹«[24].

II. Der Industrieverein

Mit dem Plan einer dauernden Unterstützung der wirtschaftsfriedlichen Arbeitervereine war zugleich die Gründung eines lokalen Arbeitgeberverbandes verbunden. Nach den politischen Erfahrungen zu Beginn der neunziger Jahre war »eine Anzahl industrieller Firmen überzeugt, daß es gegenüber der sozialdemokratischen Propaganda an der Zeit sei, baldigst die Koalitionsrechte und -pflichten der Arbeitgeber zur Tat werden zu lassen«[25]. Zudem schien der Zeitpunkt der Gründung aus taktischen Überlegungen günstig; während in anderen Gegenden des Reichs über Arbeitsmangel geklagt wurde, arbeitete die Augsburger Textilindustrie auf Hochtouren; das große Angebot an Arbeitskräften war es, »was wohl auch die unruhigeren Köpfe unter denselben zu einem ruhigen und vorsichtigen Verhalten bestimmte«, stellte 1893 die Augsburger Handelskammer zufrieden fest[26]. »Gerade diese ruhige Zeit« veranlaßte auch die Unternehmer, ihre Vormachtstellung auszubauen[27]. Die Anregung dazu ging vom »Technischen Verein« aus – einer Gesellschaft, der ursprünglich vor allem Bautechniker, Professoren der polytechnischen Schule und naturwissenschaftlich interessierte Laien angehörten, die sich seit 1842 regelmäßig zu wissenschaftlichen Vorträgen und geselliger Unterhaltung trafen. Erst unter Theodor Haßler, der seit 1869 im Ausschuß saß und 1870 zum ersten Vorstand gewählt wurde, entwickelte sich der Verein immer mehr zu einem Interessenverband der Augsburger Großindustrie. In den siebziger und achtziger Jahren setzte sich der Verein für den Ausbau des Eisenbahnnetzes um Augsburg und Frachterleichterung für die Industrie ein, kämpfte im Sinne der Textilindustriellen gegen die Verbesserung des Kinderschutzes und die Verkürzung der Frauenarbeit, koordinierte die durch die Gewerbe- und Sozialgesetzgebung notwendig gewordene Revision der Fabrikordnungen und Krankenkassenstatuten und arbeitete Vorschriften für die Unfallverhütung aus. Im April 1877 schloß sich der Technische Verein dem Centralverband Deutscher Industrieller an. Im Technischen Verein fanden auch die Absprachen für die Haltung der Arbeitgeber bei den Gewerbegerichtswahlen und erste Vorge-

---

22 StA Augsburg, G I 18/2, I. Fasc., Flugblatt der Sozialdemokraten (1897).
23 MAN-Archiv Augsburg, Protokoll der Ausschußsitzung vom 20. 7. 1896.
24 StA Augsburg, Nachlaß Haßler, K 4, Krantz, Bericht über Arbeiterverhältnisse.
25 StA Augsburg, Nachlaß Haßler, K 4, Jahresbericht des Industrievereins Augsburg zur 4. ordentlichen Hauptversammlung für das Jahr 1897 am 31. 3. 1898.
26 Jahresbericht der Handels- und Gewerbekammer 1893, S. 5.
27 Ebenda.

spräche für die Gründung eines Arbeitgeberverbandes statt[28]. Im Juni 1893 konstituierte sich dann der »Industrieverein Augsburg«.

Die Hauptaufgabe dieses alle Branchen der Industrie umfassenden Arbeitgeberverbandes war es nach den Statuten, »unberechtigte Bestrebungen der Arbeiter, welche darauf gerichtet sind, die Arbeitsbedingungen einseitig vorzuschreiben, und insbesondere die zu diesem Zwecke geplanten oder veranstalteten Ausstände gemeinsam abzuwehren und in ihren Folgen unschädlich zu machen«[29]. Bei Ausbruch eines Streiks wurde vom Vereinsvorstand geprüft, ob es sich um einen »unberechtigten Ausstand« handelte; war das seiner Meinung nach der Fall, dann mußte der Fabrikant des bestreikten Betriebs eine Liste mit den Namen der Ausständigen einreichen. Die übrigen Mitglieder verpflichteten sich, keinen Arbeiter einzustellen, dessen Name auf der Liste stand. Die Arbeiter wurden solange als ausständig betrachtet, bis sie sich den vor der Arbeitseinstellung geltenden Bedingungen wieder unterwarfen oder die vom Arbeitgeber neu gestellten Bedingungen akzeptierten[30]. 1898 gehörten dem Industrieverein 43 Firmen in Augsburg und Umgebung an, die schätzungsweise 19 000 Arbeiter beschäftigten und zusammen über 768 Werkswohnungen verfügten. Damit stand der Arbeiterschaft ein mächtiger Kampfverband gegenüber, noch ehe die Reorganisation der Gewerkschaften abgeschlossen und der erneute Kampf um bessere Arbeits- und Lebensbedingungen überhaupt aufgenommen war. Für Augsburger Verhältnisse wäre es ungewöhnlich gewesen, hätten sich die Unternehmer nur auf Kampfmaßnahmen beschränkt; so stand denn auch schon bei den Vorberatungen »neben der Beabsichtigung von Repressivmaßregeln gegen sozialdemokratische Übergriffe als weiterer Gedanke auch die positive Förderung des Arbeiterwohles«[31]. Dabei war allerdings in erster Linie an die Unterstützung des Verbands der ordnungsliebenden Arbeiter gedacht. 1896 ermöglichte der Industrieverein 1850 Mitgliedern des Verbands den Besuch der Gewerbeausstellung in Nürnberg[32]. 1895 wurden die beim Konkurs der Augsburger Mühlenbaugesellschaft arbeitslos gewordenen Arbeiter vorübergehend unterstützt. Im gleichen Jahr ersetzte der Industrieverein den Mitgliedern des Arbeiterfortbildungsvereins Spareinlagen, die sie durch die Unterschlagungen ihres ehemaligen Vorstands, des Schneidermeisters Bischoff, verloren hatten. Auch die Finanzierung der Sedanfeiern lief über den Industrieverein; für die Sedanfeier des Jahres 1896 brachten die Industriellen allein 13 100 M auf[33].

Welche konkreten Auswirkungen der feste Zusammenschluß der Arbeitgeber hatte, zeigte sich exemplarisch 1903 während des Streiks in der Buntweberei Raff & Söhne in Pfersee. Der Industrieverein setzte zur Untersuchung der Berechtigungsfrage eine Kommission ein, die aus vier Mitgliedern des Industrievereins, zwei Arbeitswilligen und zwei Streikenden bestand und schon aufgrund ihrer Zusammensetzung zu dem Schluß gelangte, daß es sich um einen »unberechtigten« Streik handle. Raff erhielt für jeden stillstehenden Webstuhl vom Industrieverein 3 M pro Tag und außerdem für Arbeitswillige, die infolge des Streiks ebenfalls

---

[28] Seutter, a. a. O., S. 5 ff.
[29] StA Augsburg, Nachlaß Haßler, K 4, Satzungsentwurf für den Industrieverein.
[30] Ebenda.
[31] StA Augsburg, Nachlaß Haßler, K 4, Jahresbericht des Industrievereins Augsburg zur 4. ordentlichen Hauptversammlung für das Jahr 1897 am 31. 3. 1898.
[32] Jahresbericht der Handels- und Gewerbekammer 1896, S. 3.
[33] StA Augsburg, Nachlaß Haßler, K 4, Jahresbericht des Industrievereins Augsburg zur 1. ordentlichen Hauptversammlung für das Jahr 1894 am 1. 5. 1895 und zur 2. ordentlichen Hauptversammlung für das Jahr 1895 am 25. 4. 1896.

zum Feiern gezwungen waren, eine an diese auszuzahlende Unterstützung. Ferner verhängte der Industrieverein über jeden am Streik beteiligten Arbeiter für ein Jahr die Sperre innerhalb des Industriebezirks Augsburg, was praktisch einer Ausweisung gleichkam. Aufgrund dieser massiven Unterstützung konnte sich Raff völlige Unnachgiebigkeit leisten; der Streik brach nach zwei Monaten erfolglos zusammen[34].

III. Die Rolle der überregionalen Arbeitgeberverbände

Nach der Jahrhundertwende trat mit der Ausdehnung der Arbeitskonflikte auf größere Regionen in steigendem Maße die Bedeutung überregionaler und zentraler Arbeitgeberverbände hervor. Dabei wirkte der überwältigende Erfolg der Sozialdemokraten bei den Reichstagswahlen des Jahres 1903 und der große Textilarbeiterstreik in Crimmitschau als Anstoß für die Eröffnung einer neuen Phase der sozialen Auseinandersetzung in Deutschland[35]. Auch in Augsburg, wo bereits ein mächtiger lokaler Arbeitgeberverband existierte, schlossen sich die Unternehmer der größeren Branchen speziellen Arbeitgeberverbänden an.

Während des Kampfes der Crimmitschauer Textilarbeiter um die Einführung des Zehnstundentags im Jahre 1903 sah sich der Verein Süddeutscher Baumwollindustrieller veranlaßt, den dortigen Fabrikanten mit einer Spende von ca. 27 000 M beizuspringen[36]. Im Anschluß an die Erfahrungen mit diesem Streik wurde in einer Ausschußsitzung am 21. Dezember 1903 »in spontaner Weise« beschlossen, »dem Vereine auch die Aufgaben eines gegen Streikschäden sichernden Arbeitgeberverbandes zuzuweisen und ihn als solchen förmlich und mit der Aufgabe zu konstituieren, in Fällen unberechtigter Streikbewegungen seine Mitglieder materiell zu unterstützen und ein solidarisches Vorgehen derselben zu garantieren«[37]. Dem daraufhin im Mai 1904 gegründeten Verband süddeutscher Textilarbeitgeber gehörten die Mitglieder des Vereins Süddeutscher Baumwollindustrieller zugleich als Einzelmitglieder an. Vorstand des Verbands war das jeweilige Direktorium des Vereins Süddeutscher Baumwollindustrieller. Geschäfte und Vermögen wurden getrennt geführt. Auch die Aufgaben waren nun geteilt. Während dem alten Verein weiterhin in erster Linie die Stellungnahme zu wirtschafts-, zoll- und handelspolitischen Fragen zukam, sollte sich der Textilarbeitgeberverband ausschließlich mit Problemen des Arbeitsvertrags und der Bekämpfung der Interessenwahrung der Arbeitnehmer beschäftigen. Dazu gehörte die kontinuierliche Information der Verbandsmitglieder über an Streiks beteiligte oder ausgesperrte Arbeiter, die Verhinderung bilateraler Übereinkommen von Arbeitern und Unternehmern einzelner Betriebe zur Herabsetzung der branchenüblichen Arbeitszeit und die kollektive Abwehr »übertriebener« Lohnforderungen; in erster Linie aber zielte der Verband »auf grundsätzliche Ablehnung aller Forderungen

---

34 StA Augsburg, G I 16/59; Augsburger Volkszeitung Nr. 20 vom 27. 6. 1903.
35 Klaus Saul, Staat, Industrie, Arbeiterbewegung im Kaiserreich. Zur Innen- und Außenpolitik des Wilhelminischen Deutschland 1903–1914, Düsseldorf 1974, S. 13 ff., S. 98 ff.; Groh, Negative Integration, a. a. O., S. 73 f.
36 BayHStA München, M Wi 1747, I. Bd., Verein Süddeutscher Baumwollindustrieller, Jahresbericht 1903, Augsburg 1904, S. 1 ff.; Jahresbericht der Handels- und Gewerbekammer 1904, S. 6.
37 BayHStA München, M Wi 7147, I. Bd., Verein Süddeutscher Baumwollindustrieller, Jahresbericht 1903, S. 3.

der Arbeiterschaft, welche darauf hinauslaufen, den Arbeitern ein Mitbestimmungsrecht an der Führung des Betriebes, insbesondere an der Entlassung und Einstellung von Arbeitern einzuräumen«[38]. Im Falle eines Streiks erhielten die Mitgliedsfirmen vom Verband pro Woche eine Entschädigung in Höhe von 10 % der Lohn- und Gehaltssumme, die der Beitragsberechnung zugrunde lag[39]. Die Praxis des Textilarbeitgeberverbands zeigte, daß nicht nur die Namen der Streikenden an die Verbandsmitglieder weitergegeben, sondern auch sozialdemokratisch gesinnte Arbeiter gemeldet wurden[40].

Eine wichtige Rolle spielten sog. »schwarze Listen« auch für den 1904 gegründeten Verband Bayerischer Metallindustrieller. Wie rigoros dieses Mittel eingesetzt wurde, zeigt der Fall eines Modellschreiners aus dem Jahre 1907, der angeblich ein Mitglied des Arbeitervereins der Maschinenfabrik Riedinger politisch »belästigt« hatte und daraufhin für alle Verbandsfirmen gesperrt wurde[41]. In welche schwere existentielle Bedrängnis auch nichtsozialistische Arbeiter durch die Institution dieser Listen geraten konnten, erläutert ein anderer Fall: Während eines Solidaritätsstreiks der Gießereiarbeiter in der Maschinenfabrik Riedinger verhängte der Arbeitgeberverband die Sperre über die Riedinger-Arbeiter. Da die betroffenen Arbeiter diesen Akt, der fast einer Vertreibung aus Augsburg gleichkam, dadurch zu umgehen suchten, daß sie kurze Zeit bei nicht dem Verband angehörigen Kleinbetrieben arbeiteten, um dann wieder in Verbandsfirmen in Augsburg eintreten zu können, erließen die Metallindustriellen im Mai 1908 ein Einstellungsverbot für alle Former, die im Laufe des letzten Jahres in Augsburg beschäftigt waren. Im Dezember 1908 wandte sich der christlich organisierte Former Carl Feid, der während des Streiks trotz Nichtbeteiligung nach achtundzwanzigjähriger Tätigkeit bei Riedinger entlassen worden war, mit einem Bittbrief an den Verband Bayerischer Metallindustrieller, in welchem er die Folgen dieses Erlasses für seine Person schilderte:

»Seit dem 15. April dieses Jahres, dem Tage der Entlassung, arbeitete ich bei verschiedenen Firmen, die aber leider kurz nacheinander in Konkurs gerieten. Nachdem ich kurze Zeit bei der Stadt Notstandsarbeiten verrichtete, hatte ich das Glück, bei der Firma Johannes Renk, Zahnräderfabrik in Augsburg, am 30. November in meinem gelernten Berufe wieder arbeiten zu dürfen. Doch schon am 12. Dezember wurde mir bedeutet, daß die Firma mich nicht weiter beschäftigen dürfte, sie vielmehr auf Betreiben der Firma L. A. Riedinger sich gezwungen sehe, mich zu entlassen. – Nun stehe ich wieder ohne Arbeit und Verdienst da, was ich umso mehr empfinde, als ich außer meiner Frau noch zwei schulpflichtige Kinder habe, die eben auf meinen Verdienst angewiesen sind. [...]. Die bereits geübte Maßregel wirkte umso empfindlicher, als bei der zur Zeit herrschenden Arbeitslosigkeit, die Möglichkeit, Arbeit zu finden, für einen qualifizierten Arbeiter noch weit schwerer ist als für einen ungelernten Arbeiter«[42].

Die Existenz der schwarzen Listen versuchte man möglichst geheim zu halten. So rügte z. B. 1910 der Gérant der Mechanischen Baumwollspinnerei und Weberei, Louis Feßmann, den nachlässigen Umgang mancher Verbandsmitglieder mit

---

38 BayHStA München, M Wi 7147, I. Bd., Satzungen des Verbands Süddeutscher Textilarbeitgeber.
39 Ebenda.
40 SWA-Archiv, Augsburg, Verband Süddeutscher Textilarbeitgeber, Rundschreiben vom 4. 6. 1906; Feßmann am 22. 9. 1910 an den Verband.
41 MAN-Archiv Augsburg, Nachlaß Guggenheimer, K 53, Pressabdruck des Telefongesprächs mit der Firma L. A. Riedinger vom 28. 8. 1907.
42 MAN-Archiv Augsburg, Nachlaß Guggenheimer, K 53, Schreiben Carl Feids vom 15. 12. 1908 an Richard Buz.

diesem Instrument; es sei »unbegreiflich, daß [...] Meistern die Ausgabe schwarzer Listen überhaupt bekannt ist, da bei uns z. B. die schwarzen Listen nur der Direktion zugänglich sind, und nicht einmal die Beamten Einsicht in dieselben haben«[43]. Auch führte er Klage darüber, »daß man die schwarzen Listen eben oft erst erhält, wenn Arbeiter dieser Listen bereits eingestellt sind, und daß man Arbeiter, welche die Stellung ordnungsgemäß verlassen haben, nicht ohne weiteres entlassen kann«[44]. Sieht man davon ab, daß kleinere Betriebe mit der fristgerechten Anfertigung und Weitergabe der Listen manchmal überfordert waren, so bleibt doch die Tatsache bestehen, daß es sich dabei um ein sehr effektives Kampfmittel der Arbeitgeber gegen die organisierte Arbeiterschaft handelte.

Gleichzeitig waren auch Bestrebungen im Gange, durch ein noch perfekteres System eines Tages auch die Führung schwarzer Listen überflüssig zu machen. Zu Beginn des Jahres 1909 griffen die Bayerischen Metallindustriellen den Gedanken an einen eigenen Arbeitsnachweis auf. In Augsburg hatte sich schon 1903 auf Wunsch des Industrievereins der Arbeitsnachweis der Ordnungsliebenden aufgelöst, nachdem die allmählich stärker zutage tretenden politischen Gegensätze der im Verband zusammengeschlossenen Vereine eine Weiterführung nicht mehr ratsam erscheinen ließen[45]. Die erneute Schaffung eines industriellen Arbeitsnachweises richtete sich nun auch gegen die in den größeren Städten bereits bestehenden kommunalen Arbeitsämter, die den Unternehmern keine Mitsprache bei der Stellenvermittlung einräumten. Die wiederholt geäußerten Befürchtungen der Arbeitgeber, die städtischen Arbeitsnachweise würden bei entsprechender Zusammensetzung der Gemeindeparlamente eines Tages unter den Einfluß der Sozialdemokraten geraten »und nichts als ein Machtmittel in deren Händen sein«, konnten nicht darüber hinwegtäuschen, daß die Industriellen ihrerseits einen eigenen Arbeitsnachweis ganz im Sinne eines solchen »Machtmittels« einzusetzen gedachten[46]. Nach Ansicht des MAN-Syndikus Dr. Emil Guggenheimer sollte auf diese Weise die Verhängung von Zuzugssperren über ein bestreiktes Unternehmen von seiten der Arbeiter unmöglich gemacht werden, weil Arbeitssuchende, die von ihrem Nachweis für eine bestreikte Firma keinen Gebrauch machten, vom Arbeitsnachweis generell ausgeschlossen würden. Dadurch könnte zum größten Teil auf die »schwarzen Listen« verzichtet werden, »was im Hinblick auf die Rechtssprechung des Reichsgerichts wünschenswert wäre«, notierte Guggenheimer[47]. Im Hinblick auf die Struktur des Augsburger Arbeitsmarktes tauchte auch schon der Plan auf, den Arbeitsnachweis zusammen mit der Textilindustrie einzuführen, damit sich nicht die besseren Taglöhner durch Wechsel der Branche der unliebsamen Filtrierung entziehen könnten. Der Zeitpunkt der Einführung sollte außerdem noch in die seit 1908 andauernde Depressionsphase fallen, denn: »In Zei-

---

43 SWA-Archiv, Augsburg, Verband Süddeutscher Textilarbeitgeber, Durchschlag des Schreibens vom 22. 9. 1910 an den Verband.
44 Ebenda.
45 Deffner, Geschichte der sozialistischen Arbeiterbewegung in Augsburg, a. a. O., II. Teil, S. 162.
46 MAN-Archiv Augsburg, Nachlaß Guggenheimer, K 53, Notizen für die Vorstandssitzung des Verbands Bayerischer Metallindustrieller am 2. 2. 1909; Augsburger Abendzeitung Nr. 204 vom 25. 7. 1909.
47 MAN-Archiv Augsburg, Nachlaß Guggenheimer, K 53, Notizen für die Vorstandssitzung des Verbands Bayerischer Metallindustrieller am 2. 2. 1909.
Dr. Emil Guggenheimer gehörte zu den Vertretern eines »harten« Kurses gegenüber der Arbeiterbewegung. Geboren 1860 als Sohn eines Münchner Bankiers, hatte er bereits eine Laufbahn als Richter am Landgericht München I hinter sich, ehe er 1903 als Syndikus in die MAN eintrat. 1904 wurde er zum Stellvertretenden Direktor, 1907 in den Vorstand des Unternehmens berufen; Guggenheimer starb 1925 in Berlin (ebenda, Personalakten; Schwäbische Volkszeitung Nr. 142 vom 24. 6. 1909).

ten guter Konjunktur würde die Arbeiterschaft die Einführung mit einem Streik beantworten, was jetzt kaum zu fürchten ist«[48].

Der daraufhin am 1. Oktober 1909 in Augsburg eröffnete Arbeitsnachweis des Verbands Bayerischer Metallindustrieller gewann für die Augsburger Metallindustrie rasch Monopolcharakter. 1910 meldeten sich pro Tag ca. 125 Personen bei der Vermittlungsstelle, insgesamt 8723 Arbeitssuchende im Jahr[49]. Dabei hielten die Arbeitgebernachweise des Verbands, die auch in Nürnberg und München bestanden, »lebhafteste Fühlungnahme« untereinander. Versuche der Nachweisstellen, lokale Ungleichgewichte auf dem Arbeitsmarkt durch Nachschub aus anderen Städten auszugleichen, schlugen allerdings fehl. So mußten z. B. 1912 die Arbeitgeber nach dem mißglückten Versuch, Arbeiter von München und Nürnberg nach Augsburg zu schicken, einsehen, »daß sich die Arbeiter nicht wie eine Ware verschicken lassen. Gebunden durch Familie und Verwandte, Freunde und Interessen, bleiben sie in der Heimatstadt lieber wochenlang arbeitslos, als daß sie auswärts Arbeit annehmen«[50]. Mit der gleichzeitigen Einführung der Arbeitsvermittlung des Verbands Bayerischer Metallindustrieller in den drei bayerischen Großstädten wurde das Netz unternehmerischer Kontrolle über die Arbeiter immer engmaschiger. Boten sich den Augsburger Textilarbeitern durch die Lage der Stadt in der Nähe kaum gleichwertige Arbeitsplätze, so wurden nun auch für die Arbeiter der Maschinenbauindustrie Ausweichmöglichkeiten im Falle eines Streiks oder einer Aussperrung beschränkt.

Seit dem Jahre 1908 existierte überdies ein Kartell bayerischer Arbeitgeberverbände, das auf Betreiben der Textilindustriellen gegründet wurde. Damit verpflichteten sich die Arbeitgeberverbände von acht Branchen, keine Arbeiter eines bestreikten Kartellmitglieds in ihren Betrieb aufzunehmen, bzw. versehentlich eingestellte Arbeiter wieder zu entlassen, während der Dauer einer Streikbewegung keine Erweiterung ihres Betriebes auf Kosten und zum Nachteil des bestreikten Unternehmens vorzunehmen und auch keine Arbeit anzunehmen, die bereits dem betroffenen Betrieb übertragen war[51].

Der Zusammenschluß der Arbeitgeber in straff organisierten regionalen und zentralen Verbänden war ein allgemeines Kennzeichen der letzten Jahre vor dem Ersten Weltkrieg. Trotzdem mußten die Auswirkungen dieses Prozesses die Arbeiter je nach Struktur und Konzentration der Industrie einer Stadt unterschiedlich stark treffen. Firmen mit einem qualifizierten Angebot an Arbeitsplätzen, die außerhalb des Verbands standen, gab es in Augsburg kaum, da sowohl in der Textilindustrie als auch im Maschinenbau Groß- und Mittelbetriebe das Bild beherrschten. Von den Firmen der Metallbranche war als einziges Unternehmen die Fischersche Eisengießerei dem Verband Bayerischer Metallindustrieller nicht beigetreten[52]. Im übrigen bewirkte die traditionell unnachgiebige Haltung der Augs-

---

48 MAN-Archiv Augsburg, Nachlaß Guggenheimer, K 53, Notizen für die Vorstandssitzung des Verbands Bayerischer Metallindustrieller am 2. 2. 1909.
49 StA Augsburg, G I 16/54, Verband Bayerischer Metallindustrieller, Arbeitsnachweisbericht 1910.
50 Ebenda, Verband Bayerischer Metallindustrieller, Arbeitsnachweisbericht 1912.
51 SWA-Archiv, Augsburg, Verband Süddeutscher Textilarbeitgeber Jahresbericht 1908; Rundschreiben an die bayerischen Mitglieder vom 10. 3. 1909. Dem Kartell gehörten an: der Verband Bayerischer Metallindustrieller, der Verband Süddeutscher Textilarbeitgeber, der Süddeutsche Maler- und Tünchermeisterverband, der Arbeitgeberverband Landshut, der Südbayerische und der Nordbayerische Bezirksverband der Arbeitgeber für das Baugewerbe, der Münchener Arbeitgeberverband für das Holz-, Kohle- und Transportgewerbe, die bayerische Gruppe des Arbeitgeberverbands deutscher Papier- und Zellstoffabrikanten.
52 Industrieverein Augsburg, Zur 11. ordentlichen Mitgliederversammlung am 30. 6. 1905 für das Jahr 1904, Augsburg 1905, S. 8.

burger Unternehmer gegenüber jedem kollektiven Auftreten der Arbeitnehmer, daß im allgemeinen auch kleinere Firmen bemüht waren, in einer einheitlichen Front mit den Großbetrieben aufzutreten, während sie in anderen Städten aus ökonomischen Gründen eher geneigt waren, dem Druck der Arbeiterbewegung nachzugeben. Ein Beispiel dafür lieferte die Röhrenfabrik Haag; sie schied Ende 1908 freiwillig aus dem Verband Bayerischer Metallindustrieller aus, da sie sich aus geschäftlichen Rücksichten genötigt sah, mit ihren Heizungsmonteuren einen Tarifvertrag abzuschließen, was nach den Verbandsstatuten untersagt war. Die Firma beantragte nach ihrem Austritt den Abschluß eines Kartellvertrags mit dem Verband Bayerischer Metallindustrieller, der ihr weiterhin die Zuschickung »schwarzer Listen« und die Aufnahme der eigenen Arbeiter in diese Listen im Fall eines Streiks garantieren sollte[53]. Die starke Position der Augsburger Unternehmer wurde auch nach der Jahrhundertwende durch direkte Eingriffe in die Entwicklung der Arbeiterbewegung ergänzt. 1905 setzte ein sozialpolitisches Experiment ein, das in veränderter Form an die Versuche mit dem Verband Ordnungsliebender Arbeiter anknüpfte.

IV. Die gelben Werkvereine

1. Die Metallarbeiteraussperrung von 1905 und ihre Folgen

Der Wandel, der sich in der Austragung sozialer Konflikte im Wirtschaftsleben seit 1903/04 durch die zunehmende Macht der Arbeitgeberorganisation abzeichnete, fand in Augsburg mit der Metallarbeiteraussperrung im Sommer 1905 einen besonders deutlichen Ausdruck. Bei dieser großen Auseinandersetzung zwischen dem Verband Bayerischer Metallindustrieller und den organisierten Arbeitern in den Münchener und Nürnberger Maschinenfabriken ging es nicht allein um die Verbesserung der Lohn- und Arbeitsverhältnisse, sondern zugleich um die Klärung prinzipieller Fragen. Die bayerische Eisen- und Maschinenbauindustrie, die seit ihrem Bestehen unter der großen Entfernung von Rohstoff- und Energiequellen, hohen Frachtkosten und ungünstiger Infrastruktur litt, konnte diese Wettbewerbsnachteile nicht mehr voll durch einen technischen Vorsprung in der Produktion ausgleichen. Neue, von Anfang an mit hohem Kapitaleinsatz ausgestattete Unternehmen wurden in Bayern nicht mehr gegründet; die seit 1905 wiederholt geäußerten Überlegungen der MAN-Direktion, einen Teil der Produktion ins Rheinland zu verlegen, müssen im Zusammenhang mit dieser Entwicklung gesehen werden[54].

Inwieweit durch diese strukturellen Probleme die Profitchancen in der bayerischen Metallindustrie im Vergleich mit anderen Industrieregionen akut bedroht waren, bleibt dahingestellt. Jedenfalls trug diese Einschätzung der Lage dazu bei, daß die Metallindustriellen versuchten, tatsächliche oder vermeintliche Einbußen durch die Niedrighaltung der Löhne auszugleichen. Im MAN-Werk Augsburg

---

53 MAN-Archiv Augsburg, Nachlaß Guggenheimer, K 53, Beilagen zur Vorstandssitzung am 21. 8. 1908; Schreiben der Ortsgruppe Augsburg an Haag vom 2. 9. 1908.
54 Offenbacher, a. a. O., S. 14 ff.; Günther, a. a. O., S. 3; Büchner, a. a. O., S. 138 f.

z. B. klagten die Arbeiter seit der Jahrhundertwende immer wieder über »Akkordregulierungen nach unten«[55]. Als mit dem wirtschaftlichen Aufschwung 1904/05 die Arbeiter in der Münchener und Nürnberger Metallindustrie Lohnaufbesserungen verlangten, entschlossen sich die Industriellen zu einer unnachgiebigen Haltung. Bestärkt wurden sie darin durch die gleichzeitig erhobenen Forderungen nach Abschluß von Tarifverträgen. Die Arbeiter, die daraufhin im April und Mai in München und Nürnberg die Arbeit niederlegten, konnten in diesem Punkt gewissermaßen mit moralischer Unterstützung von höchster Seite rechnen, denn am 2. März hatte die bayerische Regierung in einem Erlaß die Gewerbeinspektoren aufgefordert, den Abschluß von Tarifverträgen zu fördern. Diese Entschließung stieß auf den heftigsten Widerstand des Verbands Bayerischer Metallindustrieller und des Centralverbands Deutscher Industrieller, die dadurch den »Herrim-Haus«-Standpunkt der Unternehmer gefährdet sahen[56].

In Augsburg kam es im März und April zu mehreren Versammlungen der MAN-Arbeiter, in denen unter anderem bessere Arbeitsbedingungen in den einzelnen Werkstätten auf der Grundlage eines Tarifvertrags, Verkürzung der Arbeitszeit und Gewährung von Überstundenvergütungen durch prozentuale Aufschläge gefordert wurden[57]. Da auch die Forderungen der Nürnberger MAN-Arbeiter auf Arbeitszeitverkürzung und den Abschluß eines Tarifvertrags zielten, beauftragte die Augsburger Firmenleitung den erst kurze Zeit bestehenden Arbeiterausschuß, entsprechende Anträge zur Angleichung der Arbeitszeit an die Nürnberger Verhältnisse vorzulegen, die dann sofort bewilligt wurden; dadurch hoffte man offensichtlich, einer umfangreicheren Arbeitszeitverkürzung vorzubeugen[58]. Noch nach Beginn des Streiks in Nürnberg hielten die Augsburger Arbeiter an ihren ursprünglichen Forderungen fest, die sie schriftlich bei den Direktionen einreichen wollten. Die Lage änderte sich jedoch, als Anfang Juni neun Münchener Firmen ihre Arbeiter aussperrten und der Verband Bayerischer Metallindustrieller mit einer Generalaussperrung in allen Verbandsfirmen drohte[59]. Der Ernst dieser Drohung mußte den Augsburger Arbeitern spätestens nach der Lektüre eines Flugblattes der Maschinenfabrik Augsburg vom 3. Juni klar sein; darin wurde die Belegschaft vor die Alternative gestellt, entweder »den verderblichen Lokkungen der Hetzer zu folgen und damit ihre derzeitige Stellung aufzugeben, sowie ihren Anteil an den Pensionskassen, oder sich vertrauensvoll auf die bisher stets bewiesene Arbeiterfreundlichkeit der Arbeitgeber zu verlassen«[60]. Die Augsburger Metallarbeiter, die an der bevorstehenden Gesamtaussperrung nicht mehr zweifelten, verzichteten nun darauf, ihre Forderungen vorzulegen, »um die Situation nicht noch mehr zu erschweren und den Riesenkampf nicht unbedingt heraufzubeschwören«[61]. Das half jedoch nichts. Am Abend des 21. Juni schlossen wie

---

55 StA Augsburg, G I 16/29, Polizeibericht über die Metallarbeiterversammlung vom 7. 6. 1905.
56 Offenbacher, a. a. O., S. 1 ff.
57 StA Augsburg, G I 16/29, darin: Deutscher Metallarbeiterverband, Verwaltungsstelle Augsburg, Jahresbericht der Verwaltung für das Jahr 1905, Augsburg 1905, S. 4 f.
58 Ebenda, S. 4.
59 StA Augsburg, G I 16/29, darin: Metallarbeiter-Verband, Jahresbericht 1905, a. a. O., S. 5; Offenbacher, a. a. O., S. 7.
60 StA Augsburg, G I 16/29, H. Buz »An unsere Arbeiter« (Schreiben vom 3. 6. 1905).
61 StA Augsburg, G I 16/29, darin: Metallarbeiter-Verband, Jahresbericht 1905, a. a. O., S. 5. Der Umstand, daß es in Augsburg nicht einmal zu einer Arbeitsniederlegung kam, wird in der Darstellung von Klaus Mattheier, Die Gelben. Nationale Arbeiter zwischen Wirtschaftsfrieden und Streik, Düsseldorf 1973, S. 65 ff., so gut wie gar nicht berücksichtigt, ist aber hinsichtlich der psychologischen Wirkung der Aussperrung auf die Arbeiter von Bedeutung.

in München und Nürnberg auch die sechs Augsburger Verbandsfirmen für drei Wochen ihre Betriebe. Ca. 5000 Arbeiter, mit Familienangehörigen insgesamt über 15 000 Menschen, verloren damit Arbeitsplatz und Einkommen — und dies, ohne auch nur Forderungen an die Unternehmer gestellt zu haben[62].

Schon eine Woche vor Beginn der Aussperrung wurden diejenigen Arbeiter, die keiner gewerkschaftlichen Organisation angehörten, aufgefordert, dies ihrer Firma schriftlich mitzuteilen, bzw. sich bei ihren Meistern zu melden; die Betriebe würden Sorge tragen, die Arbeitswilligen »nach Lage der Dinge entsprechend weiter zu beschäftigen«[63]. Der Versuch, die in den nächsten Wochen von äußerster wirtschaftlicher Not bedrohte Arbeiterschaft zu spalten, erwies sich zumindest in der Maschinenfabrik Werk Augsburg, der ehemaligen Hochburg der »Ordnungsliebenden« als erfolgreich: von den 2850 für die Aussperrung in Frage kommenden Arbeitern meldeten sich 1300 als »arbeitswillig«. 600 Personen, darunter 67 Meister und 55 Lehrlinge wurden zwei Tage nach vollzogener Aussperrung wieder im Werk beschäftigt. Die übrigen erhielten trotz Aussperrung den vollen Tageslohn weiterbezahlt. Bei den anderen Augsburger Maschinenfabriken war der Anteil der »Arbeitswilligen« an der Gesamtbelegschaft allerdings geringer; insgesamt standen in der Augsburger Metallindustrie 3957 Ausgesperrte 1624 »Arbeitswillige« gegenüber, so daß also der Hauptanteil auf das MAN-Werk Augsburg entfiel[64]. Doch auch diese Anzahl wirkte deprimierend auf die Ausgesperrten. Als endlich über die in München vom Verband Bayerischer Metallindustrieller ausgearbeiteten »Einigungsvorschläge«, die den Metallarbeitern so gut wie gar nichts einbrachten, abgestimmt werden konnte, sprachen sich die Augsburger Arbeiter »mit erdrückender Majorität« für die Annahme aus; in Nürnberg dagegen votierte eine starke Minderheit für die Fortführung des Streiks[65].

Die Beteiligung der Augsburger Firmen an der Generalaussperrung bedeutete im Grunde das Ende des alten paternalistischen Systems in der Augsburger Industrie. Für die Arbeiter war diese neue Form des Arbeitskampfes ein regelrechtes Schockerlebnis; die beispiellose Erbitterung über das Verhalten der Unternehmer schlug sich im Ergebnis der im Juli 1905 stattfindenden Landtagswahlen nieder. Obwohl die Nationalliberalen durch ihren Parteiausschuß die von den Metallindustriellen geforderten Reverse über Arbeitswilligkeit und Nichtzugehörigkeit zu einer Organisation ausdrücklich mißbilligen ließen, wurden sie doch mit den Fabrikanten, die ja seit Jahrzehnten zu ihren einflußreichsten Mitgliedern gehörten, identifiziert. Vergeblich beklagte sich die Partei in einem Flugblatt, daß die Aussperrung im Landtagswahlkampf »zu einer parteipolitischen Hetze gegen den Liberalismus und zu ultramontan-sozialistischen Wahlzwecken in ekelerregender Weise« mißbraucht werde[66]. Sozialdemokratie und Zentrum schlossen ein Stichwahlabkommen, durch das mit Hans Rollwagen zum erstenmal ein Augsburger Sozialdemokrat in den Landtag einziehen konnte. Gleichzeitig erhielten die bis dahin für eine Industriestadt vom Typ Augsburgs unverhältnismäßig schwachen

---

62 StA Augsburg, G I 16/29.
63 StA Augsburg, G I 16/29, Bekanntmachung der Firma L. A. Riedinger vom 13. 6. 1905. Ähnliche Anschläge liegen auch von anderen Firmen vor.
64 Ebenda, Polizeibericht vom 23. 6. 1905.
65 Ebenda, Polizeibericht vom 7. 7. 1905.
66 StA Augsburg, G I 16/29, Flugblatt. Im Wahlkampf wurde von sozialdemokratischer Seite immer wieder auf die enge Verflechtung der Liberalen mit den Industriellen hingewiesen, z. B. durch die Vertretung von Abgeordneten in den Aufsichtsräten Augsburger Firmen (ebenda, Rollwagen in der Wahlversammlung vom 29. 6. 1905).

Gewerkschaftsorganisationen massenhaften Zulauf. Alles deutete darauf hin, daß durch das Erlebnis des rücksichtslosen Vorgehens der Augsburger Metallindustriellen ein politischer Bewußtseinswandel in weiten Kreisen der Arbeiterbevölkerung eingetreten war, der eine neue Phase in der sozialen und politischen Entwicklung der Stadt einzuleiten versprach. Doch diese Zeichen trogen. Schon während der Aussperrung fanden Vorbereitungen für die Gründung einer neuen unternehmerhörigen Organisation statt, der es in den folgenden Jahren mit weit mehr Erfolg als den »Ordnungsliebenden« gelingen sollte, die Augsburger Arbeiterschaft in zwei feindliche Lager zu spalten und sie damit in der Vertretung ihrer Interessen wehrloser denn je zu machen.

2. Der »Arbeiterverein von Werk Augsburg«

Wenige Monate nach der Aussperrung, am 14. Oktober 1905, konstituierte sich mit 601 Mitgliedern der »Arbeiterverein von Werk Augsburg« (AVA). Mitglied konnte laut Statuten jeder werden, der »in Werk Augsburg aufgrund der Arbeitsordnung beschäftigt, nicht Sozialdemokrat ist und nicht anderen Arbeiter-Organisationen angehört«[67]. Der sehr zurückhaltend definierte »Zweck des Vereins« erstreckte sich auf die Errichtung einer Pensions-, Witwen- und Waisenkasse, einer zusätzlichen Krankenunterstützung, die Gewährung von zinsfreien Darlehen, Altersprämien usw.[68]. Bedeutsamer freilich war das Verhältnis des neuen Arbeitervereins zur Firmenleitung: die Vereinsgründung erfolgte mit ausdrücklicher Billigung, eventuell sogar auf Veranlassung der Firma, die auch für die finanzielle Ausstattung der Unterstützungskassen sorgte[69]. Die Gründe für diese Freigiebigkeit lagen in dem Charakter des Arbeitervereins, der mit der Parole, »in Frieden und Eintracht mit dem Arbeitgeber zu leben und unsere Lage auf friedlichem Wege zu verbessern«, zu einem antigewerkschaftlichen und antisozialistischen Kampfinstrument in den Händen der Unternehmer wurde[70].

Es war kein Zufall, daß sich ein solcher Verein zuerst in der Maschinenfabrik Augsburg bildete. Das Unternehmen hatte seit 1869 keinen Streik mehr zu verzeichnen; durch die besonders sorgfältige Filtrierung der Neuzugänge blieb die Zahl der organisierten Arbeitnehmer stets gering. Die Wurzeln des Phänomens der wirtschaftsfriedlichen »gelben« Arbeitervereine werden in der Literatur im allgemeinen in der französischen Industrie und den Vorstellungen von Le Plays gesehen, aber auch in der Form der Hüttenvereine des Saargebiets und älteren Fabrikvereinen[71]. Für den Augsburger Arbeiterverein hatten solche Vorbilder freilich keine Bedeutung; hier wurde vielmehr konsequent der Gedanke der wirtschafts-

---

67 MAN-Archiv Augsburg, A 221, Arbeiterverein von Werk Augsburg, Geschäftsberichte für das 1. Geschäftsjahr 1906, Augsburg 1907, S. 5; Satzung des Arbeitervereins von Werk Augsburg, Augsburg 1906, S. 4.
68 Ebenda, S. 3.
69 Zur Vereinsgründung siehe MAN-Archiv Augsburg, A 221, Zu »Arbeiterverein von Werk Augsburg (E. V.)«, Bericht der Direktion der Firma vom 6. Januar 1906; Nachlaß Guggenheimer, Gelbe Gewerkschaften II, »Angriffe auf den Arbeiterverein von Werk Augsburg«; Gasteiger, Die Gelben Gewerkschaften, a. a. O., S. 153 ff.; Hans-Alexander Apolant, Die wirtschaftsfriedliche Arbeitnehmerbewegung Deutschlands. Werden, Wesen und Wollen der Gelben Organisationen, Berlin 1928, S. 19; Axel Schnorbus, Arbeit und Sozialordnung in Bayern vor dem Ersten Weltkrieg (1890–1914), MBM Bd. 19, München 1969, S. 188; Mattheier, a. a. O., S. 65 ff.
70 MAN-Archiv Augsburg, A 221, AVA, Geschäftsberichte 1907, S. 4.
71 Dazu jetzt Mattheier, a. a. O., S. 28 ff., S. 47 ff.; Hermann P. Schäfer, Die »Gelben Gewerkschaften« am Beispiel des Unterstützungsvereins der Siemenswerke, Berlin, in: VSWG 59, 1972, S. 43.

friedlichen Arbeiterbewegung fortgeführt. Nachdem das von den Betrieben unabhängige Kartell der ordnungsliebenden Arbeitervereine gescheitert war, lag der Gedanke nahe, die nicht-sozialistischen Arbeiter in den einzelnen Betrieben zusammenzuschließen. Eine solche Organisation bot nicht nur die Möglichkeit besserer Kontrolle durch den Unternehmer, sondern schloß zugleich alle Probleme aus, die sich daraus ergaben, daß die Ordnungsliebenden aus unterschiedlichen und rivalisierenden politischen Gruppierungen kamen. Möglicherweise stellte schon der 1904 auf Veranlassung Guggenheimers gegründete Arbeiterausschuß ein Experiment in dieser Richtung dar. So soll Heinrich Buz bei dessen Errichtung bereits Kontakte mit katholischen Arbeiterkreisen wegen einer möglichen Zusammenfassung aller Nichtorganisierten aufgenommen haben. Der spätere Arbeitervereinsvorstand wurde zumindest in einer Hinsicht von der Direktion ausdrücklich als Nachfolgeinstitution des nicht mehr einberufenen Arbeiterausschusses gesehen: in der Manipulierung und Kanalisierung der im Betrieb auftretenden Spannungen und der Reduzierung der Arbeiterwünsche auf das »Machbare«[72].

Mit der Registrierung der Unorganisierten während der Aussperrung und ihrer bevorzugten Behandlung kam ein neues Element in die betriebliche Sozialpolitik. Dieser durch keinerlei gewerkschaftliche Unterstützung abgesicherte Teil der Arbeiterschaft war nicht nur im Notfall leicht zu korrumpieren; das Erlebnis der Aussperrung konnte den Arbeitern ebenso gut ihre Hilflosigkeit zum Bewußtsein bringen und sie in die Organisationen treiben. Auf diese Möglichkeit wies in der zweiten Hälfte des Jahres 1905 das sprunghafte Steigen der Mitgliederzahlen der Gewerkschaften hin, das die Gewerkschaftsführer sogar für die Maschinenfabrik Augsburg zu der Prognose bewog, bis zum Herbst 1905 befände sich in deren Werkstätten kein Unorganisierter mehr[73]. Sollte eine solche Entwicklung verhindert werden, so genügte die ideologische Mobilmachung gegen die Sozialdemokratie nicht, es mußten vielmehr eindeutige materielle Vorteile geboten werden.

Im Mittelpunkt der Tätigkeit des Arbeitervereins standen daher Aufbau und Verwaltung der Wohlfahrtseinrichtungen. Um den Mitgliedern anderer Organisationen, speziell aber den Mitgliedern der Hirsch-Dunckerschen Gewerkvereine, den Übertritt in den Arbeiterverein zu erleichtern, wurde die »Krankenhilfskasse« gegründet, in die in früheren Hilfskassen erworbene Ansprüche ohne Verlust eingebracht werden konnten. Später stand der Eintritt allen Mitgliedern des Arbeitervereins frei[74]. Bei Entlassung, Austritt aus der Firma oder Ausschluß aus dem Verein erloschen alle Ansprüche auf die bis dahin gezahlten Mitgliedsbeiträge. Die Krankenhilfskasse besaß in den Anfangsjahren keinen eigenen Ausschuß, sondern wurde vom Vorstand des Arbeitervereins verwaltet. Von diesem bekam sie auch den für die Aufnahme des Betriebs notwendigen Reservefonds überschrieben[75]. Dies fiel dem Arbeiterverein um so leichter, da er »zur Erfüllung der Vereinszwecke« im ersten Jahr seines Bestehens von Heinrich Buz eine Spende von 100 000 M zugewiesen bekam[76]. War die Kontrolle über die Krankenhilfskasse seitens der Direktion noch relativ locker, so standen bei der Arbeiter-Witwen- und

---

72 MAN-Archiv Augsburg, Nachlaß Guggenheimer, Gelbe Gewerkschaften I, Auszug aus dem Reisebericht vom 1. 7. 1909; BayHStA München M Arb 385, Abdruck des Protokolls der Kammer der Abgeordneten, Sitzung vom 7. 12. 1905, S. 8.
73 MAN-Archiv Augsburg, A 221, AVA, Geschäftsberichte 1906, S. 4.
74 Ebenda, AVA, Geschäftsberichte 1907, S. 31; Satzung der Krankenhilfs-Kasse des Arbeitervereins von Werk Augsburg (K. H. K.), Augsburg 1906, § 2; Satzung [. . .] Augsburg 1909, § 2.
75 MAN-Archiv Augsburg, A 221, AVA, Geschäftsberichte 1907, S. 31.
76 Ebenda, S. 11.

Waisenkasse, an der die Firma auch finanziell in bedeutendem Maße beteiligt war, viel weitgehendere Sicherungen gegen einen möglichen »Mißbrauch« des Kassenvermögens zur Verfügung. Werk Augsburg trat der Pensionskasse mit einem Beitrittsgeld von 140 000 M und einem jährlichen Mitgliedsbeitrag von 46 000 M bei. In den Mitgliederversammlungen stand der Firma ein Zehntel sämtlicher Stimmen zu[77]. Die Mitgliederbeiträge wurden von vornherein sowohl für die Zeit der Mitgliedschaft von Werk Augsburg als auch für den Fall von dessen Austritt festgelegt; bei einer Zurückziehung der Beiträge der Direktion wäre – um den Bestand der Kasse zu sichern – für die Mitglieder eine Beitragserhöhung zwischen 60 und 112 % fällig gewesen, was sicherlich eine ausreichende Garantie für das Wohlverhalten des Arbeitervereins war[78]. Der Firmeneinfluß bezog sich ferner auf die Vorstandschaft des Vereins, auf die, wie Guggenheimer interessierten Arbeitgebern später empfahl, »von allem Anfang durch einen entsprechenden Beamten eingewirkt werden sollte; durch letzteren müßten der Vorstandschaft sodann Winke gegeben werden, wie sie ihre Gesuche und Anliegen an die Direktion bringen sollte«[79]. Für die Vorstandsmitglieder selbst war als Voraussetzung der Wählbarkeit eine fünfjährige ununterbrochene Beschäftigung in Werk Augsburg vorgesehen; die Wahl erfolgte durch Akklamation – schriftliche Wahl war nur möglich, wenn sich zwei Drittel der Mitglieder dafür aussprachen. Damit waren unvorhersehbare Überraschungen bei den Vorstandswahlen kaum zu erwarten[80]. Der Vorstand des Arbeitervereins, der sich in den folgenden Jahren nur geringfügig veränderte, bestand denn auch nur aus Mitgliedern mit außerordentlich langer Dienstzugehörigkeit. Der erste Vorsitzende, der Maschinenschlosser Clemens Chatelet, gehörte dem Werk seit 29 Jahren, der zweite Vorsitzende, der Eisendreher Wilhelm Schwinger, seit 34 Jahren an; auch der spätere zweite Vorsitzende, der Maschinenschlosser Heinrich Drentwett, diente dem Unternehmen schon 23 Jahre[81].

Die Firma übernahm unter der Leitung des Prokuristen Pfeiffer für den Arbeiterverein alle schriftlichen Arbeiten, z. B. die Abrechnung der Beiträge, die später direkt vom Lohn abgezogen wurden und die Erledigung der Korrespondenz, was zugleich eine ausgezeichnete Kontrolle der Aktivitäten des Vereins darstellte[82]. Betriebsbeamte konnten zu Ehrenmitgliedern erklärt werden und dann im Sinne Guggenheimers die Beratung des Vorstands übernehmen[83]. Um die Anziehungskraft des Arbeitervereins auf die Belegschaft zu erhöhen, sollten nach Meinung Pfeiffers »auch die geringsten Begünstigungen von Mitgliedern nicht direkt, sondern stets durch die Vorstandschaft des Arbeitervereins gehen, insbesondere Un-

---

77 MAN-Archiv Augsburg, A 221, AVA, Geschäftsberichte 1906, S. 21; Satzung der Arbeiter-, Witwen- und Waisenkasse des Arbeiter-Vereins von Werk Augsburg, Augsburg 1908, § 11. Eine zusätzliche Sicherung bestand darin, daß das Beitrittsgeld der Firma in der »Sparkasse von Werk Augsburg« angelegt bleiben mußte (AVA, Geschäftsberichte 1906, S. 26).
78 MAN-Archiv Augsburg, A 221, Satzung der AWK, a. a. O., § 14.
79 MAN-Archiv Augsburg, Nachlaß Guggenheimer, Gelbe Gewerkschaften I, Bericht Pfeiffers vom 20. 9. 1909.
80 MAN-Archiv Augsburg, A 221, Statuten des AVA, a. a. O., S. 5, § 5.
81 BayHStA München, M Arb 385, MAN-Denkschrift vom 6. 1. 1906; bei Mattheier, a. a. O., S. 148, findet sich eine Aufschlüsselung der Altersstruktur der Mitglieder von AVA.
82 Gasteiger, Die gelben Gewerkschaften, a. a. O., S. 159; MAN-Archiv Augsburg, A 221, AVA Geschäftsberichte 1906, S. 22.
83 MAN-Archiv Augsburg, A 221, Statuten des AVA, a. a. O., S. 4, § 3; Nachlaß Guggenheimer, Gelbe Gewerkschaften II, Guggenheimer am 7. 2. 1913 über die Rolle der Betriebsbeamten im Arbeiterverein: Sie seien ein »Bindeglied zwischen der Werkleitung und den Werkvereinen [. . .]. Undurchführbare Wünsche werden auf diese Weise von vornherein unterbleiben oder doch auf ein Maß zurückgeführt werden, welches Konflikte vermeiden läßt«.

terstützungen — auch aus Anlässen, welche den Arbeiterverein gar nicht angehen«[84]. Außerdem war der Vorstand befugt, »auch Wünsche der Mitglieder in bezug auf Werkstätten-Einrichtungen, Löhne, Behandlung seitens der Vorgesetzten etc.« zu behandeln, »selbstverständlich aber erst dann, wenn sich der Betreffende gemäß der Arbeits-Ordnung bei seinem Vorgesetzten gemeldet hat«[85]. Dabei dürfte man »selbstredend den Vorstand des Arbeitervereins nicht zu einer Beschwerdeinstanz werden lassen; mit gewissem Takt und Fühlungnahme mit der Direktion ließen sich aber eine Menge Klagen dadurch, daß man von ihnen auf diesem Weg Kenntnis erhält, im Keime ersticken«[86].

Eine der einschneidensten sozialen Folgen der Einrichtung »gelber« Werkvereine war der Entzug eines Teils der betrieblichen Wohlfahrtsmaßnahmen für organisierte oder nicht gelbe Arbeiter und die Abtretung der Verwaltung solcher Einrichtungen an den Arbeiterverein. Dazu gehörten nicht nur die reichlichen Geldspenden der Firma an den Verein, die dadurch nur einem bestimmten Teil der Belegschaft zugute kamen. Seit der Existenz des Werkvereins wurde z. B. der betriebliche Wohnungsbau eingestellt und den Gelben übertragen, die 1908 die Gründung einer eigenen Baugenossenschaft beschlossen[87]. Auch in der Lebensmittelabgabestelle, die seit 1906 bestand, wurden Waren nur an AVA-Mitglieder abgegeben; Nichtmitglieder, die sich dort einfanden, wurden mit dem Hinweis abgewiesen, »daß ja die Organisationen Wohlfahrtseinrichtungen verschmähen«[88]. Ähnlich verhielt es sich mit den Zahlungen von Urlaubsgeld. Zwar stand jedem MAN-Arbeiter von einem gewissen Dienstalter ab ein jährlicher Urlaub von einem oder mehreren Tagen zu, aber nur die Werkvereinsmitglieder erhielten Zuschüsse durch den Vereinsvorstand aus einer Pauschalzuweisung der Firma; die dafür erforderlichen Gelder wurden den allgemeinen Wohlfahrtskonten entnommen[89]. Spätestens seit 1909 wurden die Urlaubsunterstützungen nur noch in Blechmarken ausbezahlt, die in der Warenverkaufsstelle gelöst werden konnten[90]. Auch die Zahlung von Altersprämien an Arbeiter, die in Werk Augsburg von 1895 bis 1900 üblich war, wurde auf Veranlassung des AVA wieder aufgenommen — jedoch nur für Vereinsmitglieder[91]. Ein besonderer Druck wurde schließlich auf Arbeiter ausgeübt, die neu in die Firma eintraten. Waren sie über 35 Jahre alt, so mußten sie in einer Erklärung auf die Leistungen der Unterstützungskasse ausdrücklich verzichten; traten sie aber sofort dem Arbeiterverein bei, so galt der Verzicht nicht — eine Maßnahme, die sich über die verstärkte Inanspruchnahme der Kassenleistungen direkt zum Nachteil der übrigen Arbeiter auswirken mußte[92]. Schließlich wurden die früher von der Direktion eingeräumten Lohnvorschüsse und Darlehen seit Gründung des Arbeitervereins nur noch durch dessen Vorstand an die Mitglieder vergeben; so kam es, daß paradoxerweise sogar ehemalige Gegner aus wirtschaftlicher Not in den Arbeiterverein getrieben wurden; noch im Februar 1906 liefen bei dessen Vorstand »zahlreiche Darlehensgesuche früher Or-

---

84 MAN-Archiv Augsburg, Nachlaß Guggenheimer, Gelbe Gewerkschaften I, Pfeiffer am 20. 9. 1909.
85 Ebenda.
86 Ebenda, Nachlaß Guggenheimer, Gelbe Gewerkschaften I, Auszug aus dem Reisebericht Guggenheimer vom 1. 7. 1909.
87 MAN-Archiv Augsburg, A 221, AVA, Geschäftsberichte 1908, S. 13.
88 Ebenda, AVA, Geschäftsberichte 1907, S. 10.
89 MAN-Archiv Augsburg, Nachlaß Guggenheimer, Gelbe Gewerkschaften I, Auszug aus dem Reisebericht Guggenheimers vom 1. 7. 1909; Schreiben vom 5. 7. 1909 an Peierls; Pfeiffer am 20. 9. 1909.
90 Neue Augsburger Zeitung Nr. 232 vom 6. 10. 1909; Gasteiger, Die Gelben Gewerkschaften, a. a. O., S. 139.
91 MAN-Archiv Augsburg, A 221, AVA, Geschäftsberichte 1906, S. 8.
92 Ebenda, AVA, Geschäftsberichte 1907, S. 10.

ganisierter ein, belegt durch Leihhauszettel aus der Aussperrungszeit«[93]. Bedenkt man, daß die »Wohlfahrtseinrichtungen« in der Augsburger Industrie mit den Jahren zu einem festen Bestandteil der vergleichsweise niedrigen Löhne geworden waren, so bedeutete ihre zunehmende Beschränkung auf einen bestimmten Teil der Arbeiterschaft nicht nur eine Rücknahme der »Wohltaten«, die von den organisierten Arbeitern stets abgelehnt wurden, sondern letzten Endes eine Senkung der Einkommen für viele Arbeiter.

Seit dem Auftreten des Arbeitervereins in der Maschinenfabrik wurde in Presse, Landtag und Versammlungen eine heftige Diskussion über die Stellung der »Gelben« zur Frage des Streiks geführt, die zugleich das zentrale Problem, das Verhältnis zur Unternehmerseite, berührte. Der kaum zu bestreitende Hauptvorwurf der Gegner der Werkvereine, die Gelben hätten ihr Koalitionsrecht für materielle Vorteile verkauft, konnte freilich nicht widerlegt werden[94]. Während sich besonders die Direktion von Werk Augsburg in der Öffentlichkeit heftig gegen dieses Verdikt wandte, pries sie dagegen in Arbeitgeberkreisen gerade die Unfähigkeit der Werkvereine, in einen Arbeitskampf einzutreten. So erklärte Guggenheimer noch 1914 im Hinblick auf die Gestaltung der Vereinssatzungen: »Ich würde es verurteilen, wenn ein direkter Verzicht auf das Streikrecht sich vorfinden sollte. Wichtig erscheint mir vielmehr, daß die anderen Bestimmungen der Satzungen – und hierzu gehört der Ausschluß von Sozialdemokraten – praktisch die Aufnahme eines Streiks durch den Werkverein so gut wie ausschließen«[95]. Vor allem aber galt für die Werkvereine der Grundsatz, »daß zum Streik entsprechende Mittel gehören, welche von den Werkvereinen nicht gesammelt werden. Bezüglich des sonstigen Vermögens der Werkvereine sind aber in der Regel derart einschränkende Bestimmungen getroffen, daß dieses Vermögen für Streikzwecke nicht verwendet werden kann«[96]. Der AVA z. B. war mit einem Jahresbeitrag von 1 bzw. 1,50 M pro Mitglied kaum zur Ansammlung eines Streikfonds in der Lage. Aber selbst bei höheren Mitgliedsbeiträgen wäre dies ohne überbetriebliche Zusammenschlüsse der Arbeitnehmer nicht möglich gewesen – ein Umstand, der die Arbeitervereine von vornherein zum Wohlverhalten zwang. Die Existenz einer derartigen Organisation im Betrieb, wie sie die Gelben darstellten, hatte für die Arbeitgeber nicht nur den Vorteil, damit Kampfmaßnahmen der Arbeitnehmer unterlaufen zu können. In einer Phase steigender Macht der Verbände war damit auch die Möglichkeit gegeben, bei Gesamtaussperrungen einen Teil der Belegschaft weiter zu beschäftigen. Nach einer Regelung des Verbands Bayerischer Metallindustrieller wurden bei Berechnung der Aussperrungsquote die Werkvereinsmitglieder zur Belegschaft hinzugerechnet, so daß die Zahl der Auszusperrenden wesentlich geringer blieb als bei anderen Betrieben[97].

---

[93] MAN-Archiv Augsburg, Nachlaß Guggenheimer, Gelbe Gewerkschaften II, »Angriffe auf den Arbeiter-Verein von Werk Augsburg«, S. 5.
[94] Dazu: Neue Augsburger Zeitung Nr. 172 vom 26. 7. 1907, Nr. 197 vom 15. 7. 1908; MAN-Archiv Augsburg, Nachlaß Guggenheimer, Gelbe Gewerkschaften II, Protokoll des Liberalen Kongresses vom 6. Juli 1908 in München; Augsburger Neueste Nachrichten Nr. 186 vom 12. 8. 1908; Die Wehr Nr. 30 vom 25. 7. 1908, Nr. 42 vom 16. 10. 1909, Nr. 45 vom 5. 11. 1910.
[95] MAN-Archiv Augsburg, Nachlaß Guggenheimer, Gelbe Gewerkschaften III, Schreiben Guggenheimers vom 23. 6. 1914 an Dr. C. Duisberg.
[96] MAN-Archiv Augsburg, A 221, Erwiderung auf die Ausführungen des Herrn Dr. Offenbacher [...] am 16. 2. 1911.
[97] MAN-Archiv Augsburg, Nachlaß Guggenheimer, Gelbe Gewerkschaften III, Verband Bayerischer Metallindustrieller, Schreiben vom 15. 5. 1912.

3. Die Ausbreitung der »Gelben Werkvereine«

Das Beispiel des Arbeitervereins von Werk Augsburg wurde bald in anderen Betrieben nachgeahmt. Im August und Oktober 1906 folgten Gründungen entsprechender Vereine in der Papierfabrik Haindl und den Maschinenfabriken Epple & Buxbaum und L. A. Riedinger[98]. Im Dezember 1906 bildete sich der erste Werkverein der Textilindustrie in der Mechanischen Baumwollspinnerei und Weberei. Erst im Laufe des Jahres 1907 folgten weitere Gründungen in Textilunternehmen[99]. Die zögernde Adaption der Werkvereinsgedanken durch die Textilindustrie hatte verschiedene Gründe. Zunächst war die Stellung der Arbeitgeber insgesamt zu diesem neuen Phänomen der Arbeiterbewegung keineswegs einheitlich. Der Verband Süddeutscher Textilarbeitgeber nahm in der Frage der Gelben Werkvereine trotz erster Gründungen in Augsburger Betrieben eine abwartende Haltung ein. In einer 1907 herausgegebenen Empfehlung hieß es, man werde »die Gründung nichtgewerkschaftlicher Arbeitervereine nicht ohne jede Einschränkung empfehlen können. Sie sind ein vorzügliches Mittel zum Schutze und zur Stärkung der bisher nicht Organisierten und zur Schaffung eines Schwergewichtes gegen die Beunruhigung der Arbeiterschaft durch berufsmäßige Agitatoren. In Betrieben jedoch, in denen die Organisationen bisher noch nicht Fuß fassen konnten [...] muß die Gründung eines Arbeitervereins sehr überlegt werden. [...] Der Arbeiterverein soll in der Regel die Antwort sein auf die Provokationen der Gewerkschaften. Er soll aber nicht selbst zur Provokation werden«[100]. Gerade die von der Maschinenfabrik von Anfang an systematisch betriebene Verlagerung einer Reihe von Wohlfahrtseinrichtungen auf die Werkvereine schien den Textilindustriellen nicht unproblematisch: »Wo es die Organisationen zu bunt getrieben haben, dürfen sie sich ja nicht beklagen, wenn der Arbeitgeber ihre Mitglieder von freiwilligen Zuwendungen möglichst ausschließt. Wo aber aus dem Verhalten der Organisationen bisher kein zwingender Anlaß zur Gründung eines Arbeitervereins hervorging, kann die Zuwendung von Vorteilen an bestimmte Teile der Arbeiterschaft je nach Verhältnissen verbitternd wirken und kann eine solche Gründung dem Frieden im Betrieb schaden«[101]. Vor allem aber sah man die Gefahr, »daß bei unrichtigem Verhalten des Arbeitgebers Wohldienerei und Heuchelei großgezogen würde, die nicht nur an sich verwerflich wären, sondern auch über kurz oder lang zu unliebsamen Erscheinungen und zu einem Widerstand gerade der rechtlich denkenden Arbeiterschaft gegen den Verein führen müßten«[102].

Spätestens seit 1909 änderte sich jedoch diese Einstellung. Mit Unbehagen registrierten die Textilindustriellen, »wie die Gewerkschaften jährlich um Hunderttausende ihre Reihen verstärken«; man könne sich »nahezu einen Termin ausrechnen, an welchem so ziemlich die gesamte Arbeiterschaft organisiert sein wird«[103]. Gerade die Erfahrungen mit den Werkvereinen in Augsburg und ihrer verheerenden Wirkung auf die Gewerkschaftsorganisationen verlangten, »sich wesentlich

---

98 MAN-Archiv Augsburg, A 221, AVA, Geschäftsberichte 1906, S. 5.
99 Ebenda.
100 SWA-Archiv, Augsburg, Verband Süddeutscher Textilarbeitgeber, Bericht über Entstehung, Ziele und Einrichtungen nicht gewerkschaftlicher Arbeitervereine in Augsburg, erstattet in der Generalversammlung vom 15. 4. 1907.
101 Ebenda.
102 Ebenda.
103 Ebenda, Schreiben an die Vorstandsmitglieder vom 2. 3. 1909.

positiver zu der Frage der Werkvereine zu stellen, als dies noch vor zwei Jahren möglich war«[104]. Man halte daher den Zeitpunkt für gekommen, »in welchem die Parole der Industriellen sein muß: den Zusammenschluß der nichtorganisierten Arbeiter in arbeitgeberfreundlichem Sinne und zur Gründung von Werkvereinen zu ermuntern«[105]. Einer solchen Ermunterung bedurfte es freilich nicht mehr. Schon Ende 1908 betrug der Anteil der Gelben unter der Belegschaft der einzelnen Betriebe[106]:

Gelbe Werksvereinsmitglieder Ende 1908

Firma	Arbeiter insgesamt	davon Werkvereinsmitglieder	in % der Belegschaft
1. MAN Werk Augsburg	3300	2546	77,2
2. Mechan. Baumwollspinnerei und Weberei	2783	1071	38,5
3. Augsburger Buntweberei	1307	648	49,6
4. Haunstetter Spinnerei und Weberei	720	352	48,9
5. Schuhfabrik Wessels	420	295	70,2
6. Maschinenfabrik Epple & Buxbaum	766	258	33,7
7. Weberei am Mühlbach	506	216	42,7
8. Neue Augsburger Kattunfabrik	360	142	39,4
9. Maschinenfabrik Riedinger	613	89	14,5
10. Zahnräderfabrik Augsburg	500	76	15,2
11. Maschinenfabrik Haag	200	70	35,0
12. Schuhfabrik Levinger	77	46	59,7
13. Maschinenfabrik Kleindienst	125	32	25,6
14. Zwirnerei und Nähfadenfabrrik Göggingen	1130	800	70,8
15. Papierfabrik Haindl	258	231	89,5
16. Brauereiarbeiterverein	530	40	7,5
insgesamt	13 595	6912	50,8

Seit Juli 1907 erschien eine eigene Zeitung der Augsburger Arbeitervereine, »Die Wehr«, mit einem Bezugspreis von 20 Pf. für das Vierteljahr, die anfangs hauptsächlich vom Industrieverein finanziert wurde[107]. Auf dem Höhepunkt der gelben Bewegung hatte das auch überregional vertriebene Blatt eine Auflage von ca. 12 000 Stück, die aber 1909 auf 6000 Exemplare zurückging[108]. Der Redakteur Eduard Ossenbrunner, ein ehemaliger Sozialdemokrat, erging sich in erster Linie in endlosen Schmähungen über die Führer von SPD und Gewerkschaften[109]. Neben Nachrichten aus der gelben Bewegung und antisozialistischen Kampfartikeln versuchte das Blatt auch im Feuilleton, seinen Lesern eine wirtschaftsfriedliche

104 Ebenda.
105 SWA-Archiv, Augsburg, Verband Süddeutscher Textilarbeitgeber, Bericht über Entstehung, Ziele und Einrichtungen nicht gewerkschaftlicher Arbeitervereine in Augsburg, erstattet in der Generalversammlung vom 15. 4. 1907.
106 MAN-Archiv Augsburg, A 221, AVA, Geschäftsberichte 1908, S. 7 f.
107 MAN-Archiv Augsburg, A 221, AVA, Geschäftsberichte 1907, S. 7.
108 MAN-Archiv Augsburg, Nachlaß Guggenheimer, Gelbe Gewerkschaften I, Entwurf einer Eingabe des Schriftamtes Gelber Arbeitervereine an den Staatssekretär des Reichsmarineamts vom 14. 5. 1908; Die Wacht Nr. 48 vom 3. 12. 1909.
109 StA Augsburg, G I 2/6. Während der sozialdemokratische Redakteur Breder 1895 eine längere Freiheitsstrafe verbüßte, besorgte Ossenbrunner die Redaktion der Augsburger Volkszeitung.

Weltanschauung zu vermitteln. Mit Fortsetzungsromanen wie »Aus einer Dachstube« (1907) und »Höhen und Tiefen« (1908), in denen die Geschichte eines treuherzigen Buchdruckergehilfen geschildert wird, der seinen Prinzipal beerbt bzw. die Erlebnisse eines wirtschaftsfriedlich eingestellten Arbeiters mit dem bezeichnenden Namen »Einfalt« erzählt werden, sollten nicht zuletzt auch die Arbeiterfrauen angesprochen werden. Der Unterhaltungswert dürfte infolge der aufdringlichen politischen Tendenz freilich gering gewesen sein[110].

Auf der Tagung gelber Arbeitervereine Ostern 1908 in Kiel wurde die Gründung eines Schriftamtes beschlossen, das als Bindeglied zwischen den Werkvereinen dienen und einen Informationsaustausch durchführen sollte; diese Aufgabe wurde dem Arbeiterverein Werk Augsburg übertragen[111]. Die auf dem Kongreß ebenfalls beschlossene Gründung einer zentralen Krankenunterstützungskasse, in die Werkvereinsmitglieder bei Firmenwechsel ihre bereits erworbenen Ansprüche einbringen konnten (Zentral-Zuschuß-Kasse) und deren finanzielle Unterstützung durch die Arbeitgeber gehörte in den folgenden Jahren zu den vorrangigen Zielen Guggenheimers[112]. Bei der 1913 eintretenden Spaltung der Werkvereinsbewegung in eine Berliner Richtung, die vor allem der Siemensverein vertrat, und in welcher der Arbeitgebereinfluß geringer war, und in eine Essener Richtung mit schärferer Überwachung, standen die Augsburger Vereine auf Seite der letzteren[113].

Die Auswirkungen der Existenz gelber Vereine in den Betrieben zeigten sich sehr bald. Bei den Gewerbegerichtswahlen 1907 zogen die Gelben mit eigenen Kandidaten in den Wahlkampf; die Kosten übernahm wie in früheren Jahren bei den »Ordnungsliebenden« der Industrieverein. Dabei kam den Werkvereinen das erstmals eingeführte System der Verhältniswahl zugute. Mit sieben Sitzen, zu denen noch 4 Beisitzer aus den Reihen der christlichen Gewerkschaft und zwei von den Hirsch-Dunckerschen Gewerkvereinen kamen, stellte der wirtschaftsfriedliche Block damit die Hälfte der Beisitzer[114]. Ein triumphales Ergebnis erzielte der Arbeiterverein von Werk Augsburg bei den Wahlen zu den Betriebskrankenkassen im gleichen Jahr: von 118 zu wählenden Vertretern gehörten 114 dem Arbeiterverein an[115]. Dieses Ergebnis, das infolge der Befugnisse der Kassenausschußmitglieder für die persönlichen Verhältnisse aller Arbeiter von großer Bedeutung war, muß nicht zuletzt als Resultat eines unübersehbaren direkten und indirekten Drucks angesehen werden, der in Werk Augsburg, aber auch in anderen »gelben« Betrieben auf die organisierte Arbeiterschaft ausgeübt wurde. Nicht nur der AVA konnte schon in seinem Jahresbericht 1907 feststellen, »daß die Verhältnisse in den Werkstätten hinsichtlich Zusammenarbeitens viel besser geworden sind gegen früher«[116]. Nahezu gleichlautend lobte der Verband Süddeutscher Textilarbeitgeber

---

110 In der »Wehr« Nr. 2 vom 13. 7. 1907 und Nr. 10 vom 7. 9. 1907 fanden sich z. B. Gedichte mit dem Titel »Der verhetzte Arbeiter«, eine Zukunftserzählung »Wenn die Roten herrschen«, in der in abschreckender Weise der sozialistische Zukunftsstaat geschildert wurde, oder auch Sinnsprüche wie: »Arbeit ist des Blutes Balsam, Arbeit ist der Tugend Quell«. »Der Menschheit Gleichheit ist Utopie, / die Weltgeschichte beweist es; / stets herrschte nur die Aristokratie / des Geldes oder des Geistes«.
111 MAN-Archiv Augsburg, A 221, AVA, Geschäftsberichte 1908, S. 6.
112 MAN-Archiv Augsburg, Nachlaß Guggenheimer, Gelbe Gewerkschaften I, Auszug aus dem Protokoll über die Vorstandssitzung des Verbands Bayerischer Metallindustrieller vom 2. 2. 1909; Gelbe Gewerkschaften III, Protokoll der Gründungsversammlung des Bundes deutscher Werkvereine in Magdeburg am 15. 10. 1910; ebenda, Gelbe Gewerkschaften III, Schreiben Guggenheimers vom 23. 6. 1914 an Dr. C. Duisberg.
113 Ebenda.
114 MAN-Archiv Augsburg, A 221, AVA, Geschäftsberichte 1907, S. 8.
115 Ebenda.
116 Ebenda, S. 6.

1909 die Wirkung der Gelben: »Die Organisationen treten den Nichtorganisierten gegenüber heute wesentlich zahmer und rückhaltender auf, die Belästigungen derselben haben ein Ende gefunden«[117]. Was man sich unter solchen Äußerungen vorstellen muß, zeigt das Beispiel der Schuhfabriken Levinger und Wessels. Diese bildeten zusammen mit den Münchener Schuhfabriken einen Tarifverband, den sie Ende 1907 kündigten, ohne auf die Wünsche der Arbeitnehmer einzugehen. Daraufhin traten die Münchener Arbeiter in den Streik; in Augsburg dagegen waren in beiden Fabriken erst im Oktober und November Arbeitervereine gegründet worden, die – nach den Worten der MAN-Direktion – »in der kurzen Zeit ihres Bestehens schon so machtvoll wurden, daß sie einen Ausstand hintanhalten konnten. Die Haupthetzer wurden entlassen, und die noch vorhandenen Organisierten sind dem Arbeiterverein beigetreten«[118].

Diese Alternative – Entlassung oder Eintritt in den Werkverein – stellte sich seit 1906 vielen Arbeitern. Mit den Jahren sammelten sich bei den Gewerkschaften »ganze Stöße von Briefen« an, in denen über den Druck auf Nichtgelbe geklagt wurde[119]. In einer Metallarbeiterversammlung im Jahre 1906 verlas der Vorsitzende den Brief eines ehemals gewerkschaftlich organisierten MAN-Arbeiters, der in seiner schlichten Ausdrucksweise kaum als sozialistische Propaganda gewertet werden kann. Darin hieß es: »Bin heute in den hochwohllöblichen Verein gegangen, denn ich konnte nicht mehr anders. Es war mir wehe ums Herz [...] Verzeih mir, und auch ihr anderen Kollegen. Ich bin ganz fassungslos, im wildesten Schlachtgetümmel wäre es mir lieber als hier. Ich bitte nochmal zu verzeihen, ich bin durch diesen Schritt ein ruinierter Mann geworden«[120]. Um die volle Tragweite eines solchen Schrittes zu verstehen, muß man sich vergegenwärtigen, daß ein Übertritt zu den Gelben in Arbeiterkreisen etwa einem »Vaterlandsverrat« in der bürgerlichen Gesellschaft gleichkam[121]. Wenn auch bei Werkvereinen vom Typus der Augsburger der Eintritt in den Verein bei Neueinstellungen nicht obligatorisch war, so wurde doch offensichtlich auf den Facharbeiternachwuchs ein gewisser Zwang ausgeübt. Von den ca. 20–30 Lehrlingen, die jedes Jahr auslernten, traten in der Regel alle dem Verein bei; die wenigen, die dies nicht taten, verließen ausnahmslos den Betrieb[122]. Auch die Mieter der firmeneigenen Werkswohnungen zählten bezeichnenderweise zu den ersten Mitgliedern des Arbeitervereins[123].

Durch die geschilderten Verhältnisse wurde nicht nur das Betriebsklima in den Werkstätten vergiftet; vor allem stellten die Gelben ein willfähriges Element in der Hand der Arbeitgeber dar, um die Durchsetzung besserer Arbeitsbedingungen für die Belegschaft zu verhindern. Als im Nürnberger MAN-Werk durch den

---

117 SWA-Archiv, Augsburg, Verband Süddeutscher Textilarbeitgeber, Schreiben an die Vorstandsmitglieder vom 2. 3. 1909.
118 MAN-Archiv Augsburg, Nachlaß Guggenheimer, K 48, 60 b, Schreiben an den Verband Bayerischer Metallindustrieller vom 11. 1. 1908.
119 Schwäbische Volkszeitung Nr. 164 vom 17. 7. 1908. Die Verhältnisse waren schon soweit gediehen, daß die Gegner der Gelben aus Furcht vor Verrat nicht einmal mehr am Biertisch ihre Meinung zu sagen wagten (StA Augsburg, G I 2/16, IV. Fasc.).
120 StA Augsburg, G I 16/29, Polizeibericht über die Metallarbeiterversammlung vom 28. 5. 1906.
121 StA Augsburg, G I 2/5, XIV, Fasc. In einer SPD-Versammlung am 27. 3. 1907 hieß es über die Gelben, »wer zu ihnen hinübergehe sei mit einem Vaterlandsverräter zu vergleichen«.
122 MAN-Archiv Augsburg, A 221, AVA, Geschäftsberichte 1906 ff. Für die politische Beeinflussung der Lehrlinge sorgte eine Gruppe des Vereins »Wehrkraft«, die 1913 aus den Reihen der Lehrlinge in den bayerischen MAN-Werken entstand. Das Programm des Vereins umfaßte neben vormilitärischer Ausbildung auch Vortragsabende, in denen die Abwehr gegen marxistische Einflüsse gestärkt werden sollte (ebenda, Foth, a. a. O., S. 468 f.).
123 BayHStA München, M Arb 385, Auszug aus der 84. Sitzung der Kammer der Abgeordneten am 19. 2. 1906, S. 1112.

Druck der dortigen Arbeiter die Arbeitszeit von 58 auf 57 Wochenstunden verkürzt werden mußte, erfuhr die Direktion von Werk Augsburg zu ihrem eigenen Erstaunen vom Arbeiterverein, »daß derselbe jede Agitation in dieser Richtung hintan zu halten bereit sei«[124], was ihm denn auch gelang. Im Hinblick auf eventuelle Kampfmaßnahmen der Arbeiter wirkte schon das bloße Vorhandensein eines Werkvereins abschreckend. Als bei einem Streik in der Zahnräderfabrik im Frühjahr 1906 die Frage auftauchte, ob auch andere Maschinenfabriken in den Ausstand mit einbezogen werden könnten, äußerten die Gewerkschaftsführer im Hinblick auf Werk Augsburg: »Dort sind wir wegen des Arbeitervereins machtlos«[125]. Bei Streiks in anderen Firmen wurden MAN-Arbeiter als Streikbrecher eingesetzt. Dabei kam der Firma eine gewisse Tradition zugute; schon 1891 entsandte sie während einer Arbeitsniederlegung in der Druckerei der Münchener Neuesten Nachrichten Monteure als Streikbrecher[126]. Anläßlich eines Ausstands 1908 in der Maschinenfabrik Riedinger, in der die Gelben nur wenige Anhänger hatten, wurde »offen und ohne jede Verheimlichung die Streikarbeit der bestreikten Firma übernommen und ausgeführt« und den Arbeitern gegenüber auch als solche deklariert[127]. Nach Ausbruch des Brauereiarbeiterstreiks 1907 erhielt die Direktion von Werk Augsburg »einen weiteren und ganz besonders wichtigen Beweis, daß wir uns auf den Arbeiterverein von Werk Augsburg verlassen können«[128]. Die Brauereien bekamen die notwendige Anzahl an Maschinenführern, Heizern und Taglöhner ausgeliehen und konnten zusammen mit dem unter Mitwirkung des AVA gegründeten gelben Brauereiarbeiterverein den Streik unterlaufen[129].

Trotz der zweifellos mächtigen Stellung der Werkvereine im Augsburger Sozialleben zeichnete sich seit der Wirtschaftskrise 1908/09 eine Trendwende ab, die sich zunächst in einem allmählichen Rückgang der Mitgliederzahlen niederschlug. Im Arbeiterverein von Werk Augsburg trat zwischen 1908 und 1909 zum erstenmal ein Mitgliederverlust ein, der sich auch nach der Krise noch fortsetzte. Während 1908 noch über 77 % aller MAN-Arbeiter dem gelben Verein angehörten, waren es 1912 nur mehr 54,9 %[130]. Dabei muß in Rechnung gestellt werden, daß dem Austritt eine besondere psychologische Barriere entgegenstand: seit 1909 wur-

---

124 MAN-Archiv Augsburg, Nachlaß Guggenheimer, K 53, Schreiben an den Verband Bayerischer Metallindustrieller vom 6. 9. 1907.
125 Ebenda.
126 StA Augsburg, D 50.
127 MAN-Archiv Augsburg, Nachlaß Guggenheimer, Gelbe Gewerkschaften III, Entwurf einer Eingabe an den Reichskanzler, Mai 1911; Gelbe Gewerkschaften I, Bericht Pfeiffers vom 20. 9. 1909. Pfeiffer, der diesen Vorfall zwei Abgesandten einer an den Werkvereinen interessierten Firma vortrug, notierte anschließend: »Den Herren war dieser Fall nicht bekannt und wunderten sich sehr, daß die Durchführung möglich war«.
128 MAN-Archiv Augsburg, Nachlaß Guggenheimer, K 53, Schreiben an den Verband Bayerischer Metallindustrieller vom 6. 9. 1907.
129 Ebenda.
130 MAN-Archiv Augsburg, A 221, AVA, Geschäftsberichte 1909 ff. Die Mitgliederzahlen betrugen 1908: 2546, 1909: 2492, 1910: 2400, 1911: 2389, 1912: 2580, 1913: 2410. Dem stand aber – abgesehen von den Rezessionsjahren – ein Anstieg der Beschäftigtenzahl insgesamt gegenüber, so daß die relative Abnahme wesentlich größer war. Bezeichnenderweise wurde die Beschäftigtenzahl in den späteren AVA-Berichten nicht mehr der Mitgliederzahl gegenübergestellt. Die Schwäbische Volkszeitung Nr. 292 vom 18. 12. 1912 gab die Gesamtarbeiterzahl von Werk Augsburg für 1912 mit 4800 Personen an. Diese Mitgliederbewegung war im Vergleich mit der Entwicklung der Gelben Werkvereine auf Reichsebene atypisch, denn dort konnten die wirtschaftsfriedlichen Verbände in den letzten Vorkriegsjahren einen beträchtlichen Zuwachs verzeichnen (Mattheier, a. a. O., S. 128 ff.). Die Erklärung für diese Diskrepanz ist wohl darin zu suchen, daß in Augsburg um 1908 schon das Reservoir an potentiellen Mitgliedern ausgeschöpft war und das geballte Auftreten der gelben Bewegung in einer Stadt durch ihre unliebsamen Begleiterscheinungen eher eine Gegenströmung provozierte.

den die AVA-Mitglieds- und Kassenbeiträge gleich vom Lohn abgezogen, so daß ein Austritt aus dem Arbeiterverein der Direktion sofort bekannt wurde[131]. Die Vermutung, daß die gesinnungsmäßige Abwendung vom Arbeiterverein noch weitaus mehr Gewicht besaß, als sich an den formellen Austritten ablesen ließ, wird durch die Ergebnisse der Betriebskrankenkassenwahlen des Jahres 1909 bestätigt[132].

Wahlen zur Betriebskrankenkasse von Werk Augsburg 1909

	Wahlberechtigte		Wahlbeteiligung	
insgesamt	AVA-Mitglieder	Nichtmitglieder	AVA-Mitglieder	Nichtmitglieder
2973 (100 %)	2350 79 %	625 21 %	1912 81,4 %	382 61,3 %

		abgegebene Stimmen		
insgesamt	AVA-Liste	Gegenliste	ungültig	zersplittert
2294 100 %	1389 60,5 %	709 30,9 %	114 5,0 %	82 3,6 %

Dieses Wahlergebnis ist besonders bemerkenswert, da die Wahlbeteiligung der Nichtmitglieder sehr gering war; von den AVA-Mitgliedern hatte also eine beträchtliche Anzahl die Gegenliste gewählt. Auch bei dem auffallend hohen Anteil an ungültigen Stimmen mochte es sich zum Teil um beabsichtigte Protestkundgebungen handeln. Eine Fortsetzung des für die Arbeitervereine negativen Trends zeigte sich bei den Gewerbegerichtswahlen 1912, bei denen die Zahl der Beisitzer für die Gelben von 7 auf 4 zurückging[133]. Da die Sitzverteilung bei den christlichen Gewerkschaften und den Hirsch-Dunckerschen Vereinen gleich blieb und die Sozialdemokraten mit fast zwei Drittel der Sitze als die eigentlichen Gewinner hervorgingen, läßt sich die Marschrichtung der Dissidenten unschwer vermuten. Besonders deutlich wurde der Verfall der gelben Bewegung schließlich bei den Betriebskrankenkassenwahlen des Jahres 1913: In Werk Augsburg erhielt die nun wieder offensiv auftretende Metallarbeitergewerkschaft mit 1516 von 3258 Stimmen 46,5 % aller Sitze, während sich der Werkverein mit 1417 Stimmen (43,5 %) begnügen mußte. Neben 4 Vertretern der Christlichen Gewerkschaften zogen damit 19 Sozialdemokraten und 17 Gelbe in die Kassenverwaltung ein – gemessen an der jahrelangen mühevollen Aufzucht ein katastrophales Ergebnis für die Werkvereine[134]. Doch damit nicht genug: 1912 beteiligten sich Werkvereinsmitglieder der Mechanischen Baumwollspinnerei und Weberei sogar an einer spontanen Arbeitsniederlegung[135].

Die Ursachen dieser Entwicklung müssen unter anderem in den Krisenjahren 1908/09 und 1913 gesehen werden. Von den Arbeiterentlassungen der Ab-

---

131 Schwäbische Volkszeitung Nr. 292 vom 18. 12. 1912.
132 MAN-Archiv Augsburg, A 221, AVA, Geschäftsberichte 1909, S. 16.
133 StA Augsburg, G I 18/10, I. Fasc.
134 MAN-Archiv Augsburg, A 221, AVA, Geschäftsberichte 1913, S. 11; Die Wehr Nr. 46 vom 15. 11. 1913. In der Maschinenfabrik ehem. Epple & Buxbaum erhielt der Arbeiterverein 231 Stimmen (7 Vertreter), der Metallarbeiterverband 310 Stimmen (10 Vertreter) und christliche Gewerkschaften und Hirsch-Dunckersche Gewerkvereine zusammen 86 Stimmen (3 Vertreter).
135 Neue Augsburger Zeitung Nr. 169 vom 23. 7. 1912.

schwungphase blieben auch die Werkvereinsmitglieder nicht verschont[136]. Dieses Ergebnis und die Erfahrung der ständigen Verteuerung der Lebenshaltung bei gleichzeitig restriktiver Lohnpolitik mußte viele Arbeiter ihrer »wirtschaftsfriedlichen« Illusionen berauben. Die »Wacht«, das Organ der Hirsch-Dunckerschen Gewerkvereine Augsburgs, wies im Juli 1909 darauf hin, daß gerade in »gelben« Betrieben, in denen organisierte Arbeiter keinen Einfluß hatten, die niedrigsten Löhne gezahlt wurden – Akkordlöhne von 25–35 Pf. in der Stunde seien keine Seltenheit. Auch werde in solchen Werkstätten mehr als andernorts über schlechte Behandlung durch die Vorgesetzten geklagt[137].

Mit dem allmählichen Rückgang des Einflusses der Arbeitervereine wurde gleichzeitig wieder eine freiere Entfaltung der organisierten Arbeiterbewegung möglich. Die verhängnisvolle Spaltung der Augsburger Arbeiterschaft blieb freilich bis zum Ende des Ersten Weltkriegs bestehen; nach wie vor galt daher die resignierende Feststellung der Augsburger Volkszeitung aus dem Jahre 1900: »Leben wir doch speziell in Augsburg mehr als anderwärts in einem sozial-ökonomischen Hexenkessel, befinden wir uns hier doch an einer Stätte der tiefgehendsten Entzweiung der arbeitenden Klasse«[138]. Erst die veränderten Verhältnisse seit Kriegsausbruch und das loyale Verhalten der Gewerkschaften bewirkten im MAN-Werk Augsburg, »daß die Direktion in der vorzugsweisen Behandlung des AVA zurückhaltender wurde«[139]. Der Verein hatte fast keine Neuzugänge mehr und löste sich im Dezember 1918 auf; damit erlosch satzungsgemäß auch die Mitgliedschaft der Firma bei den vom AVA geschaffenen Unterstützungskassen, so daß diese ihre Lebensfähigkeit verloren und ebenfalls liquidiert werden mußten[140].

Die Entwicklung Augsburgs zu einem Zentrum der Werkvereinsbewegung wurde durch mehrere Umstände begünstigt. Dazu gehörte in erster Linie das unterschiedlich stark ausgeprägte politische Bewußtsein von Arbeitnehmern und Arbeitgebern. Während die Masse der Arbeiterschaft einer wirksamen Vertretung der eigenen Interessen auch nach der Jahrhundertwende noch ziemlich apathisch gegenüberstand, versuchten die Unternehmer, aufgeschreckt durch das Beispiel anderer Städte, die Übertragung solcher Verhältnisse auf Augsburg unter allen Umständen zu verhindern. Daß sich dabei gerade die Gründung von Werkvereinen als ein so erfolgreiches Mittel erwies, lag an den spezifischen lokalen Rahmenbedingungen. Das Netz der Wohlfahrtseinrichtungen in der Großindustrie sorgte dafür, daß stets ein bedeutender Teil an Arbeitern vorhanden war, der durch den Anschluß an die sozialistische Arbeiterbewegung in seiner beruflichen Existenz gefährdet oder doch zumindest von finanziellen Sanktionen bedroht war. Der permanente Gewissenskonflikt, der sich für den einzelnen durch den Appell an die Klassensolidarität einerseits und die Verpflichtung zu »dankbarem« Verhalten anderersetis ergab, konnte zumindest vordergründig gelöst werden durch einen förmlichen Frontwechsel. Der Verzicht auf die kämpferische Durchsetzung der eigenen Interessen wurde von den Unternehmern durch die materielle Absicherung im Fall eines Arbeitskampfes, durch zusätzliche Vergünstigungen und entsprechenden Schutz gegen den »Terrorismus« der Organisierten honoriert, womit freilich keinerlei Garantien verbunden waren.

---

136 MAN-Archiv Augsburg, A 221, AVA, Geschäftsbereiche 1913, S. 7.
137 Die Wacht Nr. 30 vom 30. 7. 1909.
138 Probenummer der Augsburger Volkszeitung vom 17. 3. 1900.
139 MAN-Archiv Augsburg, A 221, Aktenvermerk vom 3. 2. 1928.
140 MAN-Archiv Augsburg, A 221, Vermerk vom 11. 3. 1930.

4. Gelbe Werkvereine und politische Parteien und Organisationen

An den Werkvereinen schieden sich nicht nur die Wege der betroffenen Belegschaften, auch die politischen Parteien und Verbände mußten sich mit dem neuen sozialpolitischen Phänomen auseinandersetzen. Dabei nahmen allein die Freien Gewerkschaften und die Sozialdemokratie von Anfang an eine klare, eindeutig ablehnende Haltung ein, während die Werkvereine bei anderen Gruppierungen sowohl auf Befürwortung als auch auf Ablehnung stießen. Die Initiatoren der gelben Vereine selbst, speziell die Direktion der Maschinenfabrik, optierten zunächst für die nationalliberale Partei. Obwohl dem Anspruch nach parteipolitisch neutral, warnte der Vorsitzende des AVA, Clemens Chatelet, die Vereinsmitglieder schon bei den Reichstagswahlen im Januar 1907 davor, die Kandidaten von Zentrum und Sozialdemokratie zu wählen. Als Kandidat der Werkvereine wurde ausdrücklich der nationalliberale Rechtsanwalt Dr. Thoma empfohlen[141]. Ein ähnlicher Aufruf erging auch vor den im Mai des gleichen Jahres stattfindenden Landtagswahlen an die Mitglieder, die überdies zum fleißigen Besuch der Versammlungen der liberalen Partei angehalten wurden[142]. Diese Parteinahme löste unter den Liberalen keineswegs nur Freude aus, waren ihnen doch die Ursachen der Niederlage bei den Landtagswahlen von 1905 noch in frischer Erinnerung. Während der Kammerdebatten im Sommer 1908 ergriff Thoma als Landtagsabgeordneter die Gelegenheit, um sich und die Augsburger Liberalen von den gelben Werkvereinen förmlich zu distanzieren: von dem Wahlaufruf habe man nichts gewußt, überhaupt hätten die Liberalen mit den Gelben »nicht das geringste zu tun«[143]. Die gelbe Bewegung betrachtete Thoma »als eine noch heftige Gegenströmung gegen einen jahrzehntelangen, an gewissen Kreisen der Arbeiterschaft verübten Terrorismus« seitens der Gewerkschaften. Allerdings betonte er gleichzeitig, »daß die Zugehörigkeit zu einem gelben Verein faktisch den Verzicht auf die Koalitionsfreiheit« bedeute[144]. Wenige Wochen später sprach sich auch der vom Nationalverein in München veranstaltete »Gesamtliberale Kongreß« in einer Resolution gegen die Gelben aus. Für die Arbeitervereine war dies der Anlaß zum Bruch mit den Augsburger Nationalliberalen; man setzte Unterschriftenlisten in Umlauf, die zum Austritt aus der liberalen Partei aufforderten, und versuchte, auch Fabrikanten und höhere Angestellte zu diesem Schritt zu bewegen[145]. Trotzdem erließ weder die liberale Partei in Augsburg noch der Anfang August in Hof tagende Landesverband liberaler Arbeitervereine, dessen Vorstand bis dahin der Vorsitzende des liberalen Arbeitervereins in Augsburg (Übelhör) war, ein Verbot der Mitgliedschaft in gelben Vereinen für Angehörige der liberalen Partei[146]. Im übrigen war die Meinung über die Werkvereine in der Augsburger liberalen Partei nicht so einhellig, wie dies nach den Äußerungen der vom jungliberalen Kurs beeinflußten Parteileitung der Fall zu sein schien. In den Augen der Altliberalen und des Industriellenflügels, deren publizistisches Organ die Augsburger Abendzeitung war, hatten die Gelben vielmehr »die Erbschaft der alten liberalen Arbeiterfort-

---

141 MAN-Archiv Augsburg, A 221, AVA, Geschäftsberichte 1906, S. 7.
142 Ebenda, AVA, Geschäftsberichte 1907, S. 12.
143 Augsburger Abendzeitung Nr. 175 vom 23. 6. 1908.
144 Augsburger Abendzeitung Nr. 175 vom 23. 6. 1908.
145 Neue Augsburger Zeitung Nr. 176 vom 31. 7. 1908.
146 Augsburger Abendzeitung Nr. 223 vom 11. 8. 1908; Augsburger Neueste Nachrichten Nr. 186 vom 12. 8. 1908; Augsburger Abendzeitung Nr. 199 vom 17. 7. 1908.

bildungsvereine« übernommen[147]. Auch wollte man mit Rücksicht auf die Blockpolitik nicht eine Reihe potentieller Anhänger aus der Partei hinausdrängen. Die wachsende politische Entfremdung der Gelben in Augsburg von den Nationalliberalen und ihre Hinwendung zu den Konservativen ließ sich trotzdem nicht aufhalten. Bei der Landtagsersatzwahl im November 1912, zu der sich Liberale und Sozialdemokraten auf der einen, Zentrum und Bayerische Reichspartei auf der anderen Seite verbündeten, wurden die Werkvereinsmitglieder aufgefordert, den Kandidaten der Reichspartei, den Nürnberger Industriellen Wilhelm Tafel, zu wählen[148].

Abgesehen von solchen Wahlaufrufen und dem obligatorischen Kampf gegen Sozialismus und Linksliberalismus wurde auf die Werkvereinsmitglieder kein direkter Zwang zur Entscheidung für eine bestimmte Partei ausgeübt. »Wir müssen immer damit rechnen«, schrieb der MAN-Prokurist Pfeiffer 1913, »daß wir in den Werkvereinen einen großen Teil nationaler und Zentrumsanhänger haben«[149]. Nicht zu Unrecht bemerkte auch die Schwäbische Volkszeitung, »daß das Gros der Gelben sich aus den Reihen der katholischen Arbeitervereine rekrutiert — eine logische Folge der jahrzehntelangen Erziehung zur ›Ordnungsliebe‹ [...]«[150]. Doch wie die Liberalen so nahmen auch die Zentrumsanhänger keine einheitliche Haltung den gelben Vereinen gegenüber ein. Nur die christlichen Gewerkschaftsführer, für deren Organisation die Werkvereine eine unmittelbare Bedrohung darstellten, wandten sich von Anfang an gegen die Gelben, wobei sie jedoch gerade in den Kreisen der katholischen Arbeitervereine auf wenig Verständnis stießen. Doppelmitgliedschaften im katholischen Arbeiterverein und in einem Werkverein wurden lange Zeit nicht beanstandet[151]. Im Gegensatz dazu sprach sich der Augsburger Zentrumsabgeordnete Max Mayr ausdrücklich gegen die Werkvereine aus[152]. Von den Werkvereinen selbst wurde kein Versuch unternommen, die Mitglieder von den katholischen Vereinen fernzuhalten. Während der Tagung des Bundes deutscher Werkvereine 1913 in Augsburg empfahl die Delegiertenversammlung »allen Mitgliedern der Werkvereine, welche den konfessionellen Arbeitervereinen angehören oder noch beitreten, diesen Vereinen ihr reges Interesse und ihre Mitarbeit zu widmen. Sie sollen in den Vereinen [...] nicht für unsere Bewegung agitieren, wohl aber nötigenfalls Aufklärung geben und irrtümliche Auffassungen beseitigen. Insbesondere sollen sie versuchen, unseren Gegnern, welche die konfessionellen Vereine einseitig für sich festlegen und gegen uns einzunehmen versuchen, mit aller Energie entgegenzutreten«[153].

Gerade dies war den katholischen Gegnern der Werkvereine, den christlichen Gewerkschaftsführern, zu diesem Zeitpunkt nach langem Ringen endlich gelungen. Auf dem 9. Delegiertentag der katholischen Arbeiter- und Arbeiterinnenvereine der Diözese Augsburg im September 1913 wurde die gelbe Bewegung grundsätzlich abgelehnt, »da sie nicht im Interesse der Aufwärts- und Vorwärtsentwicklung des Arbeiterstandes gelegen« sei[154]. Die christlichen Gewerkschaften wurden

---

147 Augsburger Abendzeitung Nr. 193 vom 11. 7. 1908.
148 MAN-Archiv Augsburg, A 221, AVA, Geschäftsberichte 1912, S. 11; Flugblatt der Reichspartei, 1912.
149 MAN-Archiv Augsburg, Nachlaß Guggenheimer, Gelbe Gewerkschaften III, Notiz Pfeiffers zu einem Schreiben von W. Tafel vom 11. 8. 1913.
150 Schwäbische Volkszeitung Nr. 123 vom 1. 6. 1909.
151 Schwäbische Volkszeitung Nr. 84 vom 9. 4. 1914.
152 Die Wehr Nr. 34 vom 21. 8. 1909; Augsburger Abendzeitung Nr. 150 vom 31. 5. 1912.
153 Augsburger Neueste Nachrichten Nr. 149 vom 30. 6. 1913.
154 Neue Augsburger Zeitung Nr. 214 vom 17. 9. 1913.

als einzige den katholischen Arbeitern zu empfehlende Organisation anerkannt. Auf Sanktionen gegen gelbe Mitglieder der Arbeitervereine wurde jedoch verzichtet und nur ein Aufnahmestop für gelb Organisierte verhängt[155]. Es ist nicht verwunderlich, daß Aufbau und Ziele der Gelben Werkvereine, die in gewisser Hinsicht die Nachfolge der »ordnungsliebenden Arbeiter« antraten, bei den Altliberalen, den Industriellen in der nationalliberalen Partei und den Protektoren der katholischen Arbeitervereine großen Anklang fanden. Dieser Personenkreis stellte innerhalb der bürgerlichen Parteien zugleich den rechten Flügel dar, der noch weitgehend den politischen Strömungen der achtziger und neunziger Jahre verpflichtet blieb. Dagegen stießen die Gelben bei jenen Gruppen auf Ablehnung, die – wie noch zu zeigen sein wird – auch innerhalb ihrer Parteien auf Revision überkommener Einstellungen und Verhaltensweisen drängten, bei den Jungliberalen und den christlichen Gewerkschaftsführern.

V. Die Disziplinierung der Angestellten

Die kaufmännischen und technischen Angestellten in Industrie und Handel stellten nicht nur ihrer sozialen Stellung nach eine wesentlich heterogenere Gruppe dar als die Arbeiter; auch ihre Organisation, die zumeist den Charakter berufsständischer Vereinigungen trug, zeigte eine außerordentliche Vielfalt. 1904 existierten z. B. in Augsburg Ortsgruppen von sieben kaufmännischen Vereinen[156]. Wenn die Angestellten trotzdem nur selten und relativ spät mit den besonderen Problemen ihres Berufs an die Öffentlichkeit traten, so hatte dies verschiedene Ursachen. In einem Gutachten zur Frage der Einführung kaufmännischer Schiedsgerichte in Augsburg erklärten die Gremien der Handels- und Gewerbekammer 1896: »In den kaufmännischen Betrieben stehen sich Arbeitgeber und Arbeitnehmer sowohl bezüglich des Bildungsganges als der ganzen Lebensführung näher als in der Großindustrie, es herrscht in der Regel – von einzelnen Ausnahmen natürlich abgesehen – ein mehr collegiales, vertrauensvolles Verhältnis«[157]. Mochten die »Ausnahmen« auch recht zahlreich sein, so war dies doch zweifellos auch die Auffassung der meisten Angestellten in den Handelskontoren. Wie sonst wäre es zu erklären, daß noch acht Jahre später, als das Kaufmannsgericht durch Ortstatut schließlich eingeführt wurde, lediglich 179 Handlungsgehilfen zur Wahl gingen, während sich von den Arbeitgebern immerhin 214 beteiligten[158]. Dabei betrug die Zahl der in Augsburg beschäftigten Handlungsgehilfen und Lehrlinge um diese Zeit ca. 3000 Personen, von denen etwa die Hälfte wahlberechtigt gewesen sein dürfte[159].

In den Reihen der in den Handelskontoren beschäftigten Gehilfen, die in besonderem Maße unter unregelmäßigen Arbeitszeiten und geringer Bezahlung litten,

---

155 Ebenda. Eine zunehmende Anerkennung der Arbeit der christlichen Gewerkschaften und ein distanzierteres Verhältnis zu den Werkvereinen zeichnete sich schon etwa seit 1908 ab (Hengge, a. a. O., S. 52).
156 StA Augsburg, G I 18/8. Es waren dies: Kaufmännischer Verein, Deutschnationaler Handlungs-Gehilfen-Verband, Verein deutscher Kaufleute, Lätitia (katholischer kaufmännischer Verein), Verband deutscher Handlungsgehilfen, Kaufmännischer Verein für weibliche Angestellte, Centralverband deutscher Handlungsgehilfen und -gehilfinnen (sozialdemokratisch).
157 Jahresbericht der Handels- und Gewerbekammer 1896, S. 54 ff.
158 StA Augsburg, G I 18/9.
159 Jahresbericht der Handels- und Gewerbekammer 1906, S. 24. 1906 schätzte man die Zahl der Handlungsgehilfen und -lehrlinge auf »weit mehr als 3000 Personen«.

fanden sich noch am ehesten Ansätze zu kollektiv vertretenen Forderungen, wie z. B. die Eingabe mehrerer kaufmännischer Vereine zur Einführung einer strengeren Sonntagsruhe aus dem Jahre 1904 zeigt[160]. Fraglich dagegen ist, inwieweit sich auch die Angestellten der Fabriken an solchen Aktionen beteiligten. Die Direktion der Mechanischen Baumwollspinnerei und Weberei bemerkte zu diesem Verlangen: »Wir wissen nicht, wer die kaufmännischen Vereinigungen sind, welche diesen Antrag gestellt haben, sind aber überzeugt, daß darunter keine Beamten oder Angestellten der hiesigen großen Fabriken sich befinden. Diese letzteren sind viel zu gebildet, pflichttreu und verständnisvoll für das Interesse der Etablissements, in denen sie angestellt sind, als daß sie nicht ganz selbstverständlich auch an einem Sonntag zur Arbeit kommen würden, wenn dies im Interesse des Geschäfts notwendig ist«[161].

Doch die so charakterisierte Haltung der Fabrikangestellten, der in frühindustrieller Zeit eine Reihe von Privilegien entsprach, trat mit der Angleichung des ehemaligen Sonderstatus an den der übrigen Arbeitnehmer und dem dadurch auftretenden Bedürfnis nach einer besseren sozialen und rechtlichen Absicherung im Bewußtsein mancher Angestellten allmählich in den Hintergrund. In dem Maße aber, in dem die Betriebsbeamten das Koalitionsrecht für sich in Anspruch nahmen, mußten auch sie in Konflikt mit jenen Arbeitgebern geraten, die darin schon eine Bedrohung ihres uneingeschränkten Herrschaftsanspruchs über den Betrieb sahen. Im Februar 1908 schrieb Guggenheimer: »Daß gemeinsame Schritte der Arbeitgeber gegen das Erstarken der Organisationen der Privatangestellten unerläßlich sind, steht für mich fest, wenn nicht die Ausstände aus den Werkstätten in die Bureaus verpflanzt werden sollten«[162]. Bereits Anfang März erhielten zwei Mitglieder der Fabrikgruppe MAN des Bundes der technisch-industriellen Beamten, Ortsgruppe Augsburg, den Rat, aus ihrem Berufsverein auszutreten, da sie sonst ihre Stellen verlieren würden. Außerdem wurde darauf hingewiesen, daß sie im Fall einer Entlassung in keinem Betrieb des Verbands Bayerischer Metallindustrieller mehr aufgenommen würden[163]. Guggenheimer begründete sein Vorgehen gegenüber einem Angestellten damit, daß der »Bund« sozialdemokratische Tendenzen verfolge[164]. Als solche faßte er die »Standesforderungen« des Vereins auf, die sich auf die Einführung des Achtstundentags, Verbot der Sonntagsarbeit, Abschaffung der Konkurrenzklausel, staatliche Pensionsversicherung, Anteil am Nutzen der Patente und obligatorische Beamtenausschüsse in den Betrieben bezogen[165]. Gerade die Angestelltenausschüsse aber sollten nach Meinung Guggenheimers »etwas sein, das es überhaupt nicht gibt und geben darf«[166]. Sie seien nur dazu angetan, »Wünsche der Beteiligten großzuziehen und die Leitung der Fabrik jeder Macht und jeder Befugnis [...] zu berauben«[167]. Die Augsburger Ortsgruppe versuchte zunächst, durch unerschrockenes Auftreten und Beantwortung aller Vorwürfe das angekündigte Vorgehen der MAN-Direktion rückgängig zu

---

160 Jahresbericht der Handels- und Gewerbekammer 1904, S. 193 ff.
161 SWA-Archiv, Augsburg, Magistrat als Gewerbepolizei, Schreiben an den Magistrat vom 24. 12. 1904.
162 MAN-Archiv Augsburg, Nachlaß Guggenheimer, K 52, Schreiben vom 18. 2. 1908 (an Rieppel?).
163 StaA Neuburg, Reg. Nr. 10 810, Zusammenfassender Bericht vom 15. 6. 1908 (Fortsetzungen ohne Datum); Neue Augsburger Zeitung Nr. 165 vom 18. 7. 1909.
164 StaA Neuburg, Reg. Nr. 10 810, Zusammenfassender Bericht [...].
165 MAN-Archiv Augsburg, Nachlaß Guggenheimer, K 52, Auszug aus den Satzungen des Bundes der technisch-industriellen Beamten vom 26./27. 3. 1905.
166 MAN-Archiv Augsburg, Nachlaß Guggenheimer, K 48, 60 b, Guggenheimer am 5. 3. 1914.
167 Ebenda.

machen. So stellte der Vorstand sogar die Mitgliederliste der Fabrikgruppe MAN zur Verfügung. Die Folge war lediglich, daß noch am gleichen Tag alle Mitglieder des Bundes zum sofortigen Austritt aufgefordert wurden, was diese jedoch einmütig zurückwiesen[168].

Inzwischen faßte der Verband Bayerischer Metallindustrieller in seiner Sitzung am 21. Mai 1908 den Beschluß, den Verbandsmitgliedern anzuraten, Mitglieder des Bundes technisch-industrieller Beamter zu entlassen und Neueinstellungen von Angehörigen dieser Organisation nicht mehr vorzunehmen. Daneben wurde auch »eine Ausmerzung« der Mitglieder des Deutschnationalen Handlungsgehilfenverbands, des Vereins für Handlungs-Commis von 1858, des Verbands deutscher Kaufleute, des Verbands deutscher Handlungsgehilfen und des Deutschen Techniker-Verbands aus den Betrieben des Verbands empfohlen[169]. In Verhandlungen mit Angehörigen der Augsburger Ortsgruppe des »Bundes« und einem Verbandsfunktionär aus Berlin ließ die Direktion wenige Tage nach dem Beschluß des VBM zunächst Bereitschaft zum Einlenken erkennen, unternahm aber nichts, um die Herausgabe des Erlasses durch den Industriellenverband zu stoppen. Den überraschten Bundesmitgliedern erklärte Guggenheimer nur: »Wir haben nichts dagegen, daß sich Beamte organisieren, und welcher Organisation sie beitreten, ist uns gleichgültig; aber das Recht wollen wir uns wahren, daß wir von organisierten und nicht organisierten Angestellten diejenigen auswählen, die uns am besten passen«[170].

Nach der Veröffentlichung des VBM-Beschlusses nahm der »Bund« Kontakte mit den übrigen geächteten Angestelltenorganisationen auf und veranstaltete am 19. Mai eine große Protestversammlung in Augsburg, in der das Vorgehen der Direktion von Werk Augsburg verurteilt wurde. Daran beteiligten sich nicht nur Vertreter von Sozialdemokratie und Gewerkschaften, deren Sympathien vom Bund mit gemischten Gefühlen aufgenommen wurden, sondern auch Vertreter der bürgerlichen Parteien, so der Vorsitzende der Nationalliberalen, Rechtsrat Weinmann, und der Zentrumsabgeordnete Max Mayr[171]. In den folgenden Wochen setzten in Werk Augsburg die ersten Sanktionen gegen organisierte Angestellte ein. Zunächst traten einige kaufmännische Angestellte unter dem Druck der Direktion aus ihren Berufsvereinen aus und erhielten die an die Organisationen geleisteten Beiträge bis zu einer Höhe von 500 M ersetzt, mußten dafür aber das schriftliche Versprechen abgeben, nie mehr einer Organisation anzugehören; ein Angestellter, der sich diesem Ansinnen nicht beugen wollte, verließ die Firma[172]. Zur gleichen Zeit meldeten sich einige Angehörige des »Bundes« und des Technikerverbands für Gehaltsaufbesserungen. Von den Abteilungsvorständen wurde ihnen jedoch mitgeteilt, organisierte Angestellte erhielten weder Gehaltsaufbesserungen noch Gratifikationen. Den Mitgliedern des Technikerverbands wurden Gehaltsaufbesserungen schließlich unter der Voraussetzung gewährt, daß sie sich verpflichteten, dem »Bund« fernzustehen und jeden Beitritt zu einer anderen Organisation der Direktion zu melden[173]. Am 12. August erhielt ein Bundesmitglied unter dem Vorwand des Arbeitsmangels seine Entlassung. Einen Monat später

---

168 StaA Neuburg, Reg. Nr. 10 810, Zusammenfassender Bericht [. . .].
169 MAN-Archiv Augsburg, Nachlaß Guggenheimer, K 52, Abschrift des Rundschreibens vom 3. 6. 1908.
170 StaA Neuburg, Reg. Nr. 10 810, Zusammenfassender Bericht [. . .].
171 Ebenda.
172 Ebenda; Neue Augsburger Zeitung Nr. 165 vom 18. 7. 1908.
173 StaA Neuburg, Reg. Nr. 10 810, Zusammenfassender Bericht [. . .].

wurde der bei Werk Augsburg beschäftigte Vorsitzende der Ortsgruppe Augsburg des Bundes technisch-industrieller Beamter auf unbestimmte Zeit beurlaubt, wenige Tage später auch der zweite Ortsgruppenvorsitzende; im November wurden beide Angestellte entlassen[174]. Am 27. 11. 1908 zog der Verband Bayerischer Metallindustrieller ohne Angabe von Gründen den berüchtigten Erlaß zurück. Von den 28 MAN-Angestellten, die im Sommer des Jahres 1908 dem »Bund« angehörten, waren bis dahin fünf aus der Organisation ausgetreten, zehn Mitglieder hatten ihre Stellung gekündigt. Am Jahresende befanden sich noch vierzehn Mitglieder in der Firma, von denen die meisten eine baldige Kündigung in Betracht zogen. Bei Neueinstellungen legte die Firma weiterhin die Frage nach der Zugehörigkeit zu einer Organisation vor[175].

Den noch im Werk verbliebenen Organisierten wurde indes nur eine kurze Atempause gewährt. Im Juni 1909 fand anläßlich der bevorstehenden Wahlen zum Ausschuß der Handlungsgehilfen und technischen Angestellten bei der Handelskammer Augsburg eine Versammlung der Betriebsbeamten von Werk Augsburg statt. Der Beauftragte der Direktion unterbreitete dabei nicht nur die Wahlvorschläge und erklärte sie ohne Abstimmung für akzeptiert, sondern schlug zugleich die Gründung eines gelben Beamtenvereins vor. Nachdem ein Angestellter vergeblich gegen diese Überrumpelung protestiert und eine gesonderte Versammlung vorgeschlagen hatte, wurde über die Vereinsgründung durch Erheben von den Sitzen abgestimmt — nur zehn Beamte wagten es, unter diesen Umständen sitzen zu bleiben[176]. Trotz solcher Vorbereitungen gelang es einem Mitglied des Verbands technisch-industrieller Beamter, bei den Wahlen am 1. August 1909 in den Ausschuß gewählt zu werden. Doch die Firma nahm dies nicht hin, sondern entließ den Angestellten wegen angeblicher Wahlagitation im Betrieb; einigen organisierten Technikern erging es ähnlich[177]. Gegenüber den Protesten der Organisationen und einer Welle der Empörung, die sich daraufhin in der Augsburger Öffentlichkeit ausbreitete, bekräftigte Heinrich Buz noch einmal den Standpunkt vom Werk Augsburg: »Die bürgerlichen Kreise, welche der Protestversammlung ihre Sympathie versichert [...] haben, möchten doch bedenken, daß ein industrieller Betrieb, besonders eine Maschinenfabrik, nicht ohne strenge Disziplin aufrechterhalten werden kann, und daß der, auch vom ›Bund‹ angestrebte sog. konstitutionelle Fabrikbetrieb das Ende einer jeden Industrie zur Folge haben müßte«[178]. Damit standen die kaufmännischen und technischen Beamten von Werk Augsburg wie schon zuvor die Arbeiter vor der Alternative, die eigene Einstellung zu verleugnen und in den Werkverein einzutreten, oder mit erheblichen Anfeindungen, finanziellen Nachteilen oder gar der Entlassung rechnen zu müssen[179].

---

174 StaA Neuburg, Reg. Nr. 10 810, Zusammenfassender Bericht [...].
175 Ebenda.
176 Fränkische Tagespost Nr. 142 vom 22. 6. 1909.
177 StaA Neuburg, Reg. Nr. 10 810, Regierung von Schwaben und Neuburg, Kammer des Inneren, am 21. 8. 1909 an das Staatsministerium des königlichen Hauses und des Äußern.
178 StaA Neuburg, Reg. Nr. 10 810, Buz am 21. 8. 1909.
179 Schon am 18. August 1908, nach Verweigerung der Gehaltsaufbesserungen für organisierte Angestellte, hatte der Obmann der Ortsgruppe Augsburg des »Bundes« gegenüber Buz erklärt, »es sei nicht einzusehen, warum diese Herren in der Maschinenfabrik Augsburg gewissermaßen einen zweiten Beamtenstand darstellen sollten, trotzdem sie ebenso ihre Pflicht erfüllten wie die anderen Beamten und ebenso im Interesse des Geschäfts mitarbeiten« (ebenda, Zusammenfassender Bericht [...]).

VI. Unternehmer und staatliche Sozial- und Gewerbepolitik

Die bisherigen Untersuchungen zeigten, wie in Augsburg seit den neunziger Jahren, hervorgerufen durch den Kollisionskurs der Unternehmer, zunehmend eine politische und soziale Polarisierung ungewöhnlichen Ausmaßes entstand. Dabei stellten die im einzelnen geschilderten Kampfmaßnahmen allerdings nur einen Teil des unternehmerischen Gesamtkonzepts dar. Während sich seit der Jahrhundertwende der Konflikt zwischen Arbeitgebern und Arbeitnehmern verschärfte, wandelte sich auch das Bild, das sich die Unternehmer von den gegenseitigen Beziehungen zu machen pflegten. Wurde in früheren Jahren die Interessenharmonie betont, die Arbeitgeber und Belegschaft verband und höchstens vereinzelt von sozialistischen »Hetzern« gestört wurde, so sah man nun immer mehr die tatsächlichen Gegensätze, die sich nicht ohne Kampf ausgleichen ließen. Die Konsequenzen, die aus dieser veränderten Sicht gezogen wurden, waren unterschiedlich; sie tendierten sowohl zu einer institutionellen Verankerung der Gegensätze als auch zu dem Versuch, die Position des Gegners — der organisierten Arbeiterschaft — durch Unterdrückung, Manipulationen oder durch gesetzliche Reglementierungen zu schwächen. Welche dieser Tendenzen schließlich die Oberhand behielt, hing von der allgemeinen politischen Entwicklung, aber auch von dem Branchenhintergrund und der Persönlichkeit einzelner Unternehmer ab.

Spätestens seit der Jahrhundertwende zeigte sich, daß die Augsburger Großindustriellen in sozialpolitischer Beziehung keinen monolithischen Block mehr bildeten; unterschiedliche Auffassungen traten um diese Zeit vor allem unter den Vertretern der Textil- und der Maschinenbauindustrie zutage. Die Direktion von MAN-Werk Augsburg vertrat weiterhin einen ausgesprochen »harten« Kurs gegenüber allen eigenständigen Regungen in der Arbeiterschaft. Dabei richtete sich die Verfolgung nicht nur auf SPD und Freie Gewerkschaften, in deren Bestrebungen man nach wie vor nicht anders zu erblicken vermochte als »die Thätigkeit antimonarchischer und vaterlandsloser Revolutionäre, welche jede Ordnung, jedes Recht und jede Sitte zu untergraben suchen«[180]. Auch die früher protegierten Hirsch-Dunckerschen Gewerkvereine fielen seit dem Auseinanderbrechen des Kartells der Ordnungsliebenden unter dieses Verdikt. So wenig man Ansatzpunkte für Verständigungsmöglichkeiten mit der Arbeiterbewegung sah, so ablehnend war auch die Haltung gegenüber allen sozialpolitischen Reformversuchen, gleichgültig, ob sie von staatlicher Seite, gesellschaftlichen Gruppen oder Parteien kamen. So erschien der Leitung der MAN nicht nur die offene Parteinahme der bayerischen Regierung Podewils für den Abschluß von Tarifverträgen ein Affront, sondern auch die späteren Steuerreformpläne, welche die Firma sofort mit dem demonstrativen Kauf eines Grundstücks in Duisburg beantwortete[181]. Die fortschreitende Entfremdung von staatlichen und parlamentarischen Organen steigerte sich allmählich zu einer Katastrophenstimmung; 1910 schrieb Heinrich Buz an den CVDI-Vorsitzenden Roetger: »Erst dann, wenn große Arbeitermassen durch den Niedergang der Industrie brotlos geworden sein werden, wenn auch der Staat in seinen Steuereinnahmen die Wirkungen seiner weisen demagogischen Maßnahmen zu fühlen beginnen wird, wird die Erkenntnis Platz greifen, daß man sich mit dem Ruin der erwerbenden Kreise in das eigene Fleisch schneidet. [...] Eine Hilfe er-

---

180 StA Augsburg, G I 16/14, II. Fasc., Buz am 16. 5. 1900.
181 Büchner, a. a. O., S. 140.

scheint mir lediglich möglich auf dem Weg der durch tiefste Depression notwendig gewordenen Reaktion«[182].

Die unnachgiebige Haltung der Direktion von MAN-Werk Augsburg entsprach im wesentlichen ihrer starken Marktposition, welche sie im Gegensatz zu kleineren Maschinenfabriken auch aus ökonomischen Rücksichten nicht zu Kompromissen mit der Arbeiterschaft zwang. Dagegen erforderte die Lage der Textilindustrie, wo eine latente Überproduktion herrschte, kollektive Absprachen zur Regelung der Produktion nur mühsam durchgesetzt werden konnten, und die Absatzchancen folglich weniger günstig waren, ein flexibleres Verhalten[183]. Obwohl die Arbeitgeber sich auch hier im Falle von Arbeitskämpfen in der Regel unnachgiebig verhielten, scheuten sie sich doch andererseits nicht vor formalen Zugeständnissen, soweit dadurch bestehende Machtverhältnisse nicht angetastet wurden. Bezeichnenderweise distanzierten sich Augsburger Textilindustrielle auch von dem ausschließlich reaktionären Kurs des CVDI. In einer Entgegnung auf die Vorwürfe des Verbands anläßlich der Einführung des Zehnstundentags in der Augsburger Textilindustrie rügte der Direktor der Mechanischen Baumwollspinnerei und Weberei, Ferdinand Groß, diese Politik:

»Zu Zeiten Haßlers hat der Centralverband positive praktische Arbeit geleistet bei der Entstehung und Ausbildung der, um mich kurz auszudrücken, Arbeitergesetze. Er hat bei ihrem Ausbau seine wertvolle praktische Erfahrung zur Geltung gebracht und zweifellos nicht nur viel Gutes gestiftet, sondern auch großen Einfluß ausgeübt. In den letzten Jahren ist der CV aber immer konservativer geworden und hat sich beinahe ausschließlich in der Negative betätigt. Forderungen nach Lohnerhöhungen, Reduktion der Arbeitszeit, Errichtung von Arbeiterausschüssen durch einzelne Betriebe und ähnliches, aus einer fortschreitenden Entwicklung heranwachsende Forderungen wurden von ihm oder den maßgebenden Mitgliedern seines Direktoriums meist unbedingt und mit nicht immer neuen Gründen bekämpft und dadurch der Gegensatz zwischen Arbeitgeber und Arbeitnehmer verschärft. Verkennen Sie nicht, daß solche tiefgreifenden Fragen einer kommenden Entwicklung nicht durch ein beharrliches Nein, sondern nur durch aktive Mitarbeit gelöst zu werden vermögen«[184].

Inwieweit die Augsburger Unternehmer tatsächlich gewillt waren, staatliche Reformansätze mit zu tragen, mögen zwei Beispiele erläutern:

1. Arbeiterausschüsse

Seit 1891 schrieb das Gesetz die Anhörung der Arbeiter vor dem Erlaß einer Fabrikordnung vor. Dieser Pflicht war auch Genüge getan, wenn sich ein von der Firma auf freiwilliger Basis errichteter Arbeiterausschuß oder der Krankenkassenausschuß dazu äußern konnte. Eventuell vorgebrachte Einwände hatten allerdings keinerlei rechtliche Wirkung[185]. Die heftige Ablehnung, auf die dieses Gesetz zum

---

182 MAN-Archiv Augsburg, Nachlaß Guggenheimer, K 49, 72 b, Schreiben vom 5. 2. 1910.
183 Zu der branchenspezifischen ideologischen Differenzierung: Hartmut Kaelble, Industrielle Interessenpolitik in der Wilhelminischen Gesellschaft. Centralverband Deutscher Industrieller 1895–1914, Berlin 1967, S. 55 ff. Die dort vorgenommene Einteilung trifft allerdings nicht ganz zu. Gerade die bedeutendsten Augsburger Textilindustriellen führten keine Mittelbetriebe, sondern Großbetriebe mit mehreren tausend Arbeitern; sie blieben ebenso wie die Mittelbetriebe dieser Branche bis zum Ende des Ersten Weltkriegs absolut »tariffrei«. Zu den Arbeiterausschüssen vgl. unten.
184 SWA-Archiv, Augsburg, Schreiben vom 27. 9. 1905 an den CVDI.
185 Hans Jürgen Teuteberg, Geschichte der industriellen Mitbestimmung in Deutschland. Ursprung und Entwicklung ihrer Vorläufer im Denken und in der Wirklichkeit des 19. Jahrhunderts, Soziale Forschung und Praxis Bd. 15, Tübingen 1961, S. 383 ff.

Teil in Unternehmerkreisen stieß, teilten die Augsburger Textilindustriellen nicht. Die Aufgabe der Arbeiterausschüsse wurde vielmehr ganz im Sinne der Funktion der alten Krankenkassenausschüsse begriffen. Aus dieser Erfahrung heraus beurteilte z. B. Albert Frommel auf der Delegiertenversammlung des CVDI im Jahre 1890 im Gegensatz zur Mehrheit der Verbandsmitglieder die Einführung von Arbeiterausschüssen positiv und bekannte: »Ich muß gestehen, daß mich diese Frage der Arbeiterausschüsse nicht so bedenklich berührt. Wir haben bei uns mit unseren Krankenkassenausschüssen, die ja auch über eine Menge von Fragen zu entscheiden haben, durchaus keine schlechten Erfahrungen gemacht [...], und ich glaube, wir werden mit den Arbeiterausschüssen, wenn sie in ruhigen Zeiten eingerichtet werden, auch keine schlechten Erfahrungen machen«[186]. Auch fast 20 Jahre nach diesem Urteil Frommels betonten die Augsburger Industriellen noch, »daß wir das Institut des Arbeiterausschusses, durch das die Arbeiter eines bestimmten Betriebes ein Organ zur Äußerung gegenüber der Betriebsleitung erhalten, an sich nicht zu bekämpfen, dies um so weniger, als die Erfahrungen, die bisher in unserem Kammerbezirke mit den freiwilligen Arbeiterausschüssen gemacht wurden, im allgemeinen nicht ungünstig sind«[187]. Dagegen wandten sie sich aber entschieden gegen einen gesetzlichen Zwang zur Einführung von Arbeiterausschüssen, »weil diese Maßnahmen der erste Schritt zur Verwirklichung des Gedankens der konstitutionellen Fabrik und zur Erfüllung der Forderung des Mitbestimmungsrechtes der Arbeiter über die Betriebsleitung wären«[188].

Im Gegensatz zu diesen offiziellen Äußerungen wurden jedoch in den Augsburger Fabriken nur sehr vereinzelt Arbeiterausschüsse gegründet. Selbst Frommel hatte entgegen seiner öffentlichen Fürsprache nicht die Absicht, sie in der Mechanischen Baumwollspinnerei und Weberei einzuführen. Im April 1892 erklärte die Direktion, sie habe vor dem Erlaß einer neuen Arbeitsordnung den Vorstand der Krankenkasse dazu gehört. »Zu dieser Funktion als ständiger Arbeiterausschuß ist der Vorstand unserer Krankenkasse befugt, weil derselbe in seiner Mehrheit von unseren Arbeitern gewählt ist, und weil ihm hierzu bei den Wahlen die Befugnis erteilt wurde«[189]. In dieser Weise verfuhren die meisten Betriebe; 1904 berichtete der Fabrikinspektor, in den Großunternehmen gelte als ständiger Arbeiterausschuß fast allgemein der Vorstand der Betriebskrankenkasse[190].

Die Arbeiter selbst standen den Arbeiterausschüssen in den meisten Fällen skeptisch gegenüber. Nur ausnahmsweise, wie 1906 in der Kattunfabrik, traten sie ausdrücklich für die Errichtung eines Ausschusses ein[191]. Im MAN-Werk Augsburg enthielt sich bei Einführung eines Arbeiterausschusses im Jahre 1904 knapp die Hälfte der über 2200 Arbeiter der Stimme oder gab leere Wahlzettel ab[192]. Die Gründe dafür waren offenkundig. Schon 1896 teilte der Fabrikinspektor mit, die Arbeiterausschüsse hätten nur wenig Bedeutung, da die Ausschußmitglieder »aus Furcht vor Entlassung, oder doch aus Furcht, mißliebig zu werden, alle Vorschläge des Vorsitzenden, der meist aus dem Direktor oder einem Prokuristen oder aus

---

186 VMB 50, 1890, S. 126. Frommel trat auch im Verein für Sozialpolitik als Befürworter der Arbeiterausschüsse auf (Verhandlungen der am 26. und 27. September 1890 in Frankfurt a. M. abgehaltenen Generalversammlung des Vereins für Sozialpolitik, in: Schriften des Vereins für Sozialpolitik, Bd. XLVI, Leipzig 1890, S. 196).
187 Jahresbericht der Handelskammer 1909, S. 21 f.
188 Ebenda, S. 22.
189 SWA-Archiv, Augsburg, Magistrat als Gewerbe-Polizei VII, Schreiben vom 1. 4. 1892.
190 Jahresberichte der Fabrikinspektoren 1904, S. 141; Deffner, Soziale Gegensätze, a. a. O., S. 10.
191 StA Augsburg, G I 2/16, IV. Fasc.
192 StA Augsburg, G I 16/29.

einem Werkmeister besteht, ohne Widerrede gutheißen«[193]. An dieser Stellung der Ausschüsse änderte sich auch in späteren Jahren nichts; 1912 bemerkte ein Vertreter der Christlichen Gewerkschaften zur Situation der Ausschußmitglieder: »Wir wissen, welch spöttischen Bemerkungen diese oft ausgesetzt sind, wie sie eingeschüchtert werden, bis sie zuletzt zu allem Ja und Amen sagen, ohne der Arbeiterschaft gedient zu haben«[194]. Schon die Statuten bestehender Arbeiterausschüsse wiesen deutlich darauf hin, daß damit weniger eine Institution für die Wahrung der Arbeitnehmerinteressen als eine »neue Zuchtrute« für die Beschäftigten entstand[195]. Ein Auszug aus den Statuten des Arbeiterausschusses der Zwirnerei und Nähfadenfabrik Augsburg mag das verdeutlichen; darin wurden die Aufgaben des Ausschusses folgendermaßen definiert: »1. Äußerung bei Erlaß von Vorschriften über das Verhalten der minderjährigen Arbeiter außerhalb des Betriebes. 2. Sorge für genaue Befolgung der Arbeitsordnung, der Vorschriften über Unfallverhütung und Sicherheit des Betriebes sowie aller Verordnungen welche im allgemeinen Interesse der Arbeiterschaft und der Ehre und Wohlfahrt des Unternehmens erlassen sind. 3. Sorge für Vermeidung der Vergeudung und Veruntreuung von Eigentum des Arbeitgebers oder der Arbeitnehmer [...] 6. Einwirken auf Hebung des kameradschaftlichen Verhältnisses unter der Arbeiterschaft, unter Erhaltung guter Sitten und Ehrenhaftigkeit sowie Schlichtung von Streitigkeiten zwischen Arbeitnehmern, soweit der Arbeiterausschuß von beiden Teilen angegangen wird«[196]. In den Ausschuß waren nur Arbeiter wählbar, die das 30. Lebensjahr vollendet und mindestens 5 Jahre ununterbrochen in der Firma beschäftigt waren. Die Firma hatte das Recht, sich bei allen Ausschußsitzungen durch einen Beamten vertreten zu lassen; dieser konnte jederzeit das Wort ergreifen, Einspruch gegen die Ausführung von Beschlüssen erheben und den Ausschußmitgliedern Schweigepflicht über den Inhalt der Verhandlungen auferlegen[197].

Die gleichen Kontrollrechte sicherte sich auch die Direktion von MAN-Werk Augsburg zu, wo die Ausschußmitglieder der Firmenleitung sogar die Sitzungsprotokolle vorlegen mußten[198]. Der Arbeiterausschuß der Maschinenfabrik entfaltete in der kurzen Zeit seines Bestehens trotzdem eine rege Tätigkeit; die von ihm gestellten Anträge, z. B. die Vorverlegung des Arbeitsschlusses vor Feiertagen usw., wurden von der Firmenleitung meistens genehmigt. Der Bitte nach Verkürzung der Arbeitszeit, die der Ausschuß im Frühjahr 1905 vermutlich auf Anraten der Firma stellte, wurde in der Weise entsprochen, daß die viertelstündlichen Pausen am Nachmittag wegfielen und die effektive Arbeitszeitverkürzung nur ca. eine halbe Stunde betrug. Trotzdem wurden nur die Stundenlöhne, nicht aber die Akkordlöhne erhöht, da die Direktion erwartete, »daß in 58 Stunden ebensoviel gearbeitet werden kann als in 60 Stunden«[199]. Obwohl die vorgebrachten Wünsche des Arbeiterausschusses recht bescheiden waren und seine Tätigkeit von der Mehrheit der MAN-Arbeiter negativ beurteilt wurde, gingen der Firmenleitung diese Aktivitäten schon zu weit. Nach Meinung Guggenheimers sollte der Arbeiterausschuß lediglich als »Ventil« für die offenkundige Mißstimmung unter der Belegschaft dienen; die kurze Zeit seines Bestehens hätte jedoch gezeigt, »daß es

---

193 Jahresberichte der Fabrikinspektoren 1896, S. 428.
194 Neue Augsburger Zeitung Nr. 132 vom 10. 6. 1912.
195 So Deffner, Soziale Gegensätze, a. a. O., S. 9.
196 Deffner, Soziale Gegensätze, a. a. O., S. 9.
197 Ebenda.
198 BayHStA München, M Arb 385, Statuten vom Januar 1905.
199 Ebenda, Sitzungsprotokoll des Arbeiterausschusses vom 19. 5. 1905.

ein Ventil ist, das immer pfeift, und das man durch seine Einrichtung geradezu veranlaßt, zu pfeifen«[200]. Nach der Beendigung der Metallarbeiteraussperrung im Sommer 1905 wurde der Arbeiterausschuß nicht mehr einberufen und seine Funktion dem Arbeiterverein von Werk Augsburg übertragen[201].

Diese kurze Betrachtung zeigt, daß die Arbeiterausschüsse in der Augsburger Industrie keinen Beitrag zu einer besseren Wahrung der Arbeitnehmerinteressen in den Betrieben zu leisten vermochten. In der Regel wurden ihre Aufgaben gleich dem Krankenkassenausschuß übertragen; aber auch dort, wo eigene Ausschüsse eingerichtet wurden, genossen sie so gut wie nie das Vertrauen der Arbeiter und wurden von den Unternehmern als bloßes »Ventil« oder gar als Disziplinierungsmittel mißbraucht[202].

2. Die Frage der Arbeits- oder Arbeiterkammern

Am 1. Februar 1908 legte das Reichsamt des Innern dem Bundesrat den Entwurf eines Gesetzes über die sog. Arbeitskammern vor, deren Einführung schon 1890 im Februar-Erlaß Wilhelms II. angekündigt worden war. Wenige Tage vor der Veröffentlichung dieses Entwurfs wandte sich die Augsburger Handelskammer mit einer Denkschrift an den Bundesrat, in der sie die geplanten Arbeitskammern, in denen Arbeitgeber und Arbeitnehmer paritätisch vertreten sein sollten, ablehnte, und dafür die Errichtung reiner Arbeiterkammern vorschlug[203]. Von den Arbeitskammern, so führte Büttner, der Syndikus der Augsburger Handelskammer, aus, erwarteten die Behörden zu sozialpolitischen Fragen offensichtlich einen bereits zwischen Unternehmern und Arbeitern ausgehandelten Kompromiß, der dann nur noch der Bestätigung durch die Gesetzgebung bzw. der Ausführung durch die Verwaltung bedürfte. Diese Hoffnung werde sich jedoch nicht erfüllen, da weder Arbeitgeber noch Arbeitnehmer bereit seien, kampflos Positionen zu räumen. »So sehr es bedauert werden muß: für die nächste Stufe unseres Wirtschaftslebens gibt es keinen anderen Frieden zwischen Arbeitgebern und Arbeitern als den bewaffneten, der auch das eine und andere Mal in ernsten Kampf übergehen wird«[204]. Im übrigen hielten es die Unternehmer für unzumutbar, in paritätischen Kammern über wirtschaftliche Fragen zu diskutieren, zu deren Beurteilung die Arbeiter nicht kompetent seien. »Bei aller Achtung vor der Intelligenz und Bildungsfähigkeit eines großen Teils der Arbeiter ist doch zu sagen, daß diesen nach ihrem Bildungsgang und nach ihrer Beschäftigung regelmäßig in diesen Fragen die Möglichkeit eines Urteils und oft auch die Lust zu einer objektiven Prüfung fehlt. Der deutsche Arbeiter ist im Gegensatz zum englischen durch ein ihm von den Gewerkschaften und den Sozialpolitikern eingeimpftes hochgradiges Miß-

---

[200] MAN-Archiv Augsburg, Nachlaß Guggenheimer K 48, 60 b, Guggenheimer am 5. 3. 1914.
[201] Ebenda. Die Direktion der MAN stand seitdem der Institution des Arbeiterausschusses ausgesprochen ablehnend gegenüber.
[202] Auch der Augburger Stadtmagistrat faßte die Möglichkeit, einen Arbeiterausschuß für die städtischen Arbeiter zu errichten, unter dem Gesichtspunkt der Selbstkontrolle der Arbeiter ins Auge. So meinte Oberbürgermeister Wolfram 1904: »Ein aus vernünftigen Elementen gebildeter Arbeiterausschuß wird zu beurteilen vermögen, welche Wünsche und Forderungen der Arbeiter billig und erfüllbar sind, und man darf wohl auch erhoffen, daß ein solcher Ausschuß mäßigend auf jenen Teil der Arbeiter einwirkt, welcher allenfalls sich versucht fühlt, das gute Einvernehmen mit dem Arbeitgeber zu stören und das Vertrauen zu erschüttern« (StA Augsburg, 57 CA 355).
[203] Abdruck bei Peter Rassow, Karl Erich Born (Hrsg.), Akten zur staatlichen Sozialpolitik in Deutschland 1890–1914, Historische Forschungen Bd. III, Wiesbaden 1959, S. 348 ff.
[204] Ebenda, S. 356.

trauen ausgezeichnet, er glaubt vielfach nichts von dem, was ihm die Arbeitgeber über den Zusammenhang der Produktionsbedingungen sagen. Es tragen ferner die Arbeitgeber aus triftigen Gründen Bedenken vor einer Auseinandersetzung über Dinge, die sie zu denjenigen rechnen, die ihrer alleinigen Verantwortung und darum auch ihrer alleinigen Entscheidung und Prüfung unterstellt sind und über welche sie grundsätzlich eine Erörterung mit Unverantwortlichen ablehnen«[205]. Hingegen seien reine Arbeiterkammern den Arbeitern schon aus Gründen der Billigkeit zuzugestehen, da alle übrigen Stände bereits solche Vertretungen besäßen. Von diesen Kammern, die jedoch nur nach dem Verhältniswahlrecht gewählt werden sollten, versprachen sich die Arbeitgeber ein stärkeres Gewicht der nichtorganisierten Arbeiter bei der Abgabe von Gutachten, während bis jetzt bei sozialpolitischen Fragen vor allem SPD und Freie Gewerkschaften die Diskussion beherrschten.

Damit war mit aller Deutlichkeit der grundlegende Interessengegensatz zwischen Arbeitern und Unternehmern herausgestellt, dessen Schärfe die Unternehmer allerdings auf das Unvermögen der Arbeiter zurückführten, die »Sachzwänge« im Handeln der Arbeitgeber zu erkennen. Zwar wandte man sich nicht gegen jede Interessenvertretung der Arbeitnehmer überhaupt, doch sah man Ansatzpunkte für eine Verständigung erst dann, wenn sich »unpolitische« Organisationen bilden würden, die bereit waren anzuerkennen, »daß die Hebung des Arbeiterstandes nur allmählich und stufenweise vor sich gehen kann, daß der Arbeitgeber in seiner Tätigkeit, in seinem Unternehmungsgeist nicht beschwert werden darf, daß die Entwicklung der kommenden Verhältnisse auf keinem anderen System als dem privatwirtschaftlichen erfolgen kann«[206]. Es mag dahingestellt bleiben, was »das objektiv Erreichbare«, auf das sich die Arbeiter in ihren Wünschen beschränken sollten, im einzelnen jeweils darstellte, doch ist zu vermuten, daß sich der Charakter dieser von den Unternehmern erwünschten Arbeiterbewegung nicht allzusehr vor dem der Gelben Werkvereine unterschieden hätte. Die Haltung der Augsburger Unternehmer zum Arbeitskammergesetz – das vor Kriegsausbruch nicht mehr zustande kam – ließ damit ebensowenig wie die Handhabung der Arbeiterausschüsse echte Reformbereitschaft erkennen: den Arbeitern sollte zwar ein Anhörungs-, aber kein Mitspracherecht gewährt werden. Im übrigen vollzog sich auch unter den zu etwas mehr Konzilianz neigenden Textilindustriellen etwa seit 1909 wieder eine Annäherung an den »harten« Standpunkt, der in Augsburg vor allem von Heinrich Buz vertreten wurde. Das zeigte sich nicht nur deutlich an der veränderten Einstellung gegenüber den ursprünglich mit Zurückhaltung betrachteten gelben Werkvereinen, sondern auch an Versuchen, die ohnehin knappen Möglichkeiten, die den Arbeitern zur Verbesserung ihrer Lage offenstanden, auf dem Wege der Gesetzgebung weiter einzuschränken.

3. Der »Schutz der Arbeitswilligen«

Nach Ansicht der Unternehmer hatte sich das gesetzlich festgelegte Koalitionsrecht für Arbeitnehmer unter dem Einfluß der Gewerkschaften zu einem regelrechten »Koalitionszwang« entwickelt, der durch den »Terror« gegen Nichtorganisierte

---

[205] Rassow/Born, a. a. O., S. 354.
[206] Ebenda, S. 355.

und insbesondere gegen »Arbeitswillige« bei Streiks gefördert werde. Auch in Augsburg häuften sich bei Arbeitskämpfen regelmäßig die Klagen der Unternehmer, die Arbeitswilligen würden von den Streikenden beschimpft und sogar tätlich angegriffen. In der Regel blieb von solchen Fällen bei polizeilichen Nachforschungen nur wenig Greifbares übrig. Während der Metallarbeiteraussperrung 1905 mußte sogar ein Angestellter der Firma Renk vor der Polizei zugeben, daß er auf Veranlassung der Unternehmensleitung bereits vor Beginn der Aussperrung einen Beschwerdebrief an den Magistrat über die Belästigung Arbeitswilliger verfaßt hatte[207].

Tatsächlich diente die Diskussion über die angebliche Terrorisierung Nichtorganisierter in erster Linie dazu, gesetzliche Maßnahmen zur Bekämpfung von SPD und Gewerkschaften herbeizuführen und zu rechtfertigen, wie dies z. B. in der »Zuchthausvorlage« 1899 geschah; nach Meinung des Handelskammersyndikus Büttner hatte schon dieser Gesetzentwurf »durchaus einen berechtigten Kern«[208]. Nach dem Bergarbeiterstreik im Jahre 1912 trat der »Schutz der Arbeitswilligen« wieder in den Vordergrund der Diskussion[209]. Anläßlich einer Umfrage des Deutschen Handelstags befaßte sich auch die Augsburger Handelskammer erneut mit diesem Thema. In einer Resolution erklärten die Augsburger Industriellen: »Der bei den Arbeitskämpfen, insbesondere gelegentlich des Streikpostenstehens, gegen Arbeitswillige ausgeübte Terrorismus hat zu schweren Mißständen geführt. Wenn, was nach der bisherigen Entwicklung kaum zu hoffen ist, in dem bisherigen fortgesetzten Anwachsen dieser bedenklichen Erscheinungen nicht alsbald ein Stillstand eintritt, so müßten diese Verhältnisse zur Erlassung besonderer gesetzlicher Vorschriften zum Schutze der Arbeitswilligen und zu einem Verbot des Streikpostenstehens zwingen«[210]. Auf die Forderung nach einem Ausnahmegesetz habe man vorläufig noch verzichtet, da »den Gegnern des heutigen Staates und der heutigen Gesellschaft nicht ein, wenn auch unbegründeter Vorwand zur Verblendung und Verhetzung der Massen an die Hand gegeben werden« solle[211]. Doch forderte man vorläufig eine verstärkte Strafandrohung bei dem Versuch, andere zur Unterlassung ihrer Berufsausübung zu nötigen. Nach Aussage des Kammervorsitzenden kostete es den Vorstand »eine gewisse Selbstüberwindung«, um die in den Augen der Arbeitgeber vergleichsweise milde Form der Resolution zu verabschieden, denn die Mehrzahl der Mitglieder neige dazu, ein völliges Verbot des Streikpostenstehens zu fordern. Zwar sei nicht jeder Streik von Haus aus ungerechtfertigt, und es könne Fälle geben, in denen den Arbeitern nichts anderes übrig bliebe. Solche Streiks gehörten jedoch »zur verschwindenden Minderheit«. Die Mehrzahl der Ausstände sei »ziemlich frivoler Art«[212]. Wenn die Augsburger Unternehmer inzwischen auch bereit waren, in begrenztem Umfang Interessengegensätze zwischen Arbeitnehmern und Arbeitgebern anzuerkennen, so waren sie doch weit entfernt davon, den Arbeitern auch nur annähernd die gleichen Rechte bei der Austragung von Arbeitskonflikten zuzugestehen. Ihr Ziel blieb nach wie vor die Schwächung bzw. Vernichtung der sozialistischen Arbeiterbewegung.

207 StA Augsburg, G I 16/29.
208 BayHStA München, MH 14260, Protokoll der 23. öffentlichen Sitzung der Handelskammer Augsburg vom 10. 5. 1912, S. 11.
209 Saul, a. a. O., S. 269 ff.
210 BayHStA München, MH 14260, Protokoll der 23. öffentlichen Sitzung der Handelskammer Augsburg, S. 14.
211 Ebenda.
212 Ebenda, S. 15.

Viertes Kapitel Arbeiterbewegung und sozialer Konflikt. Probleme, Entwicklungstendenzen und Chancen der proletarischen Emanzipationsbewegung in Augsburg

Die Mobilisierung starker antisozialistischer Kräfte und die Spaltung der Arbeiterschaft in einen kämpferisch und einen wirtschaftsfriedlich eingestellten Flügel schränkten die Entfaltungs- und Einflußmöglichkeiten der Sozialdemokratischen Partei und der Freien Gewerkschaften fühlbar ein. Die folgende Untersuchung soll die Entwicklung der sozialistischen Arbeiterbewegung bis zum Kriegsausbruch analysieren, Thematik und Formen der Arbeitskonflikte aufzeigen und schließlich die sozialen Einrichtungen der Gemeinde und die Mitbestimmungsmöglichkeiten der Arbeiterschaft in kommunalen Angelegenheiten einer eingehenden Betrachtung unterziehen.

I. Die Sozialdemokratische Partei 1890—1914

1. Neuaufbau der Organisation

Im März 1889 gründeten die Augsburger Sozialdemokraten im Hinblick auf den erhofften Fall des Sozialistengesetzes und die Reichstagswahlen des kommenden Jahres einen »Volkstümlichen Wahlverein für den Reichstagswahlkreis Augsburg«[1]. Dieser Verein, der zunächst nur alle zwei Monate eine Versammlung abhielt, entwickelte sich bis zur Aufhebung des Sozialistengesetzes zum eigentlichen Agitationszentrum der Augsburger Partei. Während die Hilfskassen und Fachvereine der einzelnen Gewerbe mehr der Sammlung der Genossen und der persönlichen Kontaktaufnahme dienten, wurde im Wahlverein bewußt die politische Willensbildung forciert[2]. Die Reichstagswahlen im Februar 1890 brachten der Augsburger SPD mit 5070 Stimmen, bzw. über 21 %/o einen unerwarteten Erfolg, auf dessen Ursachen noch einzugehen sein wird[3]. Dagegen gestaltete sich die organisatorische Arbeit der Partei in den ersten Jahren nach der Aufhebung des Sozialistengesetzes außerordentlich schwierig. Zunächst wurde die polizeiliche Überwachung aller Aktionen der Partei — nicht nur der Versammlungen — auch weiterhin fortgesetzt[4]. Nach wie vor meldete der Magistrat sozialdemokratische Rekruten bei ihren Regimentern und ergriff Zwangsmaßnahmen im Interesse der Arbeitgeber, so etwa als er 1898 dafür sorgte, daß ein österreichischer Schneidergeselle,

---

1 StA Augsburg, G I 2/6.
2 Ebenda, Polizeibericht vom 13. 12. 1889.
3 Zs. des kgl. bayerischen Statistischen Bureaus, 22. Jg. 1890, S. 7.
4 So wurden z. B. die seit dem Sozialistengesetz vorgeschriebenen Berichte des Magistrats an die Bezirksregierung über die »Gemeingefährlichen Bestrebungen der Sozialdemokratie« unter diesem Titel bis 1914 fortgesetzt (StA Augsburg, G I 2/6, G I 2/5, XII.-XIV. Fasc.).

der sich in einer Versammlung »in hervorragender Weise gegen die Arbeitgeber bemerkbar gemacht hatte«, innerhalb von 10 Tagen Bayern verlassen mußte[5]. Die Abhaltung regelmäßiger Parteiversammlungen scheiterte in den ersten Jahren an der Weigerung Augsburger Gastwirte, ihr Lokal den Sozialdemokraten zur Verfügung zu stellen; dahinter stand die Drohung des Magistrats, andernfalls Militärangehörigen den Aufenthalt in diesen Gaststätten zu verbieten, was für viele Wirte den finanziellen Ruin bedeutet hätte[6]. 1895 gelang es der Partei schließlich, durch Boykottmaßnahmen 40 Wirte zur Öffnung ihrer Versammlungsräume, zum Abonnement auf das örtliche Parteiorgan und zur Colportage sozialdemokratischer Schriften zu zwingen[7]. Bis dahin lagen die Schwerpunkte der sozialistischen Agitation zwangsläufig in den Arbeitervororten Lechhausen und Oberhausen und den Wertachvorstädten[8].

Ende September 1891 kam der Schlosser Carl Breder von Nürnberg nach Augsburg und übernahm dort die Redaktion der ab 1. Oktober 1891 erscheinenden »Volkszeitung für Augsburg und Umgebung«[9]. Mit Breder, der noch im gleichen Jahr zum Vertrauensmann der Augsburger Partei gewählt wurde, erhielt auch die innerparteiliche Schulung neuen Aufschwung. Zur Heranbildung von Parteirednern wurde ein Diskussionsklub gegründet, in dem zugleich die Auseinandersetzungen mit dem politischen Gegner eingeübt wurde. So übernahmen an den Diskussionsabenden z. B. zwei Redner die Rolle eines Arbeiters, ein Redner trat als Kapitalist und ein anderer als Kritiker auf[10]. Der Besuch solcher Kurse blieb jedoch gering; an den Diskussionsabenden beteiligten sich vor allem zugewanderte norddeutsche Arbeiter, die auch in den Gewerkschaften um diese Zeit die Avantgarde der Augsburger Arbeiterbewegung darstellten[11]. Die älteren Sozialdemokraten, die während der Verfolgungszeit die Führung der Partei übernommen hatten und die oft noch zu den Gründungsmitgliedern des alten ADAV gehörten, betrachteten die Zugewanderten nicht ohne Mißtrauen. Nachdem die Partei mit Breder als Kandidat bei den Reichstagswahlen 1893 eine empfindliche Niederlage erlitten hatte, trat die Unzufriedenheit offen zutage. Die Aufspaltung der Mitglieder in Anhänger und Gegner Breders lähmte in den folgenden Jahren die Parteiarbeit[12]. Der im Januar 1894 gegründete Agitationsverein für Schwaben und Neuburg mußte vom schwäbischen Parteitag 1895 aufgelöst werden, da er durch die Austragung innerer Konflikte seiner Aufgabe nicht mehr gerecht werden konnte[13]. Als Breder 1895 Augsburg verließ, hatte sich die Organisation durch eigenes Verschulden in völlige Bedeutungslosigkeit zurückmanövriert. Mit seinem Abgang hörten jedoch die inneren Zerwürfnisse nicht auf. Der neue Redakteur der Volkszeitung, Hermann Mattutat, hielt sich zwar anfangs streng neutral, doch der an Stelle Breders zum Vertrauensmann der Partei bestimmte Schuhmachermeister Johann Gebelein geriet als ehemaliger Breder-Anhänger bald erneut in

---

5 StA Augsburg, G I 2/5, XII Fasc., Bericht vom 30. 3. und 2. 5. 1898.
6 StA Augsburg, G I 2/5, XII. Fasc.; G I 2/6.
7 Ebenda, Polizeibericht vom 21. 6. 1895.
8 Ebenda, Polizeibericht vom 17. 9. 1891 und 20. 9. 1893.
9 Ebenda, Polizeibericht vom 17. 9. 1891.
10 Ebenda, Polizeibericht vom 23. 3. 1892; StA Augsburg, D 50, Polizeibericht über die Versammlung vom 24. 10. 1891.
11 StA Augsburg, G I 2/6.
12 Ebenda.
13 Ebenda; StA Augsburg, G I 2/8.

die Kampflinie[14]. Die Folgen für die erst wieder aufgerichtete Parteiorganisation waren katastrophal. Seit Herbst 1895 versuchte man in den Wertachvorstädten, in denen die Partei zu Beginn der neunziger Jahre einen guten Rückhalt besessen hatte, die kärglichen Reste einer Organisation durch gesellige Kontakte aufrecht zu erhalten. Anfang 1896 hörten aber selbst diese losen Zusammenkünfte auf[15]. Im März 1896 mußte sich auch der Arbeiterverein Oberhausen auflösen, der früher zu den wichtigsten Stützen der Augsburger Partei zählte[16]. In einem Bericht an die Bezirksregierung erklärte der Augsburger Magistrat zu diesen Vorgängen: »Diese allgemeine Zurückhaltung beruht jedoch nach unseren Wahrnehmungen nicht auf einer Zunahme der Zufriedenheit der Arbeiter, welche namentlich in Folge der günstigen Geschäftsergebnisse des letzten Jahres in der Industrie Lohnverbesserungen anstreben, sondern nur auf dem Mangel agitatorischen Geschickes und persönlichen Einflusses der gegenwärtigen Parteiführer und auf einzelnen persönlichen Differenzen«[17].

Mit der Reform der bayerischen Parteiorganisation im Jahre 1898 fiel das Institut der Vertrauensmänner weg[18]. Auf Beschluß des Würzburger Parteitages löste sich der volkstümliche Wahlverein auf und nannte sich von nun an Sozialdemokratischer Verein Augsburg[19]. Doch die organisatorische Neugliederung, der 1902 die Aufteilung in 4 Sektionen folgte (obere, untere Stadt, Wertachvorstädte/Oberhausen, Pfersee), vermochte den desolaten Zustand der Augsburger Partei nicht zu überwinden; sogar die Herausgabe der Volkszeitung mußte vorübergehend eingestellt werden[20]. Die jüngeren Mitglieder fühlten sich von dem »greisenhaften Zug« in der Partei wenig angesprochen und zogen sich aus der aktiven Mitarbeit zurück. Bei der Wahl der Sektionsvorstände kam es 1902 zu heftigen Meinungsverschiedenheiten zwischen der alten Führungsschicht und den jüngeren Genossen[21]. Zu den älteren Parteimitgliedern zählte z. B. der Schuhmachermeister Josef Kraus, der seit 1872 in Augsburg lebte, der gebürtige Krefelder Karl Weißhaupt, der 1874 in die Stadt kam, und der aus Wunsiedel stammende Schneidermeister Johann Gebhardt[22]. Noch während des Sozialistengesetzes stießen der Schuhmacher Ludwig Renner aus dem Kreis Gunzenhausen und der Maler Julius Theisz, ein gebürtiger Ungar, zur Augsburger Partei[23]. Einige der prägnantesten Persönlichkeiten unter den Augsburger Sozialdemokraten wanderten erst in späteren Jahren zu: 1892 der aus Thüringen stammende Schriftsetzer Hans Rollwagen, 1901 Karl Wernthaler aus Mindelheim, der spätere Geschäftsführer des Metallarbeiterverbands[24]. Keiner dieser Männer erlangte mehr eine so überragende und fast diktatorische Stellung, wie sie einst Leonhard Tauscher besessen hatte.

Die Furcht vor Repressalien der Arbeitgeber und die durch tiefe persönliche Zerwürfnisse gelähmte Parteiorganisation trugen dazu bei, daß die Zahl der Mit-

---

14 StA Augsburg, G I 2/6, G I 2/5, XII. Fasc. Hermann Mattutat, geb. 1861 in Charlottenburg, war ursprünglich Drexlermeister in Berlin, wurde dort jedoch nach seiner Beteiligung an einem Bierboykott offensichtlich seinerseits boykottiert und ging in Konkurs. Eine Zeitlang war auch Leonhard Tauscher, der inzwischen bei der »Schwäbischen Tagwacht« in Stuttgart arbeitete, als Nachfolger Breders im Gespräch.
15 StA Augsburg, G I 2/6.
16 Ebenda.
17 StA Augsburg, G I 2/6, Polizeibericht vom 27. 3. 1896.
18 StA Augsburg, G I 2/16, II. Fasc.
19 StA Augsburg, G I 2/16, II. und III. Fasc.
20 Schwäbische Volkszeitung Nr. 143 vom 28. 11. 1964.
21 StA Augsburg, G I 2/16, III. Fasc., Polizeibericht über die Versammlung vom 19. 1. 1902.
22 StA Augsburg, G I 2/8; G I 2/5, VII. Fasc.
23 StA Augsburg, G I 2/6; G I 2/5, VII. Fasc.
24 Schwäbische Volkszeitung Nr. 143 vom 28. 11. 1964.

glieder in Augsburg lange Zeit sehr gering blieb. Nach Angaben der Partei betrug der Mitgliederstand:

Sozialdemokratische Mitglieder 1890–1911[25]

1890	ca. 250	1904	443****
1892	ca. 170	1905	521
1893	ca. 306*	1906	636
1894	ca. 223	1907	839
1899	ca. 115–125**	1908	1103
1901	ca. 210	1910	1500
1903	ca. 200–300***	1911	2000

Der Anteil der eingeschriebenen Parteimitglieder an der gesamten Arbeiterschaft belief sich in Augsburg 1901 auf ca. 0,8 %, 1905 auf ca. 1,8 %, 1908 auf ca. 3,9 % und 1911 auf ca. 5,5 %[26]. Ihrer sozialen Zusammensetzung nach war die Augsburger Partei proletarisch-kleinbürgerlich ausgerichtet; Akademiker oder Angehörige anderer gehobener Berufe spielten auch in der Führungsschicht keine Rolle. Bei den sozialdemokratischen Handwerksmeistern handelte es sich häufig um Kleinmeister, die durch ihre Parteitätigkeit zur Selbständigkeit gezwungen wurden, da sie als Gehilfen keine Stellen mehr fanden. Das zeigt sich schon daran, daß nahezu alle Inhaber von Parteiämtern entweder Kleinmeister waren oder Funktionen als Redakteure, Ausgeher und Drucker bei der Parteizeitung oder als Geschäftsführer und Verkäufer beim sozialdemokratischen Konsumverein innehatten. Fabrikarbeiter, wie z. B. der in der Maschinenfabrik Riedinger beschäftigte Fritz Ehrler verloren ihre Stellung, sobald ihre Tätigkeit in Parteiämtern bekannt wurde, und mußten, da sie keine Arbeit mehr fanden, die Stadt verlassen[27]. Die Zahl der sozialdemokratischen Meister darf jedoch nicht zu hoch eingeschätzt werden. Bei den Gewerbegerichtswahlen 1893 stellte die SPD eine Liste für die Arbeitgeberseite auf, sah sich dabei aber genötigt, »den Kreis sehr weit zu ziehen«, weshalb sie bei den folgenden Gewerbegerichtswahlen auf die Nominierung von Arbeitgeberkandidaten verzichtete[28]. Erst nach Einführung der Proportionalwahl stellte sie bei den Gewerbegerichtswahlen 1907 wieder eine Arbeitgeberliste mit 26 Gewerbetreibenden auf, unter denen sich neben den Partei-Gastwirten, dem Herausgeber der Schwäbischen Volkszeitung und langjährigen Mitgliedern wie dem Malermeister Julius Theisz, dem Schuhmachermeister Kilian Schnitzer, dem Schuhmachermeister Ludwig Renner und einem Sohn des nach Amerika ausgewanderten Schuhmachermeisters Stollberg vor allem Angehörige der ärmeren und überbesetzten Gewerbe, Schneidermeister, Schuhmachermeister und Schreinermeister befanden[29]. Daß es sich bei diesen Handwerkern eher um eine Gruppe han-

---

25 Zusammenstellung nach den Angaben in General- und Parteiversammlungen der Augsburger SPD;*) nach Auflösung der Vereine in Oberhausen und den Wertachvorstädten;**) vermutlich ohne Wertachvorstädte;***) mit Wertingen;****) mit Vororten. Die stark erhöhte Mitgliederzahl des Jahres 1908 ergab sich aus dem Parteibeitritt aller dem Frauenverein angehörenden Mitglieder nach der Änderung der Vereinsgesetzgebung 1908. (Wilhelm Deffner, Geschichte der sozialistischen Arbeiterbewegung in Augsburg, II. Teil, a. a. O., S. 208).
26 Der Prozentberechnung wurden die Arbeiterzahlen bei Max Hengge, Die Gewerkschaftsbewegung in Augsburg, Diss. München 1913, S. 10, zugrundegelegt (1901: 25444; 1950: 28989, 1908: 28433, 1911: 36113).
27 StA Augsburg, G I 2/8, Polizeibericht vom 14. 8. 1894.
28 StA Augsburg, G I 2/6, Polizeibericht vom 23. 3. 1893; G I 18/1, II. Fasc., Polizeibericht über die Volksversammlung vom 12. 6. 1897.
29 StA Augsburg, G I 18/2.

delte, die sich im Hinblick auf ihr Parteiengagement eine unabhängige Stellung verschafft hatte, zeigt auch die mangelnde ideologische Rücksichtnahme der Partei auf kleinbürgerliche Interessen. Ein sozialdemokratischer Schneidermeister, der sich 1898 gegen die Thesen vom unvermeidlichen Untergang des Handwerks wandte, fand in der Partei wenig Gehör[30]. Von der Mehrheit der Parteigenossen, auch von den Kleinmeistern, wurden immer wieder Ansichten vertreten, wie z. B. »Die Rettung des Handwerks sei nicht auf die soziale Fahne geschrieben, und die Sozialdemokratie brauche sich keinen Vorwurf zu machen, wenn die Professionisten proletarisiert werden«[31]. Noch 1907 erklärte Wilhelm Deffner, die Sozialdemokraten hätten gar kein Interesse daran, den Zerfall des Mittelstands aufzuhalten: »Wir können vielmehr nur sehen, daß dieser Prozeß möglichst rasch vor sich geht, damit das Proletariat immer mehr zunimmt und unsere Partei neue Anhänger gewinnt«[32]. Eine Aufschlüsselung der Mitgliedschaft nach Berufen ist nur z. T., nämlich für das Jahr 1900, für etwas mehr als die Hälfte der Mitglieder möglich:

Berufszugehörigkeit sozialdemokratischer Parteimitglieder[33]

Schlosser	15
Former	10
Monteure	2
Metalldrücker	3
Feilenhauer	3
Schmiede	5
Maschinenarbeiter	6
Textilarbeiter	25
Zigarrenarbeiter	11
Schuhmacher	13
Schneider	4
Schreiner	11
Zimmerleute	4
Schriftsetzer	8
insgesamt	119

Schon diese unvollständige Aufgliederung zeigt neben dem hohen Anteil an Handwerksberufen das Übergewicht der Arbeiter aus der Metallbranche gegenüber den Textilarbeitern, die im Hinblick auf die Zahl der in der Textilindustrie Beschäftigten völlig unterrepräsentiert waren.

Das hatte verschiedene Ursachen. Augsburg erlebte gerade in dem Jahrfünft von 1885–1890, das für die Reorganisation von Partei und Gewerkschaften so bedeutsam war, eine außerordentlich expansive Phase in der Maschinenbau- und Metallindustrie, in der viele junge, nichtbayerische Arbeiter nach Augsburg kamen. Diese Gruppe zeigte sich insgesamt den Ideen der Sozialdemokraten wesentlich aufgeschlossener als die aus Augsburg und dem ländlichen Einzugsgebiet stammenden Arbeiter. Als unmittelbares Resultat dieser Entwicklung dürfte auch das Reichstagswahlergebnis von 1890 zu werten sein. Mochten sich diese Verhältnisse

---

30 StA Augsburg, G I 2/16, III. Fasc., Polizeibericht über die Versammlung vom 9. 3. 1898.
31 Ebenda, Polizeibericht über die Versammlung vom 21. 1. 1901.
32 StA Augsburg, G I 2/16, IV. Fasc., Polizeibericht über die Versammlung vom 9. 3. 1907.
33 StA Augsburg, G I 2/16, III. Fasc., Polizeibericht über die Versammlung vom 6. 4. 1900.

mit dem wirtschaftlichen Rückschlag zu Beginn der neunziger Jahre wieder ändern, so war doch wenigstens in den kleineren und mittleren Maschinenfabriken eine gewisse organisatorische Tradition unter den Arbeitern geschaffen. Darauf weist auch die Tatsache hin, daß gerade in den Maschinenfabriken (vor allem bei Riedinger und in der Zahnräderfabrik) die gelben Werkvereine später nur schwer Fuß fassen konnten[34]. Auf die Haltung der kleineren Unternehmer im Maschinenbau zur politischen und gewerkschaftlichen Organisation ihrer Arbeiter wirkte sich auch die ständige Konkurrenz der großen Fabriken mit ihren attraktiveren Arbeitsplätzen und höheren Löhnen aus; sie ließ im allgemeinen eine Filtrierung des knappen Arbeitskräfteangebots nach politischen Aspekten nicht zu[35]. Ganz anders lagen die Verhältnisse natürlich in der Maschinenfabrik Augsburg, die es verstanden hatte, durch scharfe Kontrolle der Neueinstellungen den Anteil der Sozialdemokraten in der Belegschaft so gering wie möglich zu halten. Das gleiche galt für die Textilindustrie, wo Furcht vor Repressalien und mannigfache Abhängigkeiten durch das betriebliche Wohlfahrtssystem ein politisches Engagement nicht ratsam erscheinen ließen. Langfristig wirkten sich die ungünstigen Bedingungen für die sozialdemokratische Agitation in Augsburg auch auf die Gewinnung qualifizierter Führungskräfte aus. Die bestehenden Machtstrukturen in der Stadt ließen der Partei oft nur die Wahl zwischen der möglichst raschen Erhebung eines fähigen Mitglieds zum bestallten Funktionär oder dem Verlust gerade der politisch Aktivsten durch Abwanderung.

Seit den neunziger Jahren bemühten sich die Augsburger Sozialdemokraten um eine stärkere politische Integration der Frauen. Da die Gewerkschaften nach einem Spruch des Oberlandesgerichts München vom 7. 11. 1891 nicht mehr zu den politischen Vereinen zählten und folglich auch Frauen aufnehmen durften, galt die Aufmerksamkeit zunächst der gewerkschaftlichen Organisation der Fabrikarbeiterinnen, was ja im Hinblick auf die zahlreichen weiblichen Arbeitskräfte in der Augsburger Industrie von besonderer Bedeutung war[36]. Doch auch in der Partei selbst blieb die Einbeziehung der Frauen nicht mehr auf Festversammlungen beschränkt. Seit 1901 existierte in Augsburg ein »Sozialdemokratischer Bildungsverein für Frauen und Mädchen«[37]. Um das Interesse an der Partei zu wecken, lud man prominente Rednerinnen wie Ottilie Bader und Clara Zetkin ein. Letztere kam allein zwischen 1900 und 1905 viermal nach Augsburg[38]. Seit 1909 wurden vierteljährlich Frauenversammlungen abgehalten, »damit es mehr Licht werde unter den Frauen«[39]. Bei der Themenauswahl knüpfte man an die unmittelbaren Sorgen der Arbeiterfrauen, die Ernährung der Familie, an. So sprach z. B. Ottilie Bader 1906 über »Niedere Arbeitslöhne, hohe Lebensmittelpreise und mindere Rechte«, 1909 Marie Greifenberg über Preiserhöhungen und die Haushaltspolitik

---

34 In der Maschinenfabrik Riedinger wurde schon 1890 die einzige größere sozialdemokratische »Betriebszelle« ausgehoben (StA Augsburg, G I 2/6).
35 Sehr aufschlußreich sind dafür die Antworten Augsburger Unternehmer auf die Anfrage des Magistrats, was sie im Fall eines Ausstands ihrer Arbeiter am 1. Mai 1890 unternehmen würden (StA Augsburg, G I 16/14, I. Fasc.). Der Zahnräderfabrikant Renk erwiderte z. B., er werde bei einem Ausbleiben seiner Arbeiter »gar nichts dagegen tun, da die hiesigen Verhältnisse an und für sich so ungünstig gelagert sind, daß man froh sein muß, wenn man einigermaßen so viel gute Arbeitskräfte erhält, als absolut nötig, nachdem die am Platze befindlichen größeren, mit großem Kapital ausgerüsteten Maschinenfabriken mit den sehr hohen Arbeitslöhnen es einem schon so schwer genug machen, einen Stamm guter Arbeiter zusammenzuhalten«.
36 StA Augsburg, G I 2/6; G I 2/5, XII. Fasc., Polizeibericht über die Versammlung vom 14. 4. 1897.
37 StA Augsburg, G I 2/5, XIII Fasc.; Deffner, Geschichte der sozialistischen Arbeiterbewegung, a. a. O., II. Teil, S. 151.
38 StA Augsburg, G I 2/5, XIV. Fasc. und XIII. Fasc.
39 StA Augsburg, G I 2/16, IV. Fasc., Polizeibericht über die Versammlung vom 14. 3. 1909.

der Regierung. Daneben wurde selbstverständlich auch die Agitation für die Einführung des Frauenwahlrechts betrieben[40]. Gerade in diesem Punkt besaß die Frauenorganisation einen entschiedenen Rückhalt in der Augsburger Partei; die Kritik der Augsburger Sozialdemokraten an dem Kompromiß zur Reform des bayerischen Landtagswahlrechts von 1903 galt in erster Linie dem fehlenden Frauenwahlrecht[41]. Jene Frauen, die sich seit der Jahrhundertwende auch an den Parteiversammlungen beteiligten (wobei ihnen die Polizei offensichtlich keine Schwierigkeiten bereitete), waren in der Regel mit führenden Sozialdemokraten und Gewerkschaftsfunktionären verheiratet, wie Relie Deffner, Marie Greifenberg und vermutlich auch Tina Simon[42]. Während bei den meisten dieser »sozialdemokratischen« Ehepaare die Ehemänner die wichtigere Rolle in der Partei spielten, stellte die mit einem Werkmeister verheiratete Vorsitzende des Frauenvereins, Marie Greifenberg, eine Ausnahme dar. Sie genoß ein außerordentlich hohes Ansehen in der Partei, das sie vor allem ihrem Rednertalent und verhältnismäßig soliden Grundkenntnissen in der Parteitheorie verdankte. 1902 wurde sie zur Delegierten für den Münchner Parteitag bestimmt; auch auf dem Nürnberger Parteitag 1908 und auf verschiedenen Schwäbischen Parteitagen vertrat sie die Augsburger Organisation. 1908 wurde sie Sektionsleiterin des östlichen Stadtbezirks[43]. 1909 erhielt mit der Wahl der Verkäuferin Tina Simon zur Schriftleiterin eine zweite Frau ein Parteiamt übertragen[44].

Einen Schwerpunkt der praktischen Parteiarbeit stellte der sozialdemokratische Konsumverein dar. Anfang der neunziger Jahre erlebte Augsburg eine Welle von Konsumvereinsgründungen; den meisten dieser Organisationen war jedoch nur eine kurze Dauer beschieden. Allein dem 1890 errichteten sozialdemokratischen Konsumverein gelang es, zu einer bedeutenden Institution zu werden. Über die ersten schwierigen Jahre half die Erfahrung des Geschäftsführers Gustav Lepehne hinweg, der bereits einen größeren sächsischen Konsumverein betreut hatte. Die Zahl der Mitglieder stieg seit der Gründung von 72 auf 3660 im Jahre 1910, die der Geschäftsstellen auf 12 an. Seit 1897 verfügte der Konsumverein über eine eigene Bäckerei, seit 1905 über ein Lagerhaus und eine Sparkasse; 1907 kam ein Milchgeschäft hinzu[45]. Im Dezember 1908 entstand eine sozialdemokratische Baugenossenschaft, die »Allgemeine Baugenossenschaft für Augsburg und Umgebung GmbH«; ob sie noch vor dem Ersten Weltkrieg mit dem Bau von Wohnungen beginnen konnte, ist nicht bekannt[46].

Nach 1890 regte sich auch wieder kulturelles Leben im Rahmen der sozialistischen Arbeiterbewegung. 1891 wurde der Arbeitergesangsverein »Lassalle« gegründet, 1895 konstituierte sich ein Theaterverein, der Aufführungen eigener oder fremder Schauspielgruppen arrangierte. Zur Fünfzigjahrfeier der Revolution von 1848 stellte man z. B. in lebenden Bildern die Szenenfolge »Das Volk in Ketten« — »Befreiung des Volkes« — »Untergang des Kapitals« — »Völkerfrieden« dar. 1898

---

40 StA Augsburg, G I 2/5, XIV. Fasc.
41 Ebenda.
42 StA Augsburg, G I 2/16, IV. Fasc.; G I 2/7. Marie Greitenberg übersiedelte um die Jahrhundertwende von Berlin nach Augsburg.
43 StA Augsburg, G I 2/16, III. Fasc.; Schwäbische Volkszeitung Nr. 171 vom 25. 7. 1908; Schwäbische Volkszeitung Nr. 186 vom 13. 8. 1908.
44 Schwäbische Volkszeitung Nr. 117 vom 28. 7. 1909.
45 StaA Neuburg, Reg. Nr. 10978, Allgemeiner Konsumverein Augsburg und Umgebung, Geschäftsbericht für das 20. Geschäftsjahr vom 1. 9. 1909 bis 31. 8. 1910, Augsburg 1910.
46 Schwäbische Volkszeitung Nr. 143 vom 28. 11. 1964.

trug ein Stuttgarter Schauspieler das »Weberstück« (vermutlich »Die Weber« von G. Hauptmann) vor, ein Jahr später das Schauspiel »Barthel Turaser«, das vom Verrat eines Arbeiters an seinen streikenden Kollegen handelte[47]. Neben diese künstlerischen Versuche trat als wichtigster kultureller Faktor die Parteibibliothek, die 1901 710 Bände umfaßte, von den Mitgliedern allerdings nur sehr zurückhaltend frequentiert wurde[48]. Inwieweit die relativ bescheidenen Bemühungen als Ansätze zu einer »proletarischen Gegenkultur« gewertet werden können, ist nur schwer zu beurteilen. Während sich in den neunziger Jahren noch am ehesten ein Zug zu eigenständiger schöpferischer Betätigung zeigte, stand nach der Jahrhundertwende mehr die Adaption bürgerlicher Bildungsideale im Vordergrund. 1904 trat die SPD dem Volkshochschulverein bei, der im gleichen Jahr unter Leitung des Augsburger Oberbürgermeisters Wolfram gegründet worden war[49]. Die dort gebotenen Vorträge über Literatur, Musik, Philosophie, Physik usw., waren ganz auf die kulturellen Bedürfnisse und Voraussetzungen eines bürgerlichen Publikums abgestellt. Die Folge war, daß die anfänglich lebhafte Beteiligung der Arbeiter an den Lehrveranstaltungen rasch zurückging. Bezeichnenderweise reduzierten die bürgerlichen Vorstände des Vereins daraufhin die angestrebte Vermittlung kultureller Inhalte für Arbeiter auf ein spezielles Angebot an Fortbildungskursen in Deutsch und Rechnen[50].

2. Die Haltung der Augsburger SPD in der Theoriediskussion

Bei Untersuchungen über die bayerische Sozialdemokratie stand bis in jüngster Zeit vor allem die Frage nach der süddeutschen »Sonderentwicklung« im Vordergrund und verdeckte damit die Tatsache, daß oft ganze Ortsvereine den Vollmarschen Kurs keineswegs billigten, wenn es ihnen auch nicht gelang, sich mit ihrer Kritik auf Landesebene entsprechendes Gehör zu verschaffen[51]. Auch die Augsburger Partei gehörte zu den »linken« Vereinen, in denen sowohl die reformistische Politik der bayerischen Landtagsfraktion als auch der theoretische Revisionismus auf entschiedene Ablehnung stießen. Hans Rollwagen berichtete schon nach

47 Schwäbische Volkszeitung Nr. 143 vom 28. 11. 1964; StA Augsburg, G I 2/5, XII. Fasc., G I 2/16, III. Fasc., G I 2/8.
48 StA Augsburg, G I 2/16, III. Fasc.
49 Ebenda.
50 StA Augsburg, Nachlaß Haßler, K 4 a, Fünfter Rechenschaftsbericht 1911/12 und 1912/13, Volkshochschulverein Augsburg, S. 4 ff. Die Hybris, mit der sich die bürgerlichen Honoratioren um das »höhere Menschentum« der Arbeiterbevölkerung sorgten, spricht besonders deutlich aus folgenden Betrachtungen (S. 11 ff.): »Mit dem 16. Lebensjahr entlassen wir die große Zahl der dem Arbeiter- und Handwerkerstande zuströmende Jugend aus der Schulbildung. Damit entrücken Tausende nicht nur der öffentlichen, sondern auch der elterlichen Erziehungsgewalt. Und womit ist nun das Leben ausgefüllt? Tag für Tag mit der oft so eintönigen Arbeit am Werktisch; die Freizeit aber gehört dem politischen und wirtschaftlichen Kampfe, der in seiner scharfen, auf das Materielle gerichteten Form, die edleren Regungen mehr niederhält als fördert. Rechnen wir dazu noch den religiösen Indifferentismus breiter Schichten [...], bedenken wir ferner, daß Wissen und Kunst in der Hauptsache an den Besitz gebunden sind, so müssen wir fragen, wo sind da die höheren Strebungen, wo die idealen Lebensziele, die die Massen aus dem Tierischen (!) erheben und sie hinführen zu höherem Menschentum. Es besteht kein Zweifel, hier wurzelt eine Volksgefahr, und das zu einer Zeit, wo durch den ungeheuren Aufschwung des Wirtschaftslebens und durch die politische Geltung der Massen deren Bedeutung und Verantwortung in hohem Maße gestiegen ist«.
51 Gerhard A. Ritter, Die Arbeiterbewegung im Wilhelminischen Reich. Die Sozialdemokratische Partei und die Freien Gewerkschaften 1890–1900, Berlin 1959, S. 128 ff.; Hedwig Wachenheim, Die deutsche Arbeiterbewegung 1844–1914, 2. Aufl., Opladen 1971, S. 331 ff. Einige Hinweise dazu finden sich nun bei Hirschfelder, a. a. O., 4. Hauptteil, IV. Eine ausführliche Untersuchung dieser Lokalvereine, aus denen die kritischen Stimmen kamen, und eine Analyse der dort herrschenden ökonomischen und sozialen Verhältnisse steht allerdings noch aus.

dem Münchener Parteitag von 1902 den Augsburger Genossen »mit Genugtuung« über eine Niederlage der Revisionisten und versicherte, »daß sich ein Zug nach links deutlich bemerkbar mache«[52]. 1907 erklärte der Schreiner Georg Simon, »daß kein Anlaß bestünde, eine Änderung des Parteiprogramms vorzunehmen, wie dies von seiten der Revisionisten innerhalb der Partei gewünscht und angeregt worden sei«[53]. Gegenüber der Verlagerung der Zukunftserwartungen auf das in der bestehenden Gesellschaftsordnung Machbare mahnte Redakteur Kirchpfennig von der Schwäbischen Volkszeitung im Anschluß an das berühmte Bernsteinzitat: »Die Bewegung ist alles, das Ziel darf aber dabei nicht aus den Augen verloren werden«[54]. Das »Ziel«, das dem kleinen Häuflein Augsburger Sozialdemokraten in einer Atmosphäre der Unterdrückung und Ausbeutung besonders erstrebenswert schien, war die »Vervollkommnung und Veredelung nicht einer einzelnen Klasse, sondern der ganzen Menschheit«[55]. Man wollte »einen gerechten Ausgleich der heutigen Ungerechtigkeiten, und dies Problem sei gelöst, wenn die heutige gesellschaftliche Ordnung gestürzt sei und alles allen gehöre«[56]. Dazu meinte Schuhmachermeister Renner in einer Versammlung 1901, »daß, wenn die Bildung in (der) Partei so fortschreite wie in den letzten 10 Jahren, viele der heute Anwesenden den kommenden Staatsstreich miterleben könnten«[57].

Die erste Kontroverse, an der die Zugehörigkeit der Augsburger Sozialdemokraten zum linken Flügel deutlich wurde, war die Debatte um den Massenstreik, zu dessen unbedingten Befürwortern sie zählten. Im Anschluß an den Bremer Parteitag von 1904 führte Rollwagen aus: »Bei dem Generalstreik ist zu unterscheiden zwischen Generalstreik als Selbstzweck und Generalstreik als Mittel zum Zweck. Die erstere, von den Anarchisten angestrebte Art ist ein Unsinn und eine Utopie, aber als Mittel zum Zweck muß der Generalstreik unter allen Umständen mehr und mehr zu einem Kampfmittel der Sozialdemokratie werden, z. B. bei weitgehenden Forderungen in bezug auf Verkürzung der Arbeitszeit und Minimallöhne«. Wie auch andere Gruppen in der Partei hielt man den Massenstreik selbstverständlich ebenso im Fall der Abschaffung des allgemeinen Reichstagswahlrechts für angebracht: »In einer solchen Lage muß an Stelle der papierenen Entrüstung etwas Machtvolles treten«[58]. Im Zusammenhang damit wurde über die politische Indifferenz der Gewerkschaften geklagt, die viel mehr mit dem Gedanken des Generalstreiks vertraut gemacht werden müßten[59]. In gleicher Weise wandte sich Rollwagen auch gegen die vom Gewerkschaftsflügel der Partei ausgehenden Versuche, die Maifeier auf den ersten Sonntag des Monats zu verschieben[60]. Dieser revolutionäre Enthusiasmus, der sich im Deutschen Reich insbesondere vor und während der russischen Revolution zeigte und mit einer möglichen Auseinandersetzung auch in Deutschland rechnete, wich auch in Augsburg bald wieder der Ernüchterung. »Bezüglich des Massenstreiks«, so führte Redakteur Kirchpfennig im Oktober 1906 aus, »hätten sich seit dem Jenaer Parteitag die Dinge anders entwickelt als man erwartete; damals konnte man glauben, daß die russische Revolution siegreich sein

---

52 StA Augsburg, G I 2/16, III. Fasc., Polizeibericht über die Versammlung vom 2. 10. 1902.
53 StA Augsburg, G I 2/16, IV. Fasc., Polizeibericht über die Versammlung vom 9. 3. 1907.
54 StA Augsburg, G I 2/16, IV. Fasc., Polizeibericht über Versammlung vom 7. 10. 1906.
55 StA Augsburg, G I 2/16, III. Fasc., Polizeibericht über die Versammlung vom 9. 11. 1901.
56 Ebenda.
57 Ebenda.
58 Ebenda, Polizeibericht über die Versammlung vom 4. 11. 1904.
59 Ebenda, Polizeibericht über die Versammlung vom 17. 12. 1905.
60 Ebenda, Polizeibericht vom 15. 8. 1903.

und ihre Beziehungen auch auf Deutschland erstrecken werde, daß von der Regierung das Reichstagswahlrecht angegriffen und dies seine Folge haben werde. Nun müsse man abwarten, wie die Dinge sich weiter entwickeln, unter Umständen werde der Massenstreik von selbst kommen, er sei ein letztes Mittel, aber gleichbedeutend mit der Revolution«[61]. Mit der Revolution rechneten aber auch die Augsburger Sozialdemokraten inzwischen nicht mehr so schnell; so meinte 1906 ein Genosse: »Generationen mögen noch hingehen, ehe ein gänzlich freies Staatswesen entstanden sein wird«[62].

In den letzten Jahren vor dem Ausbruch des Ersten Weltkriegs verlagerte sich der Schwerpunkt der Diskussion auf die Bekämpfung von Militarismus und Imperialismus. Auch in diesem Punkt befanden sich die Augsburger Sozialdemokraten auf dem linken Flügel der Partei. Das Verhalten der Deutschen Sozialdemokratie auf dem Internationalen Sozialistenkongreß in Stuttgart 1907 wurde als »Schlafmützenpolitik« charakterisiert, die dort gefaßten Resolutionen über Militarismus und Kolonialpolitik, nach welchen den nationalen Parteien die Wahl der Mittel bei der Bekämpfung dieser Phänomene weitgehend freigestellt blieben, als zu lau verworfen[63]. Die Kriegsgefahr, die in diesen an internationalen Krisen so reichen Jahren immer wieder drohte, verknüpften die Sozialdemokraten nun zunehmend mit dem gleichzeitig sich abzeichnenden Untergang des Kapitalismus. Eine während der Marokkokrise von 1911 einberufene Protestversammlung erklärte: »Kommt dieser Krieg, dann werden wir dafür Sorge tragen, daß diesem Krieg der Ruin der kapitalistischen Gesellschaftsordnung folgt und die Aufrichtung des sozialdemokratischen Staates«[64].

Die Kritik der Augsburger an der Linie der bayerischen SPD entzündete sich zunächst an dem Kompromiß zur Wahlrechtsreform 1903. »Bei einem Machwerk, dessen Nachteile die Vorteile überwiegen, könne man von einer Reform nicht sprechen«, erklärte Rollwagen[65]. Als besondere Ungerechtigkeit empfand man neben dem fehlenden Frauenwahlrecht die Hinaufsetzung des Wahlalters auf 25 Jahre und den Nachweis einer mindestens einjährigen Besteuerung, was gerade nach der Wirtschaftskrise viele Arbeiter um ihr Wahlrecht bringen konnte. Von der sozialdemokratischen Fraktion forderte man die strikte Ablehnung der Reform[66]. In den folgenden Jahren war es vor allem die Budgetbewilligung in den süddeutschen Staaten, die in der Augsburger Partei heftige Empörung hervorrief. Dabei zeigte sich allerdings ein Unterschied zu früheren Jahren. Rollwagen, von den bayerischen Genossen einst als »radikaler Hans« verspottet, schwenkte als Landtagsabgeordneter nun selbst auf die reformistische Linie ein, ohne jedoch bei den Augsburger Mitgliedern auf Zustimmung zu stoßen[67]. So polemisierte z. B. Wilhelm Deffner, Geschäftsführer des Textilarbeiterverbandes, gegen Rollwagen: »War es nötig, das Budget zu bewilligen? Ein Budget, das die Mittel für die Klassenjustiz, für die Kulturausgaben usw. enthält?«; die Behauptung, 95 % der süddeutschen

---

61 StA Augsburg, G I 2/16, IV. Fasc., Polizeibericht über die Versammlung vom 7. 10. 1906.
62 Ebenda, Polizeibericht über die Versammlung vom 25. 3. 1906.
63 StA Augsburg, G I 2/5, XIV. Fasc., Polizeibericht über die Versammlung vom 29. 7. 1907.
64 Ebenda, Polizeibericht über die Versammlung vom 28. 8. 1911.
65 StA Augsburg, G I 2/5, XIII. Fasc., Polizeibericht über die Versammlung vom 23. 10. 1903.
66 StA Augsburg, G I 2/5, XIII. Fasc., Polizeibericht über die Versammlung vom 23. 10. 1903. Rollwagen fügte hinzu: »Besser sei es fast, wenn der Entwurf nicht Gesetz werde, denn wenn das alte Gesetz bliebe, wird die Entrüstung eine derart große werden, daß es vom Boden hinweggefegt werden muß und an seine Stelle etwas Besseres gesetzt wird, als man jetzt beabsichtigt«.
67 StA Augsburg, G I 2/16, IV. Fasc., Polizeibericht über die Versammlung vom 20. 3. 1906; Schwäbische Volkszeitung Nr. 186 vom 13. 8. 1908; Schwäbische Volkszeitung Nr. 231 vom 5. 10. 1908.

Sozialdemokraten stünden hinter ihren Abgeordneten, sei eine Täuschung; man habe vergessen, »daß man mit der Regierung im Klassenkampf stehe«[68]. Eine Parteiversammlung vom 7. 9. 1908 erteilte den süddeutschen Fraktionen eine öffentliche Rüge: »Die Versammlung nimmt Stellung dagegen, die Entscheidung so wichtiger Parteifragen, die der Masse der Parteimitglieder vorbehalten bleiben müssen, in das Dunkel kombinierter Fraktionssitzungen zu verlegen. Die Versammlung ist der Meinung, daß die ständige Zuspitzung der wirtschaftlichen und politischen Gegensätze auch in Süddeutschland eine Änderung der seitherigen prinzipiellen Haltung der Partei nicht rechtfertigt«[69]. Ein Augsburger Parteigenosse sprach aus, was viele zu befürchten schienen: »Durch das Vertiefen in die Einzelgänge der Gegenwartspolitik geht manchen Abgeordneten das Vertrauen zu dem sozialdemokratischen Endziel verloren. Wenn dies erst beim Einzelnen geschehe, dann kann er auch den Massen kein Vertrauen mehr dazu einimpfen – die Verflachung ist da [...]. Das Endziel sollte stets die Hauptsache sein«[70].

Die wichtigste Ursache für das Abweichen von der marxistischen Theorie sahen die Augsburger Sozialdemokraten in dem Eindringen bürgerlicher Intellektueller in maßgebliche Positionen der Partei. Man habe »namentlich [...] mit den sog. Akademikern, die größtenteils darauf ausgingen, Mandate zu erhaschen, um damit in der Öffentlichkeit zu brillieren, keine guten Erfahrungen gemacht«, hieß es 1904[71]. »Es sei der Revisionismus, der, von den Akademikern gepflegt, seine unheilvolle Wirkung ausübe«, meinte Rollwagen 1906[72]. Der Malermeister Theisz wollte für neu eingetretene Akademiker »die Zurücklegung einer Probezeit« eingeführt wissen, bevor sie in führende Stellungen einrücken konnten; nach Marie Greifenbergs Meinung sollten Kandidaten, die zum erstenmal für ein Parlament aufgestellt wurden, ihre Stellung zum Parteiprogramm vorher schriftlich beim Gauvorstand niederlegen[73]. Auch die vielgeschmähte »Münchener Erziehung« sah man als Folge einer Durchdringung der Partei mit Angehörigen bürgerlicher Kreise an; der Exponent der reformistischen Richtung, Georg von Vollmar, sei durch seine enge Berührung mit höheren Schichten nach rechts gerückt[74].

Hinter diesen Äußerungen stand mehr als das Ressentiment der Augsburger »Proletarier« gegen eine Gruppe von Parteimitgliedern, die ihnen an Einfluß und Eloquenz voraus waren, und gegen die sie sich auf Landesebene nicht durchzusetzen vermochten. Entscheidend war vielmehr der besondere Erfahrungshorizont der Augsburger Sozialdemokraten, der sie an einem qualitativen und dauerhaften Erfolg der Reformpolitik zweifeln ließ. Besonders krasse Formen von Rechtlosigkeit und Unterdrückung in den Industriebetrieben förderten bei der kleinen Gruppe sozialdemokratischer Arbeiter, die es allein wagte, sich dagegen aufzulehnen, zwangsläufig einen Hang zur Radikalität. Niedrige Löhne und lange Arbeitszeiten lasteten schwer auf der Augsburger Arbeiterbevölkerung; das Wohlfahrtssystem führte den Betroffenen tagtäglich ein Geflecht von Abhängigkeiten vor Augen, das die Entscheidungsfreiheit des einzelnen einschränkte. Am nachhaltigsten wirkten wohl die Versuche der Unternehmer, die ohnehin schwache Arbeiterbewegung zu

---

68 Schwäbische Volkszeitung Nr. 231 vom 5. 10. 1908.
69 Schwäbische Volkszeitung Nr. 207 vom 7. 9. 1908.
70 Schwäbische Volkszeitung Nr. 223 vom 25. 9. 1908.
71 StA Augsburg, G I 2/16, III. Fasc., Polizeibericht über die Versammlung vom 21. 5. 1904.
72 StA Augsburg, G I 2/16, IV. Fasc., Polizeibericht über die Versammlung vom 20. 3. 1906.
73 StA Augsburg, G I 2/16, III. Fasc., Polizeibericht über die Versammlung vom 14. 5. 1905.
74 Ebenda, Polizeibericht über die Versammlung vom 21. 11. 1903.

spalten und somit für SPD und Gewerkschaften einen Zweifrontenkrieg heraufzubeschwören, der an Erbitterung nichts zu wünschen übrig ließ. In diesem Klima konnte die Hoffnung auf Gerechtigkeit in der bestehenden Gesellschaftsordnung nicht gedeihen; vielmehr mußte das hochindustrialisierte Augsburg als ein Abbild der künftigen Entwicklung erscheinen, die auch den übrigen, noch rückständigeren bayerischen Städten drohte. Der Widerstand der Augsburger Sozialdemokraten gegen Revisionismus und Reformismus entsprang daher auch keineswegs einem besonders orthodoxen Theorieverständnis. Anläßlich eines Vortrags von Redakteur Kirchpfennig über »Friedrich Engels und den wissenschaftlichen Sozialismus« im September 1905 gestanden mehrere Mitglieder, darunter auch Funktionäre, von den Ausführungen des Redners wenig verstanden zu haben; dazu gehöre eine systematische Schulung, die in Augsburg fehle[75]. Was die Augsburger Mitgliedschaft mit erstaunlicher Konsequenz immer wieder auf die Seite der Linken in der Partei trieb, war vielmehr das Ergebnis konkreter Erfahrungen in einem »sozial-ökonomischen Hexenkessel«. Eine gewisse Bedeutung mochte für diese Haltung noch ein anderer Umstand gewinnen: Während in vielen Städten Sozialdemokraten seit den neunziger Jahren in den Verwaltungsgremien der Gemeinden saßen und damit einen – wenn auch beschränkten – Einfluß auf die kommunale Politik ausüben konnten, fehlte dieser wichtige Integrationsfaktor in Augsburg nahezu ganz.

II. SPD und bürgerliche Parteien

Wenn sich die Augsburger SPD auch gegen reformistische Ansätze in der bayerischen Partei wandte, so konnte sie doch nicht darüber hinweggehen, daß die Erringung von Parlamentsmandaten bei dem geltenden Wahlrecht und der Schwäche der Augsburger Partei letzten Endes nur durch Kompromisse mit den bürgerlichen Parteien möglich war. Dazu gehörte freilich auch eine gewisse Bereitschaft der anderen Parteien, unter Umständen mit den Sozialdemokraten zusammenzugehen. Während das Zentrum am ehesten zu taktischen Zugeständnissen in der Lage war und dafür keiner politischen Rechtfertigung bedurfte, war bei den Liberalen ein Kompromiß mit den »Reichsfeinden« nicht ohne eine, wenn auch begrenzte Revision der Einstellung zur sozialistischen Arbeiterbewegung denkbar. Dies war in Fragen der Landes- und Reichspolitik eher möglich als auf dem mehr praktischen Gebiet der Gemeindepolitik, wo lokale Interessen im Wege standen und eine nahezu unantastbare Vormachtstellung keinerlei Zugeständnisse verlangte.

1. Neuansätze zu einer liberalen Arbeiterpolitik

Sieht man von den Verhältnissen in den städtischen Kollegien ab, so befand sich die liberale Partei vor den Reichstags- und Landtagswahlen in den neunziger Jahren noch immer in einem ziemlich desolaten Zustand. Vor den Reichstagswahlen von 1893 unternahm sie erneut den Versuch, die Landbevölkerung des Augsburger

---

75 StA Augsburg, G I 2/16, III. Fasc., Polizeibericht über die Versammlung vom 9. 9. 1905.

Wahlkreises zu gewinnen, indem sie auf eine eigene Kandidatur verzichtete und dafür einen Bauernbundvertreter, den Landwirt August Seitz, vorschob. Diese Verbindung brachte jedoch einen Verlust von über 1300 Stimmen ein[76]. Im übrigen zeigte die Wahl von 1893 eine eigenartige Zersplitterung der politischen Kräfte in der Stadt. Neben dem Bauernbund tauchten noch zwei weitere Parteien auf, die bis dahin in Augsburg noch nicht kandidiert hatten: die linksliberale Freisinnige Volkspartei mit einer Zählkandidatur Rudolf von Virchows, der nur 50 Stimmen erhielt – ein deutliches Zeichen, wie gering die Chancen für den Linksliberalismus in Augsburg waren – und die Antisemitische Partei, die mit dem Ulmer Schriftsteller V. H. Welcker immerhin 512 Stimmen auf sich zog[77]. Dagegen spielte die in den achtziger Jahren zu einigem Einfluß gelangte konservative Partei inzwischen keine Rolle mehr. Aus welchen sozialen Gruppen die antisemitischen Stimmen kamen, läßt sich nicht mehr feststellen, doch dürften sie vor allem unter den unzufriedenen Augsburger Handwerkern und den ländlichen Wählern des Reichstagswahlkreises zu suchen sein.

Die Organisation der liberalen Partei stützte sich nun auf sechs liberale Bürgervereine im Stadtbezirk und einen Centralverein, dem besonders bei Wahlen die entscheidende Rolle zukam; daneben wurden nach Bedarf Wahlkomitees gebildet[78]. Auch der liberale Kreisverein existierte noch[79]. Nach wie vor banden sich die Mitglieder der Bürgervereine in den äußeren Bezirken der Stadt in einer latenten Opposition zu den »großen Herren« des Centralvereins, die jederzeit in offene Gegnerschaft und Absonderung umschlagen konnte[80]. So kritisierten die Bewohner der Randbezirke immer wieder die nicht zu leugnende Benachteiligung der Vorstädte gegenüber der inneren Stadt durch den Magistrat und fühlten sich von dem herablassenden Verhalten der Parteihonoratioren gegenüber den kleinen Gewerbetreibenden gekränkt. Böses Blut unter den kleinbürgerlichen Liberalen machten z. B. Äußerungen, wie die dem Bankier Paul Schmid zugeschriebene, Geschäftsleute, die einen offenen Laden führten, gehörten nicht in den Magistrat[81]. Ende der neunziger Jahre traten vorübergehend auch Differenzen zwischen den Großindustriellen und liberalen Mandatsträgern auf. Vor den Landtagswahlen des Jahres 1899 lief das Gerücht um, die Industriellen wollten nicht mehr für die bisherigen Landtagsabgeordneten, den Bürgermeister Fischer und den Handschuhfabrikanten Brach, eintreten und sich sogar dem Zentrum anschließen. Tatsächlich gaben einige Fabrikanten bald darauf ihren Entschluß bekannt, sich nicht mehr als Wahlmänner aufstellen zu lassen, sagten jedoch eine Stimmabgabe im Sinne der Liberalen zu[82]. Die Ursachen für diesen Schritt dürften vor allem in der Ablehnung Fischers zu suchen sein. Der Augsburger erste Bürgermeister galt zwar im allgemeinen als ein eifriger Befürworter der industriellen Interessen, fiel aber bei

---

76 Zs. des kgl. bayerischen Statistischen Bureaus, 25. Jg. 1893, S. 89.
77 Ebenda. Die Antisemiten kandidierten nur in 7 bayerischen Wahlkreisen, von denen Würzburg die höchste, Augsburg immerhin die zweithöchste Stimmenzahl einbrachte. Die Kandidatur der Antisemiten löste unter den jüdischen Einwohnern Augsburgs einige Bestürzung aus. Die Sozialdemokraten, die sofort entschieden gegen die antisemitische Strömung auftraten, erhielten daraufhin einige Zeit bevorzugt Annoncen jüdischer Geschäftsleute für ihre Parteizeitung (StA Augsburg, G I 2/6).
78 StA Augsburg, E IV 3/653.
79 StA Augsburg, E IV 3/225.
80 StA Augsburg, E IV 3/342, II. Fasc., vgl. z. B. Polizeibericht über die Versammlung vom 5. 11. 1890.
81 StA Augsburg, Polizeibericht über die Versammlung vom 15. 3. 1896. Waren die Handwerksmeister im Kollegium der Gemeindebevollmächtigten schon nicht sehr zahlreich vertreten, so gelang ihnen der Einzug in den exklusiveren Magistrat erst relativ spät (Anhang, Tabelle II.).
82 Ebenda, Polizeibericht über die Versammlung vom 15. 12. 1898.

den Unternehmern in Ungnade, nachdem er offen seine Gegnerschaft zum Verband der Ordnungsliebenden Arbeitnehmer bekannt hatte und überdies für die Schaffung eines neutralen städtischen Arbeitsamtes eingetreten war[83].
Hinter Fischer schien um diese Zeit eine Gruppe von Liberalen zu stehen, die den Ordnungsliebenden mit Abneigung begegnete. So wurde z. B. die Nachricht von den Gründungsvorbereitungen für einen neuen liberalen Arbeiterverein von den Mitgliedern des Bürgervereins in den Wertachvorstädten mit dem Hinweis begrüßt, daß dadurch »dem Verband ordnungsliebender Arbeiter gegenüber ein Gegendamm geschaffen werde«[84]. 1899 trat neben den alten, zu politischer Bedeutungslosigkeit herabgesunkenen Arbeiterfortbildungsverein eine »liberale Arbeitervereinigung«, an deren Spitze der Eisendreher Johann Uebelhör stand[85]. Nachdem die liberale Partei in Augsburg die Arbeiter über lange Zeit als Wählerschicht kaum mehr beachtet hatte, versuchte sie nun, ein »längstgefühltes Bedürfnis«, nämlich die stärkere Anbindung liberaler und »reichstreuer« Arbeiter an die Partei, zu realisieren[86]. Die Bürgervereine der einzelnen Stadtbezirke luden Arbeiter, die sie für liberal gesinnt hielten, zu den Vereinsversammlungen ein; in einer Unterschriftenaktion vor den Landtagswahlen von 1899 erklärten sich über 500 Arbeiter bereit, für die liberalen Wahlmänner zu stimmen[87]. Vor den Gemeindewahlen des gleichen Jahres stellte der zentrale Bürgerverein der liberalen Arbeitervereinigung aus dem Albrecht-Volkhart-Fonds leihweise 1000 M zur Erwerbung des Bürgerrechts für dessen Mitglieder zur Verfügung[88]. Dieser Wandel in den Beziehungen zur Arbeiterbevölkerung vollzog sich freilich nicht, ohne daß sich warnende Stimmen erhoben hätten, die von der verstärkten Teilnahme proletarischer Mitglieder zugleich eine politische Kursveränderung befürchteten. So meinte der Vorsitzende des Bürgervereins Südwestend, »man solle die Arbeiter nicht an den Haaren heranziehen; wer sich den Prinzipien der liberalen Partei anschließe, sei willkommen, aber solange er Vorstand sei, werde er keine gegnerischen Tendenzen dulden«[89]. Zunächst standen diesen vorsichtigen Annäherungsversuchen noch keine Vorstellungen über eine eigene Arbeiterpolitik zur Seite. Man vertrat lediglich die Auffassung, »daß die liberale Partei billigen Wünschen und dem Interesse der Arbeiter ebenso Rechnung trage wie jede andere Partei«[90].

Neue Impulse in der Auseinandersetzung mit sozialen Problemen zeigten sich erst nach der Jahrhundertwende. Um diese Zeit drängten jüngere Kräfte in die Parteiführung, so der Rechtsanwalt Friedrich Thoma und der zu den Junglibera-

---

83 Neue Augsburger Zeitung Nr. 133 vom 12. 6. 1898. Fischer trat wegen schwerer Krankheit Anfang Januar 1900 vom Amt des Bürgermeisters zurück und starb am 14. 1. 1900. Noch der Bericht des Präsidiums der Bezirksregierung über sein Ableben deutete die tiefen Zerwürfnisse mit den Augsburger Industriellen an. So hieß es, Fischer sei »unerschütterlich geblieben gegenüber so manchen Versuchen, seinen Einfluß und sein Votum den Zwecken einzelner dienstbar zu machen, daher auch die Voreingenommenheit Fischers gegen den Kapitalismus und die Großindustrie, was einzelne, die ihn für zugänglich hielten, verschuldet, ließ er in der ihm eigentümlichen herben Art die Gesamtheit entgelten. So hat er sich in jenen Kreisen Feinde gemacht« BayHStA München, M Inn 55000, Schreiben an den Staatsminister des Innern, von Feilitsch).
84 StA Augsburg, E IV 3/342, II. Fasc., Polizeibericht über die Versammlung vom 15. 12. 1898.
85 Ebenda, Polizeibericht über die Versammlung vom 10. 5. 1899.
86 Ebenda, Polizeibericht über die Versammlung vom 15. 12. 1898.
87 StA Augsburg, E IV 3/430, Polizeibericht über die Versammlung vom 10. 4. 1899.
88 Ebenda, Polizeibericht über die Versammlung vom 2. 10. 1899.
89 Ebenda, Polizeibericht über die Versammlung vom 1. 5. 1899. Auch wies man ausdrücklich auf die Notwendigkeit gesellschaftlicher Rangunterschiede zwischen Unternehmern und Arbeitern hin, doch müßten die schroffen Gegensätze abgebaut und das Verhältnis u. a. durch persönliche Kontakte in der liberalen Partei harmonischer werden (E IV 3/342, II. Fasc., Polizeibericht über die Versammlung vom 10. 5. 1899).
90 StA Augsburg, E IV 3/430, Polizeibericht über die Versammlung vom 1. 5. 1899.

len zählende Stadtarchivar Pius Dirr[91]. Damit bildete sich unter den Augsburger Nationalliberalen allmählich ein »linker« Flügel heraus, der auch das Verhältnis zur Sozialdemokratie einer kritischen Betrachtung unterzog. Während man noch zu Beginn der neunziger Jahre in den Sozialisten ausschließlich gefährliche Staatsfeinde sah, setzte man nun auf den Erfolg der revisionistischen Richtung und die Umwandlung der SPD zu einer linksbürgerlichen Reformpartei. In einer Wahlversammlung des Jahres 1903 erklärten die Parteiführer, »daß die Sozialdemokratie eine große Evolutionsbewegung sei, und daß sie diesen Kern für die Hauptsache, die turbulenten Nebengeräusche bei dieser Evolution, wie das Umsturzgeschrei [...] und was weiter derartige in Volksversammlungen und kleinen sozialistischen Blättchen wirksame Schlagworte sind, als Begleiterscheinungen« ansähen[92]. »Wir sind nicht die geborenen Sozialistenfresser«, bekannte Thoma wenige Wochen später, »das ist auch gar nicht nötig, denn die revisionistische Bewegung ist ein starkes Zeichen der Zeit, das für uns Liberale sehr erfreulich ist [...], denn es sagt uns, daß es uns einmal gelingen wird, die große Summe von Kraft und Intelligenz in der Arbeiterschaft, mit den Ordnungsparteien vereint, den Interessen des Vaterlandes dienstbar zu machen«[93]. Die Augsburger Sozialdemokraten, die in ihrer Gegnerschaft zum Revisionismus diesen Hoffnungen allerdings nicht entsprachen, gerieten dadurch oft in eine peinliche Situation, wenn nämlich liberale Redner in Diskussionen mit Vorliebe ihre Beweisführung den Schriften Bernsteins und den »Sozialistischen Monatsheften«, dem Organ der Revisionisten, entnahmen[94].

Mit der veränderten Einschätzung der SPD wandelte sich auch das Verhältnis der Liberalen zur gewerkschaftlichen Organisation der Arbeitnehmer. Im Juni 1908 führte Thoma im bayerischen Landtag aus: »Unser Ideal ist eine geschlossene, auf dem Boden des Gegenwartsstaates stehende, aber vollständig einheitliche Arbeiterorganisation, die festgefügt und geschlossen ist, der meinetwegen eine noch geschlossenere Arbeitgeberorganisation gegenübersteht, und alle Freiheit für beide Organisationen, damit sie frei und unabhängig und insbesondere unabhängig auch von den politischen Parteien ihren wirtschaftlichen Kampf austragen können«[95]. Auch der bayerische Landesverband liberaler Arbeitervereine, der seit 1905 die nach Augsburger Muster gegründeten liberalen Arbeitervereine einzelner Städte zusammenfaßte und bis 1908 von Uebelhör geleitet wurde, sprach sich für eine neutrale Gewerkschaftsbewegung aus[96]. Wenn der jungliberal gesinnte Teil der Augsburger Nationalliberalen den früher nahezu ganz geleugneten Interessenkonflikt zwischen Arbeitern und Unternehmern nun anerkannte und – zur Aufrechterhaltung des Status quo – sogar institutionell verankern wollte, so darf diese Entwicklung nicht isoliert von den übrigen politischen Zielen gesehen werden. Dazu gehörte aber in erster Linie die Betonung des »Imperialistischen« im Programm der Nationalliberalen, das Eintreten für eine zielbewußte Kolonial-

---

91 Thoma wurde 1873 in Göttingen geboren und gehörte seit 1907 dem bayerischen Landtag und dem Reichstag (für Immenstadt-Lindau) an (Kalkoff, a. a. O., S. 129). Pius Dirr wurde 1875 in Weisingen geboren und 1912 für den Wahlkreis Augsburg I in den bayerischen Landtag gewählt (Kalkoff, a. a. O., S. 277).
92 Augsburger Abendzeitung Nr. 129 vom 11. 5. 1903.
93 Augsburger Abendzeitung Nr. 163 vom 15. 6. 1903.
94 Augsburger Abendzeitung Nr. 129 vom 11. 5. 1903.
95 Augsburger Abendzeitung Nr. 175 vom 23. 6. 1908.
96 Augsburger Abendzeitung Nr. 223 vom 11. 8. 1908.

und Machtpolitik, für den Ausbau von Flotte und Heer[97]. In diesem Konzept durften die Arbeitermassen nicht länger ein nationaler Unsicherheitsfaktor bleiben; vorrangiges Ziel war es daher, die Arbeiter durch Erfüllung »berechtigter« Forderungen von der Sozialdemokratie, vor allem aber von deren antiimperialistischen und pazifistischen Tendenzen zu trennen, d. h., sie »den Interessen des Vaterlandes dienstbar zu machen«. »Eine solche Völkerverbrüderung, wie sie die Sozialdemokratie immer zu malen liebt, widerstrebt überhaupt der menschlichen Natur«, beschwor Pius Dirr die sozialdemokratischen Arbeiter[98].

Von den Augsburger Sozialdemokraten wurden die neuen Töne unter den Liberalen ohne besondere Gegenliebe zur Kenntnis genommen. Für sie war und blieb die Nationalliberale Partei die »Partei der Kapitalisten«, was auch nach wie vor noch zutraf. Weder die Vorfälle von 1899 noch die veränderte Beurteilung der Arbeiterbewegung führten zu einem ernstlichen Bruch mit den Großindustriellen; lediglich die wiederholte Distanzierung von den Gelben Werkvereinen löste bei der Direktion der MAN Unmut aus und ließ diese zur konservativen Reichspartei überwechseln. Wie bereits ausgeführt, legte ein Teil der Augsburger Unternehmer durchaus eine gewisse Flexibilität an den Tag, was sich z. B. bei der Beurteilung der Arbeiterausschüsse und der Arbeiterkammern zeigte. Auch mit der Forderung nach einer »unpolitischen« Arbeiterbewegung konnten die Jungliberalen mit dem Beifall der Industriellen rechnen, wenn auch über deren erwünschte Stärke verschiedene Ansichten bestehen mochten. Abgesehen von der unveränderten sozialen Struktur der Liberalen trug deren Haltung zu anderen politischen Fragen, z. B. zur Zoll- und Kolonialpolitik, in keiner Weise dazu bei, das Interesse der Sozialdemokraten zu erwecken. Die SPD maß die Augsburger Liberalen vor allem am Verhalten der Unternehmer und des Magistrats den Arbeitern gegenüber — und sah sich aus diesem Grund begreiflicherweise nicht veranlaßt, den Liberalismus nun positiver zu werten.

2. Wahlkompromisse

Für die Augsburger Liberalen war das Zentrum seit der Reichsgründung der vorrangige Gegner, hinter dessen Bekämpfung auch die Auseinandersetzung mit der lange Zeit zahlenmäßig bedeutungslosen Sozialdemokratie zurücktrat. Der Kampf gegen das Zentrum wurde so sehr zur Hauptaufgabe, daß sich alle darüber hinausgehenden eigenen programmatischen Vorstellungen stets sehr dürftig ausnahmen. Darin bestand zugleich die Schwäche der Nationalliberalen, die, nachdem die Reichsgründung vollzogen und die Gesetzgebung entsprechend angepaßt war, sich fast nur noch mit der »Reichsfeindlichkeit« anderer politischer Richtungen zu beschäftigen vermochten. Seit 1890 standen dem Zentrum, das regelmäßig mehr als die Hälfte aller Stimmen bei den Reichstagswahlen auf sich vereinte, in Augsburg Liberale und Sozialdemokraten als nahezu gleichstarke Parteien gegenüber, die sich den Rest der Stimmen teilten. Da keine Aussicht bestand, daß eine der kleineren Parteien die Stimmenzahl des Zentrums je überflügeln würde, war die Ablösung des Zentrumsmandats eigentlich nur durch Wahlabsprachen bei einer vielleicht

---

[97] Augsburger Abendzeitung Nr. 4 vom 4. 1. 1907; ebenda, Nr. 16 vom 16. 1. 07. Eine Übersicht über wichtige Positionen des Jungliberalismus zu aktuellen und grundsätzlichen politischen Problemen bietet Curt Köhler, Der Jungliberalismus. Eine historisch-kritische Darstellung, Köln 1912, S. 19 ff.
[98] Augsburger Abendzeitung Nr. 129 vom 11. 5. 1903.

einmal anfallenden Stichwahl denkbar. Die Augsburger SPD war nie ganz schlüssig, welche der beiden großen Parteien sie in erster Linie bekämpfen und mit welcher sie eventuell eine Wahlabsprache eingehen konnte. Dabei schien sie eine Zeitlang ebenfalls den Kampf gegen das Zentrum zu betonen. Schon vor den Landtagswahlen 1893 nahm Ludwig Renner Fühlung mit den Liberalen auf, was von den übrigen Parteigenossen jedoch scharf gerügt wurde[99]. Den Kompromiß der bayerischen SPD mit dem Zentrum vor den Landtagswahlen 1899 dagegen verurteilte Renner als »zu praktisch«, ebenso den »Kuhhandel« im Speyerer Dom 1902 über die Wahlrechtsreform[100]. Rollwagen betonte zu dieser Frage ausdrücklich: »Die Centrumspartei sei es, mit der der Kampf unter allen Umständen aufgenommen werden müsse, und Bündnisse und Compromisse mit dieser Partei sollten niemals mehr geschlossen werden«[101]. Doch das Ende 1904 von der bayerischen SPD erneut abgesegnete Bündnis mit dem Zentrum für die Landtagswahl des folgenden Jahres fiel den Augsburger Sozialdemokraten durch die Ereignisse im Frühsommer 1905 unerwartet leicht. Nachdem die Wogen der Empörung über das Verhalten der Metallindustriellen hochgingen und der Charakter der Nationalliberalen als »Kapitalistenpartei« besonders drastisch ins Gedächtnis gerufen worden war, schlossen SPD und Zentrum ein Stichwahlabkommen für die Landtagswahlen, das Rollwagen ein Mandat einbrachte[102]. Schon zwei Jahre später, bei den Landtagswahlen 1907, die mit der Wahlrechtsreform auch eine Neueinteilung der Wahlkreise brachten, ging das frisch erworbene Landtagsmandat der SPD wieder verloren[103].

Die Liberalen, unter denen sich inzwischen der jungliberale Einfluß verstärkt hatte, hofften bei den Reichstagswahlen des gleichen Jahres vergeblich auf ein Bündnis mit der SPD. Der lang erwartete zweite Wahlgang wurde noch nicht fällig, da die SPD wie auch im Reichsdurchschnitt bei den »Hottentottenwahlen« an Stimmen verlor. Erst nach den Reichstagswahlen von 1912 mußte im Augsburger Wahlkreis eine Stichwahl vorgenommen werden, nun allerdings zwischen Hans Rollwagen und dem Zentrumskandidaten, dem Pferseer Lehrer August Wörle. Trotzdem kam der von den Liberalen favorisierte Kompromiß zustande. Während sie sich für den SPD-Kandidaten in Augsburg aussprechen wollten, sollten sich die Sozialdemokraten verpflichten, in Immenstadt, wo ebenfalls eine Stichwahl anberaumt war, den liberalen Kandidaten Friedrich Thoma zu wählen[104]. Thoma wurde daraufhin auch gewählt; dagegen verfehlte Rollwagen in Augsburg nur knapp die erforderliche Stimmenzahl. Offensichtlich gab es unter den liberalen Wählern noch immer eine Gruppe, die unter keinen Umständen bereit war, ihre Stimme einem Sozialdemokraten zu geben. In den Reichstagswahlkampf, der im Januar 1912 stattfand, fiel bereits die Landtagsauflösung in Bayern. Sozialdemokraten, Bauernbund und Liberale schlossen auf Landesebene ein Wahlabkommen, das auch in Augsburg zur Geltung kam; danach wurden die Wähler aufgefordert, im Landtagswahlkreis I (innere Stadt) für den liberalen Kandidaten Pius Dirr, im Landtagswahlkreis II (Vorstädte) für Hans Rollwagen und im Landtagswahlkreis

---

99 StA Augsburg, G I 2/16, II. Fasc., Polizeibericht über die Versammlung vom 27. 11. 1893.
100 StA Augsburg, G I 2/16, III. Fasc., Polizeibericht über die Versammlung vom 2. 6. 1902.
101 Ebenda, Polizeibericht über die Versammlung vom 16. 8. 1902. Zu den Bündnissen mit dem Zentrum nun auch Hirschfelder, a. a. O., 4. Hauptteil, II.
102 Augsburger Abendzeitung Nr. 170 vom 21. 6. 1905.
103 Rollwagen konnte durch eine in Nürnberg notwendig gewordene Nachwahl wieder in den Landtag einziehen (Schwäbische Volkszeitung Nr. 143 vom 28. 11. 1964).
104 Augsburger Abendzeitung Nr. 16 vom 17. Januar 1912.

III (Landgemeinden) für den Bauernbundkandidaten Kranzfelder zu stimmen[105]. Diese Absprache brachte für die beiden städtischen Wahlkreise auch den erhofften Erfolg mit sich; nur der dritte Wahlkreis blieb bei der Zentrumspartei. Es ist erstaunlich, daß die Wahlabkommen mit den Liberalen von den Augsburger Sozialdemokraten offensichtlich bereitwillig abgeschlossen wurden, während die Gegner der reformistischen Richtung in Nordbayern z. T. heftig dagegen protestierten[106]. Man wird nicht fehlgehen in der Annahme, daß Rollwagen, der sich seit seiner Wahl in den Landtag im Jahre 1905 zunehmend dem Kurs der bayerischen Gesamtpartei annäherte, einen wesentlichen Einfluß auf diese Haltung hatte.

Wenn auf diese Weise auch in Augsburg wie in anderen bayerischen Wahlkreisen ein Block der »Linksparteien« zustande kam, so fehlte es doch an weitergehenden politischen Gemeinsamkeiten auf lokaler Ebene; hier standen sich die Gegensätze nach wie vor unversöhnlich gegenüber.

III. Die Gewerkschaftsbewegung

1. Die Freien Gewerkschaften

Die großzügigere Handhabung des Sozialistengesetzes seit dem Ende der achtziger Jahre erweiterte auch den Spielraum für die gewerkschaftliche Betätigung. Allmählich entstanden neue Fachvereine und Zahlstellen, die aber in ihrem Charakter und der politischen Tendenz nach sehr unterschiedlicher Natur waren[107]. So gründeten z. B. im April 1890 13 von auswärts zugereiste Tischlergesellen eine Zahlstelle des Deutschen Tischlerverbands, obwohl in Augsburg bereits ein Fachverein der Tischler bestand. Die darin vertretenen Gesellen waren jedoch zum größten Teil ältere, verheiratete Männer, die nicht nur jedes Risiko scheuten, sondern auch dem Gedanken einer Arbeiterorganisation im modernen Sinne überhaupt noch ablehnend gegenüberstanden. Auch politische Differenzen mochten eine Rolle spielen, denn die Anhänger des neu gegründeten Tischlerverbands waren nach Meinung der Polizei »durch und durch sozialdemokratisch«[108]. Der Fachverein der Metallarbeiter dagegen, der sich im September 1890 bildete, war von vornherein sozialdemokratisch orientiert, beteiligte sich 1891 an den Vorbereitungen zur Maifeier und schloß sich ohne Zögern dem 1891 gegründeten Allgemeinen Deutschen Metallarbeiterverband an[109]. Auch von den Mitgliedern der schon 1887 gegründeten Zahlstelle des Verbands deutscher Zimmerleute gehörten etwa zwei Drittel der SPD an; trotzdem ließen manche Äußerungen und Verhaltensweisen noch immer eine tiefe Verwurzelung in handwerklichen Traditionen erkennen[110]. Einige der

---

105 Augsburger Abendzeitung Nr. 33 vom 3. 2. 1912.
106 Hirschfelder, a. a. O., 4. Hauptteil, III.
107 Gerhard A. Ritter, a. a. O., S. 109, spricht von »einer ganzen Skala von Vereinen verschiedenartigster Färbung«, die für die Gewerkschaftsbewegung um 1890 typisch war.
108 StA Augsburg, D 50, Randnotiz zum Polizeibericht über die Versammlung vom 13. 9. 1890.
109 StA Augsburg, E IV 3/536; A 260.
110 StA Augsburg, E IV 3/476. Schon nach den Statuten des Verbands deutscher Zimmerleute, Sitz Hamburg, konnte Mitglied nur werden, wer das Zimmerhandwerk erlernt hatte. Ein von den Augsburger Gesellen 1890 ausgearbeiteter Tarifvorschlag enthielt die Bestimmung, daß Maurer- und Schreinergesellen künftig die Ausführung von Zimmererarbeiten untersagt werden sollte. Auch der Bericht eines Zimmergesellen

aktiven Gewerkschaftsmitglieder waren bereits vor oder während des Sozialistengesetzes in der Sozialdemokratischen Partei tätig, z. B. der Zimmermann Georg Satzinger, der 1875 Kassier des Sozialdemokratischen Vereins war[111]. Die Mehrzahl rekrutierte sich jedoch aus jüngeren, von auswärts zugereisten Arbeitern, die neben der SPD auch der Gewerkschaftsbewegung zu Beginn der neunziger Jahre einen kräftigen Auftrieb gaben. 1892 berichtete die Polizei, die Gewerkschaften umfaßten etwa 1000 Mitglieder, »meist Nichtbayern«[112].

In manchen Verbänden gab es über den Charakter der Gewerkschaften noch sehr unterschiedliche Meinungen; besonders an der Frage, ob einer Organisation in Berufs- oder Branchenverbänden der Vorzug zu geben sei, schieden sich die Geister. Da mochten die Goldschläger nicht mit den Metallschlägern zusammengehen, die Zimmerleute nicht mit den Maurern[113]. Nur die im Metallarbeiterverband vertretenen Arbeiter, vorwiegend Schlosser und Dreher, sprachen sich einhellig für die Branchenorganisation aus[114]. Allerdings konnten auch nicht alle Metallarbeiterberufe sogleich für die Union mit anderen Gruppen gewonnen werden. Die Spengler z. B. näherten sich dem Metallarbeiterverband gewissermaßen schrittweise; sie gründeten im Juli 1893 eine eigene Sektion und beteiligten sich gleichzeitig an den Versammlungen des Metallarbeiterverbands, bis die Sektion 1897 schließlich ganz im Metallarbeiterverband aufgegangen war[115]. Dagegen trat von den elitebewußten Formern 1895 nur ein Teil dem Metallarbeiterverband bei, der Rest hielt bis 1900 an einer eigenen Organisation fest[116]. Auch die Form des Centralverbands wurde anfangs nicht von allen Arbeitern akzeptiert. Welche Schwierigkeiten sich für die mehr an lokalen oder regionalen Verhältnissen orientierten Mitglieder ergaben, zeigte die Abspaltung eines »Süddeutschen Zimmererbundes« von der Centralorganisation mit Sitz in Hamburg. Der unmittelbare Anlaß dafür war ein Streik der Münchener Zimmerleute im Frühjahr 1890, der vom Centralverband nicht unterstützt wurde und deshalb abgebrochen werden mußte[117]. Dahinter stand jedoch ein schon länger schwelendes Mißtrauen gegenüber der norddeutschen Verbandsführung. Das ökonomisch-soziale Nord-Süd-Gefälle bedingte nämlich, daß die Zimmerleute im industriell weiter fortgeschrittenen Norden eine Vielzahl von Streiks im Jahr bei gleichzeitig höherem Lohnniveau führten, während die Süddeutschen zwar Beiträge zahlten, infolge des niedrigen Organisationsgrades in ihrer Branche aber den Streikfonds gar nicht nutzen konnten. Ende April 1890 schloß sich auch der größte Teil des Augsburger Zimmerleuteverbands

---

über die Lohnverhandlungen von 1890 mit den Meistern atmet noch mehr den Geist alter Zunfttraditionen als den des Klassenkampfes: »Am 17. dieses Monats war es uns eine Gunst, mit unseren Meistern zusammenzutreffen; wir wurden gut empfangen von den Meistern und es wurde sachlich verhandelt, ohne Haß oder Leidenschaft«. Anschließend wurde sogar der Antrag gestellt, die Gesellen sollten den Meistern offiziell ihren Dank abstatten für das, was ihnen durch Lohnerhöhungen zugestanden wurde; dies würde die Meister gewiß freuen (StA Augsburg, E IV 3/529).
111 StA Augsburg, E IV 3/476. Satzinger, der während des Sozialistengesetzes zu den »Mostianern« zählte und zu Beginn der neunziger Jahre noch in der SPD tätig war, wechselte um 1895 zum Verband der Ordnungsliebenden über.
112 StA Augsburg, G I 2/6, Polizeibericht vom 23. 3. 1892.
113 StA Augsburg, G II 13/259; E IV 3/476. Die Goldschläger verübelten es den Metallschlägern, daß diese sie die »Aristokraten der Schläger« nannten, die Zimmerleute lehnten die Vereinigung mit anderen Berufen ab, weil diese ihnen ständig ins Handwerk pfuschten.
114 StA Augsburg, E IV 3/536, Polizeibericht über die Versammlungen vom 26. 4. und 15. 6. 1891.
115 StA Augsburg, A 260.
116 StA Augsburg, G I 2/6; Hengge, a. a. O., Tab. VI.
117 StA Augsburg, E IV 3/476, Polizeibericht über die Versammlung vom 27. 4. 1890; E IV 3/529, Polizeibericht über die Versammlung vom 29. 6. 1890.

der süddeutschen Organisation an, die aber nur einen losen Dachverband darstellte, denn die einzelnen Ortsvereine verwalteten ihre Beiträge selbst. Nur eine Minorität um den aus Norddeutschland zugereisten Anton Fug hielt den Norddeutschen die Treue und warnte vor einer Zersplitterung der Kräfte[118]. Mehrere Anzeichen deuten darauf hin, daß die Fronten zwischen beiden Gruppierungen sich auch in etwa mit dem Unterschied zwischen überzeugten Sozialisten und den politisch noch indifferenten, mehr an handwerklichen Traditionen orientierten Gesellen deckten[119]. Im Frühjahr 1891 mußten die Süddeutschen erkennen, daß sie bei der bevorstehenden Lohnbewegung in Augsburg nur mit einer einheitlichen Organisation Aussicht auf Erfolg hatten, und schlossen sich — nachdem schon in den vorhergehenden Monaten ein rapider Mitgliederschwund eingetreten war — dem Verband deutscher Zimmerleute wieder an[120]. Damit war zwar die Einheit der Gewerkschaft gerettet, doch war deswegen die Frage »Lokalverband oder Centralverein« nicht in allen Gewerben ausdiskutiert. Carl Breder agitierte seit seiner Übersiedlung nach Augsburg mit einigem Erfolg zwar für den Zusammenschluß einzelner Berufe zu größeren Industriegruppen, aber gegen eine zentrale Organisation der Gewerkschaften[121]. Zwei Delegierte, die zum Gewerkschaftskongreß nach Halberstadt entsandt wurden, erhielten den ausdrücklichen Auftrag, für die Gründung größerer Industrieverbände einzutreten und gegen die Branchencentralisation zu stimmen[122]. Während es unmittelbar nach dem Kongreß noch zweifelhaft schien, ob sich alle Augsburger Gewerkschaftsverbände den Halberstädter Beschlüssen, zu denen auch die Centralisation gehörte, beugen würden, konnte die Polizei schon im Juni des gleichen Jahres ein Einschwenken auf die Linie der Generalkommission konstatieren[123]. Lokale Organisationen spielten in Augsburg in den folgenden Jahren keine Rolle mehr, wenn auch die dafür besonders empfänglichen Berufsgruppen, wie z. B. die Bauhandwerker, vereinzelt mit der Gründung von Lokalverbänden drohten; so wurden unter den Zimmerleuten 1896 noch einmal Stimmen laut, die verlangten, die Gewerkschaftsgelder am Ort zu behalten und einen Lokalverein zu gründen[124].

Wie in anderen größeren Städten so schlossen sich auch in Augsburg 1896 die lokalen Zahlstellen zu einem Kartell, dem Gewerkschaftsverein, zusammen. Seine Aufgabe war es, die Aktionen der einzelnen Gewerkschaften zu koordinieren, Statistik, Arbeitsnachweis und Herbergswesen zu pflegen[125]. Dagegen gestattete die

---

118 StA Augsburg, E IV 3/529, Polizeibericht über die Versammlung vom 16. 11. 1890.
119 StA Augsburg, E IV 3/529. So erklärte ein Mitglied über den Süddeutschen Verband, »daß derselbe den nämlichen Zweck verfolge wie der deutsche Verband der Zimmerer, nur mit dem Unterschied, daß der süddeutsche Bund mehr Mäßigung in sich trägt und nicht so leicht zum Streiken geneigt ist wie der norddeutsche und eher mit den Meistern in Verhandlung tritt und zu vermitteln sucht«. Ferner wurde immer wieder darauf hingewiesen, daß der süddeutsche Verband »frei von jeder politischen Tendenz« sei, dagegen könne man sich nicht verhehlen, daß andere Organisationen, voran der Norddeutsche Verband »heute leider auf einen Boden geraten sind, der nicht mehr gewerkschaftlich genannt werden kann«. Gerade die eindeutige Bindung an die sozialdemokratische Partei störe viele der süddeutschen Dissidenten; unter ihnen stießen auch die Maifeiern auf Ablehnung. Dazu gesellte sich eine gewisse Antipathie gegen die Norddeutschen allgemein. So hieß es in einer Versammlung sogar: »Es liegt noch ein gewisses Etwas vom Jahre 1866 drin, daß wir nicht zusammenpassen, zumal dieselben uns nur überflügeln und uns ausnutzen wollen« (ebenda, Polizeibericht über die Versammlungen vom 27. 7., 29. 6. und 10. 8. 1890, darin: »Der Zimmermann« Nr. 9 vom 10. 8. 1890 (Verbandsorgan).
120 StA Augsburg, E IV 3/529.
121 StA Augsburg, G I 2/6, Polizeibericht über die Versammlung vom 21. 12. 1891.
122 Ebenda.
123 Ebenda, Polizeibericht vom 23. 3. 1892.
124 StA Augsburg, E IV 3/476, Polizeibericht über die Versammlung vom 10. 10. 1896.
125 Hengge, a. a. O., S. 34.

zahlenmäßige Schwäche der Freien Gewerkschaften in Augsburg die Errichtung eines Arbeitersekretariats, das »wegen des Mangels an unabhängigen Leuten« sehr dringlich gewesen wäre, noch nicht[126]. Erst nachdem 1902 ein eigener Fonds dafür eingerichtet worden war, konnte aufgrund der angesammelten Finanzmittel am 1. Juli 1906 das Arbeitersekretariat eröffnet werden[127]. Vorläufig beschränkte man sich darauf, eine aus neun Mitgliedern bestehende Kommission zu wählen, die Rat in Rechtsangelegenheiten erteilen, Beschwerden der Arbeiter entgegennehmen und sie an den Fabrikinspektor weiterleiten sollte[128]. Die Bedeutung einer solchen Institution läßt sich erst ermessen, wenn man sich vergegenwärtigt, unter welchen Bedingungen sich die Tätigkeit der staatlichen Fabrikinspektoren vollzog. Für die Arbeiter war es fast unmöglich, während der Betriebsvisitationen Beschwerden vorzubringen, da schon ein Gespräch mit dem Beamten die Entlassung nach sich ziehen konnte[129]. Seit den neunziger Jahren unterhielt der für Schwaben und Neuburg zuständige Fabrikinspektor ein Büro in Augsburg, in dem nach Fabrikschluß und an den Sonntagen Sprechstunden für Arbeiter stattfanden. Von dieser Möglichkeit wurde am Anfang auch reger Gebrauch gemacht, bis die Arbeiter feststellten, daß jeder, der beim Betreten des Büros gesehen wurde, mit dem Verlust des Arbeitsplatzes rechnen mußte[130].

Wie nicht anders zu erwarten, hatten die Gewerkschaften mit ähnlichen Schwierigkeiten zu kämpfen wie die Sozialdemokratie. Der Aufschwung, den die Arbeiterorganisationen zu Beginn der neunziger Jahre erlebten, war auch hier nur vorübergehender Natur. »Die Gleichgültigkeit der Arbeiter gegen alles, was ihre wirtschaftlichen Interessen fördern könnte, die Bequemlichkeit, gepaart mit Furcht vor Maßregelung, halten die Mehrzahl der Arbeiter zurück, sich einer umfassenden Organisation anzuschließen«, schrieb der Fabrikinspektor für Schwaben und Neuburg im Jahre 1899[131]. Auch die Polizei vermerkte in den Versammlungsberichten, die Arbeiter zeigten sich »zurückhaltend und furchtsam, um vor ihren Arbeitgebern nicht denunziert zu werden«[132]. Aus der Reihe der beliebig vermehrbaren Beispiele von Maßregelungen sei nur hervorgehoben, daß schon zwei Wochen nach Gründung des Metallarbeiter-Fachvereins der erste Vorsitzende und zwei Ausschußmitglieder ihre Ämter niederlegen mußten, da sie sonst ihre Arbeitsplätze verloren hätten[133]. Um wenigstens eine einigermaßen geregelte Gewerkschaftsarbeit betreiben zu können, wurden 1901 Karl Wernthaler für den Metallarbeiterverband und Wilhelm Deffner für den Textilarbeiterverband als besoldete Geschäftsführer aufgestellt[134]. Die Vermutung, daß gerade die in den Großbetrieben vorherrschende Kombination von Wohlfahrtseinrichtungen und Maßregelungen die Gewinnung der Arbeiter für die gewerkschaftliche Organisation besonders erschwere, belegt eine Aufschlüsselung der Ergebnisse der Gewerbegerichtswahlen[135].

---

126 Hengge, a. a. O., S. 37.
127 StA Augsburg, G I 17/336, darin: Jahresbericht des Deutschen Metallarbeiterverbands Verwaltungsstelle Augsburg für 1906; Hengge, a. a. O., S. 37 ff.
128 StA Augsburg, G I 2/5, XII. Fasc.; Jahresberichte der Fabrikinspektoren 1896, S. 415.
129 Jahresberichte der Fabrikinspektoren 1897, S. 399, 1898, S. 384.
130 Jahresberichte der Fabrikinspektoren 1893, S. 211, 1895, S. 414.
131 Jahresberichte der Fabrikinspektoren 1899, S. 431.
132 StA Augsburg, G I 2/6, Polizeibericht vom 24. 3. 1896.
133 StA Augsburg, E IV 3/536.
134 Schwäbische Volkszeitung Nr. 143 vom 28. 11. 1964; Deffner, Geschichte der sozialistischen Arbeiterbewegung in Augsburg, a. a. O., II. Teil, S. 146.
135 Nach einer Übersicht in den Augsburger Neuesten Nachrichten Nr. 280 vom 1. 12. 1897.

Gewerbegerichtswahlen 1893

	abgegebene Stimmen	Ordnungsliebende insgesamt	Ordnungsliebende je 100 Wähler	Freie Gewerkschaften insgesamt	Freie Gewerkschaften je 100 Wähler
I. In Distrikten m. ausschließlich oder vorwiegend handwerklichen Betrieben	268	175	65	93	35
II. In gemischten Distrikten (Handwerk und Großindustrie)	1045	616	59	429	41
III. In Bezirken mit vorwiegend Großindustrie	2313	937	41	1376	59
VI. In Bezirken mit ausschließlich Großindustrie	1643	882	54	761	46
	5269	2610	50	2659	50

Danach stieg die Zahl der für die Sozialdemokratischen Gewerkschaften optierenden Arbeiter in Distrikten mit reinen Handwerksbetrieben oder gemischten Betriebsformen von einem niedrigen Ausgangsniveau zwischen 1893 und 1897 rasch an, während sie in Wahlbezirken mit überwiegender Großindustrie wesentlich langsamer wuchs oder (in rein großindustriellen Bezirken) sogar rückläufig war. Diese rückläufige Tendenz zeigte sich besonders stark bei zwei Unternehmen des IV. Bezirks: der Maschinenfabrik Augsburg und der Stadtbachspinnerei[136]. In

Gewerbegerichtswahlen 1897

	abgegebene Stimmen	Ordnungsliebende insgesamt	Ordnungsliebende je 100 Wähler	Freie Gewerkschaften insgesamt	Freie Gewerkschaften je 100 Wähler
I. In Distrikten m. ausschließlich oder vorwiegend handwerklichen Betrieben	431	256	59	175	41
II. In gemischten Distrikten (Handwerk und Großindustrie)	1233	733	51	700	49
III. In Bezirken mit vorwiegend Großindustrie	2931	1090	37	1841	63
VI. In Bezirken mit ausschließlich Großindustrie	2109	1153	55	956	45
	6904	3232	47	3672	53

136 Im Wahlbezirk der Maschinenfabrik Augsburg nahmen die sozialdemokratischen Stimmen um 5,2 %, im Bezirk der Baumwollspinnerei am Stadtbach um 4,1 % ab. Die auffallend geringen Wählerstimmen in den Bezirken mit Textilbetrieben sind auf die überwiegende Beschäftigung weiblicher und jugendlicher Arbeitnehmer zurückzuführen, die nicht wahlberechtigt waren. Der Verfasser des Artikels, bei dem es sich möglicherweise um den MAN-Ingenieur Krantz handelte, unterließ es denn auch nicht, die Direktion der Maschinenfabrik als rühmenswertes Beispiel zu erwähnen und die übrigen Unternehmer zu ermahnen, »die schmähliche Politik des ›Gehen- und Gewährenlassens‹ zu verlassen und sich von dem Wahne freizumachen, als ob man mit Schaffung von Wohlfahrtseinrichtungen allein, so dankenswerth und unerläßlich dieselben auch sind, Wählermassen für sich gewinnen könne. Mit der Sorge für die Wohlfahrt muß sich vor allem ein kräftiger Schutz des vaterlandsliebenden, braven, tüchtigen Arbeiters gegen sozialdemokratische Vergewaltigungsversuche verbinden« (Augsburger Neueste Nachrichten Nr. 280 vom 1. 12. 1897).

diesen Fabriken wurde aber bekanntlich ein besonders starker Druck auf organisierte Arbeiter ausgeübt, bzw. deren Aufnahme in den Betrieb nach Möglichkeit überhaupt vermieden. Die Einsicht, daß eine wirksame Verbesserung der Arbeits- und Lebensbedingungen nur durch Zusammenschlüsse der Arbeiter untereinander zu erreichen war, setzte sich unter diesen Bedingungen in der Augsburger Arbeiterschaft nur sehr zögernd durch. Viele Arbeiter scheuten allerdings nicht nur das offene Bekenntnis zur Organisation, sondern auch die finanziellen Opfer und traten erst kurz vor oder während eines Arbeitskampfes in die Gewerkschaften ein. 1896 waren z. B. von 350 Brauereigehilfen 170 organisiert, weil in diesem Jahre eine — allerdings erfolglose — Lohnbewegung stattfand; 1898 war die Zahl der Gewerkschaftsmitglieder wieder auf 25 Arbeiter gesunken[137]. Die Zahl der organisierten Maurer betrug 1899, im Jahr eines lang andauernden, ebenfalls erfolglosen Streiks, 250; ein Jahr später war sie auf 137 gesunken[138]. Umgekehrt konnten auch einschlägige Erlebnisse ganze Belegschaften veranlassen, der Gewerkschaft beizutreten. Als 1912 in einem Werk der Mechanischen Baumwollspinnerei und Weberei ein spontaner Streik ausbrach, waren von 500 Arbeitern und Arbeiterinnen nur drei organisiert; einen Tag später waren sämtliche Arbeiter einer Gewerkschaft beigetreten[139]. Insofern ist es auch nicht verwunderlich, daß im Laufe der Jahre manche Zahlstellen wegen mangelnder Beteiligung aufgelöst und kurze Zeit später wieder neu gegründet werden mußten[140]. Trotz der Schwäche der Gewerkschaften in Augsburg lag die Zahl der Gewerkschaftsmitglieder wie üblich immer noch wesentlich höher als die der Parteimitglieder. Unterstellt man, daß alle Sozialdemokraten gleichzeitig einer Gewerkschaft angehörten, was sicher nicht der Fall war, dann ergibt sich folgendes Verhältnis[141]:

Sozialdemokratische Parteimitglieder auf je 100 Gewerkschaftsmitglieder

1892	1899	1901	1903	1905	1906	1907	1908	1910	1911
14	6	12	10	6	9	13	19	18	10

Nach Abschluß der Neugründungsphase wandelte sich auch die Mitgliederstruktur der Freien Gewerkschaften. 1896 stellten die Fabrikarbeiter erst ca. ein Drittel der Gewerkschaftsmitglieder. Entsprechend niedrig war der Organisationsgrad innerhalb der Fabrikarbeiterberufe; er betrug bei den Textil- und Metallarbeitern jeweils ca. 2 %. Eine Ausnahme bildeten in gewisser Hinsicht die Former, die infolge ihrer jahrzehntelangen Sonderstellung auf dem Arbeitsmarkt ein ausgeprägtes korporatives Bewußtsein entwickelt hatten[142]. Den höchsten Organisationsgrad wiesen traditionell die Buchdrucker auf, bei denen fast alle Berufsgenossen der Gewerkschaft angehörten[143].

137 Jahresberichte der Fabrikinspektoren 1896, S. 429; Hengge, a. a. O., Tabelle VI.
138 Hengge, a. a. O., Tabelle VI.; zum Maurerstreik siehe unten.
139 StA Augsburg, G I 16/66.
140 StA Augsburg, G I 2/6, Polizeibericht vom 3. 9. 1895.
141 Ebenda, Polizeibericht vom 19. 12. 1892; Hengge, a. a. O., Tabelle VI. Im allgemeinen schätzt man die Zahl der Parteimitglieder, die einer Gewerkschaft angehörten, auf ca. 70 %. Nach Einzelangaben betrug die Zahl der Gewerkschaftsmitglieder, die zugleich der SPD angehörten, um 1900 dagegen nur ca. 25—30 % (Groh, Negative Integration, a. a. O., S. 71). Das Verhältnis von Gewerkschafts- und Parteimitgliedschaft war folglich in Augsburg sehr ungünstig.
142 Jahresberichte der Fabrikinspektoren 1896, S. 429.
143 Rotter, a. a. O., S. 21 ff.

Diese, für eine Industriestadt von der Größe Augsburgs untypische Struktur änderte sich nach Beendigung der Wirtschaftskrise von 1900/02. Das sinkende Arbeitsplatzrisiko verminderte die Zurückhaltung, welche die Arbeiter gegenüber den Gewerkschaften an den Tag legten. Zugleich lösten stagnierende Löhne in der Textilindustrie, Lohnreduzierungen im Maschinenbau und ständig steigende Lebenshaltungskosten wachsende Unzufriedenheit aus und trieben die Fabrikarbeiter in die Organisationen. Seit 1903 stellten allein Textil- und Metallarbeiter mehr als die Hälfte aller Organisierten. Als dritte, besonders gut organisierte Gruppe traten die Maurer, Bauhilfsarbeiter und Erdarbeiter hervor, vor allem nach dem Zusammenschluß zum Bauarbeiterverband im Jahre 1911[144]. Eine aufschlußreiche Beobachtung läßt sich durch den Vergleich der Mitgliederbewegung des Textilarbeiterverbands und der Metallarbeitergewerkschaft machen. Der Metallarbeiterverband zeigte eine allmählich ansteigende Entwicklung, die nur von einer Stagna-

Organisationsgrad und Struktur der Freien Gewerkschaften 1896[145]:

Beruf	Zahl der Beschäftigten	Zahl der Organisierten	Anteil in % der Beschäftigten	Anteil d. einzelnen Organisationen an der Gesamtzahl der Organisierten
Bildhauer	34	16	47,1	1,3
Brauer	350	170	48,6	13,5
Buchdrucker	151	145	96,0	11,5
Buchbinder	31	24	77,4	1,9
Zigarrenarbeiter	120	29	24,2	2,3
Feilenhauer	26	12	46,2	0,9
Former	300	70	23,2	5,5
Hafner	47	10	21,3	0,8
Handschuhmacher	8	7	87,5	0,6
Holzarbeiter	850	90	10,6	7,1
Hutmacher	55	28	50,9	2,2
Kupferschmiede	50	24	48,0	1,9
Lithographen	140	40	28,6	3,2
Maler	200	50	25,0	3,9
Maurer } Maurer-Tagelöhner }	700–800 1000–1100	40	2,4	3,2
Metallarbeiter	6000–7000	120	ca. 2,0	9,5
Schneider	800	44	5,5	3,5
Schuhmacher	250	28	11,2	2,2
Tapezierer	60	21	35,0	1,7
Textilarbeiter	10 000	245	2,5	19,4
Steinmetzen	45	25	55,5	2,0
Zimmerer	300	24	8,0	1,9
insgesamt	21 517 – 22 717	1262		100,0 %

144 Hengge, a. a. O., Tabelle VI. Die extrem hohe Zahl organisierter Bauarbeiter 1911 war vermutlich auf die lange Aussperrungszeit im Jahre 1910 zurückzuführen (siehe unten).
145 Jahresberichte der Fabrikinspektoren 1896, S. 429.

tion in den Jahren 1906—1909, der Blütezeit der Gelben Werkvereine, unterbrochen wurde. Dagegen verzeichneten die Textilarbeiter Rekordzunahmen und -verluste[146]. Für beide Gewerkschaftsorganisationen lagen die höchsten Zuwachsraten im Aussperrungsjahr der bayerischen Metallindustrie 1905. Dabei reagierten die unmittelbar betroffenen Metallarbeiter, die schon zuvor besser organisiert waren als die Textilarbeiter, weit gelassener, während für ihre Kollegen in den Spinnereien und Webereien das Beispiel einer Aussperrung offensichtlich zu einem regelrechten Schock führte, der sie in die Organisation trieb[147]. Auch die kurz darauf eintretenden Mitgliederverluste und der erneute Aufschwung der Gewerkschaftsbewegung seit 1910 erfolgte bei den Textilarbeitern nicht allmählich, sondern schlagartig.

Die Ursachen für das uneinheitliche Organisationsverhalten der Arbeiter bei ähnlicher Struktur der Branchen (Großbetriebe) müssen in erster Linie in der unterschiedlichen Lage und Zusammensetzung beider Gruppen gesehen werden. Während in der Metallverarbeitung und im Maschinenbau vorwiegend erwachsene, männliche Arbeiter verwendet wurden, bestand die Textilarbeiterschaft zur Hälfte — in machen Betrieben sogar zu zwei Dritteln und mehr — aus Frauen und Jugendlichen. Außerdem handelte es sich bei den Metallarbeitern zum größten Teil um qualifizierte Fachkräfte mit längerer Ausbildung, wenn nicht gar mit Lehrzeit im Handwerk oder den Fabriken; dagegen waren die Textilarbeiter fast ausschließlich ungelernte oder angelernte Arbeiter, deren Ausbildungszeit beendet war, sobald sie die Bedienung einer Maschine beherrschten. Nicht zuletzt waren die Löhne in der Textilindustrie bei gleichzeitig längerer Arbeitszeit fühlbar niedriger als in den Maschinenfabriken. Die Versuchung, bei vermindertem Einkommen in Krisenzeiten auch die Gewerkschaftsbeiträge zu sistieren, lag daher nahe[148]. Trotz mancher Hinweise darf man nicht ohne weiteres einen Kausalzusammenhang zwischen Frauenarbeit, niedrigem Organisationsgrad, geringer Streiklust und allgemeiner politischer Passivität sehen. Der Eintritt in die Gewerkschaft stand den Frauen seit den neunziger Jahren offen[149]. 1905 stellten die Frauen die Hälfte

---

146 Hengge, a. a. O., Tab. VI; W. Troeltsch, P. Hirschfeld, a. a. O., S. 229. Die Fluktuation der Mitglieder der Textilarbeitergewerkschaft war auch im Reichsdurchschnitt außerordentlich hoch. Der Textilarbeiterverband gehörte in Deutschland bis 1900 zu den finanziell schwächsten Gewerkschaften. Seine Unterstützungseinrichtungen waren daher auch wenig leistungsfähig, was wiederum die Anziehungskraft auf die Arbeiter mindern mußte. Bis 1901 wurde nur Reiseunterstützung, ab 1902 auch Krankenunterstützung und Maßregelungsbeihilfe gewährt (ebenda, S. 228 ff.).
147 StA Augsburg, G I 16/14, II. Fasc. In den Versammlungen wiesen die Redner des Textilarbeiterverbands ausdrücklich darauf hin, daß den Textilarbeitern jederzeit das gleiche Schicksal wie den Metallarbeitern drohen konnte. SWA-Archiv, Augsburg, Verband Süddeutscher Textilarbeitgeber, F. Groß an Bueck am 27. 9. 1905 zu der Wirkung der Metallarbeiteraussperrung: »Diese Erbitterung griff insbesondere im Monat Juli [. . .] auf die Textilarbeiterschaft über, deren Organisationen einen bedenklichen Zulauf erhielten. Tagtäglich fanden Versammlungen statt, in denen zwar noch nicht präzise Forderungen gestellt, sondern vorerst die Arbeiter nur aufs äußerst verhetzt und auf weitere Schritte vorbereitet wurden«.
148 StA Augsburg, G I 16/29, darin: Jahresbericht des Deutschen Metallarbeiterverbands, Verwaltungsstelle Augsburg, 1905. Eine Aufstellung des Metallarbeiterverbands in Augsburg weist ca. 80 % seiner Mitglieder als qualifizierte Facharbeiter aus, darunter als bedeutendste Gruppen Schlosser, Former und Dreher:

Eisen- und Metalldreher	296
Former, Kernmacher	256
Schlosser, Mechaniker, Monteure	576
Bohrer, Fräser, Hobler, Uhrfedernmacher, Hilfsarbeiter	102
Sonstige	324
Mitgliederstand 1905	1554

149 StA Augsburg, G I 2/6. Frauen wurden zwar schon vereinzelt in den sechziger und siebziger Jahren Gewerkschaftsmitglieder; da die meisten Gewerkschaften in den siebziger Jahren jedoch zu politischen Vereinen erklärt wurden, war ihre Teilnahme nicht mehr erlaubt.

aller gewerkschaftlich organisierten Textilarbeiter in Augsburg, was freilich ihrem Anteil an der gesamten Textilarbeiterschaft noch nicht entsprach. 1906 bis 1911 ging ihr Anteil zwar überproportional zurück, erreichte jedoch 1912, im Jahre des allgemeinen gewerkschaftlichen Aufschwungs in Augsburg, wieder die Hälfte der Organisierten. Dieser Organisationsgrad der Frauen kann als überdurchschnittlich gelten, denn 1903 waren im Textilarbeiterverband auf Reichsebene nur 17 %/o der Mitglieder Frauen, 1906 ca. ein Drittel[150]. Das zeigt, daß die Organisation der Fabrikarbeiterinnen keine aussichtslose Sache war. Wenn die Arbeiterinnen trotzdem für die Organisation weniger ansprechbar waren und ein instabileres Mitgliederpotential als die Männer darstellten, so lagen die Gründe dafür zweifellos in der Einschätzung der Frauenarbeit an sich, die selbst in gewerkschaftlichen Kreisen zum Teil als ein unerwünschter, möglichst vorübergehender Zustand betrachtet wurde. Dies mochte auch die größere Gleichgültigkeit der Arbeiterinnen gegenüber dem Schutz der Gewerkschaft bei Maßregelung, Aussperrung oder Streik bedingen. In der Tat mußten die Frauen seltener als die Männer den Unterhalt der Familie allein bestreiten; zudem unterbrachen sie aus familiären Gründen häufig die Erwerbstätigkeit. Nicht zuletzt aber war ihr Verdienst noch geringer als der ihrer männlichen Kollegen und somit auch die Zahlung des Gewerkschaftsbeitrags ein größeres Opfer.

Die gewerkschaftliche Organisation der Frauen 1899–1912[151]

	1899	1900	1905	1906	1907	1908	1909	1910	1911	1912
Textilarbeiterinnen	97	?	1653	1432	871	769	714	643	620	1092
Buchdruckereihilfsarbeiterinnen	—	—	—	33	52	80	82	82	103	100
Fabrikarbeiterinnen	—	—	73	60	50	55	101	196	148	108
Sonstige	25	59	118	118	109	116	123	79	142	145
	122	59	1844	1643	1082	1020	1020	1020	1013	1445

Entscheidender jedoch als diese strukturellen Hemmnisse, die sich aus der dominierenden Rolle der Textilindustrie in der Augsburger Wirtschaft ergaben, erwies sich für die Entwicklung der Gewerkschaften die Gründung der Gelben Werkvereine. Wenn man nach früheren Erfahrungen auch annehmen mußte, daß die überproportionalen Mitgliedergewinne des Jahres 1905 nicht in vollem Umfang hätten aufrecht erhalten werden können, so war doch durch das Erlebnis der Metallarbeiteraussperrung, aber auch durch die steigende Unruhe der Arbeiter in den Aufschwungjahren nach 1903 ein entscheidender Durchbruch erzielt worden. Für dieses kaum erwachte organisatorische Selbstbewußtsein bedeuteten die Werkvereinsbewegung und das Hineintragen der antigewerkschaftlichen Kampfmaßnahmen bis in die einzelnen Werkstätten einen schweren Rückschlag. Augsburg blieb trotz seiner zahlreichen Arbeiterbevölkerung für die Organisation der Freien Gewerkschaften ohne besondere Bedeutung. Diese Feststellung gilt in gleichem Maße auch für die Hirsch-Dunckerschen Gewerkvereine und die christlichen Gewerkschaften. Auch die fest verwurzelten liberalen Traditionen in der Stadt und die

---

150 Paul Hirschfeld, Die Freien Gewerkschaften in Deutschland. Ihre Verbreitung und Entwicklung 1896–1906, Jena 1908, S. 93.
151 Zusammenstellung nach Hengge, a. a. O., Tab. III.

Chancen, welche das Überwiegen der katholischen Bevölkerung boten, konnte aus den gleichen Gründen nicht in dem zu erwartenden Umfang genutzt werden.

Organisationsstruktur der Freien Gewerkschaften 1900–1912[152]

Verband	1900 abs.	%	1905 abs.	%	1910 abs.	%	1912 abs.	%
1. Bäcker	39	1,9	40	0,5	42	0,5	45	0,4
2. Bauhilfsarbeiter	—	—	150	1,8	868	10,3	—	—
3. Bau- und Erdarbeiter			41	0,5	36	0,4	1 813	16,8*)
4. Bierbrauer	80	3,8	390	4,7	354	4,2	480	4,4
5. Bildhauer	12	0,6	12	0,1	9	0,1	4	0,04
6. Böttcher	—	—	26	0,3	19	0,2	17	0,2
7. Buchbinder	22	1,0	26	0,3	30	0,4	72	0,7
8. Buchdrucker	174	8,3	?	?	299	3,5	300	2,8
9. Buchdruckerhilfsarbeiter	—	—	55	0,7	114	1,3	147	1,4
10. Dachdecker	—	—	—	—	—	—	6	0,1
11. Eisenbahner	—	—	—	—	304	3,6	282	2,6
12. Fabrikarbeiter	—	—	560	6,8	828	9,8	866	8,0
13. Feilenhauer	16	0,8	—	—	—	—	—	—
14. Former	85	4,1	—	—	—	—	—	—
15. Gärtner	—	—	—	—	—	—	6	0,1
16. Stukkateure	—	—	45	0,5	10	0,1	—	—
17. Gemeindearbeiter	—	—	—	—	175	2,1	317	2,9
18. Handels- und Transportarbeiter	—	—	205	2,5	357	4,2	733	6,8
19. Handlungsgehilfen	—	—	16	0,2	26	0,3	40	0,4
20. Heizer und Maschinenarbeiter	—	—	—	—	19	0,2	102	0,9
21. Holzarbeiter	209	10,0	287	3,5	320	3,8	376	3,5
22. Hutmacher	19	0,9	38	0,5	54	0,6	22	0,2
23. Hafner	27	1,3	—	—	—	—	—	—
24. Kupferschmiede	17	0,8	22	0,3	15	0,2	47	0,4
25. Lagerhalter	—	—	8	0,1	12	0,1	11	0,1
26. Lithographen	25	1,2	30	0,4	60	0,7	50	0,5
27. Maurer	137	6,5	539	6,5	746	8,8	**)	**)
28. Mühlenbauer	—	—	—	—	17	0,2	—	—
29. Müller	32	1,5	30	0,4	—	—	—	—
30. Metallschläger Lechhausen	76	3,6	—	—	—	—	—	—
31. Nichtgewerbliche Arbeiter	33	1,6	—	—	—	—	—	—
32. Nichtgewerbliche Lechhausen	31	1,5	—	—	—	—	—	—
33. Pflasterer	—	—	—	—	8	0,1	—	—
34. Schneider	150	7,1	174	2,1	182	2,2	199	1,8
35. Schuhmacher	41	2,0	304	3,7	51	0,6	161	1,5
36. Schmiede	12	0,6	38	0,5	10	0,1	***)	***)

152 Berechnung nach Hengge, a. a. O., Tabelle VI.
*) ab 1911 Bauarbeiterverband;
**) siehe Bauarbeiter;
***) siehe Metallarbeiter.

Verband	1900 abs.	%	1905 abs.	%	1910 abs.	%	1912 abs.	%
37. Sattler	—	—	12	0,1	10	0,1	9	0,1
38. Tabakarbeiter	14	0,7	—	—	—	—	—	—
39. Tapezierer	25	1,2	21	0,3	41	0,5	53	0,5
40. Textilarbeiter	350	16,7	3 378	41,0	1 490	17,6	2 085	19,3
41. Töpfer	—	—	20	0,2	—	—	—	—
42. Techn. Bühnenpersonal	—	—	13	0,2	—	—	—	—
43. Wagner	16	0,8	—	—	—	—	—	—
44. Maler	40	1,9	60	1,7	74	0,9	136	1,3
45. Metallarbeiter	374	17,8	1 554	18,9	1 664	19,7	2 160	20,0
46. Zimmerer	42	2,0	136	1,7	217	2,6	266	2,5
insgesamt	2 098	100,0	8 230	100,0	8 461	100,0	10 805	100,0

2. Die Hirsch-Dunckerschen Gewerkvereine

Die Hirsch-Dunckerschen Gewerkvereine, die in ihrer Zielsetzung von Max Hirsch, einem engen Freund Schulze-Delitzschs, beeinflußt wurden, und nach englischem Vorbild die Schaffung von Unterstützungseinrichtungen als Hauptaufgabe betrachteten, waren seit ihrer Gründung im Jahre 1868 bis zum ersten Verbandstag 1873 in Berlin fast ausschließlich auf preußisches Gebiet beschränkt. Ende der siebziger und Anfang der achtziger Jahre folgten erste Vereinsgründungen in Süddeutschland, zu denen auch der 1883 in Augsburg gegründete Ortsverein der Maschinenbau- und Metallarbeiter gehörte[153]. Dieser Verband, der zunächst nur sieben Mitglieder, sechs Jahre später aber in Augsburg und Umgebung schon ca. 200 Mitglieder zählte, verdankte seine Anziehungskraft vor allem einer gut funktionierenden Krankenkasse; noch 1905 waren die »Hirsche« in der Maschinenfabrik Augsburg offensichtlich nur durch eine eigens für sie eingerichtete Krankenkasse, die ihre bereits erworbenen Ansprüche übernahm, für die gelbe Organisation zu gewinnen. Eine lebhafte Gründungs- und Agitationstätigkeit entfalteten die Gewerkvereine erst, als die sozialdemokratischen Gewerkschaften nach der Aufhebung des Sozialistengesetzes wieder zu einer stärkeren Kraft in der Arbeiterschaft zu werden drohten. In der Regel waren die Hirsch-Dunckerschen Organisationen jedoch nur in einigen Betrieben in nennenswertem Umfang vertreten, z. B. in der Mühlenbaugesellschaft Oexle & Cie., deren Arbeiter nach dem Konkurs der Firma bezeichnenderweise auch vom Industrieverein großzügig unterstützt wurden[154]. Im Gegensatz zu den Freien Gewerkschaften wurden die Gewerkvereine von den meisten Unternehmern geschätzt, vor allem weil sie »statutengemäß bzw. laut Revers jeden Sozialdemokraten ausschließen und sich sonach prinzipiell unterscheiden von den ›Gewerkschaften‹«[155]. »Staatstreue« und Loyalität gegenüber den Arbeitgebern erwies ein Teil der Gewerkvereinsmitglieder auch durch den Beitritt zum Verband der Ordnungsliebenden Arbeiter. Trotzdem schützte die Zugehörigkeit zum Gewerkverein nicht in allen Fällen vor Maßregelungen; der Fabrik-

---

[153] Hengge, a. a. O., S. 13; Grebing, a. a. O., S. 132 f.
[154] Hengge, a. a. O., S. 16; StA Augsburg, Nachlaß Haßler, K 4, Krantz, Bericht über Arbeiterverhältnisse.
[155] StA Augsburg, Nachlaß Haßler, K 4, Krantz, Bericht über die Arbeiterverhältnisse.

inspektor berichtete von Unternehmern, denen jegliche Form der Arbeiterorganisation suspekt war, und die auch Arbeiter wegen ihrer Zugehörigkeit zu den Gewerkvereinen entließen[156].

Zweifellos gerieten die Gewerkvereine durch das Auftreten der Freien Gewerkschaften allmählich in einen gewissen Zugzwang, was den Kampf um bessere Arbeits- und Lohnbedingungen betraf. Das Auseinanderbrechen des Verbands der Ordnungsliebenden, das Auftreten der Gelben Werkvereine, die sich auch gegen die Hirsch-Dunckerschen Verbände wandten, führten nicht nur zu einer stärkeren Betonung des gewerkschaftlichen Charakters, zur Teilnahme oder Initiierung von Lohnbewegungen, sondern auch zu einer Neubewertung durch die Unternehmer. Von Fabrikanten, wie Heinrich Buz, für die letztlich alle Gewerkschaften »sozialdemokratisch« waren, konnten auch die Gewerkvereine keine Schonung mehr erwarten. 1908 stand die Summe der für Streik und Maßregelung ausgegebenen Gelder in der Höhe schon an dritter Stelle unter den Ausgaben der Gewerkvereine[157]. Die Metallarbeiteraussperrung 1905 führte auch den Gewerkvereinen eine große Anzahl neuer Mitglieder zu, so daß sich die in Augsburg und den Vororten bestehenden Verbände zu einem Kartell mit einem gemeinsamen Gewerkvereinssekretär zusammenschlossen. Die Mitgliederzahl ging jedoch nach Gründung der gelben Werkvereine, zu deren Rekrutierungspotential die Gewerkvereinsmitglieder zählten, relativ stark zurück, so daß auch die zentrale Organisation nicht mehr aufrecht erhalten werden konnte[158].

Mitgliederzahlen der Hirsch-Dunckerschen Gewerkvereine[159]
(Augsburg und Umgebung)

Gewerkverein der	1892	1896	1904	1905	1912
Maschinenbauarbeiter	ca. 220	ca. 500	ca. 392	ca. 830	ca. 419
Textilarbeiter	—	ca. 70	ca. 332	ca. 647	ca. 323
Holzarbeiter	ca. 60	ca. 80	ca. 182	ca. 190	ca. 111
Maler	—	ca. 45	ca. 36	ca. 26	ca. 56
Lederarbeiter	—	—	ca. 49	ca. 58	ca. 25
Bildhauer	—	ca. 25	?	ca. 18	ca. 25
Fabrik- und Handarbeiter	—	ca. 125	ca. 350	ca. 354	ca. 592
insgesamt	ca. 280	ca. 845	ca. 1342	ca. 2123	ca. 1551

3. Die christlichen Gewerkschaften

Der Gedanke der christlichen Gewerkschaften, der seit der Mitte der neunziger Jahre im Rheinland verwirklicht und in Vorformen, im sog. »Arbeiterschutzverein«, auch in München aufgegriffen wurde, stieß in Augsburg zunächst auf wenig Resonanz, ja sogar auf offene Ablehnung[160]. Der katholische Arbeiterverein, von dem die Initiative in dieser Frage hätte ausgehen können, war durch seine führende

---

156 Jahresberichte der Fabrikinspektoren 1896, S. 430.
157 Hengge, a. a. O., S. 20.
158 Ebenda, S. 19.
159 Zusammenstellung nach StA Augsburg, G I 2/6 (1892); Jahresberichte der Fabrikinspektoren 1896, S. 430; Hengge, a. a. O., S. 29.
160 Michael Gasteiger, Geschichte der christlichen Gewerkschaften in Süddeutschland, München 1909, S. 8 ff.

Rolle im Verband der Ordnungsliebenden gar nicht in der Lage, eine Entwicklung der katholischen Arbeiterbewegung in diese Richtung gutzuheißen. Den geistlichen Protektoren des Arbeitervereins war es gelungen, die katholische Arbeiterbewegung in Augsburg auf eine Vorstellung der Beziehungen zwischen Arbeitgebern und Arbeitnehmern festzulegen, nach der den Arbeitern außer der Hoffnung auf christliche Fürsorge des Unternehmers zur Verbesserung ihrer Lage nur ein Leben in Sparsamkeit, Fleiß und Demut blieb. Die Anwendung von Kampfmitteln gegen die Arbeitgeber war unter diesen Voraussetzungen so gut wie ausgeschlossen, selbst wenn dadurch die bestehenden Eigentums- und Herrschaftsverhältnisse nicht in Frage gestellt wurden. Bezeichnenderweise war der Arbeiterverein Ende der neunziger Jahre eher noch bereit, seinen Mitgliedern den Eintritt in die Hirsch-Dunckerschen Gewerkvereine, den Mitstreitern im Verband der Ordnungsliebenden, zu gestatten[161]. Die ersten Gründungen christlicher Gewerkschaften für Textilarbeiter und Eisenbahnarbeiter im Jahre 1897 stießen daher auf entschiedene Ablehnung in den Kreisen des katholischen Arbeitervereins; offensichtlich existierte sogar ein Verbot der Mitgliedschaft für Angehörige des Arbeitervereins[162]. Im September 1899 kam es zu tumultartigen Szenen, als ein Vertreter der christlichen Gewerkschaften aus München in einer Versammlung die Augsburger Verhältnisse einer scharfen Kritik unterzog. Zum Entsetzen der Augsburger bekannte er offen, daß die christlichen Arbeiter in München die Freien Gewerkschaften wegen ihrer Nähe zur Sozialdemokratie und deren Religionsfeindlichkeit zwar ablehnten, ihnen in wirtschaftlichen Fragen aber näherstünden als den Gewerkvereinen, die nur »Schmarotzerpflanzen« seien. Den Augsburger Arbeitern aber rief er zu: »Wenn Sie christliche Gewerkschaften haben wollen: Wir wollen unabhängig sein von jeder Partei, wir wollen auch unabhängig sein von einer gewissen Unternehmerclique, die in Augsburg besonders maßgebend ist«[163]. Der I. Vorsitzende des Verbands Ordnungsliebender Arbeitnehmer, Sailer, erklärte daraufhin die Gründung eines Arbeitsschutz-Vereins, aus dessen einzelnen Berufssektionen später die Gewerkschaften hervorgehen sollten, für überflüssig. Man könne Fachsektionen schaffen, aber diese müßten dem Arbeiterverein unterstehen. Zwar seien auch in Augsburg die Arbeiterverhältnisse noch verbesserungsbedürftig, »aber nicht kampfesweise, sondern [...] im friedlichen Einvernehmen zwischen Arbeitgeber und Arbeitnehmer«[164].

Die Ortsgruppen der christlichen Gewerkschaften, die in den nächsten Jahren entstanden, hatten noch lange mit dem Mißtrauen der katholischen Arbeitervereine zu kämpfen, wenn auch 1906 eine gemeinsame Kommission für Arbeitervertreterwahlen und soziale Angelegenheiten gegründet und im gleichen Jahr mit dem katholischen Casino ein Volksbureau für die Beratung der Arbeiter in Rechts- und Versicherungsfragen eröffnet wurde[165]. Vor allem gab die schon erwähnte Toleranz des Arbeitervereins bezüglich des Eintritts seiner Mitglieder in die Gelben Werkvereine weiterhin Anlaß zu Differenzen. Erst allmählich trat ein Wandel in den gegenseitigen Beziehungen ein, der seit 1908 zu einer Aufwertung der christlichen Gewerkschaften führte[166].

---

161 Das geht aus einem Bericht der Neuen Augsburger Zeitung Nr. 206 vom 6. 9. 1899 hervor.
162 Jahresberichte der Fabrikinspektoren 1897, S. 420; Hengge, a. a. O., S. 51; Mai, a. a. O., S. 108.
163 Neue Augsburger Zeitung Nr. 206 vom 6. 9. 1899.
164 Neue Augsburger Zeitung Nr. 206 vom 6. 9. 1899.
165 StA Augsburg, G I 16/45; Hengge, a. a. O., S. 58. Karl Böhmer, Die Arbeitersekretariate Bayerns mit besonderer Berücksichtigung der Nürnberger, Diss. Nürnberg 1915, S. 32.
166 Hengge, a. a. O., S. 52.

Obwohl ein großer Teil der Augsburger Arbeiterbevölkerung katholisch war und um die Jahrhundertwende ca. 19 % aller Einwohner einem katholischen Verein angehörten, gelang es den christlichen Gewerkschaften nicht, zu einer ernsthaften Konkurrenz der Freien Gewerkschaften zu werden[167]. Die spezifische wirtschaftsfriedliche Ausprägung des sozialen Katholizismus in Augsburg seit den siebziger Jahren wirkte sich auch langfristig negativ auf die Verbreitung des Organisationsgedankens unter der Arbeiterschaft aus. Der Schwäche der christlichen Gewerkschaftsbewegung in Augsburg war es auch zuzuschreiben, daß der für Süddeutschland aufgestellte Sekretär des christlichen Metallarbeiterverbands trotz zäher Bemühungen seinen Sitz nicht in Augsburg, sondern in München aufschlug[168].

Die Schwäche der Augsburger Gewerkschaftsbewegung insgesamt tritt klar zutage, wenn man die Zahl der Organisierten der Gesamtzahl der organisationsfähigen Arbeiter gegenüberstellt. 1908 waren in Augsburg und den Vororten 26 825 über sechzehn Jahre alte Arbeiter und Arbeiterinnen beschäftigt; davon gehörten 5815 (21,7 %) den Freien Gewerkschaften, 1445 (5,4 %) den christlichen Gewerkschaften und 1009 (3,8 %) den Hirsch-Dunckerschen Gewerkvereinen an, so daß der Anteil der Organisierten insgesamt 8269 Arbeiter, bzw. 30,8 % betrug. Ihnen standen als Gegner 6912 »Gelbe« (25,8 %) und 43,4 % Unorganisierte gegenüber[170]. Es läßt sich unschwer vorstellen, mit welchen Problemen die organisierte Arbeiterbewegung, die ja ihrerseits wieder in verschiedene Richtungen zerfiel, im Falle eines Arbeiterkonflikts zu kämpfen hatte.

Mitgliederzahl der christlichen Gewerkschaften
(Augsburg und Umgebung)

Gewerkschaft	1898	1902	1905	1912
1. Textilarbeiter	ca. 22	ca. 42	ca. 68	652
2. Transportarbeiter	—	—	ca. 168	216
3. Bauarbeiter	—	—	—	409
4. Brauereiarbeiter	—	—	—	30
5. Bäcker	—	—	—	31
6. Eisenbahnarbeiter	873	760	ca. 888	1163
7. Graphische Berufe	—	—	—	29
8. Gemeindearbeiter	—	—	—	42
9. Holzarbeiter	—	—	ca. 13	126
10. Keramarbeiter	—	—	—	2
11. Lederarbeiter	—	—	ca. 19	33
12. Maler	—	—	—	24
13. Metallarbeiter	—	42	83	197
14. Militärarbeiter	—	34	25	18
15. Schneider	—	—	—	29
16. Straßenbahnarbeiter	—	—	—	28
insgesamt	ca. 895	ca. 878	ca. 1264	3029

167 Neue Augsburger Zeitung Nr. 206 vom 6. 9. 1899.
168 Hengge, a. a. O., S. 58.
169 Ebenda, Tabelle XI.
170 Zahlenangaben für die beschäftigten Arbeiter insgesamt: StA Augsburg, G I 16/50; Hengge, a. a. O., Tabelle VI, XI, IV. Zahlenangaben für die gelben Werkvereine siehe oben.

IV. Die Arbeiterorganisationen im Kampf um bessere Arbeitsbedingungen

Die Tätigkeit der Gewerkschaften wurde von den Augsburger Sozialdemokraten auch nach 1890 geringer eingestuft als die Parteiagitation selbst; so sah man noch um 1900 den hauptsächlichen Wert der Gewerkschaften darin, daß sie »Rekruten für die gute Sache« zogen[171]. Das unverhältnismäßig raschere Wachstum der Gewerkschaften im Vergleich zur Partei und die Bedeutung, die ihnen in der Arbeiterbewegung schließlich zukam, führte allmählich zu einer veränderten Einschätzung. Viele Sozialdemokraten dachten wohl wie der Augsburger Arbeitersekretär Anton Walter, der 1908 meinte: »Früher, als man noch mit dem nahe bevorstehenden Kladderadatsch gerechnet habe, hätten ja auch die Gewerkschaften keine Daseinsberechtigung gehabt. Heute wisse man aber auch Gegenwartsarbeit zu würdigen«[172]. Von dieser Einstellung auf ein gespanntes Verhältnis zwischen Partei- und Gewerkschaftsführung in Augsburg zu schließen, wäre jedoch verfehlt. Die Kritik, die von seiten der SPD an der gewerkschaftlichen Taktik mitunter geübt wurde, bezog sich nur auf die Linie der Generalkommission in Fragen der Theorie und Politik. Die lokalen Gewerkschaftsführer widersetzten sich nicht dem Kurs des Augsburger sozialdemokratischen Vereins[173].

Die wirtschaftlichen und sozialen Verhältnisse in der Stadt brachten es mit sich, daß nicht nur der Parteiagitation, sondern gerade auch der praktischen Tätigkeit der Gewerkschaften stets deutlich die Grenzen ihres Einflusses vor Augen standen. Erschwerte die politische Passivität und die vorwiegende Bindung der Arbeiter an konservative Autoritäten das Vordringen sozialdemokratischer Ideen, so galt dies in viel stärkerem Maße, wenn bei Arbeitskonflikten persönlicher Einsatz gefordert wurde. Ausgeprägte Abhängigkeitsverhältnisse im Wohn- und Arbeitsbereich prädestinierten in den großen Fabriken stets einen Teil der Arbeiter dazu, als streikhemmendes Element oder gar als Streikbrecher zu wirken. Aus dem engen Zusammenhalt der Arbeitgeber, an dem schon die ersten Streiks in den sechziger und achtziger Jahren scheiterten, war inzwischen eine straffe Organisation auf lokaler und regionaler Ebene geworden. Daneben erschwerte auch die Struktur der Fabrikarbeiterschaft die Einübung solidarischer Verhaltensweisen; das galt in besonderem Maße für die Textilindustrie, wo ausgeprägte Einkommensunterschiede zwischen den Webern und Spinnern und dem Heer der Minimallohnbezieher bestanden. 1890 konnte z. B. die Polizei anläßlich einer drohenden Lohnbewegung in der Augsburger Kammgarnspinnerei berichten, die Streikgefahr unter den Spinnern sei im Gegensatz zur übrigen Belegschaft gering, da sich unter ihnen Arbeiter befänden, die bis zu 100 M im Monat verdienten und sich nur ungern einem Ausstand anschlössen[174]. Hinzu kam, daß sich gerade in den Textilfabriken Facharbeiter und Aufsichtspersonal vorwiegend oder ausschließlich aus männlichen Arbeit-

---
171 StA Augsburg, G I 2/16, III. Fasc., Polizeibericht über die Versammlung vom 11. 11. 1900.
172 StA Augsburg, G I 2/5, XIV. Fasc., Polizeibericht über die Versammlung vom 18. 5. 1908.
173 So empörte sich z. B. der Geschäftsführer des Textilarbeiterverbands, Wilhelm Deffner, in besonderem Maße über die Budgetbewilligung der SPD im bayerischen Landtag (StA Augsburg, G I 2/16). Die Kritik, welche die örtliche Parteiführungen an den Bestrebungen übte, die Maifeier auf einen Sonntag zu verlegen, war offensichtlich nur grundsätzlicher Natur; gerade in Augsburg konnte die Gewerkschaft nicht auf die Einhaltung der Arbeitsruhe dringen. 1906 z. B. wurde der 1. Mai nur von rund 300, meist »unabhängigen« Personen gefeiert. Die Industriearbeiter wagten es so gut wie gar nicht, der Arbeit an diesem Tag fernzubleiben; in München und Nürnberg dagegen beteiligte sich immer eine Anzahl Fabrikarbeiter an der Arbeitsruhe (StA Augsburg, G I 2/5, XIV. Fasc.; MAN-Archiv Augsburg, Nachlaß Guggenheimer, K 53).
174 StA Augsburg, A 181, Polizeibericht vom 12. 4. 1890.

nehmern, die übrige Masse der Arbeiter aber aus Frauen und Jugendlichen zusammensetzte. Zweifellos besaßen diese Frauen entsprechend den gesellschaftlichen Rahmenbedingungen nicht jene Eigenschaften, die zur Einleitung eines Arbeitskampfes erforderlich waren, so daß zumindest das Potential an sog. »Rädelsführern« geringer als in Branchen mit vorwiegend männlichen Arbeitnehmern gewesen sein dürfte. Ob sich das Verhalten der Arbeiterinnen allerdings auch noch im Fall einer bereits begonnenen Auseinandersetzung von dem der männlichen Arbeitnehmer unterschied, wird erst noch zu untersuchen sein.

Als Höhepunkte der Streikbewegung seit 1890 ragen die Jahre 1905/6 und 1912/13 heraus, wobei das Jahr 1906 gemessen an der Zahl der im Ausstand befindlichen Arbeiter den Rekord hält[175]. Es spiegelt mit einiger Verschiebung den konjunkturell bedingten Gipfel einer Streikwelle, deren Maximum im Deutschen Reich im Jahre 1905 lag[176]. Für die Spitzenjahre ergibt sich ein auffallender Unterschied in der Streikdauer: Während die durchschnittliche Länge eines Ausstands 1905/6 noch 106,7 bzw. 37,3 Tage betrug, sank sie 1912/13 auf 20,5 bzw. 6 Tage[177]. Die geringere Streikdauer auf dem zweiten Gipfel signalisiert nicht nur eine weniger günstige Wirtschaftlage, sondern weist vielmehr in erster Linie auf einen Wandel des Streiktyps hin. Der sich über Monate erstreckende, unter großen finanziellen Anstrengungen und persönlichen Opfern geführte Einzelstreik hatte angesichts der immer schlagkräftigeren Arbeitgeberverbände ohnehin nur geringe Chancen. Weniger verlustreich, wenn auch nicht unbedingt erfolgreicher waren

Streiks und Aussperrungen 1900—1914[178]

Jahr	Streiks	Streikende	Streiktage	Aussperrungen	Ausgesperrte	Aussperrungstage
1900	2	46	48	—	—	—
1901	—	—	—	—	—	—
1902	1	32	4	—	—	—
1903	1	18	1	—	—	—
1904	2	85	19	—	—	—
1905	4	426	427	2	4052	39
1906	10	1596	373	—	—	—
1907	2	226	69	1	54	24
1908	2	116	23	1	62	37
1909	3	138	23	—	—	—
1910	2	76	6	1	1167	61
1911	2	220	27	1	31	3
1912	7	968	144	1	82	24
1913	5	704	30	1	117	79
1914	2	278	2	—	—	—
1900—1914	45	4928	1196	7	5565	267

175 StA Augsburg, G I 16/16 (Streikstatistik).
176 Eine Streikstatistik findet sich bei Groh, Negative Integration, a. a. O., S. 735.
177 StA Augsburg, G I 16/16.
178 Ebenda. In die Statistik wurden nur Streiks aufgenommen, an denen über 15 Personen beteiligt waren, und bei denen die Arbeiter nach Erhebung ihrer Forderungen und der Niederlegung der Arbeit keine neuen Stellen annahmen. In der amtlichen Streikstatistik finden sich speziell für das Handwerk Angaben über Streiks, die eigentlich nur den gemeinsamen Austritt aller Gesellen eines Meisters darstellten. Diese Gesellen hatten in der Regel tägliche Kündigung und beharrten nicht auf ihrer Wiedereinstellung zu neuen Bedingungen, sondern nahmen nach der Weigerung des Meisters, auf ihre Forderungen einzugehen, Arbeit in anderen Werkstätten an.

dagegen kurzfristige Ausstände großer Arbeitermassen, wie sie in Augsburg vor allem seit 1912 bei den Textil- und Bauarbeitern anzutreffen waren.

Während Aussperrungen von den Arbeitgebern in der Regel auf Beschluß eines regionalen oder zentralen Arbeitgeberverbandes ohne Berücksichtigung der jeweiligen lokalen Verhältnisse verhängt wurden, entstanden in Augsburg bis 1914 nahezu alle Streiks ausschließlich aus lokalen Anlässen. Eine Aufgliederung der Streikziele zwischen 1900—1914 ergibt folgendes Bild[179]:

Anlaß des Streiks	Häufigkeit des Streikziels	
	abs.	in %
1. Lohnerhöhung	19	22
2. Einführung eines Tarifvertrags, Neuregelung des Vertrags, Tarifstreitigkeiten, Nichteinhaltung durch den Unternehmer	12	15
3. Herabsetzung der Arbeitszeit, Regelung der Pausen	12	14
4. Solidaritätsstreik	12	14
5. Forderung nach Mindestlohngarantie	10	11
6. Sonstiges (Einführung der wöchentlichen Lohnzahlung, Abschaffung des Akkords, Beschränkung von Überstunden, Verbot der Sonntagsarbeit, Gewährung von Urlaub, Anerkennung der gewerkschaftlichen Organisation, Verbesserung der Arbeitsplatzverhältnisse)	21	24
Gezählte Streikziele	87	100 %

Hauptsächliches Anliegen aller Arbeitseinstellungen war also die Erhöhung der Löhne, wobei es sich aber in zunehmendem Maße nur mehr darum handelte, ein zu starkes Absinken der Realeinkommen zu verhindern. Erstaunlich hoch war der Anteil der Solidaritätsstreiks. Das Eintreten für gemaßregelte Kollegen bildete in der Regel jedoch nur das auslösende Moment; während des Streiks wurden stets noch eine Reihe anderer Forderungen gestellt. Soweit die Arbeitskämpfe Handwerk und Kleingewerbe betrafen, spielte die Einführung, Abänderung oder Nichteinhaltung eines Tarifvertrags die zentrale Rolle. Obgleich in vielen Gewerbezweigen schon seit den achtziger Jahren Tarifverträge üblich waren, versuchten die Arbeitgeber immer wieder, zum einseitigen Lohndiktat zurückzukehren. Selbst die Buchdrucker, die zu den wenigen Berufsgruppen gehörten, die bereits zentrale Lohnverhandlungen führten, mußten diese Erfahrung machen[180]. Daneben gab es auch im Handwerk noch immer Gewerbe, in denen sich die Meister erfolgreich der Einführung von Tarifverträgen widersetzten. Noch 1912 schrieb die Augsburger Bäckerinnung, die Arbeitgeber wollten »Herr im eigenen Hause bleiben und sich dieses Recht nicht durch Tarifverträge rauben lassen«; Gesellen, die mit den Augsburger Verhältnissen unzufrieden waren, wurde empfohlen, sie möchten »ruhig den Augsburger Staub von ihren Füßen schütteln und dort Arbeit nehmen, wo Ta-

---

179 StA Augsburg, G I 16/16.
180 Rotter, a. a. O., S. 21 ff. 1891 kämpften die Buchdrucker im ganzen Reich in einem zehn Wochen andauernden Streik um die Einführung des Neunstundentags und Erhöhung des Tariflohns. Die Augsburger Buchdrucker stellten Ende Oktober die gleichen Forderungen und erhielten sie schon am 7. 11. 1891 in sämtlichen Druckereien bewilligt. Ein Jahr später führten jedoch die Augsburger Unternehmer eigenmächtig den alten Tarif wieder ein. 1903 waren von insgesamt 213 Buchdruckergehilfen 200 organisiert; von ihnen wurden 60 zum Tariflohn bezahlt, 96 erhielten übertarifliche Bezahlung, 8 waren unterbezahlt (Rest unbekannt).

rifverträge bestehen und durch dieselben höhere Löhne bezahlt werden«[181]. Dagegen waren alle Versuche der Arbeiter, Tarifverträge in der Großindustrie durchzusetzen, von vornherein aussichtslos. Mit welch rigorosen Mitteln die Industriellen die eigenen Reihen »tariffrei« hielten, zeigte schon das Beispiel einer Augsburger Röhrenfabrik, die 1908 ihren Austritt aus dem Verband Bayerischer Metallindustrieller erklären mußte, nachdem sie mit ihren Heizungsmonteuren einen Tarifvertrag abgeschlossen hatte[182]. Auch die außerordentliche Härte, mit der die Aussperrung im Sommer 1905 geführt wurde, sollte nicht zuletzt die Unnachgiebigkeit der Arbeitgeber gegenüber den Tarifwünschen der Arbeiter signalisieren.

1. Arbeitskämpfe in Handwerk und Kleingewerbe

Bei den Lohnbewegungen in den siebziger und achtziger Jahren hatte sich gezeigt, daß Chancen für eine friedliche Lösung am ehesten noch im Handwerk bestanden, wo die Gegensätze zwischen Meistern und Gesellen durch mancherlei gemeinsame Anschauungen und Interessen gemildert waren. Diese Situation änderte sich jedoch seit den neunziger Jahren. Zwar zeigte eine Untersuchung der Einstellung der organisierten Gesellen noch manche Anklänge an traditionelle Denkweisen; dagegen bezogen jedoch die Meister immer mehr den reinen Arbeitgeberstandpunkt. Das galt vor allem für jene Gewerbezweige, die sich dem industriellen Wandel angepaßt hatten und verstärkt mit dem Einsatz von Sachkapital arbeiteten, z. B. das Baugewerbe. Wenn es darum ging, Forderungen der Gesellen nach verbesserten Arbeitsbedingungen, insbesondere nach kürzeren Arbeitszeiten, zu bekämpfen, dann waren nun immer häufiger die im Industrieverein zusammengeschlossenen Fabrikanten bereit, die sonst kaum als ebenbürtig betrachteten Meister zu unterstützen. So bezahlte der Industrieverein während eines Schreinerstreiks 1905 den Meistern pro Woche 1000 M aus, um prinzipiell die Durchsetzung des Neunstundentags zu verhindern[183]. Wie die Großindustriellen, so schlossen sich auch die Meister regionalen und überregionalen Arbeitgeberverbänden ihrer Branche an.

Sieht man von der großen Metallarbeiteraussperrung des Jahres 1905 ab, so mußten in Augsburg die Arbeiter in den Handwerks- und Kleinbetrieben sogar häufiger Aussperrungen über sich ergehen lassen als ihre Kollegen in der Großindustrie: 1905 und 1907 wurden in Augsburg alle Gesellen ausgesperrt, deren Meister dem Deutschen Schneider-Arbeitgeberverband angehörten[184]. 1908 wurden auf Beschluß des Hauptvorstands der Arbeitgeberverbände im Malergewerbe alle freigewerkschaftlich organisierten Gehilfen ausgesperrt. 1913 erfolgte erneut eine Aussperrung, weil die Arbeitgeber den Spruch des Schiedsgerichts bei Tarifstreitigkeiten ablehnten[185]. 1912 wurden für drei Wochen die Gesellen der Her-

---

181 Schwäbische Volkszeitung Nr. 80 vom 7. 4. 1912; StA Augsburg, G I 17/336. Dort befindet sich eine Sammlung von Tarifverträgen vor allem für Schneider, Schreiner, Transportarbeiter, Brauer, Buchbinder, Maler, Feilenhauer, Schuhmacher usw., ferner Tarifverträge für einige kleinere Firmen. Während die ersten Tarifverträge in der Regel mit unbestimmter Laufzeit abgeschlossen wurden, enthielten sie später meistens eine zeitliche Beschränkung; Lohnerhöhungen wurden häufig in gestaffelter Form über mehrere Jahre verteilt. Eine (allerdings lückenhafte) Übersicht über die Entwicklung des Tarifvertrages in Augsburg gibt Oberstaller, a. a. O., S. 9 ff.
182 MAN-Archiv Augsburg, Nachlaß Guggenheimer, K 53, Beilagen zur Vorstandssitzung des Verbands Bayerischer Metallindustrieller am 21. 8. 1908.
183 StA Augsburg, G I 16/30, Polizeibericht vom 20. 5. 1905.
184 StA Augsburg, G I 16/16.
185 Ebenda, Streikstatistik.

renmaßschneider infolge gescheiterter zentraler Verhandlungen auf die Straße gesetzt, obwohl in Augsburg weder die Gehilfen noch die Arbeitgeber irgendwelche Forderungen gestellt hatten[186]. Demgegenüber entstanden fast alle Streikbewegungen noch immer aus lokalen Anlässen. Typus und Verlauf dieser Konflikte sollen nun anhand der wichtigsten Arbeitskämpfe bei ausgewählten Berufen gezeigt werden.

a) Die Maurer und Bauarbeiter
Der größte, längste und wohl erbittertste Arbeitskampf, der in Augsburg vor dem Ersten Weltkrieg stattfand, war der Streik der Maurer im Sommer 1899. Das Baugewerbe befand sich zu diesem Zeitpunkt in einer guten Konjunkturlage; die Lohnbewegungen der Schreiner und Zimmerer, die im Frühjahr des gleichen Jahres durchgeführt wurden, verliefen für die Gesellen erfolgreich[187]. Auch die Maurer reichten im April ihre Forderungen ein und bekamen von den Meistern Lohnerhöhungen zugesichert. Im nachhinein erwiesen sich diese Abmachungen jedoch als Verlustgeschäft: Zwar erhielten die Gesellen eine nominelle Lohnerhöhung von 3 Pf. pro Stunde, doch legten die Meister der Aufbesserung grundsätzlich einen Stundenlohn von 40 Pf. zugrunde, so daß sich der Maximallohn auf 43 Pf. belief. Alle Arbeiter, die bereits mehr als 40 Pf. verdienten, erhielten dadurch nur eine geringere oder gar keine Lohnerhöhung[188]. Im Mai reichten die Maurer deshalb neue Forderungen ein: Lohnzulagen von 5 Pf. pro Stunde, Verlängerung der Pausen, kürzere Arbeitszeit an den Samstagen, Einschränkung der Überstunden, keine Maßregelungen wegen der Zugehörigkeit zur Gewerkschaft[189]. Als die Meister auf diese Forderungen nicht eingingen, stellten am 18. Mai ca. 600 Maurer die Arbeit ein. Der Zentralverband der Maurer, der in Augsburg 1899 250 Mitglieder hatte, zahlte den Streikenden 2 M Streikunterstützung pro Tag aus der Zentralverbandskasse und 1 M Zuschlag pro Woche für jedes Kind, später auch noch 1 M Unterstützung pro Tag aus der Kasse des Augsburger Gewerkschaftsvereins[190]. Wie bei Streiks üblich, hatten die Ledigen unter den Maurergesellen Anfang Juni die Stadt schon zum größten Teil verlassen, um die Gewerkschaftskasse zu schonen. Da die Meister keinerlei Kompromißbereitschaft zeigten, reduzierten die Gesellen schließlich ihre Forderungen und verlangten nur noch längere Pausen und für gelernte Maurer einen Minimallohn von 40 bzw. 43 Pf., die übrigen Gehilfen sollten nach Gutdünken der Meister entlohnt werden. Doch die Meister blieben allen Vermittlungsgesuchen – auch denen seitens des Gewerbegerichtsvorsitzenden – unzugänglich und setzten den Streikenden ein Ultimatum bis zum 5. Juli. Wer bis dahin die Arbeit nicht wieder aufgenommen hatte, sollte das ganze Jahr über von keinem Augsburger Meister mehr eingestellt werden. Doch nur 27 Maurer fügten sich. Die übrigen hielten den Streik noch über sechs Wochen bis zum 20. August aufrecht[191].

Die Maurermeister, die sich in besonderem Maße den Habitus von Unternehmern angeeignet hatten und bezeichnenderweise noch im gleichen Jahr einen Ar-

---

186 StA Augsburg, G I 16/16.
187 StA Augsburg, A 181. Die Schreiner und Zimmerleute erhielten ohne Arbeitskampf eine zehnprozentige Lohnerhöhung und eine Reduktion der Arbeitszeit von 60 auf 57½ Wochenstunden zugestanden.
188 Ebenda, Angaben der Lohnkommission der Arbeitgeber (ohne Datum).
189 Ebenda, Schreiben der Lohnkommission der Gesellen vom 16. 5. 1899.
190 Ebenda, Anlage zum Bericht des Magistrats an die Bezirksregierung vom 2. 9. 1899.
191 StA Augsburg, A 181, Polizeibericht vom 31. 8. 1899.

beitgeberverband für das Baugewerbe in Schwaben und Neuburg gründeten, führten den Arbeitskampf mit provozierender Härte. So waren z. B. eigens Poliere damit beauftragt, die Arbeiter herauszufordern und zu ungesetzlichen Handlungen zu verleiten[192]. Die größte Entrüstung unter den streikenden Gesellen erregte jedoch der Einsatz eilig herbeigeholter italienischer Arbeitskräfte als Streikbrecher, denen der Magistrat noch dazu Unterkünfte im Neubau des städtischen Schlachthofes verschaffte. Zusammen mit Hilfsarbeitern und Taglöhnern hielten sie den Baubetrieb aufrecht, so daß nur einer der 26 bestreikten Betriebe vier Wochen lang völlig stillag. Die Arbeiter vermuteten hinter der starren Haltung der Meister wohl nicht zu Unrecht die finanzielle und moralische Unterstützung des Industrievereins[193]. Einen nicht geringen Anteil an dem unglücklichen Verlauf des Maurerstreiks trugen die städtischen Behörden. Der Arbeitskampf stand im Schatten der zur gleichen Zeit im Reichstag in erster Lesung behandelten »Zuchthausvorlage«; das Polizeiaufgebot, das für die Überwachung des angeblichen »Terrorismus« gegen Arbeitswillige zur Verfügung gestellt wurde, überbot quasi in einem Vorgriff auf die später allerdings nicht Gesetz gewordene Vorlage alles bisher Dagewesene. Der Magistrat wies die Polizei ausdrücklich an, scharf durchzugreifen und bei Verdacht oder Fluchtgefahr sofort Verhaftungen vorzunehmen, und fügte hinzu: »Letzteres wird, ohne personalisieren zu wollen, wenigstens bei ledigen Arbeitslosen, die keinen eigenen Hausstand haben, zutreffen. Ausländer gelten schon nach dem Gesetz als fluchtverdächtig«[194].

Die kontinuierliche und auffällige Präsenz der Polizei provozierte schließlich die Bevölkerung in den Wertachvorstädten, in denen sich einige der bewachten Baustellen befanden. Am 18. und 19. Juli sammelte sich eine Menschenmenge von ca. 3000 Personen vor einer Baustelle an und versuchte, die dort beschäftigten zehn italienischen Arbeiter zum Anschluß an die Streikenden zu bewegen. Die Stimmung gegen die Ausländer, denen gewerkschaftliche Organisation und Streiks noch völlig fremd waren, wurde immer feindseliger; Steine flogen in die Baustelle. Die Polizei spritzte aus Hydranten in die Menge, um sie zu zerstreuen; als dies nicht gelang, ging sie unter dem Schutz von 70 Mann Infanterie mit blank gezogenem Säbel gegen die Bevölkerung vor. Am nächsten Tag wiederholten sich die Ausschreitungen. Dabei entwickelte sich eine regelrechte Schlacht zwischen Polizei und Einwohnern, die über die brutale Räumung der Straßen und Wirtshausgärten erbost waren. Zwei Zivilisten und ein Polizist trugen schwere, dreißig weitere Personen leichte Verletzungen davon[195]. Für die Ausschreitungen waren offensichtlich weniger die streikenden Maurer als die Anwohner der bewachten Baustellen verantwortlich, die mit steigendem Haß die Anwesenheit der Polizei verfolgt hatten. Der Sozialdemokrat Rollwagen nannte die Unruhen »ein Attentat gegen die organisierten Arbeiter«, andere warnten davor, Material zur Zuchthausvorlage zu liefern[196]. Als Folge dieser sog. »Wertachunruhen« wurden am Jahresende mehrere Prozesse wegen Landfriedensbruch gegen Gewerkschaftsmitglieder geführt, die den Angeklagten insgesamt über 12 Jahre Gefängnis einbrachten[197].

---

192 StA Augsburg, Polizeibericht vom 8. 6. 1899.
193 Ebenda, Polizeibericht über die Volksversammlung vom 6. 7. 1899.
194 Ebenda, Anweisung des Magistrats vom 19. 5. 1899.
195 Ebenda, Polizeibericht vom 19. 7. und 20. 7. 1899; Neue Augsburger Zeitung Nr. 166 vom 20. 7. 1899, Nr. 167 vom 21. 7. 1899.
196 StA Augsburg, A 181, Polizeibericht über die Volksversammlungen vom 20. 7. 1899.
197 StA Augsburg, G I 1/160; Deffner, Geschichte der sozialistischen Arbeiterbewegung in Augsburg, a. a. O., II. Teil, S. 135.

Unter dem Trauma dieser Vorfälle litt die Organisation der Maurer noch jahrelang. Erst 1906 versuchte sie, »die Schlappe von 1899« wieder auszugleichen. Die beispiellose Verteuerung der Lebenshaltungskosten gebot dringend eine Erhöhung der Stundenlöhne, die mit einem Durchschnitt von 45 Pf. weit hinter der Entwicklung der Preise zurückgeblieben waren. Die völlige Ablehnung der im Juni 1906 eingereichten Lohnforderungen durch die Meister traf die Maurer daher ziemlich unerwartet. Anfang Juli traten fast 1000 Arbeiter erneut in den Streik. 895 von ihnen gehörten dem Centralverband der Maurer an, 70 dem Hirsch-Dunkkerschen Verein und 16 waren christlich organisiert[198]. Der wiederum sehr zäh geführte und bis zum 15. Oktober andauernde Streik mußte bedingungslos abgebrochen werden, da die Streikfront durch Streikbrecher aus den Reihen benachbarter Berufe völlig aufgeweicht wurde[199].

1910 wurden die Bauarbeiter Opfer der zentralen Aussperrung im Baugewerbe. In Augsburg und Umgebung setzten die Unternehmer ca. 1300 der insgesamt 2050 Bauarbeiter auf die Straße. 980 von ihnen waren gewerkschaftlich organisiert. Nach achtwöchiger Aussperrung kam ein Rahmentarifvertrag zustande, innerhalb dessen für die Augsburger Maurer Stundenlöhne von 50 Pf., für die Zimmergesellen von 48 Pf. und Steigerungen um 2–3 Pf. für das folgende Jahr festgelegt wurden[200]. Der Anstieg der Maurerlöhne um nur rund 10 Pf. pro Stunde in einem Zeitraum von 11 Jahren weist auf die Schwierigkeiten bei der Erzielung eines Lohnzuwachses angesichts der organisatorischen Stärke der Arbeitgeber hin. Daran konnte auch der relativ hohe gewerkschaftliche Organisationsgrad der Maurer nichts ändern.

b) Streik und Boykott – der Brauerstreik 1907

Das Brauereigewerbe setzte sich in Augsburg vor dem Ersten Weltkrieg aus Betrieben sehr unterschiedlicher Größe und Bedeutung zusammen. 1907 gab es im Stadtbezirk 40 Betriebe mit insgesamt 443 Arbeitern. Die Betriebsgröße schwankte zwischen drei und 60 Arbeitern, die Unternehmensform reichte vom kleinen Meisterbetrieb bis zur Aktienbrauerei[201]. Die Gehilfen konnten noch nicht als eigentliche Fabrikarbeiter angesprochen werden. Ein Teil von ihnen hatte ähnlich den Bäckergesellen Schlafstätten im Betrieb, was zeigt, daß noch keine regelrechte Schichtarbeit eingeführt war. Wie im Handwerk üblich wurden Lohnbewegungen von den organisierten Arbeitern für den ganzen Stadtbezirk durchgeführt. 1907 lief ein schon längere Zeit bestehender Tarifvertrag aus und wurde von den Brauereibesitzern gekündigt. Die Gehilfen leiteten den Unternehmern daraufhin den Entwurf eines neuen Tarifvertrags zu, der unter anderem eine Arbeitszeit von $9^{1}/_{2}$ Stunden, die Abschaffung des Übernachtens in den Brauereien und einen jährlichen Urlaub von 5 Tagen forderte. Bei Entlassungen während einer wirtschaftlichen Krise sollte nach dem Dienstalter vorgegangen werden, Entlassungen wegen der Zugehörigkeit zur Gewerkschaft oder politischer Einstellung unzulässig sein[202]. Die bescheidenen Gehaltswünsche der Gesellen zeigen, daß es sich bei den Brauereiarbeitern um eine außerordentlich schlecht bezahlte Arbeitergruppe handelte. Trotzdem lehnten die Brauereibesitzer den Tarifentwurf ab und stell-

---
198 StA Augsburg, G I 16/33, Polizeibericht vom 11. 7. 1906.
199 Ebenda, Polizeibericht vom 14. 8. und 15. 10. 1906.
200 StA Augsburg, G I 16/55; G I 16/16; Wachenheim, a. a. O., S. 570.
201 StA Augsburg, G I 16/46, Verzeichnis der Augsburger Brauereien.
202 StA Augsburg, G I 16/16, Streikstatistik.

ten den Gesellen Bedingungen, die wesentlich unter deren Forderungen lagen; so sollte z. B. der Wochenlohn bei 10½stündiger Arbeitszeit nur 23 Mark betragen. Im übrigen lehnten sie es grundsätzlich ab, mit Vertretern der Arbeiterorganisation zu verhandeln. Da keinerlei Zugeständnisse folgten, stellten im September 1907 199 Gehilfen die Arbeit ein[203].

Bei der Bekämpfung dieses Streiks schaltete sich, wie bereits angeführt, das MAN-Werk Augsburg ein und stellte aus den Reihen seines Arbeitervereins den bestreikten Brauereien eine Anzahl Maschinenführer, Heizer, Fuhrleute und Taglöhner zur Verfügung, so daß nach zehntägiger Streikdauer nur 60 Arbeitsstellen in den Brauereien noch unbesetzt waren und die Produktion fast überall ohne Einschränkung weiterlaufen konnte. Die restlichen Arbeitsplätze gedachten die Unternehmer nach Beendigung der Herbstmanöver mit entlassenen Wehrpflichtigen zu besetzen. Die im Streik stehenden Gehilfen dagegen wurden für zwei Jahre von allen Augsburger Brauereien ausgesperrt[204]. Ein Vermittlungsangebot des Gewerbegerichtsvorsitzenden lehnten die Arbeitgeber mit der Begründung ab, daß es sich in diesem Fall »um eine Machtfrage handle, welche ausgetragen werden müsse«[205].

Die Erbitterung über die Haltung der Arbeitgeber und die offensichtliche Ohnmacht der Arbeitnehmer führte zu einer Solidarisierung der gesamten organisierten Arbeiterschaft. Nachdem es aussichtslos schien, die Unternehmer durch Streik zum Nachgeben zu zwingen, verhängte die Streikleitung im Einvernehmen mit dem Gewerkschaftsverein über 12 Augsburger Brauereien den Bierboykott[206]. Boykottiert wurden vor allem Brauereien, die Fabriken mit gut organisierter Belegschaft belieferten oder Gastwirte mit überwiegendem Arbeiterpublikum. Flugblätter mit namentlicher Aufführung der boykottierten Brauereien und Wirte sorgten für die notwendige Publizität der Maßnahmen. Um einen Ausgleich für das verminderte Bierangebot zu schaffen, wurde »boykottfreies« Bier aus München bezogen. In Augsburg und den angrenzenden Vororten ging der Bierkonsum daraufhin um ca. 2400 hl in der Woche zurück. Doch die Einfuhr auswärtigen Bieres geriet bald ins Stocken, als die Augsburger Brauereibesitzer die Münchener Firmen zur Einstellung ihrer Lieferungen zwangen. Schon vorher litten die Augsburger Brauereien nicht nennenswert unter dem Boykott, da sie einem Boykottschutz-Verband angehörten, der den entstandenen Schaden vergütete. Als Verlustgeschäft stellte sich diese Kampfmaßnahme lediglich für die Gastwirte heraus, die – durch Vertrag an bestimmte Brauereien gebunden – es nicht wagen konnten, Bier von nicht boykottierten Brauereien zu beziehen. Am 4. November 1907 brach der Streik erfolglos zusammen; drei Brauereien wurden auch weiterhin von den Arbeitern boykottiert. Die Lage der Brauereigehilfen war schlechter denn je, denn die Unternehmen hatten den alten Tarif gekündigt und konnten nun Löhne und Arbeitsbedingungen wieder einseitig diktieren. Die zuletzt noch verbliebenen 70 streikenden Gesellen hatten keine Chance mehr, in Augsburg in absehbarer Zeit wieder einen Arbeitsplatz zu finden[207].

Wie die Streikbewegungen der Maurer und Brauereiarbeiter verliefen in Augsburg seit der Jahrhundertwende die meisten Bemühungen der Arbeiter in den größeren Branchen des Handwerks, die Arbeits- und Einkommensbedingungen zu

---

203 StA Augsburg, G I 16/16, Streikstatistik.
204 Ebenda; MAN-Archiv Augsburg, Nachlaß Guggenheimer, K 53, Schreiben vom 6. 9. 1907 an den VBM.
205 StA Augsburg, G I 16/46, Polizeibericht vom 4. 9. 1907.
206 Ebenda, Polizeibericht vom 11. 9. 1907.
207 Ebenda.

verbessern. Dabei wirkte sich nicht nur die Organisation der Arbeitgeber und die Kooperation mit der Großindustrie negativ für die Streikenden aus; die fortschreitende Arbeitsteilung und die zunehmende Verwendung von Maschinen begünstigte den Einsatz von ungelernten oder branchenfremden Streikbrechern. Dagegen war den Gehilfen in kleineren Gewerbezweigen und Spezialberufen mehr Erfolg beschieden. Hier waren die Unternehmer offensichtlich auch noch eher bereit, sich in Schiedsverhandlungen vor dem Gewerbegericht einzulassen. So konnten z. B. die Bauschlosser, Feilenhauer, Wagner, Hufschmiede, Tüncher und Stukkateure bei Arbeitskonflikten wenigstens teilweise ihre Forderungen durchsetzen. Auffallenderweise handelte es sich bei diesen erfolgreichen Lohnbewegungen meist um Fälle von Einzelstreiks[208].

2. Probleme des Arbeitskampfes in Industriebetrieben

Überblickt man die spärliche Anzahl der Ausstände in Augsburger Fabrikbetrieben, so zeigt sich schon darin die besondere Problematik, der alle Aktionen, die auf eine Verbesserung der Lage der Arbeiter zielten, unterworfen waren. Daß es nicht Zufriedenheit mit dem eigenen Los war, was die Arbeiter zu dieser Zurückhaltung veranlaßte, zeigten nicht nur die drückenden Lebensbedingungen zur Genüge, sondern auch jene Beschwerden und Forderungen, die an die Öffentlichkeit drangen, ohne daß es die Arbeiter wagen konnten, ihnen durch Arbeitskampfmaßnahmen Nachdruck zu verleihen.

a) Das Beispiel der Former
In der Maschinenbauindustrie unternahmen die Arbeiter nur einmal den Versuch, umfassende Verbesserungen der Lohn- und Arbeitsverhältnisse für alle Arbeiter einer Fabrik anzustreben, nämlich in den Werkstattversammlungen, die im Frühjahr 1905 in der Maschinenfabrik Augsburg veranstaltet wurden und zur Formulierung eines Forderungskatalogs führten. Bekanntlich wurden diese Forderungen angesichts der drohenden Aussperrung aber nicht mehr eingereicht. In allen übrigen Fällen pflegten in der Metallindustrie immer nur einzelne Berufsgruppen für ihre spezifischen Interessen in den Ausstand zu treten, und auch dabei handelte es sich bis auf ganz wenige Ausnahmen nur um die Gruppe der Former bzw. Gießereiarbeiter. Ihre Stellung als Vertreter eines ausgesprochenen Mangelberufs in frühindustrieller Zeit und der ehemalige Platz an der Spitze der Lohnhierarchie prägen noch immer die berufliche Selbsteinschätzung, auch wenn die Voraussetzungen dafür zum größten Teil schon entfallen waren. Das ausgeprägte korporative Bewußtsein, das die Former im Laufe der Zeit entwickelt hatten, ließ sie zwar in erster Linie besonders empfindlich auf alle Angriffe reagieren, die sich gegen ihre eigenen Berufsinteressen richteten, verlieh ihnen aber durch ihr entschlossenes Auftreten gleichzeitig den Charakter einer gewerkschaftlichen Vorhut. Schon der erste Formerstreik war bezeichnenderweise ein Solidaritätsstreik für Nürnberger Berufsgenossen. 1894 weigerten sich 11 Augsburger Former der Mühlenbaugesellschaft, Modelle für eine bestreikte Nürnberger Firma anzufertigen, und wurden daraufhin entlassen. Auf Vermittlung des Gewerbegerichts wurden die Entlassungen zunächst rückgängig gemacht; als im nachhinein aber trotzdem

---

208 StA Augsburg, G I 16/16, Streikstatistik.

Maßregelungen folgten, brach der Streik erneut aus. Es gelang den Arbeitern jedoch nicht, den Zuzug zu dem bestreikten Betrieb zu verhindern, so daß der Streik erfolglos verlief. Die meisten Arbeiter mußten Augsburg verlassen, da sie keine Arbeit mehr erhielten oder, soweit sie ortsgebunden waren, berufsfremde Hilfsarbeiten annehmen[209]. Ein Jahr später traten die Former einer Zahnräderfabrik in den Streik, weil in der Firma gelernte Arbeiter nach und nach durch Taglöhner ersetzt wurden, die überdies von den Formern selbst angelernt werden mußten. Mit der Drohung, die Namen der Streikenden an den Industrieverein auszuliefern, der dafür sorgen würde, daß die Betreffenden in ganz Deutschland keine Arbeit mehr fänden, bewog der Fabrikant die Former zum Abbruch des Ausstands. Einen Monat später legten die Former die Arbeit erneut nieder, weil der Arbeitgeber den Austritt der Arbeiter aus dem Formerverband verlangte. Die Gewerkschaft nahm die Herausforderung zum »Kampf um Sein und Nichtsein« an, der Ausgang ist allerdings nicht bekannt[210]. Die Arbeitsniederlegung aus Protest gegen die Maßregelung von Kollegen blieb bei den Formern auch in den nächsten Jahren ein häufiges Streikmotiv; 1902 traten in einer kleineren Eisengießerei 32 Former für sieben entlassene Kollegen in den Streik. Wie üblich verbanden sie damit auch andere Forderungen, so die Rückgängigmachung einer Lohnreduktion und die Verbesserung der Waschgelegenheiten in den Werkstätten. Von den Entlassenen wurden vier wieder eingestellt[211]. 1908 traten in der Firma Riedinger 26 Former in einen Solidaritätsstreik für zwei entlassene Kollegen, die sich geweigert hatten, ein Gußstück zu einem besonders niedrigen Akkordsatz herzustellen. Die Streikenden konnten diesmal aber keinerlei Erfolg verzeichnen und mußten die Arbeit bedingungslos wieder aufnehmen; die Gießereiarbeiten für die bestreikte Firma wurden durch das MAN-Werk Augsburg ausgeführt[212].

Die Former gehörten zu den ersten Fabrikarbeitern in Augsburg, die den Abschluß von Tarifverträgen in der Industrie herbeizuführen suchten. 1904 stellten in einer Eisengießerei und einer Maschinenfabrik insgesamt 42 Former die Arbeit ein und forderten Abschaffung des Akkordlohnsystems, Einführung von Taglöhnen für sämtliche Gießereiarbeiter und Erhöhung der Löhne auf der Basis eines Tarifvertrags. Die Forderung nach Abschaffung des Akkordsystems trat – soweit sich das anhand des Materials überblicken läßt – nur selten auf. Sie wurde nicht erfüllt, ebensowenig wurden Tarifverträge abgeschlossen, doch garantierten die Arbeitgeber einen Mindeststundenlohn von 30 Pf. und sicherten zu, daß Fehlgüsse nur dann in Abzug gebracht werden sollten, wenn großes Versäumnis vorliege[213]. 1906 übernahmen die Augsburger Former die Forderungen, die der Deutsche Metallarbeiterverband gleichlautend für alle Gießereibetriebe im Reich aufgestellt hatte, und reichten sie in drei Fabriken ein – ein Vorgehen, das sonst nur die Buchdrucker wagen konnten. Zwar gingen die Unternehmer auch diesmal nicht auf den Wunsch nach Tarifverträgen ein, doch wurde in einem Betrieb immerhin nach dreitägigem Ausstand eine Lohnerhöhung von 10–15 % gewährt und eine Entschädigung für Fehlgüsse in Höhe von zwei Drittel des Akkordsatzes festgelegt. In den beiden anderen Gießereien erhielten die Arbeiter nach sechswöchigem

---

209 StA Augsburg, A 181, Polizeibericht vom 3. 2., 20. 2. und 30. 4. 1894.
210 Ebenda, Polizeibericht vom 5. 11. 1895, Bericht über die Arbeiterversammlung vom 6. 11. 1895, Schreiben der Former an den Fabrikanten Renk (Abschrift).
211 StA Augsburg, G I 16/16, Streikstatistik.
212 Ebenda; MAN-Archiv Augsburg, Nachlaß Guggenheimer, K 53, Streikbericht des Gesamtverbands Deutscher Metallindustrieller für das 2. Vierteljahr 1908.
213 StA Augsburg, G I 16/16, Streikstatistik.

Streik nur eine geringfügige Lohnerhöhung und eine Verkürzung der Arbeitszeit um eine Wochenstunde zugestanden[214]. Diese Beispiele zeigen, daß die Former durch entschlossenes Auftreten einige Verbesserungen in den Arbeitsbedingungen durchsetzen konnten. Allerdings darf man dabei nicht vergessen, daß die Erfolge ausschließlich in Klein- und Mittelbetrieben erzielt wurden. Im MAN-Werk Augsburg wurden z. B. die 1906 vom Metallarbeiterverband ausgearbeiteten Forderungen erst gar nicht eingereicht, da die Gewerkschaften nach eigener Aussage dort schon wegen des Werkvereins »machtlos« waren[215].

b) Die Textilarbeiter
In der Textilindustrie kam es in den neunziger Jahren zu keinen Arbeitseinstellungen. Der starke Druck der Unternehmer in den Großbetrieben auf die gewerkschaftliche Organisation, die Abneigung der Arbeiter, bereits erworbene oder erhoffte Ansprüche auf bestimmte Wohlfahrtseinrichtungen aufs Spiel zu setzen, wirkten sich dabei ebenso negativ aus wie die permanent ungünstige Lage der Textilindustrie in diesem Jahrzehnt. Auch die Krise der Jahre 1900—1902 mit Kurzarbeit und Entlassungen war für die Durchsetzung besserer Arbeitsbedingungen wenig geeignet, ging in diesem Zeitraum doch sogar die Zahl der gewerkschaftlich organisierten Arbeiter empfindlich zurück. Eine stärkere Kampfbereitschaft zeigte sich unter den Textilarbeitern erst seit 1903. Der wirtschaftliche Aufschwung minderte die unmittelbare Sorge um den Arbeitsplatz, während der gleichzeitige Preisanstieg der meisten Verbrauchsgüter sich bei den in der Branche üblichen niedrigen Einkommen deutlich bemerkbar machte. Hinzu kam in den Webereien eine gewisse Unruhe unter den Arbeitern, die von der Einführung der sog. Northrop-Webstühle negative Auswirkungen auf die Löhne befürchteten[216]. Im Juni 1903 brach in der Buntweberei Pfersee ein Streik aus. Unmittelbarer Anlaß war die Maßregelung eines Arbeiters, der einer von der Belegschaft gewählten Kommission angehörte, die sich mit schon länger bestehenden Mißständen im Betrieb befassen sollte. 56 Weber und Weberinnen traten daraufhin in einen Solidaritätsstreik und forderten neben der Wiedereinstellung des Entlassenen 15 % Lohnerhöhung, Entschädigung für den Verdienstausfall bei der Verarbeitung schlechten Materials und bei Reparaturen an den Maschinen, Anerkennung eines von den Arbeitern gewählten Ausschusses unter Ausschluß der Meister und Angestellten[217]. Der Streik mußte nach zwei Monaten ohne jeden Erfolg abgebrochen werden, da der Industrieverein die Firma unterstützte. Der Fabrikbesitzer erhielt für jeden Webstuhl, der aus Anlaß des Streiks unbesetzt blieb, 3 M Entschädigung pro Tag. Zusätzlich konnte er vom Industrieverein noch eine Unterstützung für diejenigen Arbeiter kassieren, die durch den Streik der Weber arbeitslos geworden waren. Die Streikenden selbst wurden für ein Jahr vom Industriebezirk Augsburg ausgesperrt[218]. Bei dieser Arbeitseinstellung befanden sich unter den Streikenden auch Frauen. Sie nahmen wie ihre männlichen Kollegen regen Anteil an den Streikversammlungen und scheuten sich auch nicht, Streikposten zu stehen[219].

Der Arbeitskampf in Pfersee zeigte, daß in der Textilindustrie, wo eine besonders straffe Arbeitgeberorganisation herrschte, der Typus des Einzelstreiks selbst

---
214 StA Augsburg, G I 16/16, Streikstatistik.
215 MAN-Archiv Augsburg, Nachlaß Guggenheimer, K 53, Schreiben vom 6. 9. 1907 an den VBM.
216 StA Augsburg, G I 16/59; Augsburger Volkszeitung Nr. 100 vom 19. 6. 1903.
217 StA Augsburg, G I 16/59, Polizeibericht vom 15. 6. 1903.
218 StA Augsburg, G I 16/59; Augsburger Volkszeitung Nr. 107 vom 27. 6. 1903.
219 Augsburger Volkszeitung Nr. 121 vom 16. 7. 1903.

in mittleren Betrieben kaum mehr Erfolgschancen besaß. Die »Solidarität« der Unternehmer sorgte dafür, daß durch die Bewilligung von Arbeiterforderungen kein Präzedenzfall geschaffen wurde. Diese Erkenntnis schien sich auch bei den Arbeiterorganisationen durchzusetzen, denn die Aktionen der Textilarbeiter in den folgenden Jahren, für die der Pferseestreik nur ein Vorläufer gewesen war, wurden fast ausschließlich für die gesamte Branche geführt. Im Frühjahr 1904 konstituierte sich unter dem Vorsitz Wilhelm Deffners aus Vertretern der Textilarbeiterorganisationen, der freien und christlichen Gewerkschaften sowie der Hirsch-Dunckerschen Gewerkvereine, eine »Kommission zur Verkürzung der Arbeitszeit in Augsburg«. In einer gleichlautenden Eingabe an die einzelnen Unternehmen und den Industrieverein verlangten die Textilarbeiter eine Reduktion der Arbeitszeit von 11 auf 10 Stunden pro Tag bei entsprechender Erhöhung der Lohnsätze für Akkordarbeiter und Beibehaltung des bisherigen Lohnes für Taglöhner. Die Argumente dafür entnahm man vorwiegend den Vorstellungen bürgerlicher Sozialreformer: der Staat sei gefährdet durch die hohe Zahl militäruntauglicher Arbeiter aus der Textilbranche, die Frauen könnten bei chronischer Überanstrengung und Unterernährung ihren Mutterpflichten nicht genügen. Um den Unternehmern die Herabsetzung der Arbeitszeit schmackhaft zu machen, wurde auf die Forschungen Lujo Brentanos und die Berichte der Fabrikinspektoren verwiesen, die einen Ausgleich der kürzeren Arbeitszeit durch erhöhte Arbeitsintensität konstatierten[220]. Die Augsburger Fabrikanten ließen sich freilich durch diese Eingabe wenig beeindrucken[221]. Wenn knapp zwei Jahre später, zum 1. Januar 1906, doch die zehnstündige Arbeitszeit eingeführt wurde, so geschah dies vor allem wegen der Befürchtung, die ohnehin fällige Lohnerhöhung nach der gesetzlichen Einführung des Zehnstundentags noch einmal gewähren zu müssen[222]. Erleichtert wurde diese Entscheidung wohl durch die sichtliche Erregung, in der sich die Textilarbeiter nach der Aussperrung der Metallarbeiter befanden und die Vermutung, »daß ein Streik beabsichtigt war, der größere Dimensionen hätte annehmen müssen«[223]. Ein solcher Ausstand wäre aber für die Textilunternehmen, die nach langen Jahren der Depression nun wieder einen Aufschwung erlebten, sehr ungelegen gekommen.

Die Verkürzung der Arbeitszeit und die geringfügigen Lohnerhöhungen, die seit 1904 zugestanden worden waren, ließen die Textilarbeiter, deren Lage durch die rasch steigenden Lebensmittelpreise und Mieten ohne Zweifel sehr drückend war, nicht so schnell wieder zur Ruhe kommen. In einem Flugblatt versuchte der Textilarbeiterverband die Bevölkerung aufzurütteln. Darin hieß es[224]:

»Die Gegensätze zwischen arm und reich werden immer schärfer, die immer weiter heruntersinkende Lebenslage der Arbeiter zeigt uns, daß es keine Wahl mehr gibt, es muß gekämpft werden. Zwei Gegner ringen im modernen Zeitalter um die Palme des Sieges. Auf der einen Seite das Unternehmertum [...], kämpfend für die Erhaltung seines Reichtums und seines Herrscherrechts – auf der anderen Seite das durch die Not zur Verzweiflung getriebene Proletariat, kämpfend für ausreichende Ernährung und menschenwürdiges Dasein«.

---

220 StA Augsburg, G I 16/12, Rundschreiben an die Betriebsleitungen (ohne Datum).
221 Die Arbeiter wurden nur von einer einzigen Firma, der Zwirnerei und Nähfadenfabrik Augsburg, einer Antwort gewürdigt (StA Augsburg, G I 2/5, I. Fasc.).
222 SWA-Archiv, Augsburg, Schreiben F. Groß' vom 27. 9. 1905 an Bueck.
223 Ebenda.
224 StA Augsburg, G I 16/14, II. Fasc., Flugblatt.

Ein Blick auf die Zahl der organisierten Arbeiter zeigt jedoch, daß zu diesem Zeitpunkt der Zenit der Bewegung bereits überschritten war; in den Textilunternehmen setzten die ersten Gründungen gelber Werkvereine ein. Die Forderungen, die der Deutsche Textilarbeiterverband unter der Führung Deffners 1906 beim Verband süddeutscher Textilarbeitgeber und dessen Einzelfirmen einreichte, muteten daher sehr bescheiden an. Wie schon zwei Jahre zuvor der Verband der Ordnungsliebenden Arbeitervereine bat man noch einmal um die Einführung wöchentlicher Lohnzahlung und Kündigung[225]. Von verkürzten Zeitabständen zwischen den Zahltagen erhofften sich die unter ständiger Geldnot leidenden Arbeiterfamilien offensichtlich eine Erleichterung der Haushaltsführung. Als Reaktion auf diese Eingabe empfahl der Verband süddeutscher Textilarbeitgeber seinen Mitgliedern, »in Aufrechterhaltung unseres bisherigen grundsätzlichen Standpunktes, daß die unserem Verband angehörenden Arbeitgeber nur mit ihren eigenen Arbeitern verhandeln«, die Zuschrift der Gewerkschaft gar nicht zu beantworten[226]. Daraufhin kam es in der Augsburger Kattunfabrik für einige Tage zum Streik. Der unmittelbare Anlaß war wiederum eine Maßregelung. 155 Arbeiter verlangten die Wiedereinstellung des Entlassenen, wöchentliche Lohnzahlung und Kündigung, Einführung von Mindestlöhnen, Lohnerhöhung und Anerkennung der gewerkschaftlichen Organisation als Verhandlungspartner. Die Betriebsleitung gestand eine Lohnerhöhung, wöchentliche Kündigung und Lohnauszahlung zu, lehnte aber alle anderen Forderungen ab[227]. In den übrigen Betrieben erreichten die Arbeiter nichts.

Die radikale Dezimierung der Gewerkschaftsmitglieder nach der Ausbreitung der gelben Werkvereine seit 1907 und die 1908 einsetzende Rezession hemmten die Versuche, die Textilarbeiter auch weiterhin für den Kampf um bessere Arbeits- und Lebensbedingungen zu mobilisieren. In wirtschaftlich ungünstigen Zeiten, besonders aber bei Rohstoffmangel in der Baumwollindustrie, entstanden für die Textilarbeiter häufig Lohneinbußen durch die zeitraubende Verarbeitung minderwertigen Materials. Eine solche Situation war 1910 wieder entstanden. Der Textilarbeiterverband unterbreitete deshalb der Direktion der Mechanischen Baumwollspinnerei und Weberei eine Resolution ihrer Arbeiter, in der Lohnerhöhungen von 10 % verlangt wurden, die nach Meinung der Belegschaft »nur einen Ausgleich für die durch das schlechte Material gesunkenen Löhne« bedeuteten. Bei der Verarbeitung besonders minderwertigen Materials sollte eine Extraentschädigung gezahlt werden. Doch nicht allein materielle Not bedrückte die Arbeiter. In dem Schreiben hieß es auch: »Die Arbeiterschaft hofft endlich, daß auch in Ihrem Betrieb eine humanere und menschenwürdigere Behandlung durch die Vorgesetzten Platz greift«[228]. Auch dieses Mal erhielten die Arbeiter keine Antwort. In einem Schreiben an den Verband Süddeutscher Textilindustrieller erklärte die Direktion, sie gedenke nicht, auf die Forderungen einzugehen: »Die Arbeiterschaft sollte froh sein, in den jetzigen Zeiten von Rohstoffmangel bei gleichzeitiger Ungunst der Mode für Baumwollstoffe dauernd beschäftigt zu bleiben [...]. Es ist eine Notwendigkeit der Selbsterhaltung und der Concurrenzfähigkeit unserer Be-

---

225 SWA-Archiv, Augsburg, Verband Süddeutscher Textilarbeitgeber an die Augsburger Mitgliedsfirmen am 4. 10. 1906.
226 Ebenda.
227 StA Augsburg, G I 16/16, Streikstatistik.
228 SWA-Archiv, Augsburg, Schreiben des Zentralverbands deutscher Textilarbeiter (Augsburg) vom 25. 4. 1910 an die Direktion.

triebe, daß wir Anforderungen der Arbeiter unter den jetzigen Verhältnissen rein negativ gegenüberstehen müssen«[229]. Eine solche Haltung war um so eher möglich, als es die Arbeiter zu diesem Zeitpunkt nicht wagen konnten, ihren Wünschen durch Kampfmaßnahmen Nachdruck zu verleihen, so daß auch dieser Vorstoß erfolglos verlief.

Erst als 1912 angesichts steigender Spindel- und Webstuhlzahlen, Betriebserweiterungen und reichlich fließender Dividenden ein »Frühlingserwachen« in der Textilindustrie nicht mehr zu leugnen war, schlossen sich die drei in Augsburg vertretenen Textilarbeiterorganisationen zu einem Aktionsausschuß zusammen und riefen die gesamte Textilarbeiterschaft zum Eintritt in eine Lohnbewegung auf[230]. Zunächst fanden in allen Textilfabriken Augsburgs und der Vororte separate Betriebsversammlungen statt, in denen offensichtlich Kampfbereitschaft und Stimmung der Arbeiter ermittelt werden sollten. Stolz berichtete die Schwäbische Volkszeitung: »Die nun einsetzende Bewegung nimmt nach und nach alle Formen eines regelrechten und taktisch vorbereiteten Kampfes der Gewerkschaften gegen die industrielle Diktatur an«[231]. In einer Massenkundgebung forderten fünf- bis sechstausend Arbeiter 15 % mehr Lohn, Vergütung bei Wartezeiten und Reparaturen während der Arbeitszeit, Entschädigung bei Verarbeitung schlechten Materials, Aushängung der Akkordlohntabellen, Freigabe der Nachmittage vor hohen Festtagen, wie es in der Metallindustrie schon üblich war, Milderung der Fabrikstrafen und bessere Behandlung durch die Angestellten. Ferner verlangten sie die Einrichtung von Arbeiterausschüssen, die gesondert von den Krankenkassenausschüssen gewählt werden, und denen als Ausschußmitglieder ausschließlich Arbeiter und Arbeiterinnen angehören sollten[232]. Die Industriellen lehnten es wie immer ab, mit den Arbeiterorganisationen zu verhandeln, und erklärten sich nur bereit, Arbeitervertreter ihrer eigenen Betriebe zu empfangen. »Um aber zu zeigen, daß es den hiesigen Textilarbeitern nicht um eine Machtfrage zu tun ist«, empfahlen die Gewerkschaften ihren Mitgliedern, Betriebsversammlungen abzuhalten und dann den Direktionen die Forderungen der Belegschaften vorzutragen[233]. Dabei wußten sie allerdings, daß sie sich damit schon einer wesentlichen Position begeben hatten, denn die Belegschaftsmitglieder waren in Verhandlungen mit der Firmenleitung viel leichter einzuschüchtern, als unabhängige externe Verhandlungspartner. Die große Lohnbewegung von 1912 schien auf einmal die gesamte Augsburger Arbeiterschaft aus einer jahrelangen Lethargie zu reißen. Am 9. Juni 1912 versammelten sich 20–25 000 Menschen auf einem freien Platz vor der Stadt, um den Wünschen der Textilarbeiter Nachdruck zu verleihen. Diese bis dahin größte Versammlung unter freiem Himmel in Augsburg schloß »mit einem Massenhoch auf die Arbeitersache«, das noch in der inneren Stadt »wie dumpfes Rollen« vernommen wurde[234]. Doch diese gewaltige Demonstration konnte nicht darüber hinwegtäuschen, daß die Paralysierung der Bewegung in betriebsinternen isolierten Verhandlungen nicht das gewünschte Ergebnis brachte. In drei Augsburger und einem Gögginger Betrieb kam es zu Kurzstreiks. Für die latente Gereiztheit und Erregung der Textilarbeiter war es bezeichnend, daß in zwei Betrieben

---

[229] SWA-Archiv, Augsburg, Schreiben der Direktion an den Verband Süddeutscher Textilarbeitgeber, 25. 4. 1910.
[230] StA Augsburg, G I 16/66, Aufruf vom 19. 4. 1912.
[231] Schwäbische Volkszeitung Nr. 109, vom 12./13. 5. 1912.
[232] Neue Augsburger Zeitung Nr. 113 vom 15. 5. 1912.
[233] StA Augsburg, G I 16/66, Polizeibericht über die Volksversammlung vom 9. 6. 1912.
[234] Augsburger Neueste Nachrichten Nr. 133 vom 11. 6. 1912; Schwäbische Volkszeitung Nr. 131 vom 11. 6. 1912.

die Ursache dafür in einem neu angeschlagenen Lohntarif lag, aus dem die Arbeiter irrtümlich eine Lohnreduktion entnahmen. Erst auf Zureden der Gewerkschaftsführer nahmen sie die Arbeit wieder auf. In einem anderen Fall wurde den Arbeitern die Lohnerhöhung mit der Begründung verweigert, ihre Löhne lägen ohnehin höher als die anderer Betriebsabteilungen. Unter den 500 Arbeitern, die daraufhin die Arbeit einstellten, befanden sich bemerkenswerterweise auch Angehörige des gelben Werkvereins[235]. Einen Monat später verlangte die gleiche Abteilung, »daß die Direktion den Meistern unverzüglich anheim gibt, eine menschenwürdigere Behandlungsweise der Arbeiterschaft sich anzueignen«[236]. Die Lohnerhöhungen, die im Verlauf der Bewegung von den einzelnen Firmen gewährt wurden, lagen freilich weit unter dem von den Gewerkschaften geforderten Prozentsatz. Als der Aktionsausschuß der Gewerkschaften im September eine vorläufige Bilanz zog, konnte er nur durchschnittliche Lohnerhöhungen von 94 Pf. pro Woche feststellen. Allein 3000 Arbeiter erhielten überhaupt keine Aufbesserungen[237]. Weitere Aktionen wurden durch den schon Ende 1912 einsetzenden und sich 1913 verschärfenden konjunkturellen Rückgang verhindert. Trotzdem war der Aufbruch des Jahres 1912 am Bewußtsein der Arbeiter nicht spurlos vorübergegangen; kollektive Verhaltensweisen, die in früheren Jahren undenkbar gewesen wären, wurden nun mit größerer Selbstverständlichkeit exerziert. Klagten die Unternehmer schon 1910 dem Fabrikinspektor, daß die Masse der Jugendlichen nicht mehr so fügsam sei wie in früheren Jahren, so traten 1913 sogar ca. 100 Jugendliche zwischen 13 und 16 Jahren für einige Stunden in den Streik und forderten Lohnaufbesserungen[238].

Die letzte größere Auseinandersetzung zwischen Arbeitnehmern und Arbeitgebern in der Textilindustrie fand Anfang 1914 statt. Ab 1. Januar dieses Jahres verhängte der Verband Süddeutscher Baumwollindustrieller eine 17½-prozentige Produktionseinschränkung für alle Verbandsfirmen. Die Entschädigungen, die einzelne Firmen ihren Arbeitern für den Verdienstausfall gewährten, waren äußerst gering[239]. Am meisten erbitterte die Textilarbeiter dabei die Bestimmung des Montags als arbeitsfreien Tag, während sie den Samstag wünschten. Dieser Tag war jedoch vom Verband mit Bedacht ausgewählt worden; in einer Hofer Textilfabrik hatten sich nämlich die Arbeiter nach Beendigung einer Betriebseinschränkung geweigert, am Samstagnachmittag, der in den meisten übrigen Branchen schon freigegeben war, wieder zu arbeiten[240]. Eine entsprechende Eingabe der Arbeiter, in der die Verlegung der Arbeitszeitreduktion auf den Samstag und eine zwölfprozentige Entschädigung für den Verdienstausfall gefordert wurde, blieb von den Unternehmern unbeantwortet. Am 16. Februar hielten daher die drei Gewerkschaftsorganisationen einen »Weberappell« ab, wobei sie das Verhalten der Arbeitgeber einer heftigen Kritik unterzogen. Auch Zweifel an der Notwendigkeit der Produktionseinschränkung wurden laut. Der christliche Gewerkschaftssekretär Peter Geier schätzte die Verminderung der Tuchproduktion im gesamten Verband auf 25 Millionen Meter und wies auf das entsprechende Ansteigen der Gewinne

---

235 StA Augsburg, G I 16/16; G I 16/66; Neue Augsburger Zeitung Nr. 169 vom 23. 7. 1912; Schwäbische Volkszeitung Nr. 166 vom 25. 7. 1912 und Nr. 192 vom 22. 8. 1912.
236 Augsburger Neueste Nachrichten Nr. 196 vom 24. 8. 1912.
237 StA Augsburg, G I 16/66, Polizeibericht vom 21. 9. 1912.
238 Ebenda, Polizeibericht vom 30. 5. 1913.
239 StA Augsburg, G I 16/13, II. Fasc.
240 Neue Augsburger Zeitung Nr. 41 vom 19. 2. 1914, Erklärung des Vereins Süddeutscher Baumwollindustrieller.

durch Preisaufschläge hin[241]. Nach Beendigung der Kundgebung formierten sich ca. 1500 Personen zu einem unangemeldeten Demonstrationszug durch die Stadt; auf mitgeführten Transparenten forderten sie: »Her mit der Arbeitslosenversicherung«, »Für unsere Frauen den freien Samstagnachmittag«, »Weg mit dem ungerechten Strafsystem in den Betrieben«[242].

Wenn die Textilarbeiter mit dieser Taktik auch wenig erreichten, da ein Streik zu diesem Zeitpunkt unwirksam gewesen wäre, so zeigte sich doch darin eine viel stärkere Kampfbereitschaft als in früheren Jahren. Gerade die Veränderungen, die sich um diese Zeit allgemein im Charakter der Arbeitskonflikte in Deutschland vollzogen, die Ersetzung eines oft monatelang andauernden Streiks in einem einzelnen Betrieb durch kurze massenhafte Ausstände in ganzen Branchen, kam der Mentalität der Textilarbeiter und ihrem relativ niedrigen Organisationsgrad entgegen. Auch war bei solchen Aktionen die Exponierung einzelner Arbeitergruppen und damit das Risiko der Maßregelung geringer. Trotzdem blieben die Ergebnisse für die Arbeiter sehr bescheiden. Die straffe Organisation der Unternehmer, ihre Entschlossenheit und Einigkeit trugen bei auftretenden Arbeitskonflikten die erwarteten Früchte. Dagegen setzte sich unter den Arbeitern die Einsicht in die Notwendigkeit organisatorischer Zusammenschlüsse und solidarischen Handelns zu spät durch, um noch wesentliche Entscheidungen zu Gunsten der Arbeitnehmerseite herbeiführen zu können. Auch der allmähliche Wandel des Charakters der christlichen Arbeiterbewegung und der Hirsch-Dunckerschen Gewerkvereine, der schließlich in wichtigen Fragen ein begrenztes Zusammengehen aller Gewerkschaftsorganisationen erlaubte, vermochte daran nichts mehr zu ändern. Die Schwäche der Augsburger Arbeiterschaft im wirtschaftlichen Kampf beruhte freilich nur vordergründig auf dem mangelhaft ausgeprägten Klassenbewußtsein – sie war durch eine Vielzahl von strukturellen Rahmenbedingungen geradezu vorgezeichnet. Dazu zählten in erster Linie der hohe Konzentrationsgrad in der Augsburger Industrie, die ausgiebige Verwendung von Frauen und Jugendlichen, generell von gering qualifizierten Arbeitnehmern, und die ökonomischen und sozialen Abhängigkeiten infolge der Wohlfahrtseinrichtungen. Nicht zuletzt erwies sich auch die Existenz von gelben Werkvereinen als wirksames Mittel gegen Streiks. Dies alles begünstigte eher die Verdrängung und Unterdrückung von Arbeitskonflikten als deren Austragung. Die Folgen der geringen Kampfbereitschaft zeigten sich in dem vergleichsweise niedrigen Lohnniveau und den langen Arbeitszeiten in der Industrie.

V. Arbeiter und kommunale Sozialpolitik

Die Untersuchung der Emanzipationsbestrebungen der Augsburger Arbeiter auf ökonomischem Gebiet konnte nur geringe Erfolge verzeichnen. Für die Beurteilung der Integrationskraft einer »Stadtgesellschaft« muß jedoch auch der Grad der Beteiligung der Arbeitnehmer am öffentlichen Leben der Stadt und der Charakter der kommunalen Sozialpolitik in Betracht gezogen werden. Hier zeigt sich

---

241 Schwäbische Volkszeitung Nr. 41 vom 18. 2. 1914.
242 Schwäbische Volkszeitung Nr. 40 vom 17. 2. 1914.

aber sogleich die Unmöglichkeit einer Trennung von wirtschaftlicher und politischer Einflußsphäre. Die Augsburger Liberalen, die seit dem politischen Umschwung der sechziger Jahre nicht zuletzt dank des herrschenden Bürger- und Wahlrechts nahezu ein halbes Jahrhundert lang über die absolute Mehrheit in den Gemeindegremien verfügten, waren personell eng mit der örtlichen Industriellen- und Bankiersschicht verbunden. Der Anreiz, eine Politik im Interesse der unteren Klasse der Bevölkerung zu treiben, oder diese gar am kommunalen Entscheidungsprozeß zu beteiligen, war daher recht gering. Fühlten sich schon die Handwerker und kleinen Gewerbetreibenden durch die Haltung des Magistrats benachteiligt, dem sie eine einseitige Bevorzugung der Großindustrie vorwarfen, so galt dies erst recht für die Arbeiter, die ja zum großen Teil nicht einmal das Bürgerrecht besaßen.

1. Ansätze zu einer sozialdemokratischen Kommunalpolitik

Die ersten Anfänge einer sozialdemokratischen Gemeindepolitik in Augsburg, als die man die Arbeiterversammlungen zur Errichtung eines Gewerbegerichts, die Mitarbeit von Sozialdemokraten im Neuen Bürgerverein und den Versuch einer erstmaligen Kandidatur für das Kollegium der Gemeindebevollmächtigten im Jahre 1878 bezeichnen könnte, wurden durch das Inkrafttreten des Sozialistengesetzes schon im Ansatz erstickt. Erst Mitte der neunziger Jahre wandten die Sozialdemokraten erneut ihre Aufmerksamkeit der Gemeindevertretung zu. Im Mai 1896 erklärte eine Parteiversammlung: »In Erwägung, daß die besitzende Klasse wie in allen Zweigen des wirtschaftlichen und politischen Lebens, so auch in der kommunalen Verwaltung ihre Herrschaft dazu benützt, sich Sondervortheile zu verschaffen, der arbeitenden Klasse nicht nur den größten Theil der gemeindlichen Lasten aufzuerlegen, sondern dieselbe auch von der Teilnahme an der kommunalen Verwaltung fernzuhalten, ist die Beteiligung der Arbeiter an der Gemeindewahl dringende Notwendigkeit«[243]. Die Formulierung des ersten Gemeindewahlprogramms zeigt, daß in der Partei noch keine theoretische Auseinandersetzung über die Bedeutung der Gemeinde bei der Verwirklichung des Sozialismus stattgefunden hatte. Als reines Aktionsprogramm enthielt es nahezu ausschließlich Forderungen, die bereits im Rahmen der bestehenden Gemeindeverfassung erfüllbar gewesen wären. Man verlangte die Herabsetzung der Heimat- und Bürgerrechtsgebühren, unentgeltlichen Besuch aller Schulen, Förderung begabter Kinder, Beseitigung der indirekten Kommunalsteuern, Errichtung eines städtischen Arbeitsamtes, Verringerung der städtischen Repräsentationskosten, Errichtung von Badeanstalten, Übernahme städtischer Arbeiten und der Feuerwehr in kommunale Regie, Lohnerhöhungen und Arbeitszeitverkürzungen für städtische Arbeiter und Unterbeamte[244]. Um den Arbeitern den Erwerb des Bürgerrechts, d.h. die Aufbringung der Heimat- und Bürgerrechtsgebühren, zu erleichtern, konstituierte sich im Juli 1896 ein »Verein zur Erwerbung des Heimat- und Bürgerrechts in der Stadt Augsburg«. Mit wöchentlichen Einlagen von 10 Pf. (für bereits Heimatberechtigte) bzw. 20 Pf. (für den Erwerb von Heimat- und Bürgerrecht) sollten die

---

243 StA Augsburg, G I 2/16, II. Fasc., Polizeibericht über die Versammlung vom 18. 5. 1896.
244 Ebenda.

Mitglieder die Gebühren zusammensparen[245]. Kurz vor den Gemeindewahlen im November des gleichen Jahres revidierte die Partei jedoch ihren im Mai gefaßten Entschluß und verzichtete darauf, in die Agitation für die Gemeindewahlen einzutreten[246]. Die Ursache lag wohl darin, daß man nach einer Schätzung der mit Bürgerrecht ausgestatteten Arbeiter mit keiner nennenswerten Stimmenzahl rechnete. Mit dieser Situation mußte sich die SPD noch längere Zeit abfinden; als sie 1899 schließlich den Schuhmachermeister Ludwig Renner und den Maler Julius Theisz als Kandidaten für die Gemeindewahlen aufstellte, erhielten beide Kandidaten zusammen gerade 100 Stimmen[247]. Bei der folgenden Gemeindewahl (1902) empfahl die Partei daher Stimmenthaltung[248].

Inzwischen gewannen grundsätzliche Überlegungen über die Rolle einer sozialdemokratischen Gemeindepolitik an Boden, wie sie der Gemeindeexperte der SPD, Hugo Lindemann, auf dem Münchener Parteitag 1902 propagierte. Seitdem fanden sich in den Gemeindewahlprogrammen der Augsburger SPD Forderungen nach Einführung einer Wertzuwachssteuer, einem Expropriationsrecht für Gemeinden, nach Kommunalisierung aller wichtigen Versorgungsbetriebe und sogar der Lebensmittelherstellung[249]. Daneben versäumten es die Sozialdemokraten aber nicht, immer wieder detailliert auf das Versagen der Augsburger Kollegien hinzuweisen. So kritisierten sie z. B. 1902 das noch immer fehlende 8. Schuljahr, die Beteiligung von Gemeindevertretern an städtischen Submissionen und die ungenügenden Maßnahmen zur Kontrolle des Wohnungswesens. Nahezu vor jeder Wahl wies man »auf die ungeheure Ausnützung der der Gemeinde gehörigen Wasserkräfte und die lächerlich geringen Einnahmen hierfür« hin[250]. In der Tat ließ sich an diesem Punkt die einseitige unternehmerfreundliche Haltung des Magistrats besonders deutlich demonstrieren, der aus Kostengründen alle sozialen Ausgaben scheute, dagegen die in seinem Besitz befindlichen Energiequellen der örtlichen Industrie nahezu umsonst zur Verfügung stellte.

Bei den Gemeindewahlen bildete für die Sozialdemokraten nicht nur das fehlende Bürgerrecht eine Hürde, sondern auch das geltende reine Mehrheitswahlrecht, das Minderheiten nahezu unberücksichtigt ließ. Die Einführung des Verhältniswahlrechts und die Abschaffung der Bürgerrechtsgebühren gehörten deshalb zu den vorrangigen Forderungen. Eine entsprechende Eingabe an das Kollegium der Gemeindebevollmächtigten im September 1907 wurde jedoch abgelehnt. Dabei gab der Sprecher der liberalen Majorität im Rathaus der Meinung Ausdruck, »daß die Abwesenheit einer prinzipiell oppositionellen politischen Richtung im Rathause auch ihre sehr guten Seiten« habe[251]. Die Soziademokraten würden, säßen sie erst einmal im Kollegium, aus »rein agitatorischen Motiven« unerfüllbare Anträge stellen. Im übrigen gehöre »Parteipolitik« nicht ins Rathaus[252]. Erst die mit

---

245 StA Augsburg, G VI 3/3. Heimat- und Bürgerrechtsvereine wurden auch von anderen politischen Richtungen ins Leben gerufen, so 1899 ein katholischer Verein (G VI 3/4), 1903 ein Bürgerrechtserwerbsverein der Hirsch-Dunckerschen Gewerkvereine (HJ/72) und 1909 ein konservativer Verein für den Vorort Pfersee, dem »jeder konservativ gesinnte Mann« beitreten konnte (G VI 3/6). Selbstverständlich wurden diese Vereine zugleich mit der Absicht gegründet, der jeweiligen Partei durch Zuführung neuer Wähler zu einer stärkeren Stellung in den Kollegien zu verhelfen.
246 StA Augsburg, G I 2/5, XII. Fasc., Versammlung vom 17. 11. 1896.
247 StA Augsburg, G I 2/16, III. Fasc.
248 StA Augsburg, G I 2/5, XIII. Fasc., Versammlung vom 1. 11. 1902.
249 Ritter, a. a. O., S. 211 ff.; StA Augsburg, G I 2/16, III. und IV. Fasc.; G I 2/5, XIV. Fasc.
250 StA Augsburg, G I 2/16, IV. Fasc., Versammlung vom 21. 9. 1907; Schwäbische Volkszeitung Nr. 228 vom 1. 10. 1908.
251 Schwäbische Volkszeitung Nr. 236 vom 12. 10. 1907.
252 Ebenda.

der Reform des Gemeindewahlrechts 1908 eingeführte Verhältniswahl ermöglichte es den Augsburger Sozialdemokraten, »einen Hecht in den Karpfenteich« zu setzen[253]. Mit Georg Simon und Hans Rollwagen zogen die ersten Parteimitglieder als Gemeindebevollmächtigte in das Kollegium ein. Auch das Zentrum profitierte von dem neuen Wahlsystem und entsandte vier Gemeindevertreter[254].

Nach der Eingemeindung Oberhausens im Jahre 1911 standen sich im Kollegium 37 Liberale, 8 Zentrumsabgeordnete und 3 Sozialdemokraten gegenüber, nach den Gemeindewahlen Ende des gleichen Jahres erhöhte sich die Zahl der sozialdemokratischen Gemeindevertreter auf sechs (Zentrum 13, Liberale 29). 1913 schließlich konnten die Sozialdemokraten 9 von 54 Gemeindebevollmächtigten und einen Magistratsrat (Simon) stellen[255]. Bei den Abstimmungen im Plenum stimmten die beiden »Oppositionsparteien« manchmal gemeinsam gegen die Liberalen ab[256]. Im übrigen konnten die Sozialdemokraten selbst im Verein mit den Zentrumsabgeordneten, mit denen sich eher zufällige Übereinstimmungen ergaben, kaum etwas gegen die überwältigende liberale Mehrheit ausrichten. Als sie z. B. noch 1908 im Hinblick auf das Vorgehen von MAN-Werk Augsburg gegen organisierte Angestellte den Antrag stellten, Firmen, die ihren Arbeitern und Angestellten das Koalitionsrecht nicht gewährten, von Arbeiten und Lieferungen für die Gemeinde auszuschließen, stießen sie im Kollegium nur auf Empörung und Ablehnung[257]. Auch der Versuch, Lohnerhöhungen und Arbeitszeitverkürzung für die städtischen Arbeiter durchzusetzen und ein Verstoß zur Schaffung einer städtischen Arbeitslosenversicherung waren von vornherein zum Scheitern verurteilt[258]. Resigniert stellten die sozialdemokratischen Gemeindebevollmächtigten in einem Rechenschaftsbericht im Juli 1913 fest, »daß es herzlich wenig ist, was wir bisher erreichen konnten«[259]. Soziale Einrichtungen, die geeignet gewesen wären, die Lage der Arbeiter zu erleichtern, und mit Erfolg in anderen Städten schon betrieben wurden, entstanden in Augsburg nur nach langen Kämpfen gegen den Willen von Magistrat und Unternehmern auf Initiative der Regierung oder fanden überhaupt keinen Eingang. Auch der Spielraum, der sich für die städtische Verwaltung bei den Ausführungsbestimmungen zu solchen Institutionen ergab, wurde nicht selten in arbeitnehmerfeindlichem Sinne ausgefüllt oder doch zumindest zu politischen Manipulationen mißbraucht. Einige Beispiele mögen dies erläutern.

2. Das Gewerbegericht als politisches Kampfobjekt

Das Gewerbegericht, das 1893 geschaffen wurde und seine Existenz vermutlich mehr dem Druck der Regierung als dem Willen des Magistrats verdankte, stand von Anfang an im Mittelpunkt der politischen Auseinandersetzungen. Dabei scheute sich auch der Magistrat nicht, seinerseits kräftig Partei zu ergreifen. Schon die Festlegung der Wahlmodalitäten war umstritten. Der Magistrat be-

---

[253] StA Augsburg, G I 2/16, IV. Fasc.
[254] Schwäbische Volkszeitung Nr. 175 vom 30. 7. 1908, Nr. 143 vom 28. 11. 1964.
[255] Schwäbische Volkszeitung Nr. 266 vom 18. 11. 1911, Nr. 77 vom 2. 4. 1912, Nr. 163 vom 16. 7. 1913; Zs. des kgl. bayerischen Statistischen Bureaus, 44. Jg. 1912, S. 520; Deffner, Geschichte der sozialistischen Arbeiterbewegung in Augsburg, a. a. O., II. Teil, S. 163.
[256] So z. B. anläßlich einer Debatte über das Militäraufgebot bei einer Metallarbeiterversammlung im März 1909 (Augsburger Abendzeitung Nr. 70 vom 11. 1. 1909).
[257] Schwäbische Volkszeitung Nr. 196 vom 25. 8. 1908; Die Wehr Nr. 34 vom 22. 8. 1908.
[258] Schwäbische Volkszeitung Nr. 163 vom 16. 7. 1913.
[259] Ebenda.

stimmte als Wahltermine zwei Wochentage und legte die Öffnung der Wahllokale in die Arbeitszeit; wer sich an der Wahl beteiligen wollte, mußte folglich einen Verdienstausfall in Kauf nehmen[260]. Diese Regelung ging auf den ausdrücklichen Wunsch des »Comités nichtsozialdemokratischer Arbeiter« zurück, das angeblich die »Sonntagsruhe«, deren die Arbeiter so dringend bedürften, gewahrt wissen wollte. Der Magistrat freilich erblickte den eigentlichen Vorteil der Verlegung des Wahlvorgangs auf zwei Wochentage darin, »daß namentlich die jüngeren, nicht wahlberechtigten Arbeiter, die insbesondere von den Sozialdemokraten zur Wahlbeeinflussung etc. aufgeboten würden, an einem Werktage nicht am Wahlgeschäfte sich beteiligen könnten«[261]. Die Mitarbeit unabhängiger Helfer bei der Wahl war besonders wichtig, da es üblich war, den Wählern vor dem Wahllokal bereits ausgefüllte Wahlzettel der jeweiligen politischen Richtung anzubieten. Unter diesen Umständen spielte natürlich auch die Neutralität des Wahllokals eine Rolle. So wehrten sich z. B. bei den Gewerbegerichtswahlen des Jahres 1897 die freien Gewerkschaften erfolgreich gegen die Einrichtung eines Wahllokals in der Hausmeisterei der Maschinenfabrik Augsburg, da es die Arbeiter dort nicht wagen würden, unter den Augen ihrer Meister Wahlzettel von Gewerkschaftsvertretern anzunehmen[262]. Wenig günstig auf die Wahlbeteiligung der Arbeiter mußte es sich auch auswirken, daß der Magistrat die bei Reichstags- und Landtagswahlen üblichen Wählerlisten nicht auflegte; die Wähler hatten sich vielmehr die Wahllegitimationen selbst zu beschaffen[263]. Zwar erklärten sich die dem Industrieverein angehörenden Unternehmer schließlich bereit, ihren Arbeitern auch ohne ausdrückliche Bitte die Wahllegitimationen auszustellen, den Arbeitern in den Handwerker- und Kleinbetrieben blieb diese umständliche Prozedur jedoch nicht erspart. Manche Fabrikanten benutzten die Gelegenheit gleich zur Wahlbeeinflussung und fügten der Wahllegitimation auch einen schon ausgefüllten Wahlzettel hinzu[264].

Solange das reine Mehrheitswahlrecht galt, konnten die sozialdemokratischen Gewerkschaften alle Beisitzer und Ersatzleute stellen. Die Wahlperiode von 1893 bis 1897 zeigte jedoch, daß die vorgesehenen 12 Ersatzleute nicht ausreichten, um diejenigen Arbeitnehmervertreter zu ersetzen, die durch Umzüge und andere Vorkommnisse die Beisitzereigenschaften verloren hatten. Eine Verkürzung der Wahlperiode, wie sie die Arbeitervertreter 1897 beantragten, lehnte der Magistrat jedoch ebenso ab wie die Erhöhung der Zahl der Ersatzleute. Vielmehr bestimmte er, daß nach Erschöpfung der Ersatzleute die bei der Wahl durchgefallenen Kandi-

---

[260] Intelligenz-Blatt Nr. 104 vom 25. 12. 1892. Die Ausführungsbestimmungen für das Gesetz über Gewerbegerichte blieben den Gemeinden überlassen. Adelheid von Saldern, Gewerbegerichte im wilhelminischen Deutschland, in: Wissenschaft, Wirtschaft und Technik. Studien zur Geschichte, Wilhelm Treue zum 60. Geburtstag, hrsg. von Karl-Heinz Manegold, München 1969, S. 190 ff. Gesetzlich festgelegt waren die Bedingungen für das aktive bzw. passive Wahlrecht (wahlberechtigt waren Arbeiter und Gesellen, die das 25. Lebensjahr vollendet und seit mindestens 1 Jahr am Gewerbegerichtsort wohnten, wählbar als Beisitzer war, wer das 30. Lebensjahr vollendet, seit mindestens 2 Jahren am Ort wohnte und im vorangegangenen Jahr keine Armenunterstützung empfangen hatte).
[261] StA Augsburg, G I 18/2, II. Fasc., Schreiben vom 8. 11. 1895 an den Würzburger Stadtmagistrat.
[262] StA Augsburg, G I 18/2, I. Fasc., Schreiben vom 1. 11. 1897.
[263] Intelligenz-Blatt Nr. 104 vom 25. 12. 1892. Als Legitimation für die Arbeiter galt ein Zeugnis des Arbeitgebers über Beschäftigungsort und -dauer. Der Wahlakt selbst war 1893 denkbar schlecht organisiert. In einigen Wahllokalen war der Andrang so groß, daß nicht alle Wähler ihre Stimme abgeben konnten; sie stiegen z. T. nach Schluß der Wahlzeit durch die Fenster in die Wahllokale, wobei es zu tumultartigen Szenen kam (StA Augsburg, Nachlaß Haßler, K 4, Beschwerde des Vorsitzenden des Wahlcomités nichtsozialdemokratischer Arbeiter, Anton Sailer; Augsburger Abendzeitung Nr. 26 vom 26. 1. 1893).
[264] StA Augsburg, Nachlaß Haßler, K 4, Schreiben Haßlers vom 4. 1. 1893; G I 18/2, I. Fasc. So z. B. die Firma Epple & Buxbaum.

daten in der Reihenfolge ihrer Stimmenzahl nachrücken sollten[265]. Das bedeutete, daß nach wenigen Jahren eine völlige Umkehrung des Wahlergebnisses eingetreten und den vom Magistrat favorisierten »Ordnungsliebenden« der Einzug ins Gewerbegericht ermöglicht worden wäre. Gegen diese »Rechtlosigmachung und Vergewaltigung der klassenbewußten Arbeiterschaft Augsburgs« protestierten Sozialdemokraten und Gewerkschaftsanhänger bei der Regierung von Schwaben und Neuburg, welche die vom Augsburger Magistrat angestrebte »Korrektur« des Wahlergebnisses denn auch für ungesetzlich erklärte[266].

Nach der fakultativen Einführung der Verhältniswahl für die Gewerbegerichte wurde in Augsburg 1907 das Mehrheitswahlsystem durch das Proporzsystem abgelöst und damit die Vorherrschaft der Freien Gewerkschaften auf der Seite der Arbeitnehmervertreter gebrochen. Die sozialdemokratischen Gewerkschaften konnten nur noch die Hälfte der Beisitzer stellen, während sich Christliche Gewerkschaften, Hirsch-Dunckersche Gewerkvereine und gelbe Werkvereine die restlichen Sitze teilten. Erst 1912 entstand wieder eine sozialdemokratische Mehrheit[267]. Einen — wenn auch ungenügenden — Ausgleich für die Verluste auf der Seite der Arbeitervertreter boten die durch die Verhältniswahl verbesserten Chancen, einen sozialdemokratischen Kandidaten auf der Arbeitgeberseite durchzusetzen; 1907 und 1912 gehörten je vier von insgesamt 26 Arbeitgeber-Beisitzern der sozialdemokratischen Liste an. Allerdings führte die Aufstellung einer sozialdemokratischen Arbeitgeberliste zwei bis dahin miteinander rivalisierende Gruppen auf der Arbeitgeberseite, die Handwerkerkandidaten des Innungsvereins und die dem Industrieverein angehörenden Großindustriellen wieder zusammen[268].

Wenn die Institution des Gewerbegerichts auch indirekt die Spaltung der Augsburger Arbeiterschaft vorantrieb und die Arbeitgeber zu noch entschiedenerer Bekämpfung der sozialistischen Arbeiterbewegung motivierte, so bestand doch auch in den Reihen der Sozialdemokraten kein Zweifel, daß die Tätigkeit des Gerichts selbst »von unschätzbarem Werthe für die Gesamtarbeiterschaft« war, wenngleich ihrer Meinung nach »noch sehr viel an einem wirklich sozialen Institut« fehlte[269]. Die positiven Wirkungen sah man vor allem in der Möglichkeit, auch Klagen mit einem geringen Streitwert zu führen, und in der raschen Erledigung der Streitfälle. 1906 lag z. B. der Streitwert von 56,1 % aller Klagen unter 20 M, bei 91,5 % unter 100 M. In dem Zeitraum von 1893 bis 1906 wurden 72,7 % aller erledigten Klagen bereits in der ersten Woche entschieden, 20,3 % in der zweiten Woche. Der größte Teil der Klagen bezog sich auf Lohnforderungen (1906: 51,4 %) und wider-

---

265 StA Augsburg, G I 18/1, II. Fasc., Magistratsbeschluß vom 30. 6. bzw. 15. 7. 1897.
266 Ebenda, Versammlungsankündigung vom 8. 7. 1897; Schreiben der Regierung von Schwaben und Neuburg vom 13. 8. 1897.
267 Amtsblatt Nr. 69 vom 18. 8. 1907; StA Augsburg, G I 18/2, II. Fasc.; G I 18/10. An und für sich standen die Sozialdemokraten der Einführung der Verhältniswahl nicht prinzipiell ablehnend gegenüber. Da sich jedoch der Magistrat bis dahin beharrlich geweigert hatte, dieses Prinzip auch bei den Gemeindewahlen zugrunde zu legen, und die Abschaffung des Mehrheitswahlsystems bei den Gewerbegerichtswahlen ganz offenkundig nur dazu dienen sollte, die sozialdemokratische Mehrheit zu brechen, sprachen sich SPD und Gewerkschaften dagegen aus (ebenda).
268 Großindustrielle und Handwerksmeister stellten von nun an nur noch eine gemeinsame Arbeitgeberliste auf. Zu den früheren Differenzen siehe StA Augsburg, G I 18/2, I. Fasc.; Nachlaß Haßler, K 4, Brief Haßlers vom 30. 7. 1897 an H. Buz.
269 Schwäbische Volkszeitung Nr. 65 vom 19. 3. 1909; StA Augsburg, G I 18/1, II. Fasc., Volksversammlung vom 13. 6. 1897. Im übrigen mußte sogar der Magistrat die Sachlichkeit gerade der sozialdemokratischen Beisitzer anerkennen. In einem Schreiben an den Fabrikinspektor heißt es: »Rühmend muß hervorgehoben werden, daß die Beisitzer mit großem Eifer und strenger Unparteilichkeit der Erfüllung ihrer Richterpflicht nachkommen« (ebenda, am 12. 1. 1894 an den Fabrikinspektor).

rechtliche Entlassungen (1906: 31,2 %)[270]. Dagegen blieben durch die wenig arbeiterfreundliche Einstellung des Augsburger Magistrats weitergehende Möglichkeiten, die darauf abzielten, das Gewerbegericht zu einem »wirklich sozialen Institut« zu machen, ungenutzt. Dazu gehörte speziell die Einholung von Gutachten, die städtische und staatliche Behörden zu ihrer eigenen Information und zur Erleichterung sozialpolitischer Entscheidungen anfordern konnten. Gutachten, die von nichtamtlicher Seite angeregt wurden, mußten erst vom Bürgermeister dem Gewerbegericht zur Ausarbeitung auferlegt werden. Wünschte der Magistrat die Diskussion einer Frage möglichst zu unterbinden, so erteilte der Bürgermeister diese Auflage nicht; dies geschah in Augsburg z. B. bei entsprechenden Anträgen von gewerkschaftlicher Seite[271]. Für das Gewerbegericht galt wie für die meisten sozialen Einrichtungen der Kommune das von Resignation geprägte Urteil der schwäbischen Volkszeitung: »Sind in der Stadt Augsburg doch soziale Einrichtungen vorhanden, weil man sie haben muß, nicht aber, weil sie eine Notwendigkeit sind«[272].

3. Die Auseinandersetzungen um das städtische Arbeitsamt

Die Suche nach einem Arbeitsplatz war im 19. Jahrhundert für arbeitslose Gesellen und Arbeiter eine äußerst zeitraubende und mühevolle Angelegenheit. Die Handwerksgesellen pflegten bei den Meistern ihres Gewerbes der Reihe nach die sog. »Umschau« zu halten, eine Sitte, die sich auch nach der Einrichtung einer kommunalen Vermittlungsstelle noch jahrelang hielt[273]. Einzelne Innungen verfügten auch über eigene Arbeitsnachweise, die jedoch bei den Gesellen sehr unbeliebt waren, da sie von dem Wissen der Meister um das Arbeitskräfteangebot negative Auswirkungen auf die Löhne erwarteten[274]. Arbeitsuchende Fabrikarbeiter fanden sich in der Regel am Morgen vor den größeren Fabriken ein und warteten, ob sie angenommen würden. In Krisenzeiten herrschte vor Großbetrieben bei Schichtbeginn oft ein massenhafter Andrang. Noch um 1910 war es üblich, das größere Firmen ihren eigenen »Arbeitsmarkt« auf den Fabrikhöfen abhielten[275]. Die »selbständig« arbeitenden Taglöhner, die sich von Tag zu Tag neu verdingten, z. B. Holzhacker, Lastenträger usw., standen täglich an öffentlichen Plätzen, an der »Stadtmetzg«, am Augustusbrunnen und vor den Läden des Perlachbergs, und warteten auf Aufträge[276]. Die Stadtverwaltung unternahm nur zögernde und unzureichende Versuche, sich in die Arbeitsvermittlung einzuschalten. Eine Initiative Volkharts im Jahre 1840, in Augsburg eine Verdingstube für Dienstboten und ein Arbeitsnachweisbüro einzurichten, scheiterte am Widerstand von Magistrat und Regierung[277]. 1848 schuf der Magistrat schließlich im Rahmen der Reorganisa-

---

270 StA Augsburg, G I 18/8, Geschäftsbericht des Gewerbe- und Kaufmannsgerichts Augsburg für 1906, S. 3 ff. Die Arbeitgeber riefen das Gericht nur selten an. Zwischen 1893 und 1906 betrugen die Klagen von Arbeitgebern gegen Arbeitnehmer nur 6,8 %. Die Ursachen dafür sind zum einen in der ablehnenden Haltung gegen diese Institution zu sehen, zum anderen aber darin, daß die Arbeitgeber schon durch die Bestimmungen der Fabrikordnungen mehr Möglichkeiten hatten, ihre Ansprüche durchzusetzen (Saldern, Gewerbegerichte, a. a. O., S. 198).
271 StA Augsburg, G I 18/1, II. Fasc., Antrag vom 24. 6. 1896.
272 Schwäbische Volkszeitung Nr. 65 vom 19. 3. 1909.
273 StA Augsburg, G I 19/8, Jahresbericht des Städtischen Arbeitsamtes 1910.
274 StA Augsburg, E IV 3/476.
275 StA Augsburg, G I 19/8, Jahresbericht des Städtischen Arbeitsamtes 1910.
276 StA Augsburg, G I 13/118.
277 Dirr, Volkhart, a. a. O., S. 9.

tion der Armenpflege ein Adress-Comptoir für die Vermittlung von Dauer- und Gelegenheitsarbeit. Von einer systematischen Betreibung konnte jedoch keine Rede sein[278]. Der Arbeitsnachweis, den der Verband Ordnungsliebender Arbeiter unter der Aufsicht des Industrievereins seit 1893 führte, stellte die erste zentrale Arbeitsvermittlung für Fabrikarbeiter dar. Für sozialdemokratische und gewerkschaftlich organisierte Arbeiter beschwor die Monopolstellung dieser Einrichtung stets die Gefahr, bei der Arbeitsuche einer Institution ausgeliefert zu sein, deren ausgesprochenes Ziel die Unterdrückung der sozialistischen Arbeiterbewegung war. Da die Gewerkschaften nicht in der Lage waren, die Vormachtstellung der Arbeitgeber in der Arbeitsvermittlung durch den Aufbau eines eigenen Arbeitsnachweises zu brechen, ging ihr Bestreben dahin, wenigstens eine neutrale Instanz, ein städtisches Arbeitsamt, durchzusetzen. Schon im Juni 1894 forderte eine Arbeiterversammlung den Magistrat auf, entsprechende Schritte in die Wege zu leiten; dieser lehnte jedoch ab mit der Begründung, »eine Centralstelle für den örtlichen Arbeits-Nachweis könne nur dann ersprießlich wirken, wenn ihr von allen Seiten Vertrauen entgegengebracht wird. Wie die Dinge dermalen liegen, ist aber anzunehmen, daß der größte Teil der Arbeitgeber, der mit dem im vorigen Jahre von einigen Vereinen eingerichteten Arbeitsnachweise zufrieden zu sein scheint, dem städtischen Arbeitsnachweise ferne bleiben, und damit die Tätigkeit des letzteren großenteils lahmlegen würde«[279]. Auch als die Bezirksregierung wenige Wochen später die Errichtung eines kommunalen Nachweises ausdrücklich für wünschenswert erklärte, blieb der Magistrat bei seiner negativen Haltung. Im November des gleichen Jahres räumte er zwar ein, daß »im Interesse des sozialen Friedens« die Notwendigkeit eines neutralen Nachweises nicht zu verkennen sei, fügte aber hinzu, »daß zur Zeit auch nicht die geringste Aussicht bestehe, einen von der Gemeinde errichteten Arbeitsnachweis mit Erfolg zu betreiben«[280]. Auch der erneute Appell einer Arbeiterversammlung im Dezember 1894 blieb ohne Resonanz.

Es waren wohl nicht nur die zweifellos ungünstigen Verhältnisse, die den Magistrat von der Einführung des Arbeitsamtes abhielten. Die den städtischen Kollegien angehörenden Vertreter aus Industrie und Handwerk konnten auch persönlich kein Interesse daran haben, eine Konkurrenz zu dem zu ihrer Zufriedenheit durch den Industrieverein verwalteten Nachweis aufzubauen; auf keinen Fall aber wollte man für diese unerwünschte Einrichtung städtische Geldmittel zur Verfügung stellen. Auf ein neuerliches Drängen der Regierung im Januar 1897 entgegnete der Magistrat daher, man wolle dem Projekt erst näher treten, wenn den Gemeinden vom Staat die Hälfte der Kosten vergütet würde[281]. Im Februar 1898 erhielt der Verband Ordnungsliebender Arbeiter vom Industrieverein die Versicherung, daß die Arbeitsnachweisstelle des Verbands »als eines der wichtigsten Schutzmittel gegen das Anstürmen der Sozialdemokratie« unter allen Umständen aufrecht erhalten werde. Die Mitglieder des Industrievereins würden sich im Falle der Errichtung eines kommunalen Arbeitsamts weiterhin ausschließlich des eigenen Arbeitsnachweises bedienen[282]. Nachdem erneute Initiativen von Gewerkschaften, SPD und den Arbeitnehmerbeisitzern am Gewerbegericht ergebnislos verlaufen

---

278 Jahresbericht über die Leistungen der Städtischen Armenpflege in Augsburg für das Etats-Jahr 1848/50, S. 1.
279 StA Augsburg, G I 19/8, Jahresbericht des Städtischen Arbeitsamtes 1900/01.
280 Ebenda.
281 Ebenda.
282 StA Augsburg, Nachlaß Haßler, Bericht zur 4. ordentlichen Hauptversammlung des Industrievereins Augsburg für das Jahr 1897 am 31. 3. 1898, S. 8.

waren, setzte die schwäbische Bezirksregierung der Stadt Augsburg schließlich eine Frist bis Februar 1900. Sollte sich dann der Magistrat weiterhin außerstande sehen, ohne Mitwirkung des Industrievereins ein Arbeitsamt ins Leben zu rufen, so wollte die Regierung eine Arbeitsvermittlungsstelle für den Regierungsbezirk außerhalb Augsburgs suchen[283]. Diese deutliche Sprache veranlaßte den Magistrat im März des Jahres 1900, endlich doch die Errichtung eines städtischen Arbeitsamtes zu beschließen, zumal inzwischen auch ein Staatszuschuß zugesagt worden war. Am 1. Oktober 1900 konnte der kommunale Arbeitsnachweis seine Tätigkeit aufnehmen[284]. Da man nicht mit einer besonders umfangreichen Tätigkeit rechnete, wurde dem Vorstand des Gewerbebüros zugleich die Leitung des Arbeitsamtes übertragen. Ihm stand eine paritätisch besetzte Kommission aus Vertretern der Arbeiter und der Arbeitgeber zur Seite, deren Mitglieder allerdings nicht gewählt, sondern vom Magistrat ernannt wurden[285]. Erwartungsgemäß konnte sich die Augsburger Großindustrie nicht mit einem neutralen Arbeitsamt befreunden und boykottierte die städtische Vermittlungsstelle bis zum Ausbruch des Ersten Weltkriegs. Infolgedessen war das Amt auch kaum in der Lage, Gesuche von Fabrikarbeitern zu berücksichtigen; die Vermittlungstätigkeit erstreckte sich nahezu ausschließlich auf ungelernte Arbeiter und Taglöhner. Diese Situation änderte sich auch nicht, als 1903 der Verband der Ordnungsliebenden auseinanderbrach, seinen Arbeitsnachweis einstellte und die Zahl der privaten Vermittlungsstellen im Lauf der Jahre auf vier Innungs- und vier Gewerkschaftsnachweise zusammenschmolz[286]. Das Hauptkontingent der Arbeitsuchenden, die Fabrikarbeiter, mußten sich weiterhin direkt an die Fabriken wenden oder die neu entstehenden Nachweisstellen der Arbeitgeberverbände aufsuchen.

4. Die Diskussion um die Arbeitslosenversicherung

Die geringe Aufgeschlossenheit der städtischen Kollegien für die Bedürfnisse der Arbeiterbevölkerung zeigte sich besonders deutlich bei der Behandlung verschiedener Initiativen zur Einführung der kommunalen Arbeitslosenversicherung. Das Problem der modernen, konjunkturell oder strukturell bedingten Arbeitslosigkeit wurde von der bürgerlichen Öffentlichkeit lange Zeit gar nicht als solches erkannt oder doch zumindest den Arbeitern selbst eine beträchtliche Schuld dabei zugesprochen. Diese Einstellung klingt schon in einer Glosse des Augsburger Anzeigblatts zur Wirtschaftskrise und Arbeitslosigkeit des Jahres 1866 an. Zwar betonte der Verfasser: »Die Ursachen des Übels und damit dieses selbst zu heben oder auch nur wesentlich zu mindern, liegt allerdings nicht in den Kräften Einzelner oder selbst ganzer Communen«; gleichzeitig regte er jedoch die Wiederbelebung des 1848 geschaffenen Arbeitsnachweises der Armenpflege an und mahnte die Arbeitslosen, »von der trägen Gewohnheit sich loszusagen, speziell nur wieder in ihrem bisher betriebenen Fache thätig sein zu wollen«[287]. Das hieß aber unter Umständen nichts anderes, als von Facharbeitern die Übernahme minimal bezahlter Hilfsarbeiten zu verlangen. Als nach der Einführung der gesetzlichen Kranken- und

---

283 Neue Augsburger Zeitung Nr. 3 vom 5. 1. 1898; StA Augsburg, G I 19/8, Jahresbericht des Städtischen Arbeitsamtes 1900/01.
284 StA Augsburg, G I 19/8, Jahresbericht des Städtischen Arbeitsamtes 1900/01.
285 Ebenda.
286 Ebenda; Jahresbericht des Städtischen Arbeitsamtes 1902, 1903, 1909, 1910.
287 Augsburger Anzeigenblatt Nr. 81 vom 22. 3. 1866.

Rentenversicherung auch zunehmend die Möglichkeit einer Arbeitslosenversicherung erörtert wurde, verschärfte sich der Gegensatz zwischen der bürgerlichen Öffentlichkeit, die von den Arbeitern eine grenzenlose soziale Mobilität nach unten erwartete, und den Arbeitern, die bestrebt waren, bei konjunkturellen Einbrüchen den bereits erworbenen sozialen Status möglichst zu halten und ihre Position gegenüber den Arbeitgebern auch nicht durch die Annahme untertariflich bezahlter Arbeit langfristig zu verschlechtern. Während der Wirtschaftskrise 1900/02 gab der Augsburger Magistrat Notstandsarbeiten im Straßenbau in Auftrag, für die ausschließlich in Augsburg heimatberechtigte arbeitslose Familienväter eingestellt wurden; der Taglohn betrug nur 2 M–2,20 M. Ledige Arbeiter setzte man zum Steineschlagen im Akkord zu Minimallöhnen ein. Als 14 jüngere Leute die Arbeit wegen Unterbezahlung ablehnten, herrschte große Entrüstung[288]. Noch 1908 empörte sich der Augsburger Oberbürgermeister Wolfram über arbeitslose Maurer, welche tariflich mit einem Stundenlohn von 62–70 Pf. festgelegte Arbeiten nicht für 47 Pf. in der Stunde ausführen mochten[289].

Der wirtschaftliche Abschwung 1908 brachte die Diskussion um die Arbeitslosenversicherung erneut in Gang. Im November 1908 und im Frühjahr 1909 fanden auf Initiative der bayerischen Staatsregierung zwei Konferenzen über dieses Thema statt, zu denen neben Abordnungen der Stadtmagistrate auch die Vertreter der Gewerkschaftsorganisationen hinzugezogen wurden[290]. Das Ergebnis dieser Verhandlungen war eine Empfehlung der Regierung an die größeren Städte, die Arbeitslosenversicherung auf freiwilliger Basis einzuführen. Auch dem Augsburger Magistrat wurde im Juni 1909 der von der Regierung ausgearbeitete Entwurf für eine kommunale Arbeitslosenversicherung zugestellt[291]. Die Richtlinien der Regierung sahen eine Kombination zwischen dem sog. Genter System und dem Berner System vor[292]. Danach sollten die Gemeinden zunächst eine allgemeine Versicherungskasse für alle nichtorganisierten Arbeiter einrichten. Für die Mitglieder derjenigen Organisationen, welche bereits eine Arbeitslosenversicherung eingeführt hatten, sollte ausschließlich die Versicherungseinrichtung ihrer Organisation eingreifen und die Versicherungskasse ersetzen. Daneben war eine aus Gemeindemitteln gespeiste Zuschußkasse vorgesehen, welche die Leistungen der Versicherungskasse und der Verbände durch Zuschüsse zu den einzelnen Unterstützungen auf einen angemessenen Betrag zu ergänzen hatte. Anspruch auf Unterstützung sollten nur heimatberechtigte Arbeiter oder Personen mit längerer Aufenthaltsdauer haben[293].

---

288 StA Augsburg, G I 16/12, Bericht vom 28. 11. 1901.
289 Schwäbische Volkszeitung Nr. 263 vom 21. 11. 1908. Einen Einblick in das Verhältnis der Behörden zur Arbeitslosigkeit geben auch die Verurteilungen wegen »Arbeitsscheu«, die eine deutliche Parallele zum Konjunkturverlauf zeigten. So betrug die Zahl der wegen dieses Delikts in Augsburg Verurteilten: 1891: 1108, 1892: 1127, 1893: 1118, im Aufschwungjahr 1894 jedoch nur 901 (Statistisches Jb. deutscher Städte, 5. Jg. 1896, S. 261). Dieser Umstand weist daraufhin, daß sich unter den sog. »Arbeitsscheuen« auch Personen befanden, die nur arbeitslos waren.
290 Schwäbische Volkszeitung Nr. 263 vom 21. 11. 1908; BayHStA München MH 14260, Protokoll der 8. öffentlichen Sitzung der Handelskammer Augsburg vom 3. 12. 1909, S. 8 f.
291 Ebenda; StA Augsburg, G I 19/8, Jahresbericht des Städtischen Arbeitsamtes 1910.
292 Schnorbus, a. a. O., S. 136. Das System der Arbeitslosenhilfe, das die Stadt Gent eingeführt hatte, bestand in einem paritätisch verwalteten Arbeitslosenfonds, der von der Gemeinde Zuschüsse empfing. Diesem Fonds konnten sich diejenigen Arbeiterorganisationen anschließen, die ihren Mitgliedern bereits satzungsgemäß Arbeitslosenunterstützung gewährten. Für nicht organisierte Arbeiter bestand ein Sparfonds; die Sparer erhielten ihre Einlagen nur im Falle der Arbeitslosigkeit zurück. Das System der Stadt Bern sah eine Versicherungskasse für alle Arbeiter vor, deren Leistungen zum Teil durch städtische Zuschüsse aufgebracht wurden.
293 BayHStA München, MH 14260, Protokoll, a. a. O., S. 9.

Die Gutachten, die der Augsburger Magistrat zur Beurteilung dieses Entwurfs von sämtlichen Arbeitgeber- und Arbeitnehmerorganisationen sowie den Gemeinden der Vororte einholte, und die heftige Diskussion, die nun über die Arbeitslosenversicherung entbrannte, enthüllten gerade auf der Arbeitgeberseite eine kaum mehr zu überbietende Verständnislosigkeit für ein Phänomen, das zu den ständigen Begleiterscheinungen des Industriekapitalismus gehörte. Schon im Februar 1909 hatte sich Emil Guggenheimer in einer Vorstandssitzung des Verbands Bayerischer Metallindustrieller dafür ausgesprochen, die Arbeitslosenversicherung »mit allen Mitteln« zu bekämpfen; ihre Verwirklichung würde nur »ein Faulenzertum großziehen«[294]. Echter Arbeitslosigkeit solle durch Notstandsarbeiten des Staates abgeholfen werden. Auch der Verband Süddeutscher Textilarbeitgeber mahnte seine Mitglieder, »ihren Einfluß in den Gemeinden dahin aufzubieten, daß diese von einer Einführung der Arbeitslosenversicherung gänzlich absehen, oder doch jedenfalls die Anwendung des Genter Systems ausschließen«[295]. Im Dezember 1909 befaßte sich die Augsburger Handelskammer mit dieser Angelegenheit und erklärte: »Wir sind prinzipielle Gegner jeder Art von Arbeitslosenversicherung, die auf einer anderen Basis als derjenigen der Selbsthilfe beruht. Der Zwang, sich Arbeit und Verdienst suchen zu müssen, ist ein wesentlich treibender Faktor im wirtschaftlichen und gesellschaftlichen Leben, der im Interesse der Sittlichkeit nicht abgeschwächt werden darf«[296]. Zuschußleistungen aus öffentlichen Mitteln an die Arbeiterorganisationen müßten die Arbeitgeber als »Parteinahme zugunsten des Prosperierens der Kampforganisationen ihrer wirtschaftlichen Gegner« verurteilen. Vor allem aber befürchtete man durch die Bezuschussung der gewerkschaftlichen Arbeitslosenhilfe eine steigende Anziehungskraft der Organisationen auf die Arbeiter. Diese würden dann, soweit sie nicht organisiert seien, statt in die gemeindliche Versicherungskasse gleich in die Gewerkschaft eintreten. Auch biete die Arbeitslosenversicherung manchem Arbeitnehmer die Möglichkeit, »ohne seiner Arbeitsscheu überführt werden zu können, Arbeitswilligkeit zu markieren«[297]. Zu der Frage, »was man bei Ablehnung einer Arbeitslosenversicherung mit den Leuten, die nichts zu verdienen und infolgedessen auch nichts zu leben hätten«, anfangen sollte, wurde bemerkt: »Not und Elend werde man niemals aus der Welt schaffen können gegenüber dem Mangel an Sparsinn und an Arbeitsfreudigkeit, und es sei in sittlicher Beziehung verwirrend, diesen Mangel noch zu bestärken«. Ein Schutz gegen Arbeitslosigkeit lasse sich am besten »durch systematische wirksame Unterstützung der gewerblichen Unternehmungsformen aller Art durch Staat und Gemeinde« erzielen. Soweit dies nichts helfe, müsse der Staat mit Notstandsarbeiten eingreifen, »die immerhin so gestaltet zu werden vermögen und gestaltet werden sollen, daß sie nicht entwürdigend für denjenigen wirken, der wirklich unverschuldeter Weise keine Arbeit hat erhalten können«[298].

Während sich sämtliche Arbeitgeberorganisationen und auch die Vororte, die zuerst die Eingemeindungsfrage zu klären wünschten, gegen die Einführung der Arbeitslosenversicherung aussprachen, lauteten die Antworten der Arbeitnehmerorganisationen durchweg positiv[299]. Die freien Gewerkschaften erblickten in dem

---

294 MAN-Archiv Augsburg, Nachlaß Guggenheimer, K 53, Notizen für die Vorstandssitzung am 2. 2. 1909.
295 SWA-Archiv, Augsburg, Verband Süddeutscher Textilarbeitgeber, Jahresbericht 1909 am 12. 5. 1910.
296 BayHStA München, MH 14260, Protokoll, a. a. O., S. 12.
297 Ebenda, Protokoll, a. a. O., S. 11 f.
298 Ebenda, S. 13.
299 StA Augsburg, G I 19/8, Jahresbericht des Städtischen Arbeitsamtes 1910.

Regierungsentwurf »zwar keineswegs das Ideal einer Arbeitslosenfürsorge«, erklärten sich aber bei entsprechender Mitbestimmung zur Zusammenarbeit mit der Stadtverwaltung bereit[300]. Allein die gelben Werkvereine schlugen sich auf die Seite der Arbeitgeber und erklärten, »daß die gegenwärtigen Arbeitsverhältnisse in keiner Weise die Einführung einer Arbeitslosenversicherung vordringlich erscheinen lassen«[301]. An dem Regierungsentwurf mißfielen ihnen in erster Linie die geplanten kommunalen Zuschüsse für die Arbeitslosenhilfe der Gewerkschaften, die den Gelben selbstverständlich nicht zugute kommen würden. Die Arbeitslosenunterstützung sei überdies bei den Gewerkschaften »nichts anderes als eine verkappte Streikunterstützung; wenn an einzelne Gewerkschaftsmitglieder die Versuchung herantritt, der Gewerkschaft den Rücken zu wenden, dann soll neben dem zu erwartenden Terrorismus die Arbeitslosenunterstützung das Mittel sein, das Gewerkschaftsmitglied fest an die Gewerkschaft zu ketten und so zu verhüten, daß eine große Anzahl fahnenflüchtig wird«[302]. Einer Arbeitslosenversicherung könne man höchstens zustimmen, wenn sie ausschließlich durch den Staat oder die Gemeinde betrieben werde.

Der Magistrat, der die Frage der Arbeitslosenversicherung ohnehin mit Widerwillen behandelte, fand schließlich einen Weg, um den Beweis für die Unmöglichkeit ihrer Durchführung zu liefern. Um auch die Meinung der Nichtorganisierten festzustellen, zu denen ja der größte Teil der Arbeiter gehörte, wurden diese über Plakate und Zeitungsannoncen aufgefordert, ihr Interesse an einer Beteiligung an der Arbeitslosenversicherung persönlich (!) beim Arbeitsamt anzumelden. Von den ca. 16 000 nichtorganisierten Arbeitern fanden sich daraufhin nur sieben Personen ein[303]. Dieses (wohl beabsichtigte) Ergebnis berechtigte den Magistrat, guten Gewissens zu erklären, die Einführung der Arbeitslosenversicherung würde in Augsburg an dem Desinteresse der Arbeiter scheitern[304]. Wenn auch der Regierungsvorschlag bei den Städten, die in erster Linie die finanziellen Lasten der Arbeitslosenversicherung hätten tragen sollen, im allgemeinen nur wenig Anklang fand, so zeigt die Behandlung des Problems in Augsburg doch in besonderem Maße, wie hier von vornherein das starre Verhalten der Arbeitgeber, das unsolidarische Gebaren der gelben Werkvereine, das Desinteresse des Magistrats und die Indolenz breiter Arbeitermassen auch bescheidene und pragmatische Ansätze zu einer Verbesserung der sozialen Lage unmöglich machten.

Vergegenwärtigt man sich das jahrzehntelange Ringen der Augsburger Arbeiterschaft um humanere Arbeitsbedingungen und politische Mitsprache in der Stadtgemeinde, so muten die Ergebnisse vergleichsweise bescheiden an. Am Vorabend des Ersten Weltkriegs lebten in Augsburg über 20 000 Fabrikarbeiter, aber noch immer war diese große Bevölkerungsgruppe nahezu von jeder Einflußnahme im öffentlichen und wirtschaftlichen Leben der Stadt ausgeschlossen. Die politische und ökonomische Macht konzentrierte sich nach wie vor in den Händen einer exklusiven sozialen Schicht. Die Arbeiterbewegung, die Ende der sechziger Jahre des 19. Jahrhunderts so selbstbewußt den Kampf gegen politische Benachteiligung und wirtschaftliche Ausbeutung aufgenommen hatte, war durch jahrzehntelange Unterdrückung, Maßregelung und gegenseitige Entzweiung zu sehr geschwächt, um

---

300 Schwäbische Volkszeitung Nr. 178 vom 5. 8. 1909.
301 MAN-Archiv Augsburg, A 221, AVA, Geschäftsberichte 1909, S. 13.
302 Ebenda, S. 14.
303 StA Augsburg, G I 19/8, Jahresbericht des Städtischen Arbeitsamtes 1910.
304 Ebenda.

eine ernsthafte Bedrohung für die Vorherrschaft des Besitzbürgertums darzustellen. Dennoch brach das kunstvoll gestützte politische Ungleichgewicht unter dem Druck der Kriegs- und Revolutionsereignisse erstaunlich rasch und widerstandslos zusammen: die gelben Werkvereine lösten sich auf, die SPD wurde stärkste Partei in der Stadt[305]. Damit konnten sich zumindest vorübergehend auch die bis dahin unterdrückten politischen Energien entfalten und breitere Bevölkerungsschichten an den Aufgaben der Gemeindeverwaltung mitwirken. Ob und inwieweit sich die alten sozial-ökonomischen Strukturen schließlich als zählebiger erwiesen als die Errungenschaften der Revolutionstage und auch in späteren Jahren noch die Entwicklung der Stadt beeinflußten, müßte eine gesonderte Untersuchung klären.

---

[305] MAN-Archiv Augsburg, A 221, Aktenvermerk vom 3. 2. 1928 und 11. 3. 1930; Schwäbische Volkszeitung Nr. 143 vom 28. 11. 1964.

Augsburg im Zeitalter der Industrialisierung. Ergebnisse

Die Entwicklung Augsburgs von den Anfängen der Industrialisierung um die Mitte des 19. Jahrhunderts bis zum Ausbruch des Ersten Weltkriegs läßt ein Stück deutscher Stadtgeschichte erkennen, das, eingebettet in den Rahmen des allgemeinen Industrialisierungsprozesses, dennoch ausgesprochen charakteristische Züge aufweist.

Unter den Voraussetzungen des wirtschaftlichen Aufschwungs, der in Deutschland Ende der dreißiger Jahre des 19. Jahrhunderts einsetzte, entstand in Augsburg in wenigen Jahrzehnten eine bedeutende Industrie mit Schwerpunkten in der Textilbranche und im Maschinenbau. Der frühe und rasche Übergang zu industriellen Produktionsformen wurde durch das Zusammentreffen günstiger Standortfaktoren initiiert. Zu diesen zählten in erster Linie beträchtliche, in neue Anlageformen drängende einheimische Kapitalien, billige Energie durch die Ausnutzung lokaler Wasserkräfte, die frühzeitige Anbindung an das Eisenbahnnetz und die Reste einer ehemals bedeutenden Kattunherstellung, die zunächst für die Abnahme textiler Rohprodukte in Frage kam. Bei den industriellen Gründungen in der Textilindustrie handelte es sich vor allem um Baumwollspinnereien und -webereien, die bald über den örtlichen Markt hinauswuchsen. Dagegen gewannen die aus der Manufakturepoche stammenden älteren Veredelungsbetriebe ihre frühere Bedeutung nicht mehr zurück. Während in der Textilindustrie die meisten Firmen sogleich als große Unternehmen in Form von Aktiengesellschaften entstanden, entwickelte sich die Maschinenbauindustrie aus relativ kleinen Anfängen, wenn auch der Typus der aus handwerklichen Grundlagen hervorgegangenen Maschinenfabrik nur selten anzutreffen war. In allen Fällen konnte hier ein frühzeitiger Hang zur Spezialisierung beobachtet werden. Die übrigen Industriezweige, denen noch größere Bedeutung zukam — Papierindustrie, Metallverarbeitung und chemische Industrie — entwickelten sich zum Teil aus vorindustriellen Traditionen oder übernahmen Zulieferungsarbeiten für die Textilindustrie. Die Gründung ausschließlich großer, mit beträchtlichem Kapital ausgestatteter Unternehmen in der Textilindustrie hatte zur Folge, daß das alte Weberhandwerk, das jahrhundertelang zur wirtschaftlichen Blüte der Stadt beigetragen hatte, innerhalb weniger Jahre so gut wie völlig verschwand, während es sich in Gebieten mit weniger vehement betriebener Industrialisierung noch mehrere Jahrzehnte halten konnte. Die Auswirkungen der Industrialisierung auf das Handwerk insgesamt waren allerdings unterschiedlich und das Schicksal der Weber keineswegs repräsentativ. Jene Handwerkszweige, deren Funktion völlig von den Fabriken übernommen wurde, besaßen kaum Überlebenschancen; andere mußten sich auf Reparatur- und Ersatzarbeiten beschränken. In manchen Bereichen, so in einigen holz- und metallverarbeitenden Berufen und im Baugewerbe ermöglichte die Adaption industrieller Innovationen und Produktionsweisen den Fortbestand der wirtschaftlichen Existenz. Mit der Bedeutung, die der Textilindustrie im Wirtschaftsleben Augsburgs zufiel, wurde die Entwicklung der Stadt von einer außerordentlich krisenempfindlichen Branche abhängig, die zudem in der hochindustriellen Phase mit beträchtlichen strukturellen Schwierigkeiten zu kämpfen hatte. Die dadurch auftretenden Probleme verschärften sich in Augsburg seit den neunziger Jahren durch die allmähliche Entwertung der ehemals positiven Standortfaktoren, so daß schließlich die wirtschaftliche Expansion während der letzten zwei Jahrzehnte vor Kriegsausbruch spürbar gedämpft wurde.

Die Umwälzungen im ökonomischen Bereich waren von einem entsprechenden Wandel in der Bevölkerungs- und Sozialstruktur begleitet. Die stagnierende Einwohnerzahl Augsburgs begann unter dem Einfluß der Industrialisierung seit den dreißiger Jahren des 19. Jahrhunderts rasch zu steigen, wobei die Wachstumszyklen der Wirtschaft eine deutliche Entsprechung in der Bevölkerungsentwicklung fanden. Bis in die siebziger Jahre wurde das Wachstum der Bevölkerung so gut wie ausschließlich durch die Zuwanderer getragen, die aus dem schwäbischen Umland, in geringerem Umfang auch aus Oberbayern, Mittelfranken, Württemberg und Österreich kamen. Mit dem Nachlassen der wirtschaftlichen Expansion verstärkte sich der für Augsburg ohnehin typische hohe Anteil der Nahwanderer an der gesamten Zuwanderung noch weiter. Die Binnenwanderung führte vorwiegend junge Menschen in arbeitsfähigem Alter in die Stadt, die im Laufe der Zeit in allen Berufsgruppen die Zahl der erwerbstätigen Einheimischen überwogen. Entsprechend gering war in Augsburg über einen relativ langen Zeitraum hinweg die Ortsgebürtigkeit, die zusätzlich durch eine hohe Mobilität unter den Zuwanderern und der einheimischen Bevölkerung gemindert wurde. Die Zahl der Selbständigen unter den Erwerbstätigen, die noch um die Jahrhundertmitte infolge der Übersetzung im Handwerk im Zunehmen begriffen war, ging spätestens seit den siebziger Jahren rapide zurück. Der frühe Zeitpunkt der Industrialisierung bedingte ferner, daß dem eigentlichen Produktionsbereich bald ein ausgedehnter Dienstleistungssektor gegenüberstand, in dem ein wachsender Teil der Einwohner Beschäftigung fand.

Am auffälligsten schlug sich der industrielle Wandel im Stadtbild nieder. Nahezu die gesamte Stadtentwicklung wurde seit der Mitte des 19. Jahrhunderts durch die Standortentscheidungen der Industrie geprägt. In der Verteilung der verschiedenen gesellschaftlichen Klassen und Schichten der Bevölkerung auf die einzelnen Wohnviertel zeigte sich deutlich die mangelnde Integration der neu entstandenen Fabrikarbeiterklasse. Während das gehobene Bürgertum weiterhin in den inneren Bezirken, das Kleinbürgertum in den Randgebieten der Stadt wohnte, drängte sich die Arbeiterbevölkerung in den Vorstädten zusammen, wobei hohe Mietpreise und Lebenshaltungskosten schließlich sogar eine Abwanderung in die umliegenden Gemeinden bewirkten.

Eine Analyse der mit dem Industrialisierungsprozeß verbundenen sozialen und politischen Veränderungen ergibt, daß gerade die charakteristischen Merkmale der Augsburger Entwicklung durch strukturelle Voraussetzungen beeinflußt wurden, deren Wurzeln im ökonomischen Bereich lagen. So waren z. B. die Arbeitsmarktbedingungen in unübersehbarer Weise durch das Vorherrschen der Textilindustrie bestimmt. Drückte schon der hohe Bedarf an unqualifizierten Arbeitern das Lohnniveau, so verstärkte sich diese Tendenz noch durch die ausgiebige Beschäftigung von Frauen und Jugendlichen, die ohnehin einen geringeren Lohn als die männlichen Arbeitnehmer bezogen und diese teilweise sogar ersetzen konnten. Im Verein mit den überlangen frühindustriellen Arbeitszeiten, an denen die Textilindustrie mit großer Zähigkeit festhielt, entstand aus diesen Verhältnissen jenes für viele Textilstädte typische soziale Elend unter der Arbeiterbevölkerung, das sich in Augsburg unter anderem in einer außerordentlich hohen Sterblichkeit niederschlug. Im übrigen konnte für die Arbeitnehmer aller Branchen ein relativ niedriges Lohnniveau beobachtet werden, dem jedoch ein vergleichsweise hohes

Preisniveau gegenüberstand. Speziell der rasche Anstieg der Lebenshaltungskosten nach der Jahrhundertwende ließ deshalb ein Absinken der Realeinkommen der Arbeitnehmer vermuten. Schon frühzeitig war ein bedeutender Teil der Augsburger Arbeiter in Großunternehmen beschäftigt und so den Zumutungen des industriellen Herrschaftsverbandes, wie ihn die Fabrik darstellte, ausgesetzt. Die inhumanen Bedingungen, denen sich die Fabrikarbeiterschaft unterwerfen mußte — rigorose Disziplinierung, einseitige Verteilung der aus dem Arbeitsvertrag resultierenden Rechte und Pflichten, geringe Entlohnung, überlange Arbeitszeiten usw. — wurden in frühindustrieller Zeit zunächst noch nicht mit politischen Protesten beantwortet, sondern in erster Linie mit unangepaßten Verhaltensweisen, z. B. extrem hoher Fluktuation.

Die Existenz einer bedeutenden Anzahl großer Unternehmen schuf gleichzeitig die Voraussetzungen für das umfangreiche betriebliche Wohlfahrtssystem, das sich als außerordentlich bedeutsam für die spätere Entwicklung der Augsburger Arbeiterschaft erweisen sollte. Die sozialen Auflagen, welche die bayerische Regierung ursprünglich nur den Aktiengesellschaften erteilte, trafen in Augsburg mit traditionellen Gewohnheiten bürgerlicher Wohltätigkeit und dem sozialen Engagement der frühen Fabrikdirektoren zusammen. Daraus entstand mit den Jahren in allen größeren Betrieben ein System von Kranken-, Pensions- und Sparkassen, betriebseigenen Wohnungen, Verkaufsläden usw., dessen Wert für die Arbeiter infolge der Willkürlichkeit in Verteilung und Festsetzung der Leistungen allerdings erheblich begrenzt war. Im Grunde handelte es sich dabei um Bestandteile des Lohnes, die der freien Verfügung des Empfängers entzogen waren, bzw. ihm überhaupt nur zugute kamen, wenn er bestimmte Voraussetzungen erfüllte, d. h. in der Regel, wenn er zur Stammbelegschaft einer Firma zählte. Die ausgeprägten Abhängigkeitsverhältnisse, die auf diese Weise zustande kamen, richteten sich nicht nur gegen die Mobilität der Belegschaft, sondern verringerten zugleich die Konfliktbereitschaft der Arbeiter, da diese stets befürchten mußten, mit dem Arbeitsplatz auch die Wohnung, die Aussicht auf eine Altersversorgung usw. zu verlieren. Aus dem Typus der in der Augsburger Industrie vorherrschenden Unternehmensform, der Aktiengesellschaft, ergaben sich ferner wichtige Konsequenzen für die Herausbildung einer auch in politischer Beziehung außerordentlich selbstbewußten Unternehmerschicht. Die einzelnen Textilunternehmen waren im eigentlichen Sinne keine Konkurrenten, da ein relativ kleiner Kreis von Kapitaleignern Aktienpakete in mehreren Firmen gleichzeitig besaß. Die Direktorenposten wurden zwar in den Anfangsjahren häufig mit Nichtaugsburgern besetzt, doch fand ein rascher Integrationsprozeß innerhalb der Augsburger Oberschicht statt. In einigen Firmen blieben diese Stellen über mehrere Generationen hinweg durch Mitglieder einer Familie besetzt. Diese Verhältnisse begünstigten das frühzeitige Entstehen einer einheitlichen Abwehrfront gegenüber einer Interessenvertretung der Arbeitnehmer.

Dem raschen ökonomischen und sozialen Wandel, der sich seit der Mitte des 19. Jahrhunderts vollzog, entsprach zunächst kein vergleichbarer Prozeß im politischen Leben der Stadt. Der aus reichsstädtischer Zeit überkommene konfessionelle Gegensatz unter den Bürgern bestimmte noch bis in die sechziger Jahre die Auseinandersetzung und ging erst allmählich in einen auch von den Beteiligten als politisch empfundenen Konflikt über. Dabei erwiesen sich die bereits während der Revolutionsjahre 1848/49 hervorgetretene konservativ-klerikale und die gemäßigt liberale Richtung als maßgebliche Faktoren. Linksliberale oder gar demokratisch gesinnte Kräfte konnten sich in Augsburg nicht durchsetzen. Die Augsburger Industriellen und Bankiers, denen als Folge der Vorschriften über die Besitzverhältnisse der Wahlmänner bei den Gemeinde- und Landtagswahlen ein bedeutender Einfluß zukam, schlossen sich erst allmählich den Liberalen an. Diese Gruppierung trat zwar seit den fünfziger Jahren für das Prinzip der Gewerbefreiheit ein, tangierte aber gleichzeitig durch ihre Option für eine kleindeutsche Lösung in der deutschen Frage die Interessen der Augsburger Wirtschaft an möglichst engen Handelsbeziehungen mit Österreich und Südosteuropa. Trotzdem war es wohl vor allem der politischen Umorientierung der Augsburger Oberschicht zu verdanken, wenn in den städtischen Kollegien seit dem Ende der fünfziger Jahre die bis dahin bestehende Vorherrschaft der Konservativen gebrochen und eine breite liberale Mehrheit errichtet werden konnte, die bis zum Ende des Untersuchungszeitraumes erhalten blieb.

Trotz des unübersehbaren sozialen Elends in der Stadt spielte die Auseinandersetzung mit der »Arbeiterfrage« bei den Liberalen nur eine sehr untergeordnete Rolle; dagegen zeigte ein Teil der katholischen Konservativen, die der kapitalistischen Wirtschaftsordnung zunächst ablehnend gegenüberstanden, eine wesentlich größere Bereitschaft, sich mit den Ursachen der gesellschaftlichen Probleme zu befassen. Organisatorische Zusammenschlüsse der Arbeiter, so der 1848 gegründete Arbeiterbildungsverein, der 1853 eröffnete Katholische Gesellenverein und der seit 1862 bestehende liberale Arbeiterfortbildungsverein, standen zunächst unter der Führung bürgerlicher Kräfte oder bildeten sich doch unter deren Protektorat. Erst die 1864 gegründete Mitgliedschaft des ADAV vollzog eine klare Trennung von den politischen Zielen des Bürgertums; eine dezidierte klassenkämpferische Ausrichtung ließ sich jedoch erst seit der Berufung Leonhard Tauschers zum Bevollmächtigten beobachten. Dem überraschend großen Interesse, das die Augsburger Arbeiterschaft der Tätigkeit des ADAV in jenen Jahren, besonders aber 1869, entgegenbrachte, entsprach noch keine echte Identifikation mit den Zielen der sozialistischen Arbeiterbewegung. Das Wahlverhalten blieb, wie die Zollvereinswahl 1868 und die Reichstagswahl 1871 zeigten, ausgesprochen instabil. Immerhin kann die Streikbewegung der Jahre 1868/69, vor allem der Pfersee-Streik, indirekt als ein Ergebnis der sozialistischen Agitation betrachtet werden. Der Ausgang dieses ersten Arbeitskampfes hatte weitreichende Folgen für die spätere Entwicklung: Den Arbeitern wurde schon in der Zeit des ersten politischen Aufbruchs die eigene Schwäche vor Augen geführt; die Arbeitgeber aber sahen sich dadurch erst veranlaßt, ihre Aufmerksamkeit auf die sozialistische Arbeiterbewegung zu richten.

Unter den veränderten politischen Bedingungen nach der Reichsgründung wandelte sich auch der Charakter der in Augsburg vertretenen bürgerlichen Parteien. Bei den Liberalen geriet die innerparteiliche Willensbildung, an der sich in den sechziger Jahren noch alle Parteianhänger beteiligen konnten, immer mehr unter den Einfluß der Großindustriellen und Bankiers, während die liberalen Handwerksmeister und kleinen Gewerbetreibenden zunehmend von jeder wirklichen Einflußnahme ausgeschlossen wurden. Nachdem das Ziel der deutschen Einheit erreicht war, trat im politischen Kurs der Augsburger Liberalen stärker als in früheren Jahren eine konservative Tendenz in Erscheinung. Die wirtschaftliche Neuorientierung vom Freihandel zum Schutzzoll vollzog die Partei unter dem Einfluß der Textilindustriellen sehr rasch; auch auf innenpolitischem Gebiet machte sich ein Abbau liberaler Gesinnung bemerkbar, der sich insbesondere in der Forderung nach scharfen Maßnahmen gegen die Sozialdemokratie zeigte. Ende der siebziger/

Anfang der achtziger Jahre entstand in Augsburg durch das Zusammentreffen der wirtschaftlichen Depression und einer allgemeinen Diskreditierung des Liberalismus mit der Unzufriedenheit über die Haltung der Augsburger Liberalen in kommunalpolitischen Fragen eine antiliberale, kleinbürgerliche Protestbewegung, die sich allerdings bei den Wahlen nicht durchsetzen konnte. Den Liberalen gelang es durch das Einschwenken auf die Linie einer protektionistischen Gewerbepolitik schließlich doch, das Kleinbürgertum wieder für die Partei zu gewinnen. Die 1872 gegründete Konservative Partei, die sich in erster Linie auf konservativ gesinnte Protestanten stützte, konnte nur vorübergehend durch das Zusammengehen mit der Patriotenpartei (1881) und mit den Liberalen (1887) einige Bedeutung erlangen.

In den siebziger und achtziger Jahren setzte sich im katholischen Lager in sozialpolitischer Beziehung eine neue Sichtweise durch. Die ehemals aufgeschlossene Haltung eines Teils der Augsburger Patriotenpartei gegenüber proletarischen Emanzipationsbestrebungen wich einer undifferenzierten Kampfansage an den Sozialismus. An die Stelle der antikapitalistischen Tendenz trat die Bejahung der bestehenden Wirtschaftsordnung. Damit erhielt der Arbeiter, der ursprünglich in erster Linie als Opfer des Kapitalismus begriffen wurde, nun einen beträchtlichen Teil Schuld an seiner Lage zugewiesen. Besonders in den Kreisen des 1874 gegründeten katholischen Arbeitervereins wurden die Ursachen des sozialen Elends immer mehr auf die angeblich mangelnde Genügsamkeit und Sparsamkeit der Arbeiterbevölkerung reduziert. Damit waren die Grundlagen für die antisozialistische Sammlungsbewegung der neunziger Jahre geschaffen, in der sich liberale und katholische Organisationen ungeachtet ihrer sonstigen politischen Gegensätze zusammenfanden. Die ausgesprochen unternehmerfreundliche, wirtschaftsfriedliche Haltung, die seit den siebziger Jahren in der katholischen Arbeiterbewegung Augsburgs um sich griff, erschwerte später auch die Entstehung christlicher Gewerkschaften, für die aufgrund der konfessionellen Verhältnisse in Augsburg an sich günstige Voraussetzungen bestanden.

Für die sozialdemokratische Arbeiterbewegung trat bereits in den siebziger Jahren eine fühlbare Verschlechterung in den Agitationsbedingungen ein. Scharfe Überwachung in den Fabriken und zunehmende polizeiliche Verfolgung schufen eine Atmosphäre von Furcht und Mißtrauen unter den Arbeitern. Die Folgen dieser Verhältnisse zeigten sich in der Herausbildung teilweise »elitärer« Tendenzen im aktiven Kern der Partei, während des Sozialistengesetzes auch in einer gewissen Sympathie für die anarchistische Richtung. In gleichem Maße wie die Partei waren auch die Gewerkschaften in Mitleidenschaft gezogen. Einen neuen Aufschwung erlebte die Arbeiterbewegung erst, als mit der Expansion im Maschinenbau Ende der achtziger Jahre verstärkt Facharbeiter aus nichtbayerischen Gebieten zuwanderten. Dieser Entwicklung, die sich unter anderem 1890 in einem beachtlichen Erfolg bei den Reichstagswahlen niederschlug, trat jedoch schon 1893 eine von Unternehmern sowie katholischen und liberalen Arbeitergruppen gemeinsam getragene Kampfbewegung entgegen. Während die im »Verband Ordnungsliebender Arbeitnehmer« vertretenen Vereine insbesondere durch den von ihnen im Auftrag der Unternehmer geführten einzigen zentralen Arbeitsnachweis die sozialistischen Arbeiter unter Druck setzten, schlossen sich die Fabrikanten aller größeren Betriebe in Augsburg und Umgebung zum »Industrieverein« zusammen, dessen Ziel in erster Linie die Verhinderung bzw. Bekämpfung von Streiks war. Die frühzeitige Schaffung eines alle Branchen umfassenden lokalen Arbeitgeberverbandes wurde zweifellos durch die besondere soziale Struktur der Augsburger Unternehmer und die schon früher bestehenden losen Absprachen der Fabrikanten untereinander begünstigt. Damit war der Wiederaufbau von SPD und Gewerkschaften nach 1890 von Anfang an durch eine außerordentlich straffe Organisation der Arbeitgeber und die Spaltung der Arbeiterschaft in zwei feindliche Lager auf das schwerste belastet. Eine Analyse der beruflichen Zusammensetzung der aktiven Sozialdemokraten zeigte denn auch, daß sich unter diesen Verhältnissen fast nur kleine Selbständige oder bestallte Funktionäre ein politisches Engagement in der Öffentlichkeit leisten konnten. In Parteiämtern tätige Facharbeiter waren dagegen selten; häufig sahen sie sich nach Maßregelungen durch die Arbeitgeber gezwungen, die Stadt wieder zu verlassen — ein Problem, das sich langfristig auch auf die Gewinnung qualifizierter Mitarbeiter auswirkte.

Die Verschärfung des sozialen Klimas, die sich im Deutschen Reich seit 1903/04 bemerkbar machte, trug zu einer weiteren Stärkung der Arbeitgeberposition bei. Die Gründung überregionaler Arbeitgeberverbände in der Textil- und der Metallindustrie, die Führung »Schwarzer Listen« und der Aufbau eines Arbeitsnachweises für die bayerische Metallindustrie erschwerten die Agitation in den Betrieben zusätzlich. Da es in Augsburg in diesen beiden Branchen kaum Firmen gab, die keinem Verband angeschlossen waren, fehlte für einmal in Ungnade gefallene Arbeiter jede Möglichkeit, weiterhin Beschäftigung in der Stadt zu finden. 1905 traten die Beziehungen zwischen Arbeitgebern und Arbeitnehmern in Augsburg in ein neues Stadium. Die Aussperrung von rund 5000 Metallarbeitern, die nicht einmal den Versuch eines Streiks unternommen hatten, bedeutete den Bruch mit dem bisherigen patriarchalischen System. Dieses Schockerlebnis trieb nicht nur die Arbeiter der betroffenen Betriebe in die Gewerkschaften, sondern initiierte in der gesamten Arbeiterschaft einen politischen Bewußtseinswandel, der sich im Sieg der Sozialdemokraten bei den Landtagswahlen des gleichen Jahres niederschlug. Doch dieser Umschwung blieb nur eine Episode. Schon während der Aussperrung meldete sich in einigen Firmen nach Aufforderung der Unternehmer eine beträchtliche Anzahl von »Arbeitswilligen«, aus deren Kreisen noch im Herbst 1905 der erste »gelbe« Werkverein hervorging. Die Werksvereinsbewegung, der sich in den folgenden Jahren in Augsburg und Umgebung rund 25 % der organisationsfähigen Arbeiter anschlossen, war in diesem Ausmaß nur auf dem Hintergrund der besonderen Strukturen in der Augsburger Industrie und einer langjährigen »wirtschaftsfriedlichen« Tradition unter der Arbeiterschaft denkbar. Durch die Abhängigkeit von den verschiedenen Wohlfahrtseinrichtungen befand sich stets ein bedeutender Teil der Augsburger Arbeitnehmer in einem permanenten Konflikt zwischen der geforderten Klassensolidarität einerseits und der Verpflichtung zur Loyalität gegen den Arbeitgeber andererseits. Der Anschluß an die gelbe Bewegung bedeutete im Empfinden des Arbeiters einen offiziellen Frontwechsel, der nicht nur mit materiellen Vergünstigungen verbunden war, sondern zugleich diesem Zwiespalt zumindest vordergründig ein Ende setzte. Ein Nachlassen der gelben Bewegung zeichnete sich erst im Gefolge der Rezession in den Jahren 1908/09 ab, als sich unter einem Teil der Werkvereinsmitglieder offensichtlich die Erkenntnis durchsetzte, daß der Verzicht auf die Vertretung der eigenen Interessen der Verbesserung der materiellen Lage keineswegs förderlich war.

Den außerordentlich ungünstigen Bedingungen, denen die sozialistische Arbeiterbewegung in Augsburg ausgesetzt war, entsprach ihre zahlenmäßige Schwäche. Die Existenz der Werkvereine beeinflußte nicht nur den Organisationsgrad negativ, sie verminderte durch ein mehr oder weniger großes Reservoir an Streikunwilligen und das Ausleihen von Streikbrechern an Betriebe ohne Werkvereine die Erfolgsaussichten von Arbeitskämpfen ganz beträchtlich. Eine Untersuchung der Arbeitskonflikte zeigte, daß ein positiver Verlauf für die Arbeiter nur noch unter ganz bestimmten Umständen, z. B. in einigen Bereichen des Handwerks oder in Spezialberufen, erzielt werden konnte. Im Hinblick auf diese Verhältnisse überrascht es nicht, daß sich die Augsburger SPD dem reformistischen Kurs der bayerischen Landesorganisation nicht anschließen mochte und alle revisionistischen Tendenzen in der Gesamtpartei auf das schärfste bekämpfte. Auch die Haltung des Augsburger Magistrats, der nur allzu häufig eine wenig arbeiterfreundliche Einstellung erkennen ließ, und nicht einmal den Versuch machte, den ihm gesetzlich zustehenden sozialpolitischen Entscheidungsspielraum auszuschöpfen, mochte diese Tendenz bestärken. Hinzu kam, daß die Augsburger Sozialdemokraten durch die einseitige Verteilung der politischen Machtverhältnisse in der Stadt bis zum Ende des Untersuchungszeitraumes keinerlei Einflußmöglichkeiten auf die Kommunalpolitik hatten, und somit auch die üblicherweise integrierend wirkenden Momente der praktischen Betätigung keine Wirkung entfalten konnten.

Der in Augsburg mit besonderer Intensität unternommene Versuch, mit Hilfe materieller Abhängigkeitsverhältnisse und wirtschaftsfriedlicher Arbeiterorganisationen die Austragung sozialer Konflikte zu verhindern, muß als gescheitert betrachtet werden. Es gelang zwar, die Arbeiterschaft in zwei sich erbittert bekämpfende Lager zu spalten; in den letzten Jahren vor Kriegsausbruch deutete sich jedoch in den hauptsächlichen Stützen der wirtschaftsfriedlichen Politik, der katholischen Arbeiterbewegung und den Hirsch-Dunckerschen Gewerkvereinen eine Abkehr von ihrem unternehmerfreundlichen Kurs und eine zunehmende Kampfbereitschaft an. Zu diesem Wandel trug nicht zuletzt der Umstand bei, daß die wirtschaftsfriedliche Bewegung eine materielle Besserstellung der Augsburger Arbeitnehmer verhinderte. Gleichzeitig bewirkte die Strategie der Konfliktunterdrückung, daß bei denjenigen Arbeitern, die sich trotz aller Einschüchterungsversuche weiterhin für die Ablösung der bestehenden Gesellschafts- und Wirtschaftsordnung einsetzten, keine Hoffnung auf eine evolutionäre Veränderung der Gesellschaft aufkommen konnte.

Abkürzungsverzeichnis

ADAV	Allgemeiner Deutscher Arbeiterverein
ADSA	Allgemeiner Deutscher Sozialdemokratischer Arbeiterverein
AVA	Arbeiterverein von MAN-Werk Augsburg
BayHStA	Bayerisches Hauptstaatsarchiv München
CVDI	Centralverband Deutscher Industrieller
Jb.	Jahrbuch
Jg.	Jahrgang
kgl.	königlich
K	Kasten (z. B. Nachlaß Haßler, K 1, 2 ...)
NF	Neue Folge
StA Augsburg	Stadtarchiv Augsburg
StaA Neuburg	Staatsarchiv Neuburg/Donau
Tab.	Tabelle
VMB	Verhandlungen, Mitteilungen und Berichte des Centralverbands Deutscher Industrieller
VBM	Verband Bayerischer Metallindustrieller
VSWG	Vierteljahrsschrift für Sozial- und Wirtschaftsgeschichte
ZHV Schwaben	Zeitschrift des Historischen Vereins Schwaben
Zs.	Zeitschrift

Anhang

I. Die Ergebnisse der Reichstagswahlen im Wahlkreis Augsburg 1871–1912[1]

Jahr	Kandidaten	Parteizugehörigkeit	Stimmen abs.	%	Wahlbeteiligung in %
1871	Ludwig Fischer (erster Bürgermeister)	Liberale Reichspartei	7 910	51,6	—
	Dr. Karl Barth (Advokat)	Zentrum	7 044	46,0	
	Jakob Franz (Schriftsetzer)	Sozialdemokratie	362	2,4	
1874	Dr. J. Edmund Jörg (Archivvorstand)	Zentrum	13 969	63,3	81,6
	Ludwig Fischer	Nationalliberale Partei	6 293	28,5	
	August Luthardt (Regierungsrat)	National-conservative Reichspartei	186	0,9	
	Johann Most (Redakteur)	Sozialdemokratie	1 609	7,3	
1877	Dr. J. Edmund Jörg	Zentrum	11 525	57,3	71,5
	Dr. Marquard Barth (Reichshandelsgerichtsrat)	Nationalliberale Partei	6 837	34,0	
	Johann Most	Sozialdemokratie	1 539	7,7	
	Kaspar Lembert (Filzfabrikant)	Deutsch-konservative Partei	200	1,0	
1878	Andreas Freytag (Rechtsanwalt)	Zentrum	12 201	61,7	67,8
	Ludwig Fischer	Nationalliberale Partei	6 222	31,5	
	Johann Most	Sozialdemokratie	1 329	6,8	
1881	Andreas Freytag	Zentrum	9 694	60,0	59,5
	Max Treu (Maurermeister)	Nationalliberale Partei	5 920	36,7	
	August Bebel (Drechslermeister)	Sozialdemokratie	513	3,2	
1884	Georg Biehl (Bildhauer)	Zentrum	12 321	62,9	70,0
	Ludwig Fischer	Nationalliberale Partei	5 716	29,2	
	Georg von Vollmar (Schriftsteller)	Sozialdemokratie	1 550	7,9	
1887	Georg Biehl	Zentrum	12 357	52,9	80,5
	Georg Brach (Säcklermeister)	Nationalliberale Partei	8 099	34,7	
	Georg von Vollmar	Sozialdemokratie	2 888	12,4	
1890	Georg Biehl	Zentrum	11 611	49,8	77,3
	Georg Brach	Nationalliberale Partei	6 618	28,4	
	Georg von Vollmar	Sozialdemokratie	5 070	21,8	

1) Zusammenstellung nach: Zs. des kgl. bayerischen Statistischen Bureaus, 3. Jg. 1871 ff.

Jahr	Kandidaten	Parteizugehörigkeit	Stimmen abs.	%	Wahlbeteiligung in %
1893	Michael Deuringer (Privatier)	Zentrum	13 559	54,5	75,5
	Karl Breder (Redakteur)	Sozialdemokratie	5 485	22,0	
	August Seitz (Landwirt)	Bauernbund	5 269	21,2	
	Victor Hugo Welcker (Schriftsteller)	Antisemitische Partei	512	2,1	
	Dr. Rudolf von Virchow	Freisinnige Volks-Partei	50	0,2	
1898	August Wörle (Lehrer)	Zentrum	13 052	54,1	68,3
	Georg Brach	Nationalliberale Partei	6 034	25,0	
	Adolf Müller (Redakteur)	Sozialdemokratie	4 593	19,1	
	Theodor Dirr (Landwirt)	Bauernbund	378	1,6	
1903	Richard Kalkhof (Amtsrichter)	Zentrum	15 185	52,1	77,2
	Georg Brach	Nationalliberale Partei	7 271	24,9	
	Hans Rollwagen (Redakteur)	Sozialdemokratie	6 577	22,6	
	Ludwig Wenng (Redakteur)	Christlich-soziale Partei	108	0,4	
1907	Richard Kalkhof	Zentrum	16 961	51,9	79,5
	Dr. Friedrich Thoma (Rechtsanwalt)	Nationalliberale Partei	8 017	24,5	
	Hans Rollwagen	Sozialdemokratie	6 706	20,5	
	Bleicher (Redakteur)	National-sozial	800	2,4	
	Theodor Dirr	Bauernbund	81	0,2	
1912 (erste Wahl)	August Wörle	Zentrum	17 265	42,2	—
	Hans Rollwagen	Sozialdemokratie	10 898	29,8	
	Dr. Höber (Arzt)	Fortschrittliche Volkspartei	8 410	23,0	
Stichwahl	*August Wörle*	Zentrum	18 859	50,7	—
	Hans Rollwagen	Sozialdemokratie	18 316	49,3	

II. Die berufliche Zusammensetzung der städtischen Kollegien[2]

Gemeindebevollmächtigte = G
bürgerliche Magistratsräte = M

Berufe	1841		1884		1905	
	G	M	G	M	G	M
Kaufleute	6	6	7	3	7	1
Bankiers	5	3	2	1	2	1
Fabrikanten	3	—	6	4	7	3
Privatiers	2	3	3	5	7	3
Händler	6	—	6	—	—	1
Handwerksmeister	7	—	12	—	9	4
Bierbrauer, Cafetiers, Gastwirte	5	—	3	—	4	—
Advokaten	1	—	1	—	—	—
Apotheker	1	—	—	1	1	1
Architekten	—	—	1	—	—	—
Ärzte	—	—	1	—	1	—
Ingenieure	—	—	—	—	1	—
Techniker	—	—	—	—	1	—
Lehrer	—	—	—	—	1	—
Redakteure	—	—	—	—	1	—
insgesamt	36	12	42	14	42	14

2) Zusammenstellung nach: Adreßbücher der Stadt Augsburg 1841, 1884, 1905.

Quellen- und Literaturverzeichnis

I. Ungedruckte Quellen

1. *Bayerisches Hauptstaatsarchiv München*
   M Arb 385
   M H 5489, 5677, 5678, 5679, 5680, 5682, 5748, 5750, 5751, 11 169, 11 174, 11 255, 14 254, 14 260
   M Inn 45 021, 54 955, 54 973, 55 000, 66 617, 73 499
   M Wi 7147
2. *Bayerisches Staatsarchiv Neuburg a. D.*
   Reg. Nr. 4309^b, 4309^c, 4310, 4311, 10 062, 10 097, 10 099, 10 104, 10 111, 10 116, 10 117, 10 123, 10 126, 10 128, 10 810, 10 909, 10 978
   Rentamt Augsburg 590
3. *Stadtarchiv Augsburg*
   Nachlaß Haßler
   Nachlaß Dr. Völk
   Nachlaß Volkhart
   Plansammlung: Sebastian Beil, Die Kreishauptstadt Augsburg im Jahre 1852
   I. Leybold, Augsburg und seine Fabriken, topographische Karte, 1875
   Plan der Stadt Augsburg mit Vororten, 1912

   Polizei-Sachregistratur und Verwaltungsregistratur Abgaben 1921–1930:
   A 147, 149, 153, 157, 159, 161, 172, 178, 179, 181, 220, 221, 260
   B 268, 269, 270
   C 59
   C 9/34
   D 50
   E II C13/27
   E IV 3/1, 134, 137, 146 a, 189, 196, 212, 215, 219, 225, 243, 247, 249, 258, 268, 274, 275, 292, 342, 363, 430, 476, 529, 536, 653, 939
   G 204
   G I 1/160
   G I 2/5, 6, 7, 8, 11, 12, 13, 14, 15, 16, 21
   G I 13/118
   G I 16/1, 12, 13, 14, 16, 22, 28, 29, 30, 33, 45, 46, 50, 51, 54, 55, 59, 66, 67, 74
   G I 18/1, 2, 9, 10, 18, 20
   G I 19/8
   G I 26/13
   G II ya
   G II 4^a/1
   G II 13/259
   G II 15/13, 21
   G II 17/9
   G III 6/62
   G III 15/13
   G III 17/6, 9, 12, 13, 15, 16, 20, 23, 39, 40
   G VI 1/17
   G VI 3/3, 4, 6
   H 1/25, 28, 72
   H 35

H 72
J 1/20
57 CA 355
4. *Amt für Statistik und Stadtforschung, Augsburg*
Volkszählung 1880 und 1885
5. *MAN-Archiv Augsburg*
Aktengruppe A 221
Arbeiterskontro 1844 ff.
Arbeiterverein Werk Augsburg, Geschäftsberichte
Geschäftsberichte über ordentliche und außerordentliche Generalversammlungen
Protokolle über die Sitzungen des Ausschusses (Verwaltungsrat)
Kranken- und Pensionskassen-Statuten
Nachlaß Guggenheimer
6. *SWA-Archiv, Augsburg*
Magistrat als Gewerbepolizei
Verhandlungen mit dem Magistrat als Polizei-Behörde
Protokolle der Generalversammlungen
Ausschußprotokolle
Verband Süddeutscher Textilarbeitgeber
Lohnstatistik
Statuten der Kranken- und Pensionskassen
Arbeitsordnungen
7. *Deutsches Museum, München*
L. A. Riedinger, »Versuch, die Verhältnisse, wie selbe für L. A. Riedinger in Augsburg sich entwickelt haben, richtig darzustellen«.

II. Gedruckte Quellen

1. *Staats- und Stadtbibliothek Augsburg*
Flugschriften 1848
Statuten der Kranken-, Pensions- und Sparkassen verschiedener Augsburger Firmen
2. *Zeitungen*
Augsburger Abendzeitung
Augsburger Anzeigblatt
Augsburger Neueste Nachrichten
Augsburger Postzeitung
Augsburger Tagblatt
Augsburger Volkszeitung
Der Lechbote
Die Volkshalle
Die Wehr
Die Wacht
Fränkische Tagespost
Intelligenzblatt der königlich bayerischen Stadt Augsburg (später: Amtsblatt)
Münchener Post- und Augsburger Volkszeitung
Neue Augsburger Zeitung
Proletarier
Schwäbische Volkszeitung
Süddeutsche Presse
Wochenschrift der Fortschrittspartei
3. *Statistische Hilfsmittel, Berichte, Protokolle, Quelleneditionen*
Beiträge zur Statistik des Königreichs Bayern

Zeitschrift des königlich bayerischen Statistischen Bureaus
Statistik des Deutschen Reiches, NF, Bd. 118
Statistisches Jahrbuch Deutscher Städte
Adreßbücher der Stadt Augsburg
Verwaltungsberichte des Stadtmagistrats 1869 ff.
Jahresberichte der Handels- und Gewerbekammer für Schwaben und Neuburg (seit 1909 Jahresberichte der Handelskammer) 1869 ff.
Jahresberichte der königlich bayerischen Fabrikeninspektoren (später: Gewerbeinspektoren) 1881 ff.
Jahresberichte des Vereins Süddeutscher Baumwollindustrieller 1903 ff.
Jahresberichte über die Leistungen der städtischen Armenpflege in Augsburg für das Etatsjahr 1849/50
Verhandlungen, Mitteilungen und Berichte des Centralverbandes Deutscher Industrieller 1878 ff.
Peter Rassow, Karl Erich Born (Hrsg.) Akten zur Staatlichen Sozialpolitik in Deutschland 1890–1914, Historische Forschungen Bd. III, Wiesbaden 1959.

III. Literatur

Hans-Alexander Apolant, Die wirtschaftsfriedliche Arbeitnehmerbewegung Deutschlands. Werden, Wesen und Wollen der gelben Organisationen, Berlin 1928.
Die Arbeiterwohlfahrtseinrichtungen in bayerischen Fabriken und größeren Gewerbebetrieben – Denkschrift, bearbeitet vom königlichen Staatsministerium des königlichen Hauses und des Äußeren und vom königlichen Statistischen Bureau, München 1906.
Artikel über Herberge und die Auflage der Maurergesellen, Augsburg 1836.
Lothar Baar, Die Berliner Industrie in der industriellen Revolution, Veröffentlichung des Instituts für Wirtschaftsgeschichte an der Hochschule für Ökonomie, Berlin Karlshorst, Bd. 4, Berlin (Ost) 1966.
Ders., Probleme der industriellen Revolution in großstädtischen Industriezentren. Das Berliner Beispiel, in: Wolfram Fischer (Hrsg.), Wirtschafts- und sozialgeschichtliche Probleme der frühen Industrialisierung, Berlin 1968, S. 529–542.
Alfred Bacher, Geschichte der Augsburger Gewerbehalle 1855–1905, Augsburg 1905.
Frolinde Balser, Sozial-Demokratie. 1848/49–1863, Bd. I, Stuttgart 1963.
Klaus Beichel, Das Verhältnis zwischen Staat und Gemeinden im rechtsrheinischen Bayern nach den Gemeindegesetzen von 1808–1869, maschinenschriftliche Diss. Erlangen 1957.
Jürgen Bergmann, Das »Alte Handwerk« im Übergang. Zum Wandel von Struktur und Funktion des Handwerks im Berliner Wirtschaftsraum in vor- und frühindustrieller Zeit, in: Otto Büsch (Hrsg.), Untersuchungen zur Geschichte der frühen Industrialisierung, vornehmlich im Wirtschaftsraum Berlin/Brandenburg, Berlin 1971, S. 224–269.
Otto Bitterauf, Die Maschinenfabrik Augsburg-Nürnberg (M.A.N.), ihre Begründung und Entwicklung bis zum Anschluß an den Konzern der Gutehoffnungshütte, Nürnberg 1924.
Hans Blum, Deutsche Staatsmänner und Abgeordnete, in: Die Grenzboten, 1872, I, S. 10–28.
Horst Blumberg, Die deutsche Textilindustrie in der industriellen Revolution, Berlin 1965.
Helmut Böhme, Deutschlands Weg zur Großmacht. Studien zum Verhältnis von Wirtschaft und Staat während der Reichsgründungszeit 1848–1881, 2. Aufl. Köln 1972.
Ders., Frankfurt und Hamburg. Des Deutschen Reiches Silber- und Goldloch und die allerenglischste Stadt des Kontinents, Frankfurt/Main 1968.
Karl Böhmer, Die Arbeitersekretariate Bayerns mit besonderer Berücksichtigung der Nürnberger, Diss. Nürnberg 1918.
Hartwig Bopp, Die Entwicklung des deutschen Handwerksgesellentums im 19. Jahrhundert, Paderborn 1932.

KNUT BORCHARDT, Zur Frage des Kapitalmangels in der ersten Hälfte des 19. Jahrhunderts in Deutschland, in: Rudolf Braun u. a. (Hrsg.), Industrielle Revolution. Wirtschaftliche Aspekte, Köln und Berlin 1972, S. 216–236.

FRITZ BÜCHNER, Hundert Jahre Geschichte der Maschinenfabrik Augsburg-Nürnberg, Frankfurt/Main 1940.

HENRY AXEL BUECK, Der Centralverband Deutscher Industrieller 1876–1901, 3 Bde., Berlin 1902–1905.

OTTO BÜSCH, Das Gewerbe in der Wirtschaft des Raumes Berlin/Brandenburg 1800 bis 1850, in: Otto Büsch (Hrsg.), Untersuchungen zur Geschichte der frühen Industrialisierung vornehmlich im Wirtschaftsraum Berlin/Brandenburg, Berlin 1971, 53–105.

DERS., Industrialisierung und Geschichtswissenschaft. Ein Beitrag zur Thematik und Methodologie der historischen Industrialisierungsforschung, Berlin 1969.

LUJO BRENTANO, Das Arbeitsverhältnis in den privaten Riesenbetrieben, in: Verhandlungen des Vereins für Socialpolitik (Verhandlungen der Generalversammlung in Mannheim vom 25.–28. 9. 1905), Bd. CXVI, S. 135–149.

ARTHUR COHEN, Das Schreinergewerbe in Augsburg, Schriften des Vereins für Socialpolitik LXIV, Bd. 3, Leipzig 1895.

Collektiv-Ausstellung der Augsburger Industriellen, veranstaltet von dem Technischen Verein in Augsburg unter Mitwirkung der Süddeutschen Textilberufsgenossenschaft in Augsburg (Deutsche Allgemeine Ausstellung für Unfallverhütung, Berlin 1889), Augsburg o. J.

LEWIS A. COSER, Theorie sozialer Konflikte, 2. Aufl., Neuwied und Berlin 1972.

Chronik der Neuen Augsburger Kattunfabrik 1781–1960, maschinenschriftliches Exemplar im Besitz der Neuen Augsburger Kattunfabrik (NAK), Augsburg 1960.

HELMUT CROON, Forschungsprobleme der neueren Städtegeschichte, in: Blätter für deutsche Landeskunde, 105. Jahrgang, 1969, S. 14–26.

WILHELM DEFFNER, Geschichte der sozialistischen Arbeiterbewegung in Augsburg von 1864 bis 1933, unveröffentlichtes Manuskript im Besitz der Sozialdemokratischen Partei, Ortsverein Augsburg, 2 Bde., Augsburg o. J. (Kopie im Archiv für soziale Demokratie, Friedrich-Ebert-Stiftung, Bonn).

DERS., Soziale Gegensätze oder die Lage der Textilarbeiter in Augsburg, Berlin 1907.

Denkschrift der Handels- und Gewerbekammer für Schwaben und Neuburg über die deutsche Zoll- und Handelspolitik mit spezieller Bezugnahme auf die Textilindustrie des Kammerbezirks, Augsburg 1879.

A. V. DESAI, Real Wages in Germany 1871–1913, Oxford 1968.

WOLFGANG DEY, Die Entstehung und Entwicklung der Augsburger Textilindustrie unter besonderer Berücksichtigung der weltwirtschaftlichen Beziehungen (1633–1914), maschinenschriftliche Diss. München 1947.

PIUS DIRR, Albrecht Volkhart, Augsburg 1904.

DERS., Augsburger Textilindustrie im 18. Jahrhundert, in: ZHV Schwaben, Bd. 37, 1911, S. 1–106.

HUGO ECKERT, Liberal- oder Sozialdemokratie. Frühgeschichte der Nürnberger Arbeiterbewegung, Stuttgart 1968.

GERHARD PETER GEORG EISFELD, Die Entstehung der liberalen Parteien in Deutschland 1858–1870, Hannover 1869.

Ergebnisse einer Erhebung über die in bayerischen Fabriken und größeren Gewerbebetrieben zum Besten der Arbeiter getroffenen Einrichtungen, veröffentlicht durch das königliche Staatsministerium des Innern, München 1874.

E. C. EVERSLEY, Bevölkerung, Wirtschaft und Gesellschaft, in: Wolfgang Köllmann, Peter Marschalck (Hrsg.), Bevölkerungsgeschichte, Köln 1972, S. 93–153.

LOUIS FESSMANN, Die sozialen Einrichtungen der mechanischen Baumwollspinnerei und Weberei in Augsburg, Augsburg 1911.

Festbericht zur Jubelfeier des fünfundzwanzigjährigen Bestehens des Arbeiter-Fortbildungsvereins Augsburg am 14. und 15. August 1887, Augsburg 1887.

Wolfram Fischer, Innerbetrieblicher und sozialer Status der frühen Fabrikarbeiterschaft, in: Wolfram Fischer, Georg Bajor (Hrsg.), Die soziale Frage. Neuere Studien zur Lage der Fabrikarbeiter in den Frühphasen der Industrialisierung, Stuttgart 1967, S. 215–252.
Ders., Ökonomische und soziologische Aspekte der frühen Industrialisierung, in: Wolfram Fischer (Hrsg.), Wirtschafts- und sozialgeschichtliche Probleme der frühen Industrialisierung, Berlin 1968, S. 1–20.
Werner Foth, Sociale Chronik aus 100 Jahren M.A.N., unveröffentlichtes Manuskript im Besitz von M.A.N.-Werk Augsburg, 1941.
Max Fuchs, Chronique scandaleuse der Baumwollspinnerei am Stadtbach, München 1864.
Ders., Finanzrath L. A. Riedinger der Unvergeßliche, Augsburg 1879.
Michael Gasteiger, Die Gelben Gewerkschaften. Ihr Werden und Wesen, München 1909.
Ders., Geschichte der christlichen Gewerkschaften in Süddeutschland, München 1909.
L. H. A. Geck, Die sozialen Arbeitsverhältnisse im Wandel der Zeit, Berlin 1931.
Wilhelm Gehlhoff, Die allgemeine Preisbewegung 1890–1913, Schriften des Vereins für Socialpolitik Bd. CXLIX, München und Leipzig 1928.
Werner Genzmer, Hundert Jahre Augsburger Kammgarnspinnerei 1836–1936. Ein Beitrag zur Geschichte des deutschen Wollgewerbes, Augsburg 1936.
Wilhelm Gerloff, Veränderungen der Bevölkerungsgliederung in der kapitalistischen Wirtschaft, Berlin 1910.
Josef Grassmann, Die Entwicklung der Augsburger Industrie im 19. Jahrhundert. Eine gewerbliche Studie, Augsburg 1894.
Helga Grebing, Geschichte der deutschen Arbeiterbewegung, 3. Aufl. München 1972.
Dieter Groh, Negative Integration und revolutionärer Attentismus. Die deutsche Sozialdemokratie am Vorabend des Ersten Weltkrieges, Frankfurt/Main 1973.
Ders., Kritische Geschichtswissenschaft in emanzipatorischer Absicht, Stuttgart 1973.
Zum fünfzigjährigen Gründungsjubiläum des katholischen Gesellenvereins Augsburg, Separatdruck aus dem Unterhaltungsblatt Nr. 86 der Neuen Augsburger Zeitung (= Schwäbischer Postbote vom 6. 7. 1902).
Adolf Günther, René Prévost, Die Wohlfahrtseinrichtungen der Arbeitgeber in Deutschland und Frankreich, Schriften des Vereins für Socialpolitik CXVI, Leipzig 1905.
Ernst Günther, Die Entlöhnungsmethoden in der bayerischen Eisen- und Maschinenbauindustrie, Berlin 1908.
Volker Haertel, Die Augsburger Weberunruhen 1784 und 1794 und die Struktur der Weberschaft Ende des 18. Jahrhunderts, in: ZHV Schwaben, Bd. 64/65, 1971, S. 121–268.
Georg Haindl u. a., Hundert Jahre Haindlsche Papierfabriken, München 1949.
Friedrich Hassler, Die Augsburger Textil-, Metall- und Papierindustrie in: H. Rinn (Hrsg.), Augusta 955–1955, München 1955, S. 403–426.
Ders., Aus der Geschichte Augsburgs, seiner Gewerbe und seiner Industrie, in: Beiträge zur Geschichte der Technik und der Industrie, Bd. 14, Augsburg 1924, S. 155–192.
Ders., Geschichte der L. A. Riedinger Maschinen- und Bronzewaren-Fabrik, Aktien-Gesellschaft Augsburg, Augsburg 1928.
Ders. u. a., Hundert Jahre Mechanische Baumwollspinnerei und Weberei Augsburg, Augsburg 1937.
Ders., Theodor Ritter von Haßler 1828–1901, in: Lebensbilder aus dem Bayerischen Schwaben, Bd. IX, München 1966, S. 352–383.
Theodor Hassler, Aufzeichnungen über Bismarck und den Centralverband Deutscher Industrieller, kommentiert von Werner Frauendienst, in: Tradition, 7. Jg. 1962, S. 223 bis 233.
Rudolf Heberle, Fritz Meyer, Die Großstädte im Strome der Binnenwanderung, Leipzig 1937.
Adolf F. Heinrich, Die Wohnungsnot und die Wohnungsfürsorge privater Arbeitgeber in Deutschland im 19. Jahrhundert, Diss. Marburg 1970.
Max Hengge, Die Gewerkschaftsbewegung in Augsburg, Diss. München 1913.

Theodor Herberger, Die Industrie Augsburgs mit Rücksicht auf die Polytechnische Schule, Augsburg 1862.

Heinrich Herkner, Die oberelsässische Baumwollindustrie und ihre Arbeiter, Abhandlungen aus dem Staatswissenschaftlichen Seminar in Straßburg, Heft IV, Straßburg 1887.

Horst Hesse, Die sog. Sozialgesetzgebung Bayerns Ende der sechziger Jahre des 19. Jahrhunderts. Ein Beitrag zur Strukturanalyse der bürgerlichen Gesellschaft, MBM 33, München 1971.

August Hessel, Das öffentliche Armenwesen in Augsburg und den später eingemeindeten Vororten 1800–1870, maschinenschriftliche Diss. München 1920.

Hermann Heufelder, Geschichte und Entwicklung der »Augsburger Localbahn« und ihre Bedeutung für das Wirtschaftsleben Augsburgs, Diss. Erlangen 1923.

Paul Hirschfeld, Die Freien Gewerkschaften in Deutschland. Ihre Verbreitung und Entwicklung 1896–1906, Jena 1908.

Heinrich Hirschfelder, Die bayerische Sozialdemokratie 1864–1914, ungedruckte Diss. Erlangen 1975.

Walter Hoffmann, Das Wachstum der deutschen Wirtschaft seit der Mitte des 19. Jahrhunderts, Berlin 1965.

Ders., Stadien und Typen der Industrialisierung, Jena 1931.

Werner Hofmann, Grundelemente der Wirtschaftsgesellschaft, Reinbeck bei Hamburg 1969.

Wolfgang Hofmann, Die Bielefelder Stadtverordneten, Lübeck und Hamburg 1964.

August Frh. von Holzschuher, Die materielle Noth der untern Volksklassen und ihre Ursachen, Augsburg 1850.

J. Horn, W. Miller u. a., Die Großindustrie Augsburgs. Den Festteilnehmern an der XV. Wanderausstellung des Verbandes Deutscher Architekten und Ingenieure in Augsburg vom 1.–3. September 1902, Augsburg 1902.

E. von Hoyer, Der Technische Verein und die Bestrebungen für das Wohl der gewerblichen Arbeiter in Augsburg, München 1890.

Wilhelm Imhof, Die geschichtliche Entwicklung des Gemeinderechts im rechtsrheinischen Bayern seit dem Jahre 1818, Diss. Erlangen, München 1927.

Gunther Ipsen, Bevölkerungsgeschichte, in: W. Köllmann/P. Marschalck (Hrsg.), Bevölkerungsgeschichte, Köln 1972, S. 84–92.

Ders., Artikel »Stadt«, in: Handwörterbuch der Sozialwissenschaften, Bd. 9, S. 786–800.

Karl Jäger, Geschichte der Kreishauptstadt Augsburg, Augsburg 1862.

G. J. Jansen, Migration. A Sociological Problem, in: C. J. Jansen (Hrsg.), Readings in the Sociology of Migration, Oxford 1970.

Hartmut Kaelble, Industrielle Interessenpolitik in der Wilhelminischen Gesellschaft. Centralverband Deutscher Industrieller 1895–1914, Berlin 1967.

Reingart Kästner, Dr. Joseph Völk und die deutsche Frage in Bayern. 1866–1870, in: ZHV Schwaben, Bd. 54, 1941, S. 7–59.

Hermann Kalkoff, Nationalliberale Parlamentarier 1867–1917 des Reichstags und der Einzellandtage. Beiträge zur Parteigeschichte, Berlin 1917.

Sigurd Klatt, Zur Theorie der Industrialisierung, Köln und Opladen 1959.

Heinrich Klebe, Die Entwicklung von Industrie und Gewerbe in Bayern, Sonderdruck aus: Arbeiterschutz und Gewerbeaufsicht in Bayern mit einem Rückblick auf die gewerbliche Entwicklung des Landes, München 1930.

Jürgen Kocka, Industrielle Angestelltenschaft in frühindustrieller Zeit, in: O. Büsch (Hrsg.), Untersuchungen zur Geschichte der frühen Industrialisierung vornehmlich im Raum Berlin/Brandenburg, Berlin 1971, S. 315–367.

Ders., Theorieprobleme der Sozial- und Wirtschaftsgeschichte, in: Hans-Ulrich Wehler (Hrsg.), Geschichte und Soziologie, Köln 1972.

Ders., Unternehmensverwaltung und Angestelltenschaft am Beispiel Siemens 1847–1914, Stuttgart 1969.

Curt Köhler, Der Jungliberalismus. Eine historisch-kritische Darstellung, Köln 1912.

Eberhard Kolb, Ökonomische Interessen und politischer Entscheidungsprozeß. Zur Aktivität deutscher Wirtschaftskreise und zur Rolle wirtschaftlicher Erwägungen in der Frage von Annexion und Grenzziehung 1870/71, in: VSWG 60, 1973, S. 343–380.

Wolfgang Köllmann, Industrialisierung, Binnenwanderung und »Soziale Frage« in: VSWG 46, 1959, S. 45–70.

Ders., Sozialgeschichte der Stadt Barmen im 19. Jahrhundert, Tübingen 1960.

Ders., Zur Bevölkerungsentwicklung ausgewählter deutscher Großstädte, in: W. Köllmann/P. Marschalk (Hrsg.), Bevölkerungsgeschichte, Köln 1972, S. 259–274.

F. Kollmann, F. A. Oldenburg, Die Wasserwerke von Augsburg, Augsburg 1850.

Jürgen Kuczynski, Die Geschichte der Lage der Arbeiter unter dem Kapitalismus, Bd. II, III, IV, XVII, Berlin 1961–1967.

Hugo Kündig, Geschichte der bayerischen Arbeiterschutzgesetzgebung, Diss. München, Berlin 1913.

Hermann J. Kulzer, Die Bevölkerungsbewegung der Stadt Augsburg seit 1900, Diss. Erlangen 1925.

Philipp Kurzt, Die Handwerkskammer von Schwaben und Neuburg von 1900–1925, Diss. Erlangen, Ichenhausen 1929.

Ivo Nicolai Lambi, Free Trade and Protection in Germany 1868–1879. Beiheft zu VSWG 44, Wiesbaden 1963.

Leitfaden zur Arbeiterversicherung des Deutschen Reichs, bearbeitet von Mitgliedern des Reichsversicherungsamtes, Berlin 1913.

Ludwig Lieb, Die Entwicklung der Augsburger Effektenbörse 1818–1896, Abhandlungen zur Geschichte der Stadt Augsburg, Heft 3, Augsburg 1930.

Norbert Lieb, Augsburgs bauliche Entwicklung als Ausdruck städtischen Kulturschicksals seit 1800, in: ZHV Schwaben, Bd. 58, 1951, S. 18–24 und 54–61.

August Emil Luthardt, Mein Werden und Wirken im öffentlichen Leben, München 1901.

Gerhard Mackenroth, Bevölkerungslehre, Berlin 1953.

Ludwig Hubert Mai, Die Entwicklung der Augsburger Industrie in den Jahren 1890 bis 1914, maschinenschriftliche Diss. Frankfurt/Main 1924.

Karl Martini, Zur Lage der Augsburger Fabrikarbeiter, Augsburg o. J.

Erich Maschke, Grundzüge der deutschen Kartellgeschichte bis 1914, Dortmund 1964.

Ders., Industrialisierungsgeschichte und Landesgeschichte, in: Blätter für deutsche Landesgeschichte, 103. Jg. 1967, S. 71–84.

Klaus Mattheier, Die Gelben. Nationale Arbeiter zwischen Wirtschaftsfrieden und Streik, Düsseldorf 1973.

Hermann Mattutat, Das Prämiensystem in der Augsburger Textilindustrie, in: Soziale Praxis, V. Jg. 1895/96, S. 210–212.

Hans Mauersberg, Deutsche Industrien im Zeitgeschehen eines Jahrhunderts. Eine historische Modelluntersuchung zum Entwicklungsprozeß deutscher Unternehmen, Stuttgart 1966.

Renate Mayntz, Soziale Schichtung und sozialer Wandel in einer Industriegemeinde. Eine soziologische Untersuchung der Stadt Euskirchen, Stuttgart 1958.

Die Mechanische Baumwollspinnerei und Weberei in Augsburg, Bericht an die Aktionäre bei Veranlassung der Feier des fünfzigjährigen Betriebes, Augsburg 1890.

K. A. Metzger, 150 Jahre Neue Augsburger Kattunfabrik vorm. Schöppler & Hartmann, Augsburg 1931.

Maximilian Meyer, Lebensmittelpreise und Wohnungsmieten in Nürnberg (1890–1912), in: Kosten der Lebenshaltung in deutschen Großstädten, II. West- und Süddeutschland, Schriften des Vereins für Socialpolitik, Bd. CXLV, Leipzig 1914, S. 1–42.

Ernst Michel, Sozialgeschichte der industriellen Arbeitswelt, ihrer Krisenformen und Gestaltungsversuche, 2. Aufl. Frankfurt/Main 1948.

W. Morgenroth, Die Kosten des Münchener Arbeiterhaushalts in ihrer neueren Entwicklung, in: Kosten der Lebenshaltung in deutschen Großstädten, II. West- und Süddeutschland, Schriften des Vereins für Socialpolitik, Bd. CXLV, Leipzig 1914, S. 271–304.

HANS MOTTEK, Die Gründerkrise. Produktionsbewegung, Wirkungen, theoretische Problematik, in: Jb. für Wirtschaftsgeschichte 1966/I, S. 51–128.

DIETMAR NICKEL, Die Revolution 1848/49 in Augsburg und Bayerisch Schwaben, Schwäbische Geschichtsquellen und Forschungen, Bd. 8, Augsburg 1965.

THOMAS NIPPERDEY, Die Organisation der deutschen Parteien vor 1918, Düsseldorf 1961.

ADOLF NOLL, Wirtschaftliche und soziale Entwicklung des Handwerks in der zweiten Phase der Industrialisierung, in: W. Rüegg/O. Neuloh (Hrsg.), Zur soziologischen Theorie und Analyse des 19. Jahrhunderts, Göttingen 1971, S. 193–212.

GEORG OBERSTALLER, Die Entstehung des Arbeitstarifvertragswesens in Augsburg bis Ende 1920, maschinenschriftliche Diss. Würzburg 1922.

MARTIN OFFENBACHER, Der Ausstand und die Aussperrung in der Bayerischen Metallindustrie im Sommer 1905. Im Auftrag des Verbandes Bayerischer Metallindustrieller nach Akten verfaßt, Nürnberg 1905.

FERDINAND AUGUST OLDENBURG, Die Fabriken von Augsburg und Blicke auf die europäischen Industrie- und Gewerbeausstellungen, Augsburg 1850.

A. OPPEL, Die deutsche Textilindustrie, Leipzig 1912.

ULRICH PLEISS, Freiwillige soziale Leistungen der industriellen Unternehmung, Berlin 1960.

AUGUST POPP, Die Entstehung der Gewerbefreiheit in Bayern, Abhandlungen aus dem Staatswissenschaftlichen Seminar der Universität Erlangen, Leipzig 1928.

JULIUS POST/H. ALBRECHT, Musterstätten persönlicher Fürsorge von Arbeitgebern für ihre Geschäftsangehörigen, 2 Bde., Berlin 1889–1893.

HUGO FRH. VON REHLINGEN UND HALTENBERG, Beruflich-soziale Gliederung der Bevölkerung des Königreichs Bayern vom Jahre 1840–1907, Weiden 1911.

ADOLF REICHWEIN, Funktionswandlungen der betrieblichen Sozialpolitik, Dortmunder Schriften zur Sozialforschung, Bd. 26, Köln und Opladen 1965.

OTTO REUTHER, Die Entwicklung der Augsburger Textilindustrie, Diss. Heidelberg, Diessen 1915.

EMIL RIEDEL (Hrsg.), Das bayerische Gesetz über Heimat, Verehelichung und Aufenthalt vom 16. April 1868 nebst einer Darstellung der älteren bayerischen Gesetze über Heimat, Ansässigmachung, Verehelichung und Armenpflege und den Vollzugsvorschriften, Nördlingen 1868.

LEOPOLD RIEDMÜLLER, Chronik des katholischen Arbeitervereins in Augsburg 1874–1899, Augsburg 1900.

WILHELM HEINRICH RIEHL, Augsburger Studien, in: Deutsche Vierteljahresschrift, 21. Jg. 1. Heft, 1858, S. 141–192.

GERHARD A. RITTER, Die Arbeiterbewegung im Wilhelminischen Reich. Die Sozialdemokratische Partei und die Freien Gewerkschaften 1890–1900, Berlin 1959.

HANS ROSENBERG, Die Weltwirtschaftskrise von 1857–1859, Beiheft 30 zu VSWG, Stuttgart 1934.

DERS., Große Depression und Bismarckzeit. Wirtschaftsablauf, Gesellschaft und Politik in Mitteleuropa, Berlin 1967.

HANS ROST, Die Bevölkerungszahl der Stadt Augsburg bis zum Jahre 1900, in: Der Schwäbische Postbote. Beilage zur Augsburger Postzeitung, Sept./Okt. 1905.

DERS., Die Wohnungsuntersuchung der Stadt Augsburg vom 4. Januar bis 24. März 1905, Augsburg 1906.

FRANZ ROTTER, Zur Geschichte der Industrie-Gewerkschaft Druck und Papier in Augsburg und die Gründung des Bezirks Schwaben, Augsburg 1967.

KARL RÜDINGER, Die Arbeiterbewegung in Bayern 1848–1850. Ein Beitrag zur Geschichte der achtundvierziger Bewegung in Bayern, Diss. München, Bottrop 1934.

ADELHEID VON SALDERN, Gewerbegerichte im Wilhelminischen Deutschland, in: Wissenschaft, Wirtschaft und Technik. Studien zur Geschichte, Wilhelm Treue zum 60. Geburtstag, hrsg. von Karl-Heinz Manegold, München 1969, S. 190–203.

KLAUS SAUL, Staat, Industrie, Arbeiterbewegung im Kaiserreich. Zur Innen- und Außenpolitik des Wilhelminischen Deutschland 1903–1914, Düsseldorf 1974.

HERMANN P. SCHÄFER, Die »Gelben Gewerkschaften« am Beispiel des Unterstützungsvereins der Siemenswerke Berlin, in: VSWG 59, 1972, 41–76.

THEODOR SCHIEDER, Die kleindeutsche Partei in Bayern in den Kämpfen um die nationale Einheit 1863–1871, Münchener Historische Abhandlung I. Reihe, Heft 12, München 1936.

JOACHIM SCHLANDT, Die Kruppsiedlungen – Wohnungsbau im Interesse eines Industriekonzerns, in: Hans G. Helms, Jörg Janssen (Hrsg.), Kapitalistischer Städtebau, 3. Aufl. Neuwied und Berlin 1971, S. 95–111.

JOSEF SCHMID, Die Augsburger Kammgarnspinnerei und ihre Stellung in der deutschen Wollindustrie, maschinenschriftliche Diss. Würzburg o. J.

FRIEDRICH SCHMID, JACOB FRIEDRICH UND PAUL SCHMID (1777–1853 und 1842–1928), in: Lebensbilder aus dem Bayerischen Schwaben, Bd. 4, München 1955, S. 360–380.

JOCHEN SCHMIDT, Bayern und das Zollparlament. Politik und Wirtschaft in den letzten Jahren vor der Reichsgründung (1866/67–1870), MBM 46, München 1973.

GUSTAV SCHMOLLER, Zur Geschichte der deutschen Kleingewerbe im 19. Jahrhundert, Halle 1870.

AXEL SCHNORBUS, Arbeit und Sozialordnung in Bayern vor dem Ersten Weltkrieg (1890 bis 1914), MBM 19, München 1969.

ALOYS SCHREIBER, Die Entwicklung der Augsburger Bevölkerung vom Ende des 14. Jahrhunderts bis zum Beginn des 19. Jahrhunderts, maschinenschriftliche Diss. Erlangen 1922.

ALFRED SCHRÖTER, Walter Becker, Die deutsche Maschinenbauindustrie in der industriellen Revolution, Berlin 1962.

JÜRGEN SCHUCHARDT, Die Wirtschaftskrise vom Jahre 1866 in Deutschland, in: Jb. für Wirtschaftsgeschichte 1962/II, S. 91–141.

RUDOLF SCHÜLKE, Augsburg wurde eine Großstadt, Augsburg 1961.

WILHELM SCHÜTZE, Zur Zusammenschlußbewegung in der deutschen Textilindustrie, Diss. Frankfurt/Main 1927.

GERARD SCHWARZ, »Nahrungsstand« und »erzwungener Gesellenstand«. Mentalité und Strukturwandel des bayerischen Handwerks im Industrialisierungsprozeß um 1860, Beiträge zu einer historischen Strukturanalyse Bayerns im Industriezeitalter, Bd. 10, Berlin 1974.

MAX SCHWARZ, Die Fortschrittspartei und die sog. Sozialgesetzgebung Bayerns im Jahre 1868/69, maschinenschriftliche Diss. München 1923.

HERMANN SEEBAUER, Die vereinigten Fabriken landwirtschaftlicher Maschinen vorm. Epple & Buxbaum AG Augsburg, maschinenschriftliche Diss. Würzburg 1924.

H. SEELMANN, Die Reichsversicherung, Leipzig 1912.

GOTTLIEB SEUTTER, Technischer Verein Augsburg 1845–1895. Festschrift zur fünfzigjährigen Gründungsfeier, Augsburg 1895.

MAX VON SEYDEL, Bayerisches Staatsrecht, Bd. I. Die Staatsverfassung, bearbeitet von Robert Piloty, Tübingen 1913.

ARTHUR SPIETHOFF, Die wirtschaftlichen Wechsellagen, 2. Bde., Tübingen und Zürich 1955.

FRITZ STEINHÄUSSER, Augsburg in kunstgeschichtlicher, baulicher und hygienischer Beziehung, Festschrift den Teilnehmern an der 15. Wanderversammlung des Verbandes deutscher Architekten und Ingenieure, Augsburg 1902.

SIEGFRIED STOLL, Die Landgemeinde im Einflußbereich der benachbarten Industriestadt. Dargestellt am Beispiel Göggingens, Diss. Augsburg 1969.

JACOB STRIEDER, Zur Genesis des modernen Kapitalismus. Forschungen zur Entstehung der großen bürgerlichen Kapitalvermögen am Ausgange des Mittelalters und zu Beginn der Neuzeit, zunächst in Augsburg, Leipzig 1904.

GEORG STRÖSSNER, Die Fusion der Aktiengesellschaft Maschinenfabrik Augsburg und der Maschinenbau Aktiengesellschaft Nürnberg im Jahre 1898, in: Tradition 5, 1960, S. 97 bis 115.

DERS., Männer der Augsburger Industrie im Licht von Stadtgeschichte und Familienforschung, Maschinenschrift, Augsburg 1943.

Heinrich Sybel, Die Baumwollindustrie, in: Die Störungen im deutschen Wirtschaftsleben während der Jahre 1900 ff., Bd. I, Schriften des Vereins für Sozialpolitik CV, Leipzig 1903, S. 127–155.

Hans Jürgen Teuteberg, Geschichte der industriellen Mitbestimmung in Deutschland. Ursprung und Entwicklung ihrer Vorläufer im Denken und in der Wirklichkeit des 19. Jahrhunderts, Soziale Forschung und Praxis Bd. 15, Tübingen 1961.

Ingrid Thienel, Städtewachstum im Industrialisierungsprozeß des 19. Jahrhunderts. Das Berliner Beispiel, Berlin, New York 1973.

Richard Thoma, Gesellschaft und Geistesleben im vormärzlichen Augsburg, Diss. München 1953.

Dietrich Thränhardt, Wahlen und politische Strukturen in Bayern 1848–1953, Düsseldorf 1973.

Richard H. Tilly, Zur Entwicklung des Kapitalmarktes und Industrialisierung im 19. Jahrhundert unter besonderer Berücksichtigung Deutschlands, in: VSWG 60, 1973, S. 145–165.

W. Troeltsch/P. Hirschfeld, Die deutschen Sozialdemokratischen Gewerkschaften. Untersuchungen und Materialien über ihre geographische Verbreitung 1896–1903, Berlin 1905.

Michael Vester, Die Entstehung des Proletariats als Lernprozeß, Frankfurt/Main 1970.

Hedwig Wachenheim, Die deutsche Arbeiterbewegung 1844–1914, 2. Aufl. Opladen 1971.

Rolf Wagenführ, Die Industriewirtschaft. Entwicklungstendenzen der deutschen und internationalen Industrieproduktion 1860 bis 1932, in: Vierteljahreshefte zur Konjunkturforschung, Sonderheft 31, 1933, S. 3–69.

Hans-Ulrich Wehler, Der Aufstieg des organisierten Kapitalismus und Interventionsstaates in Deutschland, in: H. A. Winkler (Hrsg.), Organisierter Kapitalismus, Kritische Studien zur Geschichtswissenschaft, Bd. 9, Göttingen 1974, S. 36–57.

Karin Weimann, Bevölkerungsentwicklung und Frühindustrialisierung in Berlin 1800 bis 1850, in: Otto Büsch (Hrsg.), Untersuchungen zur Geschichte der frühen Industrialisierung vornehmlich im Wirtschaftsraum Berlin/Brandenburg, Berlin 1971, S. 150 bis 190.

Anton Werner, Die örtlichen Stiftungen für die Zwecke des Unterrichts und der Wohltätigkeit in der Stadt Augsburg, Augsburg 1899–1912.

Heinrich August Winkler, Der rückversicherte Mittelstand. Die Interessenverbände von Handwerk und Kleinhandel im deutschen Kaiserreich, in: W. Ruegg/O. Neuloh (Hrsg.), Zur soziologischen Theorie und Analyse des 19. Jahrhunderts, Göttingen 1971, S. 163 bis 179.

Johann Georg Wirth, Augsburg wie es ist! Beschreibung der Merkwürdigkeiten der altberühmten Stadt mit Bezug auf Kunst, Handel, Fabriken, Gewerbe etc. Ein Hand- und Adreßbuch für Alle, Augsburg 1846.

Ders., Nachrichten über Verpflegung, Versorgung und Beschäftigung der Armen, gesammelt auf einer Reise, Augsburg 1848.

Wohnungs-Enquête in Augsburg, veranstaltet und bearbeitet vom wirtschaftlichen Verband der Arbeitervereine von Augsburg und Umgebung, Augsburg 1901.

Wolfgang Zorn, Augsburg. Geschichte einer deutschen Stadt, 2. Aufl. Augsburg 1972.

Ders., Handels- und Industriegeschichte Bayerisch-Schwabens. 1648–1870. Wirtschafts-, Sozial- und Kulturgeschichte des schwäbischen Unternehmertums, Studien zur Geschichte des Bayerischen Schwabens, Bd. 6, Augsburg 1961.

Ders., Handel und Industrie vom Ende des Dreißigjährigen Krieges bis 1848, in: H. Rinn (Hrsg.), Augusta 955–1955, München 1955, S. 333–345.

Ders., Zu den Anfängen der Industrialisierung Augsburgs im 19. Jahrhundert, in: VSWG 38, 1952, S. 155–168.

Ders., Ludwig August und August Riedinger, in: Lebensbilder aus dem Bayerischen Schwaben, Bd. 4, München 1955, S. 381–394.

Register

Allioli, Domprobst 229
Ammon, Fabrikant 259
Aubele, Kaplan 270

Bader, Ottilie 336
Barth, Karl, Abgeordneter 236 f., 241, 268, 269, 271 f., 398
Barth, Marquard Dr. 398
Bebel, August 248 f., 272, 285, 398
Beck, Fabrikant 234
Beeh, Franz, Fabrikarbeiter 270
Bernstein, Eduard 345
Betzendörfer, Ingenieur 175
Biehl, Georg, Abgeordneter 269, 398
Biermann, G. M., Fabrikdirektor 196
Birle, Domvikar 269
Bischoff, Johannes, Schneidermeister 247, 257, 298
Bismarck, Otto v. 235
Bissinger, Ingenieur 176
Bleicher, Redakteur 399
Brach, Georg, Abgeordneter 267, 343, 398 f.
Brachmann 270
Brater, Karl 235
Breder, Carl, Schlosser 312, 332, 350, 399
Brentano, Familie 231
Brentano, Frhr. v., Seidenwarenfabrikant 227, 231
Brentano, Lujo 373
Bueck, H. A., Generalsekretär des CVDI 355, 373
Büttner, Handelskammersyndikus 328, 330
Buxbaum, Engelbert, Fabrikant 268, 270
Buz, Carl, Fabrikdirektor 196
Buz, Heinrich, Fabrikdirektor 109, 175, 196, 297, 307, 323 f., 329, 359
Buz, Richard, Fabrikdirektor 300

Casella, Familie 231
Chatelet, Clemens, Maschinenschlosser 308, 318

Deffner, Wilhelm, Geschäftsführer des Textilarbeiterverbands 17, 335, 340, 351, 362, 373 f.

Deffner, Relie 337
Deuringer, Michael, Abgeordneter 399
Dingler, Chemiker 23
Dirr, Pius, Archivar 345 f., 347
Dirr, Theodor, Landwirt 399
Döltsch, Johann, Fabrikarbeiter 284, 292
Drentwett, Heinrich, Maschinenschlosser 308
Dürr, Friedrich, Mechaniker 245 f.

Eberhard, Fabrikdirektor 291
Ehrler, Fritz, Arbeiter 334
Endres, Jakob, Schuhmacher 247, 249, 277, 279, 280 ff., 283, 285 f., 289

Feid, Carl, Former 300
Feßmann, Louis, Fabrikdirektor 300
Fischer, Ludwig v., Erster Bürgermeister 134, 136, 231, 233, 235 f., 240, 257 f., 264, 266, 273, 286, 343 f., 398
Fischer, Dr., Advokat 226 f.
Fischer, Richard, Redakteur 281, 284 f.
Forndran, Erster Bürgermeister 225, 229, 233
Forster, Familie 231, 234
Frankenberger, Schmiedemeister 226
Franz, Jakob, Schriftsetzer 273 f., 277 f., 398
Freytag, Andreas, Abgeordneter 398
Frölich, Familie 231
Frommel, Albert, Fabrikdirektor 59, 109, 126, 147 f., 154, 184, 196, 205, 206 f., 219, 256, 326 f.
Frommel, Familie 231
Fuchs, Max, Redakteur 133, 239
Fug, Anton, Zimmermann 350
Fugger, Familie 20

Gebelein, Johann, Schuhmacher 332
Geier, Peter, Gewerkschaftssekretär 376
Gignoux, Manufakturbesitzer 20
Gleich, Manufakturbesitzer 20
Gollwitzer, Karl, Baumeister 263 ff., 265
Gräßle, Ingenieur 175
Greifenberg, Marie 336 f., 341
Groß, Ferdinand, Fabrikdirektor 135, 184, 325, 355, 373

411

Günther, Bezirksgerichtsdirektor 256
Guggenheimer, Emil Dr., MAN-Syndikus 16, 301, 307 ff., 310 f., 313, 321 f., 327 f., 387
Gutbrod, Kaplan 272

Haag, Fabrikant 303
Haas, Redakteur 268 f.
Hagg, Polizeioffiziant 203
Harleß, v., Oberkonsistorialpräsident 260
Haßler, Theodor, Industrieller 16, 109, 134, 136, 140, 195 f., 206 f., 239, 283, 297, 325, 381
Hauser, Anton, Benefiziat 270 ff.
Heinle, J. F., Kaufmann 21
Heinrich, Conrad, Zweiter Bürgermeister 233
Hertel, Albert, Kaufmann 256
Hirsch, Max 358
Hirth, Metallarbeiter 288
Höber, Dr., Arzt 399
Hölder, Julius v. 258
Hohenlohe-Schillingsfürst, Fürst v., bayerischer Ministerpräsident 235 f., 260
Hohenreiner, Athanasius, Schuhmacher 284
Holzheu, Gastwirt 286
Hüning, Wilhelm, Gürtlermeister 285
Huttler, Max Dr., Verleger 237, 240 f., 243 f., 261, 263, 267, 269

Jäger, Jakob, Textilarbeiter 292
Jäger, Ludwig, Eisengießer 275, 283 ff.
Jelle, Ludwig, Metallarbeiter 247 ff., 250 f., 285, 288
Jörg, Edmund Dr., Archivvorstand 398

Kalkof, Richard, Richter 399
Keim, Adolf, Schreiber 281, 288
Keller, Friedrich, Kaufmann 235, 256
Kerstorf, v. Dr. 226 f., 231
Kirchpfennig, Redakteur 339, 342
Knorr, Redakteur 245
Kopitsch, Karl, Kaufmann 235
Korhammer, Ingenieur 154, 177
Krantz, Ingenieur 297, 352
Kranzfelder, Buchhändler 268
Kranzfelder, Landwirt 348
Kraus, Josef, Schuhmacher 333
Krauss, Fabrikant 252 ff.
Kronacher, Dr., Advokat 228 f.
Krumper, Techniker 176 f.
Kuby, Dr., Gerichtsarzt 259

Lang, Ludwig, Lehramtskandidat 243
Lassalle, Ferdinand 245, 280 f.
Lembert, Kaspar, Fabrikant 260, 265, 398
Lenz, Georg, Schuhmachermeister 270
Lepehne, Gustav, Geschäftsführer 337
Le Plays, Frédéric 306
Leucht, J. N., Textilarbeiter 288
Lichtensteiger, Metallschläger 282, 284
Liebknecht, Wilhelm 280
Lindemann, Hugo 379
Linden, Frhr. v. 227
Luthardt, A. E., Assessor 260, 265, 398

Martini, Bleichereibesitzer 121, 209
Marx, Karl 280
Mattutat, Hermann, Redakteur 332
Max II., König von Bayern 195
Mayer, M. Th. Dr., Abgeordneter 269
Mayr, Max, Abgeordneter 319, 322
Mehl, Ernest, Fabrikdirektor 109, 195
Merkel, Schneidermeister 284
Merz, Friedrich, Kaufmann 25, 39, 195
Möckert, Schneidermeister 285
Most, Johannes 285, 398
Müller, Adolf 399

Napoleon I. 21
Neff, Robert, Schriftsetzer 247, 249 f., 251, 274
Nitzuhl, Zeichner 177
Nusser, Dr., Arzt 228

Oldenburg, F. A., Schriftsteller 36, 229 f.
Ortlam, Martin, Textilarbeiter 284 f.
Ossenbrunner, Eduard, Redakteur 312

Paur, Adolf Dr., Abgeordneter 226, 234
Pfeiffer, Prokurist 308 f., 315, 319
Pfeil, Georg, Rechtsrat 256, 259
Podewils, Klemens v., bayerischer Ministerpräsident 324

Rackl, Buchdruckermeister 264
Raff, Fabrikant 298
Reichenbach, Carl 29, 234
Reim, Otto, Modellschreiner 250
Renk, Fabrikant 336, 371
Renner, Ludwig, Schuhmacher 286, 333 f., 339, 347, 379
Riedinger, L. A., Fabrikant 109, 121, 175, 194 f., 231
Rieppel, Industrieller 321
Röder, Zeitungsexpeditor 262 f.
Roetger, Industrieller 324

Rollwagen, Hans, Abgeordneter 305, 330, 339 ff., 347 f., 367, 380, 399
Rudder, Prosper de, Fabrikdirektor 125, 147

Sailer, Anton 360, 381
Sander, Ludwig, Fabrikant 28
Satzinger, Georg, Zimmermann 349
Schadelock, Philipp, Werkmeister 242
Schaezler, Familie 231, 234
Schaezler, Frhr. v., Bankier 24
Scharff, August, Fabrikarbeiter 242, 244
Schatz, Emmanuel, Redakteur 228
Schauß, Friedrich 258
Scheller, Christoph, Weißgerber 284
Schmid, Paul, Bankier 343
Schmid, Familie 231, 234
Schmiederich, Oskar 246
Schnitzer, Kilian, Schuhmacher 280, 282, 334
Schönchen, Dr., Redakteur 227
Schüle, J. H., Manufakturbesitzer 20, 102
Schulze-Delitzsch, Hermann 243, 245, 277, 358
Schwarz, Kaufmann 20
Schweitzer, J. B. v., 248 f.
Schwinger, Wilhelm, Eisendreher 308
Seif, Anton, Viktualienhändler 242, 278
Seitz, August, Landwirt 343, 399
Sewald, Xaver, Zimmerer 250
Simon, Georg, Magistratsrat 339, 380
Simon, Tina 337
Stadler, Benno, Magistratsrat 241
Stahl, Fabrikmeister 263
Steigenberger, Domprediger 271
Stetten, v., Familie 231, 234
Stetten, Hans v., Magistratsrat 235, 241
Stollberg, Georg, Gastwirt 247, 249, 250, 274, 276, 279, 281, 284 f., 334
Ströbel, Franz, Fabrikweber 246

Tafel, Wilhelm, Industrieller 319
Tauscher, Leonhard, Schriftsetzer 140, 241, 246, 248 ff., 251 ff., 254, 274 ff., 277, 279 ff., 282 f., 285, 290, 333, 393
Theisz, Julius, Malergeselle 279, 286, 333 f., 341, 379
Teply, Joseph 263 f.
Thoma, Friedrich Dr., Abgeordneter 318, 344 f., 347, 399
Thomm, August, Kaufmann 235
Treu, Max, Maurermeister 398

Uebelhör, Johann, Eisendreher 318, 344 f.

Virchow, Rudolf v. 343, 399
Völk, Joseph Dr., Abgeordneter 16, 231 f., 234 ff., 239, 257 ff.
Volkhart, Albrecht, Magistratsrat 16, 224, 226 f., 230 ff., 235, 264, 383
Vollmar, Georg v. 286, 341, 398

Wahl, Johann, Tuchscherergeselle 245 f.
Walter, Anton 362
Weidmann, Johann, Textilarbeiter 292
Weinmann, Rechtsrat 322
Weißhaupt, Karl 333
Welcker, V. H. 343, 399
Wenng, Ludwig, Redakteur 399
Wernthaler, Karl, Geschäftsführer 333, 351
Widemann, Redakteur 226
Wiemer, Philipp 286
Windsheimer, J. G., Schneidergeselle 248, 250
Winsauer 284
Wirth, Carl, Verleger 256
Wirth, Johann G., Direktor der Kleinkinderbewahranstalt 238
Wittmann, Patrozinus 231, 233
Wörle, August, Abgeordneter 347, 399
Wolfram, Erster Bürgermeister 338, 386
Wüchner, Andreas, Lackierer 250

Zetkin, Clara 336
Zwiebel, Joseph, Maschinenschlosser 275, 278, 280, 283 ff.

Von den Abhandlungen zur Geschichte der Stadt Augsburg (Schriftenreihe des Stadtarchivs Augsburg) sind noch lieferbar

---

Band 2
ROBERT POPPE
„Die Augsburger Handelsgesellschaft Österreicher" (1590—1618)
94 Seiten, broschiert 4,80 DM
Selbstverlag der Stadt Augsburg, 1928

Band 4
ANTON MAYR
„Die großen Augsburger Vermögen in der Zeit von 1618—1717"
127 Seiten, broschiert 4,80 DM
Selbstverlag der Stadt Augsburg, 1931

Band 5
ANNEMARIE FAULMÜLLER
„Die Reichsstadt Augsburg im spanischen Erbfolgekrieg"
79 Seiten, broschiert 4,80 DM
Selbstverlag der Stadt Augsburg, 1933

Band 6
FRANZ HERRE
„Das Augsburger Bürgertum im Zeitalter der Aufklärung"
177 Seiten, Ganzleinen mit Schutzumschlag 8,70 DM, kart. mit Schutzumschlag 7,80 DM
Verlag Die Brigg, Augsburg—Basel, 1951

Band 9
HEINRICH LUTZ
„Conrad Peutinger — Beiträge zu einer politischen Biographie"
421 Seiten, Ganzleinen mit Schutzumschlag 38,— DM
Verlag Die Brigg, Augsburg, 1958

Band 10
RICHARD SCHMIDBAUER
„Die Augsburger Stadtbibliothekare durch vier Jahrhunderte"
328 Seiten, Ganzleinen mit Schutzumschlag 32,— DM
Verlag Die Brigg, Augsburg, 1963

Band 11
FRITZ SCHNELL
„Die Meistersinger von Augsburg"
173 Seiten, Ganzleinen mit Schutzumschlag 15,80 DM
Verlag Die Brigg, Augsburg, 1958

Band 12
EUGEN LIEDL
„Gerichtsverfassung und Zivilprozeß der freien Reichsstadt Augsburg"
160 Seiten, kartoniert mit Schutzumschlag 10,80 DM
Hans Rösler Verlag, Augsburg, 1958

Band 13
CHRISTIAN BEUTLER und GUNTHER THIEM
„Hans Holbein der Ältere — die Spätgotische Altar- und Glasmalerei"
250 Seiten, 54 Abb., 4 Farbtafeln, kart. mit Schutzumschlag 28,— DM
Hans Rösler Verlag, Augsburg, 1960

Band 14
SIEGFRIED MERATH
„Paul von Stetten der Jüngere — ein Augsburger Patrizier am Ende der reichsstädtischen Zeit"
180 Seiten, kart. mit Schutzumschlag 13,20 DM
Hans Rösler Verlag, Augsburg, 1961

Band 15
GEORG HIMMELHEBER
„Der Ostchor des Augsburger Doms"
88 Seiten, 45 Abb., kartoniert mit
Schutzumschlag 7,80 DM
Hans Rösler Verlag, Augsburg, 1963

Band 16
MAXIMILIAN BOBINGER
„Alt-Augsburger Kompaßmacher.
Sonnen-, Mond- u. Sternuhrmacher"
448 Seiten, 262 Abb., leinengebunden mit
Schutzumschlag 66,— DM
Hans Rösler Verlag, Augsburg, 1966

Band 17
LEONHARD LENK
„Augsburger Bürgertum im Spät-
humanismus und Frühbarock"
(1580—1700)
256 Seiten, 7 Abb., leinengebunden mit
Schutzumschlag 29,— DM
Verlag H. Mühlberger, Augsburg, 1968

Band 18
MAXIMILIAN BOBINGER
„Kunstuhrmacher in Alt-Augsburg"
186 Seiten, 60 Abb., leinengebunden mit
Schutzumschlag 18,60 DM
Hans Rösler Verlag, Augsburg, 1969

Band 19
ROLF KIESSLING
„Bürgerliche Gesellschaft und Kirche
in Augsburg im Spätmittelalter"
400 Seiten, 6 Abb., leinengebunden mit
Schutzumschlag 66,— DM
Verlag H. Mühlberger, Augsburg, 1971

Band 20
RENATE VON WALTER
„Das Augsburger Rathaus"
116 Seiten mit reicher Bildausstattung
(35 Bildtafeln), leinengebunden mit
Schutzumschlag 24,— DM
Verlag H. Mühlberger, Augsburg, 1972

Band 21
GERHARD GENSTHALER
„Das Medizinalwesen der freien
Reichsstadt Augsburg bis zum
16. Jahrhundert"
198 Seiten 8 Abb., leinengebunden mit
Schutzumschlag 38,— DM
Verlag H. Mühlberger, Augsburg, 1973

Band 22
HELMUT FRIEDEL
„Bronzebildmonumente in Augsburg
1589—1606"
144 Seiten, 38 Abb., leinengebunden mit
Schutzumschlag 36,80 DM
Verlag H. Mühlberger, Augsburg, 1974

Band 23
EBBA KRULL
„Franz Xaver Habermann
(1721—1796)"
Ein Augsburger Ornamentist
des Rokoko
84 Seiten, 30 Abb., leinengebunden mit
Schutzumschlag 32,— DM
Verlag H. Mühlberger, Augsburg, 1977

Band 24
ILSE FISCHER
Industrialisierung, sozialer Konflikt
und politische Willensbildung in der
Stadtgemeinde
416 Seiten, leinengebunden mit Schutzumschlag
68,— DM
Verlag H. Mühlberger, Augsburg, 1977

Außerhalb der Schriftenreihe
wurde vom Stadtarchiv Augsburg
herausgegeben:
EDUARD ZIMMERMANN
„Augsburger Zeichen und Wappen"
Bildband mit 7163 Zeichen und Wappen der Bürger der Reichsstadt Augsburg und der Inhaber höherer geistlicher Würden
302 Seiten, 1 Farbtafel, 20 Abb. des Augsburger Stadtwappens sowie ein Register, leinengebunden mit Schutzumschlag 40,— DM
Verlag H. Mühlberger, Augsburg, 1970

Neue Schriftenreihe
des Stadtarchivs Augsburg
Band 1
HERMANN KIESSLING
Der Durchbruch der
Bürgermeister-Fischer-Straße
in Augsburg
187 Seiten, 57 Seiten Abb., kart., 24,— DM
(erhältlich nur bei Hoffmann-Druck KG, Augsburg)